Thomas Grumme · Wolfgang Kluge · Konrad Kretzschmar · Andreas Roesler

Zerebrale und spinale Computertomographie

Blackwell Wissenschaft

Thomas Grumme · Wolfgang Kluge
Konrad Kretzschmar · Andreas Roesler

Zerebrale und spinale Computertomographie

3., vollständig neu bearbeitete und erweiterte Auflage

Mit mehr als 1200 Abbildungen und 15 Tabellen

Blackwell Wissenschafts-Verlag Berlin · Wien 1998
Oxford · Edinburgh · Boston · London · Melbourne · Paris · Tokio

Blackwell Wissenschafts-Verlag GmbH
Kurfürstendamm 57, D-10707 Berlin
Zehetnergasse 6, A-1140 Wien

Blackwell Science Ltd
Osney Mead, GB-Oxford, OX2 0EL
25 John Street, GB-London WC1N 2BL
23 Ainslie Place, GB-Edinburgh EH3 6AJ

Blackwell Science Ltd
10 rue Casimir Delavigne
F-75006 Paris

Blackwell Science, Inc.
Commerce Place, 350 Main Street
USA-Malden, Massachusetts 02148

Blackwell Science Asia Pty Ltd
54 University Street
AUS-Carlton, Victoria 3053

Blackwell Science KK
MG Kodemmacho Building, 3F
7-10, Kodemmacho Nihonbashi
Chuo-ku, J-Tokio 104

Anschriften der Autoren:

Prof. Dr. med.Thomas Grumme
Zentralklinikum Augsburg
Neurochirurgische Klinik
Stenglinstraße 2
D-86156 Augsburg

Dr. med. Wolfgang Kluge
Bozener Straße 17
D-10825 Berlin

Prof. Dr. med. Konrad Kretzschmar
Dr. med. Andreas Roesler
Zentralklinikum Augsburg
Klinik für Diagnostische Radiologie
und Neuroradiologie
Stenglinstraße 2
D-86156 Augsburg

Gewährleistungsvermerk
Die Medizin ist eine Wissenschaft mit ständigem Wissenszuwachs. Forschung und Weiterentwicklung klinischer Verfahren erschließen auch gerade in der Pharmakotherapie veränderte Anwendungen. Die Verfasser dieses Werkes haben sich intensiv bemüht, für die verschiedenen Medikamente in den jeweiligen Anwendungen exakte Dosierungshinweise entsprechend dem aktuellen Wissensstand zu geben. Diese Dosierungshinweise entsprechen den Standardvorschriften der Hersteller. Verfasser und Verlag können eine Gewährleistung für die Richtigkeit von Dosierungsangaben dennoch nicht übernehmen. Dem Praktiker wird dringend empfohlen, in jedem Anwendungsfall die Produktinformation der Hersteller hinsichtlich Dosierungen und Kontraindikationen entsprechend dem jeweiligen Zeitpunkt der Produktanwendung zu beachten.

Die Deutsche Bibliothek – CIP-Einheitsaufnahme

Zerebrale und spinale Computertomographie : mit 15 Tabellen / Thomas Grumme ... – 3., vollst. neu bearb. und erw. Aufl. – Berlin ; Wien [u.a.] : Blackwell Wiss.-Verl., 1998
ISBN 3-89412-288-9

e-mail: verlag@blackwis.de
Internet: http://www.blackwell.de

Published by Blackwell Wissenschafts-Verlag, Berlin · Wien 1998

ISBN 3-89412-288-9 · Printed in Germany

Einbandgestaltung: Rudolf Hübler, Berlin
Herstellung: Goldener Schnitt, Sinzheim
Satz: Mitterweger Werksatz GmbH, Plankstadt
Druck: Druckhaus Beltz, Hemsbach
Bindung: Großbuchbinderei Spinner, Ottersweier

Gedruckt auf chlorfrei gebleichtem Papier

Vorwort

Die Computertomographie schreibt in Deutschland nunmehr schon seit über 20 Jahren Geschichte. Dies wird nicht zuletzt dadurch deutlich, daß dieses Buch bereits in der dritten Auflage nach 1977 (englisch 1980) und 1988 (englisch 1989) erscheint.

Die Diagnostik der zerebralen und spinalen Erkrankungen konzentriert sich gegenwärtig auf das vielfältige Repertoire der Magnetresonanztomographie (MRT), so daß die Computertomographie (CT) in den neueren Atlanten und Lehrbüchern in den Hintergrund rückt. Die bevorzugte Erarbeitung der MRT-Bildgebung ist insofern verständlich, da das technische Spektrum dieser Methode und die detailgetreue Darstellung pathomorphologischer Veränderungen große diagnostische Fortschritte gebracht haben.

Trotzdem entsprechen die bevorzugte Hinwendung zur MRT bzw. das Ungleichgewicht der Methoden nicht den tatsächlichen Möglichkeiten und dem praktischen Einsatz. Die Computertomographie besitzt einerseits wegen der leichten Verfügbarkeit, der patientenfreundlicheren Bedienbarkeit und des schnelleren Untersuchungsablaufes methodische Vorteile. Andererseits rechtfertigt die große diagnostische Aussagekraft ihren Stellenwert. So haben sich in der dritten Auflage des CT-Buches die Autoren bemüht, die Aussagen und diagnostischen Möglichkeiten der Computertomographie darzustellen, die technische Entwicklung aufzuzeigen und die Indikationen gegenüber der Magnetresonanztomographie anhand klinischer Fragestellungen abzugrenzen.

Es kann daher kein Zweifel daran bestehen, daß selbst bei fortschreitender Verbreitung und technischer Verbesserung der Magnetresonanztomographie die Computertomographie auch weiterhin eine besondere Bedeutung in der Diagnostik neurologischer, psychiatrischer und neuroradiologischer Krankheitsbilder behalten wird. Die diagnostische Wertigkeit von CT und/oder MRT auf neuroradiologischem Gebiet ist derzeit noch nicht exakt definiert und befindet sich im Fluß.

Um es dem Untersucher leichter zu machen, die Informationen aus dem computertomographischen Bild abzulesen und in anatomische Strukturen oder neuropathologische Befunde umzusetzen, wurden die bewährte Form und Gliederung des Buches einschließlich der didaktisch einprägsamen Schemazeichungen und Tabellen im wesentlichen übernommen. Das Bildmaterial wurde jedoch fast völlig ersetzt; die Kapitel über Notfalluntersuchungen und postoperative Verlaufbeobachtungen sowie die differentialdiagnostischen Tabellen und Bildtafeln wurden erweitert. Die Ausführungen zu Erkrankungen, bei denen die Magnetresonanztomographie zur vorherrschenden Untersuchungsmethode geworden ist, wurden dagegen gekürzt.

Besonderer Dank gilt an dieser Stelle den ärztlichen und medizinisch-technischen Mitarbeitern sowie den Sekretärinnen der Neurochirurgischen Klinik und der Klinik für Diagnostische Radiologie und Neuroradiologie des Zentralklinikums Augsburg sowie der Praxis von Wolfgang Kluge für ihren engagierten Einsatz, die unermüdliche Hilfestellung bei der Erstellung des Bildmaterials und für die hervorragenden Kapitelbeiträge.

Dem Blackwell Wissenschafts-Verlag bin ich für die uneingeschränkte und stets geduldige Unterstützung sowie die vorzügliche Ausstattung des Buches zu größtem Dank verpflichtet.

Augsburg, im Sommer 1998

Thomas Grumme im Namen aller Autoren

Inhaltsverzeichnis

Spinale Computertomographie

Verzeichnis der Bildtafeln*

* Die Seitenansicht (rechts – links) der Abbildungen wurde einheitlich gewählt und entspricht der Sicht des Patienten.

Zerebrale Computertomographie

1 Physikalische und technische Grundlagen

1.1 Historische Bemerkungen

Der Grundgedanke der Computertomographie wurde in theoretischen Arbeiten bereits 1961 von Oldendorf vorgestellt. Einen genaueren mathematischen Ansatz legte Cormack 1963 vor. Unabhängig von beiden gelang dem englischen Physiker Hounsfield, der das Prinzip in seiner Patentschrift 1968 erläuterte, die praktische Umsetzung.

1.2 Prinzip

Ein eng eingeblendeter Röntgenstrahl tastet eine transversale Körperscheibe in tangentialer Richtung ab, und das Strahlenintensitätsprofil hinter der Scheibe wird von einem Szintillationsdetektor registriert (Abb. 1). Wird diese lineare Abtastung aus zahlreichen Winkeln wiederholt, so kann die räumliche Verteilung der Absorptionswerte in der Objektscheibe berechnet werden, und es wird ein bildlicher Eindruck der untersuchten Region vermittelt. Dabei werden die von einem Computer gesammelten Daten (Schwächungswerte) in ein Raster unterschiedlicher Grauwerte umgesetzt und auf einem Monitor dargestellt. Aufgrund der gegenüber der herkömmlichen Röntgentechnik erheblich besseren Kontrastauflösung können auch Weichteilstrukturen differenziert werden, deren Dichte nur geringfügig differiert.

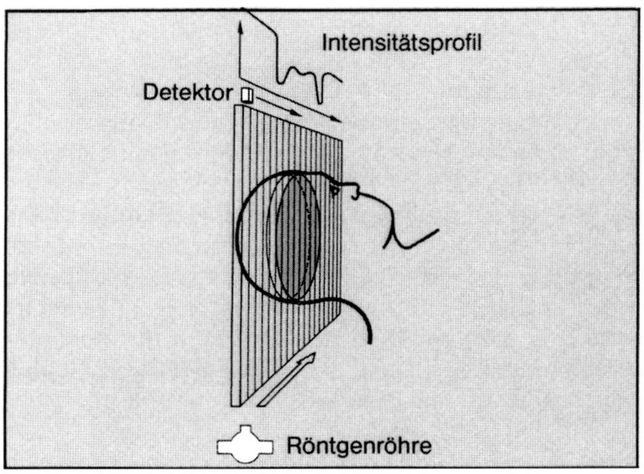

Abb. 1. Lineare Abtastung einer Schädelschicht mit Röntgenröhre und Detektor.

1.3 Technik

Die anfangs üblichen Rotations-Translationsscanner mit Einzeldetektoren der 1. Generation (Abb. 2a) wurden bald durch Geräte der 2.–4. Generation ersetzt, die mittels rotierender Detektorenfelder mit Fächerstrahl und schließlich dem heute üblichen feststehenden Detektorenkranz mit rotierender Röntgenröhre einerseits schnellere Untersuchungszeiten (bis zu 1 s) andererseits eine verbesserte räumliche Auflösung bei gleichfalls höherer Kontrastauflösung ermöglichen (Abb. 2b, c). Eine wichtige Weiterentwicklung der herkömmlichen computertomographischen Technik ist das Spiral(Helix)-CT (Abb. 2d). Hierbei erfolgt die Abtastung durch eine kontinuierliche Drehung der Röntgenröhre, während die Patientenliege sich über eine ensprechend der Untersuchungsregion definierte Distanz bewegt. Dabei entsteht unter der Voraussetzung, daß der Tischvorschub in der gleichen Zeit erfolgt, wie sie die Abtasteinheit für eine 360°-Rotation benötigt (Pitchfaktor), ein Volumendatensatz des untersuchten Körperabschnittes. Die hohe Rechenkapazität der hier angewandten Computer erlaubt aus den akquirierten Daten eine lückenlose Nachberechnung auch dünnerer Schichten oder kleinerer Schichtabstände. Ebenso ist die elektronische Umsetzungen der gesammelten Daten in andere Schnittebenen (multiplanare Rekonstruktion, MPR) oder als dreidimensionale Abbildung möglich.

1.4 Mathematische Bildrekonstruktion

Die mathematische Bildrekonstruktion, die in der Computertomographie angewendet wird, ist eine in der konventionellen Röntgenologie unbekannte Methode. Um sie zu verstehen, muß man sich die Objektschicht des Körpers in n x n nebeneinanderliegende gleich große Würfel (= Objektelemente = Volumenelemente = Voxel) unterteilt denken (Abb. 3). Durchdringt ein Röntgenstrahl n hintereinanderliegende Objektelemente, so gilt nach den Absorptionsgesetzen:

$$\ln \frac{I_0}{I} = \sum_{i=1}^{n} \mu_i$$

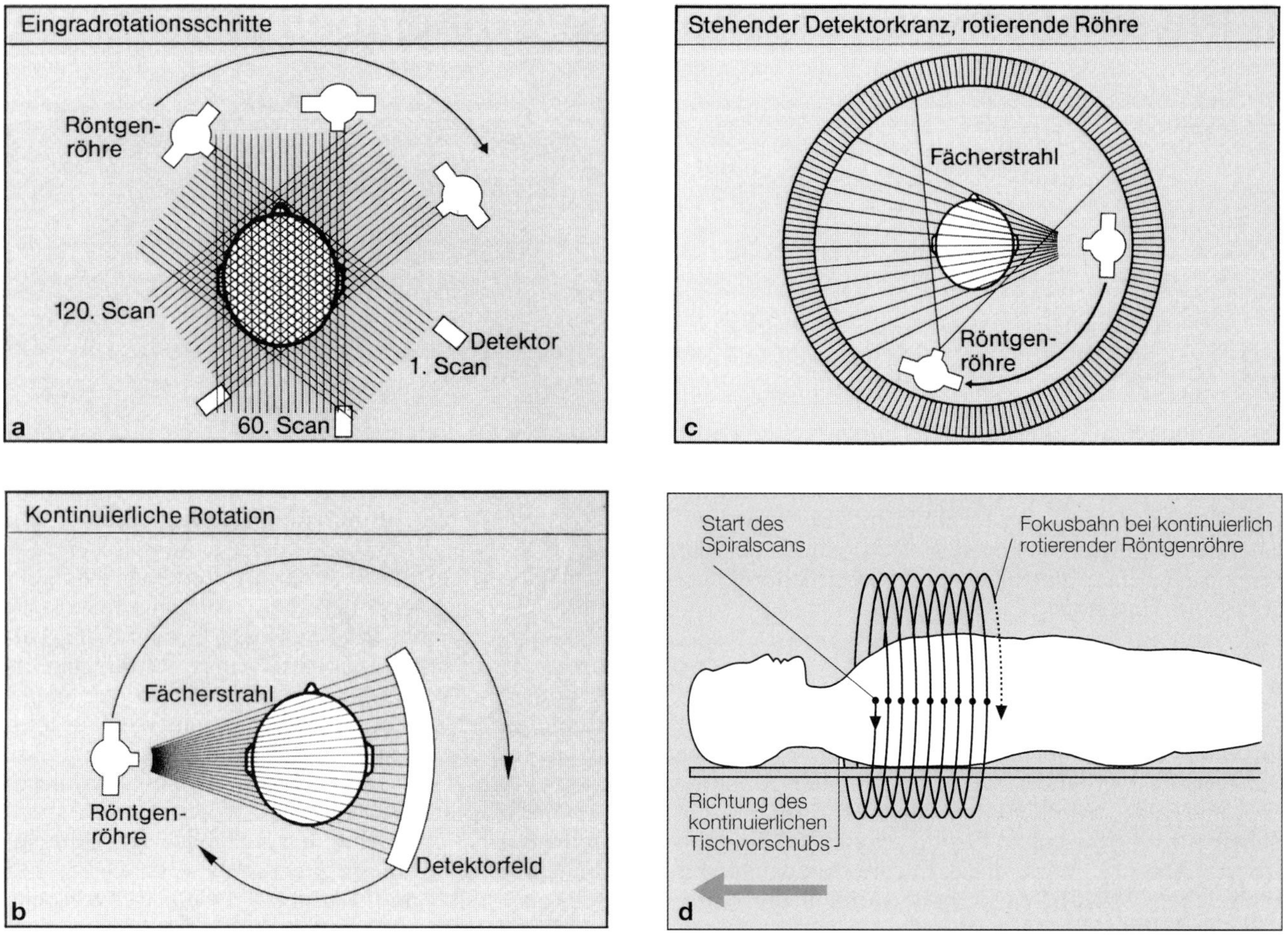

Abb. 2a–d. Verschiedene Möglichkeiten des Abtastvorganges. (a) Nadelstrahl, Kombination von linearer Abtastung und Rotationsschritten bei Einzeldetektor. (b) Breiter Fächerstrahl mit Detektorfeld. Das Detektorfeld ersetzt die lineare Abtastung, so daß Röntgenröhre und Detektorfeld nur rotieren. (c) Feststehender Detektorkranz und rotierende Röntgenröhre mit Fächerstrahl. (d) Spiral-CT.

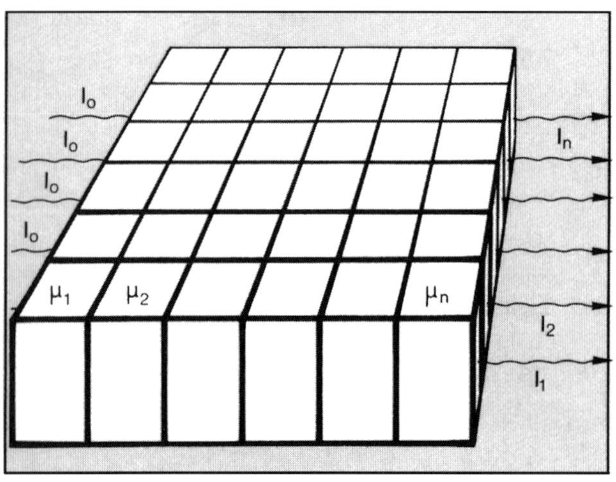

Abb. 3. Objektmatrix. I_0 = Eintrittsintensität, I = Austrittsintensität, μ = mittlerer Absorptionskoeffizient des Matrixelementes.

(I_0 = Eintrittsintensität, I = Austrittsintensität, μ = Absorptionskoeffizient des durchstrahlten Raumelementes). Da I_0 und I mit Detektoren gemessen werden, erhält die linke Seite der Gleichung einen Zahlenwert; auf der rechten Seite steht die Summe der vorerst noch unbekannten Absorptionskoeffizienten. Wird die Objektschicht aus mehr als n x n Richtungen durchstrahlt, so resultieren mehr als n x n Gleichungen, und die mathematische Lösung der n x n unbekannten Absorptionswerte der Objektelemente wird damit prinzipiell möglich. In der Praxis wird die Dichteverteilung jedoch nicht über die komplizierte Lösung des Gleichungssystems berechnet. Es wurden computergerechte Näherungsverfahren entwickelt. Eines dieser Näherungsverfahren, der sogenannte Faltungsalgorithmus (Abb. 4), hat sich für die Computertomographie besonders bewährt. Zum Schluß werden die errechneten Absorptionswerte in Graustufen umgesetzt und als Bild dargestellt. Jedes punktförmige Bildelement (Pixel) entspricht einem Objektelement (Voxel), und der Grauwert des Pixels repräsentiert den Absorptionswert des Voxels.

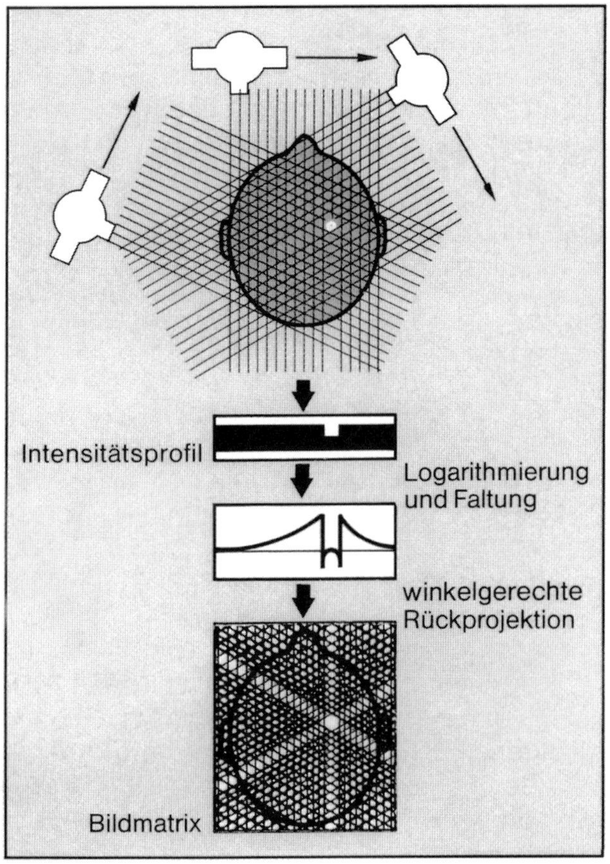

Abb. 4. Schematische Darstellung der Faltungsmethode.Das Intensitätsprofil wird logarithmiert und mit einer Korrekturfunktion mathematisch gefaltet. Anschließend wird das Intensitätsprofil winkelgerecht auf die Bildmatrix projiziert. Die Summierung aller aus verschiedenen Winkeln aufgenommenen Projektionen ergibt das Bild.

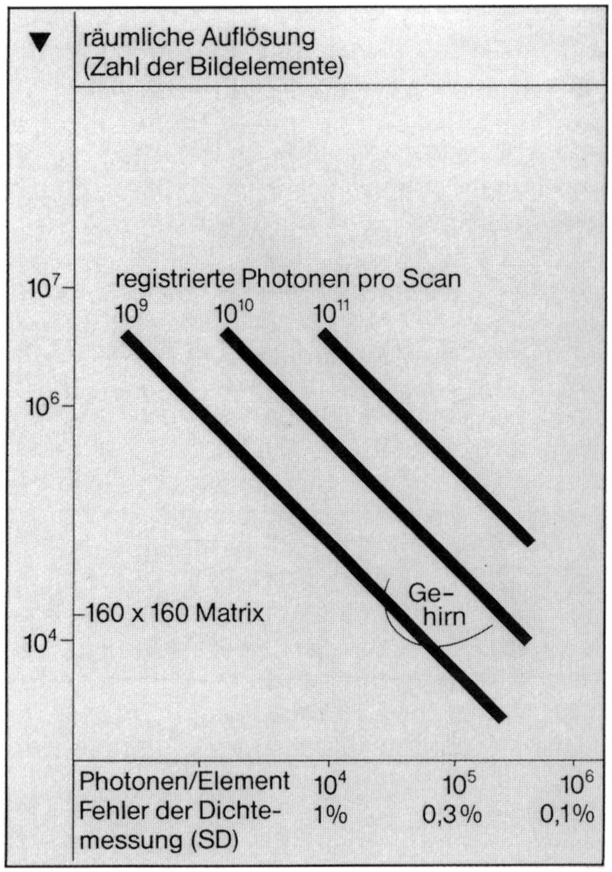

Abb. 5. Zusammenhang zwischen Raum- und Dichteauflösung bei gegebener Photonenzahl/Scan (≙ Strahlenbelastung). Die anfallende Information wird anteilig als räumliche Auflösung und Dichteauflösung wiedergegeben.

1.5 Abbildungseigenschaften

Der Informationsgehalt eines Computertomogramms ist abhängig von der Zahl der mit dem Detektor registrierten Photonen. Die Information wird einerseits von der Zahl der Bildrasterpunkte (räumliche Auflösung) und andererseits von den unterscheidbaren Dichtewerten (Kontrastauflösung) übermittelt. Da die dem Patienten zumutbare Strahlendosis die Zahl der Photonen begrenzt, ist eine Besserung der Dichteauflösung mit einer Vergröberung des Bildrasters bzw. eine Verbesserung der räumlichen Auflösung mit einer Verschlechterung der Dichteauflösung verbunden (Abb. 5). Die Dichte bzw. die Absorptionseigenschaft eines Objektdetails wird in Einheiten (Hounsfield-Einheiten, HE) gemessen, die den physikalisch definierten linearen Absorptionskoeffizienten direkt proportional sind und sich auf die Strahlenabsorption des Wassers beziehen (Abb. 6). Die Skala der Hounsfield-Einheiten ist so gewählt, daß Luft Werte von –1000, Wasser Werte von 0 und Knochen etwa Werte von +1000 besitzen (Abb. 7). Sehr dichter Knochen kann Werte bis zu ca. 3000 HE haben. Diese Zahlenwerte werden zur bildlichen Darstellung in geeignete Graustufen übersetzt.

Die Kontrastauflösung, d. h. der kleinste, im Bild gerade noch erkennbare Dichteunterschied zwischen einem Objektdetail und seiner Umgebung wird von mehreren Faktoren beeinflußt (Abb. 8). Ein wichtiger Faktor ist die Dicke der untersuchten Schicht. Wird sie z. B. auf 2 mm reduziert, so beeinflußt dies das Signal-Rausch-Verhältnis ungünstig, und die Kontrastauflösung verschlechtert sich, es sei denn, die Scanzeit wird verlängert. Bei einer Schichtdicke von 8 mm beträgt die Standardabweichung der gemessenen Dichtewerte unter optimalen Bedingungen zur Zeit 2–4 Hounsfield-Einheiten. Es reicht deshalb eine mittlere Dichtedifferenz von etwa 5 HE zwischen dem Objektdetail und seiner Umgebung, um das Detail zu erkennen. Bei größeren homogenen Details können auch kleinere Dichtedifferenzen erfaßt werden.

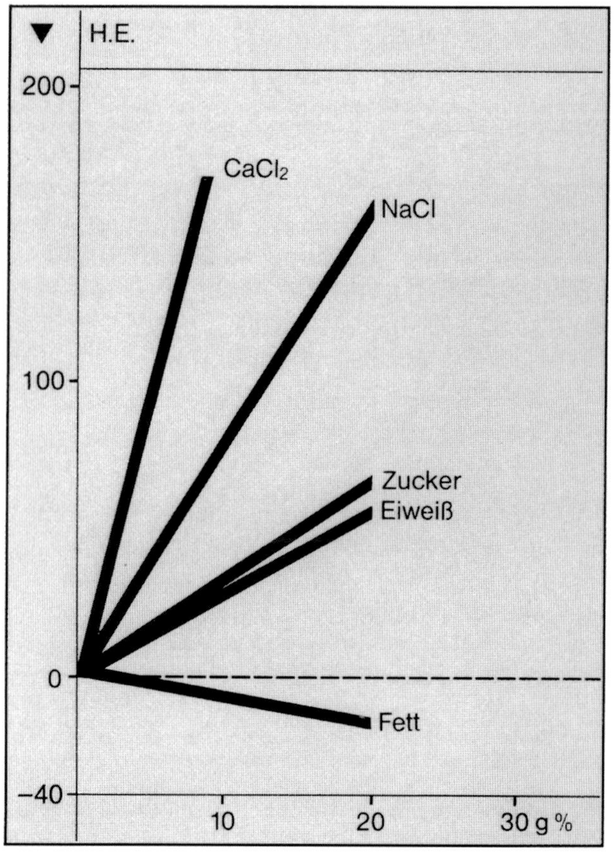

Abb. 6. Abhängigkeit der Absorptionswerte von der Konzentration verschiedener organischer Verbindungen und Salze (Eiweiß = Humanalbuminlösung, Fett = Erdnußölsuspension).

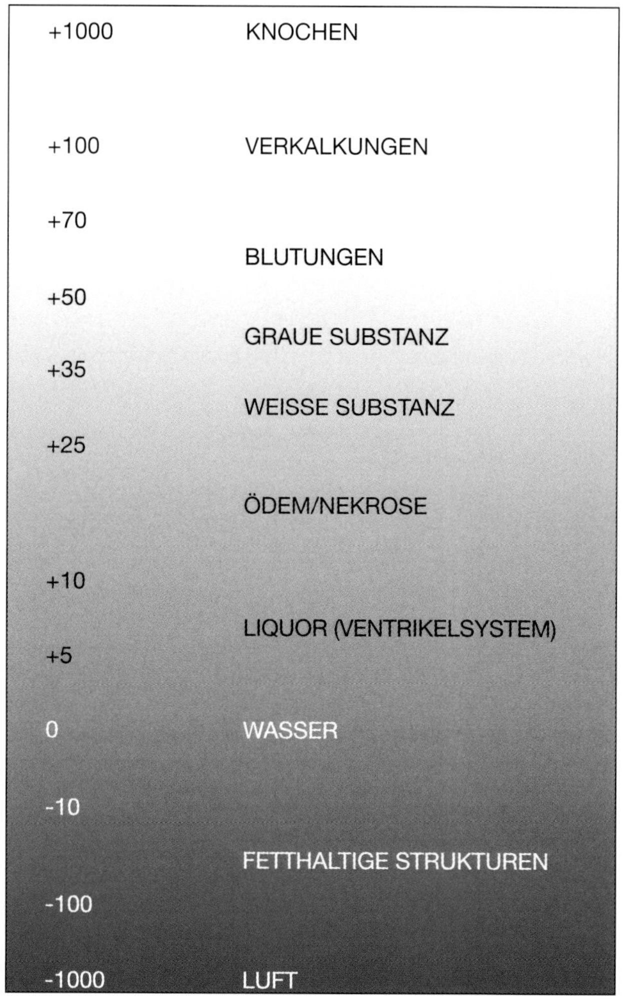

Abb. 7. Absorptionswerte der auf der Schädelschicht vorkommenden Strukturen bei einer Röhrenspannung von 120 kV.

Bei sehr kleinen Strukturen muß bedacht werden, daß jedes Objektelement ein bestimmtes Volumen (z. B. 1 x 1 x 8 mm3) besitzt und daß der CT-Wert ein Mittelwert der Dichten aller in diesem Volumen enthaltenen Partikel ist. Füllt eine intrakraniale Struktur das Elementvolumen nur teilweise aus (z. B. Mikrokalzifikationen), so beeinflußt sie die mittlere Dichte des Volumens nur wenig und kann deshalb dem Nachweis entgehen (Partialvolumeneffekt, Abb. 9).

Die *räumliche* Auflösung des Computertomogramms wird in Linien pro Zentimeter (line pairs/cm) gemessen, sie ist u. a. sehr vom Algorithmus des benutzten Protokolls, der Zahl der Messungen (sampling) und Anzahl der Detektoren abhängig. Zur Zeit liegt sie bei maximal 0,5 mm. Kontrast-und Detailauflösung beeinflussen sich gegenseitig. In der Regel ist die Detailauflösung um so höher, je größer der Dichteunterschied im Objekt ist, die Kontrastauflösung ist um so besser, je größer die Objektdetails sind (Abb. 8).

1.6 Bildartefakte

Durch Störungen des Abtastvorganges oder der anschließenden Datenverarbeitung entstehen auf dem Computertomogramm streifen-und flächenförmige Zonen veränderter Dichte, die keinen Strukturen im Objekt entsprechen. Diese Artefakte sind in der Regel so charakteristisch, daß sie nur ausnahmsweise zu diagnostischen Schwierigkeiten führen [62].

1.6.1 Streifenförmige Artefakte

Sie entstehen bei unruhigen Patienten und können das Bild so stark stören, daß eine Beurteilung nicht möglich ist. Meist handelt es sich um Streifen erhöhter Dichte, die tangential oder in vertikaler Richtung vom Schädelknochen ausgehen (streaking; Tafel 1/2). Sägezahnartige Ausziehungen der Kalotte und

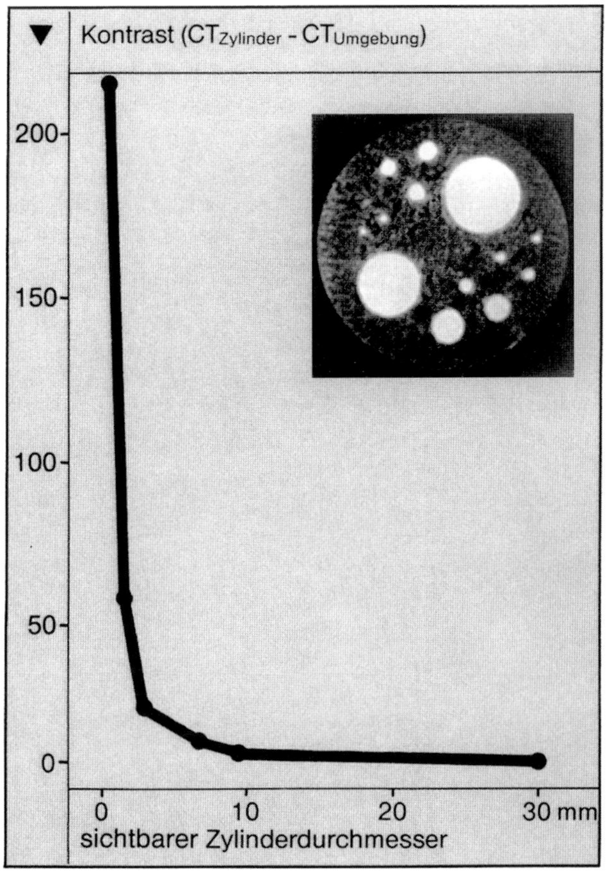

Abb. 8. Kontrastdetaildiagramm. Bis hinunter zu Zylinderdurchmessern von 3 mm werden Objekte sichtbar, deren Dichte sich von der Umgebung um ca. 5 Hounsfield-Einheiten unterscheidet. Zylinder mit kleineren Durchmessern bedürfen höherer Objektkontraste, um im Bild dargestellt werden zu können.

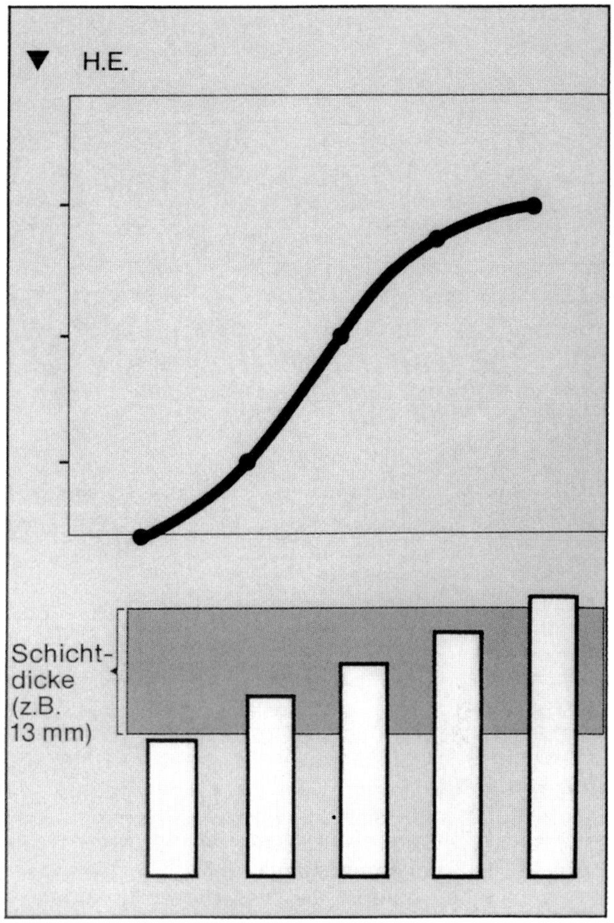

Abb. 9. Stufenphantom. Nur wenn ein Zylinder die gesamte Schichtdicke ausfüllt, wird vom Computertomographen seine Dichte exakt gemessen. Füllt der Zylinder die Schicht nur partiell aus, wird ein Wert gemessen, der anteilig das Material des Zylinders und der Umgebung repräsentiert (Partialvolumeneffekt).

fischgrätenartig angeordnete Streifenmuster sind weitere Bewegungsartefakte. Das Rechenprogramm läßt Artefakte entstehen, wenn auf verhältnismäßig engem Raum hohe Objektkontraste vorliegen (Tafel 1/3, 4, 5). Von metallischen Operationsclips und Kunststoffdrainagen ziehen radiäre Streifen über das gesamte Bild (Overrange-Artefakte; Tafel 1/6a, b, 7, 8a, b, 9). Recht häufig erstreckt sich ein hypodenses Band von einer Pyramidenkante zur anderen quer durch den Hirnstamm, das ebenfalls von den Dichtesprüngen im pneumatischen System des Felsenbeins verursacht wird und Hounsfield-Linie genannt wurde (Tafel 1/3). Bei einer schlechten Kalibrierung des Detektorkranzes finden sich auf dem Bild konzentrische Kreise (Rotationsartefakte; Tafel 1/12).

1.6.2 Flächenförmige Artefakte

Sie verleiten gelegentlich zu Fehldiagnosen. Hypodense Zonen finden sich in den basisnahen Schichten besonders medial vom Orbitadach, hinter den Sphenoidalflügeln und hinter den Pyramiden. Hyperdense Flecken können im Bereich des Kleinhirns auftreten, wenn sich dort die von den knöchernen Strukturen ausgehenden Streifenartefakte überlagern und summieren.

Tafel 1. Artefakte

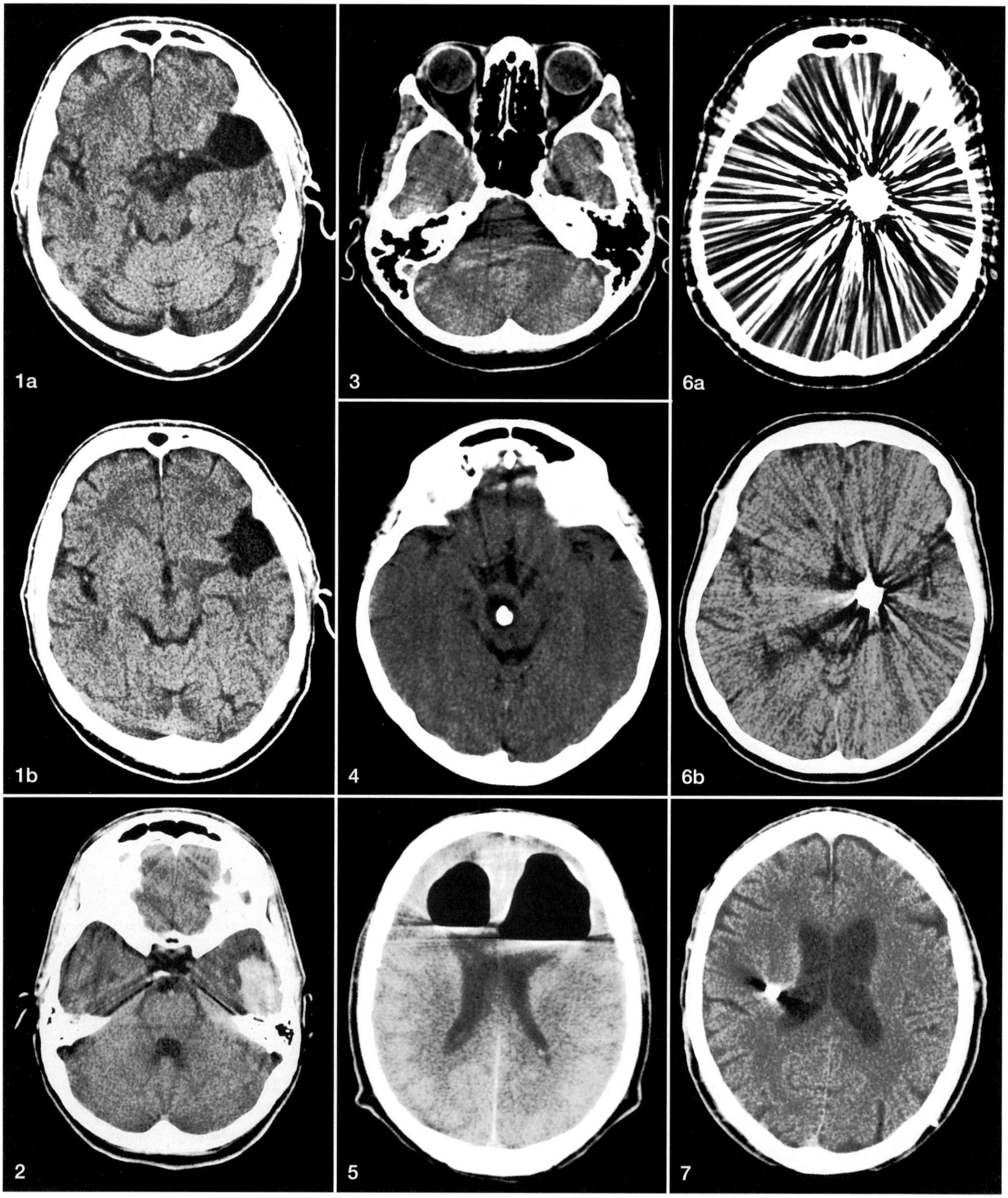

1a, b Partialvolumeneffekt, wobei in (b) ein Teilanschnitt des Parenchymdefektes oberhalb der A. cerebri media erfolgt.

2 Streaking-Artefakt im Bereich der Schädelbasis.

3 Aufhärtungsartefakte (Houndsfield-Balken) im Bereich der hinteren Schädelgrube.

4 Aufhärtungsartefakt. Verkalkung bei Z. n. Pons-Blutung.

5 Artefakt bei hohem Objektkontrast. Postoperative Luft im Ventrikelsystem.

6a, b Metallartefakte (Overrange-Artefakt) bei unterschiedlicher Fensterung – Z. n. Coiling eines Aneurysmas der A. carotis interna (C1-Abschnitt).

7 Metallartefakt durch Operationsclip.

Tafel 1. Artefakte (Fortsetzung)

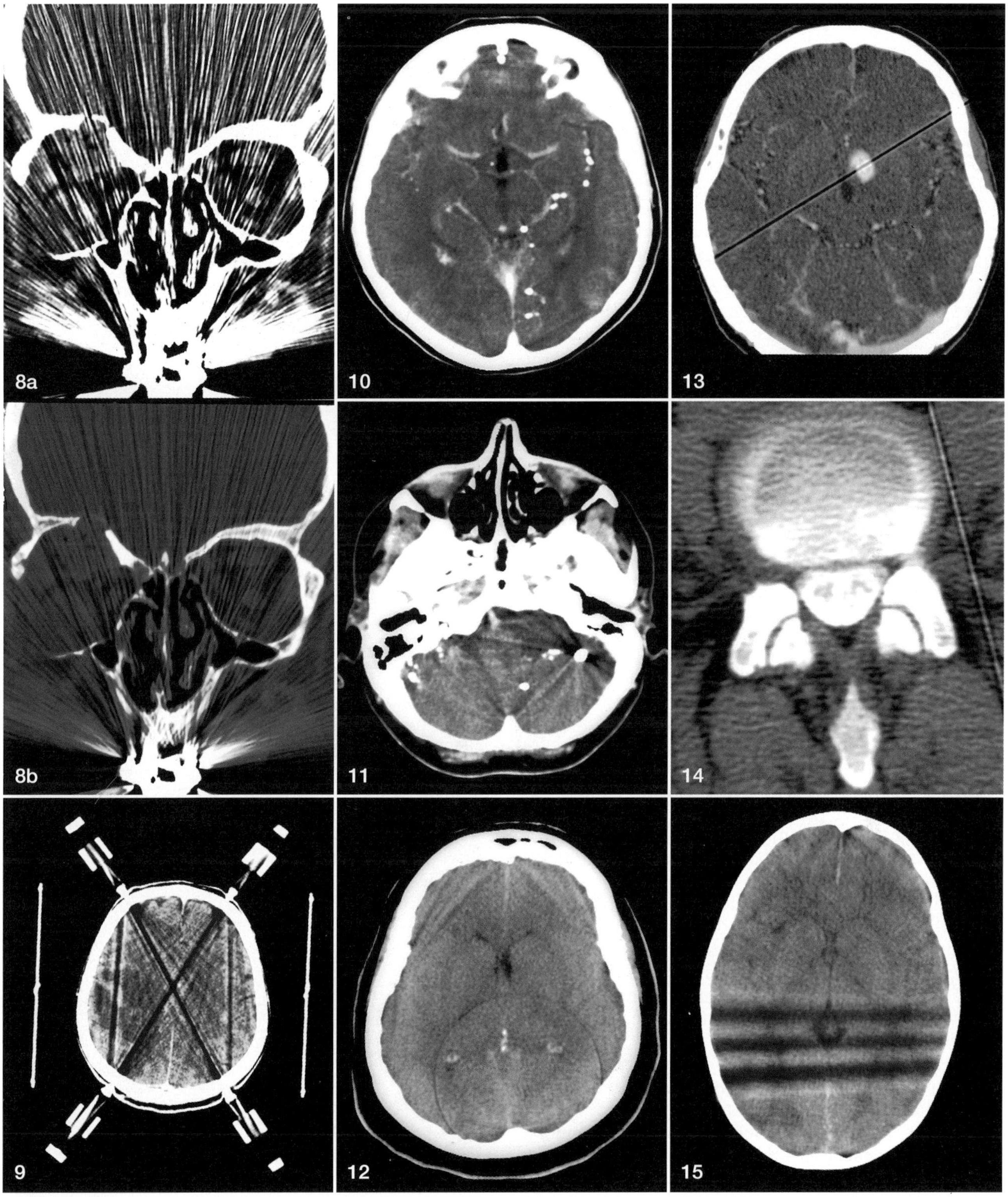

8a, b Metallartefakte. Koronare Schichtung der Nasennebenhöhlen bei Mukozele des Sinus frontalis rechts, Artefakte hervorgerufen durch Zahnimplantate. Darstellung in Weichteil- (a) und Knochenfenster (b).

9 Metallartefakte, hervorgerufen durch Pins in der Schädelkalotte. Planungs-CT vor Stereotaxie.

10 Reste öligen Kontrastmittels in den basalen Zisternen und der Fissura Sylvii.

11 Reste öligen Kontrastmittels in der hinteren Schädelgrube.

12 Ringartefakt, hervorgerufen durch Kontrastmittelspritzer in der Gantry.

13 Streifenartefakt bei Ausfall eines Detektors (Gerät der 4. Generation). Der Artefakt ist bei einem Angio-Spiral-CT aufgetreten.

14 Streifenartefakt durch Ausfall eines Detektors (Gerät der 4. Generation).

15 Streifenartefakte aufgrund eines technischen Defektes (Rechnerdefekt).

2 Untersuchungstechnik

Die Fortschritte der CT-Technologie in der räumlichen Auflösung, Detailgenauigkeit, Bildqualität und Dosisreduktion führten zu einer Neubewertung der CT des Schädels und zur Erarbeitung von Qualitätsstandards.

2.1 Lagerung des Patienten

Bei der computertomographischen Routineuntersuchung des Schädels liegt der Patient auf dem Rücken, der Kopf wird in einer Kopfhalterung achsengerecht fixiert. Nach Anfertigen eines Topo-/ Scanogramms (Abb. 10a) erfolgt die Planung der transversalen (= axialen) Schichten parallel zur Orbitomeatallinie. Die Schichtdicke darf für den Untersuchungsbereich der Basis und hinteren Schädelgrube 5 mm nicht überschreiten. Anschließend wird die transversale Schichtung oberhalb der Sellaeingangsebene mit 10 mm oder 8 mm dicken Schnitten fortgesetzt. Die durchschnittliche Anzahl der Schichten schwankt zwischen 15 und 20. Bei unklaren Befunden können zusätzliche Schichten mit geänderter Schichtdicke oder Zwischenschichten erforderlich sein. Um die Artefakte im Bereich der hinteren Schädelgrube zu minimieren, hat sich eine Schichtdicke von 2–4 mm bewährt.

Modifikationen der Standardebenen sind in Abb. 11 dargestellt.

Zur Untersuchung des Schläfenlappens empfiehlt sich eine Schichtebene parallel zur Verlaufsrichtung der Temporalwindungen als transversale Schichten mit etwa –20° Gantry-Neigung zur Orbitomeatallinie.

Bei der Abklärung von Hypophysenprozessen liegt die Schnittführung koronar im Verlauf des Hypophysenstiels, wobei der Patient bei maximaler Reklination des Kopfes in Bauch- oder Rückenlage in einer entsprechenden Kopfhalterung positioniert wird. Die Schichtdicke beträgt 2 mm. Als Alternative – wenn eine exakte koronare Kippung nicht möglich ist – kann auch die Untersuchung in transversalen Schichten mit anschließenden Sekundärrekonstruktionen erfolgen, wobei die Dicke der Primärschichten möglichst ≤ 2 mm betragen muß.

Die Untersuchung der Orbita kann je nach Fragestellung in axialer oder auch koronarer Schnittführung – mit einer Schichtdicke zwischen 2 und 4 mm – erfolgen. Die axiale Referenzebene liegt –20° zur Orbitomeatallinie.

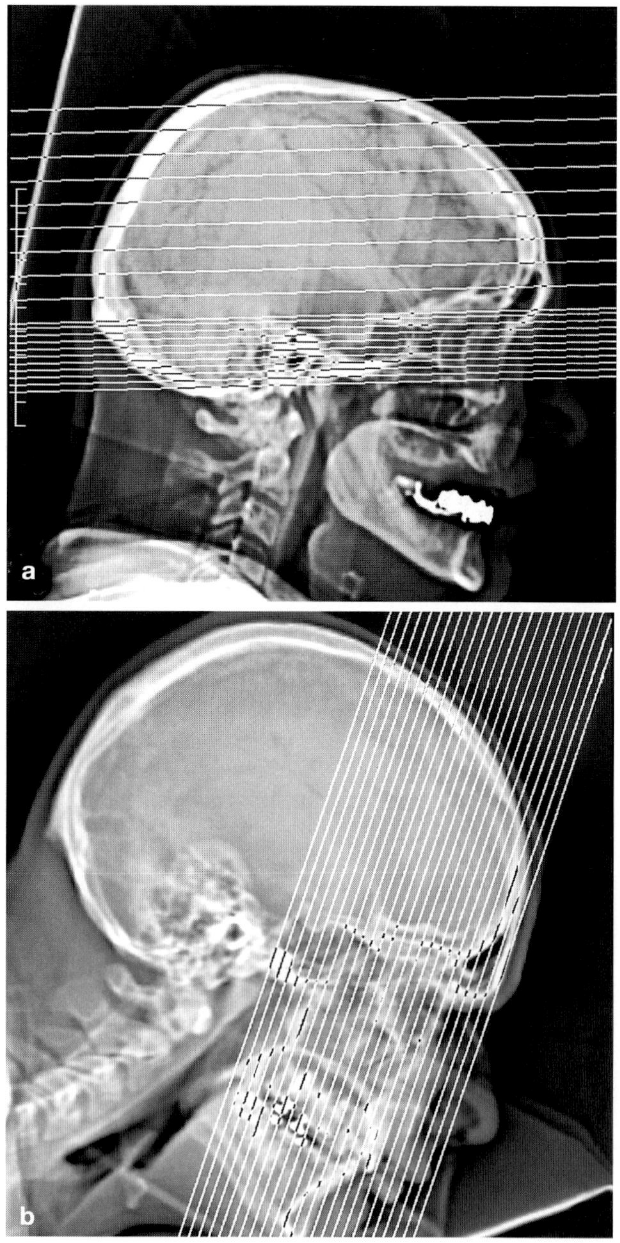

Abb. 10a, b. Scanogramm bei Routineuntersuchung des Schädels (a). Scanogramm in koronarer Schnittführung bei Untersuchung der Nasennebenhöhlen (b).

Die Untersuchung der Felsenbeine erfolgt in hochauflösender Dünnschichttechnik (1–2 mm) in axialer und koronarer Schnittführung. In der Regel wird noch eine spezielle Nachverarbeitung mit Vergrößerung angeschlossen, wobei jeweils das rechte und linke Felsenbein getrennt mit einem speziellen High-Resolution-Modus (spezieller Nachverarbeitungsalgorithmus) aus den Rohdaten rekonstruiert wird. Grundsätzlich ist eine direkte Schichtung in der jeweiligen Ebene einer Sekundärrekonstruktion aus Auflösungsgründen vorzuziehen.

Schädelbasis und Gesichtsschädel werden in der Regel in axialer Kippung untersucht, wobei sich die Schichtdicke (2–5 mm) an der Fragestellung orientiert.

Die Untersuchung der Nasennebenhöhlen (Abb. 10b) erfolgt im Regelfall in koronarer Schnittführung (Schichtdicke 2–4 mm) in Bauchlage (ggf. auch in Rückenlage).

Neben der exakten Lagerung des Patienten ist die Bildgüte und somit die Auswertbarkeit der Untersuchung auch von der Mitwirkung des Patienten abhängig, d. h., die Bildqualität leidet, wenn der Kopf während des Scanvorgangs bewegt wird. Im Einzelfall kann eine medikamentöse Sedierung oder gar eine ITN (Intubationsnarkose) erforderlich werden.

2.2 Kontrastmittelanwendung

2.2.1 Intravenöse Applikation

In Abhängigkeit von der klinischen Fragestellung und bei fraglichen Befunden in der Nativuntersuchung kann die i. v. Applikation von iodhaltigem Kontrastmittel erforderlich sein. Die Mindestdosis liegt bei 1 ml KM/kg KG bei einer Iodkonzentration von 300 mg/ml, d. h., es werden im Regelfall etwa 100 ml Kontrastmittel als Kurzinfusion infundiert. Neben einer Erhöhung der Absorptionswerte von normalem Hirngewebe kommt es meist auch zu einer Anhebung der Dichtewerte pathologischer intrakranieller Prozesse. Die Kontrastmittelgabe führt so zu einer besseren Differenzierung gesunden Hirngewebes von pathologischen Befunden (z. B. Tumoren, Infarktareal, Abszeß etc.). Eine Kontrastmittelinjektion muß als Bolus mit einer Druckspritze durchgeführt werden, wenn eine dynamische Studie zur näheren Gewebsdifferenzierung erfolgen oder fragliche Gefäßprozesse (wie Aneurysma, Angiom etc.) abgeklärt werden sollen.

Der Kontrastmitteleffekt läßt sich bei der CCT wie folgt erklären:

- Da das Kontrastmittel im „first pass“ ausschließlich intravasal liegt, zeigen sich Gefäße oder Gefäßanomalien als deutlich dichtere Strukturen zum umgebenden Parenchym.
- Stark vaskularisierte Tumoren (z. B. Meningeome) oder hyperperfundierte Hirnareale (z. B. Infarkte im Stadium der Luxusperfusion) weisen ein Kontrastmittelenhancement im Vergleich zum umgebenden gesunden Hirngewebe auf.
- Bei Störung der Blut-Hirn-Schranke kommt es zu einem extravasalen Kontrastmittelübertritt in den interstitiellen Raum und damit zu einer KM-bedingten Dichteanhebung.

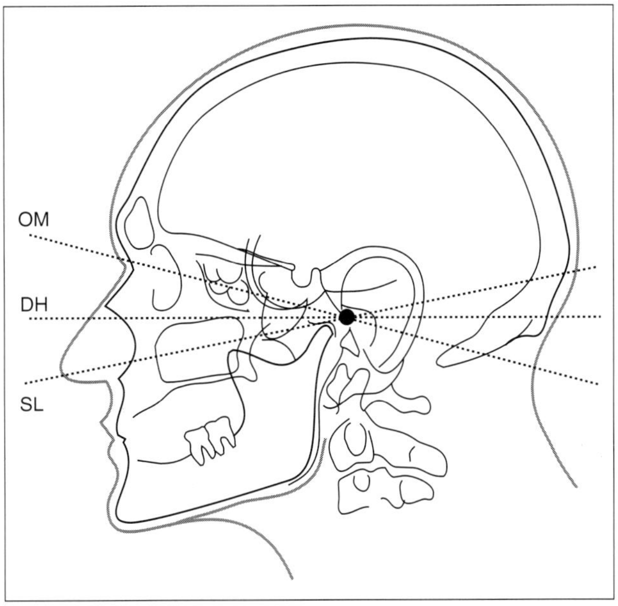

Abb. 11. Diverse Schichtführungen/-ebenen bei der zerebralen Computertomographie.
OM = Orbitomeatal-Linie; DH = Deutsche Horizontale; SL = Schläfenlappenkippung (entspricht in etwa der Orbitalkippung)

Als Kriterien für eine differentialdiagnostische Eingrenzung eines pathologischen Prozesses dienen dabei das Muster der KM-Anreicherung (homogen, fleckig, ringförmig etc.), die quantitative Höhe der KM-Anreicherung und der zeitliche Verlauf der KM-Akkumulation (zur Quantifizierung ist eine dynamische CT-Untersuchung erforderlich).

2.2.2 Intrathekale KM-Applikation

Die intrathekale KM-Applikation führt zu einer detailreichen Darstellung der Liquorräume. Zur Kontrastierung der basalen Zisternen werden etwa 5 ml eines liquorisotonen, nichtionischen, iodhaltigen Kontrastmittels (z. B. Isovist® 300, Solutrast® etc.) intrathekal lumbal appliziert Bei Kopftieflagerung (Trendelenburg-Lagerung) sammelt sich das Kontrastmittel dann in den Zisternen. Eine Kontrastmittelapplikation durch zervikale Punktion in Höhe C1/2 von lateral ist ebenso möglich. Auf diese Weise können besonders die basalen Zisternen und ihre angrenzenden Strukturen deutlicher als im Nativ-CCT dargestellt werden. Klinische Anwendung findet die intrathekale Kontrastmittelgabe mit CT-Zisternographie heute im Rahmen der Funktionsdiagnostik zum Ausschluß von Liquorzirkulationsstörungen,

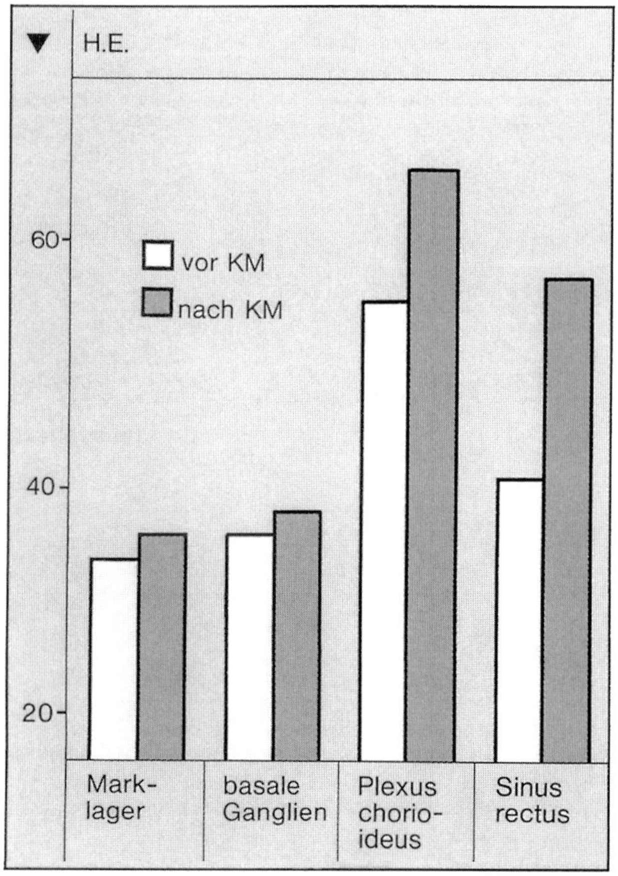

Abb. 12. Dichtewerte verschiedener Hirnstrukturen vor und nach Injektion von Angiografin® (1 ml/kg Körpergewicht; Mittelwert aus je 20 Fällen berechnet).

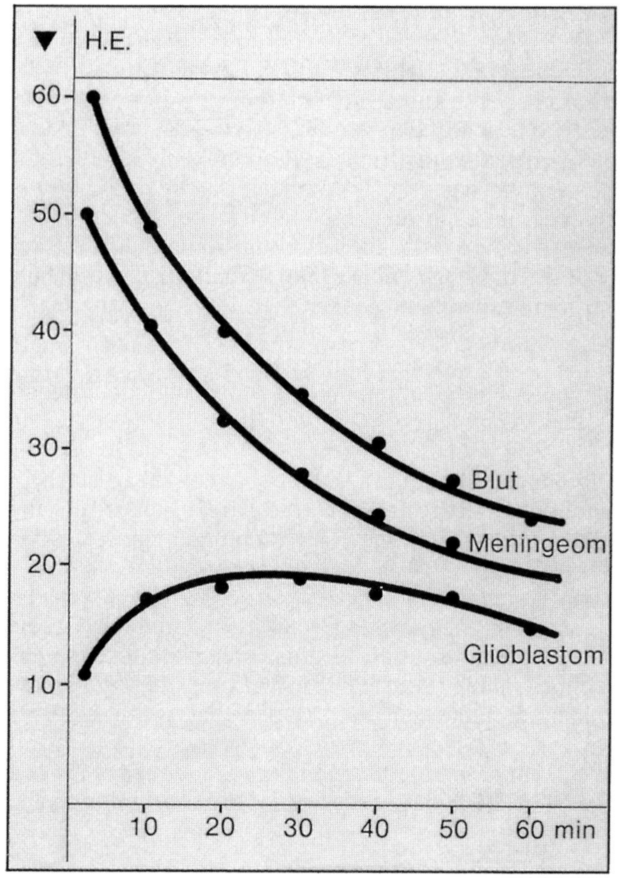

Abb. 13. Kontrastmittelkinetik. Beim Meningeom-Typ ändert sich die Dichte im pathologischen Prozeß parallel zur Dichte im Blut. Der Glioblastom-Typ zeigt dagegen allmähliche Anreicherung und verzögerte Elimination.

z. B. beim Normal-pressure-Hydrozephalus oder bei der Frage nach einem Anschluß von Arachnoidalzysten an das Liquorsystem.

2.2.2.1 Liquorzirkulationsstudie

Bei der Liquorzirkulationsstudie sollen Verteilung und Resorptionswege des kontrastmittelangereicherten Liquors beurteilt werden. Dazu erhält der Patient nach Lumbalpunktion 5 ml Kontrastmittel intrathekal appliziert. Mit Hilfe mehrerer kranialer CT wird dann die Kontrastmittelverteilung in den intrakraniellen Liquorräumen verfolgt. Die erste Untersuchung erfolgt 3 Stunden post injectionem (p. i.). Physiologischerweise passiert in diesem Zeitraum bei absoluter Ruhigstellung und flacher Lagerung des Patienten das Kontrastmittel den Spinalkanal und ist in den basalen Zisternen, mit Kontrastmittelfüllung des IV., eventuell auch des III. Ventrikels, nachzuweisen (Tafel 57/2a–c). Sechs Stunden p. i. läßt sich eine Differenzierung zwischen physiologischen und pathologischen Zirkulationsverhältnissen durchführen. Physiologischerweise kann das intrathekal applizierte Kontrastmittel zwar gegen den Pendelstrom des Liquors im Aquädukt vordringen, es sollte sich jedoch bei der 6-Stunden-Kontrolle infolge der gegenläufigen Liquorproduktion – hauptsächlich der Plexus choroidei beider Seitenventrikel – nicht in den ersten drei Ventrikeln anreichern. Beim Normaldruck-Hydrozephalus (Tafel 57/3a, b, 4a, b) besteht bei gestörter Liquorverteilung und -resorption über den Hirnhemisphären ein ventilartiger Einstrom in das Ventrikelsystem, so daß nach sechs Stunden der Liquor in den hydrozephal erweiterten ersten drei Ventrikeln durch Kontrastmittelanreicherung meßbar dichter wird. Bei physiologischen Zirkulationsverhältnissen mit kontrastmittelfreiem Ventrikelsystem kann nach sechs Stunden Untersuchung die Studie beendet werden. Bei pathologischen Resorptionsverhältnissen sollte in einer CCT-Untersuchung 24 Stunden p. i. die Diagnostik durch Nachweis des fortschreitenden Kontrastmitteleinstromes in das Ventrikelsystem und der Dichteanhebung des Hirnparenchyms infolge des transependymalen Kontrastmittelübertrittes vervollständigt werden.

2.2.2.2 Diagnostik bei Verdacht auf Liquorfistel

Zur Darstellung einer fraglichen oder diskreten Liquorrhoe nach Trauma der Schädelbasis oder Operation ist eine Modifikation der CT-Zisternographie hilfreich. Hierbei werden dem Patienten 5 ml KM intrathekal appliziert. Im Anschluß muß er etwa eine Stunde in Bauch- und Kopftieflage liegen, so daß sich das Kontrastmittel in den frontobasalen Sulci und Zisternen sammeln kann. Mit einem hochauflösenden koronaren CT im Knochenfenster stellt sich die Liquorfistel als kontrastmitteldichte Liquorstraße extrakraniell dar. Einschränkungen dieser Form der CT-Zisternographie ergeben sich durch Unruhe des Patienten oder die Unmöglichkeit der Bauchlage. Auch ist bei fehlendem Liquorfluß oder mikroskopisch kleinem Leck kein Resultat zu erwarten.

2.2.2.3 CT-Luftzisternographie

Diese CT-Untersuchung zur Beurteilung der Kleinhirnbrückenwinkelzisterne wurde vor Einführung der MRT zur Abklärung eines Akustikusneurinoms durchgeführt. Die luftgefüllte Zisterne um den Porus acusticus internus erlaubte die Darstellung der sich aus dem inneren Gehörgang vorwölbenden kleinen Akustikusneurinome oder der allein intrameatal gelegenen Tumoren. Das Verfahren wurde durch die MRT vollständig ersetzt.

2.3 Stereotaktisch-zerebrale Eingriffe

Unter diesem Überbegriff lassen sich neben der stereotaktisch geführten Biopsie und Operation auch die Neuronavigation subsumieren. Bei all diesen Verfahren wird der Patient mit Markern bzw. Markierung (stereotaktischer Rahmen, implantierbare Pins in der Kalotte etc.) im CT (und/oder MRT) untersucht. Die so gewonnenen Planungshilfen werden zur genauen Zielerfassung und millimetergenauen Eingriffsplanung verwandt (Tafel 5).

2.4 Spiral-CT

Volumen-, Helical- oder Spiral-Scanning sind Synonyme für die CT-Datenakquisition über größere Bereiche des Körpers oder ganzer Organe mit Slipring-Scanner (Schleifenring-CT-Gerät) bei kontinuierlichem Vorschub des Patiententisches. Voraussetzung für dieses Verfahren der fortlaufenden Datenerfassung ist ein CT, bei dem Röntgenröhre und Detektorpaket (3. CT-Generation) oder nur die Röhre (4. CT-Generation) eine Dauerrotation durchführen können. Auf diese Weise beschreibt der Fokus der Röntgenröhre eine helixförmige Bahn auf einem virtuellen Zylinder um das Rotationszentrum (siehe Abb. 2d). Um das zu untersuchende Volumen lückenlos zu erfassen, muß die Geschwindigkeit des Tischvorschubs kleiner oder gleich der Schichtdicke dividiert durch die Zeit für einen vollen 360°-Röhrenumlauf sein, d. h., bei einer Schichtdicke von 10 mm und 1 s Scan-Zeit beträgt die Tischvorschubgeschwindigkeit 10 mm/s. Mittels eines speziellen Interpolations- und Rekonstruktionsalgorithmus ist aus dem gemessenen Volumendatensatz die Errechnung beliebiger Schichten in jeder Raumrichtung möglich (MPR = multiplanare Rekonstruktion).

Tab. 1. Protokolle für Spiral-CT (Richtwerte) bei neuroradiologischer Fragestellung

Körperregion	Fragestellung	Schichtdicke (mm)	Tischvorschub (mm/s) (Pitch)	Rekonstruktionsintervall (mm)	Röhrenstrom (mAs)
Knöcherner Schädel	Kraniosynostosen, Frakturen, Destruktionen	3	3–4,5 (1–1,5)	1	80–100
Mittelgesicht	Sinusitis, Orbitabodenfraktur, Liquorfistel	3 1	4,5 (1,5) 2 (2)	1 1	60 60
Felsenbein, Innenohr	Frakturen, Cholesteatom, Kochleamalformationen, Bogengangsarrosionen	1	1 (1)	0,3–1	80
Halsgefäße	Karotisstenosen, Dissektionen	3	3–4,5 (1–1,5)	1	200
Hirngefäße	Aneurysma, arteriovenöse Malformation, Hirnvenenthrombosen	1 3	2 (2) 3 (1)	0,3–1 1	220–280 260
Halsweichteile	Tumor/Abszeß	3	4,5 (1,5)	1–3	200–400
Wirbelsäule	Frakturen, Destruktionen, knöcherne Einengung von Spinalkanal, Foramen intervertebrale	3	3 (1)	1	
Spinalkanal	Postmyelographie-CT	3	3 (1)	1	180–220

Tafel 2. Angio-CT, 3D-CT

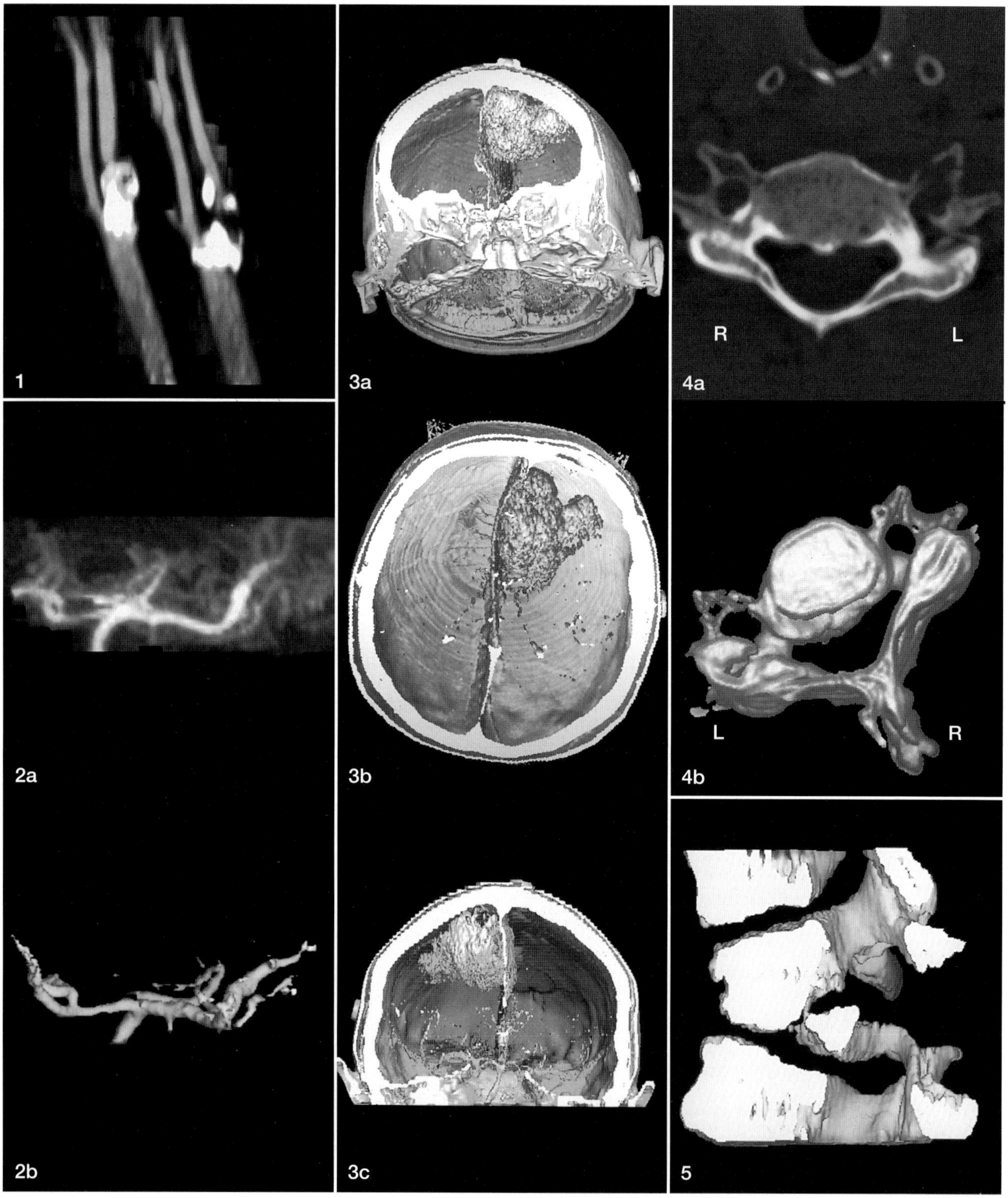

1 Karotisbifurkation beiderseits mit Nachweis kalkdichter Plaques im Bereich der Karotisbifurkation und am Abgang der A. carotis interna.

2a, b Darstellung des Karotisendabschnittes mit T-Gabel (a) als multiplanare Rekonstruktion und (b) als 3D-Modell.

3a–c 3D-Darstellung eines Meningeoms im Bereich des vorderen Sinusdrittels aus unterschiedlichen Projektionen.

4a, b Fraktur des 5. Halswirbelkörpers mit Beteiligung des Foramen intervertebrale linksseitig. 2-mm-Schicht durch den 5. HWK im Knochenfenster (a); 5. HWK als Aufsicht von oben, 3D-Modell (b).

5 Fraktur des 12. Brustwirbelkörpers im Bereich der Bodenplatte mit Hinterkantenbeteiligung, Aussprengung eines keilförmigen Fragmentes, Ruptur des Lig. flavum und des Lig. interspinale.

In der Neuroradiologie bietet die Spiral-CT-Technik neue diagnostische Möglichkeiten im Bereich des Schädels, der Wirbelsäule sowie der Weichteile der Schädelbasis und des Halses (Tafel 2). Die nichtinvasive CT-Angiographie (CTA) und die optimale 3D-Computertomographie (3D-CT) eröffnen neue Wege zur OP-Planung und in der rekonstruktiven Chirurgie. Vergleichende Untersuchungen der Kopf-Hals-Gefäße haben ergeben, daß die nichtinvasive CTA in ihrer Aussagefähigkeit häufig überschätzt wird und die etablierten Untersuchungsmethoden wie DSA (digitale Subtraktionsangiographie), Doppler- und Duplex-Sonographie nur in speziellen Fällen ersetzen kann.

3 Interventionelle Neuroradiologie

Die interventionelle Radiologie/Neuroradiologie hat mit den sich ständig entwickelnden Möglichkeiten invasiver Mikrotechniken zunehmend an Bedeutung gewonnen. Sie liefert nicht nur diagnostische Ansätze, sondern ist auch als Ergänzung zu operativen Therapieformen zu betrachten. Infolge der engen Verzahnung mit neurochirurgischen Verfahren werden die diagnostischen und/oder therapeutischen Eingriffe in engster interdisziplinärer Zusammenarbeit durchgeführt. Die sofort verfügbare CT-Kontrolle zur exakten Lokalisation des Instrumentariums bei dieser Intervention hat diesen Verfahren zum klinischen Einsatz in der täglichen Routine verholfen.

3.1 CT-gesteuerte diagnostische Eingriffe

Die CT-gesteuerten gezielten Punktionen von paravertebralen Abszessen, ggf. mit Drainageeinbringung, von Wirbelsäulenveränderungen, zur Keim- und Histologiegewinnung und zur probatorischen Injektion von Schmerztherapeutika, wie bei der Facettenblockade, dienen zur diagnostischen Abklärung dieser Erkrankungen und ermöglichen somit erst eine spezifische Therapie. Für die Punktionsdrainage von Abszessen steht eine Vielzahl von speziellen Nadeln unterschiedlicher Länge und Stärke zur Verfügung, des weiteren liegen diverse Koaxialsysteme mit unterschiedlich geformten Kathetern zur anschließenden Drainagebehandlung liquider Abszesse vor. Bei der Punktion unklarer Wirbelsäulenprozesse ermöglicht erst die CT-gesteuerte Punktion eine exakte Positionierung des Instrumentariums und somit die Vermeidung von Komplikationen durch Verletzung kritischer Strukturen wie Blutgefäße, Nerven usw. (siehe Tafel 3/3a, b, 4). Mit Hilfe von feinen Punktionsnadeln, Schneidebiopsie- und Trokarnadeln kann entsprechendes Material , das oft erst der Schlüssel zur weiteren Therapie ist, zur weiteren histologischen Aufarbeitung gewonnen werden. Auch das millimetergenaue probatorische Einbringen von Schmerzmitteln, z. B. bei der Facetten-, Iliosakralgelenk- (siehe Tafel 3/2a–c) und Plexusblockade etc., ist erst mittels der Computertomographie möglich.

3.2 CT-gesteuerte therapeutische Eingriffe

3.2.1 Facettengelenksblockade

Das Facettensyndrom äußert sich durch Hüft-, Gesäß- oder Leistenschmerzen, hervorgerufen durch eine Reizung des Ramus dorsalis der Spinalnerven bei Vorliegen degenerativer Veränderungen der kleinen Wirbelgelenke (Spondylarthrose). Zur Sicherung der Diagnose kann ein Provokationstest mit 0,5–1 ml 10%iger Natriumchlorid-Lösung erfolgen, die in bzw. an das Facettengelenk appliziert wird. Bei positivem Ergebnis ist sodann mit 3–5 ml Lokalanästhetikum eine extrakapsuläre Blockade möglich. Bei ausbleibendem Erfolg kann eine intrakapsuläre Injektion, ggf. kombiniert mit Cortisonpräparaten, durchgeführt werden. Bei rezidivierenden Beschwerden nach erfolgreicher Blockade ist die Therapie mit 98%igem Äthanol indiziert (siehe Tafel 3/1a–c).

3.2.2 Periradikuläre Therapie

Die Hauptindikationen der periradikulären Therapie (PRT) sind die Schmerzbehandlung des Postdiskektomiesyndroms oder die Therapie von Narbenschmerzen nach einer Bandscheibenoperation. Bei diesem Verfahren erfolgt über einen posterolateralen Zugang (Patient in Bauchlage) unter Lokalanästhesie CT-gesteuert in koaxialer Technik die Positionierung einer Feinnadel im unteren Anteil des betroffenen Neuroforamens (siehe Tafel 4/4a, b, 5). Nach Lagekontrolle wird eine Mischung aus Cortikosteroiden, Lokalanästhetikum und Kontrastmittel appliziert und die Verteilung des Präparates mittels CT überprüft. Diese Behandlung wird bis zu achtmal in dreiwöchigen Intervallen wiederholt. Nach Abschluß der Therapie wurde nach Literaturangaben bei mehr als 75 % der Patienten eine Schmerzfreiheit erzielt, weitere 5 % der Patienten gaben eine Besserung der Beschwerden an [94].

3.2.3 Perkutane Nukleotomie

Es handelt sich um ein operatives Verfahren zur Behandlung lumbaler, medialer und mediolateraler nichtsequestrierter Bandscheibenvorfälle. Vorausset-

Tafel 3. Neuroradiologische Interventionen I

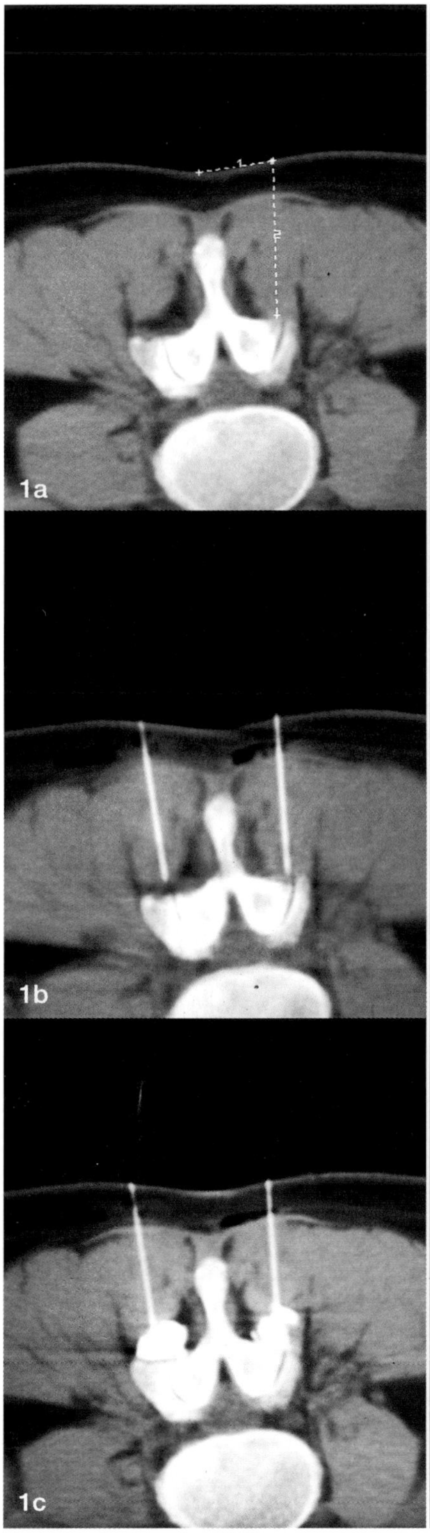

1a–c Facettenblockade L5/S1 beiderseits. Berechnung des Zielpunktes (a), Positionierung der Kanülen in Koaxialtechnik (b) und Kontrolle erfolgreicher Facettenblockade beiderseits (c).

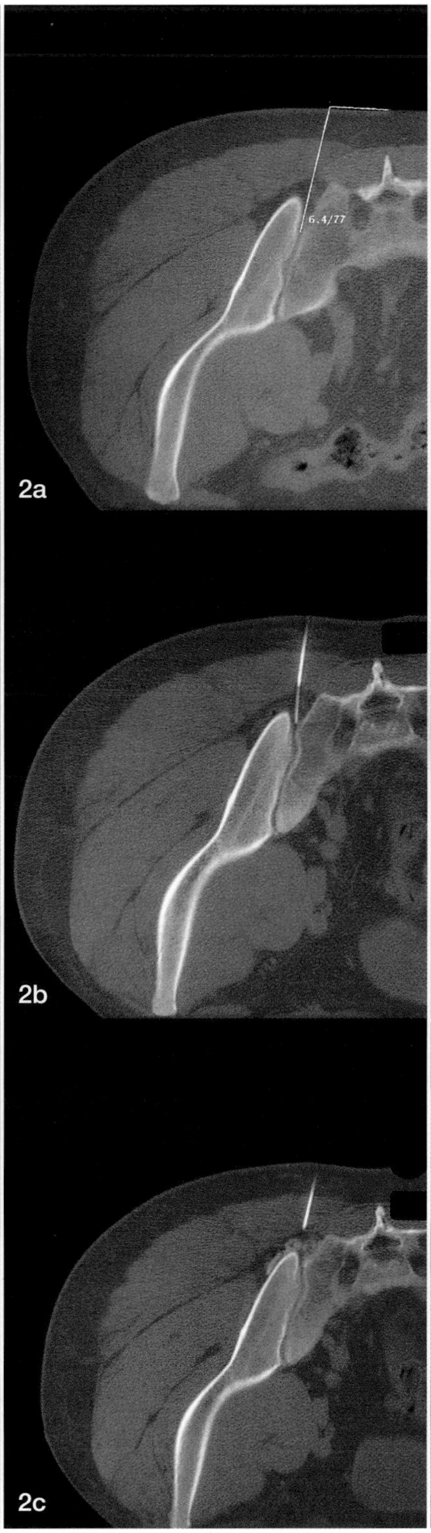

2a–c ISG-Blockade links. Nach der Zielpunktbestimmung (a) erfolgt die exakte Positionierung der Applikationskanüle (b). Verteilung des Pharmakons nach erfolgreicher Behandlung.

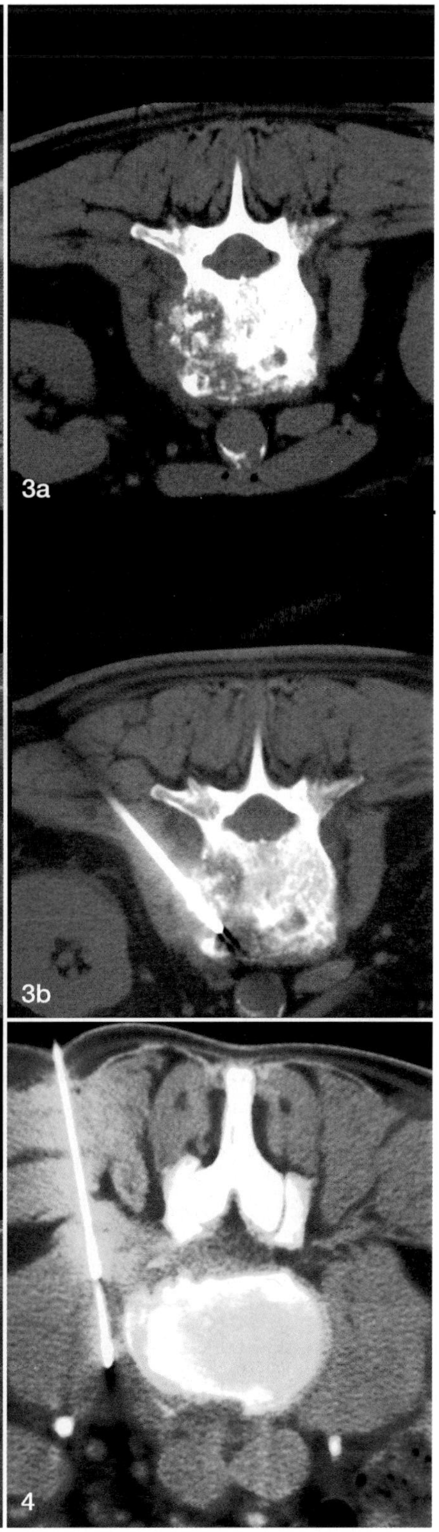

3a, b Spondylodiszitis L1/2. Punktion zur Keimgewinnung.

4 Paravertebraler Abszeß lumbal links mit Einbruch nach epidural in Höhe L3/4. Punktion zur Keimgewinnung.

Tafel 4. Neuroradiologische Interventionen II

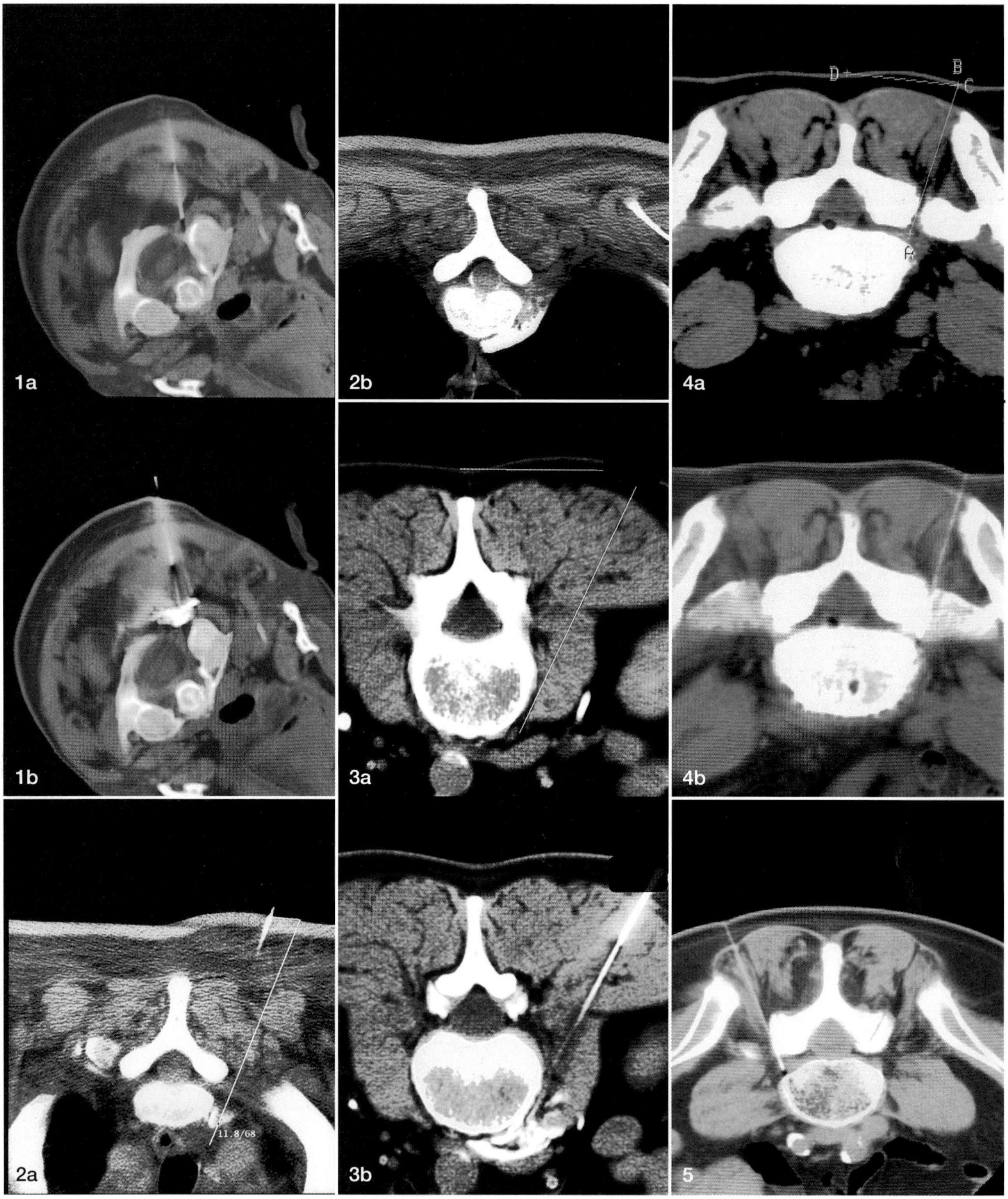

1a, b CT-gesteuerte Blockade des Nervus occipitalis rechtsseitig im Niveau des Nervenaustritts aus dem Spinalkanal vor (a) und nach (b) Applikation des Bupivacain-Cortison-Gemisches.

2a, b Thorakale Sympathikolyse. Berechnung des Zielpunktes im Niveau Th2 (a); Kontrolle nach Applikation des Kontrastmittel-Alkohol-Gemisches (b).

3a, b Lumbale Sympathikolyse rechtsseitig. Lokalisation des lumbalen Sympathikus im Niveau L4 (a); Zustand nach Applikation eines Gemisches aus Kontrastmittel, Bupivacain und Ethanol (b).

4 a, b Periradikuläre Therapie im Niveau L5 rechts. Nach Berechnung des Zielpunktes (a) Applikation eines Gemisches aus Cortison und Lokalanästhetikum in entsprechender Nadelposition (b).

5 Periradikuläre Therapie in Höhe L5 links. Exakte Positionierung der Nadel im Wurzelaustrittsbereich L5 linksseitig.

Tafel 5. Neuroradiologische Interventionen – Stereotaxie, Neuronavigation

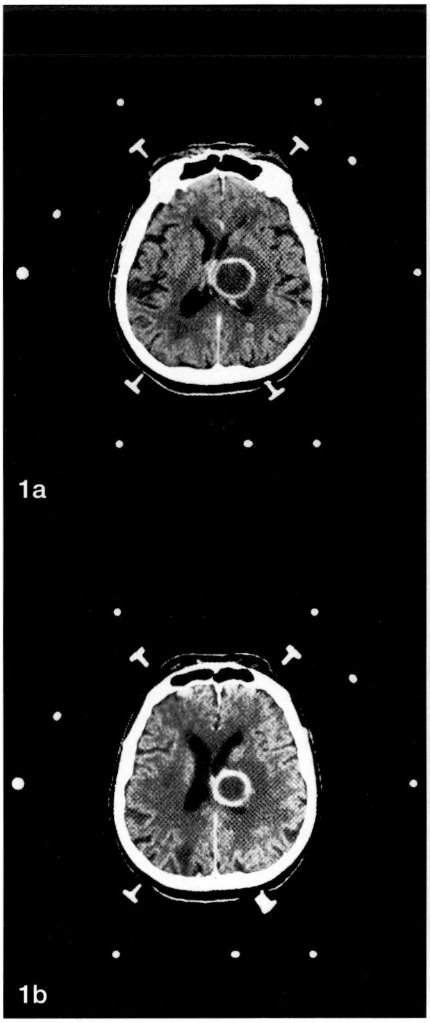

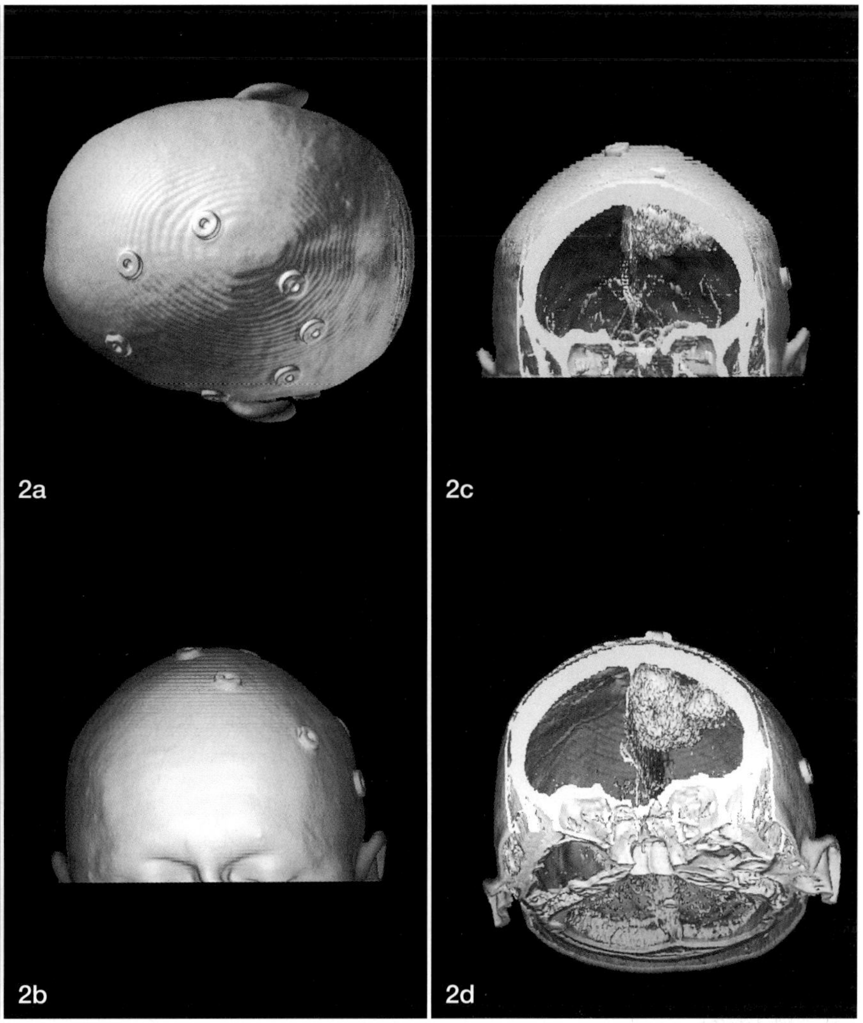

1a, b Planungsuntersuchung vor Stereotaxie mit Darstellung eines 3 cm großen Abszesses im Stammganglienbereich. Darstellung der Fixationsschrauben in der Schädelkalotte sowie der Orientierungspunkte zur Zielpunktberechnung.

2a–d Neuronavigation. 3D-Oberflächenrekonstruktion in Aufsicht von oben (a) und frontal (b) mit fixierten Markern. 3D-Rekonstruktion nach Segmentierung (c, d) mit Einblick in das Schädelinnere und Darstellung des an den vorderen Sinus sagittalis angrenzenden Meningeoms.

zung ist eine umfassende neuroradiologische Abklärung mittels MRT, CT, Myelographie und postmyelographischer Computertomographie, ggf. Diskographie. Der Eingriff wird unter Sedierung in Bauchlage durchgeführt. Über einen dorsolateralen transmuskulären Zugang wird unter CT- oder Durchleuchtungskontrolle das Nukleotom in das Bandscheibenfach eingebracht und das Bandscheibengewebe entfernt. Ideal zur Online-Kontrolle des Eingriffs ist eine Kombination von C-Bogen zur Durchleuchtung und Computertomographie. Die globale Komplikationsrate bei diesem Eingriff liegt unter 1 % [94].

3.3 Weitere CT-gesteuerte Interventionen

Dank der exakten Lokalisation nervaler Strukturen mit der Computertomographie sind neben den Möglichkeiten temporärer diagnostischer Blockaden auch eine Neurolyse, u. a. im Bereich des Plexus cervicobrachialis, Plexus coeliacus, des präsakralen und präkokzygealen Plexus sympathicus, sowie die thorakale bzw. lumbale Sympathektomie möglich (siehe Tafel 4/1–3).

4 Das normale Gehirn

4.1 Anatomische Grundlagen

Die anatomischen Grundlagen der intrakraniellen Strukturen werden mit den Abbildungen 14–20 kurz rekapituliert.

4.2 Topographie des Gehirns im Computertomogramm

Jede Schicht zeigt charakteristische Hirnstrukturen, die auf den Tafeln 6–12 (S. 28–41) schematisch erläutert werden. Wegen der physiologischen Variabilität des Gehirns und wegen der auch bei exakter Einstellung häufig modifizierten Lage der Schichtebenen sind bei einem Patienten meist nicht alle der im folgenden beschriebenen Strukturen sichtbar (Tafel 6). Die unterschiedlichen Absorptionseigenschaften lassen am gesunden Gehirnschädel im wesentlichen sieben Qualitäten voneinander abgrenzen: Schädelknochen und intrakraniale Kalzifikationen, graue Hirnsubstanz, Marksubstanz, Liquor, Fett und Luft. Ferner können Gefäße und Blutleiter nachgewiesen werden, die nach i. v. Kontrastmittelinjektion eine Dichtezunahme aufweisen (Tafel 7).

4.2.1 Neurofunktionelle Systeme

Aufgrund klinischer, physiologischer, tierexperimenteller und neuroanatomischer Untersuchungen können heute definierte Leitungsbahnen bestimmten Neurofunktionen zugeordnet werden. Daher lassen sich auch mit einer gewissen Sicherheit die neurologischen Symptome und die CT-Befunde korrelieren.

Tab. 2. Gegenüberstellung der diagnostischen Wertigkeit von zerebraler CT und MRT mit Bezug zu den verschiedenen Erkrankungen

Erkrankungen	Stellenwert CT vs. MRT	Bemerkungen
Schädelhirntraumen		
Extrazerebrale Hämatome	CT > MRT	Isodenses chronisches subdurales Hämatom besser im MRT
Hirnkontusion	CT > MRT	Veränderungen im Hirnstamm und Spätfolgen besser im MRT
Postoperative Komplikation	CT	
Neuropädiatrische Erkrankungen	CT < MRT	Hydrozephalus generell CT = MRT
Vasopathien		
Hirninfarkt	CT < MRT	
Hirnmassenblutung		
– frühe Phase	CT > MRT	
– spätere Phase	CT < MRT	
Subarachnoidalblutung	CT	
Aneurysma	CT < MRT	Kleine Verkalkungen besser im CT
Angiom	CT < MRT	Kleine Verkalkungen besser im CT
Degenerative Erkrankungen		
Hirnatrophie	CT < MRT	Veränderungen aller Liquorräume CT = MRT
Normotensiver Hydrozephalus	CT = MRT	Intrathekales KM-CT = Flußstudie im MRT
Multiple Sklerose	MRT	
Leukodystrophien	MRT	
Entzündungen		
Enzephalitis	MRT	
Subdurales Empyem/epiduraler Abszeß	CT < MRT	
Hirnabszeß	CT = MRT	
Granulome	CT = MRT	
AIDS	CT < MRT	
Neoplasmen		
Astrozytom (II)	CT < MRT	Bei Kontrollen MRT
Astrozytom (III)	CT < MRT	Bei Kontrollen MRT
Oligodendrogliom	CT < MRT	Verkalkungen besser im CT, bei Kontrollen MRT
Mischgliome	CT < MRT	Bei Kontrollen MRT
Diffuse Gliomatose	MRT	
Glioblastom	CT = MRT	
Pilozytisches Astrozytom	CT < MRT	Bei Kontrollen MRT
Ponsgliom	MRT	
Ependymom	CT < MRT	Verkalkungen besser im CT, bei Kontrollen MRT
Medulloblastom	CT < MRT	Bei Kontrollen MRT
Subependymales Riesenzellastrozytom	CT < MRT	
Gangliozytom	CT < MRT	Verkalkungen besser im CT
Malignes Lymphom	CT < MRT	
Histiozytom	CT < MRT	
Leukose	CT < MRT	
Monstrozelluläres Sarkom	CT < MRT	
Pinealistumor	CT < MRT	Verkalkungen besser im CT
Plexuspapillom	CT < MRT	Verkalkungen besser im CT
Meningeom	CT < MRT	Verkalkungen besser im CT, Meningeom der Mittellinie und Schädelbasis besser im MRT
Neurinom	MRT	
Hypophysenadenom	CT < MRT	
Angioblastom	CT < MRT	
Hamartom	CT < MRT	
Kraniopharyngeom	CT > MRT	Verkalkungen besser im CT
Kolloidzyste	CT = MRT	
Lipom	CT = MRT	
Epidermoid, Dermoid, Teratom	CT > MRT	Verkalkungen, Dichteverhältnisse besser im CT
Tumoren der Schädelbasis	CT = MRT	Beide Methoden ergänzen sich
Metastasen	CT = MRT	
Orbita-Erkrankungen	CT = MRT	Beide Methoden ergänzen sich
Prozesse der Felsenbeinregion, Prozesse der Schädelbasis und des angrenzenden Viszerokraniums	CT = MRT	Knöcherne Strukturen besser im CT, bindegewebliche oder tumoröse Strukturen besser im MRT, beide Methoden ergänzen sich

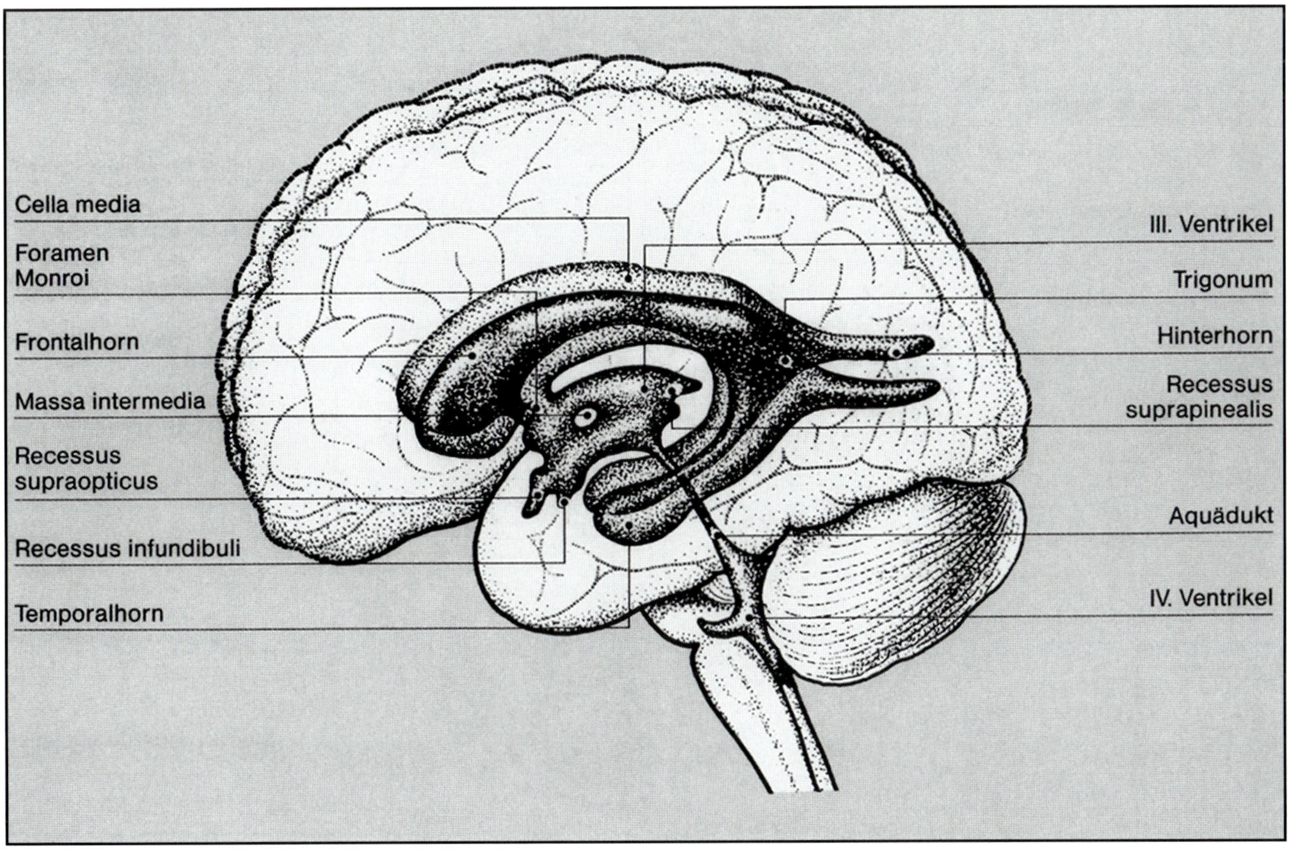

Abb. 14. Ventrikelsystem.

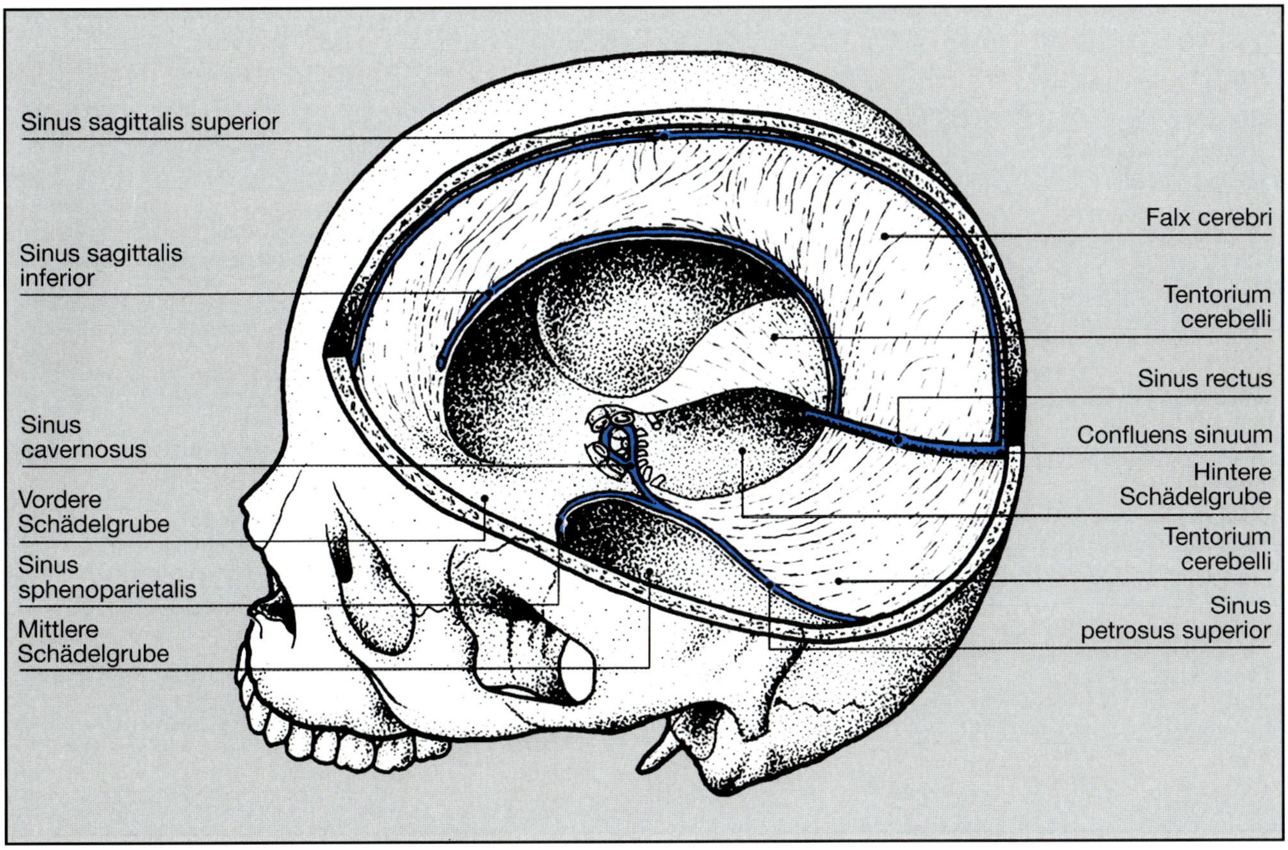

Abb. 15. Tentorium, Falx und venöse Blutleiter.

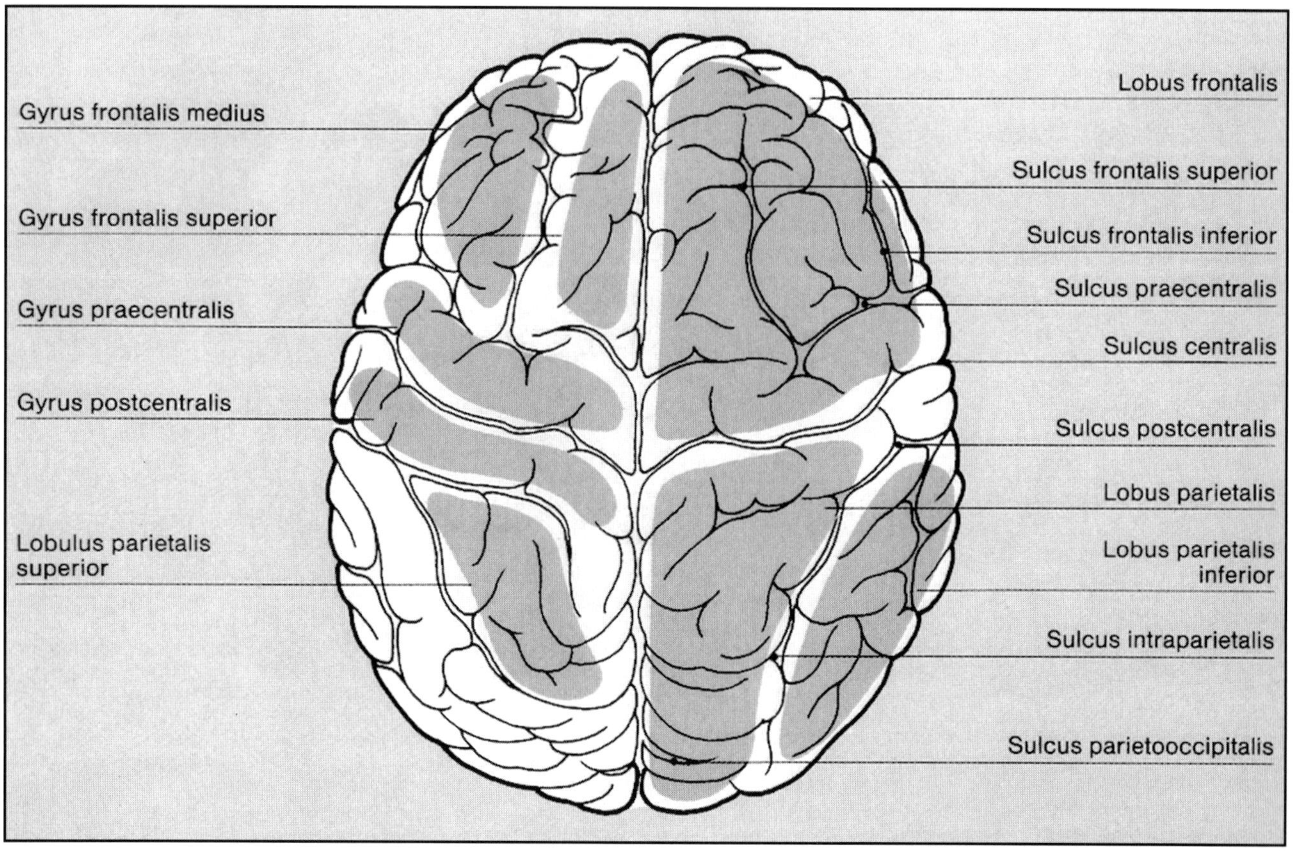

Abb. 16. Hirnoberfläche von oben.

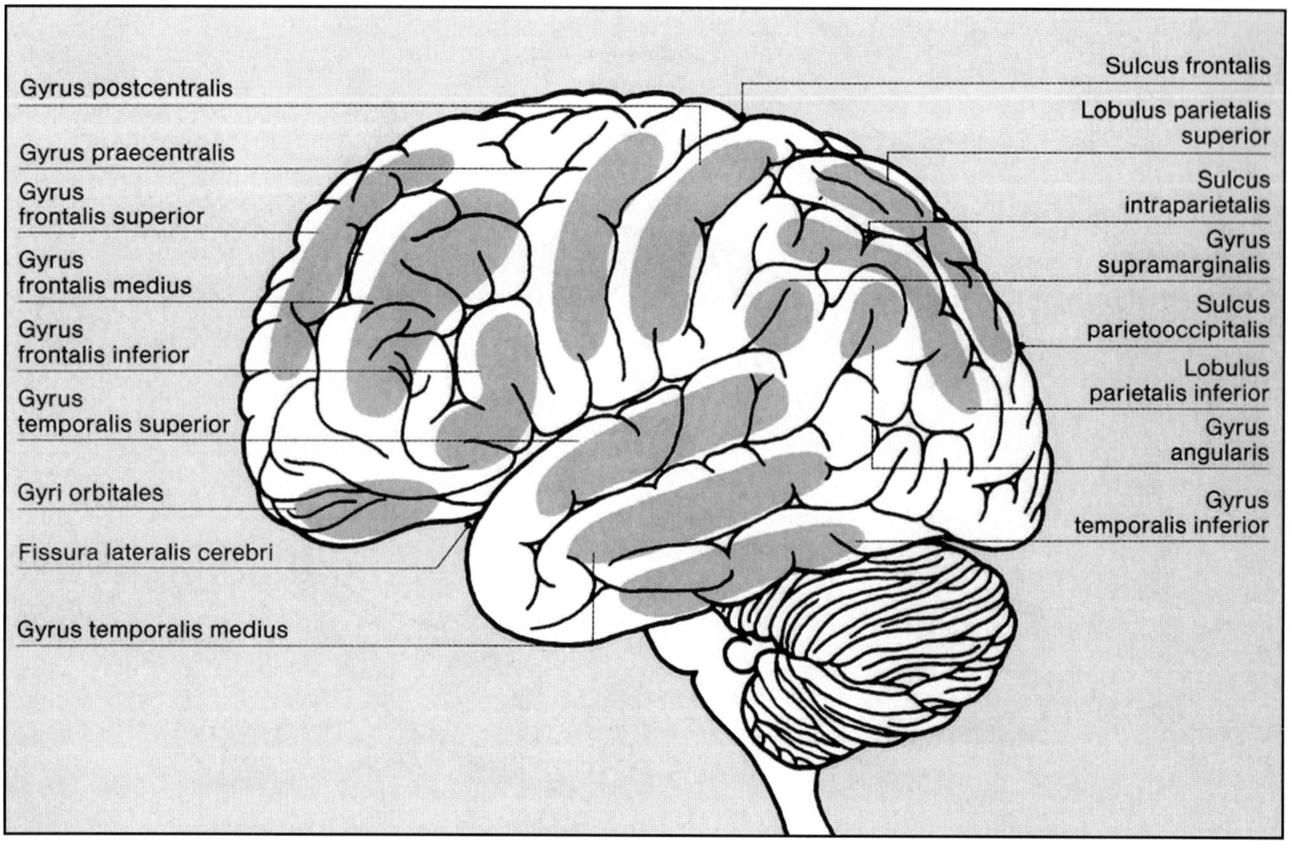

Abb. 17. Hirnoberfläche von links seitlich.

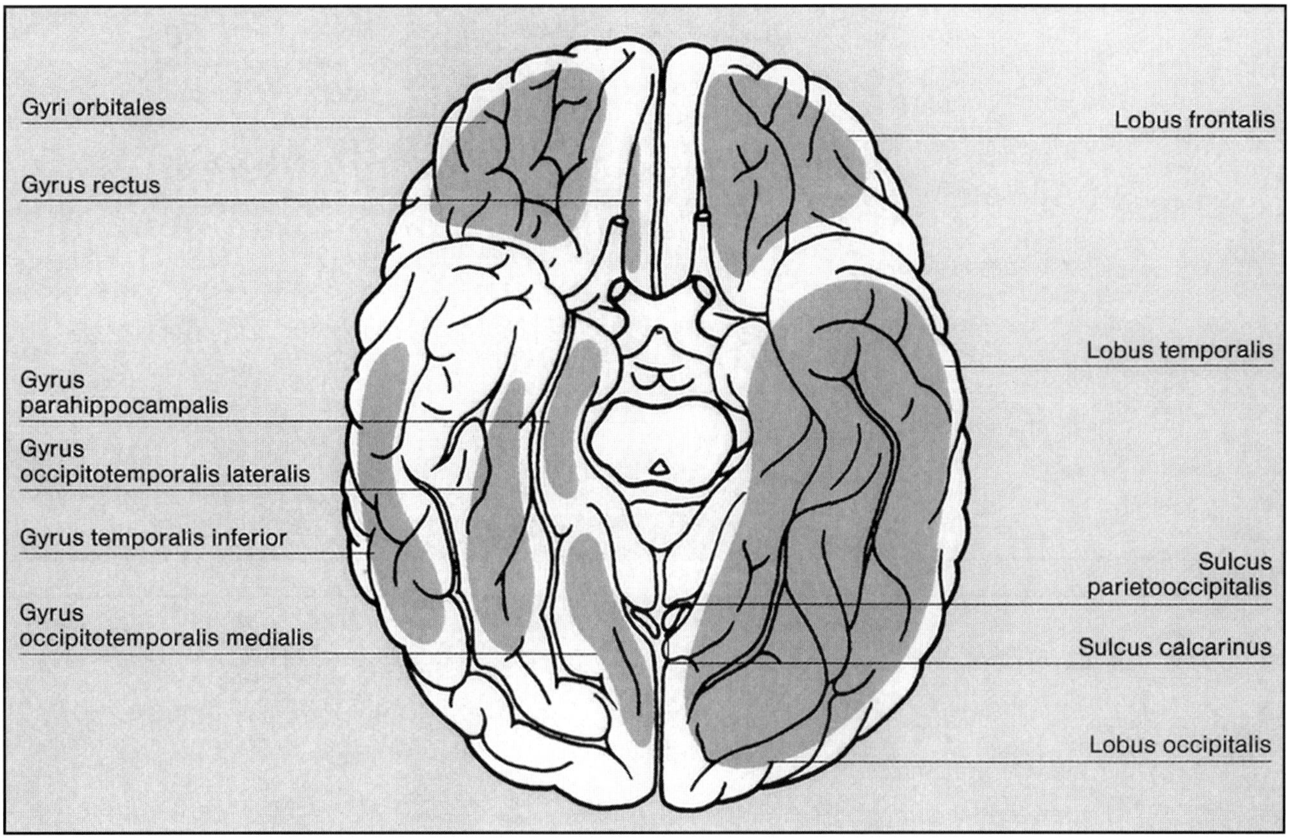

Abb. 18. Hirnoberfläche von basaler Sicht.

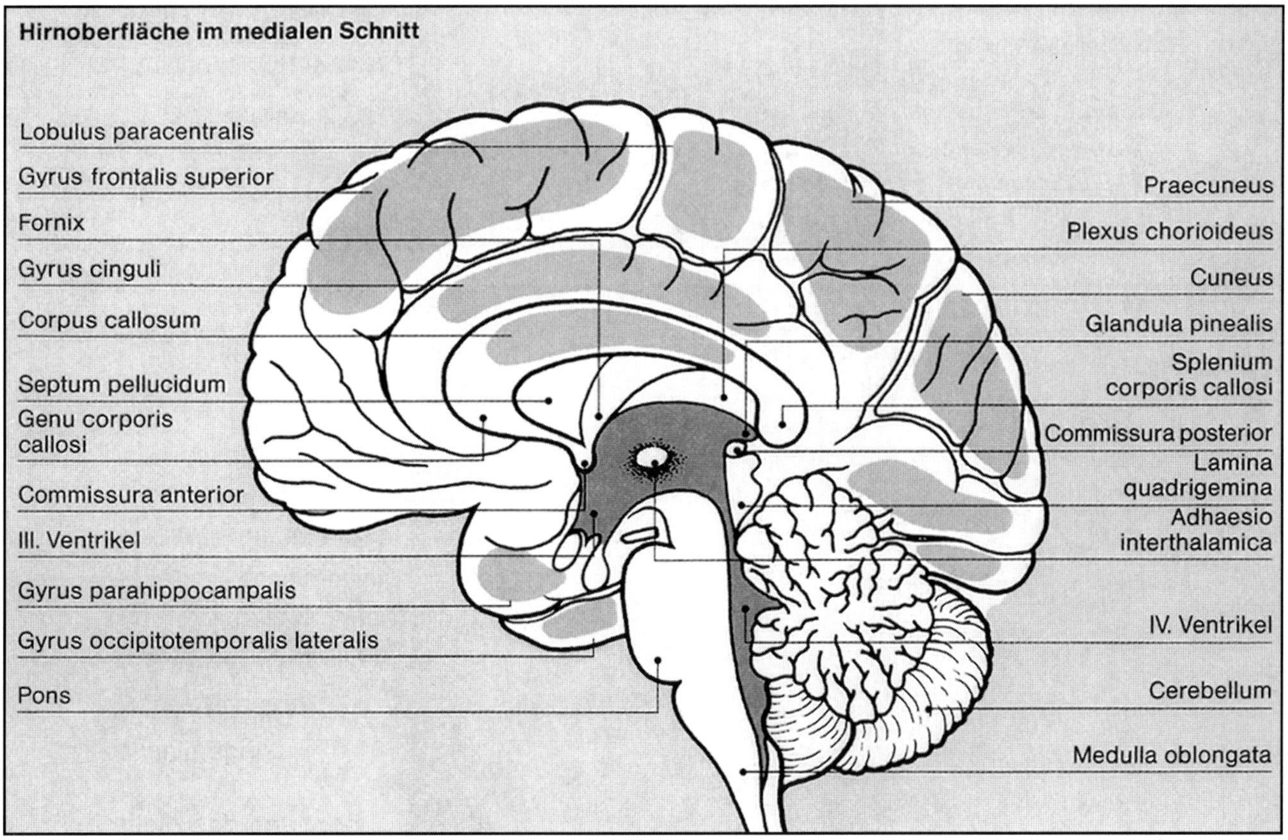

Abb. 19. Hirnoberfläche im medialen Schnitt.

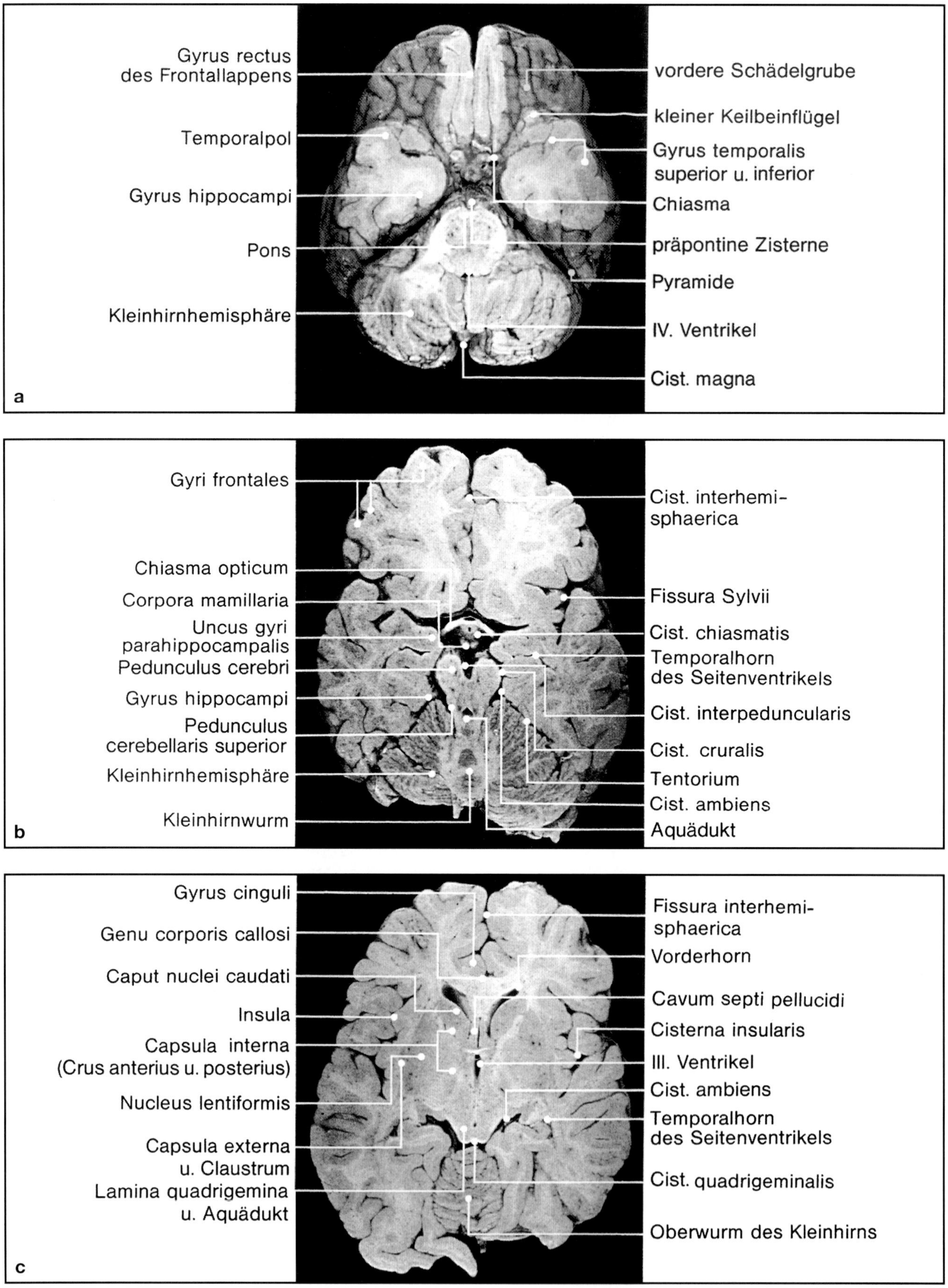

Abb. 20a–c. Autoptische Hirnschnitte.

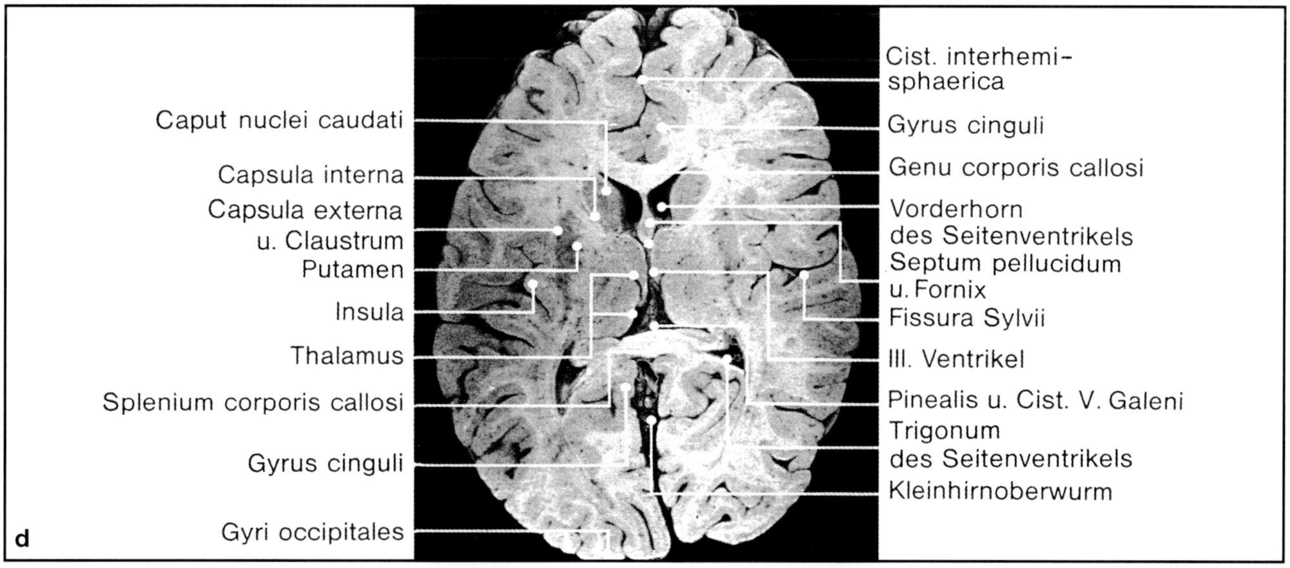

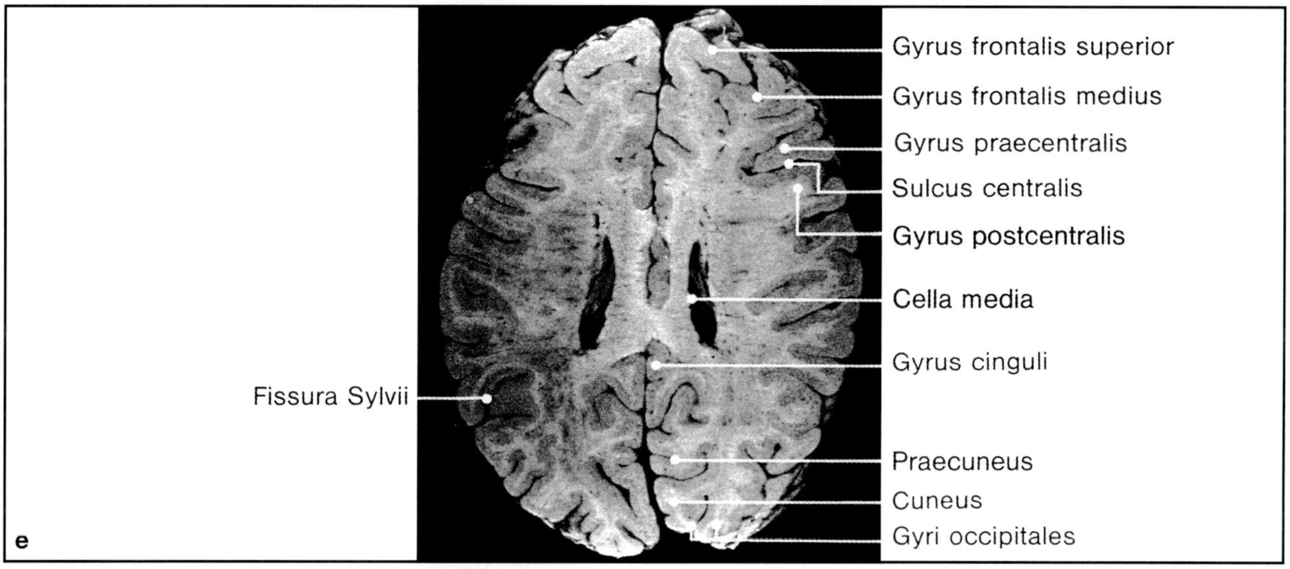

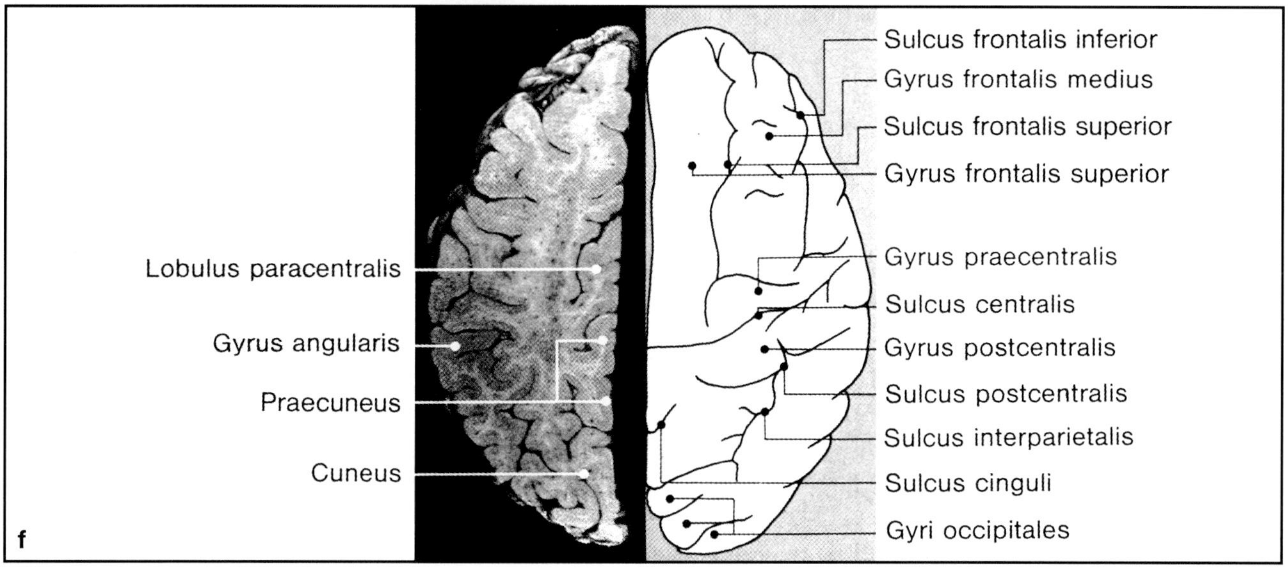

Abb. 20d–f. Autoptische Hirnschnitte.

Tafel 6 A. Normalbefund des Gehirns ohne KM, axiale Schnittführung – schematische Darstellung

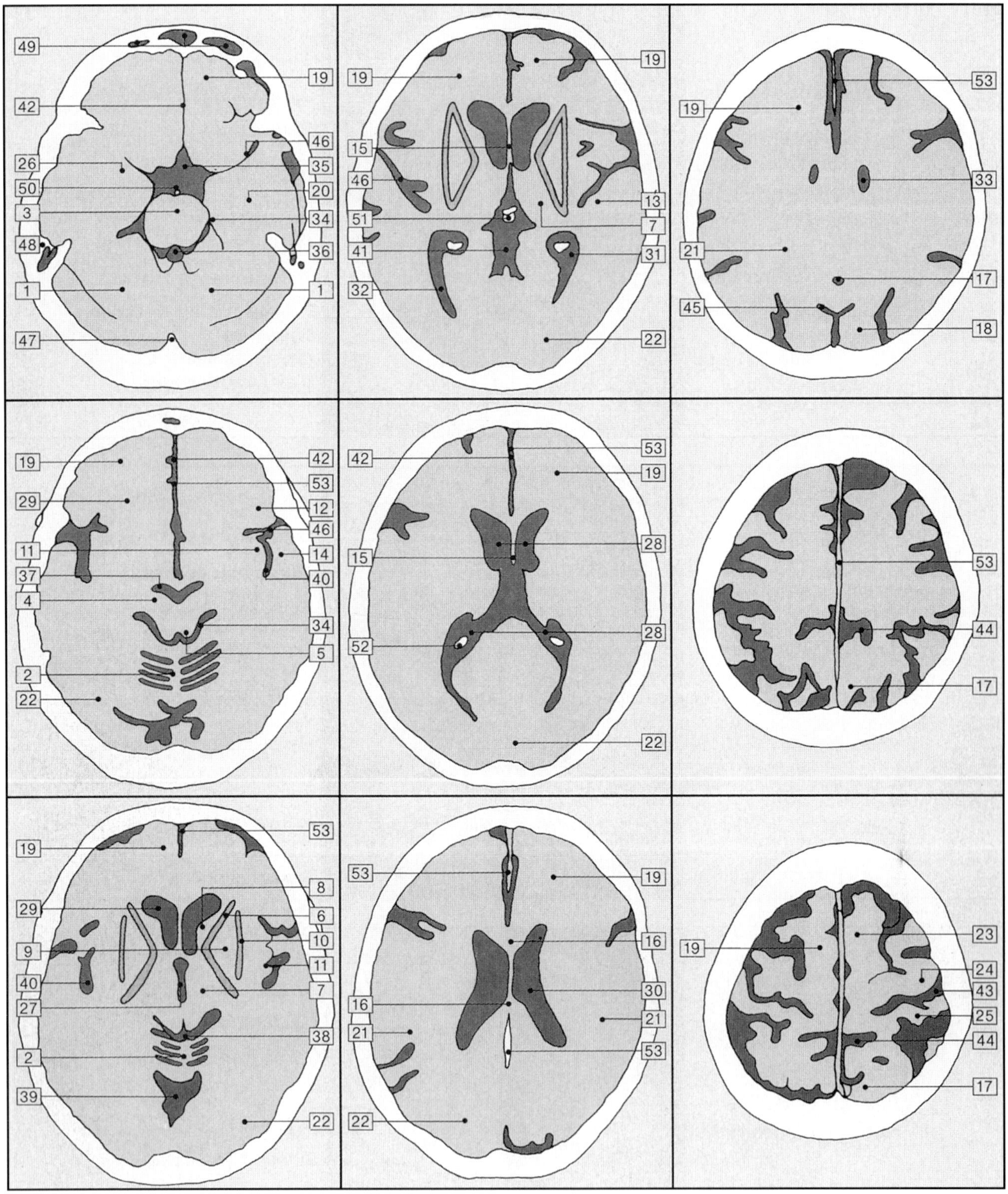

Hirnsubstanz
1 Kleinhirnhemisphäre
2 Vermis superior cerebelli
3 Pons
4 Pedunculi cerebri
5 Lamina quadrigemina
6 Capsula interna
7 Thalamus
8 Caput nuclei caudati
9 Nucleus lentiformis
10 Capsula externa
11 Insula
12 Operculum frontale
13 Operculum parietale
14 Operculum temporale
15 Septum pellucidum
16 Corpus callosum
17 Praecuneus
18 Cuneus
19 Lobus frontalis
20 Lobus temporalis
21 Lobus parietalis
22 Lobus occipitalis
23 Gyrus frontalis superior
24 Gyrus praecentralis
25 Gyrus postcentralis
26 Hippokampus

Liquorraum
27 III. Ventrikel
28 Seitenventrikel

Tafel 6 B. Normalbefund des Gehirns ohne KM, axiale Schnittführung

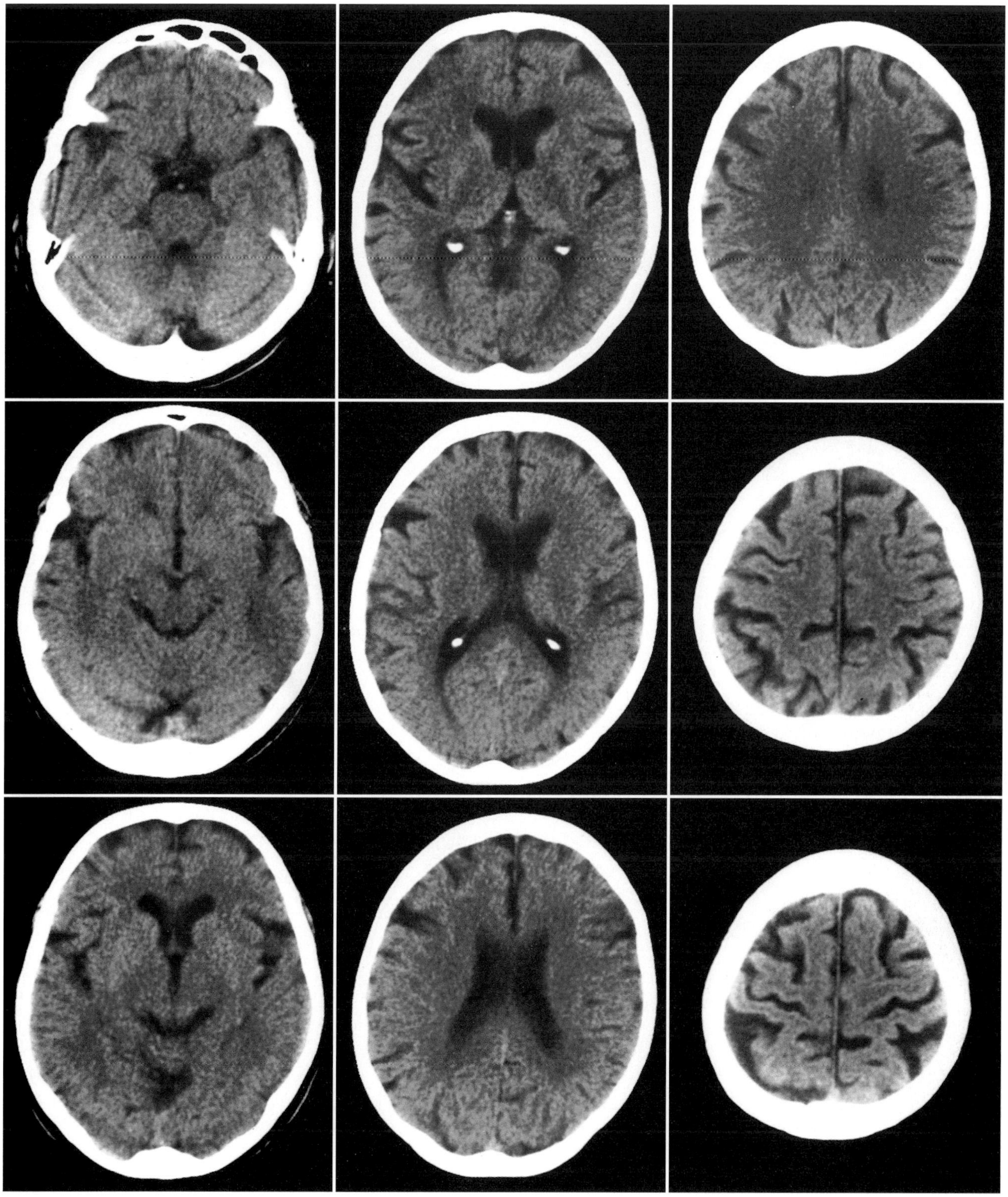

29 Vorderhorn
30 Cella media
31 Trigonum
32 Hinterhorn
33 Temporalhorn
34 Cisterna ambiens
35 Cisterna basalis („Pentagon")
36 Cisterna cerebellaris superior
37 Cisterna interpeduncularis
38 Cisterna laminae quadrigeminae
39 Cisterna supravermis
40 Cisterna insularis
41 Cisterna venae Galeni
42 Cisterna interhemispherica
43 Sulci centralis
44 Sulcus cinguli
45 Sulcus parietooccipitalis
46 Fissura Sylvii

Varia
47 Crista occipitalis interna
48 Felsenbein mit pneumatisierten Zellen
49 Sinus frontalis
50 A. basilaris
51 Corpus pineale
52 Plexus chorioideus
53 Falx cerebri

Tafel 7 A. Normalbefund des Gehirns mit KM, axiale Schnittführung – schematische Darstellung

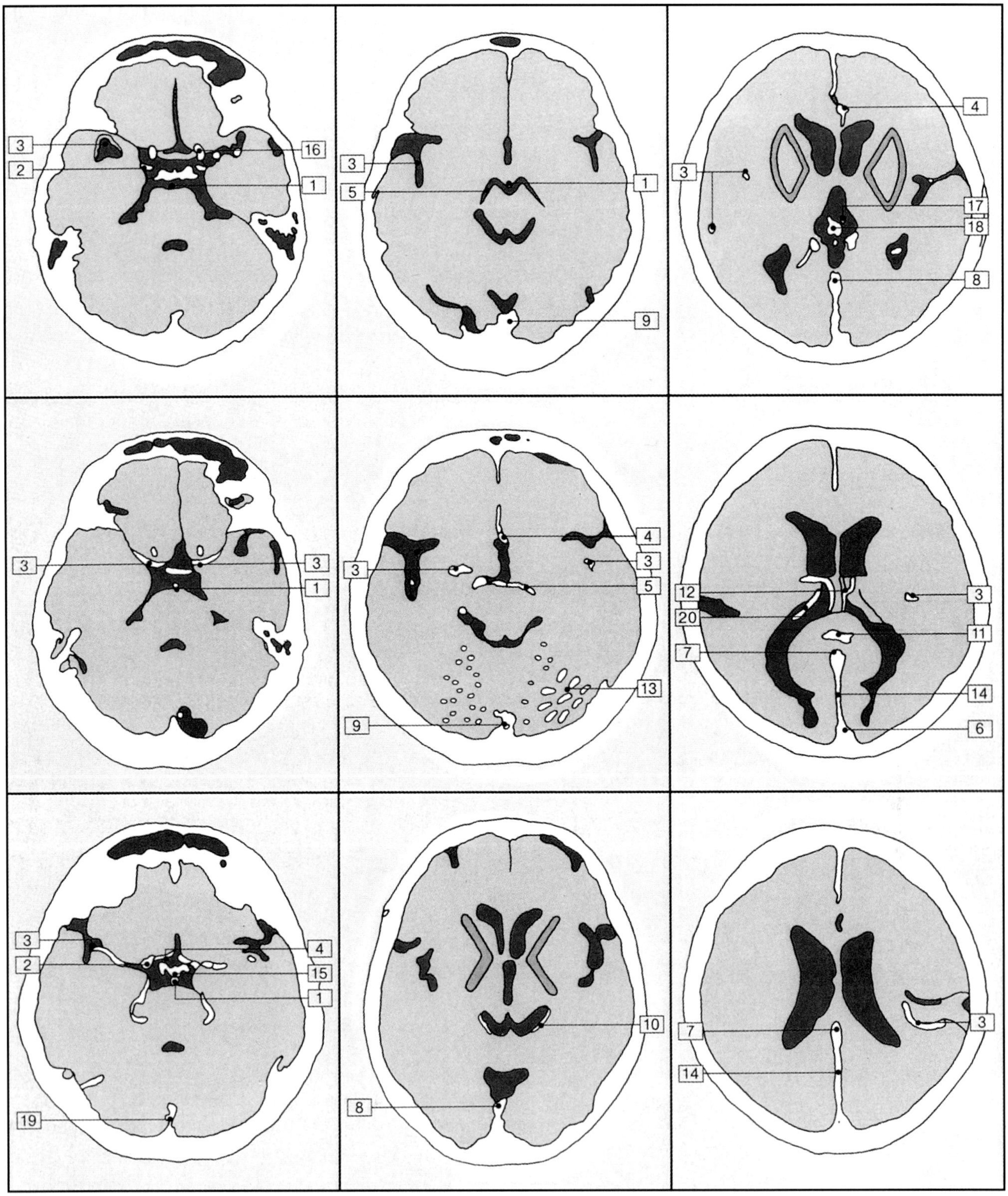

Arterien
1 A. basilaris
2 A. Carotis interna
3 A. cerebri media
4 A. cerebri anterior
5 A. cerebri posterior

Venen
6 Sinus sagittalis superior
7 Sinus sagittalis inferior
8 Sinus rectus
9 Confluens sinuum
10 V. basalis
11 V. cerebri magna Galeni
12 V. cerebri interna
13 Tentorium
14 Interhemisphärenspalt

Varia
15 Dorsum sellae
16 Processus clinoideus anterior
17 Habenula
18 Corpus pineale
19 Falx cerebelli
20 Plexus chorioideus

Tafel 7 B. Normalbefund des Gehirns mit KM, axiale Schnittführung

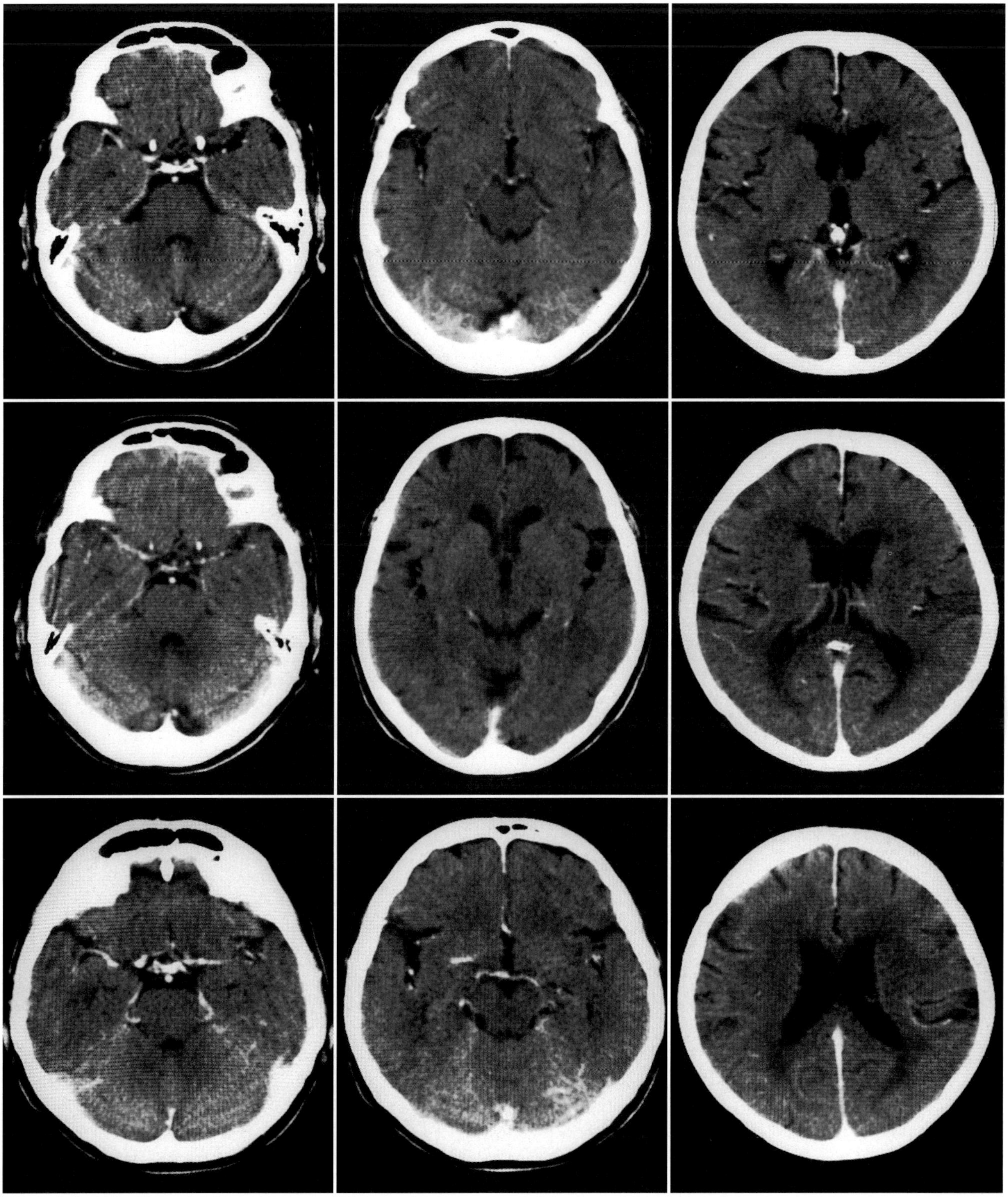

Tafel 8 A. Normalbefund des Gehirns mit KM, koronare Schnittführung – schematische Darstellung

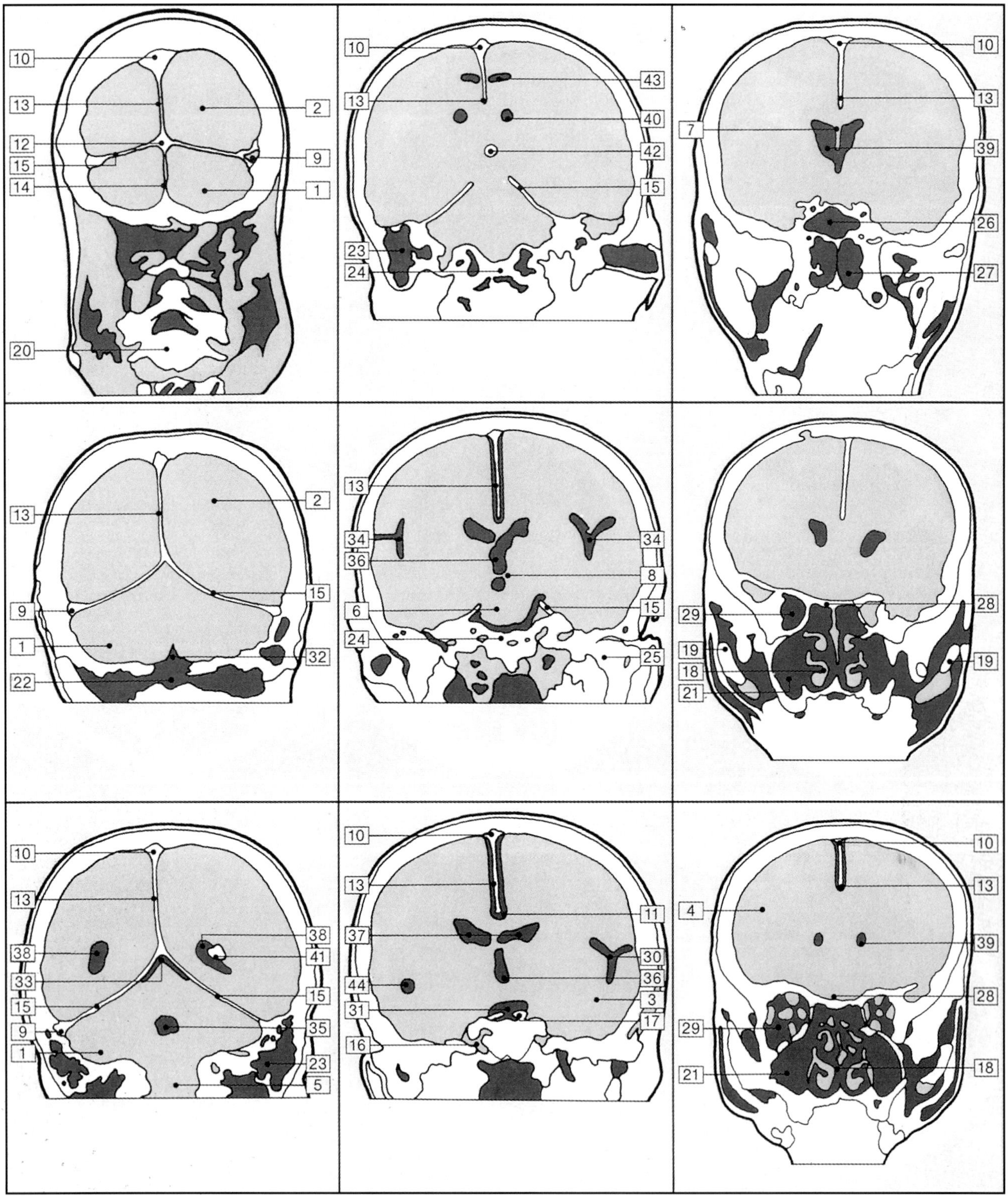

Hirnsubstanz

1 Cerebellum
2 Lobus occipitalis
3 Lobus temporalis
4 Lobus frontalis
5 Pons
6 Hypothalamus
7 Septum pellucidum
8 Adhaesio interthalamica
9 Sinus transversus
10 Sinus sagittalis superior
11 Sinus sagittalis inferior
12 Confluens sinuum
13 Falx cerebri
14 Falx cerebelli
15 Tentorium

Varia

16 Canalis caroticus
17 Sella turcica
18 Conchae nasales
19 Mandibula
20 HWK II
21 Sinus maxillaris
22 Foramen magnum
23 Mastoid

Tafel 8 B. Normalbefund des Gehirns mit KM, koronare Schnittführung

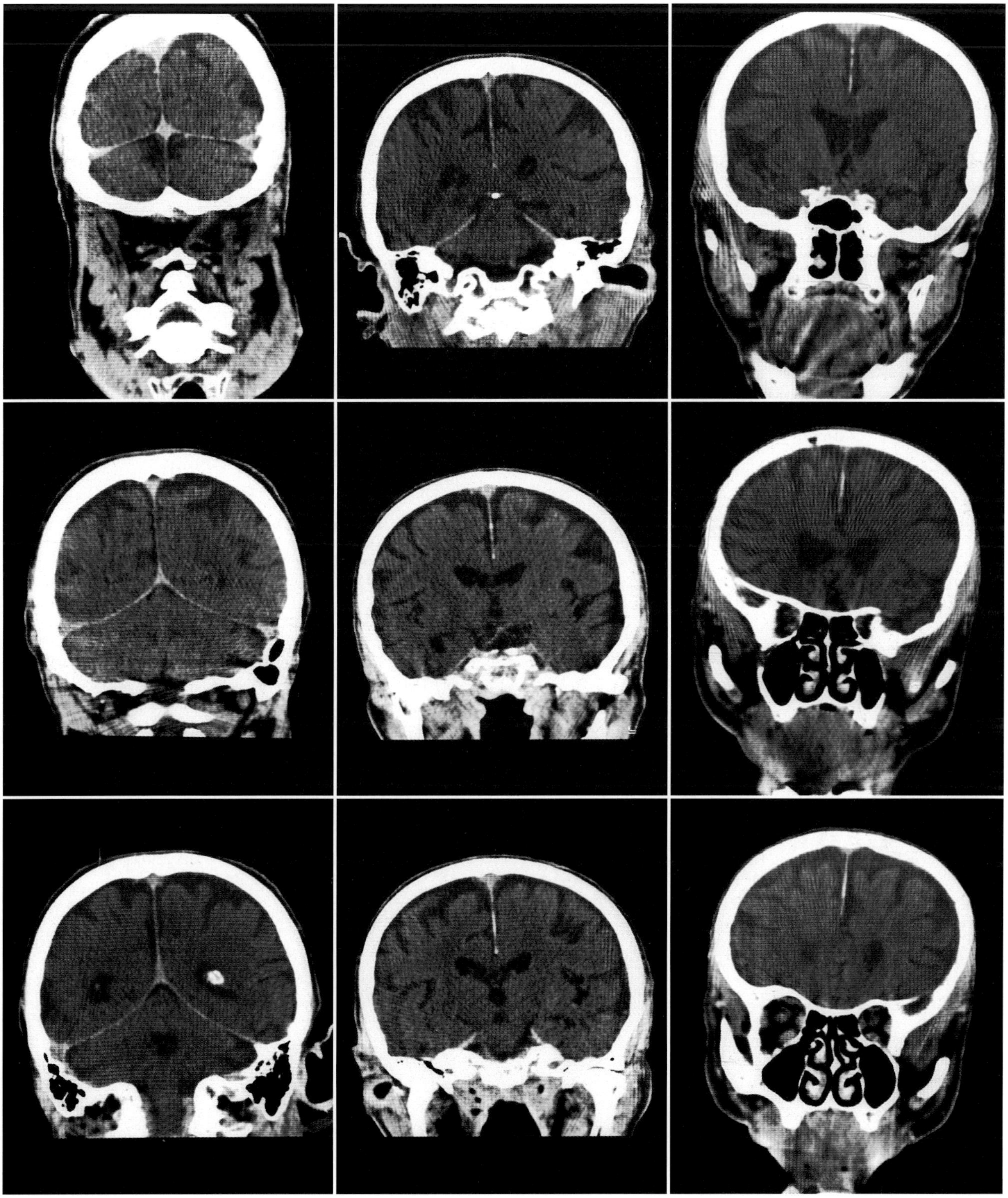

24 Clivus
25 Kiefergelenk
26 Sinus sphenoidalis
27 Choanen
28 Planum sphenoidale
29 Orbita

Liquorräume
30 Fissura Sylvii
31 Cisterna basalis
32 Cisterna cerebellomedullaris
33 Cisterna cerebellaris superior
34 Cisterna insularis
35 Ventriculus IV
36 Ventriculus III
37 Seitenventrikel

38 Hinterhorn
39 Vorderhorn
40 Cella media
41 Plexus chorioideus
42 Corpus pineale
43 Sulcus cinguli
44 Temporalhorn

Tafel 9 A. Normalbefund, Zisternographie – schematische Darstellung

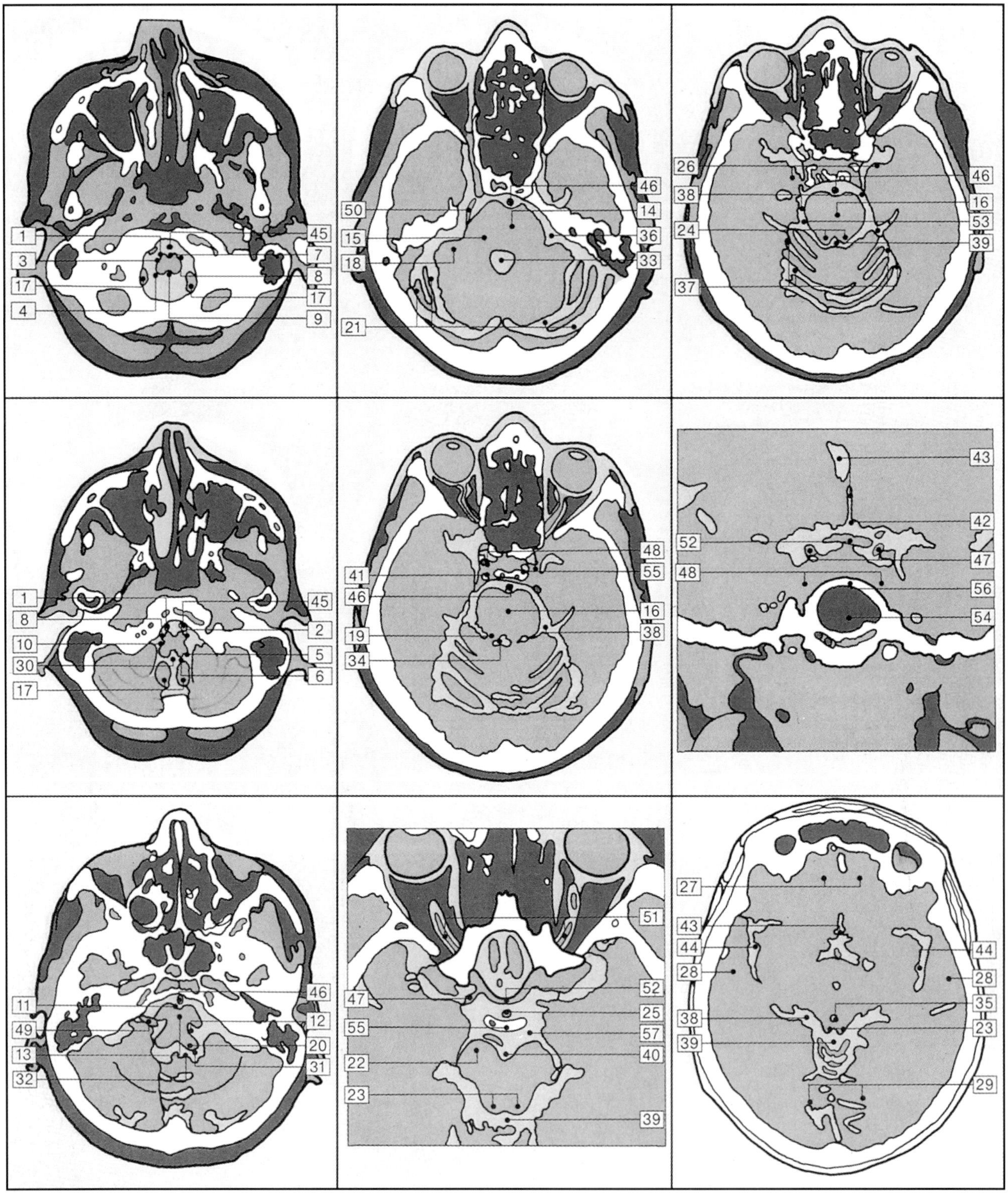

1 Pyramis medullae oblongatae
2 Oliva medullae oblongatae
3 Funiculus lateralis
4 Columna posterior
5 Tuberculum nuclei cuneati
6 Tuberculum nuclei gracilis
7 Fissura mediana anterior
8 Sulcus lateralis anterior
9 Sulcus medianus posterior
10 Sulcus lateralis posterior
11 Sulcus basilaris
12 Sulcus pontomedullaris
13 Pontomedullärer Übergang
14 Pons
15 Brachium pontis
16 Isthmus pontis
17 Tonsilla cerebelli
18 Flocculus
19 Pedunculus cerebellaris superior
20 Pedunculus cerebellaris inferior
21 Folia cerebelli
22 Pedunculus cerebri
23 Colliculus superior
24 Colliculus inferior
25 Infundibulum
26 Uncus gyri hippocampi
27 Lobus frontalis
28 Lobus temporalis
29 Lobus occipitalis
30 Foramen Magendi

Tafel 9 B. Normalbefund, Zisternographie

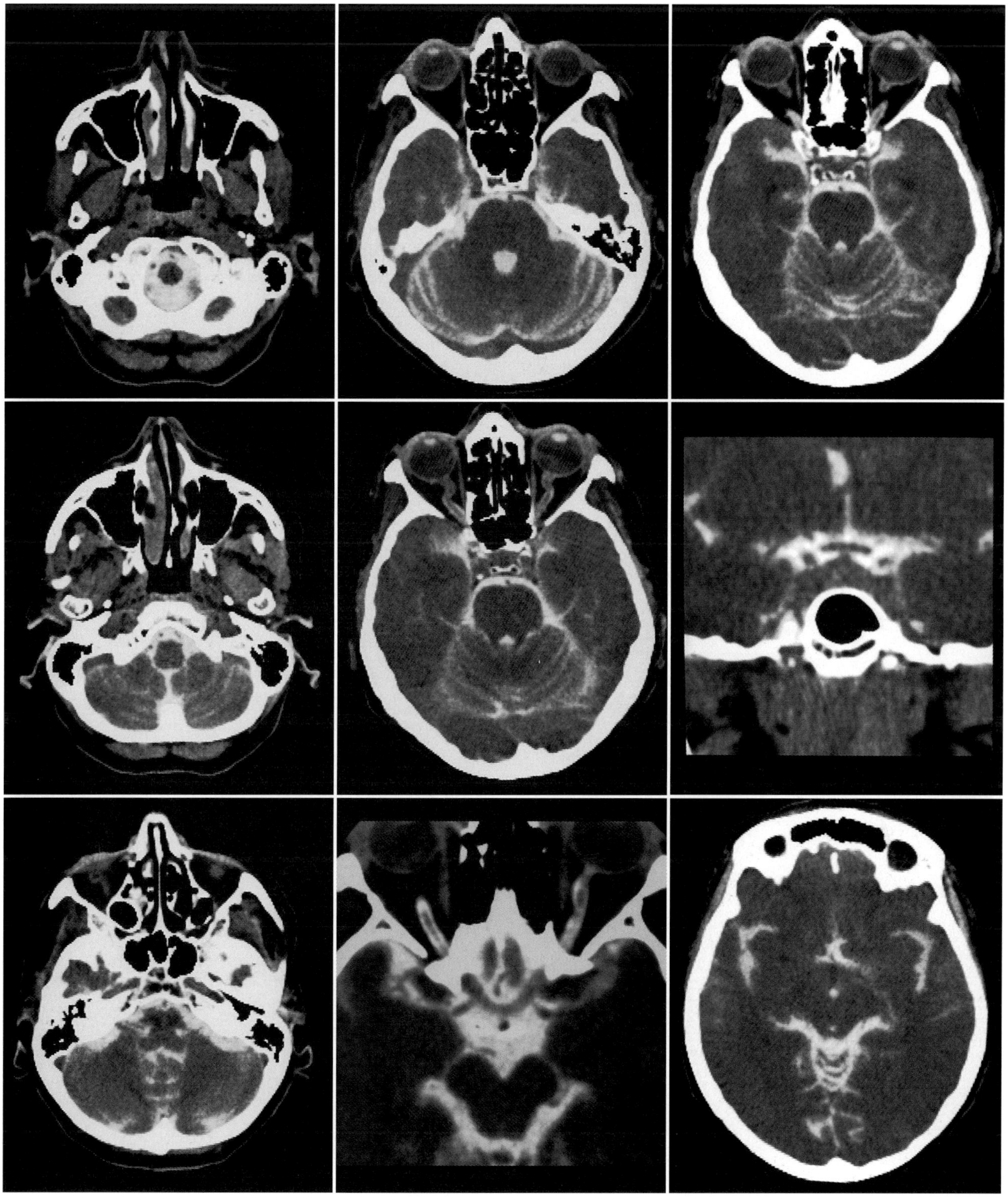

31 Foramen Luschkae
32 Recessus lateralis ventriculi IV.
33 Ventriculus quartus
34 Oberer Teil des IV. Ventrikels
35 Aquaeductus
36 Cisterna pontocerebellaris
37 Cisternae cerebellares superiores
38 Cisternae perimesencephalicae
39 Cisterna quadrigemina
40 Fossa interpeduncularis
41 Cavum Meckeli
42 Cisterna chiasmatis
43 Fissura longitudinalis superior
44 Fissura Sylvii
45 A. vertebralis
46 A. basilaris
47 A. Carotis interna
48 Sinus cavernosus
49 N. vestibulocochlearis
50 N. trigeminus
51 N. opticus
52 Chiasma opticum
53 Lage der Incisura tentorii
54 Sinus sphenoidalis
55 Dorsum sellae
56 Sellaboden
57 Pentagon

Tafel 10 A. Normalbefund des Felsenbeins – schematische Darstellung

1 Meatus acusticus externus
2 Membrana tympani
3 Cavum tympani
4 Recessus epitympanicus
5 Recessus hypotympanicus
6 Semicanalis tubae auditivae
7 Semicanalis m. tensoris tympani
8 Caput mallei
9 Manubrium mallei
10 Corpus incudis
11 Crus longum incudis
12 Crus breve incudis
13 Stapes
14 Promontorium
15 Tegmen tympani
16 Sinus tympani
17 Fenestra vestibuli
18 Fenestra cochleae
19 Ganglion geniculatum
20 Canalis n. facialis (tympanales Segment)
21 Canalis n. facialis (mastoidales Segment)
22 Aditus ad antrum mastoideum
23 Antrum mastoideum
24 Processus mastoideae
25 Cellulae mastoideae

Tafel 10 B. Normalbefund des Felsenbeins

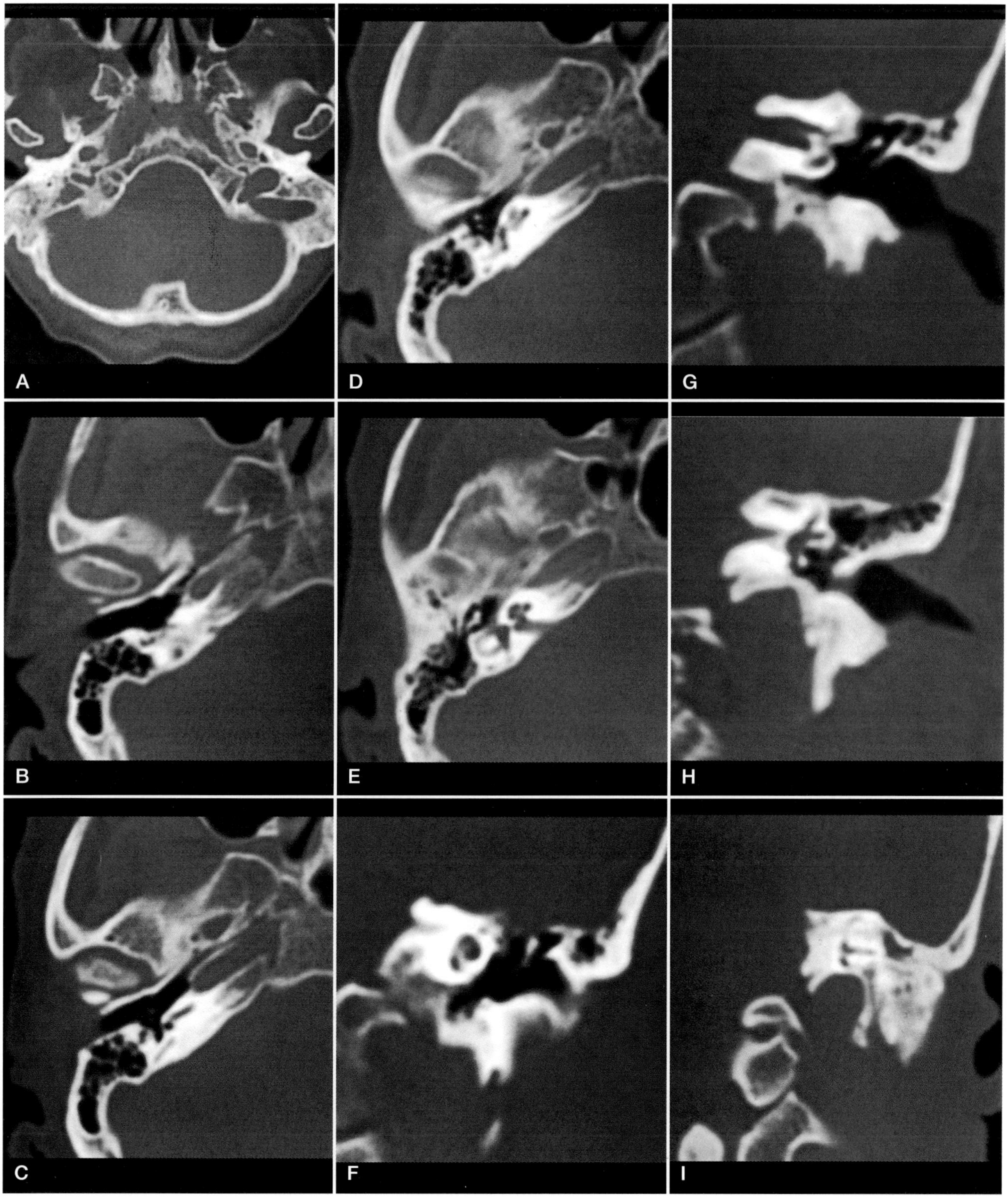

26 Cochlea
27 Cochlea (basale Windung)
28 Canalis semicircularis anterior
29 Canalis semicircularis lateralis
30 Canalis semicircularis posterior
31 Vestibulum
32 Aquaeductus vestibuli
33 Meatus acusticus internus
34 Art. temporomandibularis
35 Caput mandibulae
36 Clivus
37 Fissura petrooccipitalis
38 Condylus occipitalis
39 Art. atlantooccipitalis
40 Canalis hypoglossi
41 Canalis caroticus
42 Fossa jugularis
43 Sinus sigmoideus
44 Spina caroticojugularis
45 Foramen stylomastoideum
46 Processus styloideus
47 Tuberculum jugulare
48 Foramen ovale
49 Foramen spinosum

A–E Axiale Schnittführung.
F–I Koronare Schnittführung.

Tafel 11 A. Normalbefund des Gesichtsschädels – schematische Darstellung

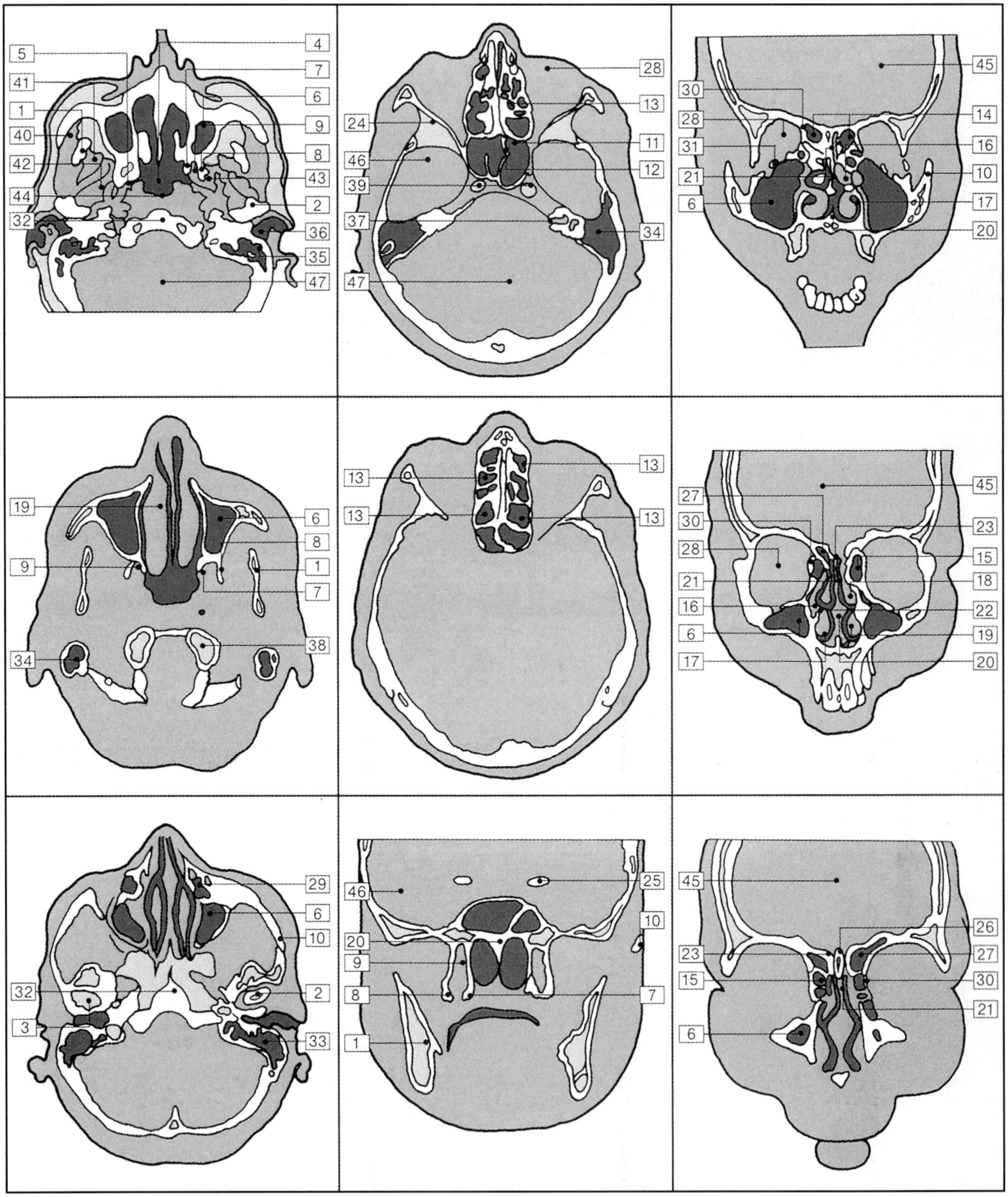

1 Mandibula
2 Caput mandibulae
3 Art. temporomandibularis
4 Epipharynx
5 Recessus pharyngeus lateralis
6 Sinus maxillaris
7 Lamina medialis proc. pterygoidei
8 Lamina lateralis proc. pterygoidei
9 Fossa pterygoidea
10 Arcus zygomaticus
11 Sinus sphenoidalis
12 Septum sinus sphenoidalis
13 Siebbeinlabyrinth
14 Cellula ethmoidalis posterior
15 Bulla ethmoidalis
16 Meatus nasi medius
17 Meatus nasi inferior
18 Concha media
19 Concha inferior
20 Vomer
21 Lamina perpendicularis ossis sphenoidalis
22 Proc. uncinatus ossis sphenoidalis
23 Lamina cribrosa
24 Ala major ossis sphenoidalis
25 Proc. clinoideus anterior
26 Crista galli
27 Sinus frontalis
28 Orbita
29 Canalis nasolacrimalis
30 Lamina papyracea
31 Canalis infraorbitalis
32 Clivus
33 Os petrosum

Tafel 11 B. Normalbefund des Gesichtsschädels

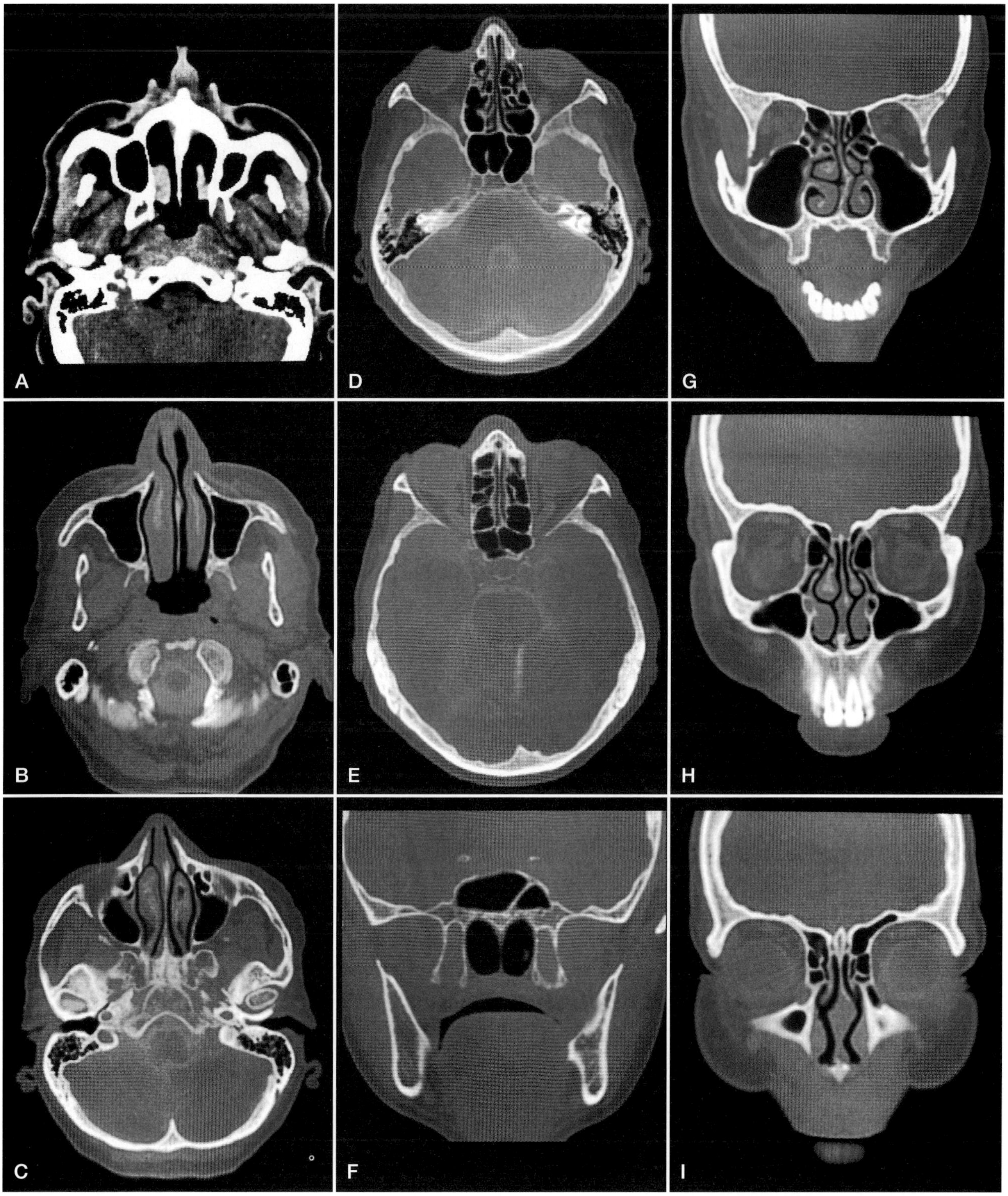

34 Proc. mastoideus
35 Cellulae mastoideae
36 Meatus acusticus externus
37 Meatus acusticus internus
38 Condylus occipitalis
39 A. carotis interna (petrosales Segment)
40 M. masseter
41 M. temporalis
42 M. pterygoideus lateralis
43 M. pterygoideus medialis
44 M. longus capitis
45 Fossa cranii anterior
46 Fossa cranii media
47 Fossa cranii posterior

A Axialer Schnitt durch Epipharynx und Parapharyngealraum.
B Axialer Schnitt durch Kieferhöhle und Pterygoid.
C Axialer Schnitt durch Kieferhöhle, Canalis nasolacrimalis und Clivus.
D Axialer Schnitt durch Orbita, Siebbeinlabyrinth und Keilbeinhöhle.
E Axialer Schnitt durch die oberen Abschnitte des Siebbeinlabyrinths.
F Koronarer Schnitt durch Keilbeinhöhle und Proc. pterygoidei.
G Koronarer Schnitt durch die hintere Lamina papyracea orbitalis, Siebbeinzellen und Kieferhöhle.
H Koronarer Schnitt durch die Lamina papyracea orbitalis. Beziehung zwischen dem Dach des Siebbeinlabyrinths und der vorderen Schädelgrube.
I Koronarer Schnitt durch die Lamina cribrosa.

Tafel 12 A. Normalbefund der Orbita – schematische Darstellung

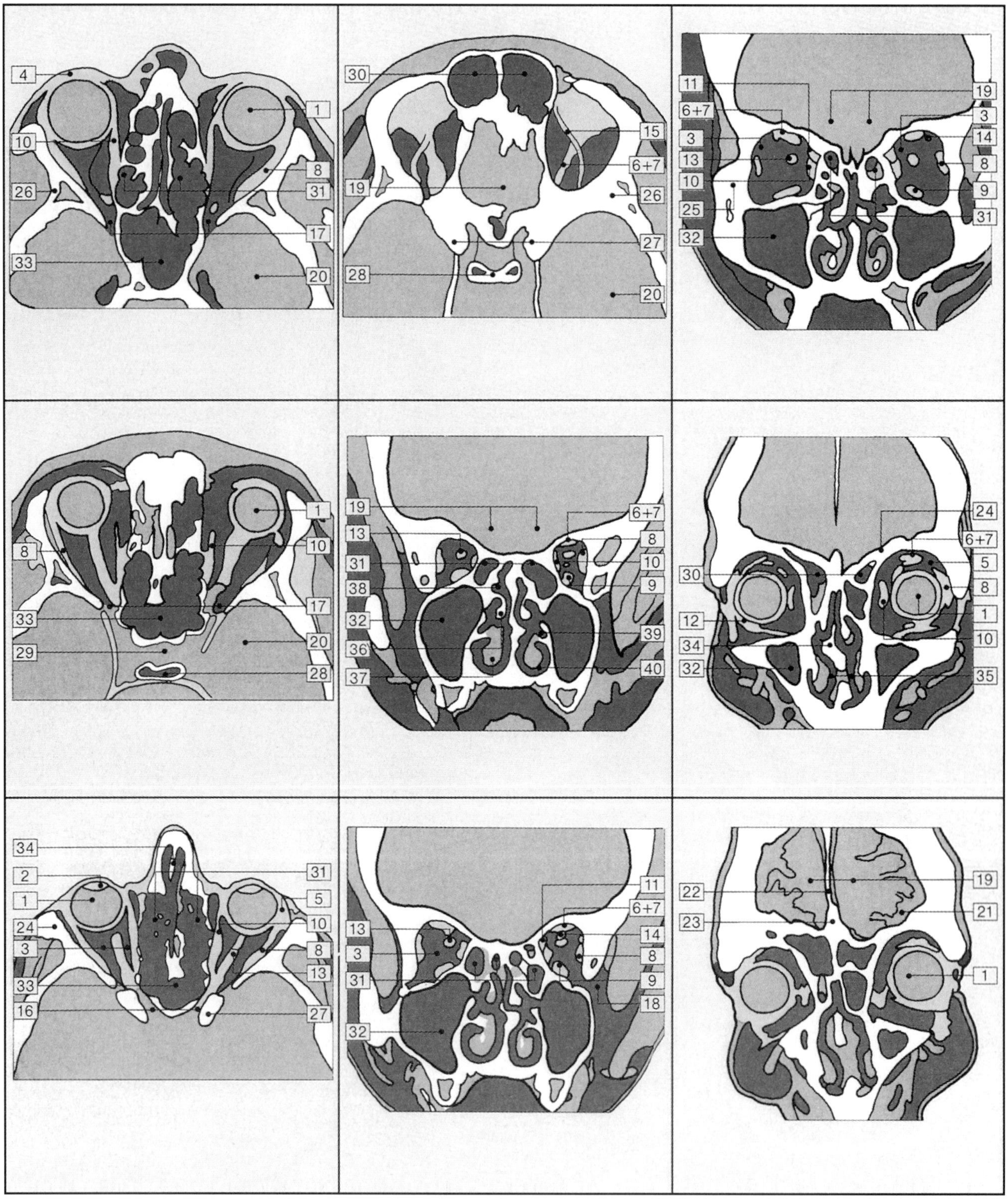

1 Bulbus oculi
2 Lens
3 Corpus adiposum orbitae
4 Palpebra superior
5 Glandula lacrimalis
6 M. levator palpebrae superioris
7 M. rectus superior
8 M. rectus lateralis
9 M. rectus inferior
10 M. rectus medialis
11 M. obliquus superior
12 M. obliquus inferior
13 N. opticus
14 A. ophthalmica
15 V. ophthalmica superior
16 Canalis opticus
17 Fissura orbitalis superior
18 Fossa pterygopalatina
19 Lobus frontalis
20 Lobus temporalis
21 Cavum subarachnoidale
22 Falx cerebri
23 Crista galli
24 Os frontale
25 Os zygomaticum
26 Os sphenoidale
27 Proc. clinoideus anterior
28 Dorsum sellae
29 Glandula pituitaria
30 Sinus frontalis

Tafel 12 B. Normalbefund der Orbita

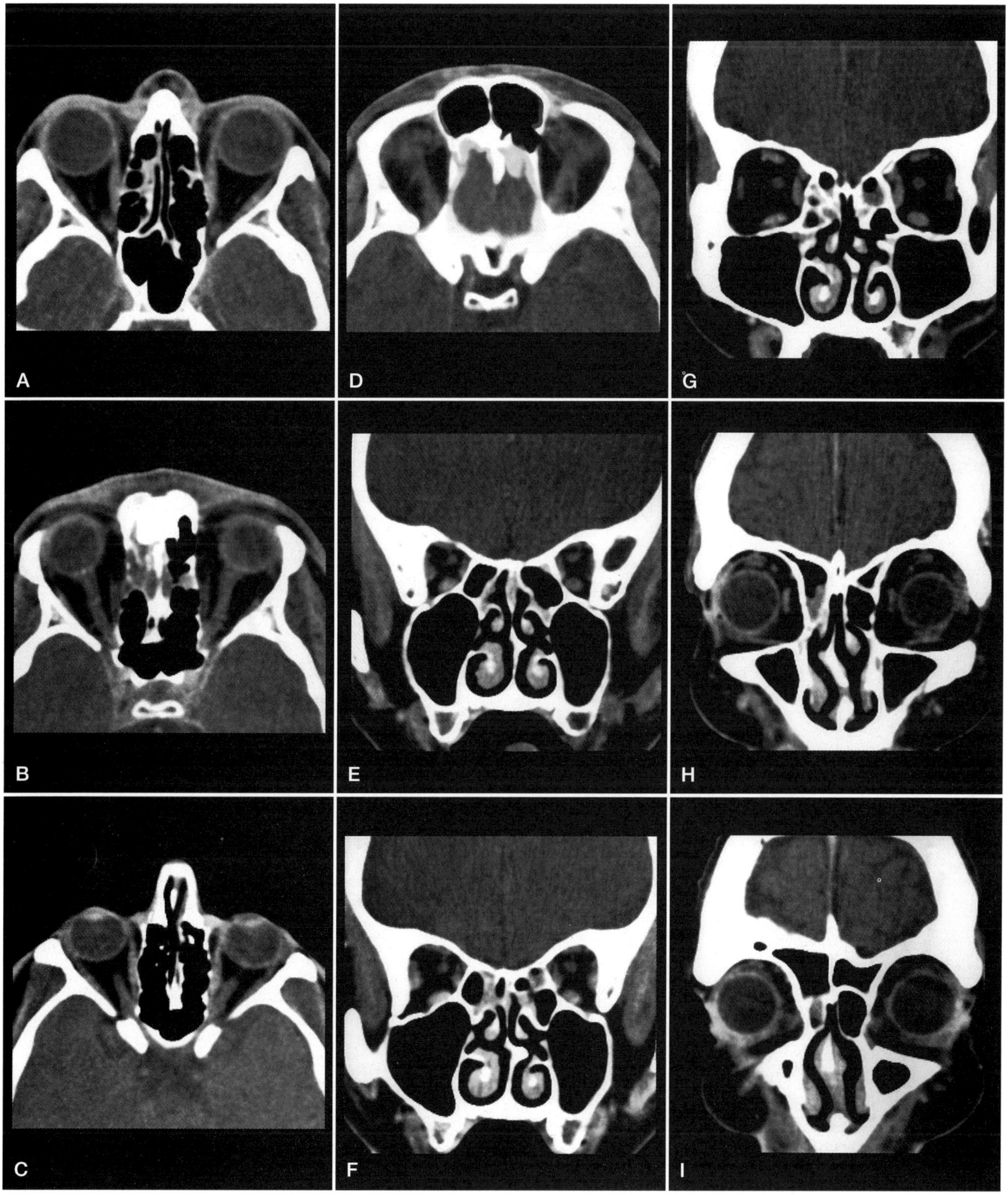

31 Cellulae ethmoidales
32 Sinus maxillaris
33 Sinus sphenoidalis
34 Septum nasi
35 Cavum nasi

36 Concha media
37 Concha inferior
38 Meatus nasi superior
39 Meatus nasi medius
40 Meatus nasi inferior

A–D Axiale Schnittführung.
E–I Koronare Schnittführung.

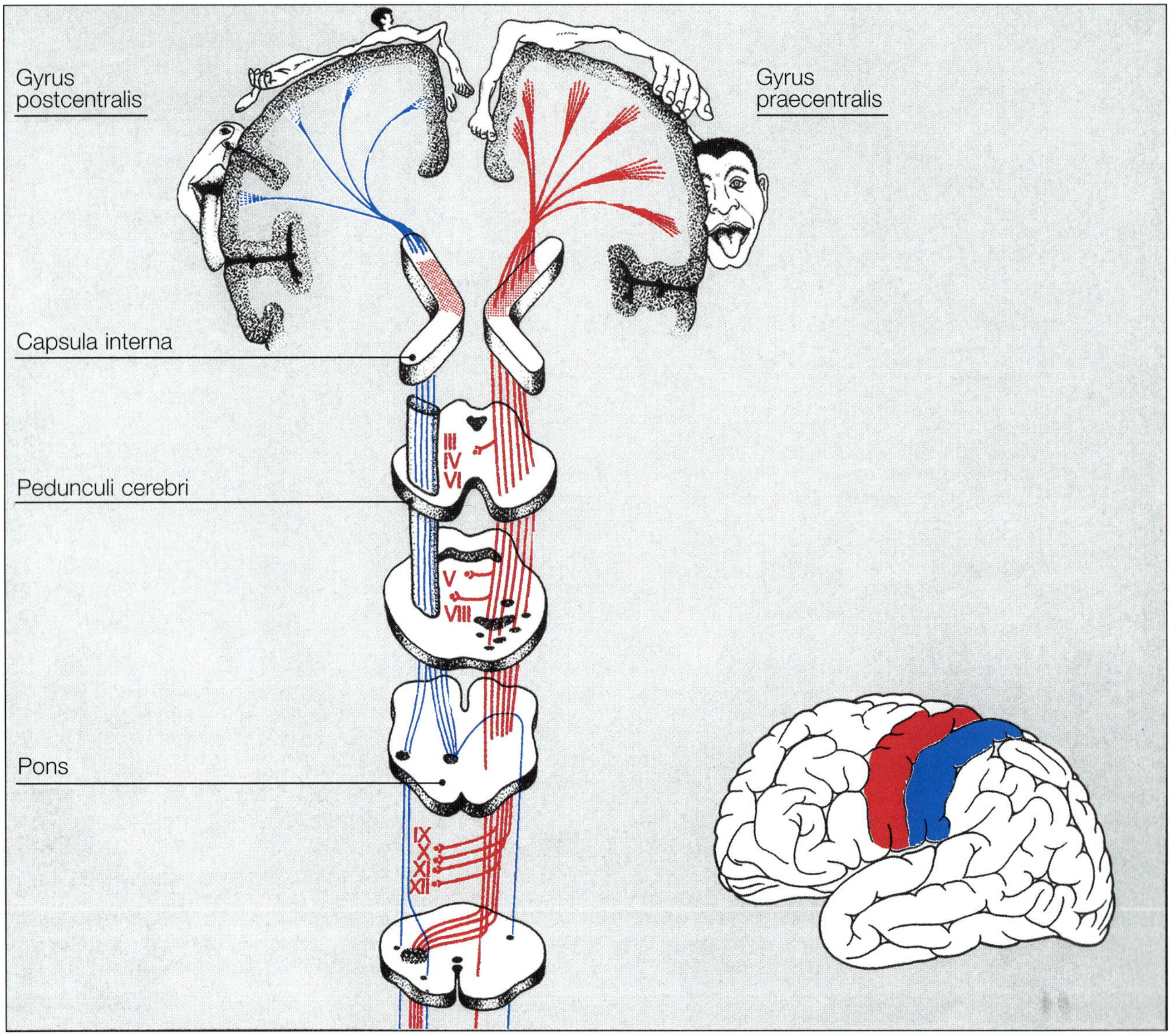

Abb. 21. Pyramidenbahn (rot) und sensible Leitungsbahn (blau).

4.2.1.1 ***Pyramidenbahn*** *(Tafel 13, rot)*

Der Tractus corticospinalis (Pyramidenbahn) beginnt in der vorderen Zentralwindung und einigen unmittelbar angrenzenden Nachbarwindungen. Die Fasern ziehen durch das Knie und das Crus posterius der inneren Kapsel, dann durch den Pedunculus cerebri und die Pars basilaris pontis. Im Hirnstamm kreuzen einige der Fasern und enden an den Kernen der motorischen Hirnnerven. Etwa 70 % der übrigen Fasern kreuzen in der Pyramide der Medulla oblongata und ziehen zu den Vorderhornzellen des Rückenmarks.

Im Gyrus praecentralis und in der inneren Kapsel sind die Fasern nach den versorgten Körperregionen angeordnet (somatotope Ordnung, Abb. 21).

Ausfälle der Pyramidenbahn manifestieren sich klinisch als spastische Hemiparese, die je nach Ort des Ausfalls brachiofazial betont ist oder mehr die untere Körperhälfte betrifft. Bei Ausfällen im Hirnstamm finden sich ipsilaterale Hirnnervenlähmungen und kontralaterale Körperlähmungen (gekreuzte Lähmungen).

4.2.1.2 ***Sensible Leitungsbahn*** *(Tafel 13, blau)*

Anterolaterales System: Schmerz, Kälte und Tastreize werden vom peripheren Neuron zum Hinterhorn eines Rückenmarksegmentes geleitet, von dort kreuzt der Tractus spinothalamicus auf die Gegenseite und zieht als laterales und anteriores Bündel hirnwärts.

Mediales Lemniscussystem: Die Reize der Mechanorezeptoren werden über das periphere Neuron im ipsilateralen Hinterstrang des Rückenmarks zum Nucleus gracilis und Nucleus cuneatus in die untere Medulla oblongata geleitet. Von dort kreuzt der Trac-

Tafel 13. Pyramidenbahn (rot), sensible Leitungsbahn (blau)

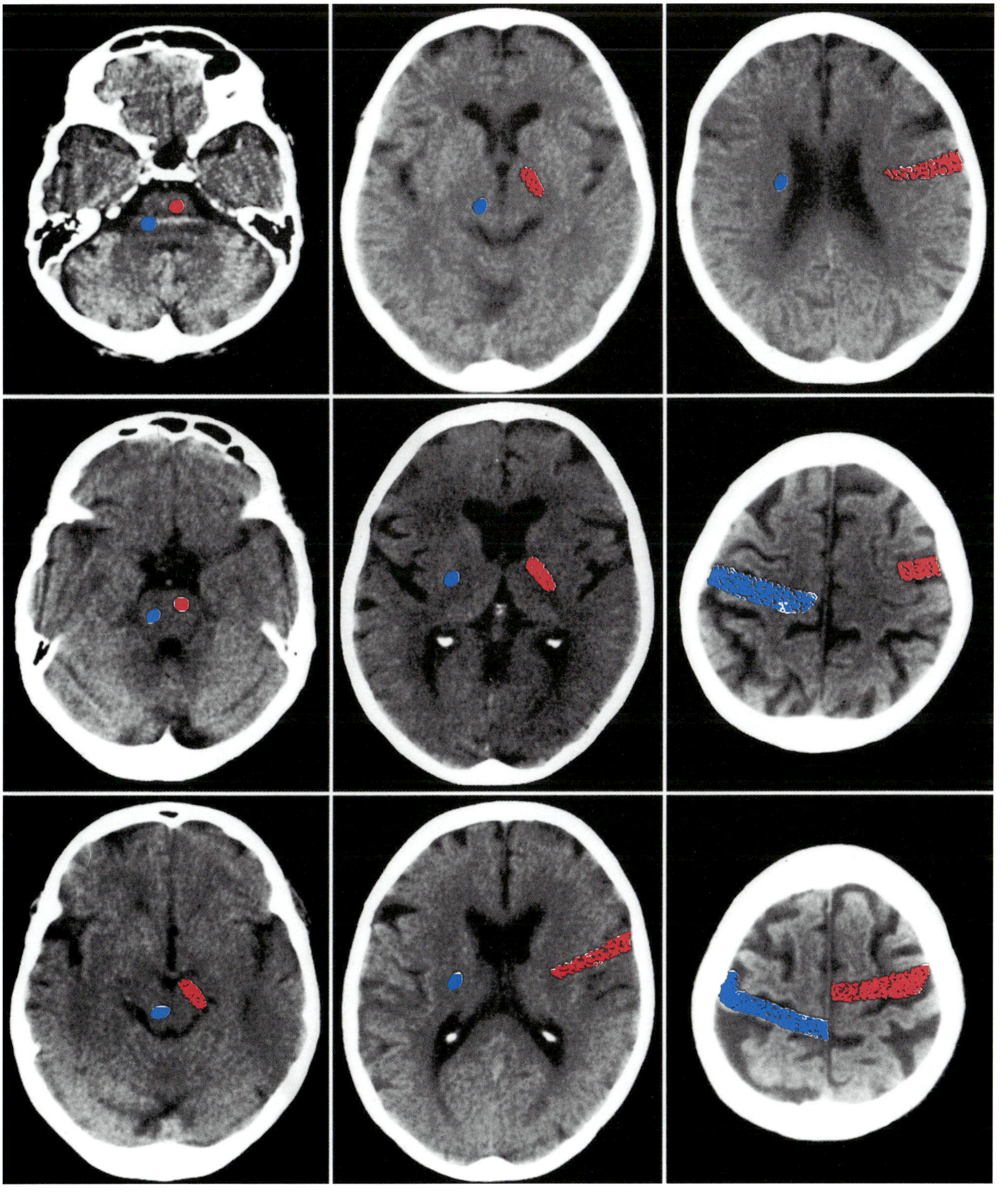

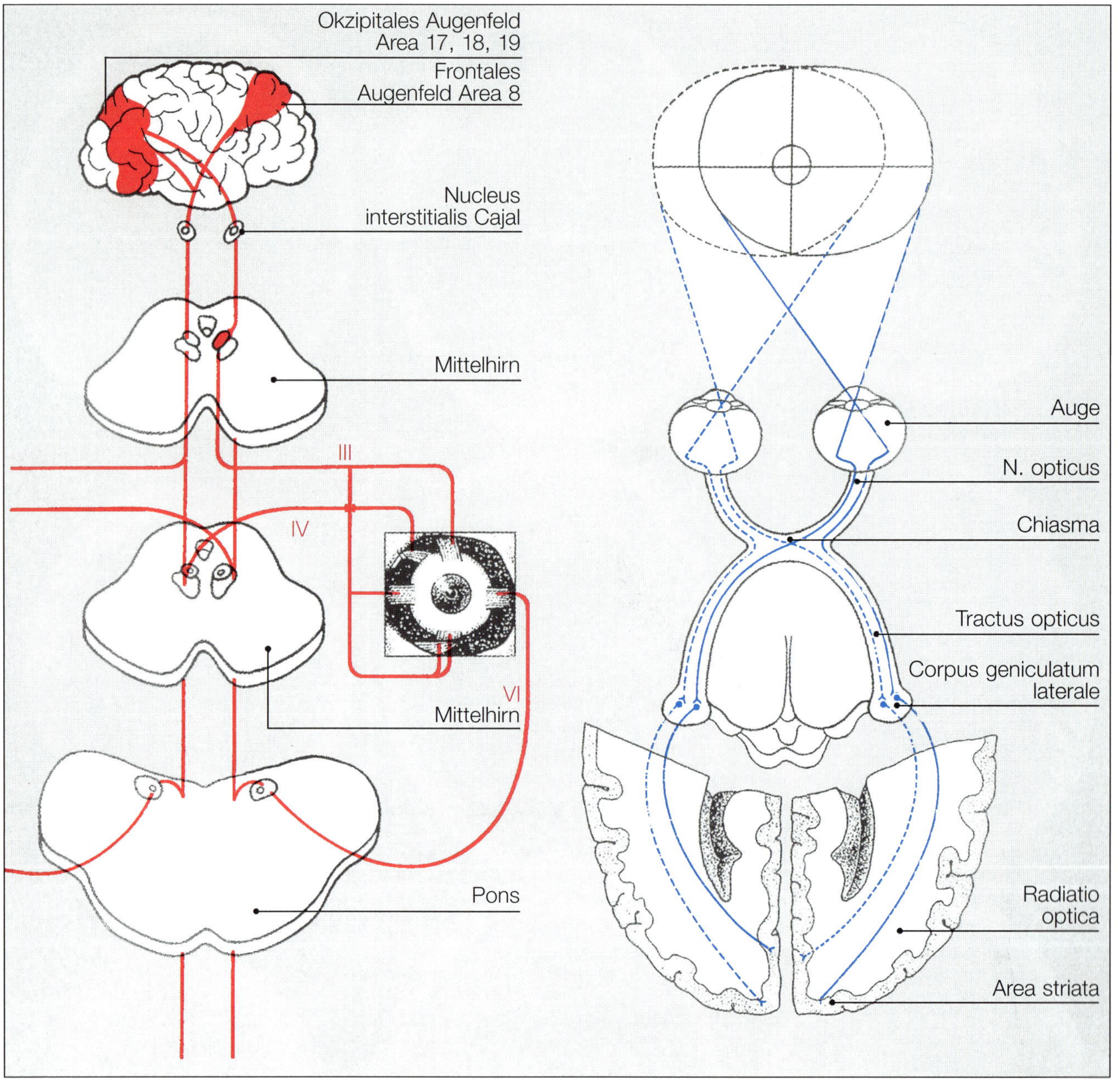

Abb. 22. Sehbahn (blau), Bahnen der Augenmotorik (rot).

tus bulbothalamicus zur Gegenseite und zieht zusammen mit den Fasern des anterolateralen Systems im Tegmen pontis und mesencephali zum Thalamus. Von dort führt der Tractus thalamocorticalis durch das Crus posterius der inneren Kapsel zum Gyrus postcentralis.

Die sensiblen Zentren im Gyrus postcentralis sind ähnlich somatotop geordnet wie die der Pyramidenbahn. Eine Leitungsunterbrechung im anterolateralen System führt zu Störungen der Temperatur- und Schmerzwahrnehmung, eine Unterbrechung im medialen Lemniscussystem zu Tiefensensibilitätsstörungen (Lagesinn, Vibrationsempfindungen) und Störungen der Oberflächensensibilität (Zwei-Punkte-Diskrimination). Allerdings ist diese Differenzierung nur bei spinalen Läsionen anzutreffen, während bei zerebralen Läsionen beide Systeme gestört sein können.

4.2.1.3 Sehbahn (Tafel 14, blau)

Vom Auge zieht der N. opticus zum Chiasma opticum, wo die nasalen Fasern zum kontralateralen Tractus opticus kreuzen, während die temporalen Fasern in den ipsilateralen Tractus übergehen (Abb. 22). Die Tractus optici führen zu dem primären Sehzentrum, d. h. zum Corpus geniculatum laterale. Von letzterem erstreckt sich die Gratiolet-Sehstrahlung zur Sehrinde in die Gegend des Sulcus calcarinus (Area striata 17).

Tafel 14. Sehbahn (blau), Bahnen der Augenmotorik (rot)

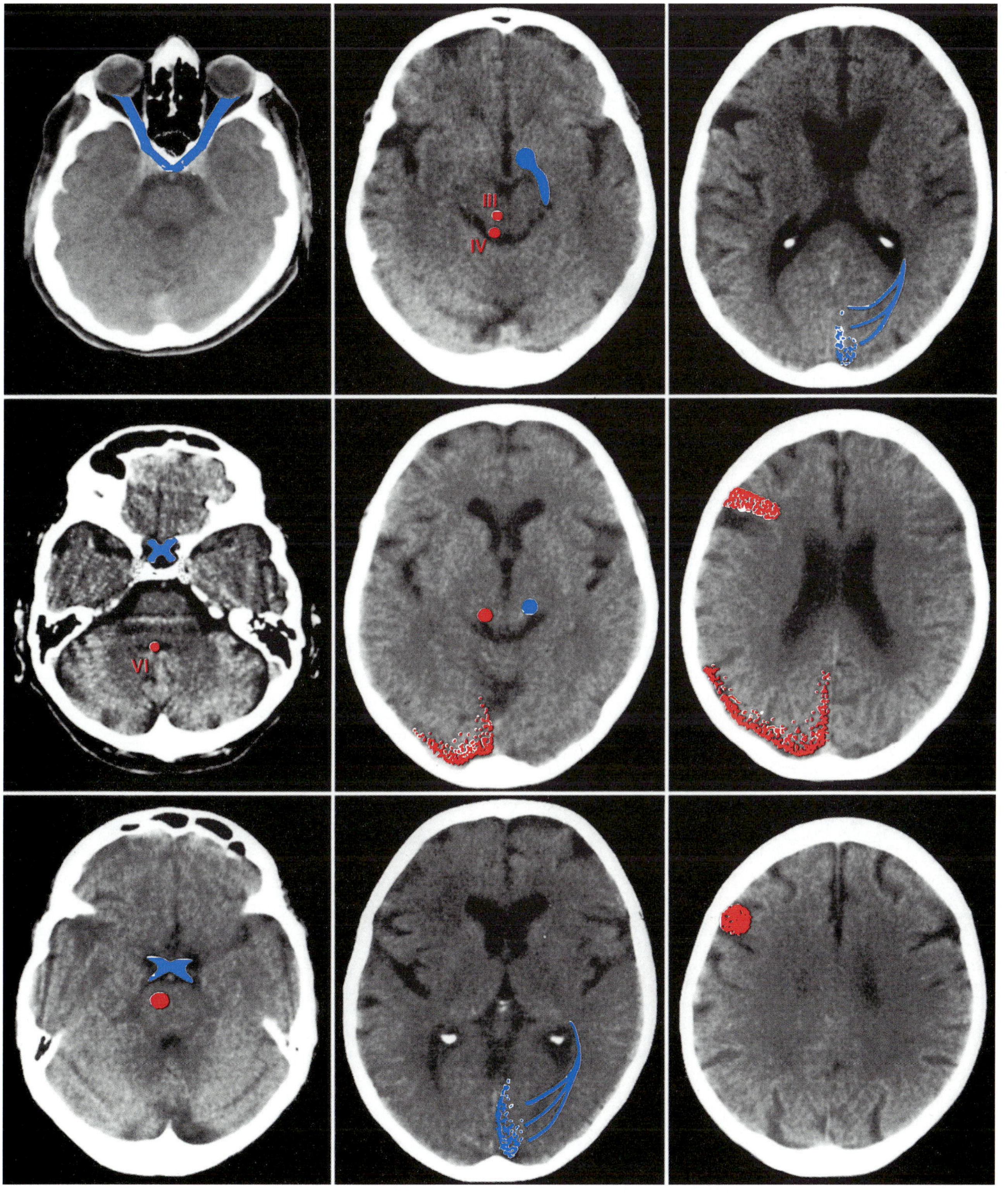

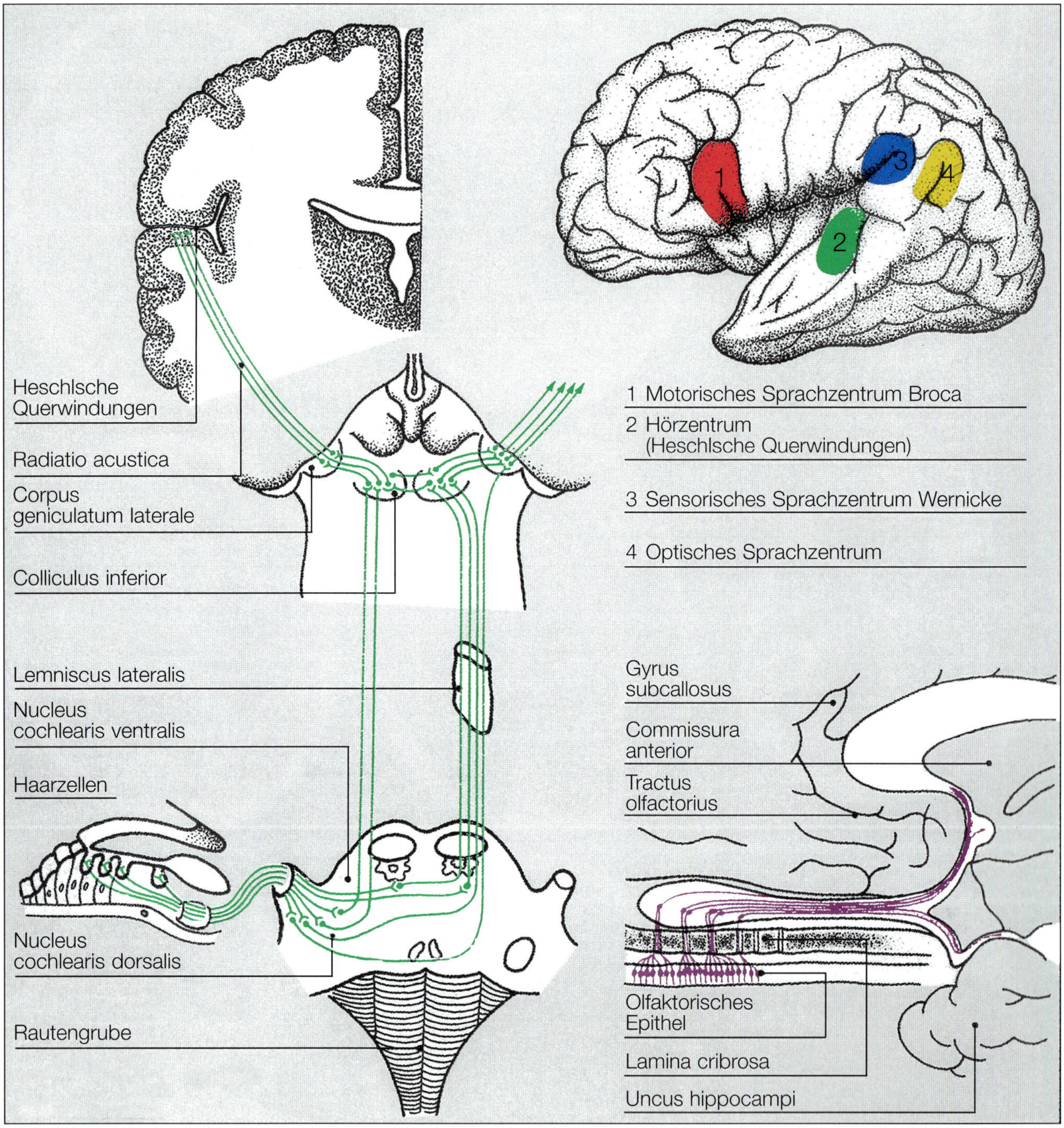

Abb. 23. Sprachzentren (rot, blau, gelb), Riechbahn (violett), Hörbahn (grün).

Tumoren im Chiasma-opticum-Bereich können eine bitemporale, seltener eine binasale Hemianopsie verursachen. Bei Läsionen des Tractus opticus, des Corpus geniculatum und der Radiatio optica finden sich homonyme Hemianopsien nach kontralateral. Reizsymptome der Sehbahn, besonders am Sulcus calcarinus, sind Photopsien.

4.2.1.4 Bahnen der Augenmotorik (Tafel 14, rot)

Die Augenbewegungen werden von zwei Hirnrindenarealen koordiniert (Abb. 22). Das kleinere frontale Augenfeld steuert die willkürlichen, von optischen Reizen unabhängigen Bewegungen, das größere okzipitale Augenfeld reguliert die Augenbewegung beim Verfolgen optischer Reize. Von den Rindenarealen ziehen die Fasern zum Colliculus superior und zur Area praetectalis. Von dort laufen die Neurone durch die Formatio reticularis zu den Ur-

Tafel 15. Sprachzentren (rot, blau, gelb), Riechbahn (violett), Hörbahn (grün)

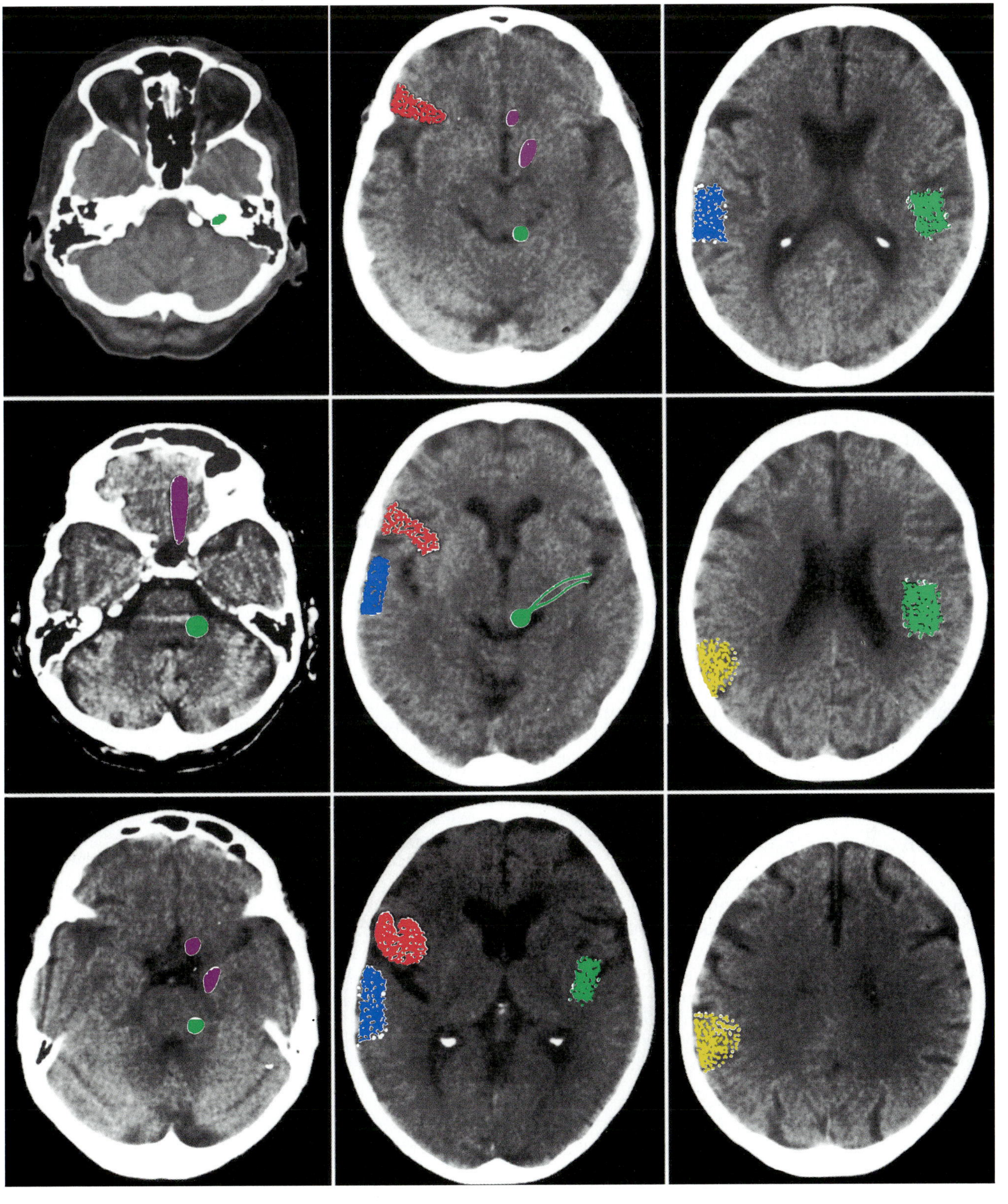

sprungskernen der Hirnnerven III und IV, die im Tegmentum mesencephali vor dem Aquädukt liegen, und zum Kern des N. abducens im Tegmentum pontis. Die drei Nerven treten aus dem Hirnstamm und ziehen zunächst am Boden der mittleren Schädelgrube und dann durch die Fissura orbitalis superior zu den Augenmuskeln.

Die Läsion eines peripheren Augenmuskelnervs verursacht einseitige Bulbusabweichungen mit Doppelbildern, eine Läsion des N. III führt darüber hinaus auch zu Störungen der inneren Augenmuskeln (Mydriasis, Akkommodationsstörungen). Bei supranukleären Läsionen resultieren Blicklähmungen beider Augen. Bei Großhirnprozessen ist der Blick in horizontaler Richtung gelähmt, so z. B. bei der Déviation conjuguée (die Augen blicken meist den zerebralen Herd an). Läsionen der Vierhügelplatte führen zu vertikalen Blicklähmungen, die auch mit einer Konvergenzlähmung kombiniert sein können (Parinaud-Syndrom).

4.2.1.5 ***Sprachzentren*** *(Tafel 15, rot, blau, gelb)*

Beim Rechtshänder sind die Sprachzentren (Abb. 23) in der Regel in der linken Hemisphäre lokalisiert. Das motorische Sprachzentrum (Broca) (Tafel 15, rot) liegt im Gyrus frontalis inferior (Area 44) im frontalen Operculum. Sein isolierter Ausfall führt zur Aphasie bei erhaltenem Sprachverständnis. Das sensorische Sprachzentrum (Wernicke) (Tafel 15, blau) liegt im Gyrus temporalis superior zwischen der Hörrinde und dem Gyrus angularis. Bei seinem isolierten Ausfall fehlt das Sprachverständnis. Die optische Sprachregion (Tafel 15, gelb) liegt im Gyrus angularis. Ihr Ausfall führt unter anderem zu Alexie, Agraphie und Akalkulie.

4.2.1.6 ***Riechbahn*** *(Tafel 15, violett)*

Die vom Riechepithel kommenden Neurone durchbohren die vordere Schädelgrube in der Lamina cribrosa und münden im Bulbus olfactorius (Abb. 23). Von dort zieht der Tractus olfactorius mit lateralen Fasern zum Uncus hippocampi und mit medialen Fasern zum Gyrus subcallosus und zur vorderen Kommissur. Ein Ausfall des Systems führt zur Anosmie. Bei der Temporallappenepilepsie können Geruchshalluzinationen vorkommen, die sogenannten Uncinatuskrisen.

4.2.1.7 ***Hörbahn*** *(Tafel 15, grün)*

Der aus dem Porus acusticus internus kommende Hörnerv tritt im Kleinhirnbrückenwinkel in die Brücke ein und zieht dort zu dem ventralen und dorsalen Nucleus cochlearis (Abb. 23). Von dort laufen die Neurone teils gekreuzt, teils ungekreuzt im Lemniscus lateralis zum Colliculus inferior der Vierhügelplatte. Von dort reicht ein weiteres Neuron bis zum medialen Corpus geniculatum, von wo aus die Radiatio acustica zur Heschl-Windung im Operculum temporale zieht. Innenohrschwerhörigkeiten finden sich bei Tumoren im Kleinhirnbrückenwinkel, kortikale Schwerhörigkeiten bei Infarkten. Akustische Halluzinationen können bei der Temporallappenepilepsie auftreten.

4.3 Vergleich CT versus MRT

Ein Buch, das sich mit der Computertomographie der Erkrankungen des Schädels und des Spinalkanals beschäftigt, muß sich konsequenterweise kurz auch vergleichend mit der Kernspintomographie auseinandersetzen. Die Gründe hierfür liegen in diagnostischen, ökonomischen und wissenschaftlichen Erwägungen. Der Trend, die CT durch die MRT zu ersetzen, ist allenthalben erkennbar. Gegen die MRT sprechen noch die höheren Untersuchungskosten, die schlechtere Verfügbarkeit der Geräte, die Untersuchungsdauer, technische Probleme mit dem Magnetfeld (Herzschrittmacher), die schlechtere Darstellung des Knochens sowie die psychische Belastung des zu untersuchenden Patienten. Technische Verbesserungen der MRT-Geräte werden diese Probleme in Zukunft wohl minimieren. Bei unterschiedlichen Erkrankungen wird einmal die MRT, ein anderes Mal die CT im Vordergrund der Diagnostik stehen. In den Tabellen 2 und 9 finden sich diesbezüglich vergleichende Aufstellungen für die kraniale Region (S. 22) und den Spinalkanal (S. 230).

5 Schädelhirntraumen (SHT)

Exakte epidemiologische Daten über Häufigkeit, Schwere und Typ von Schädelhirntraumen liegen in Deutschland nicht vor; dies gilt auch für SHT im Rahmen von Polytraumen. Man geht von 200–300 Patienten mit SHT jeglicher Schweregrade auf 100 000 Einwohner aus.

Es werden gedeckte und offene Hirnverletzungen unterschieden, je nachdem, ob die Dura mater intakt bleibt oder ob sie von Impressionsfrakturen oder spitzen Fremdkörpern perforiert ist (Abb. 24).

5.1 Gedeckte Hirntraumen

Stumpfe Gewalteinwirkung verformt den Kopf momentan und akzeleriert den knöchernen Schädel relativ zum Gehirn. Das Gehirngewebe wird an der Stelle der Gewalteinwirkung (Coup) gestaucht und am gegenüberliegenden Pol (Contre-coup) gezerrt. Es resultieren Gewebsquetschungen und Gefäßeinrisse, die zu computertomographisch erkennbaren Veränderungen wie Hämatomen, Hirnödem und dadurch bedingten Massenverschiebungen führen können. Bei komatösen Schädelhirnverletzten finden sich computertomographisch bei 30 % keine pathologischen Veränderungen, bei 10 % umschriebene

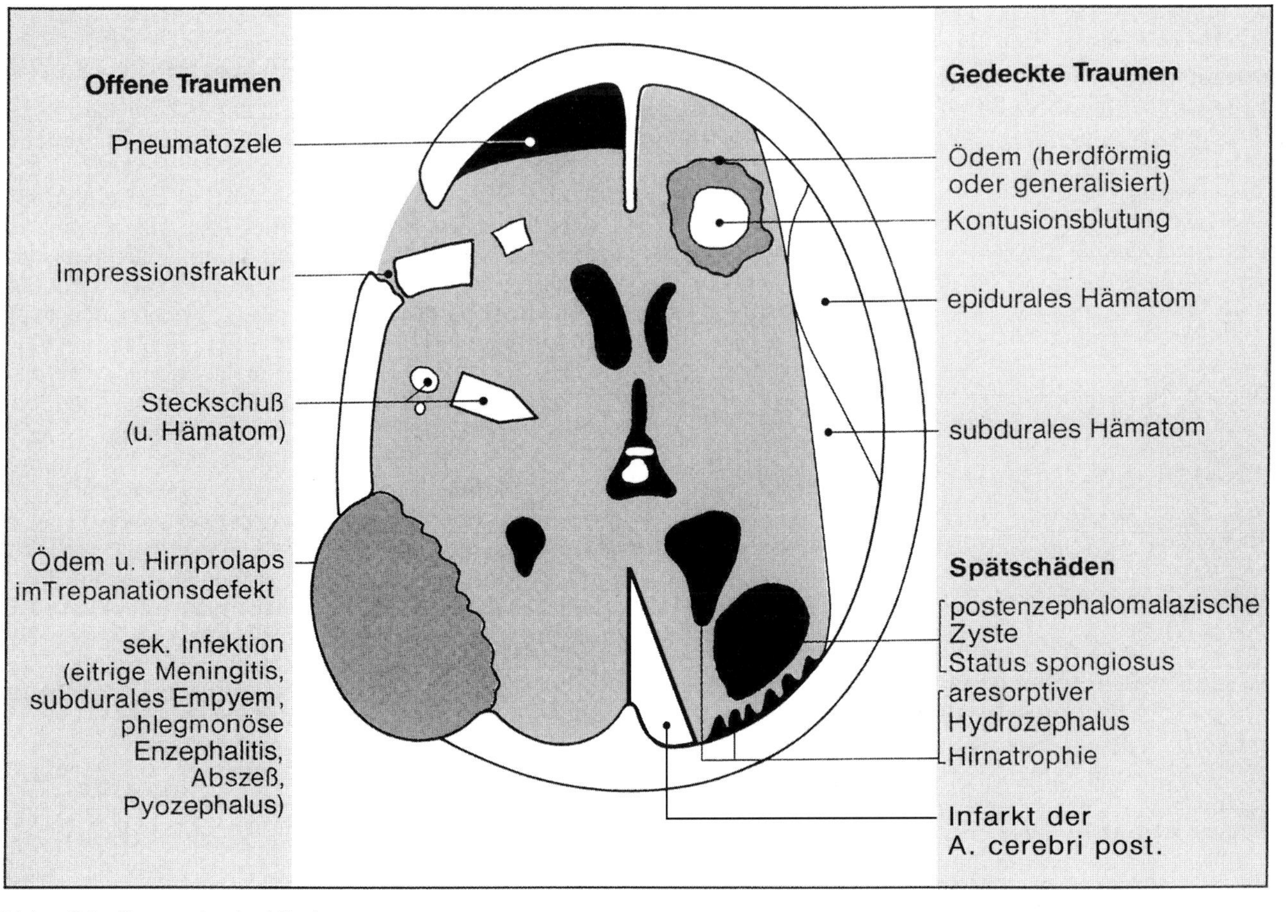

Abb. 24. Synopsis der Hirntraumen.

Tab. 3. Beziehung zwischen Bewußtseinsstörung, neurologischen Störungen und CT-Befund (nach [42])

Störung des Bewußtseins	Fokales neurolog. Zeichen	CT-Befund positiv (%)
negativ	negativ	13
positiv	negativ	35
negativ	positiv	50
positiv	positiv	85

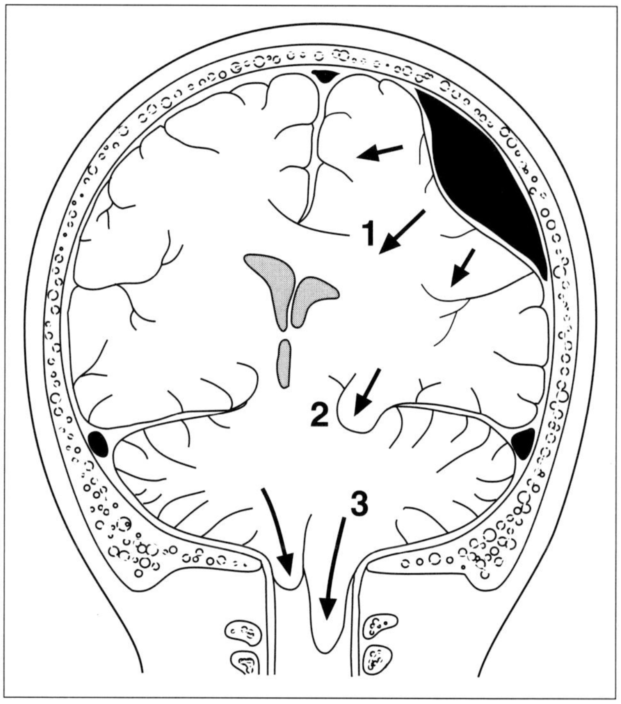

Abb. 25. Formen der intrakraniellen Einklemmung: transfalxial (1), transtentoriell (2), im Foramen magnum (3).

Ödemzonen, bei 20 % intrazerebrale Kontusionsblutungen, bei 20 % epi- und subdurale Hämatome und bei 20 % Kombinationsverletzungen [63, 64]. Nach anderen Untersuchern [42] muß bei komatösen Patienten bei ca. 50 % mit einer raumfordernden intrakraniellen Läsion gerechnet werden. In der Neurotraumatologie korrelieren positive CT-Befunde im wesentlichen mit der Bewußseinslage und den durch fokale Läsionen hervorgerufenen Symptomen (Tab. 3). Das lebensbedrohendste Problem für Patienten mit SHT (aber auch generell bei allen intrakraniellen Raumforderungen) stellt die intrakranielle Einklemmung dar. Diese läuft in drei Phasen ab (Abb. 25): Die supratentorielle Raumforderung bewirkt in der ersten Phase die transfalxiale Herniation – im CT an der Mittellinienverschiebung, Amputation der äußeren und inneren Liquorräume sichtbar. Die zweite Phase betrifft die transtentorielle Herniation, wobei supratentorielle Gehirnanteile, nämlich die untere mediale Temporallappenwindung (Gyrus und Uncus hippocampi) durch den Tentoriumschlitz nach infratentoriell verschoben werden – im CT als Eindellung des Hirnstamms (bei exakt seitengleicher Untersuchung!) oder durch Amputation der Cisterna ambiens sichtbar. Später als dritte Phase herniieren auch die Kleinhirntonsillen durch das Foramen magnum und klemmen die Medulla oblongata ein – im CT in der Regel nicht sichtbar (Abb. 25).

Klinisch resultieren die verschiedenen Mittelhirnsyndrome bzw. das finale Bulbärhirnsyndrom.

Klinische Symptome
Entsprechend der alten Einteilung wurden und werden nach dem Schweregrad unterschieden:
- Die *einfache Schädelprellung,* die lediglich mit Kopfschmerzen verbunden ist.
- Die *Commotio cerebri,* die durch eine kurzdauernde Bewußtseinsstörung mit antero-, kon- und retrograder Amnesie, durch einen passageren posttraumatischen Dämmerzustand sowie durch Schwindel und Brechreiz gekennzeichnet ist. Die Amnesie ist dabei das führende Symptom.
- Die *Contusio cerebri,* bei der die Bewußtseinsstörung länger als eine Stunde und der Dämmerzustand länger als einen Tag dauern kann und bei der zusätzlich neurologische Ausfälle wie Anosmie, Paresen, Sprach- und Sehstörungen oder epileptiforme Anfälle auftreten können.
- Die *Compressio cerebri,* bei der sich eine intrakranielle Raumforderung meist durch ein epidurales oder akutes subdurales Hämatom entwickelt. Nach einer initialen Bewußtseinsstörung und einem anschließenden symptomfreien Intervall kommt es zu einer tiefen Bewußtlosigkeit mit neurologischen Ausfällen. Das symptomfreie Intervall wird fast nur beim epiduralen Hämatom beachtet und auch dann nur bei 25 % der Fälle. Eine einseitige Mydriasis ist Hinweis auf eine beginnende Herniation, während Koma, Streckkrämpfe und Pupillenstarre die komplette Einklemmung anzeigen.

Weiterführende Einteilungen des Schweregrades eines SHT berücksichtigen den konsekutiven Verlauf, die Dauer der posttraumatischen Amnesie und die objektivierbaren psychischen Schäden in einem Zeitraster, wobei vier Schweregrade unterschieden werden [42]. Die Einteilung kann auch in der in Tabelle 4 aufgeführten Art erfolgen.

Das Ausmaß der Bewußtseinsstörung wird heute mit der Glasgow Coma Scale (GCS) ermittelt.

Zusatzuntersuchungen
Die Schädelnativaufnahmen zeigen Frakturen der Kalotte, der Schädelbasis und des Viszerokraniums und decken eine eventuell vorhandene Pneumatozele auf. Eine aus der Medianebene verlagerte verkalkte

Tab. 4. Klassifikation der Schädel- und Schädelhirntraumen

Grad	Definition
I	Schädeltrauma ohne Hirnbeteiligung (Kopfprellung, Schädelfraktur)
II	SHT mit Zeichen einer flüchtigen Hirnbeteiligung und Rückbildung von Folgeerscheinungen innerhalb von 3 Monaten
III	SHT mit länger anhaltender, aber reversibler Hirnbeteiligung und Rückbildung von Folgeerscheinungen innerhalb von 3 Monaten
IV	SHT mit Zeichen einer eher leichten irreversiblen, substantiellen Hirnläsion und möglichen Dauerfolgen
V	SHT mit Zeichen einer schweren irreversiblen, substantiellen Hirnläsion und zu erwartenden erheblichen Dauerfolgen
Zusatzcode	
A	Gedeckt
B	Offen
C	Besondere Verlaufsformen, Frühkomplikationen
D	Spätkomplikationen
E	Trauma des Gesichtsschädels
F	Halswirbelsäulentrauma
G	Polytrauma

Pinealis kann auf eine Raumforderung hinweisen. Von radiologischer Seite wird der Sinn von Routine-Röntgenaufnahmen des Schädels in Frage gestellt, da die Nachweisrate von pathologischen Veränderungen bei allen SHT sehr gering sei. Kopfprellungen und sonstige Bagatell-Verletzungen benötigen keine Röntgenaufnahmen des Schädels, Verletzungen mit neurologischer Symptomatik aber sehr wohl. Dabei spielen auch forensische Gründe eine Rolle. Bei fortschreitender Einklemmung entfällt die Röntgenaufnahme des Schädels; die Reihenfolge heißt CT und OP! Die Knochenfenster-Aufnahmen im CT weisen die Frakturen nach, was an der Schädelbasis und im Felsenbein von besonderem Wert ist. Die zerebrale Angiographie, vor der CT-Ära das wichtigste Untersuchungsverfahren, hat heute nur wenige Indikationen: Traumatischer Karotisverschluß oder -dissektion (vs. Kernspin-Angiographie?); Verdacht auf nicht traumatisch bedingte Blutungen aus Angiom, Aneurysma, Hirntumor; Karotis-Sinus-cavernosus-Fistel; Thrombose des Sinus sagittalis superior, gegebenenfalls Zirkulationsstillstand an der Schädelbasis. Ein- oder doppelseitige isodense chronische subdurale Hämatome können im CT schwierig zu diagnostizieren sein; die Methode der Wahl stellt hier die Kernspintomographie dar, die ansonsten derzeit im Akutbereich des SHT keinen Platz hat.

5.1.1 Epidurales Hämatom

Es entsteht an der Innenfläche der Kalotte aus Blutungen der A. meningica media oder einer ihrer Äste, selten auch venös aus Blutungen der Pacchioni-Granulationen und der Sinus und aus einem Frakturspalt. Meist ist es temporoparietal lokalisiert; das epidurale Hämatom der hinteren Schädelgrube ist wegen seines meist foudroyanten Verlaufs klinisch besonders gefährlich. Das Blut hebt die Dura mater von der Kalotte ab. Das klinische Bild ist in der Regel akut und wird durch die rasch einsetzende Compressio cerebri bestimmt, so daß oft nur die unverzügliche Operation den Patienten retten kann. Computertomographisch zeigt sich das epidurale Hämatom als bi- bis plankonvexe hyperdense Zone, die der Schädelkalotte anliegt. Im Gegensatz zum subduralen Hämatom ist die Begrenzung zur Hirnoberfläche glatt. Es finden sich die Zeichen der Raumforderung (Abb. 38, S. 141, u. Tafel 16, S. 52), d. h. die Mittellinienstrukturen sind verlagert, und verschiedene Abschnitte der äußeren und inneren Liquorräume sind komprimiert. Die Dichte des epiduralen Hämatoms ist nicht immer einheitlich. Entsprechend der innerhalb des Hämatoms lokal unterschiedlich starken Gerinnung können gelegentlich neben den hyperdensen Bezirken auch hypo- und isodense Areale vorkommen. Eine seltene Variante ist das isodense epidurale Hämatom, das unmittelbar posttraumatisch beobachtet wird, wenn das frische Blut noch nicht geronnen ist. Das chronische epidurale Hämatom bietet bei beginnender Resorption der festen Blutbestandteile ein buntes Bild mit unterschiedlichen Dichten. Oft ist die abgelöste Dura bereits mit dem Nativscan scharf dargestellt; meist kann die Unterscheidung zum subduralen Hämatom nur geführt werden, wenn die Dura mater nach Kontrastmittelinjektion als dünner hyperdenser Streifen zwischen Hämatom und Gehirn sichtbar wird [71].

Tafel 16. Epidurales Hämatom

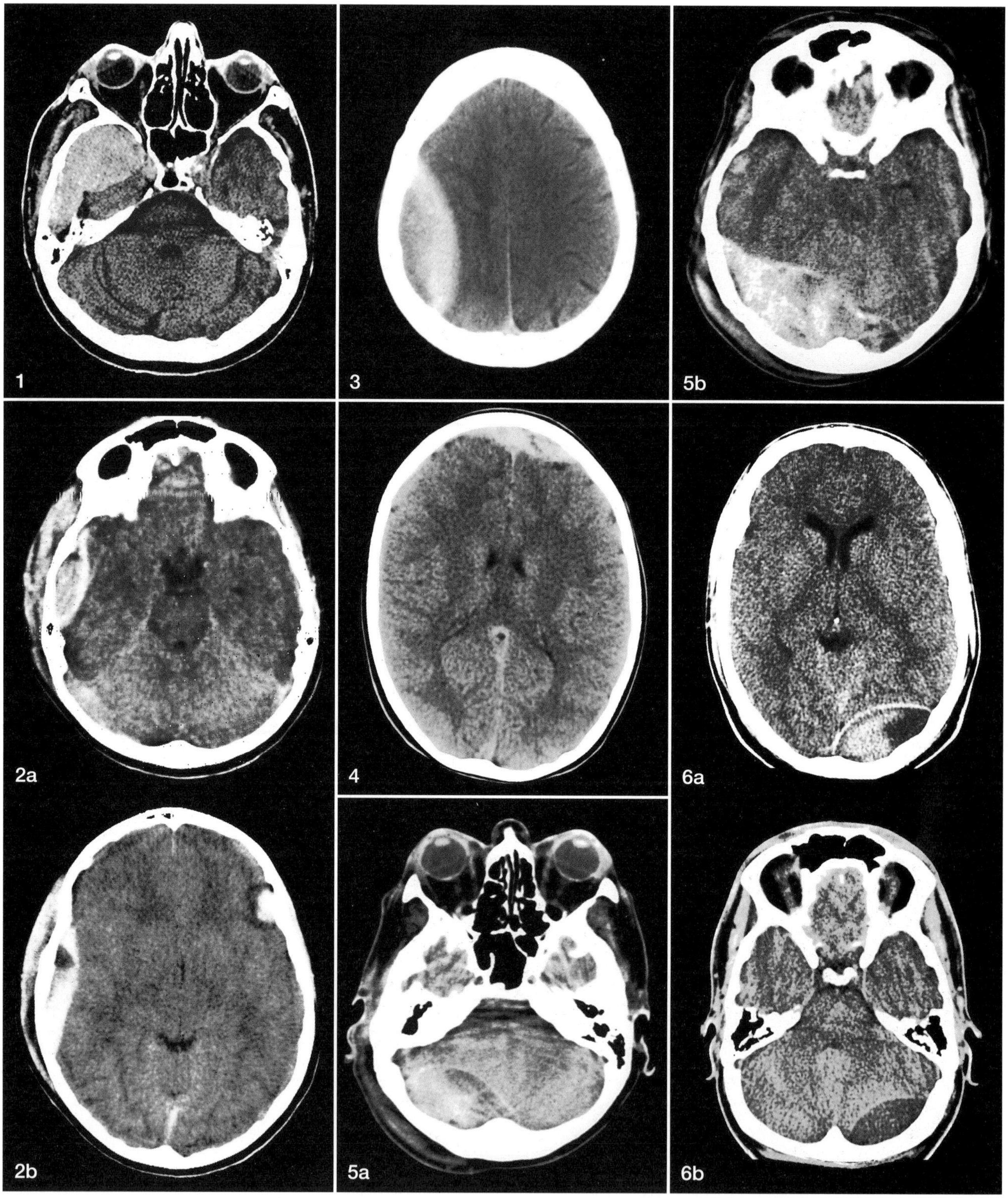

1 Epidurales Hämatom rechts temporobasal, polar.
2a, b Rechts temporales epidurales Hämatom mit Contre coup links.

3 Rechts parietales epidurales Hämatom.
4 Bifrontales, „koronares“ epidurales Hämatom.
5a, b Akutes epidurales Hämatom in der hinteren Schädelgrube rechts, teilweise noch nicht geronnen.

6a, b Chronisch epidurales Hämatom der hinteren Schädelgrube links.

Tafel 17. Epidurales Hämatom – Verlauf

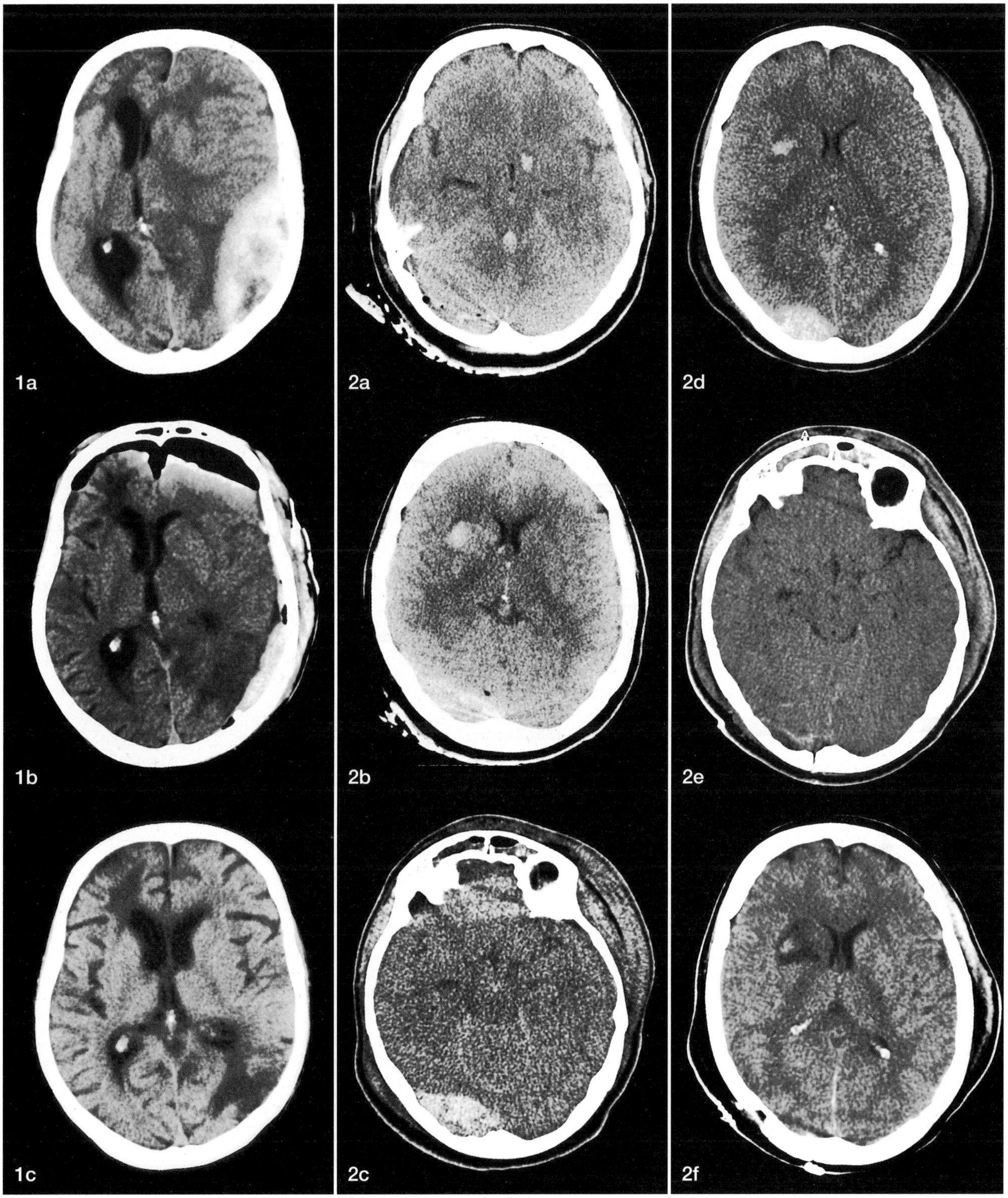

1a–c Akutes epidurales Hämatom links temporal (a). Postoperatives CT mit Resthämatom, subduraler Luftansammlung bifrontal, links mehr als rechts (b). 4 Wochen postoperativ: Hämatom beseitigt. Kontusion links temporo-okzipital und rechts frontal vor dem Seitenventrikel (Contre coup?) (c).

2a–f Epidurales Hämatom und Kontusionsblutungen, Verlaufsbeobachtung. Kontusionsblutungen rechts in den Stammganglien, links vor dem Pentagon, Blut in der Cisterna interpeduncularis und im IV. Ventrikel. Luftperlen am Okziput, fragliches epidurales Hämatom (a, b).

Epidurales Hämatom rechts okzipital, Kontusionsblutung rechts in den Stammganglien (c, d).
Postoperativer Status: Epidurales Hämatom ausgeräumt, Stammganglienblutung in Resorption rechts (e, f).

5.1.2 Subdurales Hämatom

Es entsteht durch Abriß von Brückenvenen, Eröffnung von Pacchioni-Granulationen, Verletzungen von Piagefäßen oder aus blutenden Hirnkontusionen. Das Hämatom breitet sich im Subduralraum über größeren Anteilen einer Hemisphäre aus und komprimiert das Gehirn. Es kommt in jedem Alter, jedoch gehäuft zwischen dem 6. und 8. Lebensjahrzehnt vor, da durch die senile Atrophie die Beweglichkeit des Gehirns zunimmt und die Brückenvenen leichter einreißen.

5.1.2.1 Akutes subdurales Hämatom

Das akute subdurale Hämatom führt zumeist Stunden bis zu ca. 2 Tage nach dem Trauma zur Hirnkompression; allerdings sind auch subakute Verlaufsformen mit bis zu ca. 10tägiger Anamnese bekannt. Computertomographisch ähnelt es als hyperdense kalottennahe Sichel dem epiduralen Hämatom und kann von diesem mitunter nicht sicher abgegrenzt werden. Der Nachweis von Blut im Interhemisphärenspalt und auf dem Tentorium sowie eine gezähnte bis wellige Innenkontur des Hämatoms können differentialdiagnostisch als Hinweis auf die subdurale Lokalisation gewertet werden. Da jedoch in der Regel sowohl epidurale als auch akute subdurale Blutungen einer Trepanation bedürfen, ist die differentialdiagnostische Abgrenzung für das therapeutische Vorgehen weniger von Belang. Meist ist das subdurale Hämatom von einem ausgeprägten ipsilateralen Hirnödem begleitet, und die Massenverschiebung ist stark. Die Verlagerung der Mittellinienstrukturen kann das Foramen Monroi blockieren, der kontralaterale Seitenventrikel ist dann erweitert.

5.1.2.2 Akutes subdurales Hygrom

Das akute subdurale Hygrom kommt vor allem bei Kindern, aber auch bei Erwachsenen vor. Seine Entstehung wird dadurch erklärt, daß über einen ventilartigen Riß in der Arachnoidea Liquor in den Subduralraum eindringt. Das Flüssigkeitsvolumen ist meist geringer als bei der Blutung, kann einen erheblichen Druck ausüben und eine raumfordernde Wirkung haben. Das Computertomogramm zeigt eine liquordichte Sichel unter der Kalotte. Ein subakutes bis chronisches subdurales Hygrom kann postoperativ nach schweren Schädelhirntraumen vorkommen. Das Hygrom entsteht im Bereich des Trepanationsdefekts oder infolge der Entlastung auch auf der Gegenseite der Operationstelle. Zusammenhänge mit der Gabe von Kortison sind zu diskutieren.

5.1.2.3 Chronisches subdurales Hämatom

Das chronische subdurale Hämatom stellt ein komplexes Krankheitsbild dar. Die Ursache bleibt häufig völlig offen. Bagatelltraumen, flache Pancake-Hämatome und traumatische Subarachnoidalblutungen können ätiologisch in Frage kommen. Der Begriff der Pachymeningeosis haemorrhagica interna wird von seiten der Pathologen als Synonym dieses Krankheitsbildes ohne sichere Traumagenese diskutiert. Dementsprechend ist das CT-Bild vielgestaltig, zumal Resorptionsvorgänge, Kammerungen durch Granulationsgewebe, Flüssigkeitstranssudationen und Verkalkungsvorgänge zusätzlich variable Veränderungen hervorrufen. Es lassen sich daher keine regelhaften computertomographischen oder klinischen Abläufe finden. In 10 % sind die chronischen subduralen Hämatome doppelseitig.

Klinik

Die Beschwerden sind uncharakteristisch, und das Krankheitsbild wird oft lange verkannt. Mit Brükkensymptomen – aber auch ohne sie – entwickeln sich Wochen bis Monate nach dem Trauma Kopfschmerzen, progrediente, anfangs wechselnde Bewußtseinsstörungen sowie Persönlichkeitsveränderungen. Die neurologischen Ausfälle sind minimal oder fehlen ganz. Bei Verkennung kann es aber zur Einklemmung kommen.

Computertomographie

Es finden sich die Zeichen der Raumforderung (Tafeln 19, 20) und eine plan- bis bikonvexe, der Kalotte anliegende Zone veränderter Dichte. Nach der Dichte des Hämatoms lassen sich vier Gruppen unterscheiden.

- *Hypodenses chronisches subdurales Hämatom* (früher Typ I)
  Es findet sich bei etwa 33 % der Fälle. Die festen Bestandteile der Blutung sind vollständig resorbiert, und bei der Operation ist der Inhalt dünnflüssig, bernsteinfarben und bräunlich. Computertomographisch hat die sichelförmige, kalottennahe Zone eine homogen verminderte Dichte. Eine Hämatomkapsel kann bereits auf dem Nativscan nachweisbar sein, wird aber besser nach Kontrastmittelgabe an der Grenze zum Hirngewebe dargestellt.
- *Inhomogen-dichtes chronisches subdurales Hämatom* (früher Typ II)
  Es wird ebenfalls bei etwa 33 % gefunden. Infolge von rezidivierenden frischen Blutungen in ein chronisches Hämatom finden sich bei der Operation feste Koagel, kaffeesatzartige und dünnflüssige Bestandteile nebeneinander. Computertomographisch sind diese Bestandteile hypo-, iso- oder hyperdens. Die spezifisch schweren Koagel sedimentieren in die abhängigen okzipitalen Partien, und an der Grenze zwischen dichten und weniger dichten Blutanteilen bildet sich ein horizontaler Spiegel. Wird der Patient umgelagert, so können

Tafel 18. Akutes subdurales Hämatom

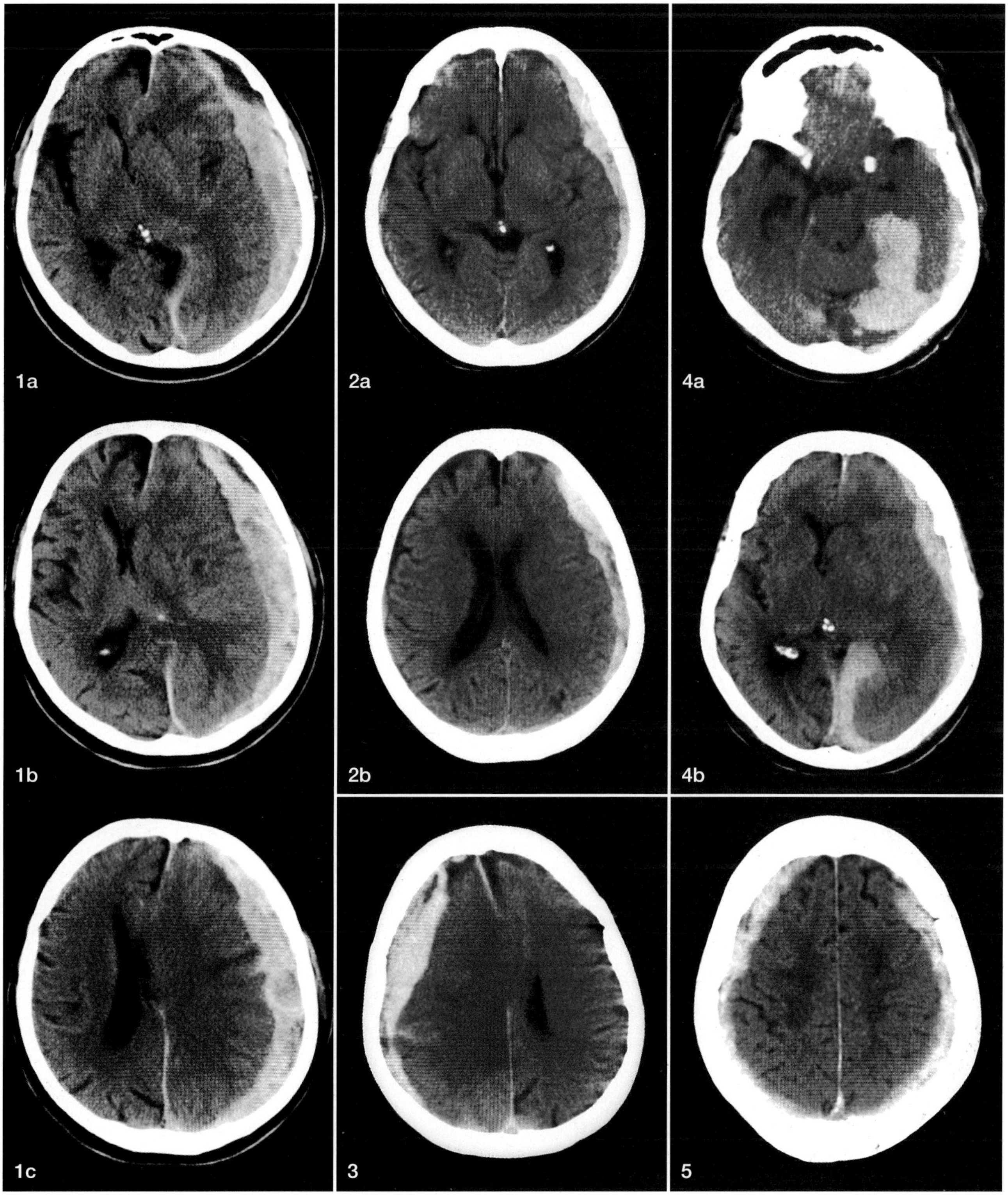

1a–c Akutes subdurales Hämatom links mit ganz erheblicher Massenverschiebung der Mittellinie von fast 20 mm.

2a, b Akutes subdurales Hämatom links, geringe Mittellinienverschiebung bei vorliegender Hirnatrophie.

3 Akutes subdurales Hämatom rechts, im vorderen Teil Hygromanteile.

4a, b Akutes subdurales Hämatom links, frontotemporal, auf dem Tentorium und im Interhemisphärenspalt.

5 Akutes subdurales Hämatom beiderseits, teilweise „Pancake"-Hämatom.

Tafel 19. Chronisches subdurales Hämatom einseitig

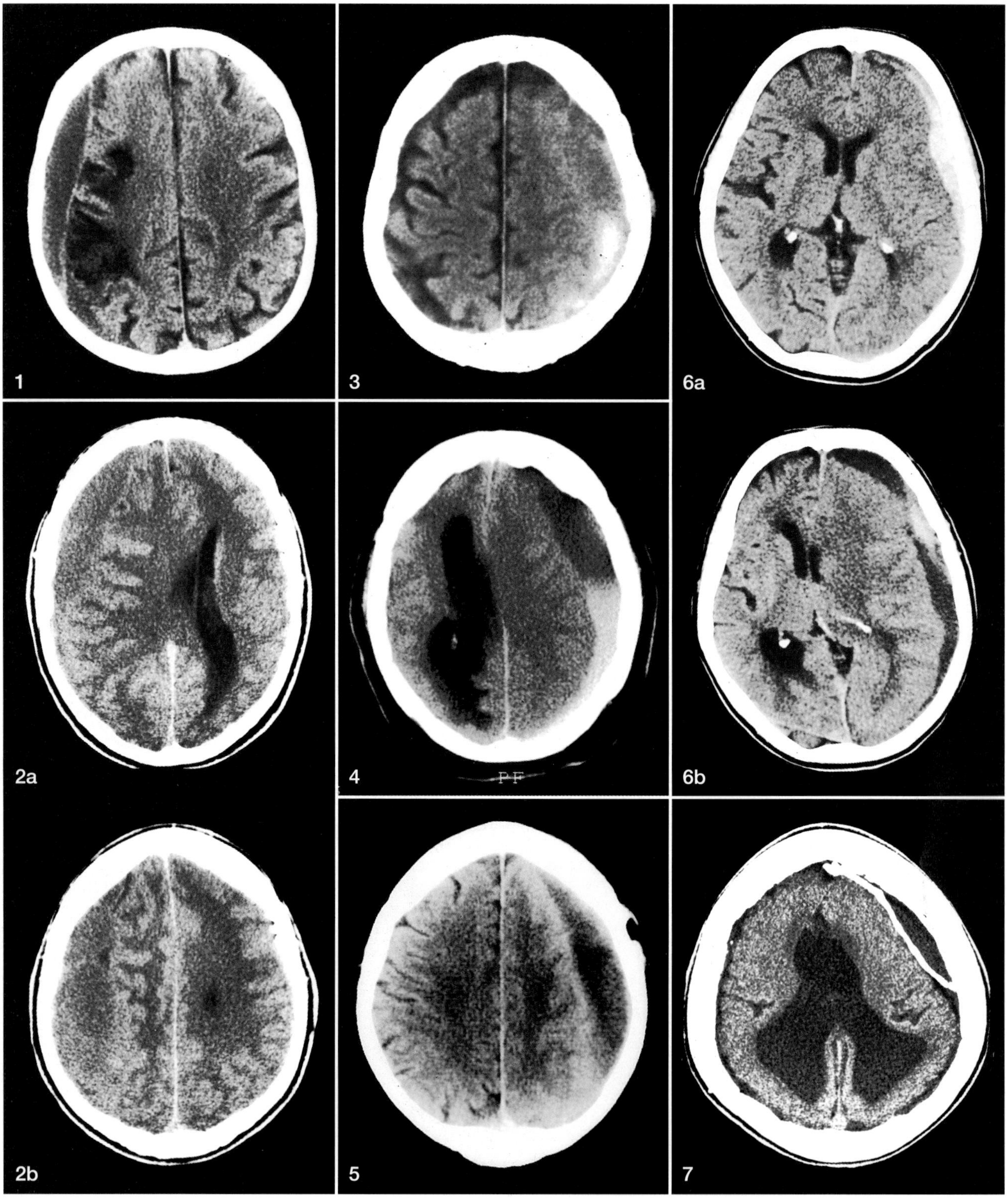

1 Chronisches subdurales Hämatom rechts, hypodens. Nebenbefund: Z. n. Hirninfarkt.
2a, b Chronisches subdurales Hämatom rechts frontoparietal, leicht hypodens, Kompression des Marklagers und erhebliche Massenverschiebung.
3 Chronisches subdurales Hämatom links parietal, gemischte Dichte: hyperdens, isodens.
4 Chronisches subdurales Hämatom links mit gemischter Dichte: hypodens, isodens, mit Sedimentation. Periventrikuläre Zeichen der transventrikulären Liquorresorption bei Liquorblockade am Foramen Monroi rechts.
5 Chronisches subdurales Hämatom links parietal, 14 Tage nach Bohrloch-Trepanation, nach 6 Wochen spontan resorbiert.
6a, b Chronisches subdurales Hämatom links frontotemporal, zunächst Pancake-Hämatom, nach 14 Tagen chronisches subdurales Hämatom mit gemischter Dichte.
7 Chronisches subdurales Hämatom mit Verkalkung der Membran links frontotemporal.

Tafel 20. Chronisches subdurales Hämatom/Hygrom doppelseitig

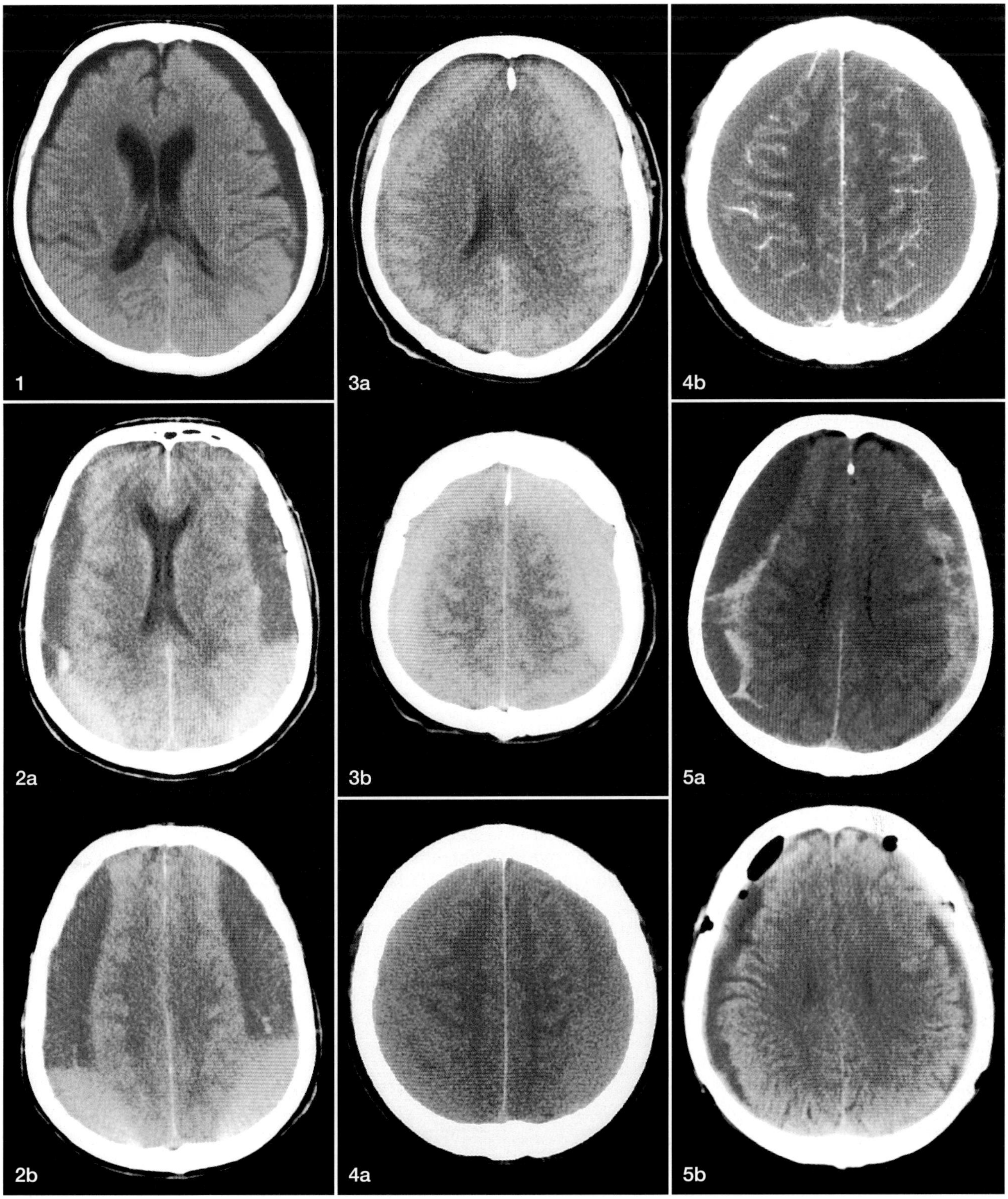

1 Doppelseitiges subdurales Hygrom.
2a, b Doppelseitig chronisches subdurales Hämatom mit Sedimentation und Hasenohrphänomen.

3a, b Doppelseitig chronisches subdurales Hämatom hyperdens.
4a, b Doppelseitig chronisches subdurales Hämatom isodens (a); nach KM (b).

5a, b Doppelseitig chronisches subdurales Hämatom mit Membranbildung (a); postoperatives Bild (b).

sich die verschiedenen Bestandteile wieder vermischen. Oft sind die Hämatome gekammert und haben eine dicke Kapsel.

- *Isodenses chronisches subdurales Hämatom* (früher Typ III)
  Es wird bei etwa 25 % angetroffen. Bei der Operation finden sich eine weißbräunliche oder rotbraune Flüssigkeit und teilweise Schwartenbildungen. Computertomographisch hat es die gleiche Dichte wie das angrenzende Gehirn, weil die festen Blutbestandteile nur zum Teil resorbiert sind. Da sich das Hämatom vom Gehirngewebe in bezug auf seine Dichte nicht abhebt, bekommen die indirekten Zeichen der Raumforderung – wie die Verlagerung von Hirnstrukturen und die Kompression der Liquorräume – für die Diagnose eine größere Wichtigkeit. Nach Kontrastmittelgabe kann aber oft die Grenze des Hämatoms durch die sich kontrastierenden Gefäße im Subarachnoidalraum sichtbar gemacht werden. Dies kann besonders wichtig sein, wenn bei den seltenen bilateralen isodensen subduralen Hämatomen die Mittellinienstrukturen nicht verlagert sind. Als weiterer Hinweis gilt dann das sogenannte Hasenohrphänomen, d. h., die vorderen Anteile der Seitenventrikel nähern sich, und die normalerweise lateral-konkaven Vorderhörner legen sich wie Hasenohren an die Mittellinie an. Nur selten aber ist der computertomographische Befund unsicher, so daß dann ein Kernspintomogramm durchgeführt werden muß. Isodense chronische subdurale Hämatome können durch ein inzipientes Gliom oder eine diffuse Gliomatose vorgetäuscht werden.
- *Leicht hyperdenses chronisches subdurales Hämatom* (früher Typ IV)
  Es hat eine Häufigkeit von 7–10 %. Bei der Operation finden sich ein motorölartiger Inhalt und teilweise feste Koagel. Das zeitliche Intervall zwischen Trauma und Erkennung des Hämatoms schwankt zwischen 12 Tagen und 5 Wochen. Computertomographisch ist die kalottennahe Sichel leicht hyperdens.

Ein besonderes Problem in Diagnostik und Therapie stellen die chronischen subduralen Hämatome dar, in die es akut – im Sinne eines akuten subduralen Hämatoms – eingeblutet hat. Ähnliches gilt für das akute subdurale Hämatom, das mit einem operativ gesicherten akuten subduralen Hygrom vergesellschaftet ist. Das CT weist dann Mischformen zwischen dem akuten und chronischen subduralen Hämatom bzw. Hygrom auf.

Postoperative Verlaufsbeobachtungen
Postoperative Verlaufsbeobachtungen der chronischen subduralen Hämatome zeigen fast immer eine Luftansammlung im Subduralraum. Massenverschiebung, Lufteinschlüsse und erweiterte Subduralräume normalisieren sich häufig erst nach 3–6 Wochen.

5.1.3 Hirnkontusionen

Die traumatischen Stauchungen und Zerrungen des Gehirns verursachen umschriebene Gewebsverletzungen und vor allem auch Gefäßläsionen mit Extravasationen von ödematöser Flüssigkeit und Blut. Es lassen sich unterscheiden [61]):

- Das fokale traumatische Ödem mit guter Prognose (früher Typ I).
- Die fokale Kontusionsblutung (früher Typ II).
- Die multifokalen Kontusionsblutungen (früher Typ III), die oft auch mit epi- und subduralen Hämatomen kombiniert sind und eine hohe Letalität haben.
- Das diffuse traumatische Ödem mit einer ebenfalls hohen Letalität.

5.1.3.1 Fokales traumatisches Ödem

Die Hirnläsionen beeinflussen die Permeabilität der Kapillaren und der Gliazellwände derart, daß wenige Stunden nach dem Trauma fokale Flüssigkeitsansammlungen im Gewebe resultieren, die nach 12–14 Stunden ihr Maximum erreichen. Das Ödem zeigt sich computertomographisch als meist schlecht abgrenzbare Zone verminderter Dichte. Ähnlich wie die Infarkte reichern die Ödembezirke gelegentlich wegen der gestörten Blut-Hirn-Schranke intravenös appliziertes Kontrastmittel an. Im Gegensatz zum perifokalen Tumorödem, das sich auf das Marklager beschränkt, erstreckt sich das traumatische Ödem auch auf Rinde und basale Ganglien. Es wirkt selten raumfordernd.

5.1.3.2 Kontusionsblutungen

Die traumatische Zerrung des Gehirns lädiert intrazerebrale Gefäße, aus denen Blut ins Gewebe fließt. Die Hämatome entwickeln sich im Kortex und im kortexnahen Marklager und sind meist am Ort der Gewalteinwirkung (Coup) weniger stark ausgeprägt als auf der Gegenseite (Contre-coup). In Abhängigkeit von der Gewalteinwirkung variieren aber Lokalisation und Ausdehnung.

5.1.3.3 Diffuses traumatisches Ödem

Das generalisierte traumatische Hirnödem findet sich meist bei Kindern und Jugendlichen. Computertomographisch wird es an der symmetrischen Kompression der Seitenventrikel und an der eingeengten Cisterna venae cerebri magnae Galeni erkannt. Da bei Kindern das Volumen der Liquorräume im Normalzustand bereits klein ist, ist die CT-Diagnose des generalisierten Hirnödems schwierig und kann manchmal erst retrospektiv mit Kontrolluntersuchungen bewiesen werden, und zwar dann, wenn sich eine allmähliche Vergrößerung der Liquorräume und eine Konzentrierung des Ödems in der periventrikulären Region zeigt. Gelegentlich findet sich als Begleitsymptom des diffusen traumatischen Ödems ein sub-

Tafel 21. Kontusionsblutungen I

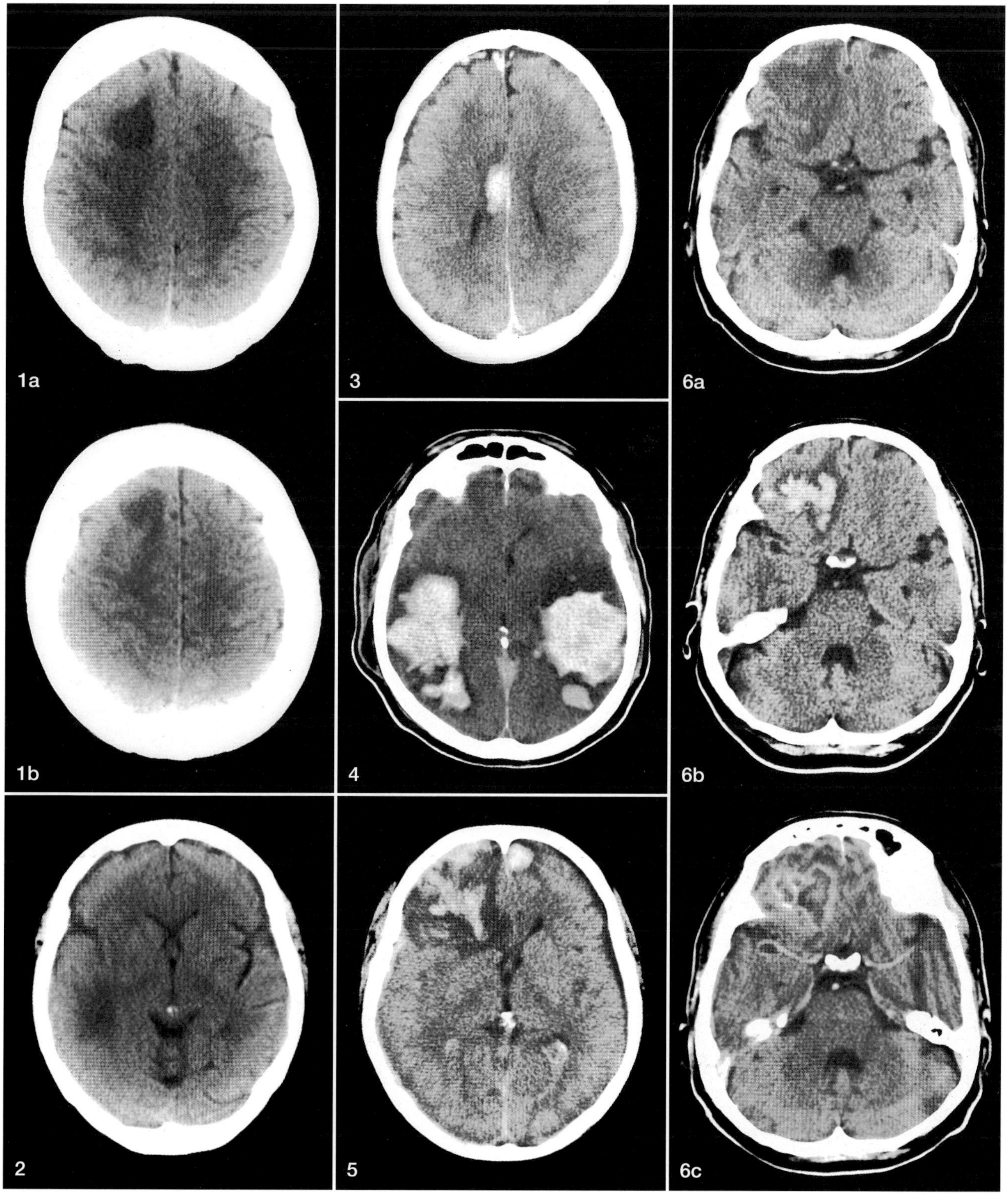

1a, b Kontusionsödem rechts frontal.
2 Kontusionsödem rechts temporal.

3 Balkenblutung rechtsbetont, typische Scherverletzung.
4 Doppelseitige temporale Kontusionsblutungen.
5 Bifrontal rechtsbetonte Kontusionsblutungen.

6a–c Kontusionsblutung rechts frontotemporal (a); Aufblühen der Kontusionen frontal nach 2 Tagen (b); Kontrolle mit Kontrastmittel nach 10 Tagen; Enhancement der in Resorption befindlichen Kontusion; Girlande (c).

Tafel 22. Kontusionsblutungen II

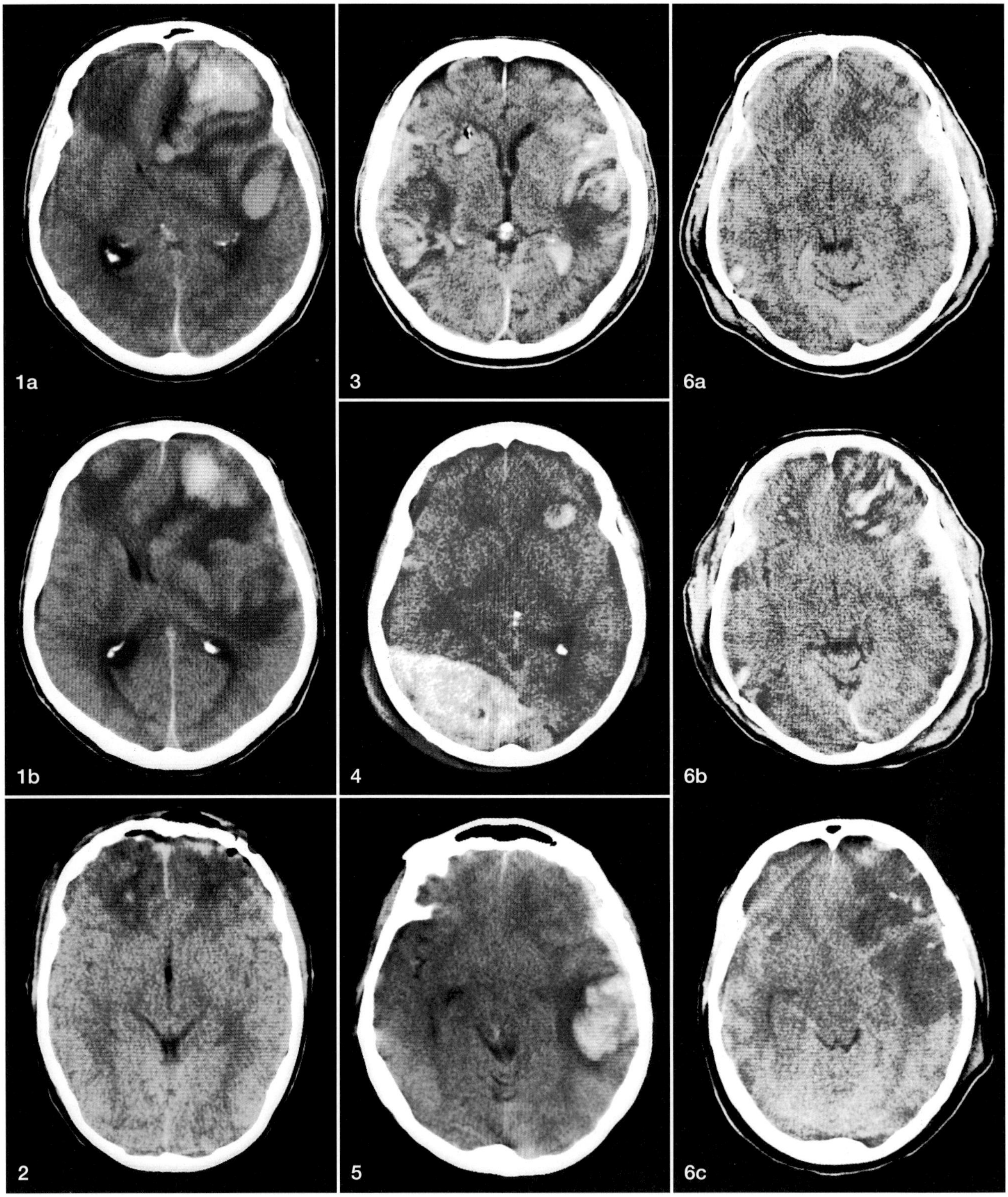

1a, b Bifrontale linksbetonte Kontusion, zusätzliche Kontusion temporal links, erhebliche Massenverschiebung, Ödem.
2 Bifrontale Kontusion bei frontobasaler Verletzung mit Lufteinschlüssen.

3 Multiple Kontusionen und traumatische Subarachnoidalblutung.
4 Epidurales Hämatom im Bereich der hinteren Schädelgrube rechts mit Contrecoup-Kontusion links frontotemporal.
5 Linkstemporale Kontusion mit Begleitödem und zusätzlichem Pancake-Hämatom.

6a–c Frontotemporale Kontusion links mit traumatischer Subarachnoidalblutung (a); Kontrolle nach 36 Stunden: Zunahme der Kontusionsblutungen, schneegestöberartig. (b); Kontrolle nach 10 Tagen: frontotemporale Hypodensität aus Kontusionödem und Infarzierung (c).

durales Hygrom, das auf Liquorresorptionsstörungen zurückgeführt wird. Die Ursache der traumatischen Hirnschwellung wird beim Kind in einer Hyperämie durch Vasoparalyse gesehen, wofür auch die geringe Dichteanhebung der weißen Substanz um 3–4 HE sprechen könnte. Die Kontusionsblutungen finden sich nicht selten gemeinsam mit subduralen oder epiduralen Hämatomen und sind in der Regel von einem Ödem begleitet. Zusammen mit letzterem wirken sie raumfordernd, d. h. sie komprimieren das Ventrikelsystem, verlagern die Mittellinienstrukturen und können den Hirnstamm im Tentoriumschlitz einklemmen und dadurch den Tod herbeiführen. Manchmal entstehen die Hämatome erst Stunden bis Tage nach dem Trauma, wenn über lokale Zirkulationsstörungen die Gefäßwände erst sekundär geschädigt werden. Deshalb kann beim Schädelhirntrauma ein primär normales Computertomogramm keine Sicherheit für den weiteren Verlauf geben, und Kontrollen sind bei verschlechtertem neurologischem Befund notwendig. Computertomographisch können kleinere Rindenprellungsherde wegen ihrer Nähe zur Kalotte dem Nachweis entgehen; oft werden sie aber an den begleitenden kleinen subarachnoidalen Einblutungen erkannt (s. u.). Die Marklagerblutungen zeigen sich hingegen eindeutig als umschriebene hyperdense Herde, die meist von hypodensen Ödemzonen begleitet sind. Selten ist die Blutung im Corpus callosum lokalisiert; sie soll durch heftige Gewalteinwirkung auf den Scheitel entstehen, durch die der Balken gezerrt und gegen die Falx cerebri gepreßt wird. Auch traumatische Stammganglienblutungen kommen vor. Innerhalb von Wochen werden die Hämatome vom Rande her resorbiert und stellen sich nach etwa 2–4 Wochen im Computertomogramm als isodense Herde dar, die von einem Ödemsaum umgeben sind, der wegen der gestörten Blut-Hirn-Schranke Kontrastmittel ringförmig einlagern kann.

5.1.3.4 Traumatische Subarachnoidalblutungen

Subarachnoidalblutungen sind meist mit einer Kontusionsblutung kombiniert, sie kommen aber auch isoliert vor. Computertomographisch ist die Dichte in umschriebenen Partien des äußeren Liquorraums erhöht, besonders in den basalen, interhemisphärischen und insularen Zisternen. Dieses Zeichen wird allerdings wieder ausgelöscht, wenn eine zerebrale Volumenvermehrung die Subarachnoidalräume komprimiert. Andererseits kann eine isodense Subarachnoidalblutung im Bereich der Cisterna ambiens eine Zisternenkompression durch transtentorielle Herniierung imitieren. Beim Erwachsenen kann eine Falxverkalkung Blut im Interhemisphärenspalt vortäuschen, während beim Kind bis zum 16. Lebensjahr eine Verdichtung des Interhemisphärenspaltes als typisches Zeichen einer Subarachnoidalblutung gewertet wird. Das CT-Bild der traumatischen Subarachnoidalblutung kann dem aus aneurysmatischer Ursache täuschend ähnlich sein – ein besonderes Problem bei nicht ganz klarer Unfall-Anamnese.

5.1.3.5 Traumatische Ventrikelblutung und Kavitationstrauma

Durch die traumabedingte Akzeleration und Verformung des Gehirns kann – im Sinne eines Kavitationstraumas – die Ventrikelwand mit dem Ependym und den subependymalen Gefäßen einreißen, so daß eine Ventrikelblutung, subependymale Blutungen und stippchenartige Petechien in den angrenzenden Stammganglien resultieren. Andererseits können ventrikelnahe Kontusionsblutungen selten in die Hirnkammern einbrechen. Das intraventrikuläre Blut sammelt sich in Rückenlage oft in den Hinterhörnern. Innerhalb von maximal 10 Tagen – also schneller als die intrazerebralen Hämatome – wird es resorbiert bzw. ausgewaschen. Gelegentlich kann das Blut den Liquorabfluß behindern und einzelne Ventrikelabschnitte aufweiten.

5.1.3.6 Traumatischer Hirninfarkt

Das sehr seltene Krankheitsbild entsteht, wenn Scherkräfte auf die Intima der großen Hirnarterien wirken. Die verletzte Intima lagert angiographisch nachweisbare Thromben an, und es resultiert ein Infarkt, der computertomographisch als eine typische keilförmige, scharf begrenzte hypodense Zone im Versorgungsgebiet der betroffenen Arterie nachweisbar ist. Ähnliche Befunde ergeben sich beim traumatischen Karotisverschluß bzw. bei der Karotisdissektion. Bei Massenverschiebungen und transtentorieller Herniierung kann auch eine Infarzierung im Versorgungsgebiet der A. cerebri posterior entstehen. Die Ursache hierfür dürfte am ehesten der behinderte arterielle Zufluß, aber auch der venöse Abfluß sein. Abschließend muß festgestellt werden, daß das CT bei komatösen Patienten einen Normalbefund aufweisen kann, weil sich die Veränderungen im Hirnstamm dem Nachweis entziehen können.

Tafel 23. Traumatische Subarachnoidalblutung

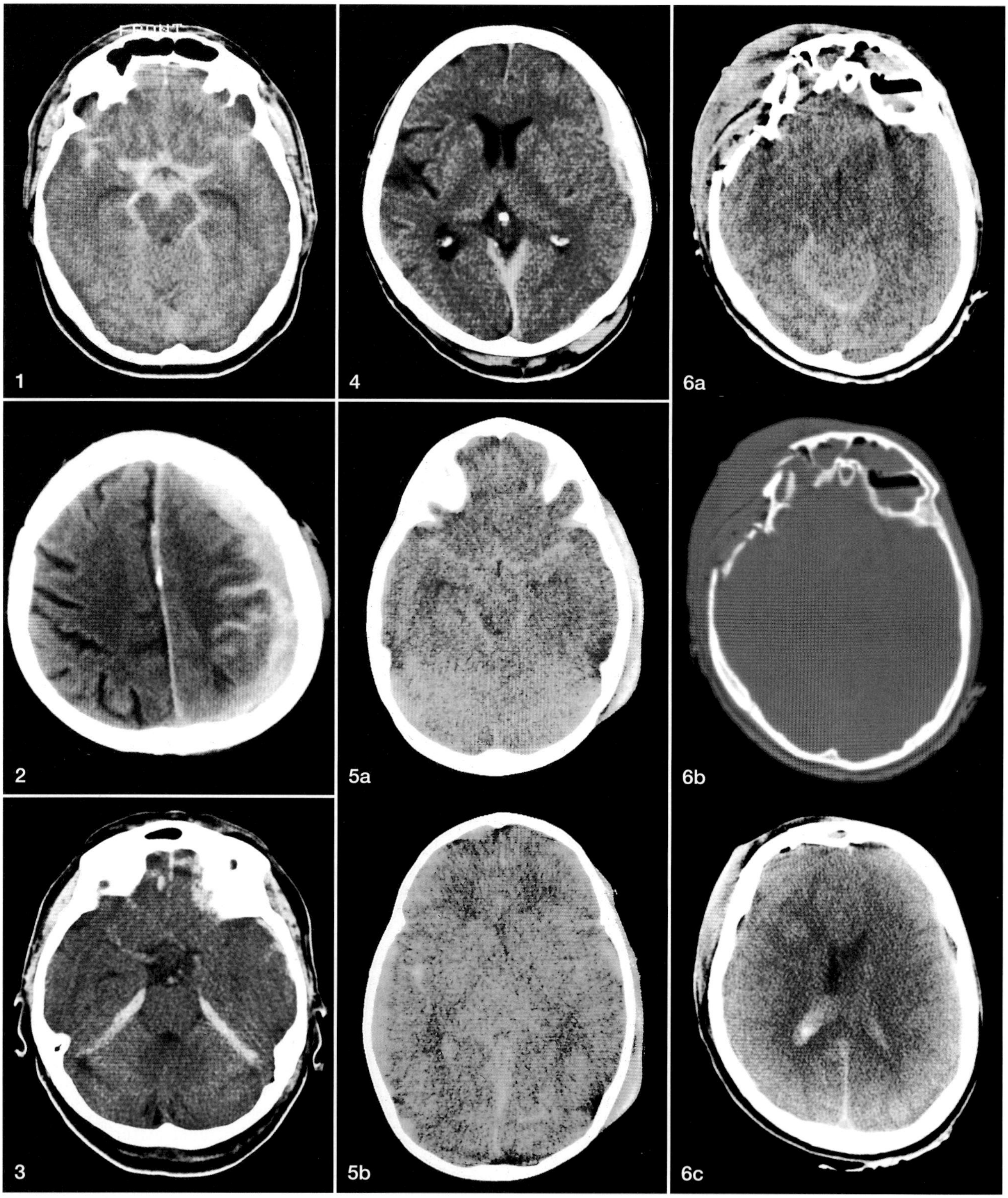

1 Basale traumatische Subarachnoidalblutung.
2 Akutes subdurales Hämatom mit traumatischer Subarachnoidalblutung.
3 Traumatische Subarachnoidalblutung im Bereich des Tentoriumrandes.

4 Traumatische Subarachnoidalblutung im Bereich des Sinus rectus bei Pancake-Hämatom links.
5a, b Traumatische Subarachnoidalblutung, Hirnschwellung beim Kind.

6a–c Traumatische Subarachnoidalblutung, intraventrikuläre Blutung, massive Impressionsfraktur frontotemporal (b Knochenfenster).

5.2 Offene Hirntraumen

Sie sind durch die traumatische Eröffnung der Dura mater bei gleichzeitiger Hautverletzung oder Kommunikation zu den Nasennebenhöhlen oder der Pyramide gekennzeichnet und entstehen bei Schußverletzungen und Impressionsfrakturen. Diese zerstören lokal das Hirngewebe, so daß Hämatom-, Ödem- und Nekrosezonen resultieren, deren Komplikationen und Rückbildungen denjenigen bei gedeckten Schädel-Hirn-Traumen gleichen.

5.2.1 Impressionsfraktur

Diese können offen, aber auch – bei unverletzter Haut – geschlossen sein. Das CT läßt sehr häufig erst durch Knochenfensteraufnahmen die Diagnose zu. Es gibt Fälle, bei denen die Röntgen-Leer-Diagnostik des Schädels diagnostisch ergiebiger ist.

5.2.2 Frontobasale Schädelhirnverletzung

Diese können offen, aber auch – bei fehlendem Kontakt zwischen den Nasennebenhöhlen und der verletzten Dura – geschlossen sein. Das CT zeigt – vor allen in vertikaler Schnittführung – die Frakturen, Fissuren und Infraktionen im Knochenfenster. Die mit Blut ausgefüllten NNH-Sinus und extrazerebralen Läsionen und Lufteinschlüsse runden das typische Bild ab.

5.2.3 Schußverletzungen

Schußverletzungen zeigen computertomographisch die Knochenzerstörungen an der Ein- und eventuell auch an der Austrittsstelle des Projektils. Der intrazerebrale Schußkanal stellt sich wegen der Einblutungen typischerweise als gerades hyperdenses Band dar, in dem manchmal auch Knochensplitter oder das Projektil liegen. Bei Eröffnung der Hirnkammern resultieren Ventrikelblutungen.

5.2.4 Lufteinschlüsse (Pneumatozele und Pneumatozephalus)

Sie entstehen, wenn über die Knochen-Dura-Läsion Liquor ausläuft und Luft in den Subarachnoidalraum bzw. in das Ventrikelsystem gelangt. Meist kommen die Liquorfisteln bei Schädelbasisfrakturen vor; der Liquor fließt durch die Nasennebenhöhlen und die Nase sowie über den äußeren Gehörgang nach außen. Infolge eines Ventilmechanismus am Durariß kann die intrakranielle Luft ein erhebliches Volumen erreichen und raumfordernd wirken. Sie findet sich in Rückenlage an den frontalen Polen und ist computertomographisch wegen ihrer niedrigen Dichte (HE um –1000) nicht zu verkennen.

5.2.5 Aszendierende Infektion

Die aszendierende Infektion kann zur Entstehung einer eitrigen Meningitis, eines subduralen Empyems oder eines intrakranialen Abszesses führen (vgl. Kapitel 9).

Tafel 24. Impressionsfraktur, sonstige Schädelhirnverletzungen

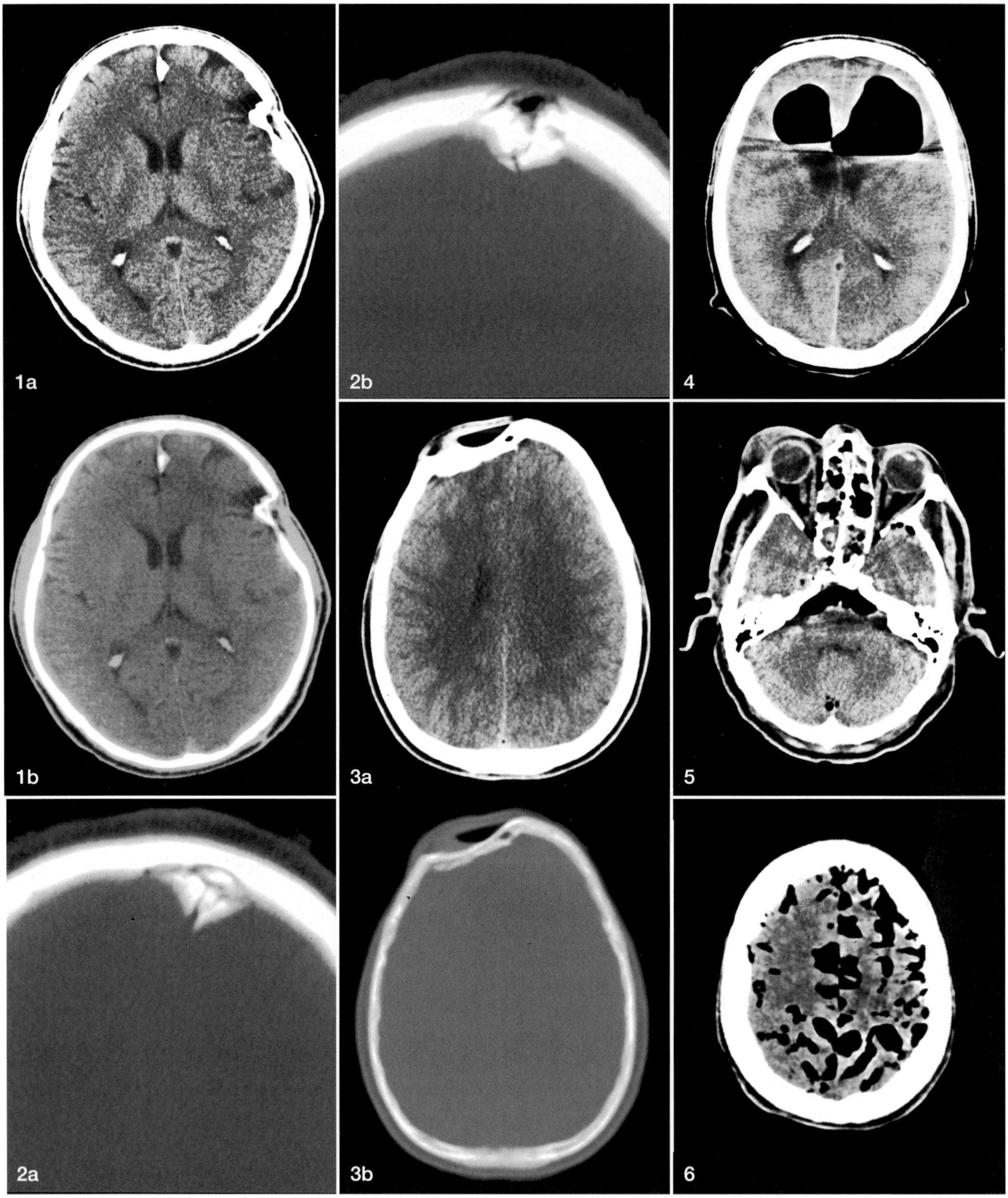

1a, b Links frontotemporale Impressionsfraktur mit Knochenfenster.
2a, b Impressionsfraktur parietal am Vertex, fast in der Mitte. Detailaufnahmen.

3a, b Frontale Impressionsfraktur rechts; nativ (a), Knochenfenster (b).

4 Frontobasale Fraktur mit Pneumocephalus in den Vorderhörnern links mehr als rechts.
5 Frontobasale Fraktur mit intrakranieller Luft präpontin.
6 Frontobasale Fraktur mit massiver Luft über dem Cortex.

Tafel 25. Schußverletzungen

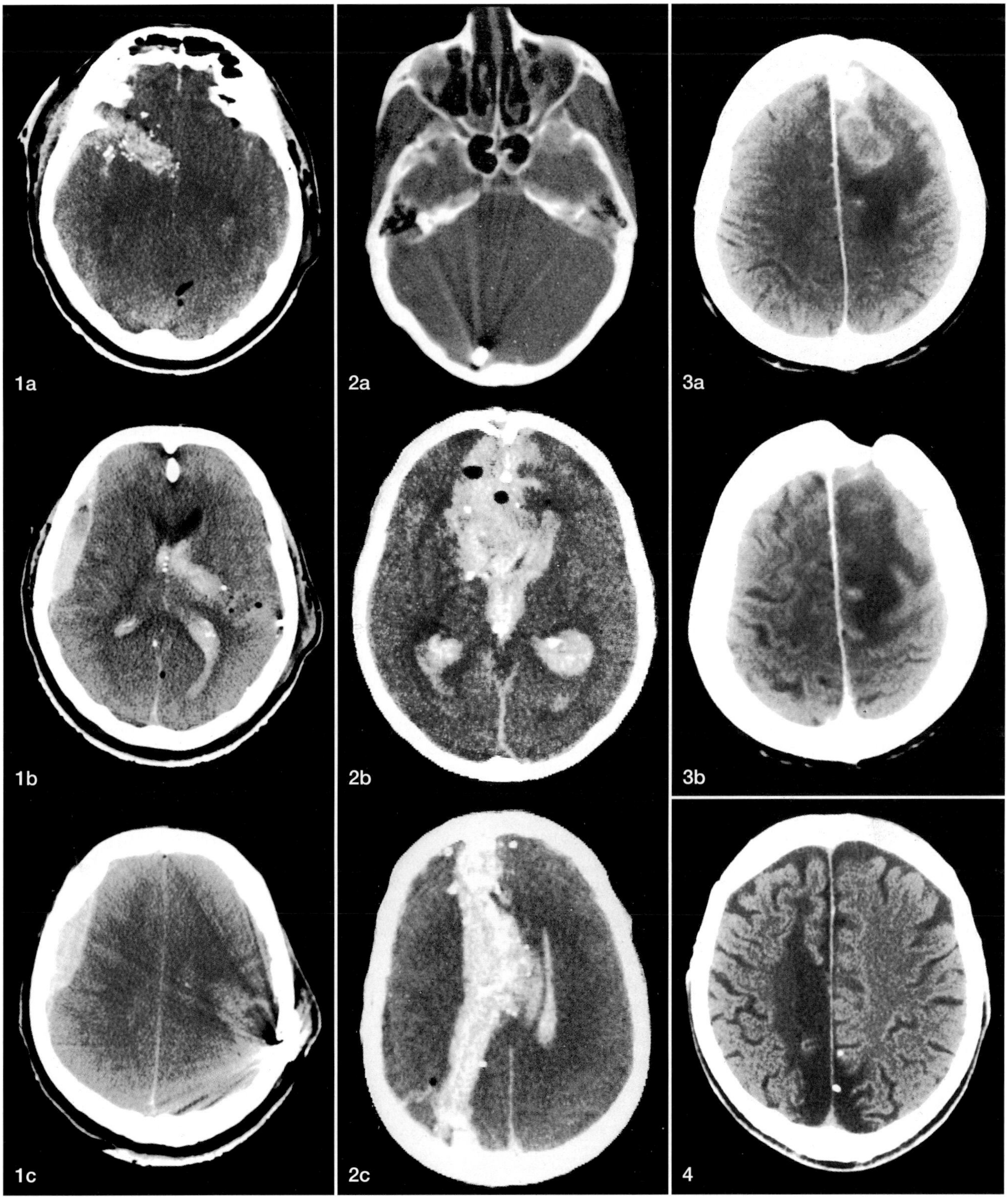

1a–c Schußverletzung von rechts frontotemperal nach links parietal; Begleitendes subdurales Hämatom rechts, intraventrikuläre Blutung, Schußkanal mit Luft und Knochensplittern, Expressionsfraktur.

2a–c Innerer Winkelschuß von frontal mit blutigem Schußkanal, Haematocephalus totalis, Lufteinschlüsse, Projektil rechts okzipital.

3a, b Spätfolge einer Kriegsschußverletzung: Schädeldachdefekt, Knochenfragment, Spätabszeß mit perifokalem Ödem.
4 Spätfolge einer Schußverletzung: hypodenser Schußkanal von links okzipital her.

5.2.6 Spätfolgen eines Hirntraumas

Die Folgen von traumatischen Gewebsläsionen sind:

- Umschriebene minderdichte Gehirnsubstanzdefekte nach Kontusionen. Ihr computertomographisch nachweisbares Ausmaß korreliert aber schlecht mit den posttraumatischen Funktionsausfällen und -störungen. Dies ist für Begutachtungsfragen von Bedeutung.
- Der posttraumatische Infarkt – z. B. nach einer Einklemmung im Bereich der A. cerebri posterior zeigt sich als hypodense Zone, die sich an die Gefäßarchitektur des Gehirnes hält.
- Die postkontusionelle gliöse Hirnnarbe (Status spongiosus) zeigt sich als meist kleine umschriebene Zone verminderter Dichte, die kein Kontrastmittel einlagert.
- Die posttraumatische Zyste ist computertomographisch eine rundliche, scharf begrenzte Zone mit liquorähnlicher Dichte. Häufig ist sie mit einer umschriebenen Hirnatrophie kombiniert.
- Die regionale Hirnatrophie wird computertomographisch an den umschriebenen Erweiterungen der benachbarten Liquorräume erkannt.
- Der posttraumatische Hydrocephalus communicans entsteht, wenn infolge einer Blutung der Subarachnoidalraum verklebt und dadurch der Liquorabfluß behindert wird. Computertomographisch zeigen sich erweiterte Ventrikel bei relativ normalen oder verschmälerten äußeren Liquorräumen (siehe auch normotensiver Hydrozephalus, S. 125 u. Tafel 57, S. 124).
- Die „wachsende Fraktur“ ist selten und kommt bei Schädelfrakturen im Kindesalter vor, wenn sich die Leptomeninx und das benachbarte Gehirn in den Frakturspalt hernieren. Durch die Gefäßpulsation wird der Knochen resorbiert, und der Frakturspalt verbreitert sich. Computertomographisch ist der breite Frakturspalt sichtbar, der von einer liquordichten Fortsetzung des Subarachnoidalraumes ausgefüllt ist.

5.2.7 Folgen und Komplikationen eines chirurgischen Eingriffs

Die zahlreichen Operationsfolgen und -komplikationen lassen sich auf dem Computertomogramm eindeutig erkennen, so daß die postoperative Überwachung der Patienten erleichtert wird. Zu den wichtigsten mehr oder weniger akuten Komplikationen gehören: epidurale, subdurale und intrazerebrale Hämatome (auch an operationsfernen Stellen infolge der Entlastung bei gesteigertem Hirndruck), das raumfordernde Ödem (das auch zu einem passageren Hirnprolaps durch die Trepanationslücke führen kann), der Spannungshydrozephalus durch Liquorpassagebehinderung, Infarkte (bei intraoperativem Verschluß der Gefäße oder nach Aneurysmaoperationen), Pneumatozelen, subdurale Empyeme und epi- sowie intrazerebrale Abszesse. Ein durch einen raumfordernden Prozeß komprimiertes und verformtes Gehirn entfaltet sich normalerweise postoperativ; selten kann diese Entfaltung ausbleiben, so daß subdurale Hygrome entstehen. Als Spätfolge einer Operation kann gelegentlich durch Meningenverklebungen ein Hydrocephalus aresorptivus auftreten. Zu den Operationsfolgen zählen: Der Trepanationsdefekt, der intrazerebrale Substanzdefekt und die im Operationsgebiet belassenen Metallclips. Am Rande des postoperativen intrazerebralen Substanzdefektes entwickelt sich Granulationsgewebe, das Kontrastmittel ringförmig einlagern kann. Dieser Befund (sogenannter „postoperativer Ring“) kann gelegentlich computertomographisch nur mit Verlaufskontrollen gegen Rest- oder Rezidivtumoren und gegen Hirnabszesse abgegrenzt werden (S. 128 u. Tafeln 58, 59, S. 129, 130). Das Einbringen von blutungsstillenden Agenzien (z. B. Gelita) in das Operationsgebiet führt im CT zum Auftreten von stark hypodensen Bezirken im unmittelbaren Operationsgebiet.

Tafel 26. Spätfolgen eines Schädelhirntraumas

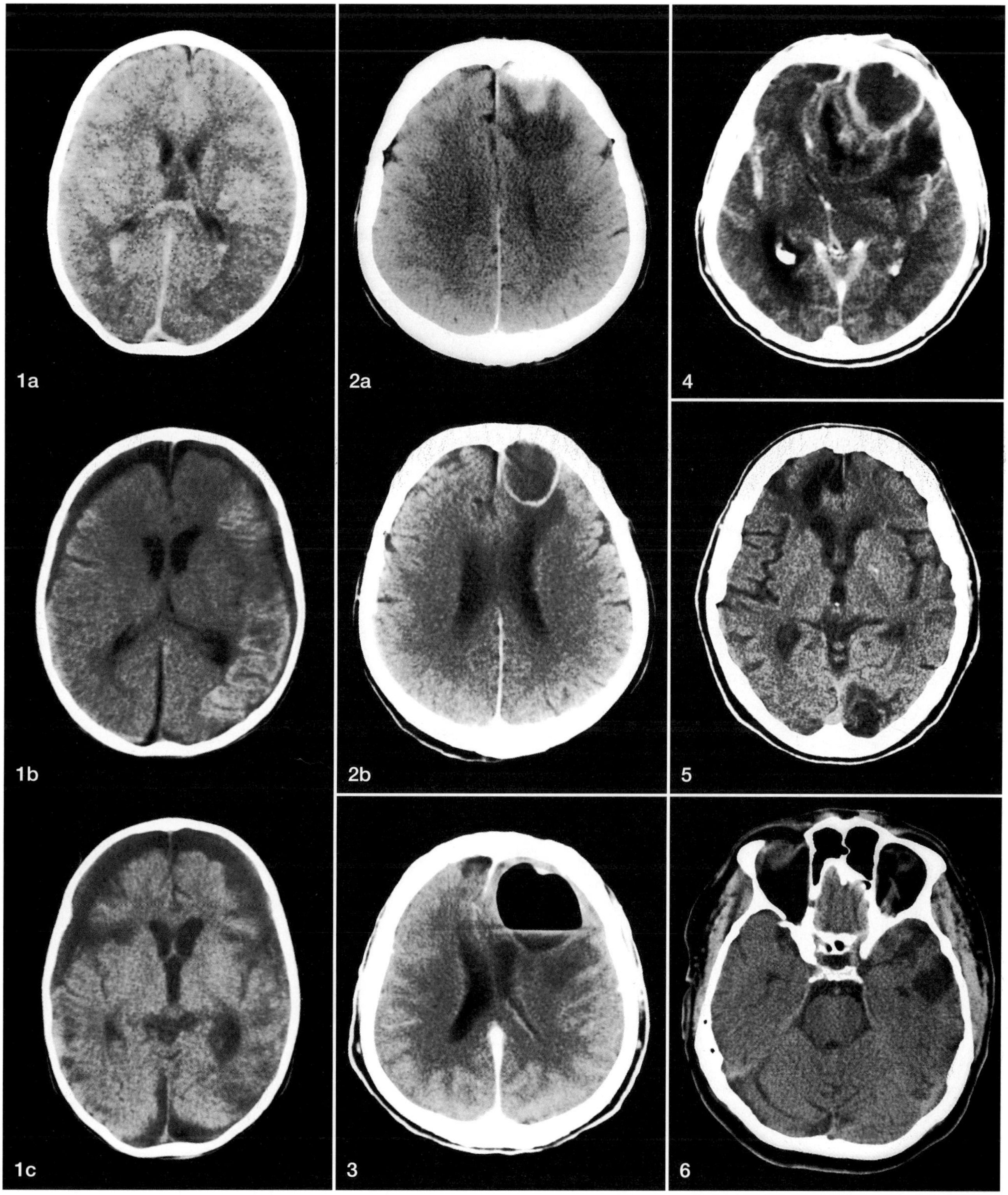

1a–c Kindliches Schädelhirntrauma mit multiplen Kontusionen und traumatischer Subarachnoidalblutung (a); Kontrolle nach 10 Tagen: Hygrome, traumatische Subarachnoidalblutung (b); Kontrolle nach 3 Monaten: allgemeine Hirnatrophie, subdurales Hygrom (c).

2a, b Schokoladenzyste nach Kontusion links frontal. Zunächst Kontusion (a) zweieinhalb Monate später Schokoladenzyste (b).

3 Raumfordernde Pneumatozele links frontal nach frontobasaler Fraktur vor einem Jahr.

4 Links frontaler Hirnabszeß bei frontobasaler Schädelhirnverletzung nach 14 Monaten.

5 Coup- und Contre-coup-Defekt nach multiplen Hirnkontusionen.

6 Links temporo-basaler Defekt nach traumatischer intrazerebraler Blutung.

Tafel 27. Operationsfolgen und -verläufe

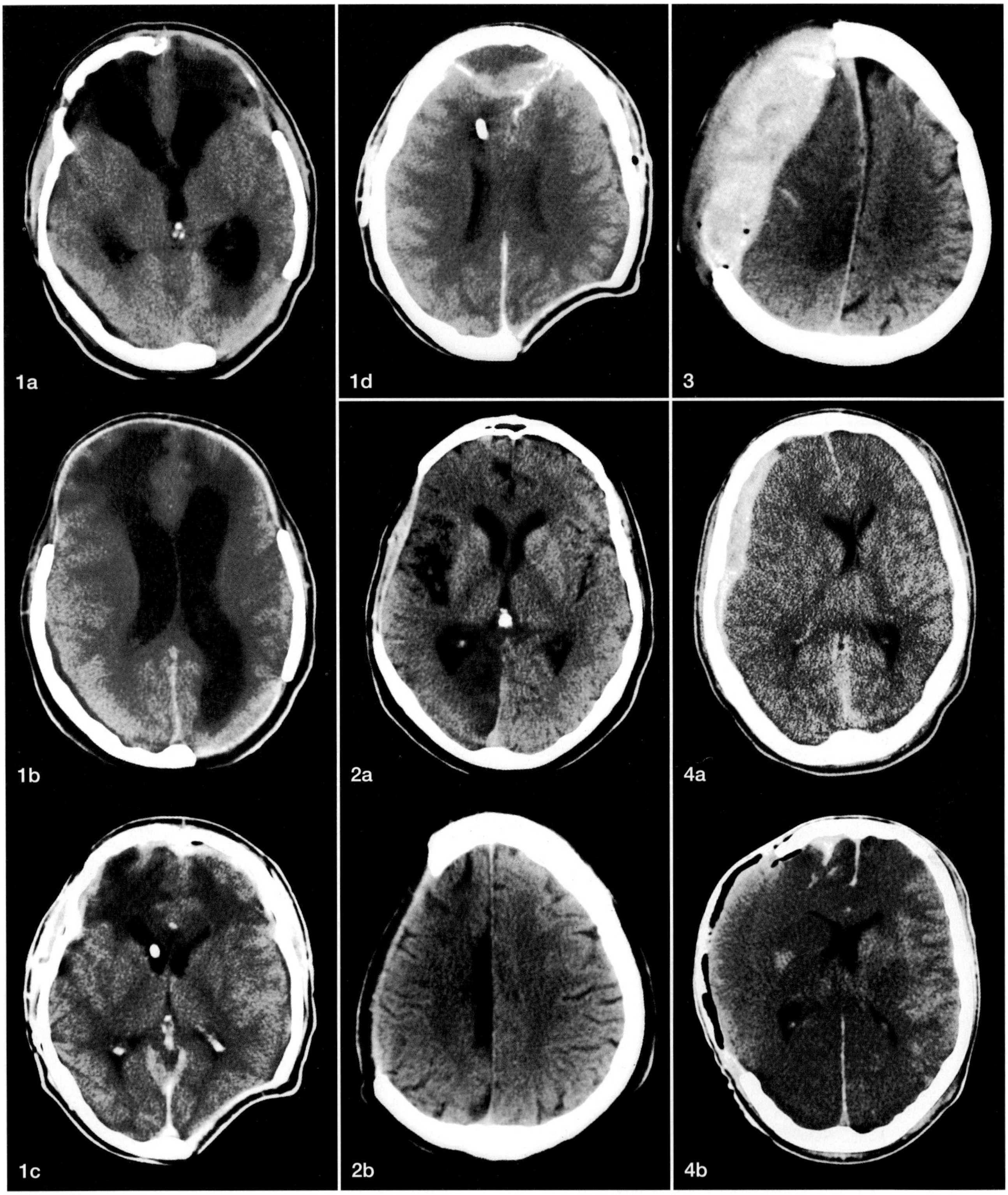

1a–d Zustand nach schwerem Schädelhirntrauma mit doppelseitiger bifrontaler und links temporaler Trepanation. Postoperativer Hydrozephalus mit bifrontalen subependymalen Liquorsäumen (a,b); Zustand nach Liquordrainage mit bifrontalen Kontusionsherden und Retraktion des Trepanationsbereiches links tempo-parietal (c); bifrontales subdurales Empyem (d).

2a, b Zustand nach akutem subduralem Hämatom; Posteriorinfarkt rechts okzipital, Kontusionsherd in der Inselregion rechts und entlang des Interhemisphärenspaltes.

3 Zustand nach Operation eines epiduralen Hämatoms mit Dekompression, erneutes epidurales Hämatom.

4a, b Akutes subdurales Hämatom rechts frontotemporal (a); postoperativ malignes Hirnödem und Hirninfarzierung mit Hirnprolaps bei Dekompression (b).

Tafel 28. Operationsfolgen und -verläufe, Hirntod.

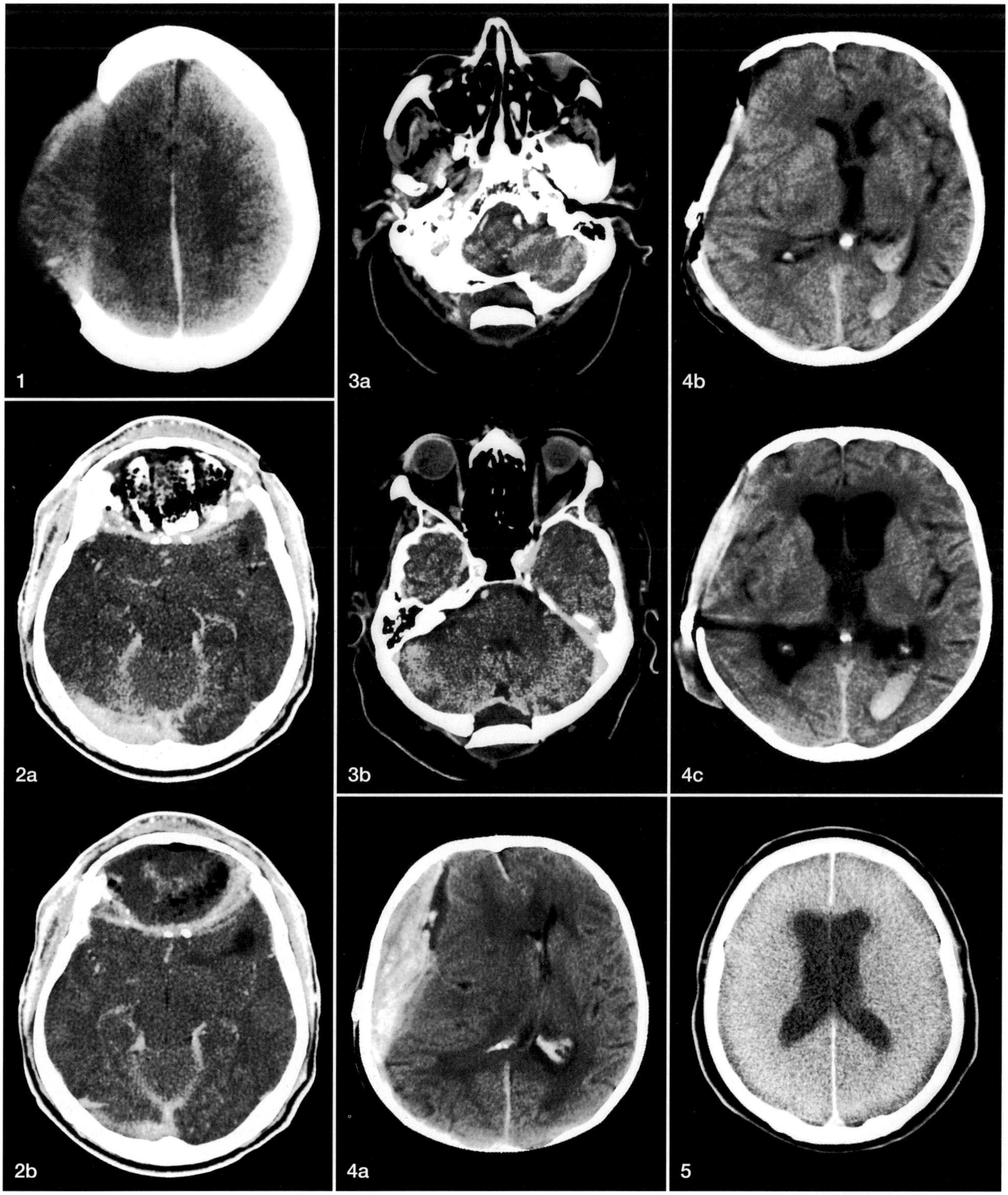

1 Hirnprolaps nach Dekompression eines akuten subduralen Hämatoms.

2a, b Zustand nach operativer Sanierung einer frontobasalen Schädelhirnverletzung mit Duraretraktion und extrazerebralem intrakraniellem Hohlraum epidural.

3a, b Palacosdislokation nach Operation in der hinteren Schädelgrube, zusätzlich Liquorkissen.

4a–c Rechts akutes subdurales Hämatom (a); 1 Tag postoperativ: Entfernung des akuten subduralen Hämatoms, keine Hirnschwellung, Blut im Seitenventrikel (b); 14 Tage später posttraumatischer Hydrozephalus mit Notwendigkeit zum Shunt (c).

5 Hirntod: aufgehobene, verwaschene Hirnstrukturen, Thrombose des Sinus sagittalis superior.

6 Neuropädiatrische Erkrankungen

In der Diagnostik der neuropädiatrischen Erkrankungen hat die kraniale Computertomographie ihren Stellenwert eingebüßt. Neben den Ultraschalluntersuchungen dient gegenwärtig die Magnetresonanztomographie (MRT) als diagnostische Basis. Die Gründe für diesen Methodenwandel liegen einerseits in der Strahlenexposition, da selbst die geringe Strahlendosis der Computertomographie für das besonders sensible wachsende Gewebe im Neugeborenen- oder Kindesalter ein unkalkulierbares Risiko bildet. Andererseits können mit Hilfe der MRT die speziellen und spezifischen pädiatrischen Fragestellungen zur Entwicklung des Zentralnervensystems, zur kongenitalen oder erworbenen Schädigung neuronaler Strukturen und zur Auswirkung schädigender Noxen auf das Gehirn pathomorphologisch genauer beantwortet werden.

Tab. 5. Hauptgruppe der ZNS-Mißbildungen (Einteilung nach [47])

Dysgenesien: Gestörte Vorderkopfanlage bei geschlossenem Neuralrohr (z. B. Azephalie, Aprosopie, Zyklopie, Holoprosenzephalie, Arhinenzephalie, olfaktogenitale Dysplasie)
Dysrhaphien: Schlußstörung des Neuralrohres (Abb. 26a-d) *Kraniale Dysrhaphien:* Cranioschisis totalis (= Anenzephalie) Cranioschisis partialis (= Meroenzephalie) Zephalozelen (der Konvexität und der Basis) Balkenmangel, Kommisurenmangel, Monoventrikel, Dysrhaphische Äquivalente (Cavum septi pellucidi, Cavum Vergae, Cavum septi interpositi) (Abb. 29) *Rhombozerebelläre Dysrhaphien:* Zephalo-, Meningozelen (okzipital und zerebellar) Hypoplasie des Kleinhirns, Dandy-Walker-Syndrom, Arnold-Chiari-Mißbildung, Aquäduktstenose
Migrationsstörungen: Schizenzephale Porenzephalie, Dysgyrie wie z. B. Agyrie, Makrogyrie, Mikrogyrie, Mikropolygyrie, perisylvische Aplasie
Hirnvolumenstörungen: Mikroenzephalia vera, Megalenzephalie
Hydrozephalie
Phakomatosen: Dysplasien mit blastomatösem Einschlag, z.B. Neurofibromatose Recklinghausen, tuberöse Sklerose, Hippel-Lindau-Krankheit, Sturge-Weber-Syndrom, Ataxia teleangiectatica Louis-Bar

6.1 Kongenitale Mißbildungen

ZNS-Mißbildungen sind bei 0,1–0,9% aller Neugeborenen zu beobachten. Sie beruhen auf Störungen der embryonalen Entwicklung und werden durch verschiedene genetische Faktoren, hypoxische oder entzündliche Noxen hervorgerufen. Für die Form der Mißbildung ist der Zeitpunkt der Schädigung entscheidender als die Noxe selbst, so daß die Einteilung der kongenitalen Malformationen sich an der embryonalen ZNS-Entwicklung orientiert.

6.1.1 Dorsale Induktion

Frühestes Entwicklungsstadium bis zur 4. Embryonalwoche. In dieser Zeitspanne bilden sich die ektodermale Platte und Grube an der dorsalen Oberfläche des Embryos zum Notochord und Neuralrohr aus. Störungen der Bildung des Neuralrohres führen zu Dysrhaphien verschiedenster Formen.

6.1.1.1 Anenzephalie

Mit dem Leben nicht vereinbare Mißbildung. Infolge des schweren Defektes im Neuralrohr fehlt die Kalotte vollständig oder weitgehend, das freiliegende Gehirn ist nur rudimentär ausgebildet.

6.1.1.2 Enzephalozelen

Diese Verschlußstörungen des Neuralrohres werden synonym als Dysrhaphien (dys = fehlerhaft, rhaphe = Naht) oder Kranioschisis (Kranium/Cranium = Schädel, schisis = Spaltung) bezeichnet. Die Inzidenz dieser Mißbildung liegt bei 1 : 3000–10 000 Geburten, wobei hauptsächlich okzipitale Enzephalozelen zu beobachten sind. Dem Inhalt oder Bestandteil des prolabierten Sackes entsprechend werden vier Formen unterschieden (Abb. 26a–d):

- Meningozele: Die Wandung des prallelastischen Sackes bildet Hirnhaut. Sein Inhalt besteht ausschließlich aus Liquor.
- Enzephalozystomeningozele: Der Sack umschließt einen zystischen rudimentären Ventrikelanteil mit begleitendem Hirnparenchym und einem erweiterten Liquorsaum.
- Enzephalozele: Prolaps des Hirngewebes ohne meningeale Umkleidung.

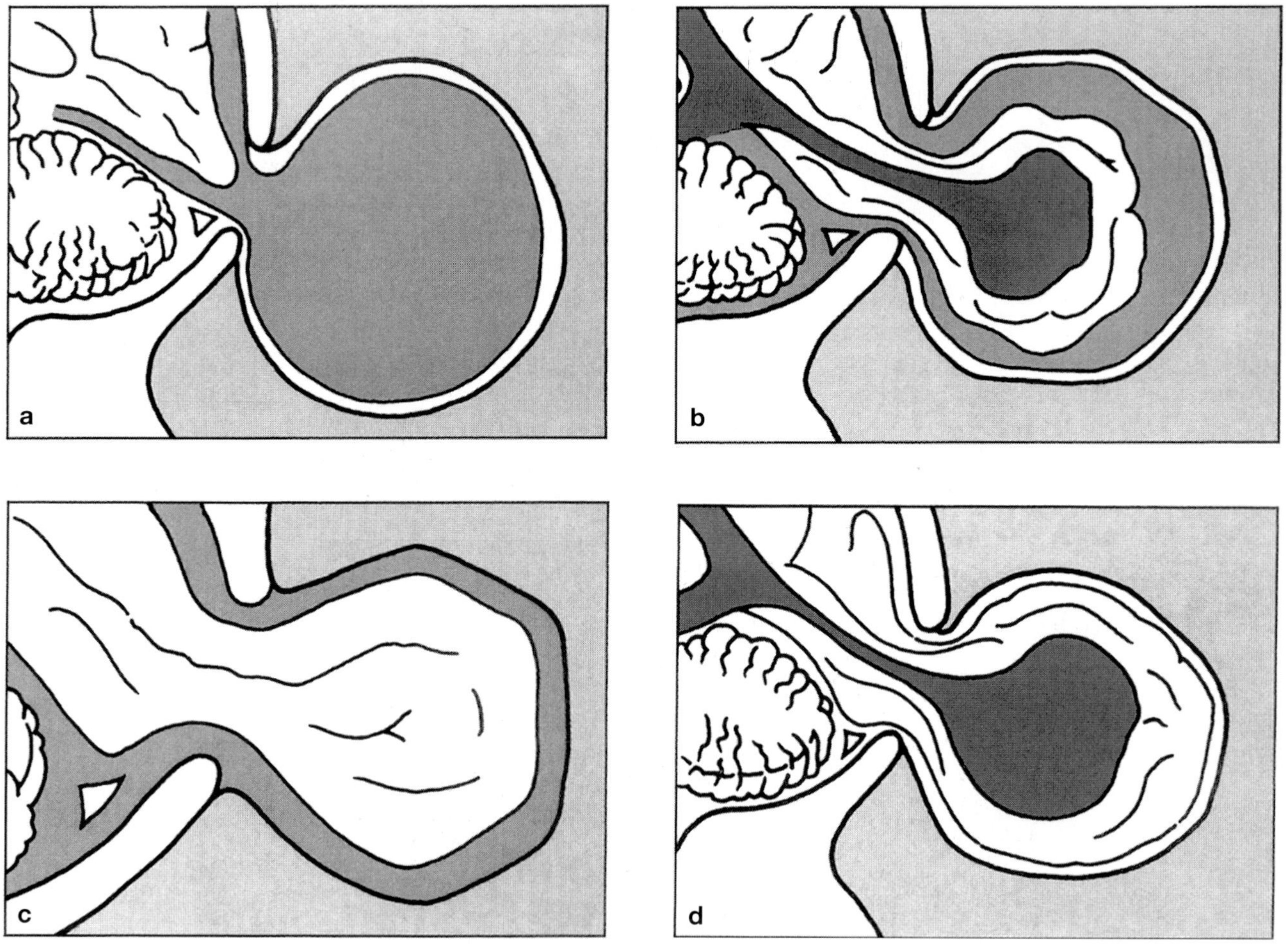

Abb. 26a–d Synopsis der Dysrhaphien. (a) Meningozele, (b) Enzephalozystomeningozele, (c) Enzephalozele, (d) Enzephalozystozele.

- Enzephalozystozele: Der Prolaps des Hirnparenchyms umschließt eine zystische Liquorhöhle, die mit dem Ventrikel kommuniziert.

Eine weitere Klassifikation der Enzephalozelen beruht auf der Topographie des Kalotten- oder Schädelbasisdefektes. Neben den okzipitalen oder parientalen Enzephalozelen finden sich frontale sowie nasale Untergruppen. Letztere entwickeln sich in unterschiedlicher Ausprägung an der Verbindung zwischen Stirnbein und Nasenknorpel. Im CT läßt sich der Kalottendefekt mit der Ausstülpung der Enzephalozele nachweisen. Eine genauere Differenzierung des Inhaltes scheitert jedoch im allgemeinen an Meßartefarkten des dezentral liegenden Sackes.

6.1.1.3 Arnold-Chiari-Malformation

Bei der Arnold-Chiari-Malformation ist das Kleinhirn, die Medulla oblongata und das obere Halsmark verformt, nach kaudal verlagert und dorsomedial gespalten. Dies kann mit einem Hydrozephalus, einer Meningomyelozele, einer Hydromyelie oder anderen Mißbildungen kombiniert sein. Nach dem Schweregrad werden drei Typen unterschieden:

- Typ I
  Manifestiert sich in der Regel klinisch erst im Jugend- oder Erwachsenenalter mit Symptomen an den unteren Hirn- und oberen zervikalen Nerven. Die Kleinhirntonsillen und die kaudalen Kleinhirnabschnitte sind durch das Foramen magnum in den Spinalkanal herniiert. Es kann eine Syringomyelie bestehen, der IV. Ventrikel liegt orthotop und ein Hydrozephalus fehlt. Computertomographisch lassen sich die Kleinhirntonsillen als rundliche Aussparungen im Subarachnoidalraum dorsal vom oberen Zervikalmark nachweisen. Die Syringomyelie ist als umschriebene Auftreibung des Halsmarks zu erahnen.
- Typ II
  Pathomorphologisch findet sich eine Herniation des Unterwurmes und der Tonsillen durch das Foramen magnum in den Spinalkanal. Die Medulla oblongata ist elongiert und überlagert den oberen Anteil des zervikalen Rückenmarks, das sich dann nur schmal, deformiert und mit aufwärts laufenden

Tafel 29. Mißbildungen – Arnold-Chiari-Malformation

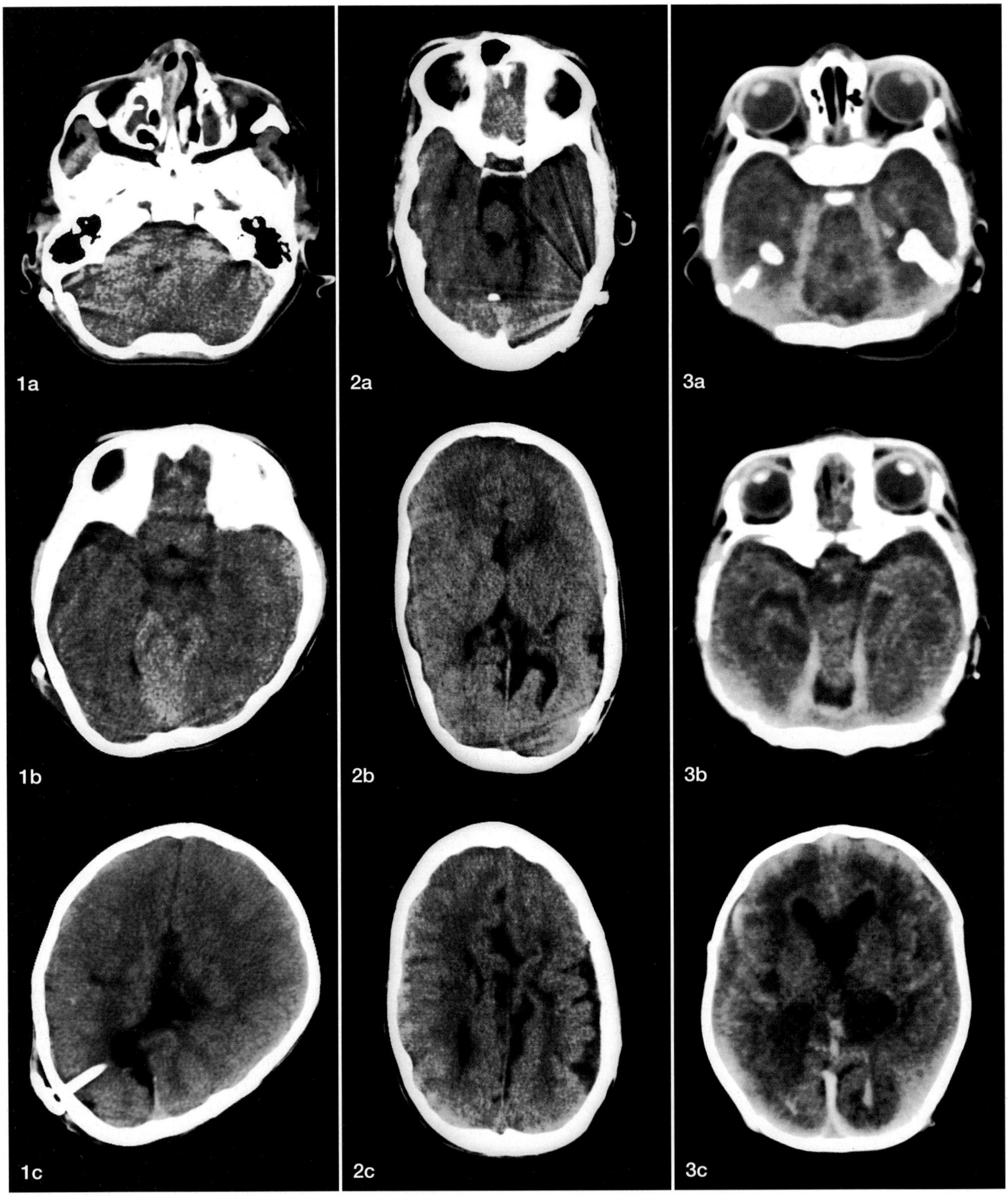

1a–c Arnold-Chiari-Malformation Typ II mit schlitzförmigem Ventrikelsystem nach Hydrozephalusdrainage. Balkenhypoplasie und teilweise Aplasie der Falx.

2a–c Arnold-Chiari-Malformation Typ II, Hydrozephalusdrainage. Balkenhypoplasie.

3a–c Arnold-Chiari-Malformation Typ II mit hydrozephalem Monoventrikel. Kraniale Herniation des Oberwurmes durch das hypoplastische Tentorium.

Tafel 30. Mißbildungen – Holoprosenzephalie

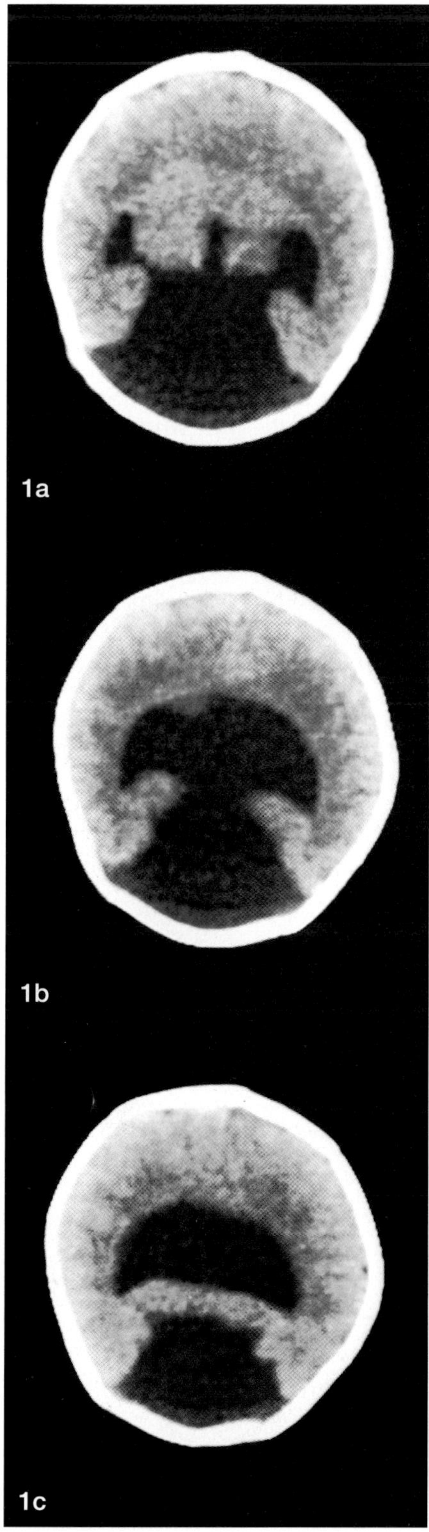

1a–c Alobäre Holoprosenzephalie.

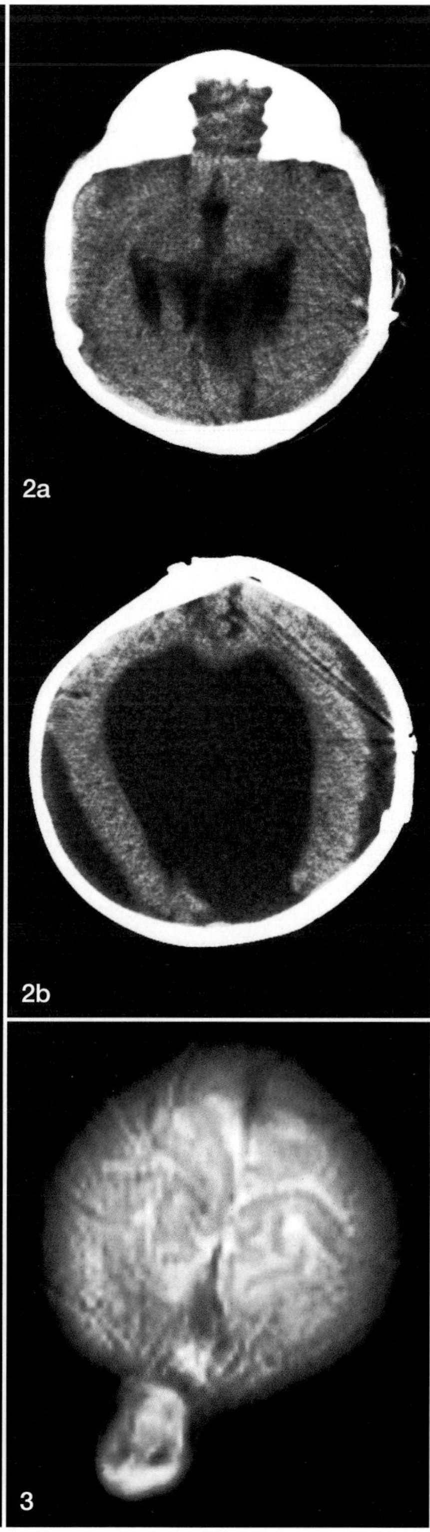

2a, b Lobäre Holoprosenzephalie.
3 Okzipitale Enzephalozele (MRT).

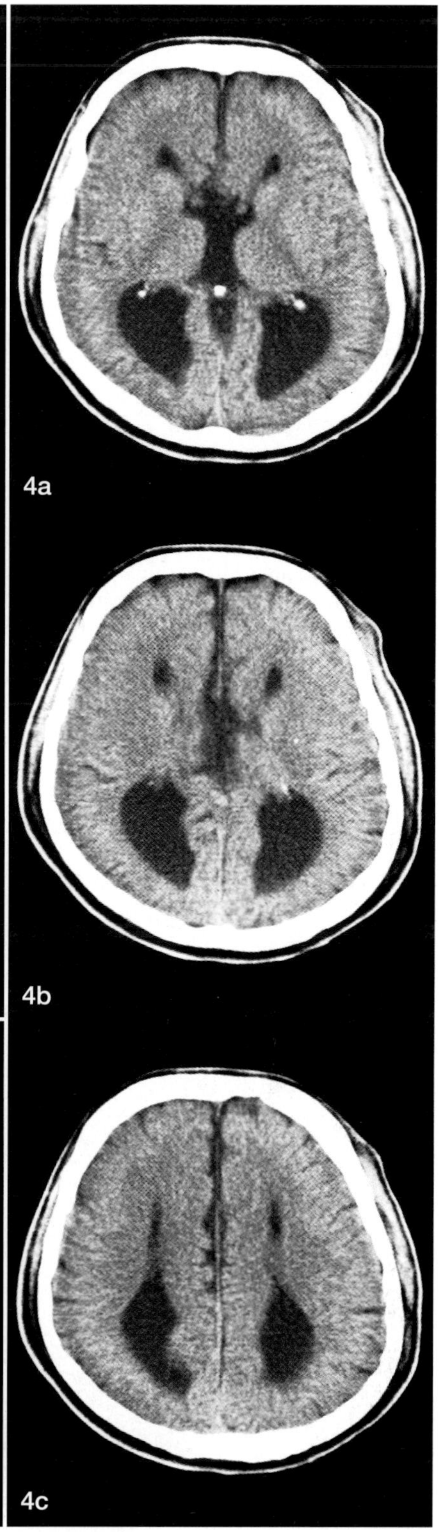

4a–c Balkenmangel mit typischen Ventrikeldeformierungen und bis zum Dach des III. Ventrikels reichendem Interhemisphärenspalt.

Nervenwurzeln abbildet. Typ II ist immer mit einer Meningomyelozele kombiniert, ein Hydrozephalus des Ventrikelsystems besteht in der Mehrzahl der Fälle. Im CT läßt sich die Arnold-Chiari-Malformation Typ II anhand folgender Charakteristika nachweisen: Kraniozervikal findet sich ein erweiterter Spinalkanal und ein großes Foramen magnum, das sich von der kreisrunden zur ovalen Form erweitert. Die flache, zu kleine hintere Schädelgrube wird rostral durch konkav deformierte Pyramidenhinterkanten begrenzt. Die Hypoplasie der Falx und des Tentoriums kann besonders nach Kontrastmittelgabe deutlich dargestellt werden, wobei sich eine venöse Kollateraldrainage infolge der Kompression oder nur rudimentären Ausbildung venöser Hirnleiter abbildet. Den auffälligsten Befund bildet jedoch im CT die Deformierung des Hirnstammes. Da das Mittelhirn kaudal elongiert ist, findet man den IV. Ventrikel in Höhe des Foramen magnum. Das Kleinhirn wird durch den Hirnstamm verdrängt und kranialwärts durch das hypoplastische Tentorium gedrängt. Es erscheint supratentoriell zwischen den Hinterhörnern der Seitenventrikel mit einem breiten perizerebellären Subarachnoidalraum. Pons, Kleinhirn sowie die zum Foramen Monroi hin verschobene Massa intermedia erhalten eine charakteristische Herzkonfiguration auf den mittleren axialen CT-Schichten.

- Typ III
  Kombination der Mißbildung des Typs II mit einer okzipitalen Enzephalozele.

6.1.2 Ventrale Induktion

Von der 4. bis zur 7. Embryonalwoche formt sich die gröbere Architektur des Gehirns. Es entwickeln sich Hirnstamm und Hemisphären, die Anlage der Augen und des Gesichtsschädels bilden sich aus. Störungen in dieser Periode führen zu den Mittelliniendysrhaphien sowie zu den kombinierten Fehlentwicklungen des Gehirns, des Gesichts und der Augen.

6.1.2.1 Holoprosenzephalie

Die Häufigkeit dieser Mißbildung beträgt 1 : 16 000 Lebendgeburten, besonders bei diabetischen Müttern und dizygoten Zwillingen auftretend. Die Schädigung entsteht durch eine Zerstörung des Mesoderm im vorderen Teil des Prosenzephalon. Es resultieren in unterschiedlicher Ausprägung eine Hypoplasie des

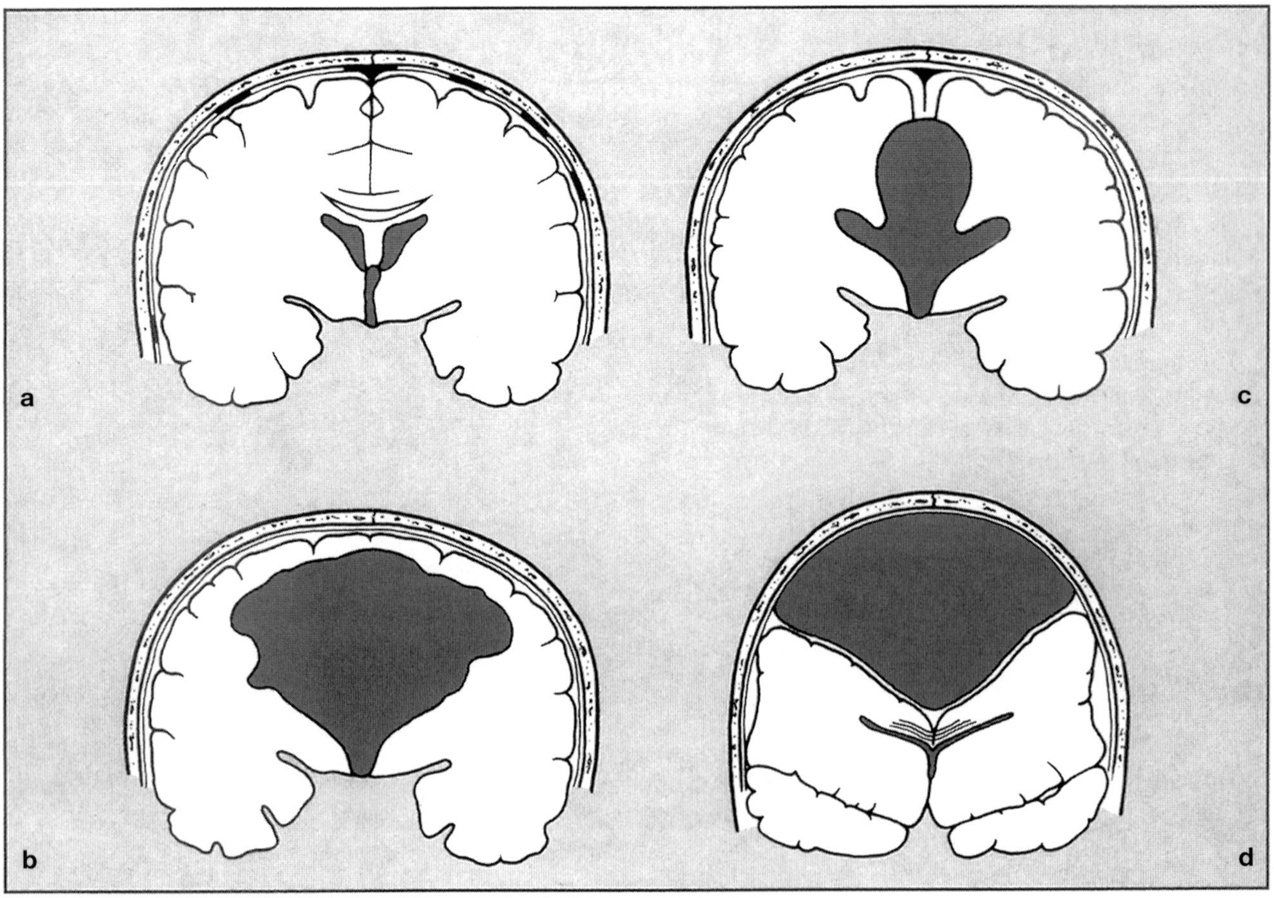

Abb. 27a–d. Holoprosenzephalie. (a) Normaler Koronarschnitt, (b) alobäre Holoprosenzephalie, (c) lobäre Holoprosenzephalie, (d) intradurale Zyste.

Telenzephalon und Dienzephalon (Abb. 27a–d). Gleichzeitig entstehen Gesichtsanomalien mit medialen Defekten, Hypotelorismus und Lippen-Kiefer-Gaumen-Spalten. Eine milde Form der Holoprosenzephalie findet sich in der lobären Form bei nur frontaler Fusion des Kortex sowie der Seitenventrikel. Die Lappenstruktur der Hemisphären ist normal entwickelt und der Interhemisphärenspalt hat sich ausgebildet. Bei der semilobären Form existieren nur Reste der Lappen, und der Interhemispärenspalt ist in der okzipitalen Hirnregion abgrenzbar. Die alobäre Holoprosenzephalie weist einen Monoventrikel ohne Interhemisphärenspalt auf. Dabei sind die Seitenventrikel zu einem hufeisenförmigen Ventrikelraum verschmolzen, der III. Ventrikel kann nicht identifiziert werden. Da die zerebralen Hemisphären sich nicht entwickeln, fehlt der hintere Hemisphärenspalt bei gleichzeitig bestehender Agenesie des Septum pellucidum und des Corpus callosum. Die CT-Schichten zeigen einen dorsalen Liquorsack, der mit einem plumpen Monoventrikel kommuniziert. Ein schmaler Parenchymmantel ist frontal oder okzipital erkennbar. Im Unterschied zur Hydranenzephalie besteht eine Aplasie der Falx.

6.1.2.2 Septooptische Dysplasie

Die septooptische Dysplasie charakterisiert eine Hypoplasie des Chiasmas und Nervus opticus sowie eine Agenesie des Septum pellucidums. Auf den axialen CT-Schichten findet sich ein engere Optikuskanal sowie eine erweiterte Cisterna chiasmatis. Das fehlende Septum pellucidum – in der Mehrzahl der Fälle assoziiert mit einem Balkenmangel sowie einer Fusion der Fornix-Körper – führt zu einem flachen entrundeten Monoventrikel bei Fusion der Frontalhörner beider Seitenventrikel.

6.1.2.3 Zerebrale Hemiatrophie

In der CT-Diagnostik läßt sich die halbseitige Atrophie des Gehirns mit erweiterten Liquorräumen und einem geringeren Schädelvolumen unschwer nachweisen.

6.1.2.4 Dysgenesien des Zerebellums und des Unterwurms

Diese Mißbildungen entstehen hauptsächlich in Verbindung mit komplexeren Syndromen. Eine vollständige oder teilweise Agenesie des Unterwurms und der Kleinhirnhemisphären sind auf eine fehlende Entwicklung, Hypoplasien auf einen vorzeitigen Entwicklungsstillstand zurückzuführen. Das klinische Bild der ataktischen Gang- und Bewegungsstörungen sowie des Nystagmus unterlegt die CT-Untersuchung mit beidseitigen oder seitendifferent kleineren Kleinhirnhemisphären bei verbreitertem perizerebellärem Subarachnoidalraum. Bei der teilweisen Wurmagenesie oder abnormen Wurmlobulierung entsteht eine ausgedehnte bis zum IV. Ventrikel reichende Cisterna magna.

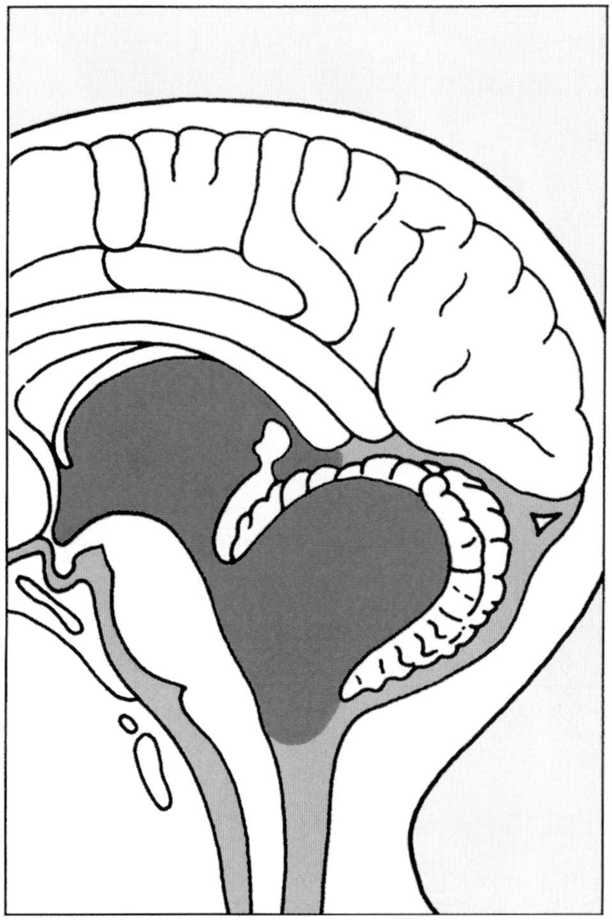

Abb. 28. Dandy-Walker-Syndrom (zystenförmige Erweiterung des IV. Ventrikels mit Verschlußhydrozephalus bei fehlerhafter Anlage des Kleinhirnwurms).

6.1.2.5 Dandy-Walker-Syndrom

Das Dandy-Walker-Syndrom besteht aus der Trias (Abb. 28)

- Aplasie oder Hypoplasie des Unterwurmes mit Verlagerung des schmalen Kleinhirns,
- zystische Transformation des IV. Ventrikels,
- Hydrocephalus internus.

Computertomographisch zeigt sich die hintere Schädelgrube erweitert mit einer verdünnten Hinterhauptschuppe und einem steil gestellten, weit kranial reichenden Tentorium. Ihr Inhalt wird durch den zystisch umgewandelten IV. Ventrikel bestimmt. Eine Ventrikelkonfiguration ist dabei wegen der Aplasie des Unterwurmes nicht abgrenzbar. Schmale Kleinhirnhemisphären sind seitlich getrennt dargestellt, wobei die Kleinhirndeformierung von einem kranial-

Tafel 31. Mißbildungen – Dandy-Walker-Syndrom

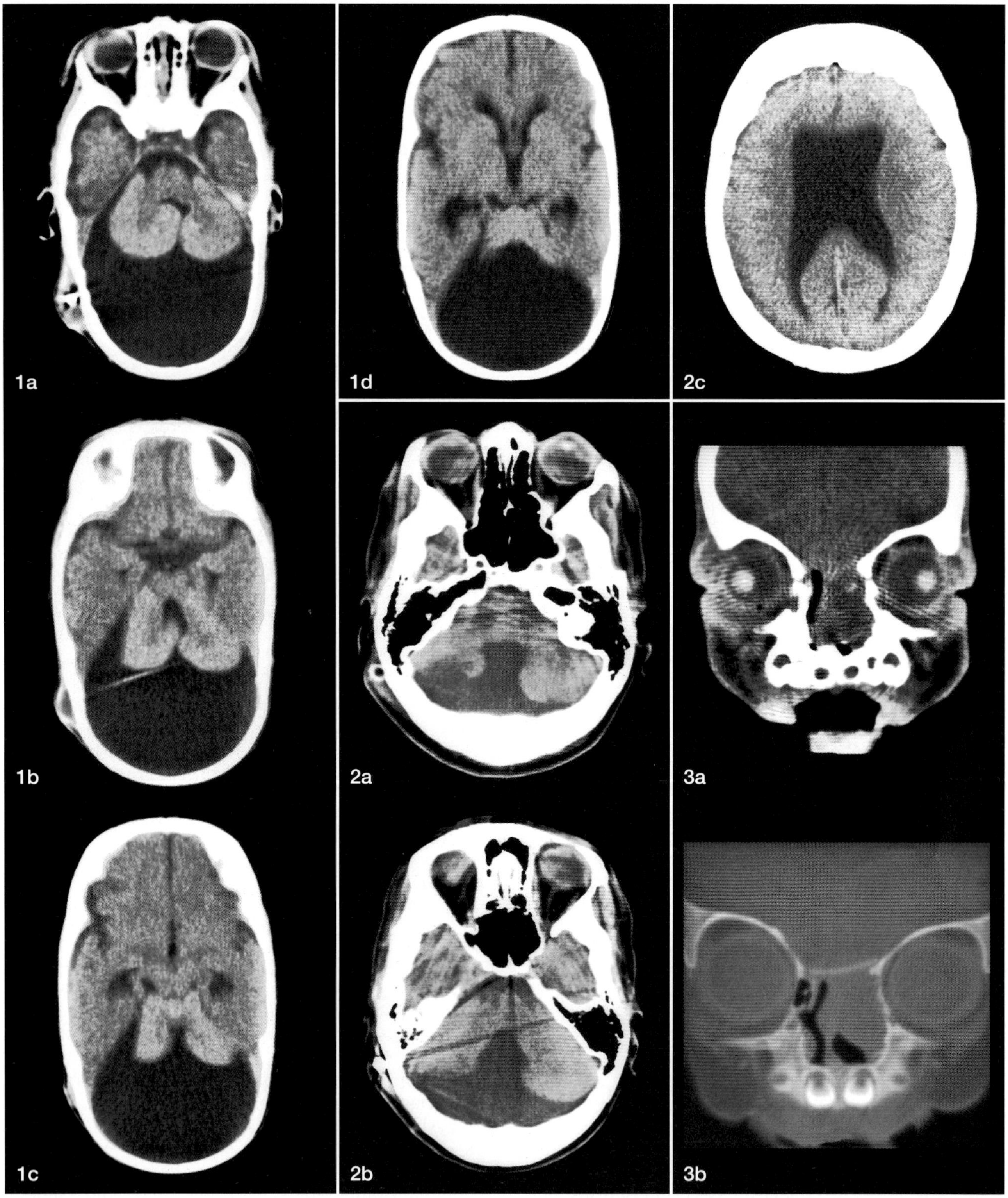

1a–d Dandy-Walker-Syndrom mit hypoplastischen Kleinhirnhemisphären und einem mit dem IV. Ventrikel kommunizierenden Liquorraum.

2a–c Shunt-versorgte Dandy-Walker-Mißbildung mit Monoventrikel und breiter Kommunikation des IV. Ventrikels mit dem Liquorraum in der hinteren Schädelgrube.

3a, b Frontonasale Enzephalozele. Prolaps der frontobasalen Hirnwindungen in den Nasengang (a). Postoperative Kontrolle (b) mit Abdeckung der Frontobasis.

und rostralwärts verlagerten Saum bis zu kleinen Parenchymhöckern an der Pyramidenhinterkante reicht. Wegen einer Atresie der Foramina Magendi et Luschkae oder wegen einer Abknickung des Aquädukts sind die supratentoriellen Ventrikelabschnitte hydrozephal erweitert.

Als Dandy-Walker-Varianten werden mildere Formen der Mißbildung bezeichnet. Sie lassen noch eine Konturierung des IV. Ventrikels erkennen. Über ein erweitertes Foramen Magendi besteht bei teilweiser Unterwurmaplasie ein zystischer Liquorraum oder eine zystisch vergrößerte Cisterna magna.

6.1.2.6 Kraniosynostosen

Die Schädeldeformität oder anomale Kalottenentwicklung entsteht durch einen vorzeitigen Nahtschluß mit kompensatorischem Wachstum der regelrecht ausgebildeten Suturen. Die Kraniosynostosen bilden sich entweder als primäre Anomalien aus oder als Teil eines Syndroms (Apert-Syndrom, Cruzon-Syndrom etc.). Computertomographisch ist die Nahtsynostose mit einer Verdickung der angrenzenden Kalottenknochen darstellbar. Gleichzeitig lassen sich die dem Schädelvolumen angepaßten Gehirnveränderungen sowie die begleitenden zerebralen Mißbildungen oder der Hydrozephalus nachweisen.

6.1.2.7 Dysrhaphische Äquivalente

Cavum septi pellucidi
Es entsteht, wenn die beiden normalerweise verschmolzenen Blätter des Septum pellucidum einen Spalt formen (Abb. 29). Das Cavum läßt sich als klinisch irrelevante Variante bei etwa 10% der Erwachsenen beobachten und kann nach Druckänderungen im Ventrikelsystem entstehen. Es kommuniziert in der Regel mit dem Foramen Monroi. Fehlt diese Verbindung, so wirkt die liquorgefüllte Septum-pellucidum-Zyste raumfordernd, wodurch sie zu einem intermittierenden Hydrozephalus der Seitenventrikel führen kann.

Cavum Vergae
Das Cavum Vergae als Ausstülpung des Cavum septi pellucidi nach dorsal zwischen Fornix und Balken ist regelmäßig mit einem Cavum septi pellucidi vergesellschaftet. Es zeigt sich computertomographisch als liquorgefüllter Schlauch zwischen den Cellae mediae der Seitenventrikel.

Cavum veli interpositi
Es ist eine liquorhaltige Höhe, die sich von der Cisterna laminae quadrigeminae über dem Dach des III.Ventrikels rostralwärts erstreckt. Computertomographisch zeigt es sich als keilförmige hypodense Zone zwischen den Seitenventrikeln, wobei die Basis des Keils an die Vierhügelzisterne grenzt.

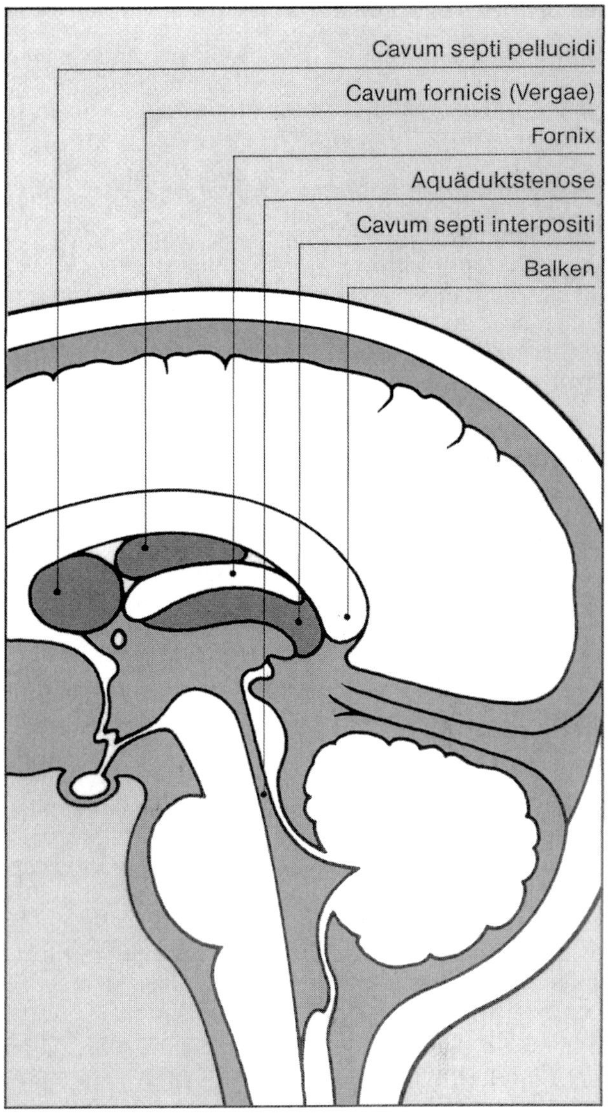

Abb. 29. Dysrhaphische Äquivalente.

Kongenitale Aquäduktstenose
Sie ist eine recht häufige Ursache des angeborenen Hydrozephalus. Computertomographisch ergibt sich der Verdacht, wenn die ersten drei Ventrikel hydrozephal erweitert sind und der IV. Ventrikel in normaler Größe dargestellt ist. Der verbindende Aquädukt läßt sich nicht oder nur andeutungsweise nachweisen.

6.1.3 Proliferation

Im dritten Embryonalmonat beginnt mit der Entstehung der Keimschicht entlang der Ventrikelwand eine zelluläre Proliferation und Parenchymdifferenzierung. Die primitiven Neuroblasten formieren sich entlang eines radiär angeordneten Netzwerkes von Gliafasern. In diesem Stadium führen Schädigungen neben den Hirnvolumenstörungen zu den kongenitalen Mißbildungen der neurokutanen Syndrome.

6.1.3.1 Mikrozephalie

Bereits bei der Geburt sich manifestierende genetische Störung mit einem kleinen Kopfumfang und geringem Hirnvolumen.

6.1.3.2 Megalenzephalie, Hemimegalenzephalie

Das Normalmaß überschreitender Kopfumfang bei vergrößertem Hirnvolumen. Computertomographisch lassen sich die primären Formen, deren Volumenzunahme teils auf einer erhöhten Anzahl und Vergrößerung der Neurone, teils auf metabolischen Parenchymablagerungen beruht, nicht differenzieren.

6.1.3.3 Phakomatosen

Neurofibromatosis (von Recklinghausen)
Bei unterschiedlichen Chromosomenaberrationen ergeben sich zwei verschiedene Befallsmuster dieser neurokutanen Mißbildung.

Typ I
Er beinhaltet als kutane Manifestation Neurofibrome und Café-au-lait-Flecken. Bei 15% der Erkrankten findet sich ein ZNS-Befall. Er besteht in erster Linie aus Optikusgliomen, die sich in beiden Nervi optici, dem Chiasma und Tractus opticus ausdehnen können. Weiterhin treten gehäuft pilozytische Astrozytome sowie Hamartome auf. Letztere sind heterotope gliomartige Raumforderungen ohne Proliferationstendenz. Knochendysplasien vervollständigen das Bild der Neurofibromatosis Typ I. Neben der klinisch unbedeutenden Dysplasie der Kalotte entlang der Lambdanaht findet sich eine Dysplasie des Keilbeinflügels, die eine Herniation des Temporallappens in die Orbita erlaubt und durch Fortleitung der Liquorpulsationen zu einem pulsierenden Exophthalmus führt. Der Bulbus kann ebenfalls dys- oder hypoplastisch ausgebildet sein (Buphthalmus u. a.).

Typ II
Zur Neurofibromatose Typ II gehören als diagnostische Hauptkriterien die beidseitigen Akustikus-Schwannome. Neben paraspinalen Schwannomen treten gehäuft Menigeome auf. Die kutane Manifestation mit Café-au-lait-Flecken und Neurofibromen ist gering ausgebildet oder fehlt. Ebenso werden Skelettdysplasien nicht gefunden.

Tuberöse Sklerose (Bourneville-Pringle-Syndrom)
Die typische Trias dieser Erkrankung bilden ein schmetterlingsförmiges Adenoma sebaceum des Gesichts, Epilepsie und Debilität. Die zerebrale Manifestation besteht in den kortikalen und subependymalen Tubera, hamartomartigen Knoten aus fehldifferenzierten Gliazellen mit der Neigung zur Verkalkung. Im CT ergibt die tuberöse Sklerose ein charakteristisches Bild. Kortikale Tubera erscheinen als fleckförmige Areale verminderter Dichte in verplumpten Rindenwindungen. Mit fortschreitendem Alter weisen sie zunehmende Kalkniederschläge auf. Die subependymalen Tubera liegen bevorzugt entlang des Ventrikelependyms am Caput nuclei caudati. Ohne Verkalkungen sind die Knoten kaum zu identifizieren, da sie, nativ isodens, auch kein Kontrastmittel aufnehmen. Erst mit dem Wachstum als Riesenzellastrozytom erfolgt ein deutliches Enhancement. Die Riesenzellastrozytome sind typischerweise in unmittelbarer Nähe zum Foramen Monroi lokalisiert und führen durch ihr ventrikuläres Wachstum zu einem Okklusionshydrozephalus. Sie sollen bei 10% der Erkrankten entstehen.

Sturge-Weber-Syndrom
Bei der enzephalotrigeminalen Angiomatose finden sich klinisch ein portweinroter Nävus des Gesichts meist im ersten Trigeminusast, geistige Minderbegabung, epileptische Anfälle und Glaukome. Intrakraniell sind einzelne Rindenareale verkalkt, und es besteht eine leptomeningeale Angiomatose der temporalen, parietalen oder besonders okzipitalen Windungen. Computertomographisch zeigen sich kortikale Verkalkungen und eine Atrophie der befallenen Lappen. Die leptomeningeale Angiomatose kann nach Kontrastmittelinjektion an einer diffusen marginalen Dichteanhebung entlang der Kalkniederschläge erkannt werden.

Hippel-Lindau-Syndrom
Die zerebello-retinale Angiomatose der Von-Hippel-Lindau-Erkrankung besteht aus einem zerebellären Hämangioblastom und einem retinalen Angiom. Computertomographisch reicht der Befund des zerebellären Angioblastoms von einer Zyste liquordichten Inhalts mit einem wandständigen, deutlich anreichernden Angiomknoten über einen angiomatösen Wall um eine Zyste bis zum großen soliden Angiom mit zystischer Regression.

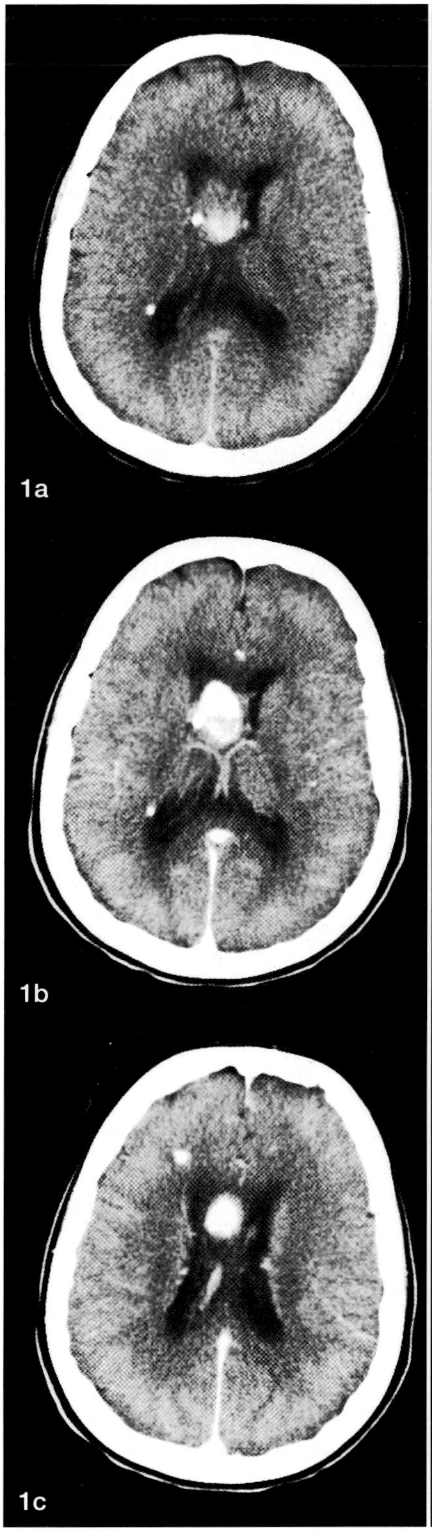

1a–c Tuberöse Sklerose. Nativ-CT (a), Einblutung in Ventrikeltumor am Foramen Monroi, verkalkte Tubera. Nach KM-Gabe (b, c) Anreicherung des ovalen Riesenzellastrozytoms am Boden des Seitenventrikels.

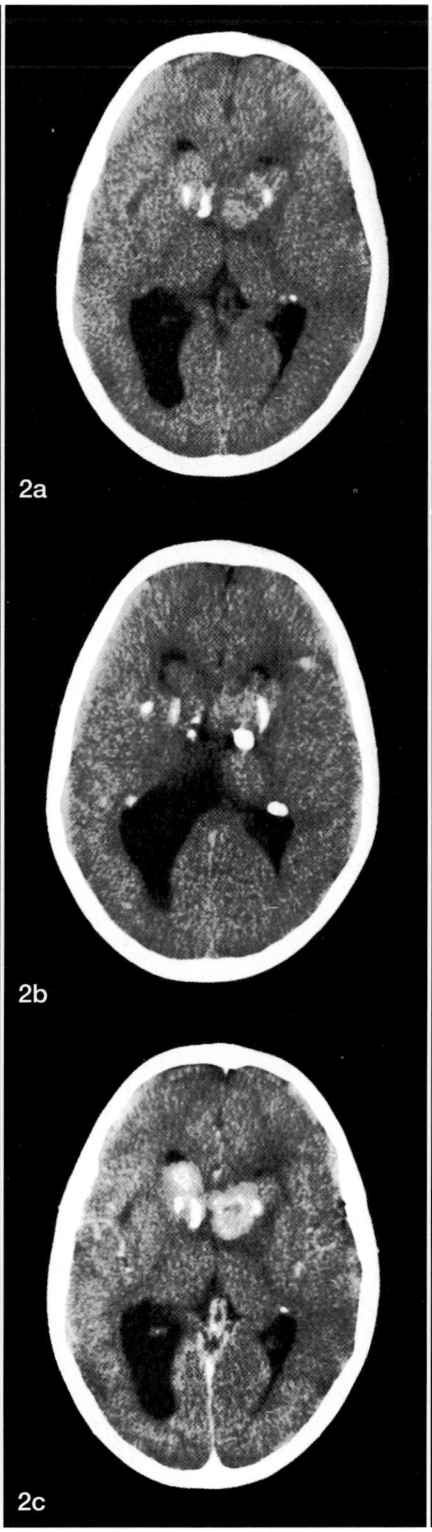

2a–d Tuberöse Sklerose. Ausgedehnte, teils verkalkte, teils kontrastmittelaufnehmende Tubera. CT nativ (a, b), CT nach KM-Gabe (c, d).

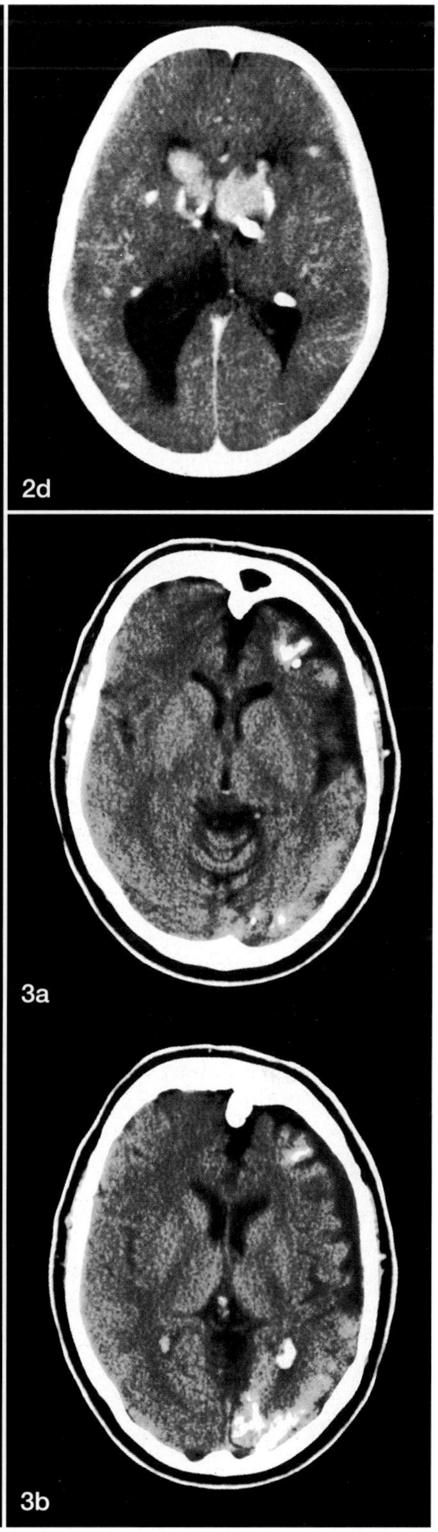

3a, b Sturge-Weber-Erkrankung (enzephalofaziale Angiomatose). CT ohne Kontrastmittel: Verkalkungen der Rindenangiome und Hemiatrophie des Hirnparenchyms.

6.1.4 Migration

Mit dem Beginn des zweiten Trimenons verlieren die Neuroblasten in der germinalen Matrix ihre Fähigkeit zur Vervielfältigung und beginnen in dem Glianetz von der periventrikulären Keimschicht gegen die Konvexität zu wandern. Schädigungen in dieser Embryonalepoche führen zu Migrationsstörungen.

6.1.4.1 Schizenzephalie

Es handelt sich dabei um spaltförmige Defekte entlang der Fissuren, hauptsächlich im Bereich der Fissura Sylvii. Sie dehnen sich von der Ventrikelwandung bis zu den Hirnhäuten des Kortex aus, wobei die begrenzende graue Hirnsubstanz keine normale Schichtung aufweist. In der Mehrzahl der Fälle besteht eine Aplasie des Septum pellucidum. Die Kalotte ist über dem Spalt oft ausgeweitet und verdünnt.

6.1.4.2 Lissenzephalie

Bei dieser ZNS-Mißbildung bleibt das Telenzephalon in einer primitiven Form ohne Gyrierung bestehen. Die Agyrie beruht dabei auf einer Störung der Ausbildung der Sulci, die zerebralen Fissuren sind abnorm ausgebildet. Es findet sich ein stark verbreiteter Kortex mit fehlerhaftem Schichtaufbau. Corpus callosum und Hirnschenkel stellen sich hypoplastisch dar.

6.1.4.3 Pachygyrie

Eine inkomplette Form der Lissenzephalie mit angedeuteter Gyrierung aus breiten plumpen Windungen. Die bevorzugten Areale einer Pachygyrie liegen frontal und temporal.

6.1.4.4 Polymikrogyrie

Bei dieser Form der Migrationsstörung erreichen die Neurone den Kortex, verteilen sich jedoch abnormal, so daß sich multiple schmale Rindenwindungen bilden. Die Ausprägung in den Hemisphären kann unterschiedlich sein, am häufigsten wird sie entlang der Fissura Silvii beobachtet.

6.1.4.5 Ektopien, Heterotopien

Die Heterotopien der grauen Hirnsubstanz bestehen aus Ansammlungen von Nervenzellen an ungewöhnlicher Stelle. Sie bilden sich durch den Stillstand der radialen Neuronenmigration. Patienten mit heterotoper grauer Substanz leiden immer an einem Krampfleiden. Man unterscheidet drei Formen: subependymal gelegene Heterotopien, fokale subkortikale Heterotopien und diffus ausgebildete. Dabei stellt sich im CT das heterotope Areal nodulär oder bandförmig in subependymaler oder subkortikaler Topik dar. Es ist isodens zur grauen Substanz und zeigt weder ein perifokales Ödem noch ein Kontrast-Enhancement. Die subependymal lokalisierten heterotopen Knoten formen die Ventrikelwandung zu einer waschbrettartigen Wellenform um, wohingegen subkortikale Heterotopien nur in der abnormen asymmetrischen Ausbildung der Marksubstanz erkennbar werden. Eine raumfordernde Wirkung auf die benachbarten Liquorräume kann vorhanden sein und darf nicht zur Fehldiagnose eines Glioms führen. Die diffuse Heterotopie erscheint als ein bandförmiger Streifen grauer Substanz, der tief im zerebralen Kortex liegt und von den Rindenwindungen durch eine schmale Schicht weißer Substanz getrennt wird. Je dicker und ausgedehnter die diffuse Heterotopie ist, desto fehlerhafter zeigen sich der Schichtaufbau oder die Gyrierung der darüberliegenden Rinde.

Dysgenesie des Corpus callosum
Der Balkenmangel (Abb. 30a, b) ist oft mit anderen Mißbildungen kombiniert (Dandy-Walker, Arnold-Chiari, Holoprosenzephalie, interhemisphärische Zysten und andere). Er läßt sich computertomographisch unschwer diagnostizieren, da der Interhemisphärenspalt mangels Balkenkommissur tief zwischen

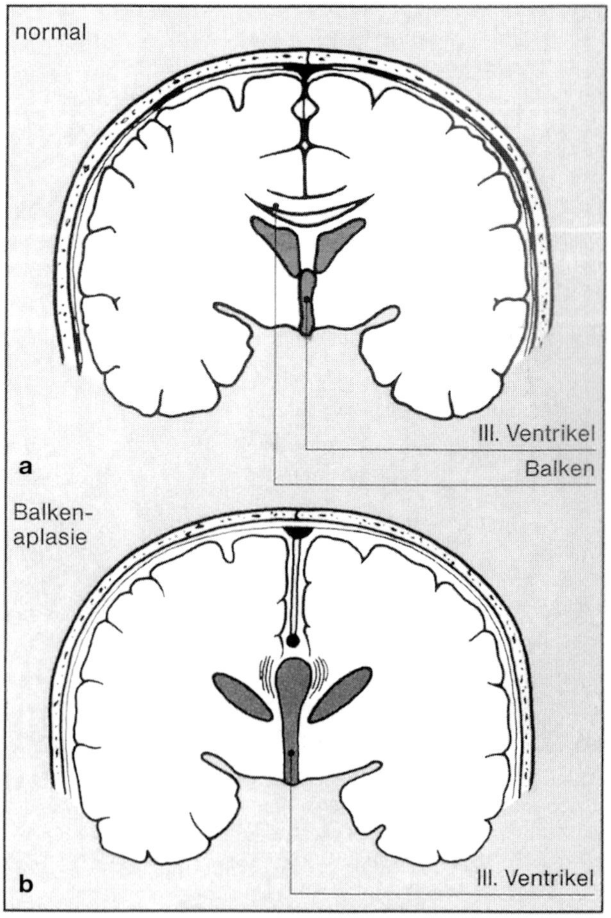

Abb. 30a, b. Balkenaplasie. (Der kranial erweiterte III. Ventrikel wird computertomographisch zwischen den Seitenventrikeln sichtbar.)

Tafel 33. Mißbildungen – Migrationsstörungen

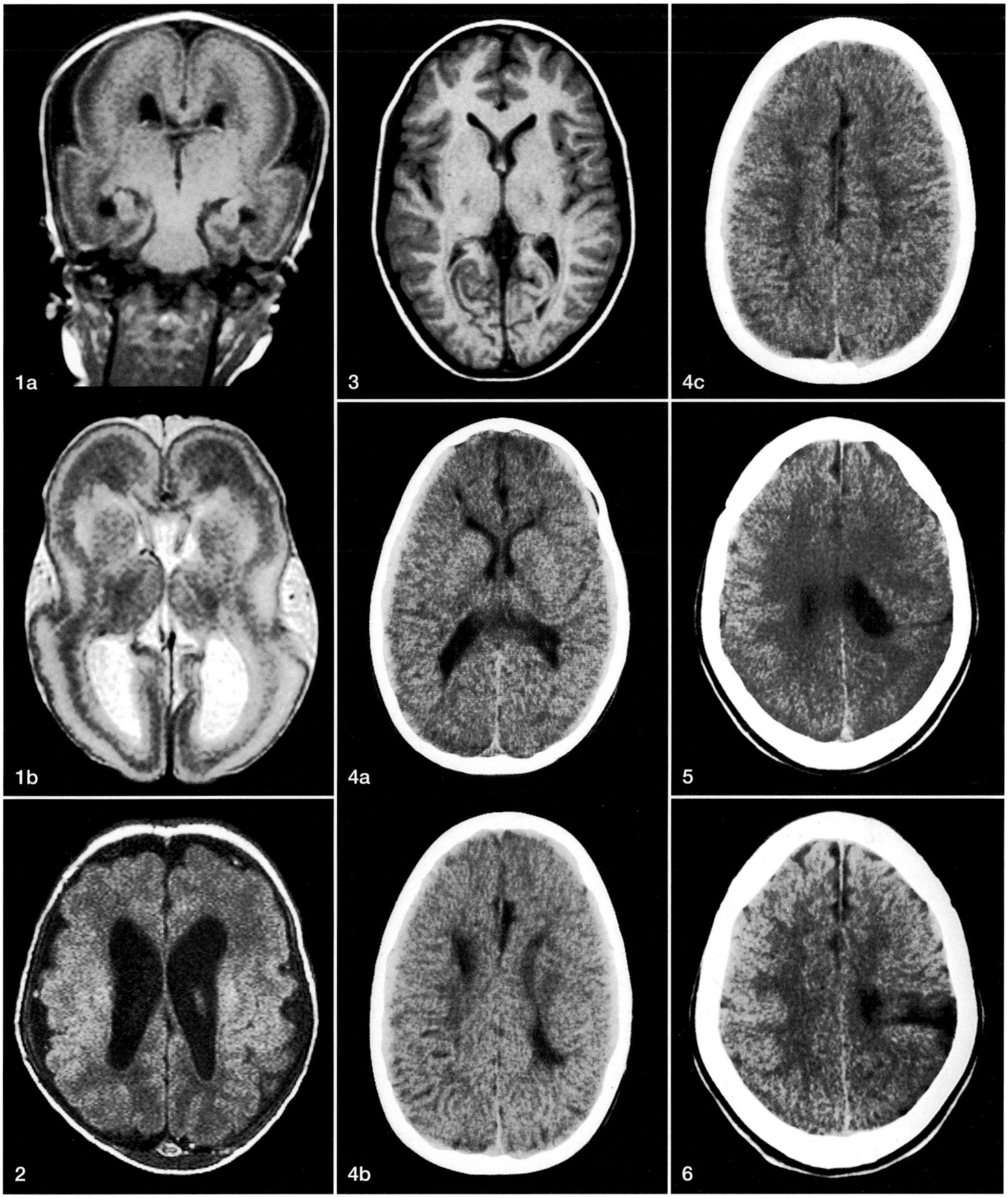

1a, b Lissenzephalie Typ I (Agyrie). MRT-Untersuchung.
2 Oligopachygyrie. Breite frontale Gyrierung, vertikal verlaufende Fissura Sylvii. MRT-Untersuchung.

3 Polymikrogyrie. MRT-Untersuchung.
4a–c Kortikale Dysplasie infolge Migrationsstörungen. Die Rinde reicht beiderseits bis zu den Seitenventrikeln, Verlust der Marksubstanz.

5 Schizenzephalie.
6 Schizenzephalie.

den Seitenventrikeln bis zum erweiterten kranialwärts ausgedehnten III. Ventrikel reicht. In der Mittellinie zwischen den Seitenventrikeln eingestülpt liegen die Windungen des Gyrus cinguli. Im Unterschied zu den verplumpten Hinterhörnern zeigen sich die Vorderhörner der Seitenventrikel schmal, deutlich separiert und lateral konvexbogig gestaltet. Die Seitenventrikel selbst weisen eine parallele Achsführung mit Distanz zur Mittellinie auf. Ihre mediale Wandung zeigt sich gradlinig begrenzt, da die Formung durch längsverlaufende Bündel (Probstsche Bündel) erfolgt, die ohne die Mittellinie zu kreuzen oder quer die Hemisphären zu verbinden, parallel zum Interhemisphärenspalt ziehen. Bei einem partiellen Balkenmangel haben sich in der Mehrzahl der Fälle das Rostrum oder das Spenium nicht ausgebildet. Allerdings sind derartige mild ausgeprägte Varianten des Balkenmangels in axialen Schichten kaum zu erfassen.

Im allgemeinen während des dritten Trimenons kann das unreife Gehirn durch hypoxisch-anoxische Schädigung einen Parenchymuntergang erleiden.

6.1.4.6 Hydranenzephalie

Bei diesem Krankheitsbild ist der Hirnmantel vermutlich durch den Verschluß des vorderen Kreislaufes zerstört. Die zerebralen Hemisphären werden weitgehend durch einen liquorhaltigen Sack ersetzt, der neben den Hirnhäuten aus Resten des Kortex besteht. Der Thalamus ist normal abgebildet, der Hirnstamm weist eine Atrophie auf. Die Falx bleibt erhalten, ein Kriterium zur Abgrenzung gegenüber der Holoprosenzephalie.

6.1.4.7 Porenzephalie

Als Porenzephalie werden umschriebene liquorgefüllte Zysten mit einer glatten Wandung und nur minimaler umgebender Gliareaktion bezeichnet. Der zentrale Defekt resultiert aus einer wahrscheinlich infarktbedingten Destruktion eines Teils der germinalen Matrix und des Nachbargewebes. Zur Differentialdiagnose porenzephaler Zysten gegenüber der Schizenzephalie, Enzephalomalazie und den Arachnoidalzysten kann computertomographisch einzig die periventrikuläre Lokalisation infolge der Nekrose eines Teils der Keimzellanlage dienen.

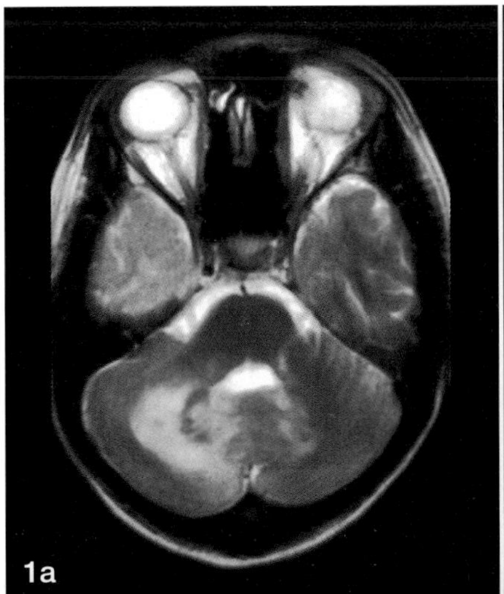

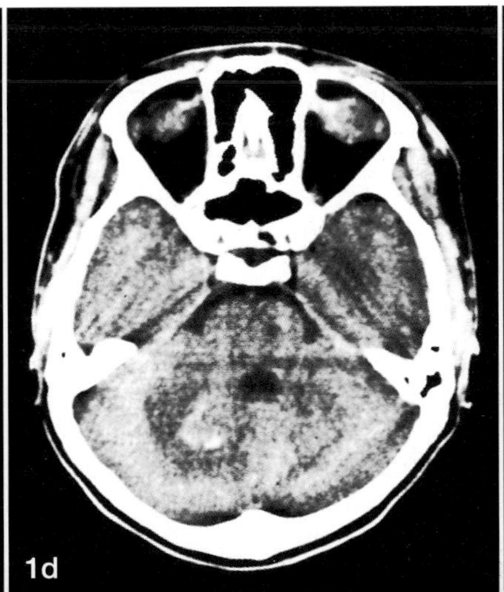

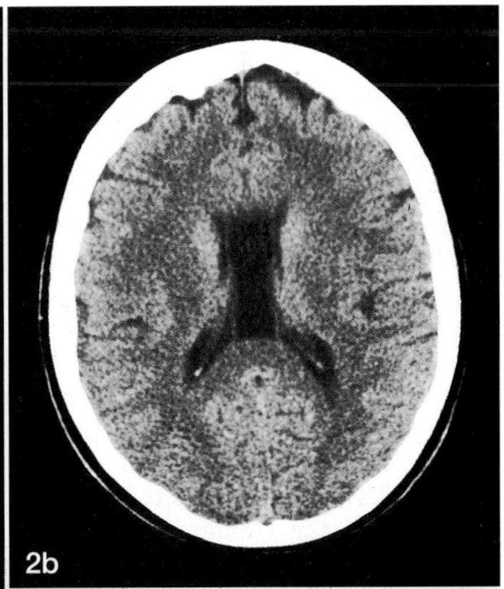

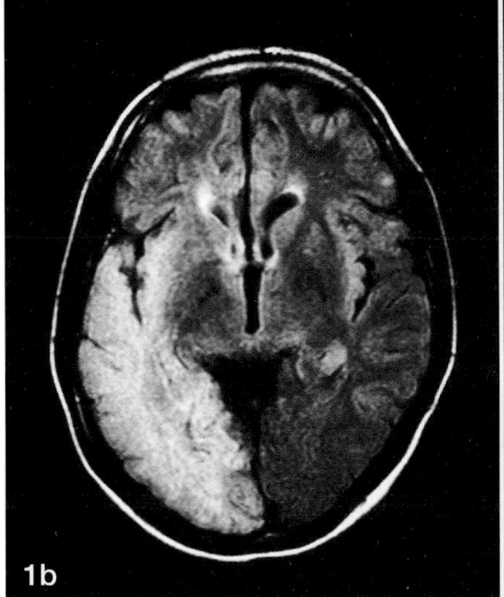

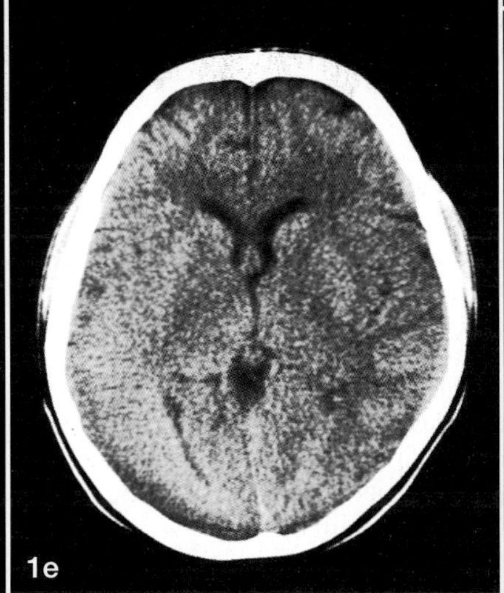

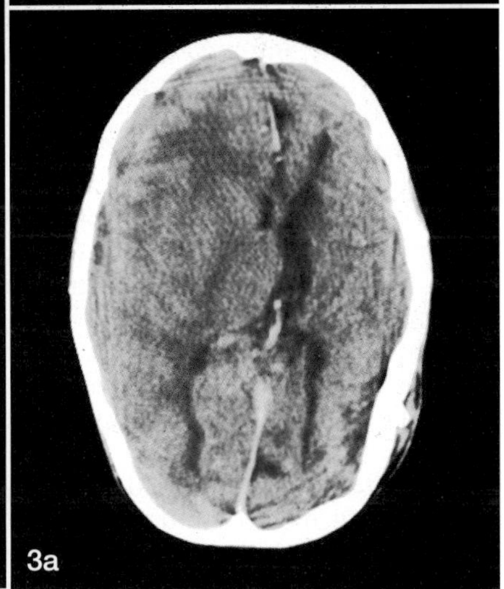

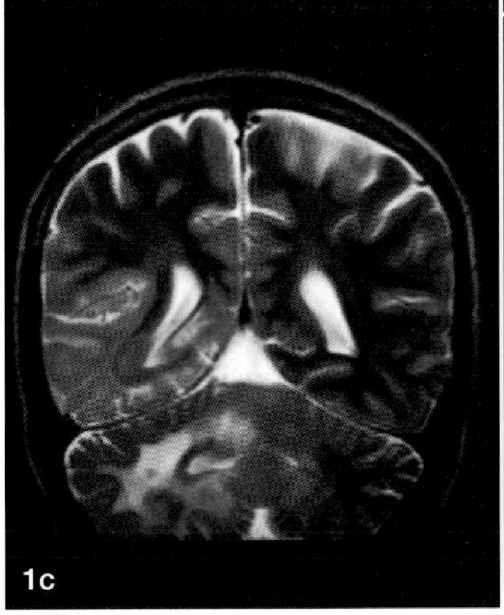

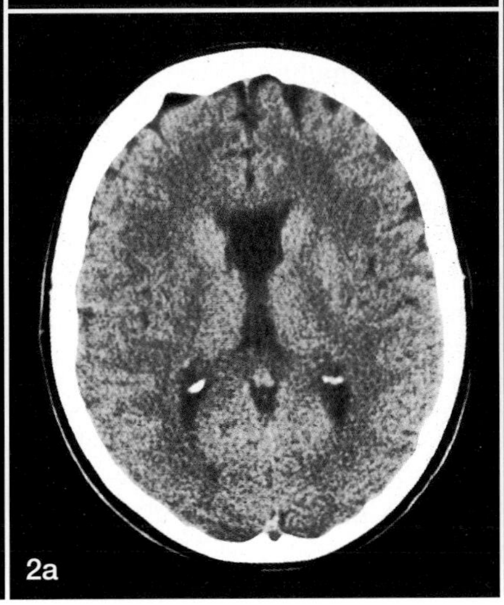

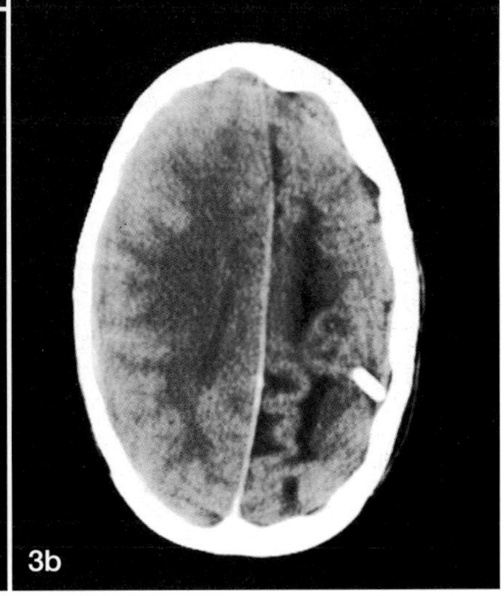

1a–e Morbus Recklinghausen mit Hamartie des Kleinhirns und des Temporallappens rechts. MRT-Untersuchung (a–c), CT nativ (d, e).

2a, b Mittellinienzysten als Normvariante. Cavum septi pellucidi und Cavum Vergae zwischen den Cellae mediae der Seitenventrikel.

3a, b Halbseitige Balkenhypoplasie und Hemiatrophie. Zustand nach Drainage des Hydrozephalus.

6.2 Frühkindliche Hirnschäden

Der frühkindliche Hirnschaden entsteht durch exogene Noxen in der peri- und postnatalen Phase bis zum Abschluß des ersten Lebensjahres. Das Ausmaß der Schädigung ist weniger abhängig von der Art der Noxe (Plazentainsuffizienz, Hypoxie, Infektion, Intoxikation und mechanische Geburtstraumen), als vielmehr von der Phase der Hirnentwicklung, in der die Schädigung eintritt. So findet man ein unterschiedliches Muster der hypoxisch-ischämischen Hirnschädigung bei Neugeborenen oder bei Kindern im ersten Lebensjahr. Die Gründe dafür liegen in der unterschiedlichen Zellreifung und den biochemischen Veränderungen im Verlauf der Hirnreifung. Eine hypoxisch-ischämische Schädigung durch perinatale Asphyxie oder Nabelschnurumschlingung führt beim Neugeborenen zu einem Parenchymuntergang der Stammganglien und des Hirnstammes. Bei unreifen Neugeborenen führt die hypoxisch-ischämische Schädigung in 80% der Fälle zu einer intensiven periventrikulären Leukomalazie. Die beiden häufigsten Topographien für die periventrikulären hypodensen Areale liegen in der posterioren periventrikulären weißen Substanz in Nachbarschaft zum Trigonum des Seitenventrikels und in der weißen Substanz neben dem Foramen Monroi. Im Verlauf demarkiert sich die Leukomalazie zu periventrikulären Nekrosen, deren zystische, liquorgefüllte Defekte in den Seitenventrikeln aufgehen zu einem Hydrocephalus internus mit irregulärer Form der Ventrikelwandung und besonders ausgeprägter Erweiterung des Trigonum und Hinterhorns. Häufig sind die Läsionen hämorrhagisch oder die Reperfusion des ischämischen Gewebes führt zur Ruptur der Gefäße mit ausgedehnten Einblutungen. Bei Neugeborenen wird fast ausschließlich die Keimzellschicht betroffen, eine stark durchblutete Gewebszone paraventrikulär der Seitenventrikel. Je nach Ausprägung werden die intrakraniellen Blutungen bei Neugeborenen in vier Grade eingeteilt, wobei Grad I als Hämorrhagie der Keimzellschicht allein definiert wird. Bei Grad II weist die subependymale Blutung eine Ausdehnung in das Ventrikelsystem auf, Grad-III-Blutungen verursachen eine Tamponade des Ventrikelsystems, bei den Grad-IV-Blutungen wird die zerebrale Hemisphäre betroffen. Die Hirnblutung kann im CT nachgewiesen werden. Sie erscheint hyperdens in der akuten Phase und wird in der 2. Woche nach dem Blutungsereignis isodens. Sie liegt bevorzugt in der Keimschicht am Caput nuclei caudati. Als Folgeerscheinungen der intrakraniellen Blutungen entwickelt sich häufig frühzeitig ein Hydrozephalus.

6.3 Hydrozephalus des Kindes

Der angeborene Hydrozephalus stellt die häufigste neuropädiatrische Erkrankung dar. Er kommt bei 0,3% aller Neugeborenen vor und wird durch ein Ungleichgewicht zwischen der Liquorproduktion und Resorption hervorgerufen. Es resultiert eine vermehrte Liquormenge, die zu einem Anstieg des intrakraniellen Druckes oder des Druckgradienten auf das Hirnparenchym führt [5].

Das Ausmaß des Hydrozephalus hängt dabei nicht nur von der Ätiopathogenese und Ausprägung der Liquorzirkulationsstörung, sondern auch von dem Ent-

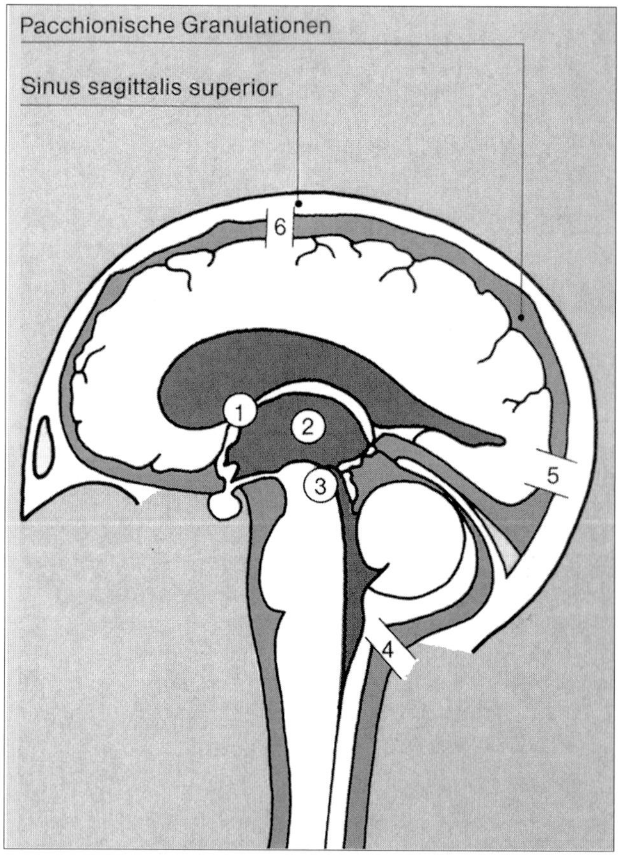

Abb. 31. Schema der Liquorzirkulation und der Hydrozephalusentstehung. Der Liquor cerebrospinalis wird im Plexus chorioideus gebildet. Er fließt aus den Seitenventrikeln durch die Foramina Monroi in den III. Ventrikel, dann durch den Aquaeductus Sylvii in den IV. Ventrikel und von dort durch die Foramina Magendii et Luschkae in die Cisterna cerebellomedullaris. Von der Zisterne strömt er im Subarachnoidalraum einerseits in den Spinalkanal, zum größeren Teil aber intrakraniell zu den Pacchionischen Granulationen, wo er ins Blut übertritt. 1: Foramen-Monroi-Blockade, einseitig; 2: Tumoren des III. Ventrikels mit doppelseitiger Foramen-Monroi-Blockade; 3: Stenose des Aquäductus Sylvii; 4: Verschluß der Foramina Magendii et Luschkae; 5: Hindernis der extrazerebralen Liquorzirkulation, z. B. nach Meningitiden; 6: Resorptionsstörung des Liquors über der Konvexität.

Tafel 35. Frühkindliche Hirnschäden

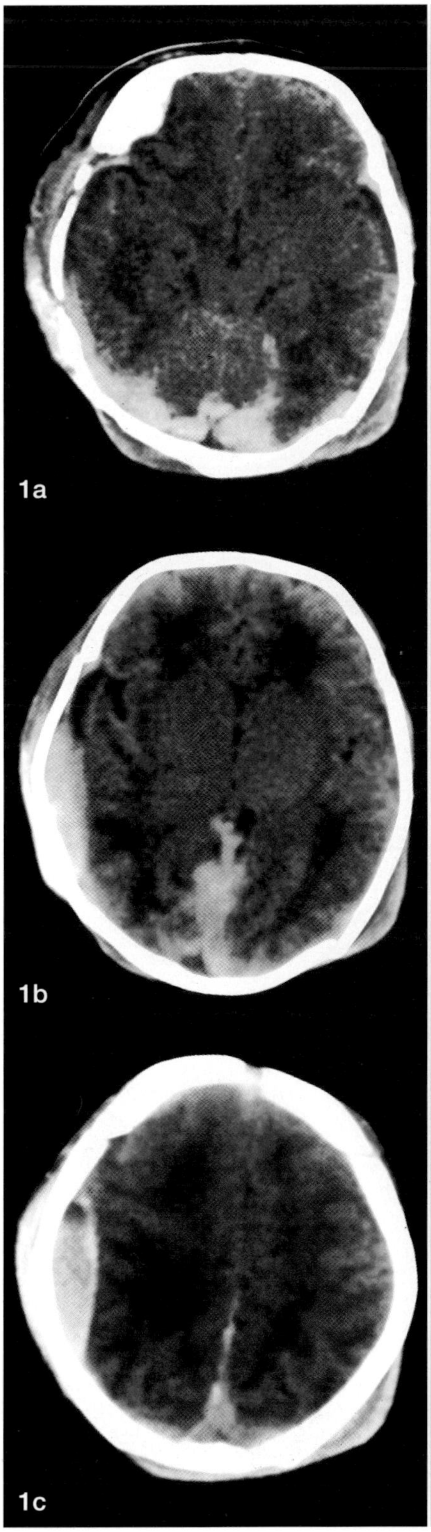

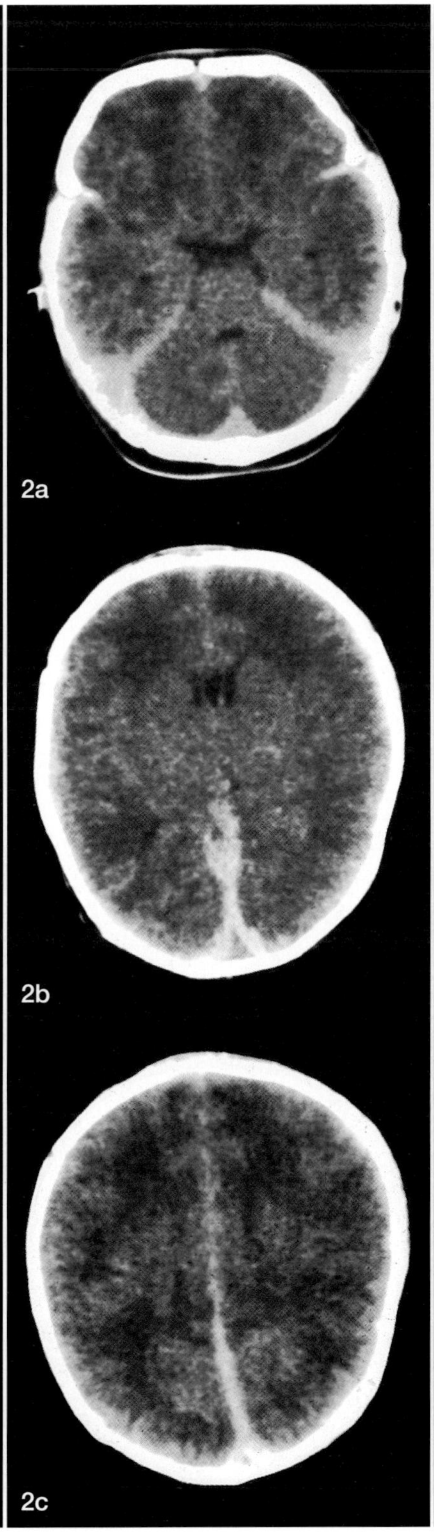

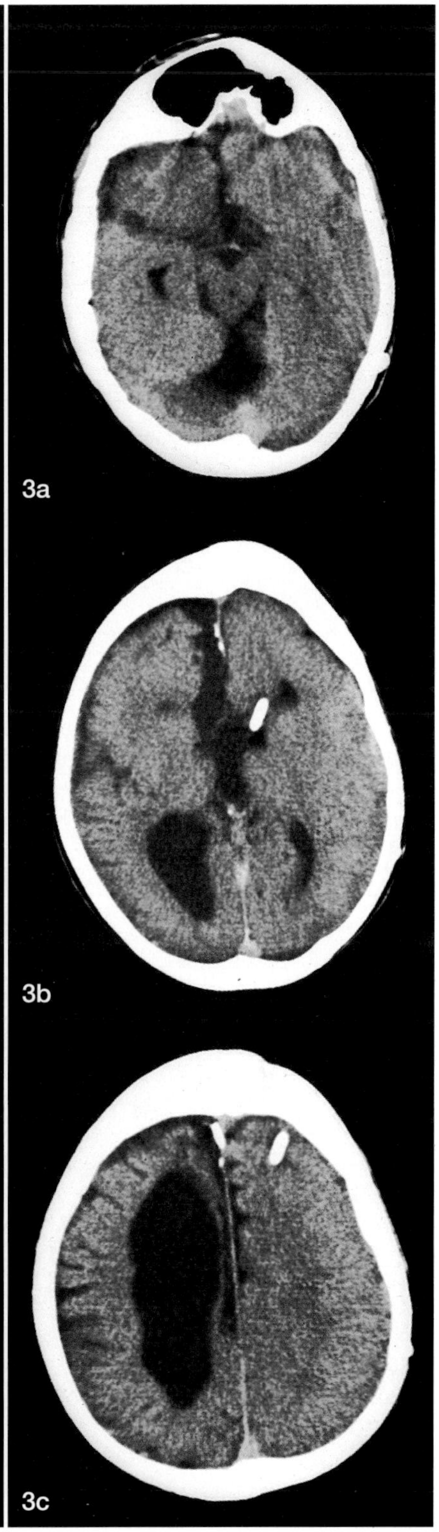

1a–c Geburtstraumatische Schädigung mit Kephalhämatom und intrakranieller, hauptsächlich epiduraler Einblutung bei einem Frühgeborenen mit unreifem Marklager.

2a–c Reifes Neugeborenes mit subduraler Einblutung entlang dem Tentorium aus eingerissenen Brückenvenen. Noch bestehende Septum-pellucidum-Zyste.

3a–c Hemiatrophie, Balkenmangel, Drainage des Hydrozephalus und kahnförmige Deformierung des Stirnbeins.

Tafel 36. Hydrozephalus

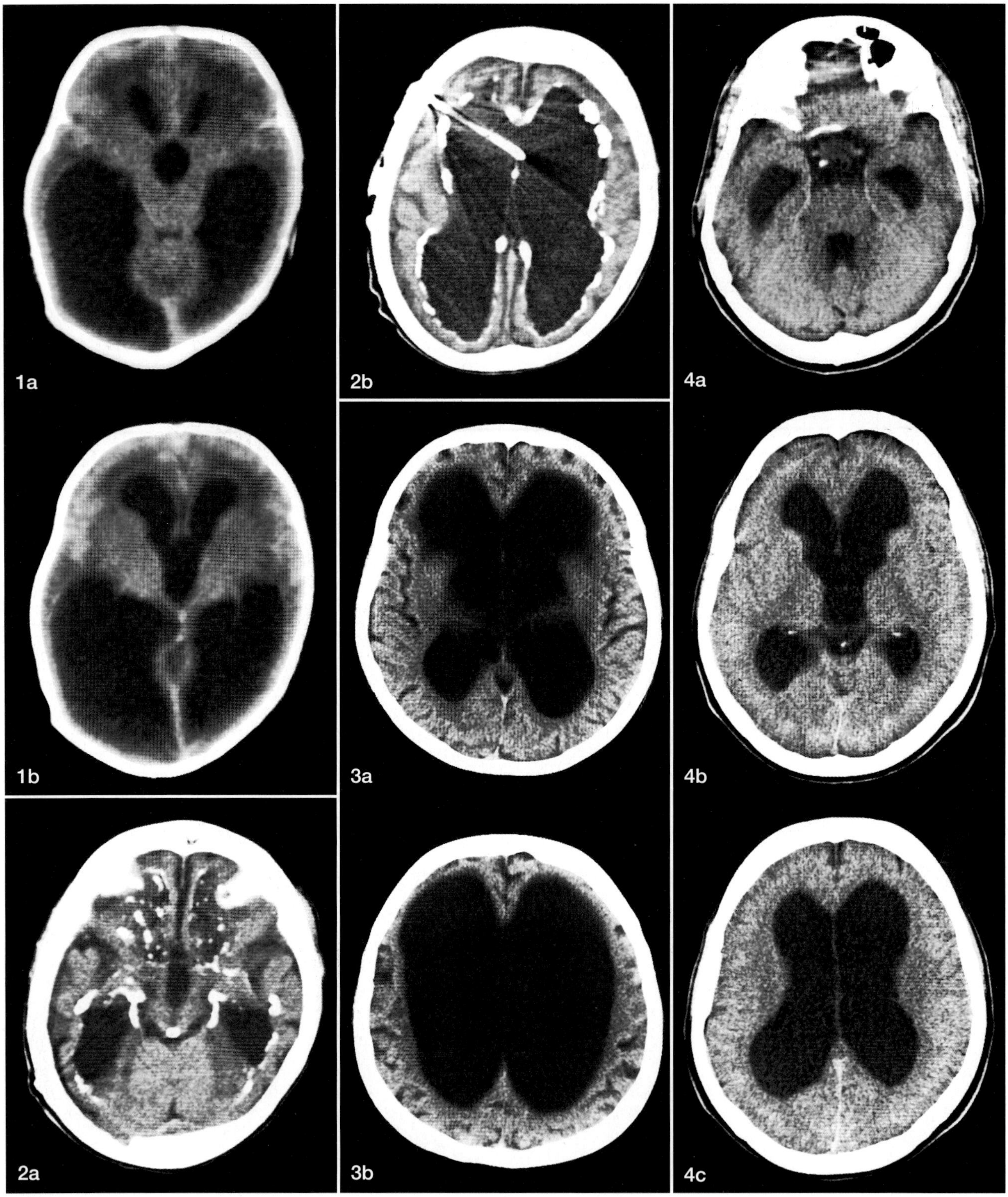

1a, b Aquäduktstenose mit in den Hinterhörnern ausgeprägtem Hydrozephalus des Kleinkindes.

2a, b Konnatale Toxoplasmose mit Migrationsstörung, Ependymverkalkungen und Hydrozephalus.

3a, b Hydrocephalus per magnus.

4a–c Hydrocephalus communicans.

Tafel 37. Behandelter Hydrozephalus – Komplikationen

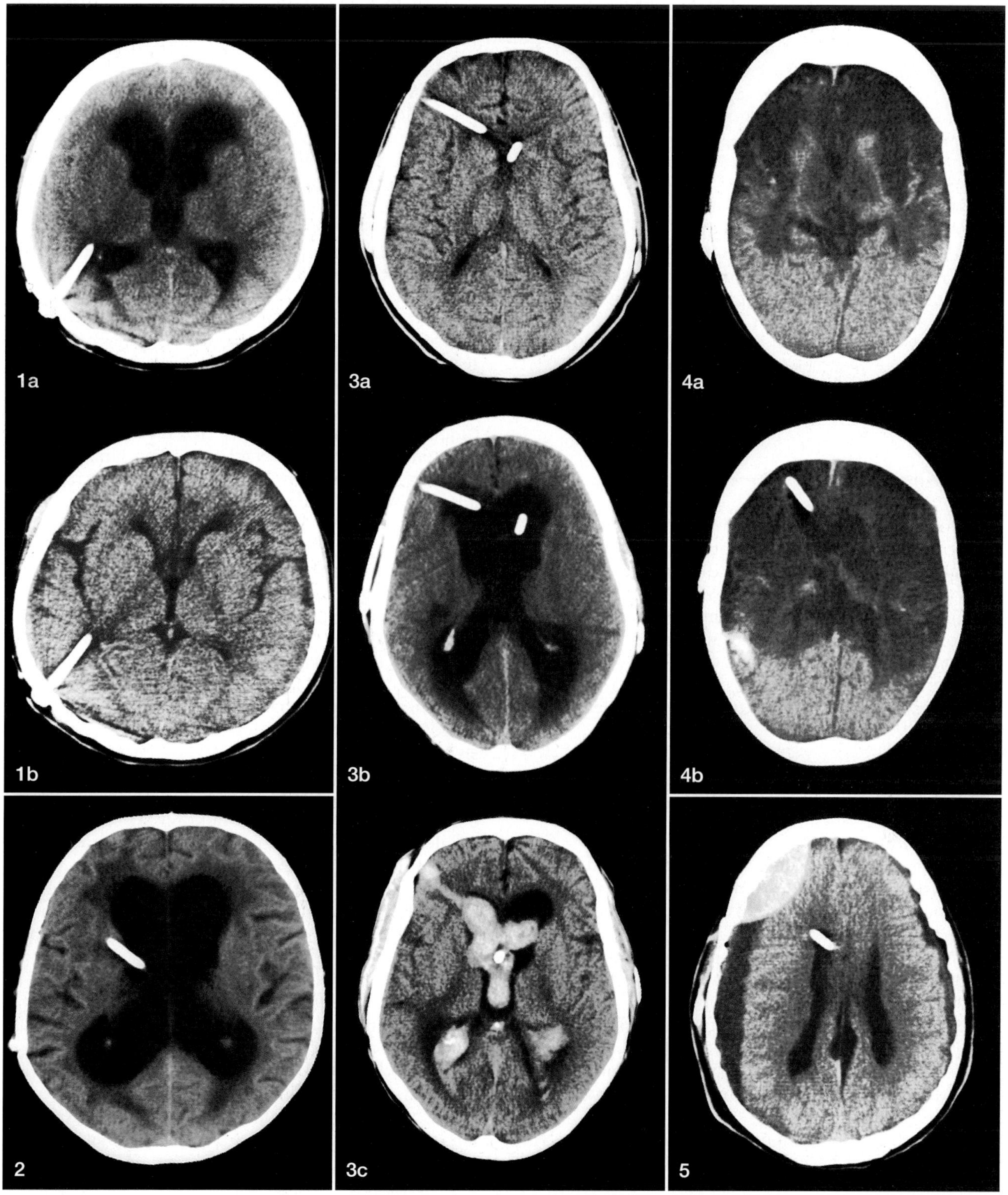

1a, b Hydrocephalus internus occlusus bei Aquäduktobstruktion. Ventrikeldrainage im Trigonum (a), Verlaufskontrolle mit Normalbefund (b).

2 Hydrozephalus mit Shunt-Obstruktion; periventrikuläre Polklappen.

3a–c (a) Ventrikelkollaps, Bild wie bei Slit-ventricle-Syndrom; (b) 4 Jahre später Shunt-Insuffizienz; (c) Shunt-Revision mit intraventrikulärer Blutung; Blut im Stichkanal.

4a, b Ausgedehnter Parenchymuntergang nach frühkindlicher Meningoenzephalitis. Shuntversorgung des Hydrozephalus.

5 Balkenhypoplasie. Nach der Drainage des Hydrocephalus internus sind beiderseits Hygrome sowie ein epidurales Hämatom frontal dargestellt.

wicklungsstadium oder Alter des Kindes ab, in dem sich der Hydrozephalus entwickelt. Dabei beginnt zwischen der 9. und 10. Embryonalwoche Liquor von den Ventrikeln in die Subarachnoidalräume zu zirkulieren. Bis zur Geburt erreicht das Liquorvolumen 50 ml. Der Wert steigt bis zum Erwachsenenalter auf 150 ml Gesamtliquor. 80–90% der Liquorproduktion erfolgt durch die Plexus chorioidei mit einer täglichen Sekretionsrate von 500 ml. Dabei fließt der Liquor von den Seitenventrikeln über den 3. Ventrikel zum Aquaedukt, wo er im Pendelfluß zum IV. Ventrikel geleitet wird. Weiter führt die Liquorzirkulation vom IV. Ventrikel durch die Foramina Luschkae und Magendi in die Cisterna magna sowie in den spinalen Subarachnoidalraum. Nach Rezirkulation des Liquors in die zerebralen Subarachnoidalräume erfolgt die Resorption hauptsächlich durch die Arachnoidalzotten über den zerebralen Hemisphären (Abb. 31).

6.3.1 Klinische Symptome

Der Kopf ist abnorm groß und wächst zu schnell. Dabei entstehen klaffende Fontanellen, die Stirnknochen wölben sich vor und die vordere Schädelbasis wird nach unten gedrängt. Die Augäpfel kippen nach unten zum Phänomen der untergehenden Sonne, was im Sinne eines Parinaud-Syndroms zu deuten ist. Die somatische und geistige Entwicklung der Kinder ist retardiert und es kommt zu einer Spastizität der Muskeln sowie gelegentlich zu Krampfanfällen.

6.3.2 Computertomographie

Hydrocephalus occlusus
Der Hydrocephalus occlusus oder der nichtkommunizierende Hydrozephalus entsteht infolge einer Obstruktion des Ventrikelsystems. Die Behinderung der Liquorpassage kann beruhen auf:

- kongenitalen Mißbildungen: Aquäduktstenose, Arnold-Chiari-Malformation, Dandy-Walker-Syndrom und anderen Dysrhaphien;
- Raumforderungen oder Tumoren, die in dem Ventrikelsystem wachsen (Ependymome, Astrozytome, Medulloblastome) oder Ventrikelabschnitte komprimieren, besonders häufig im Kindesalter durch Pinealistumoren;
- kongenitalen Entzündungen mit Befall des Ventrikelependyms. Diese Erkrankungen werden im anglikanischen Schriftentum unter TORCHS zusammengefaßt: Toxoplasmose, Rubella, Zytomegalie, Herpes-simplex-Enzephalitis, Syphilis;
- perinatalen Ventrikeleinblutungen.

Anhand des Verteilungsmusters der erweiterten Hirnkammern kann die Lokalisation des Passagehindernisses bestimmt werden:

- Die uni- oder bilaterale Blockade der Foramina Monroi führt zu einer ein- oder doppelseitigen Erweiterung der Seitenventrikel. III. und IV. Ventrikel bleiben normal weit.
- Die Aquäduktstenose ist die häufigste Ursache des kongenitalen Hydrozephalus. Sie führt zu einer Erweiterung der Seitenventrikel und des III. Ventrikels bei normal weitem IV. Ventrikel. Gelegentlich ist der proximale Anteil des Aquäduktes erweitert dargestellt.
- Eine Blockade des Foramen Magendi und der Foramina Luschkae bewirkt eine Erweiterung aller Hirnkammern I-IV.

Hydrocephalus communicans
30% der hydrozephalen Erweiterungen des Ventrikelsystems bei Kindern entfallen auf einen Hydrocephalus communicans oder aresorptivus. Bei dieser Form des Hydrozephalus ist das Ungleichgewicht der Liquorproduktion gegenüber der Resorption zu ungunsten der letzteren verschoben. Die Ursachen beruhen auf granulären Verdickungen der Meningen oder Verklebungen der arachnoidalen Villi durch eine Meningitis oder Subarachnoidal- und Subduralblutungen.

Computertomographisch zeigt sich beim Hydrocephalus communicans eine minder ausgeprägte Erweiterung des Ventrikelsystems, wobei die Dilatation des IV. Ventrikels nur geringfügig ausgebildet ist. Die basalen Cisternen sind infolge der Liquorresorptionsstörung erweitert, auch über den Hemisphären können geringe subarachnoidale Liquoransammlungen sowie tiefe Sulci computertomographisch sichtbar werden.

Der *Hydrocephalus hypersecretorius* resultiert aus einer exzessiven Liquorproduktion. Diese Form ist vergleichsweise selten und findet sich allein bei Plexuspapillomen. Dabei entsteht der Hydrozephalus weniger infolge der raumfordernden Wirkung der Papillome oder der Ventrikelverklebungen durch eiweißreichen Liquor, sondern infolge der Liquorüberproduktion der Plexuspapillome.

Aktiver Hydrozephalus
Besonders der kommunizierende Hydrozephalus ist computertomographisch von der Hirnatrophie schwer zu unterscheiden. Deshalb werden in Zweifelsfällen kurzfristige Verlaufskontrollen durchgeführt, um einen progredienten, d. h. aktiven Hydrozephalus auszuschließen. Der aktive Hydrozephalus zeichnet sich durch eine kontinuierliche Zunahme des Ventrikelvolumens aus. Er steht damit im Gegensatz zum stationären, d. h. kompensierten Hydrozephalus. Die Aktivität und damit die zunehmende Drucksteigerung wird vor allem an der ausgeprägteren klinischen Symptomatik und an der Progredienz der Ventrikelerweiterung in Verlaufskontrollen nachgewiesen. Verschiedene Parameter können bereits bei der Erstuntersuchung als Hinweis gelten (5):

- Die *Erweiterung der Temporalhörner entsprechend der Seitenventrikelweite.* Dieses Zeichen erlaubt eine zuverlässige Abgrenzung des Hydrozephalus von der Hirnatrophie, wobei die Dilatation der Temporalhörner im Vergleich zu den Seitenventrikeln bei der zerebralen Atrophie signifikant geringer ausgeprägt ist.
- *Verengung des Ventrikelwinkels.* Der Ventrikelwinkel liegt zwischen den Vorderhörnern beider Seitenventrikel. Mit der Erweiterung der Frontalhörner verringert sich der Abstand zur Mittellinie, der Ventrikelwinkel wird dadurch schmaler.
- *Periventrikuläres Ödem.* Durch das druckgeschädigte Ependym tritt Liquor in die angrenzende Hirnsubstanz über. Computertomographisch zeigen sich hypodense bandförmige Zonen paraventrikulär, die besonders am Vorderhorn und Temporalhorn ausgeprägt sind. Die Konturen des Ventrikelsystems erscheinen durch das Ödem unscharf, die Sulci der Nachbarschaft sind verstrichen.
- Die *okzipital betonte Ventrikelerweiterung.* Dieses oft sehr ausgeprägte Phänomen wird dadurch erklärt, daß die Druckschädigung des aktiven Hydrozephalus besonders die unreife Marksubstanz und weniger die Stammganglien betrifft.

Behandelter Hydrozephalus

Eine liquorableitende Drainage schafft über einen Katheter einen Abfluß aus dem Seitenventrikel in das rechte Herz oder ins Peritoneum. Computertomographisch kann die Katheterspitze eindeutig lokalisiert werden. Allerdings läßt sich natürlich aus ihrer korrekten Lage nicht auf die Funktionstüchtigkeit schließen. Durch die Drainage nimmt das Ventrikelvolumen deutlich ab und innerhalb von Tagen bis Wochen kann sich die zytoarchitektonische Struktur des Gehirns reorganisieren. Diese erstaunliche Zunahme des Gehirnvolumens wird durch eine Neuordnung der vorher gestreckten Nervenfasern erklärt [90]. Oft bleiben die Folgen der Parenchymschädigung als Hirnatrophie mit breiten Zisternen und Sulci zurück.

Die meisten Komplikationen der Shunt-Operationen können computertomographisch festgestellt werden:

- *Ein- oder doppelseitige subdurale Hygrome.* Sie finden sich gelegentlich nach Shunt-Operationen und zeigen computertomographisch sichelförmige oder bandförmige kalottennahe Zonen mit liquorähnlicher Dichte.
- *Subdurales Hämatom.* Bei voluminösen Hygromen werden die Brückenvenen überdehnt und zerrissen, so daß sichelförmige Hämatome im Subduralraum erscheinen. Sie weisen eine gleichmäßige Dichte auf oder zeigen sich infolge sedimentierter Blutkoagel gemischt dicht.
- *Intrazerebrale Hämatome* können die seltene Folge einer Gefäßläsion durch die Katheterimplantation sein. Mitunter liegt auch parallel zum Katheter eine kleine Blutspur. Blutspritzer im Seitenventrikel können auch beobachtet werden.
- *Ventrikelkollaps.* Durch eine forcierte Liquordrainage nähern sich die Ventrikelwände so stark, daß das Lumen computertomographisch schlitzförmig oder gar nicht mehr zu erkennen ist. Dieser Kollaps kann sehr selten durch eine Ventrikulitis mit Wandverklebungen und subependymalen Fibrosen fixiert werden. Dieser Folgezustand wird besonders dann zum diagnostischen Problem, wenn trotz einer insuffizienten Drainage das Ventrikelsystem schlitzförmig bleibt. Dieses „Slit-Ventricle-Syndrom" ist durch eine intrakranielle Druckerhöhung bei engem Schlitzventrikel gekennzeichnet. Die Drainageinsuffizienz wird dann nicht mit dem Computertomogramm, sondern allein anhand der klinischen Symptomatik diagnostiziert.
- *Shunt-Blockade.* Bei Drainageinsuffizienz zeigt die computertomographische Kontrollaufnahme eine Zunahme des Ventrikelvolumens, ein periventrikuläres Ödem und eine unproportionierte, manchmal okzipital betonte Dilatation.
- *Erweiterung isolierter Ventrikelanteile.* Bei Aquäduktstenose und Atresie der Foramina Luschkae et Magendi kann ein Hydrozephalus des IV. Ventrikels trotz einer supratentoriell gut funktionierenden Drainage persistieren oder gar infolge der Liquorproduktion kontinuierlich zunehmen. Der isolierte oder „gefangene" IV. Ventrikel erscheint dann als große runde oder birnenförmige zystische Mittellinienstruktur in der hinteren Schädelgrube mit deutlicher Diskrepanz zu den schmalen oder nur mäßig erweiterten ersten drei Ventrikelabschnitten. Auch andere Ventrikelteile können erweitert bleiben, wenn sie nicht mit dem übrigen Ventrikel frei kommunizieren (z. B. Foramen-Monroi-Blockade). Oft sind dann mehrere Drainagen zur Beseitigung des Hydrozephalus notwendig.
- Ventrikulitis. Durch Infektion der Liquorräume kommt es zu einer Hyperämie des Ependyms und der subependymalen Grenzschichten, was sich computertomographisch durch eine Kontrastmittelanreicherung entlang der Ventrikelwände zeigt. Bei einer chronischen Ventrikulitis verursacht die Gliose bereits im Nativscan einen leichten hyperdensen Ventrikelsaum.

6.4 Subdurales Hygrom des Kindes

Im ersten, selten auch noch im zweiten Lebensjahr kommen subdurale Flüssigkeitsansammlungen vor. Diese sind oft symmetrisch, frontal und parietal angeordnet. Als Ursache werden rezidivierende Blutungen, thrombophlebitische Veränderungen der Brückenvenen und Meningitiden angegeben. Computertomographisch zeigen sich die Hygrome als kalottennahe sichelförmige bis bikonvexe Streifen verminderter Dichte, die bei stärkerem Ausmaß zu einer Kompression der Ventrikel führen können. Nicht selten entsteht konsekutiv ein Hydrocephalus aresorptivus. Computertomographisch sollte mit Verlaufskontrollen der Erfolg der therapeutischen Fontanellenpunktion oder der Drainage geprüft werden.

6.5 Arachnoidalzysten

Arachnoidalzysten werden oft erst im Erwachsenenalter diagnostiziert. Es handelt sich um abgeschlossene Hohlräume zwischen Arachnoidea und Pia mater, die als kongenitale Fehlbildungen entstehen. Bevorzugter Sitz sind die basalen und die interhemisphärischen Zisternen, am häufigsten sind sie aber in der Sylvischen Furche und in der Fossa temporalis lokalisiert; gegebenenfalls kombiniert mit einer Temporallappenpolagenesie. Die Zysten sind mit einer klaren Flüssigkeit gefüllt. Sie wachsen langsam innerhalb von Monaten und Jahren, ehe sie sich klinisch mit epileptischen Anfällen, Schädelverformungen oder Hirndruckzeichen manifestieren. Liegen sie in der Nähe des III. Ventrikels, der Cisterna laminae quadrigeminae oder der Cisterna magna, so kann ein Hydrocephalus occlusus entstehen. Computertomographisch zeigen sich die temporalen Arachnoidalzysten als der Kalotte anliegende, halbkugelig ins Gehirn ragende Zonen mit liquorähnlicher Dichte. Ferner kann die Schädelkalotte über der Zyste verdünnt und vorgewölbt sein, und es finden sich die indirekten Zeichen der Raumforderung (Tafel 39). Gelegentlich ist eine Arachnoidalzyste auch mit einem subduralen Hygrom oder einem chronischen subduralen Hämatom kombiniert.

Tafel 38. Hygrome

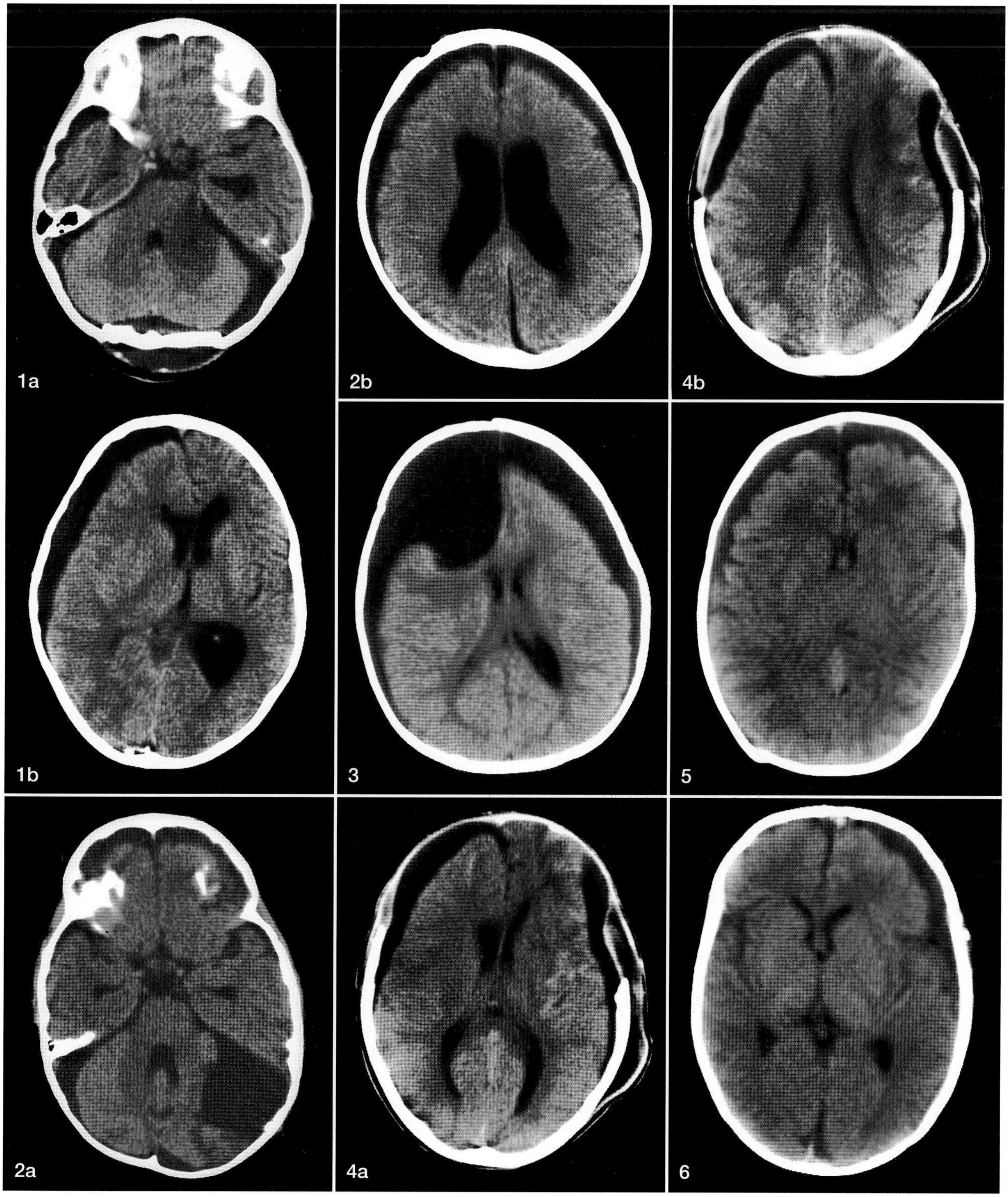

1a, b Subdurales Hygrom rechts frontotemporal mit Raumforderung, subdurales Hygrom links zerebellär und Liquorkissen subokzipital als Z. n. Operation eines pilozytischen Astrozytoms des VIII. Hirnnerven links.
2a, b Subdurales Hygrom beiderseits supratentoriell und Hydrozephalus; subdurales Hygrom und Substanzdefekt links zerebellär (gering auch rechts). Z. n. Operation eines pilozytischen Astrozytoms des Kleinhirns links.
3 Hygrome beiderseits bei Defekt nach Operation eines rechts frontalen PNET.
4a, b Hygrome bds. rechts frontotemporal, links mehr temporal bei Z. n. bifrontaler Dekompression (SHT).
5 Rechts betonte frontale Hygrome beiderseits.
6 Links frontotemporales Hygrom mit geringer raumfordernder Wirkung.

Tafel 39. Arachnoidalzysten

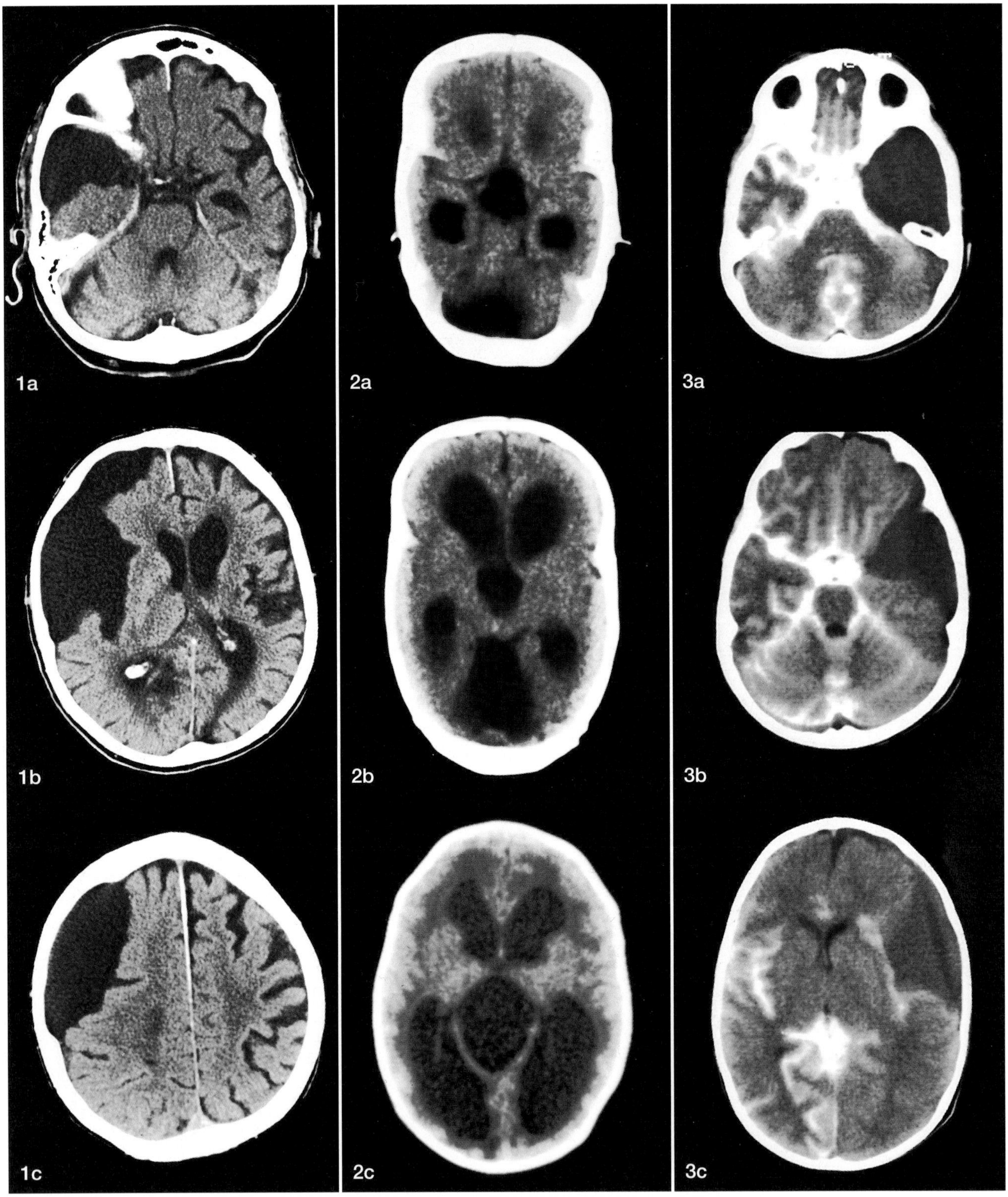

1a–c Frontotemporale Arachnoidalzyste mit bogiger Erweiterung der mittleren Schädelgrube und Hypoplasie des Temporallappens.

2a–c Arachnoidalzyste der hinteren Schädelgrube mit Okklusionshydrozephalus durch Kompression des Aquäduktes (a, b). Arachnoidalzyste der Mittellinie (c).

3a–c Liquorzirkulationsstudie bei temporaler Arachnoidalzyste. Es besteht keine Kommunikation, sondern eine geringe Kontrastmitteldiffusion zwischen Zyste und äußeren Liquorräumen.

Tafel 40. Varia

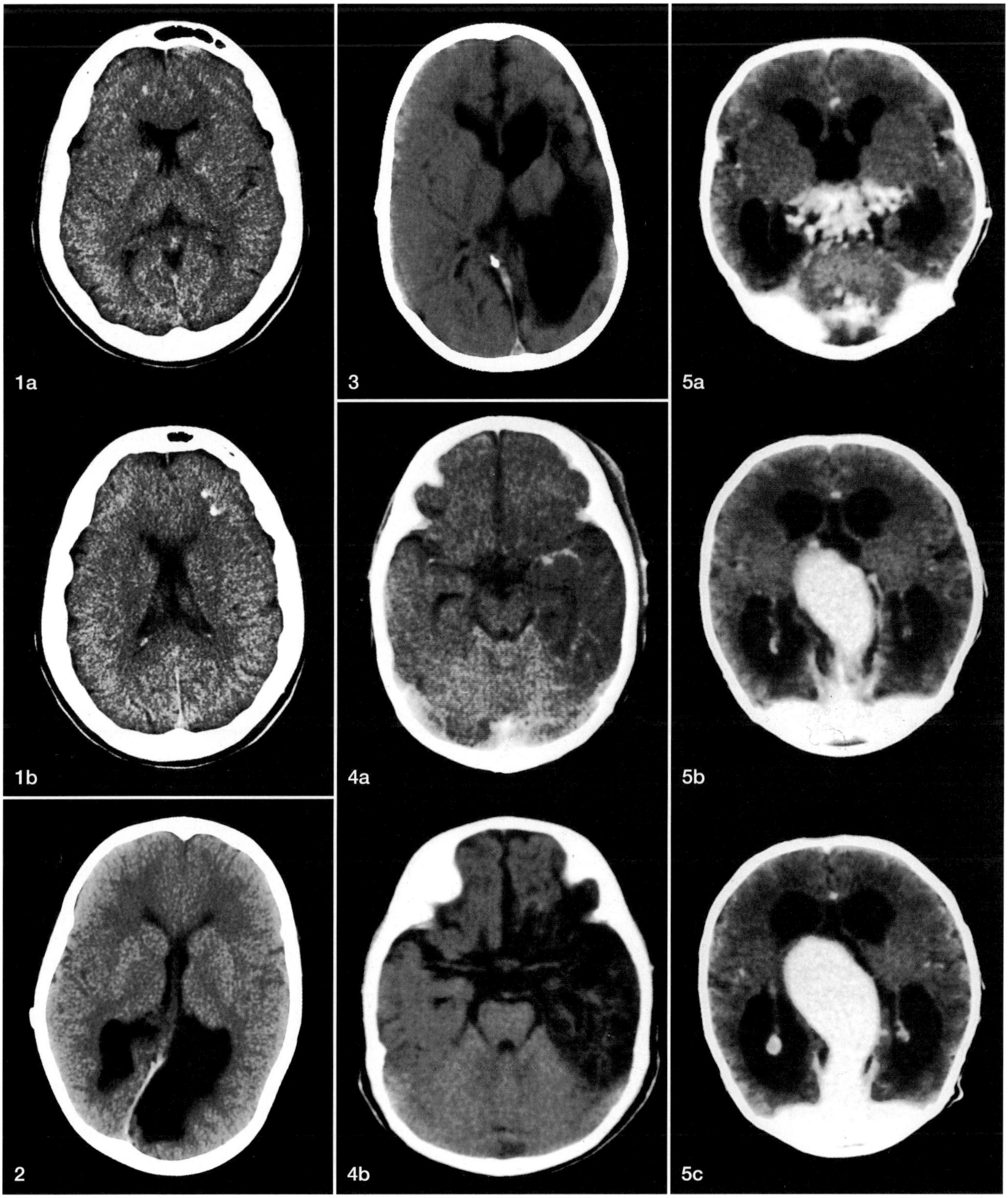

1a, b Hyperparathyreoidismus.
2 Septum-Agenesie.

3 Infantile Zerebralparese. Frühkindliche Hirnschädigung mit Untergang der Marksubstanz nach perinataler Asphyxie; Hemiatrophie nach perinataler Blutung.
4a, b Infarkt der A. cerebri media links beim Kind; akuter Zustand (a); Spätzustand (b).

5a–c Aneurysma der V. Galeni magna nach KM-Gabe.

7 Vasopathien

Unmittelbar nach einem Schlaganfall kann computertomographisch die Ursache des Ereignisses als Blutung oder per exclusionem als ischämischer Infarkt diagnostiziert werden. Dadurch bildet die kraniale Computertomographie unverändert die erstrangige Untersuchungsmethode, zumal sie nicht nur akut, sondern auch im Verlauf eine Korrelation der klinischen Symptome mit den pathomorphologischen Befunden erlaubt und damit jederzeit die Basis für die Therapiestrategie liefert.

7.1 Hirninfarkt

Obwohl beim Erwachsenen das Gehirn nur etwa 2 % des Gesamtkörpergewichts ausmacht, benötigt es 20 % des aufgenommen Sauerstoffes und 16 % des Herzzeitvolumens. Auf Sauerstoffmangelversorgung reagiert es früh mit anfangs reversiblen, später irreversiblen Funktions- und Strukturschäden. Der Hirninfarkt (ischämischer Insult, Enzephalomalazie) stellt nach Herzinfarkt und Tumorerkrankung die dritthäufigste Todesursache dar. Bei 75 % der Schlaganfallpatienten liegen dem Ereignis ein zerebraler Insult durch arterielle Thrombosierung zugrunde, bei ca. 10 % Embolien und bei etwa 15 % Massenblutungen. Beim zerebralen Insult verstopft thrombotisches Material eine Hirnarterie, deren Versorgungsgebiet von der Durchblutung abgeschnitten wird und infolge des Sauerstoff- sowie Energiemangels zugrunde geht. Der Thrombus entsteht in der Mehrzahl der Fälle in der Arterie selbst, bei älteren Patienten aufgrund arteriosklerotischer Veränderungen der Gefäßwand oder bei Jugendlichen auf dem Boden einer Arteriitis. Thrombembolische Ursachen sind extrakraniell in Plaques oder Ulzerationen brachiozephaler Gefäße sowie in Herzfehlern zu suchen.

Histologisch werden beim typischen Infarkt drei Phasen unterschieden:

- Die initiale Erweichung mit intra- und extrazellulärem Ödem.
- Die Kolliquation, die ab zweitem Tag mit Zerfall der Markscheiden und Karyolyse der Markoglia sichtbar wird. Gleichzeitig setzt eine Phagozytose des Markscheidenmyelins durch Fettkörnchenzellen (Mikrogliazellen und Histiozyten) ein.
- Der enzephalomalazische Parenchymdefekt, der von Gefäßbaumresten gespinstartig durchzogen wird und sich als liquordichte Zyste darstellt. Kleinere Erweichungsherde heilen mit gliösen Narben aus.

Die *Topik* der Hirninfarkte kann dem vorderen Kreislauf der über den Ramus communicans anterior verbundenen A. carotis interna beidseits oder dem hinteren des Vertebralis-Basilaris-Stromgebietes zugeordnet werden (Abb. 32). Dabei sind die Äste der Hirnarterien in unterschiedlicher Häufigkeit von Verschlüssen betroffen: A. cerebri anterior 13 %, A. cerebri media 70 %, A. cerebri posterior 10 %. Ein Verschluß der A. basilaris ist computertomographisch nur bei 0,8 % der Patienten feststellbar, obwohl Infarkte des Hirnstammes und Kleinhirns in etwa 15 % der Fälle beobachtet werden. Verschlüsse kleinerer Arterien sind computertomographisch ebenfalls faßbar, obwohl die topographische Zuordnung oft unsicher bleibt. Besonders seien erwähnt:

- A. recurrens Heubneri aus der A. cerebri anterior. Sie versorgt Hypothalamus und die basalen Anteile des Schweifkernkopfes. Bei ihrem Verschluß entsteht ein Psychosyndrom bis zum Mutismus, und bei doppelseitigem Ausfall können auch tödliche Verlaufsformen vorkommen.
- A. chorioidea anterior aus dem Endabschnitt der Carotis interna. Sie ergänzt in der Versorgung des Hippokampus und der rostralen Stammganglien die lentikulostriären Arterien des Mediahauptstammes. Da sie an der Durchblutung der inneren Kapsel im Bereich der Pyramidenbahn beteiligt ist, verursacht ihr Verschluß eine Hemiparese.

Die sogenannten Grenzzoneninfarkte entstehen dort, wo sich zwei Gefäßprovinzen berühren und die Durchblutung – im Fall einer systemischen Hypotonie oder eines extrakraniellen Gefäßverschlusses – zuerst insuffizient wird („letzte Wiesen"). Der Grenzstreifen zwischen A. cerebri media und A. cerebri anterior liegt an der Konvexität paramedian und erstreckt sich entlang dem Gyrus frontalis medius nach dorsal bis zum sogenannten Dreiländereck, wo auch noch das Versorgungsgebiet der A. cerebri posterior angrenzt. Die Grenze zwischen den Stammganglienarterien und den Konvexitätsästen der A. cerebri media ist ebenfalls ein paramedianer Streifen, der in der Gegend des Caput nuclei caudati und des Centrum semiovale gelegen ist. Treten mehrere Infarkte in verschiedenen Versorgungsgebieten auf, sollte der Verdacht auf eine Gefäßspastik, eine Arteriitis oder rezidivierende Embolien aufkommen.

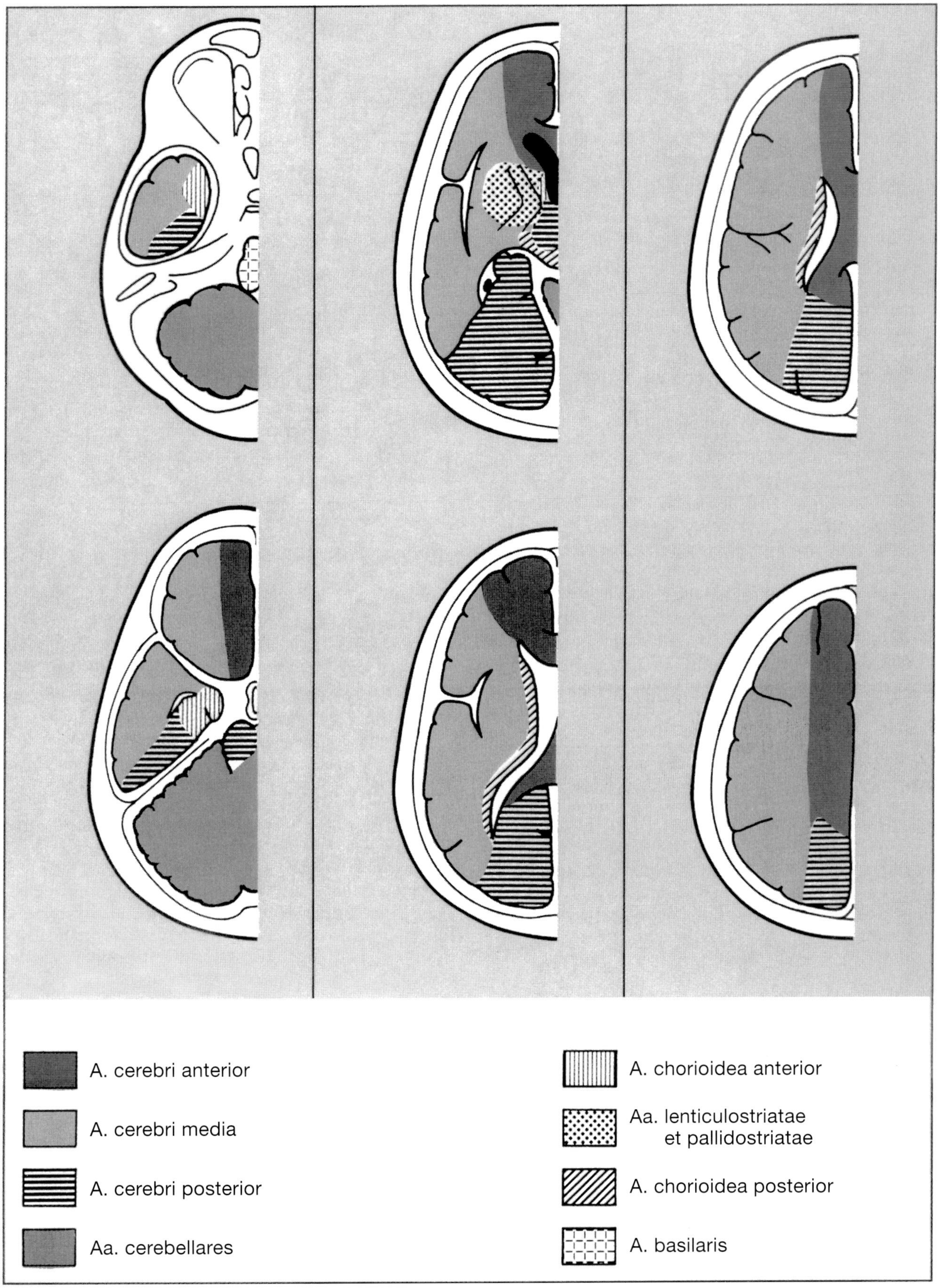

Abb. 32. Versorgungsgebiete der Hirnarterien. Die Versorgungsgebiete sind in gewissen Grenzen individuell variabel.

7.1.1 Klinik

Beim klassischen Insult im Mediaversorgungsgebiet entwickelt sich nach einer möglichen passageren Bewußtlosigkeit mit schlaffer Lähmung eine spastische brachiofazial betonte Parese der kontralateralen Körperhälfte und – bei Befall der dominanten Hemisphäre – eine Aphasie. Der Anteriorinfarkt verursacht eine spastische Parese des kontralateralen Beins. Der Posteriorinfarkt führt infolge des Ausfalles der Sehrinde oder Sehbahn zu einer homonymen Hemianopsie nach kontralateral. Auf die zahlreichen und komplexen neurologischen Syndrome bei kleineren Hirninfarkten sei nur verwiesen. Nach dem zeitlichen Verlauf der Symptomatik werden folgende ischämische zerebrovaskuläre Syndrome unterschieden:

- *Transiente ischämische Attacken (TIA)* sind durch eine Rückbildung der klinischen Symptome innerhalb von 24 Stunden gekennzeichnet. Die Computertomographie bleibt ohne Befund.
- *(Progressive) Reversible ischämische neurologische Defizite [(P)RIND].* Die Symptomatik bildet sich innerhalb von Tagen bis Wochen zurück. Bei zwei Drittel der Fälle lassen sich bereits computertomographisch Infarktzonen darstellen.
- *Completed stroke.* Er ist durch ein irreversibles neurologisches Defizit gekennzeichnet.
- *Progressing stroke.* Er ist durch ein neurologisches Defizit gekennzeichnet, das über Tage und auch Wochen zunimmt.

Tab. 6. Detaillierter zeitlicher Ablauf von Histologie und CT beim Infarkt

Zeit	Histologie	CT
Erste 3 Std.	Schwellung der Endothelzellen, perizelluläres Ödem	Normalbefund
3–6 Std.	Ödem der Neurone, Schwellung der Astrozyten und Mikroglia	Beginnendes Infarktödem als unscharf begrenztes hypodenses Areal
6–24 Std.	Zerfall der Nervenzellen, Leukozyten- und kleinzellige Infiltration	Zunehmende Hypodensität und schärfere Konturierung des Infarktes
24–48 Std.	Karyorrhexis der Neurone	Zunahme der Intensität und raumfordernden Wirkung
2.–7. Tag	Makrophageninvasion, Gefäßeinsprossung	Maximal raumforderndes Ödem
7. Tag bis mehrere Wochen	Säuberung und Narbenbildung	Zystischer Defekt, Glianarbe

7.1.2 Computertomographie

Ischämischer Infarkt: In den ersten Stunden nach dem Gefäßverschluß bestehen trotz funktioneller Ausfälle noch keine morphologischen Veränderungen der Gehirnsubstanz, so daß das Computertomogramm keinen pathologischen Befund aufweist (Tab. 6). Nur bei etwa 20 % der Patienten kann das Infarktareal in den ersten Stunden nachgewiesen werden. 48 Stunden später erreicht die Nachweisquote über 75 % und am Ende der ersten Krankheitswoche 95 %.

Infarktfrühzeichen im CT

- „Dense sign" der Arterien: Seitendifferente Dichte des thrombosierten Gefäßes. Die Dichte des fließenden Blutes setzt sich aus den mittleren Absorptionswerten der Blutkörperchen (80 HE) und des Plasmas (20 HE) zusammen. Bei Verlust der Plasmafraktion stellen sich Blutkoagel intra- oder extravasal äußerst dicht dar.
- Beginnendes Infarktödem: Während im frühesten Stadium des Gefäßverschlusses computertomographisch das vasogene Ödem als Ausdruck eines Zusammenbruches des Energie-, Wasser- und Elektrolythaushaltes nicht faßbar ist, läßt sich bei ausgedehnten Infarktarealen die etwa drei Stunden nach dem Schlaganfall beginnende zytotoxische Komponente des Ödems darstellen. Die Konturen der Hirnstrukturen beginnen zu zerfließen, die Abgrenzbarkeit zwischen grauer und weißer Hirnsubstanz vermindert sich, das Windungsrelief zeigt sich vergröbert, und die kortikalen Sulci werden schmaler oder sind verstrichen.

Infarktmanifestation

Anfangs als unscharf begrenzte Zone gering erniedrigter Dichte gewinnt das Infarktödem zunehmend an Hypodensität, raumfordernder Wirkung und schärferer Berandung (Abb. 33). Es entwickelt sich eine meist keilförmige Zone, die dem Versorgungsgebiet der ausgefallenen Hirnarterie entspricht. Ab dem 2. Tag mit einem Maximum um den 5. Tag wird der Infarkt im Stadium der Kolliquation zunehmend hypodens. Seine raumfordernde Wirkung ist am ausgeprägtesten. Nach der ersten Krankheitswoche führen einerseits Makrophagen- und Gefäßinvasionen zu einer Dichteanhebung bis hin zum isodensen Bereich, andererseits entsteht nach i. v. Kontrastmittelinjektion oft eine marginale oder fleckförmige Dichteerhöhung im Infarktgebiet, die vom 12.–21. Tag am deutlichsten ausgeprägt ist. Sie wird durch eine Luxusperfusion in paralytisch dilatierten Gefäßen und durch Blut-Hirn-Schranken-Störungen erklärt. Gelegentlich können kleinere Infarkte, die auf dem Nativscan hypodens dargestellt sind, durch Kontrastmitteleinlagerung isodens werden und dann dem Nachweis entgehen.

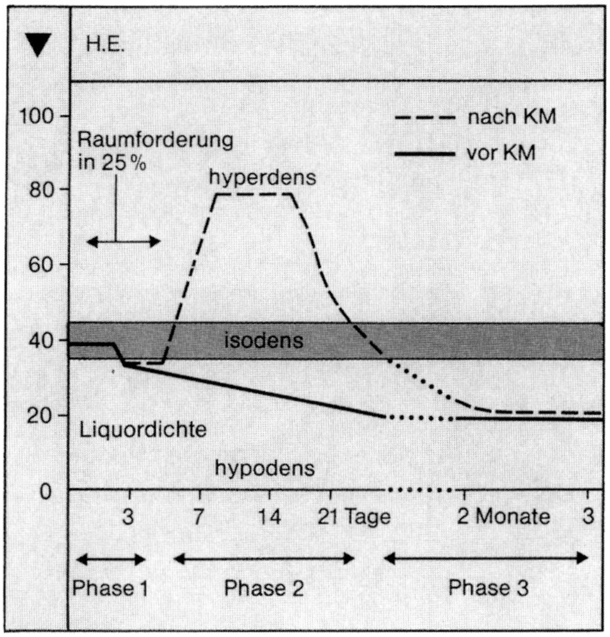

Abb. 33. Zeitlicher Verlauf von Dichte und KM-Einlagerung beim Infarkt.

Defektstadium
Das Endstadium eines Infarktes, die enzephalomalazische Zyste, ist charakterisiert durch eine scharf begrenzte Zone mit liquorähnlicher Dichte, die als Folge des Substanzdefektes mit einer Erweiterung der benachbarten Ventrikel- und Zisternenabschnitten kombiniert sein kann. Das Narbenstadium ist nach 4–6 Wochen erreicht. Der Umbau des postmalazischen Defektes erscheint nach einem halben Jahr abgeschlossen.

Hämorrhagischer Infarkt
Besonders im Rahmen embolischer Gefäßverschlüsse kommt es bei 6 % der Hirninfarkte zur Einblutung in das anämische Areal. Dabei finden sich einerseits im Frühstadium des Infarktes fleckförmige konfluierende Blutungen. Sie entstehen unter der Revaskularisation verschlossener Hirnarterien bei der Auflösung embolischer Thromben oder der Blutkoagel. Dabei durchbricht das Blut in dem rekanalisierten Gefäß den ischämisch geschädigten Epithelverband oder gar die nekrotisch veränderte Gefäßwand. Andererseits können im Stadium der Reparation durch die Ausbildung von Gefäßanastomosen oder infolge des Einsprossens randständiger Kapillargefäße petechiale Blutungen auftreten. Computertomographisch findet sich eine fleckige Dichteerhöhung besonders der Peripherie der Infarktzone. Die Kombinationen einer überwiegend kortikal lokalisierten hyperdensen Zone und eines hypodensen Marklagers oder eines auf das infarzierte Gefäßgebiet begrenzten Ödems mit zentralen Einblutungen sind für einen hämorrhagischen Infarkt spezifisch.

7.2 Basilaristhrombose

Die klinische Verdachtsdiagnose einer Basilaristhrombose kann in einer computertomographischen Standarduntersuchung nicht endgültig entschieden werden. Gestützt wird der Verdacht bei einer primär dichteren Darstellung der A. basilaris. Das Gefäß erscheint dadurch thrombosiert und weist entsprechend der fehlenden Durchblutung nach Kontrastmittelgabe keinen weiteren Dichteanstieg auf. Da jedoch auch ein verlangsamter Durchfluß in einer arteriosklerotisch veränderten Basilaris oder in einem ektatischen Gefäß (Megadolichobasilaris) diese Abbildungsmerkmale aufweist, muß die Diagnose angiographisch, beispielsweise in einer Spiral-CT-Angiographie, gesichert werden. Die Thrombosierung der A. basilaris manifestiert sich durch Infarzierungen im hinteren Kreislauf. Dabei gilt es besonders, im Frühstadium auf ausgedehnte Hirnstamm- und Kleinhirninfarkte zu achten, da ihr raumforderndes Ödem über eine Kompression und Verlagerung des IV. Ventrikels oder über eine tentorielle Herniation mit Aquäduktobstruktion zu einem umgehend behandlungsbedürftigen Okklusionshydrozephalus führen kann. Die Thrombosierung des Basilariskopfes verursacht neben Infarzierungen im okzipitalen Versorgungsgebiet der A. cerebri posterior auch umschriebene Infarkte des Thalamus, die infolge des Y-förmigen Verlaufes der büschelförmigen Aa. thalamoperforatae an der Basilarisspitze auch beidseitig symmetrisch auftreten können.

7.3 Venöser Infarkt, Sinusvenenthrombose

Der „venöse Infarkt“ wird durch eine Thrombose in den tiefen Hirnvenen oder den oberflächlichen Blutleitern verursacht. Er entsteht als Folge einer Hyperkoagulabilität (beispielsweise postpartal oder bei Kontrazeptiva-Unverträglichkeit), einer lokalen Entzündung (Otitis media, Sinusitis), als paraneoplastisches Syndrom oder im Rahmen eines Schädelhirntraumas [10]. Die klinische Symptomatik bietet keine Charakteristika. Am Anfang stehen Kopfschmerzen, Übelkeit, Erbrechen und Antriebsstörungen. Später entwickeln sich unterschiedlich ausgeprägte Bewußtseinsstörungen, Krampfanfälle und Herdsymptome. Pathomorphologisch führt die Thrombosierung der aszendierenden kortikalen oder tiefen Hirnvenen sowie der großen Sinus zu einer Insuffizienz der venösen Drainage. Aus der Abflußstörung resultiert ein erhöhter Hirndruck mit unterschiedlich ausgeprägtem und je nach Topik der Venenthrombose verschiedenartig lokalisiertem Hirnödem, mit kleinen, meist disseminierten Stauungsblutungen, die bei der Sinussagittalis-Thrombose meist bilateral parasagittal angeordnet sind, und hämorrhagischen Parenchymerweichungen. Die computertomographischen Kriterien für die Hirnvenenthrombose können in direkte und indirekte Zeichen gegliedert werden.

Tafel 41. Infarkte I

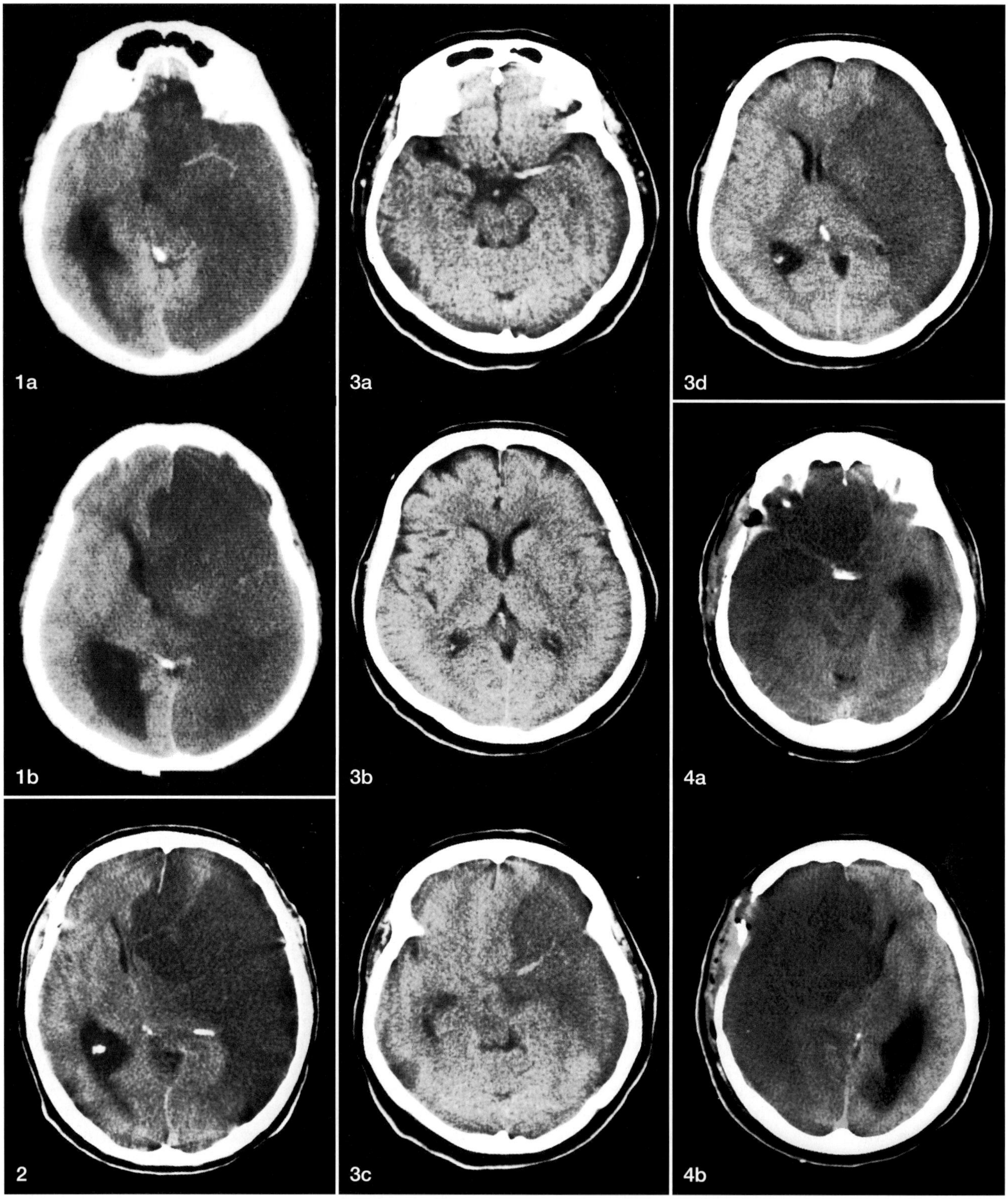

1a, b Karotisverschluß. Infarktödem im Anterior-, Media- und Posterior-Versorgungsgebiet. Thrombosierung der A. cerebri media.
2 Karotisverschluß. Infarktödem mit Foramen-Monroi-Blockade und Mittellinienverlagerung. Sog. „raumfordernder Infarkt".

3a–d Kompletter Mediainfarkt. Drei Stunden nach dem Schlaganfall (a, b) findet sich ein „Media-Dense-Sign". 24 Stunden später (c, d) Infarkt im gesamten Mediastromgebiet.

4a, b Karotisverschluß. Entlastung des raumfordernden Ödems durch Trepanation.

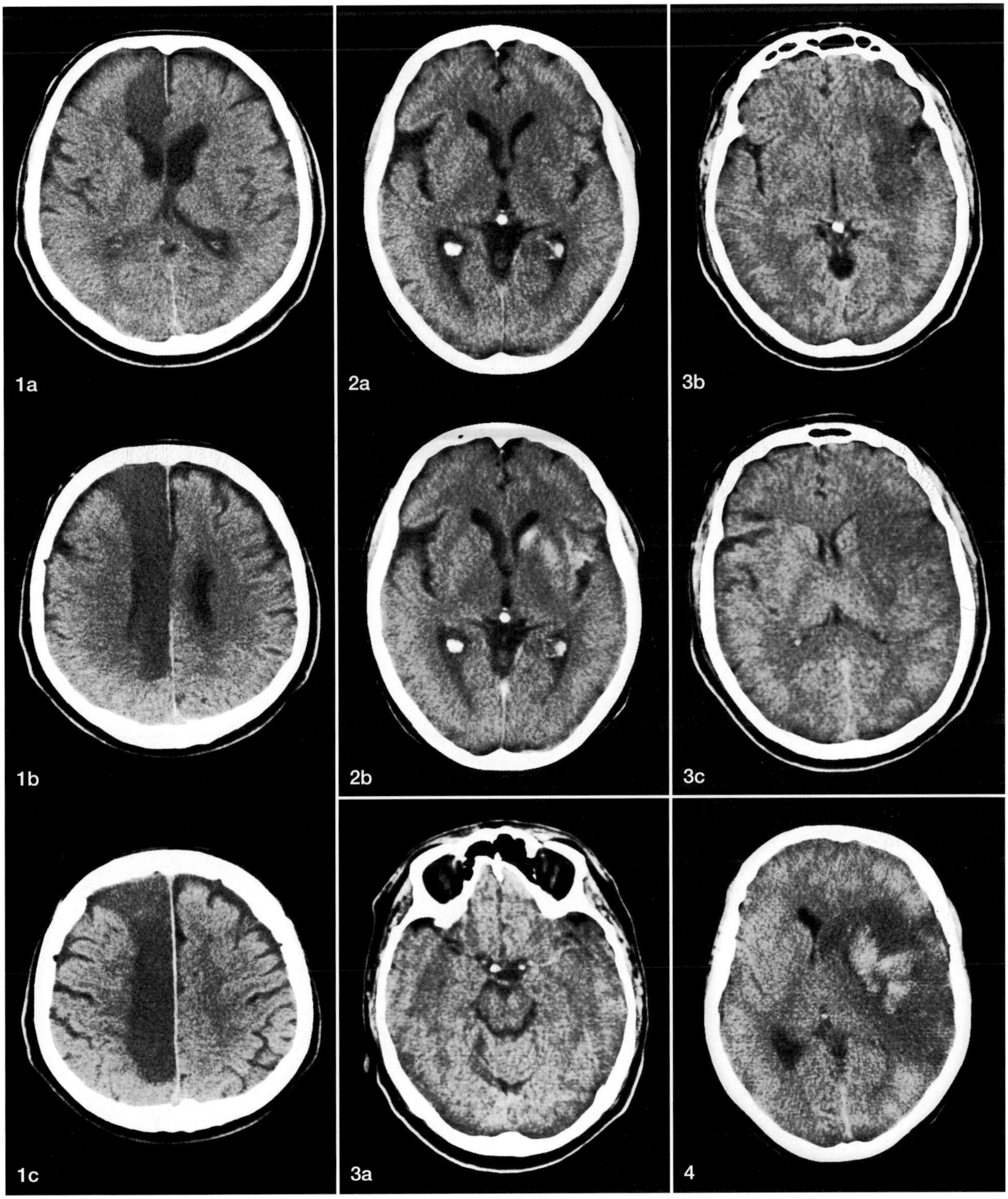

1a–c Anteriorinfarkt. Parenchymuntergang im Versorgungsgebiet der A. pericallosa.

2a, b Stammganglieninfarkt im Stadium der Blut-Hirn-Schrankenstörung und Luxusperfusion. CT nativ mit isodensem Infarktareal (a); nach KM-Gabe mit Anreicherung des Infarktareals (b).

3a–c Akuter Mediainfarkt. Hyperdense Darstellung der A. cerebri media. Ausbildung eines Infarktödems der Stammganglien und Inselregion.

4 Hämorrhagischer Mediainfarkt mit teils konfluierenden Einblutungen im Mediaversorgungsgebiet.

Tafel 43. Infarkte III

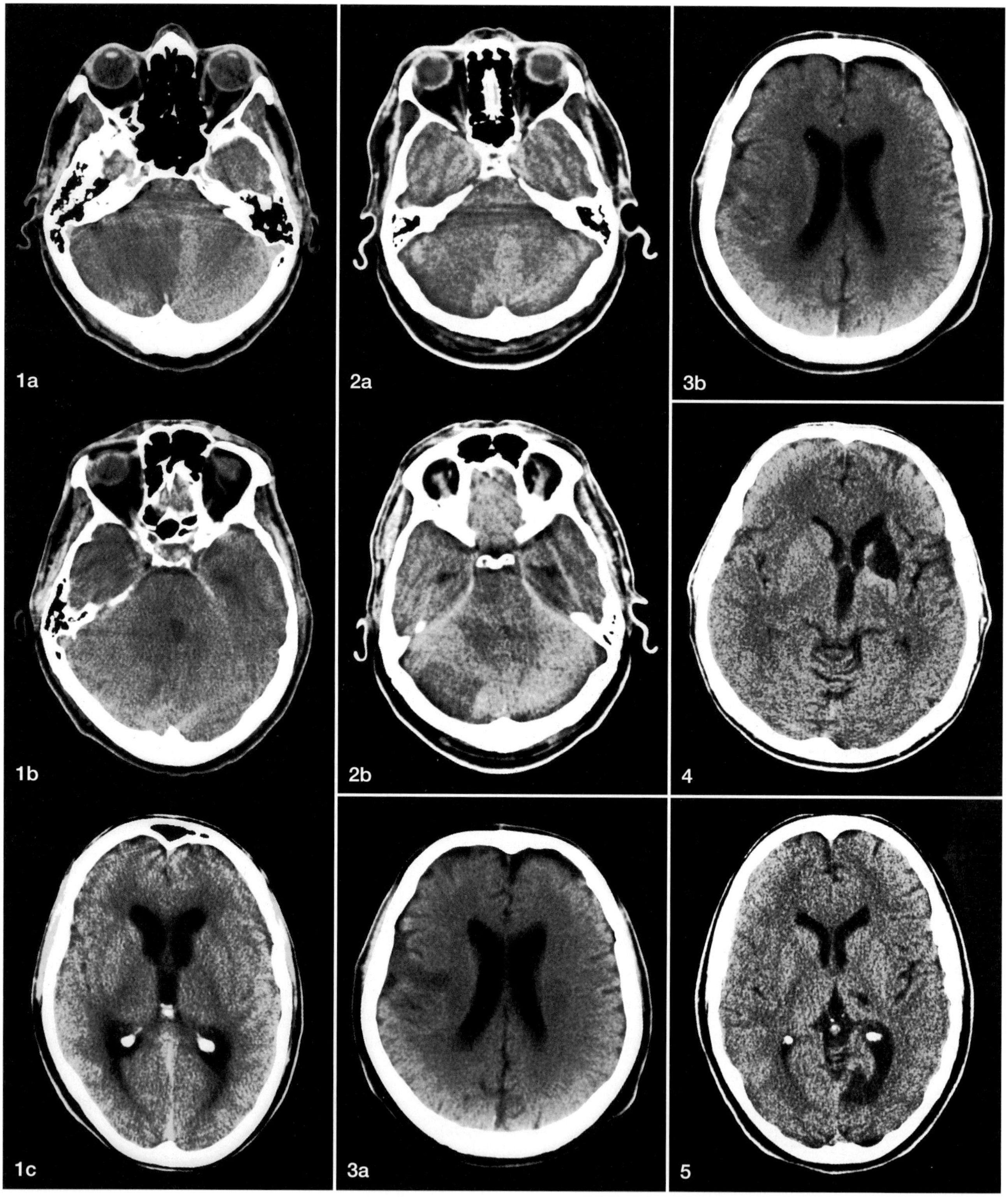

1a–c Infarkt der A. cerebelli inferior posterior (PICA-Infarkt). Hypodenses Areal des Kleinhirns und der Medulla oblongata (a). Durch die Kompression des IV. Ventrikels (b) resultiert ein Okklusionshydrozephalus (c).

2a, b Raumfordernder Kleinhirninfarkt mit Kompression des IV. Ventrikels und Ausdehnung auf den Pons.

3a, b Mediateilinfarkt im Stadium der Blut-Hirn-Schrankenstörung. CT nativ: hypodenses Infarktareal (a). Nach KM-Gabe zeigt sich ein Dichteanstieg des Infarktes zu isodensen Werten (b).

4 Defekt nach Stammganglieninfarkt links.

5 Postmalazische Parenchymdefekte im Thalamus und im Okzipitallappen Monate nach Infarkten im Posteriorstromgebiet links.

Tafel 44. Infarkte IV

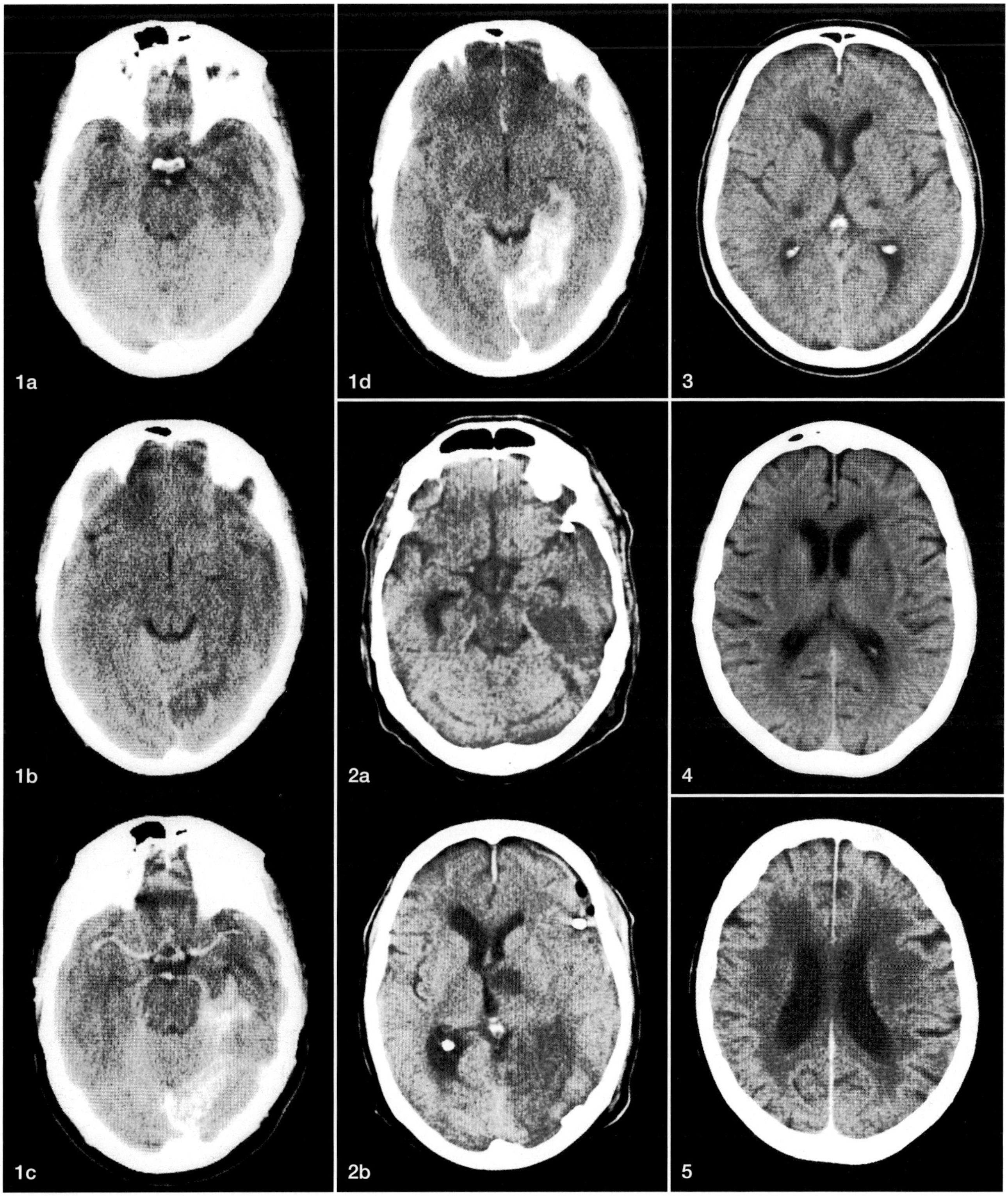

1a–d Posteriorinfarkt im Stadium der Blut-Hirn-Schrankenstörung. CT nativ zeigt das Infarktareal isodens (a, b). Nach KM-Gabe besteht eine fleckförmige Anreicherung im infarzierten Bereich (c, d).

2a, b Posteriorteilinfarkt. Parenchymuntergang im Versorgungsgebiet der Aa. occipitotemporalis und calcarina der A. cerebri posterior sowie ipsilateral in den Aa. thalamoperforatae links.

3 Lakunäre Thalamusdefekte beiderseits nach Infarzierung der Aa. thalamoperforatae.
4 Mikroangiopathie. Streifenförmige Dichteminderung entlang der äußeren Kapsel beiderseits.
5 Subkortikale arteriosklerotische Enzephalopathie (Binswanger-Krankheit). Deutliche Dichteminderung des gesamten Marklagers infolge der Hyalinose der Markarterien.

Tafel 45. Sinusvenenthrombose

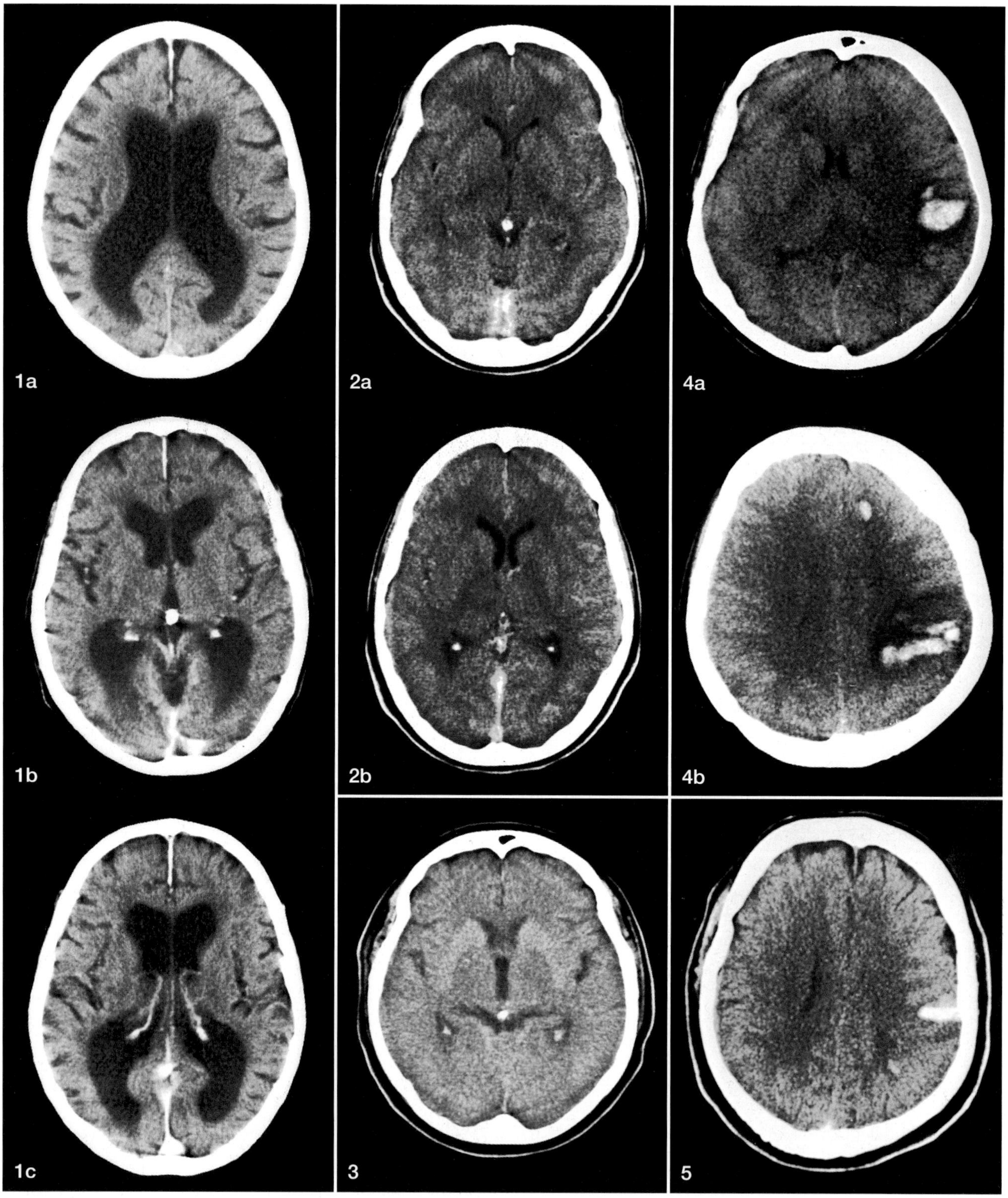

1a–c Sinusvenenthrombose. CT nativ mit breitem hyperdensem Confluens sinuum (a). Nach KM-Gabe: „Empty-Triangle" infolge der Aussparung des Thrombus im Konfluens (b, c).

2a, b Thrombose des Sinus rectus mit hyperdensen Randstreifen im Verlauf des Sinus. CT nach KM-Gabe.
3 Thrombose der tiefen Hirnvenen mit Ödem des Thalamus beiderseits.
CT ohne Kontrastmittel.

4a, b Thrombose des Sinus sagittalis superior mit kortikalen Einblutungen.
5 Sinusthrombose mit kortikaler Schwellung und Einblutung.

Die *direkten* Zeichen stellen die verschlossenen Hirnvenen oder den Thrombus innerhalb des Sinus dar:

- „Cord sign": Die thrombosierte kortikale Vene imponiert als dichtes gewundenes Band im Nativ-CT.
- Die Thrombenformation erscheint innerhalb der großen Blutleiter als bandartige hyperdense Struktur im Nativ-CT.
- „Empty triangle" oder „Delta sign": Innerhalb von zwei Wochen wird ein Thrombus soweit abgebaut, daß er sich isodensen Absorptionswerten nähert. Daher zeigt sich zu diesem Zeitpunkt ein Thrombus nach Kontrastmittelgabe als ein Füllungsdefekt oder dreieckige Aussparung innerhalb des kontrastangereicherten Sinus.

Die unspezifischen *indirekten* Zeichen der Hirnvenen- oder Sinusthrombose entstehen aus der Abflußstörung:

- Umschriebenes Ödemareal mit unscharfer Begrenzung und rundlicher Konfiguration. Es läßt sich nicht nur mit arteriellen Versorgungsgebieten nicht zur Deckung bringen, sondern unterscheidet sich auch in der Ausbildung von den keilförmigen arteriellen Infarzierungen.
- Multiple kleine Parenchymblutungen. Sie treten bei 20 % der venösen Infarkte infolge der Drainagestörung auf.
- Gyrales Enhancement und ein enges Ventrikelsystem sind Ausdruck der allgemeinen Hirndrucksteigerung.
- Umgehungsdrainagen lassen sich computertomographisch durch eine intensive Anreicherung des Tentoriumrandes infolge der Erweiterung und des Blutdruckanstieges in den Brückenvenen oder durch die Abbildung der erweiterten kortikalen und medullären Kollateralvenen darstellen.

Zusatzuntersuchungen
Die Arteriographie zeigt die Hämodynamik der Gefäßstenosen und Umgehungskreisläufe. Die Integrität des Hirngewebes ist durch eine Fülle von potentiellen Kollateralen gesichert, so daß gar nicht selten – und besonders beim klinischen Bild der transienten ischämischen Attacke – hochgradige Gefäßverschlüsse aufgedeckt werden, ohne daß es zu einem computertomographisch sichtbaren Infarkt gekommen ist. Bei der Venen- und Sinusthrombose fehlt eine Kontrastierung der betroffenen Gefäßabschnitte, und das Kontrastmittel wird über abnorme Kollateralen drainiert.

Trotz der größeren Spezifität kann die MRT die Computertomographie als vorrangige Notfallmethode nicht verdrängen. Abgesehen davon, daß die Kernspintomographie schlechter und zeitkonsumierender verfügbar ist und die Betreuung und Überwachung der bewußtseinsgetrübten Patienten sich immer noch schwieriger gestaltet, ergeben sich trotz des Repertoires ausgefeilter Sequenzen im MRT in den ersten Tagen nach einem Schlaganfall Schwierigkeiten, die akute Blutung zu diagnostizieren. Das Infarktödem kann zwar besonders mit Hilfe der Perfusions- und Diffusionsuntersuchungen früher als im CT erfaßt werden, jedoch lassen sich diese Sequenzen nur zeitaufwendig und mit hochenergetischen Magnetfeldern erstellen, so daß sie bisher keinen Eingang in die Routine gewonnen haben.

7.4 Spontane Blutungen

Zu den spontanen Blutungen gehören hauptsächlich die zerebralen Massenblutungen bei Patienten mit einem Hypertonus und Arteriosklerose. Seltenere Ursachen sind Gefäßentzündungen, Gerinnungsstörungen oder eine Antikoagulanzientherapie sowie die Amyloidangiopathie (kongophile Angiopathie), Mikroangiome, Tumorblutungen (z. B. Glioma apoplecticum, Melanommetastasen) und Hämorrhagien bei septischen oder thrombotischen Embolien oder Sinusthrombosen (Abb. 34). Die Verdachtsdiagnose einer Amyloidangiopathie sollte bei über 60jährigen Patienten mit atypischen, besonders kortikal lokalisierten, rezidivierenden und multiplen Blutungen gestellt werden. Das Hämatom drängt das Hirngewebe auseinander oder wühlt sich entlang von Leitungsstrukturen wie der Kapsel oder Faserbündeln in das Hirnparenchym. In etwa 50 % der Fälle bricht das

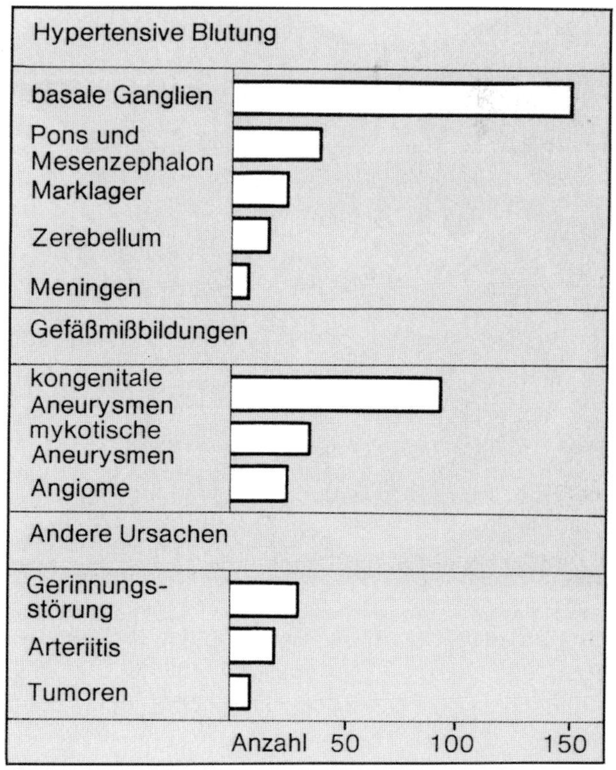

Abb. 34. Ursachen spontaner Hirnblutungen. Autopsiematerial aus dem London Hospital (1912–1952).

Tafel 46. Intrazerebrale Blutungen

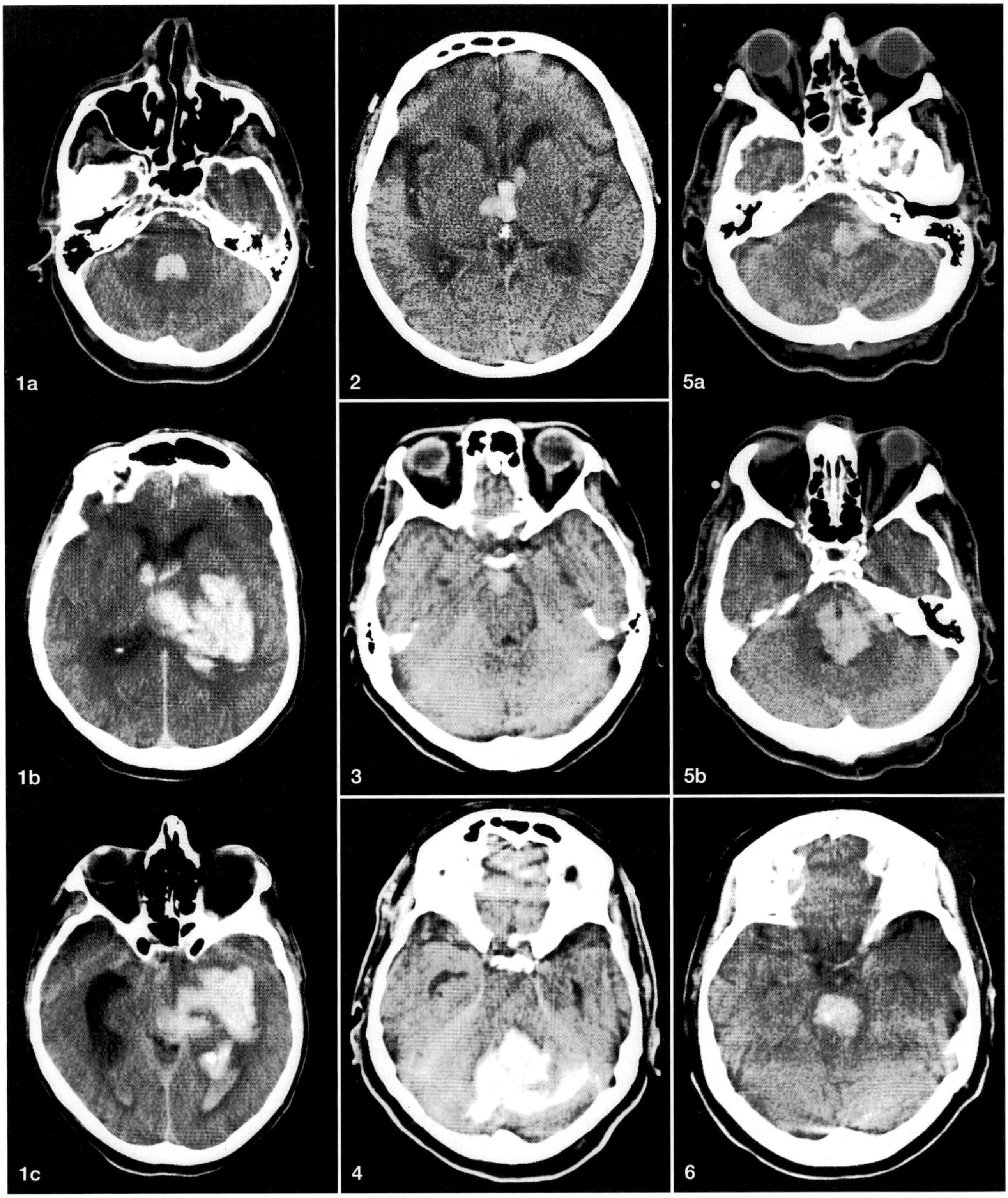

1a–c Massenblutung der Stammganglien mit Ventrikeltamponade durch Blutkoagel.

2 Thalamusblutung mit Ventrikeleinbruch.
3 Einblutung in die pontine Zisterne sowie in die Cisterna intercruralis.
4 Massenblutung des Kleinhirns.

5a, b Ponsblutung mit Einbruch in den IV. Ventrikel und in die Kleinhirnbrückenwinkelzisterne.
6 Ponsblutung.

Tafel 46. Intrazerebrale Blutungen (Fortsetzung)

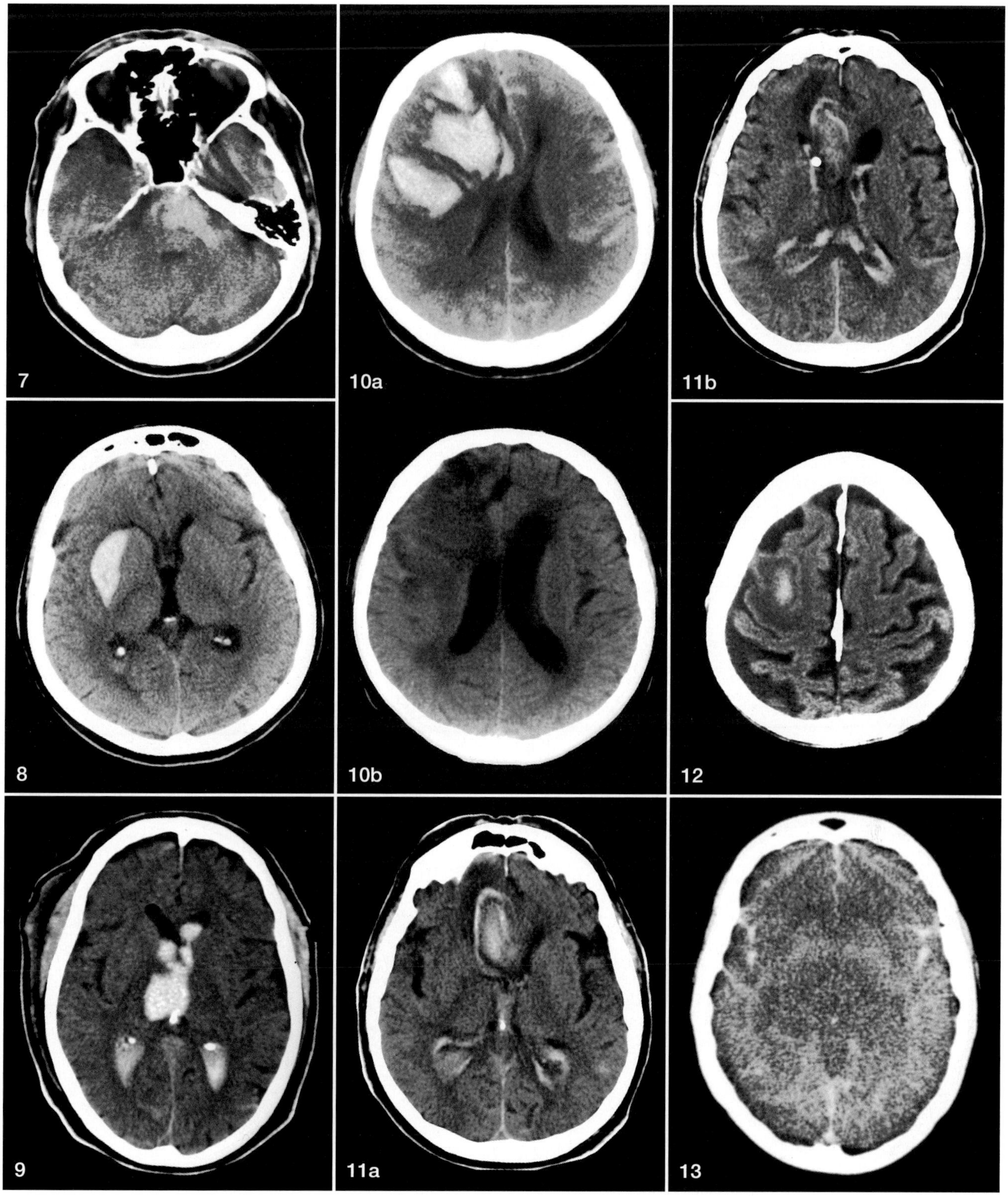

7 Ponsblutung.
8 Laterale Stammganglienblutung.
9 Thalamusblutung mit Ventrikeleinbruch.

10a, b Frische hämorrhagische Infarzierung rechts frontotemporal (a). Kontrolle sechs Wochen später (b) zeigt Resorption der Blutkoagel, jedoch noch raumfordernd.
11a, b Ältere frontale Parenchymblutung mit Ventrikeleinbruch.

12 Eine Woche alte Parenchymblutung frontopräzentral rechts.
13 Zustand nach Reanimation. Ausgeprägte basale Hirnschwellung, geringe subarachnoidale Einblutung.

Tafel 47. Intrazerebrale Blutungen – differentialdiagnostische Besonderheiten

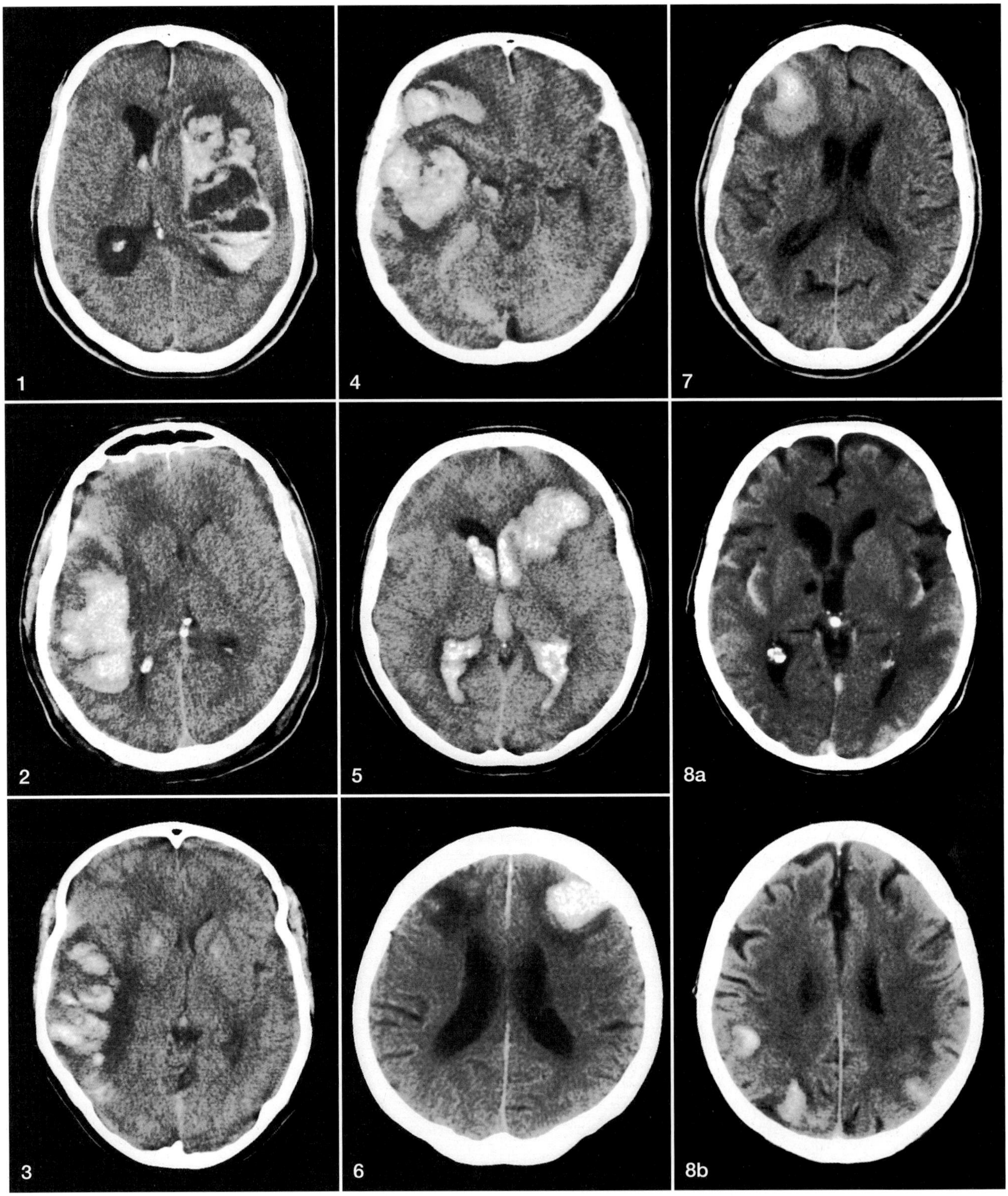

1 Hypertone Wühlblutung mit Ventrikeleinbruch.
2 Hämorrhagischer Infarkt temporal.
3 Hämorrhagischer Infarkt temporal.

4 Hämorrhagischer Infarkt frontotemporal mit Blutungsausdehnung subdural und intraventrikulär.
5 Frontale Blutung mit Stammganglienbeteiligung und Ventrikeleinbruch bei 37jähriger Patientin mit Gerinnungsstörungen.
6 Frontale Blutung bei Amyloidangiopathie. Parenchymdefekt nach kontralateraler Blutung rechts.

7 Zweizeitige Blutung bei Amyloidangiopathie rechts.
8a, b Subarachnoidale und Parenchymblutung bei Sinusvenenthrombose. Postmalazischer Thalamusdefekt rechts.

Hämatom in das Ventrikelsystem ein und verursacht durch die Verlegung der Liquordrainage einen akuten Okklusionshydrozephalus. Die Ausdehnung in den Subarachnoidalraum und über die Hemisphären kann zu einer Liquorresorptionsstörung infolge der Verklebung der Arachnoidalvilli führen.

Als *Topik* der Massenblutungen treten hervor:

- Die rostralen Stammganglien: als Rhexisblutungen der mittleren oder lateralen lentikulostriären Arterien neigen sie zu Ventrikeleinbruch mit kompletter, die Prognose deutlich verschlechternder Ventrikeltamponade.
- Thalamus: Blutung aus den Aa. thalamo-perforatae am Ramus communicans posterior oder Basilariskopf.
- Marklager: Meist temporoparietal und frontal.
- Hirnstamm und Kleinhirn.

7.4.1 Klinik

Die Symptomatik läßt sich von der des ischämischen Insultes nicht trennen. Sie entwickelt sich abrupt mit Bewußtseinsverlust und Blickdeviation zur Blutung hin. In 80 % der Fälle sind Hypertoniker betroffen. Streckkrämpfe und eine röchelnde Atmung können Ausdruck einer Ventrikeleinblutung sein.

7.4.2 Computertomographie

Das frische Hämatom ist ein scharf begrenzter rundlicher Herd von homogen erhöhter Dichte, dessen Absorptionswert in direkter Korrelation zum Hämatokrit bzw. zum Hämoglobingehalt steht. Ab dem 3. Tag wird ein sichelförmiger Resorptionssaum als perifokales Ödem sichtbar. Diese Ödemzone verstärkt die raumfordernde Wirkung, so daß wie beim Hirninfarkt das Maximum der raumfordernden Wirkung um den 5. Tag herum auftritt. Ab dem 7. Tag können randständige Zellinfiltrationen, Resorptionsgewebe sowie Gefäßeinsprossungen für mehrere Wochen im Kontrast-CT eine ringförmige Anreicherung hervorrufen. Die Dichte des Hämatoms nimmt zentripetal ab. Die gleichmäßig hyperdense Darstellungsform der Blutung wird fleckig inhomogen und erreicht nach 3–6 Wochen isodense Werte, ohne daß die Raumforderung schon aufgehoben sein muß. Nach der vollständigen Resorption der Blutung (dritter bis sechster Monat) kann ein hypodenser Defekt mit narbiger Verziehung der benachbarten Liquorräume entstehen.

7.5 Aneurysmen

Die Inzidenz zerebraler Aneurysmen (Aneurysma = Ausweitung) beträgt im Sektionsgut 1,2 %. Dabei wird ein Aneurysma üblicherweise erst durch eine Ruptur mit subarachnoidaler Einblutung evident. Unter den nichttraumatisch bedingten Subarachnoidalblutungen entfallen 51 % auf sackförmige Aneurysmen, 15 % auf hypertone oder arteriosklerotische Einblutungen, besonders pontomesenzephal lokalisiert, und 6 % auf Blutungen aus arteriovenösen Gefäßmißbildungen. Bei 22 % läßt sich die Genese nicht klären. Im Mittel tritt eine Aneurysmablutung zwischen dem 40. und 60. Lebensjahr auf. Eine Blutung einer AV-Malformation trifft jüngere Patienten zwischen dem 20. und 50. Lebensjahr. Intrazerebrale Blutungen bei Arteriosklerose der Gefäße werden etwa ab dem 60. Lebensjahr beobachtet. Die Mortalität einer Aneurysmablutung beträgt für das Erstereignis 10–15 %, für die Rezidivblutung bereits 42 %, so daß 60 % der Patienten an einer Aneurysmablutung sterben. Der kritische Wert für die Ruptur eines Aneurysmas ist bei 5 mm Durchmesser anzusetzen, da Aneurysmen zwischen 6 mm und 15 mm Größe besonders häufig bluten [57]. In der Mehrzahl der Fälle läßt sich keine besondere körperliche Belastung als Ursache des Blutungsereignisses feststellen, bei 36 % der Patienten tritt die Aneurysmaruptur sogar im Schlaf auf. Seltener wird ein Aneurysma durch Druck oder Kompression auf Hirnnerven und zerebrale Strukturen manifest. Dabei verursachen nur 7 % der nichtrupturierten Aneurysmen Symptome, die zur Abklärung führen. Es handelt sich dabei um sehr große Aneurysmen, die zu 70 % im kavernösen Endabschnitt der A. carotis interna lokalisiert sind und daher bevorzugt Hirnnervenschädigungen hervorrufen, besonders des Nervus opticus und kombinierte Läsionen der Hirnnerven II bis VI. Die sackförmigen, zylindrischen und fusiformen Aneurysmen entstehen auf dem Boden von kongenitalen Arterienwandschwächen sowie von arteriosklerotischen und bakteriellen Wandaffektionen. Ihr Prädilektionsort ist der Circulus arteriosus Willisii (Abb. 35).

Die häufigste Form, die sackförmigen Aneurysmen, sollen als kongenitale Anomalien bevorzugt an den Stellen entstehen, wo sich während der Embryonalzeit Arterien zurückgebildet und anlagemäßig Schwachstellen in der Muskelschicht der Gefäßwandung entwickelt haben. Für diese Genese der sackförmigen Aneurysmen spricht auch das gehäufte Auftreten in der Kombination mit anderen Anomalien, wie Hypoplasien der Gefäße des Circulus Willisii oder – in 6 % der Fälle – die Koinzidenz der zerebralen Aneurysmen mit Zystennieren. Zusätzlich läßt sich eine familiäre Häufung unter Aneurysmaträgern nachweisen. Allerdings werden Defekte der helixförmig verlaufenden Muskelfasern in der Gefäßwand zerebraler Arterien bei allen Menschen beobachtet, ein physiologischer Schutz vor Abschnürung von Arterienaufzweigungen bei Kontraktionen. Als weitere Faktoren der Aneurysmaentstehung können entzünd-

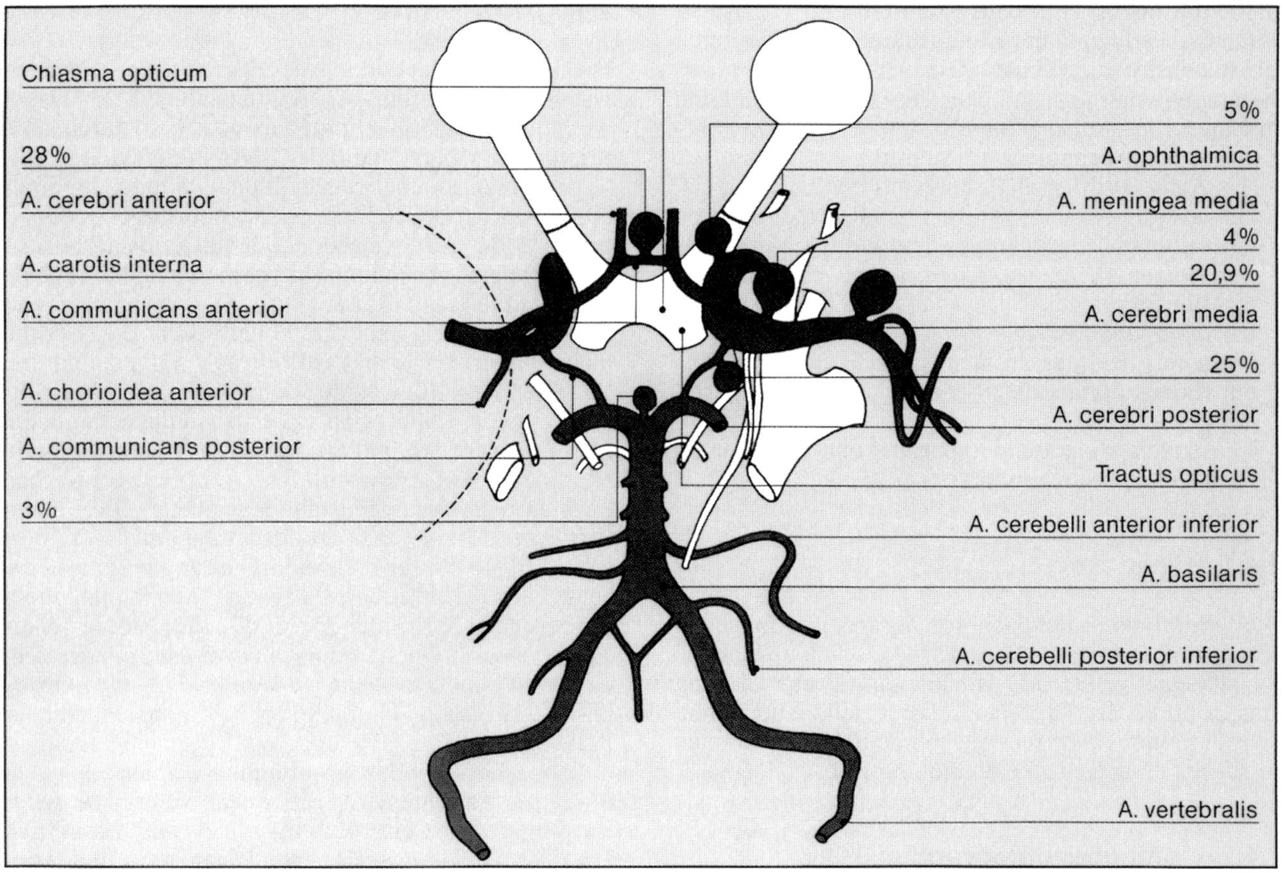

Abb. 35. Typische Lokalisation und Häufigkeitsverteilung von Aneurysmen.

liche oder arteriosklerotische Veränderungen gelten, wobei bei letzteren die Prädilektionsstellen mit denen eines arteriosklerotischen Gefäßumbaus übereinstimmen.

7.5.1 Klinik

Eine Subarachnoidalblutung aus einem Aneurysma manifestiert sich mit schlagartig einsetzendem, rasendem Kopfschmerz oder einem Vernichtungskopfschmerz, mit Nackensteifigkeit und Übelkeit aufgrund der Hirnhautreizung. Die Bewußtseinseinschränkung reicht von der Somnolenz bis zum tiefen Koma, wobei Bewußtlosigkeit und Lähmung die Anzeichen einer über die subarachnoidale Einblutung hinausgehenden parenchymatösen Wühlblutung sein kann. Die Klassifikation der neurologischen Befunde erfolgt nach der Einteilung von Hunt und Hess.

Grad I: asymptomatisch oder leicht ausgeprägter Kopfschmerz.
Grad II: Kopfschmerzen, Nackensteifigkeit, eventuell Hirnnervenstörung.
Grad III: Benommenheit, Verwirrtheit, leichtes neurologisches Defizit.
Grad IV: Bewußtlosigkeit, eventuell Hemiparese und vegetative Störungen.
Grad V: Tiefe Bewußtlosigkeit, Streckphänomene, moribund.

Als Komplikationen des klinischen Verlaufes eines rupturierten Aneurysmas stehen im Vordergrund:

- Rezidivblutung: Das Risiko für eine Rezidivblutung ist in den ersten beiden Wochen nach dem Erstereignis mit einem Maximum um den 10. Tag herum am größten. Allerdings wird eine symptomarme Erstblutung von den meisten Patienten nicht beachtet, weshalb die Mortalitätsrate, trotz aller therapeutischen Bemühungen, unverändert hoch bleibt.
- Spasmus: Bei der Hälfte der Patienten mit einer Subarachnoidalblutung tritt in direkter Korrelation zur Schwere der Einblutung eine vasomotorische Kontraktion der glatten Muskelzellen in der Gefäßwandung auf. Beginnend am 3. Tag nach der Blutung erreicht die Ausbildung einer Spastik vom 7–14. Tag ihre größte Wahrscheinlichkeit. Sie dauert etwa drei Wochen und steht mit der Topik der Aneurysmaruptur weitgehend in einem örtlichen Zusammenhang. Allerdings kann der Gefäßspas-

mus auch die Gegenseite betreffen. Sie ist bei Rupturen eines Aneurysmas der A. cerebri anterior, der A. cerebri media und der Carotis häufiger als im Vertebralis-Basilaris-Stromgebiet anzutreffen. Die Ursachen der Gefäßspastik sind ungeklärt. Neben einer neurogenen Reaktion der glatten Gefäßmuskulatur werden metabolische Einflüsse und humorale Faktoren aus Blutabbauprodukten diskutiert, wobei Serotonin und andere Mediatorsubstanzen auf die Rezeptoren in der Gefäßwand sensibilisierend oder als direkter Reiz einwirken. Zusätzlich unterhalten mechanische Reizungen die Spastik durch intravasale Druck- oder Volumenänderung ebenso wie durch extravasalen Zug oder durch mechanische Irritation.
- Hydrocephalus occlusus infolge der Tamponade der Ventrikelräume und Behinderung der Liquorpassage.

7.5.2 Computertomographie

Der Grad der Bewußtseinstrübung und das Ausmaß der Aneurysmablutung lassen sich mit Hilfe der Computertomographie korrelieren. 70 % der Patienten erleiden allein eine subarachnoidale Einblutung, bei der sich die basalen Zisternen, die Inselzisternen, die Cisterna venae Galeni und der Interhemisphärenspalt sehr dicht darstellen. Allerdings kann eine gering ausgeprägte subarachnoidale Einblutung im kranialen Computertomogramm nach 2–10 Tagen nicht mehr nachweisbar sein. Es zeigt sich dann ein von Blutkoageln gereinigter Liquor, da fast das gesamte Extravasat innerhalb einer Woche resorbiert wird. Eine prognostische Bedeutung im Krankheitsverlauf der rupturierten sackförmigen Aneurysmen erhält das Computertomogramm mit der Darstellung der Quantität und Verteilung der subarachnoidalen Einblutung, da ihre Ausprägung in direkter Beziehung zur Ausbildung eines zerebralen Gefäßspasmus steht. In der Klassifikation nach Fisher ([28], Tafel 48) werden entsprechende Gruppen zusammengefaßt, die nachfolgend aufgeführt sind:
- Gruppe I: Ohne subarachnoidale Einblutung. Die Patienten dieser Gruppe weisen kein neurologisches Defizit infolge eines Vasospasmus auf.
- Gruppe II: Diffuser oder dünner subarachnoidaler Blutungsstreifen (< 1 mm). Hier findet sich ein gering ausgeprägter Spasmus mit leichten oder transienten neurologischen Defiziten.
- Gruppe III: Ansammlung von Blutkoageln oder breite subarachnoidale Blutschicht (> 1 mm). Diese Patienten entwickeln infolge der ausgeprägten Durchblutungsverminderung schwere und in der überwiegenden Mehrzahl bleibende Defizite.
- Gruppe IV: Diffuse subarachnoidale Einblutung oder/und intraparenchymatöses sowie intraventrikuläres Hämatom. Die Komplikationen dieser Gruppe sind durch einen Okklusionshydrozephalus bei gestörter Liquorpassage und -resorption oder ein ausgeprägter Gefäßspasmus bei einer Subarachnoidalblutung entlang der Gefäße des Circulus Willisii begründet.

Selbst unter Berücksichtigung der Veränderungen der subarachnoidalen Einblutung durch die Liquorpulsationen und der Kopfdrehung läßt sich aus ihrer Verteilung manchmal auf die Lokalisation des rupturierten Aneurysmas schließen. Intrazerebrale Blutungen des Frontallappens paramedian und intraventrikuläre Hämatome über den Vorderhörnern weisen auf die Ruptur eines Anterioraneurysmas hin, wobei sich das Blut durch die Lamina terminalis zwischen den Blättern des Septum pellucidum und in den III. Ventrikel vorgewühlt hat. Ein Aneurysma der Pericallosa liegt in der Gefäßgabel zwischen A. calloso-marginalis und pericallosa an dem Balkenknie. Die Einblutung verteilt sich daher in der Balkenzisterne treppenartig um den Balken herum sowie subependymal der rostralen Abschnitte der Seitenventrikel. Blutungen aus einem Aneurysma der Mediatrifurkation benutzen die Fissura Silvii als Leitschiene. Sie können sich ins frontotemporale Marklager oder in die Inselregion einwühlen und über das Temporalhorn der Seitenventrikel zur Liquortamponade führen. Das Aneurysma selbst läßt sich in Abhängigkeit von seiner Größe, Lokalisation und der Wandthrombosierung bei 70 % der Patienten in computertomographischen Standardschichten darstellen. Falls das Aneurysma keine Wandverkalkungen oder thrombotische Kalkniederschläge aufweist, ist der Nachweis im Nativ-CT nicht direkt, sondern nur indirekt, aus der subarachnoidalen Blutverteilung oder durch den fingerförmigen Hinweis einer Parenchymblutung, möglich. Erst mit Hilfe des intravenösen Kontrastmittelbolus lassen sich Gefäße und größere Aneurysmen als gleichmäßig anreichernde Strukturen innerhalb der begleitenden hyperdensen, nicht Kontrastmittel aufnehmenden Einblutung darstellen. Allerdings wird sich die Nachweisgenauigkeit mit der Verbreitung des Spiral-CT erhöhen. Ihr angiographischer Mode erlaubt der digitalen Subtraktionsangiographie äquivalente Gefäßdarstellungen und eine ihr angenäherte Detailerkennbarkeit. Dadurch lassen sich 97 % der Aneurysmen nachweisen, die eine Mindestgröße von 3 mm erreicht haben.

Tafel 48. Subarachnoidalblutung, Einteilung nach Fisher

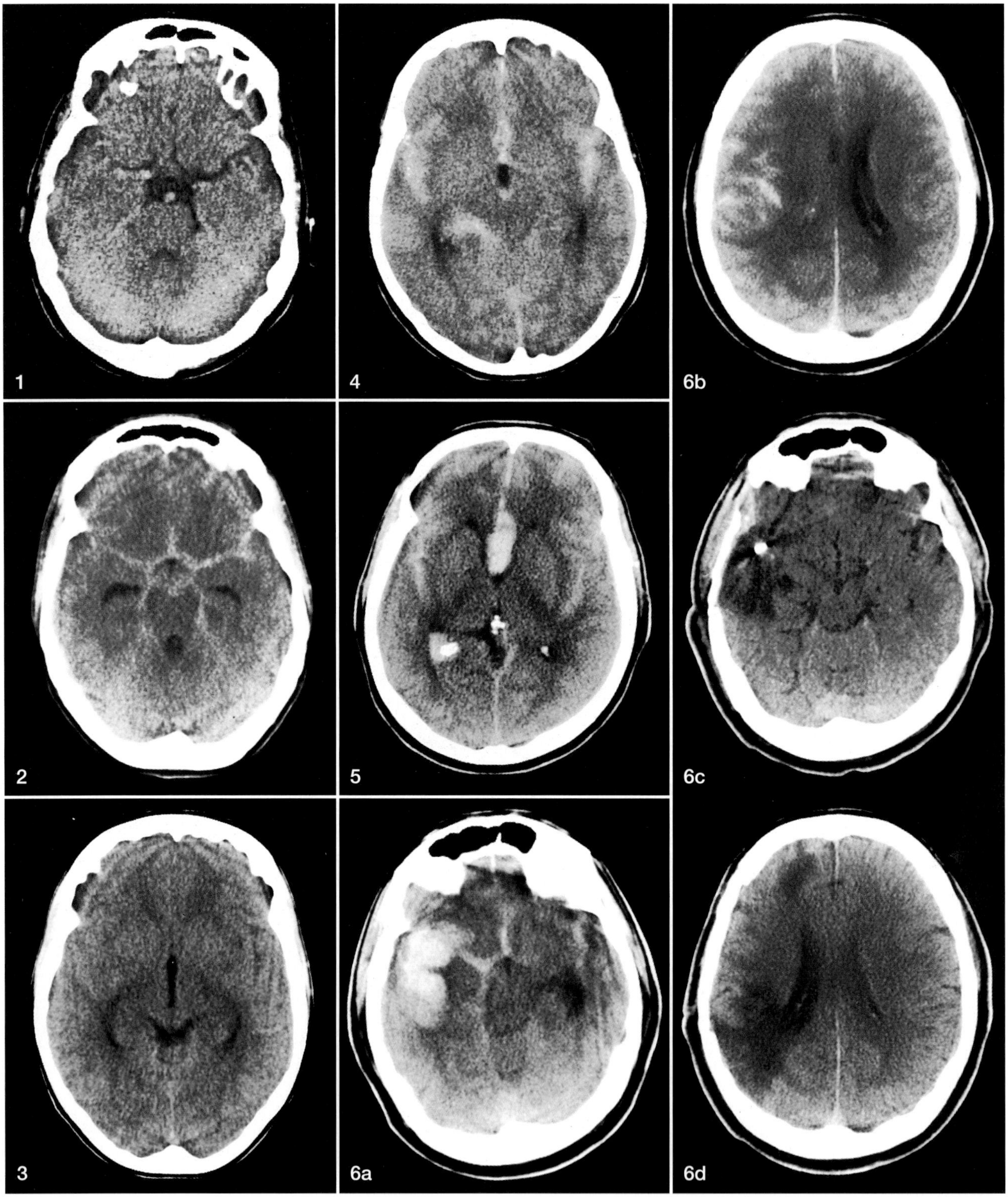

1 Subarachnoidalblutung Fisher-Grad-I entlang der Karotis-T-Gabel.
2 33jährige Frau mit Subarachnoidalblutung Fisher-Grad-II aus Karotisaneurysma links.
3 25jährige Frau mit älterer Subarachnoidalblutung Fisher-Grad-II aus Aneurysma der Mediatrifurkation links.

4 Fisher-Grad-III aus Aneurysma des Ramus communicans anterior.
5 Subarachnoidalblutung Fisher-Grad-IV, intraventrikuläre und Parenchymblutung entlang dem Septum pellucidum aus einem Aneurysma des Ramus communicans anterior.

6a–d Blutung aus Aneurysma der Mediatrifurkation rechts Fisher-Grad-IV (a, b); Kontrolle nach Aneurysmaclippung. Infolge des Spasmus bilden sich Infarktareale im Media- und Anteriorstromgebiet aus (c, d).

Tafel 49. Aneurysmablutungen

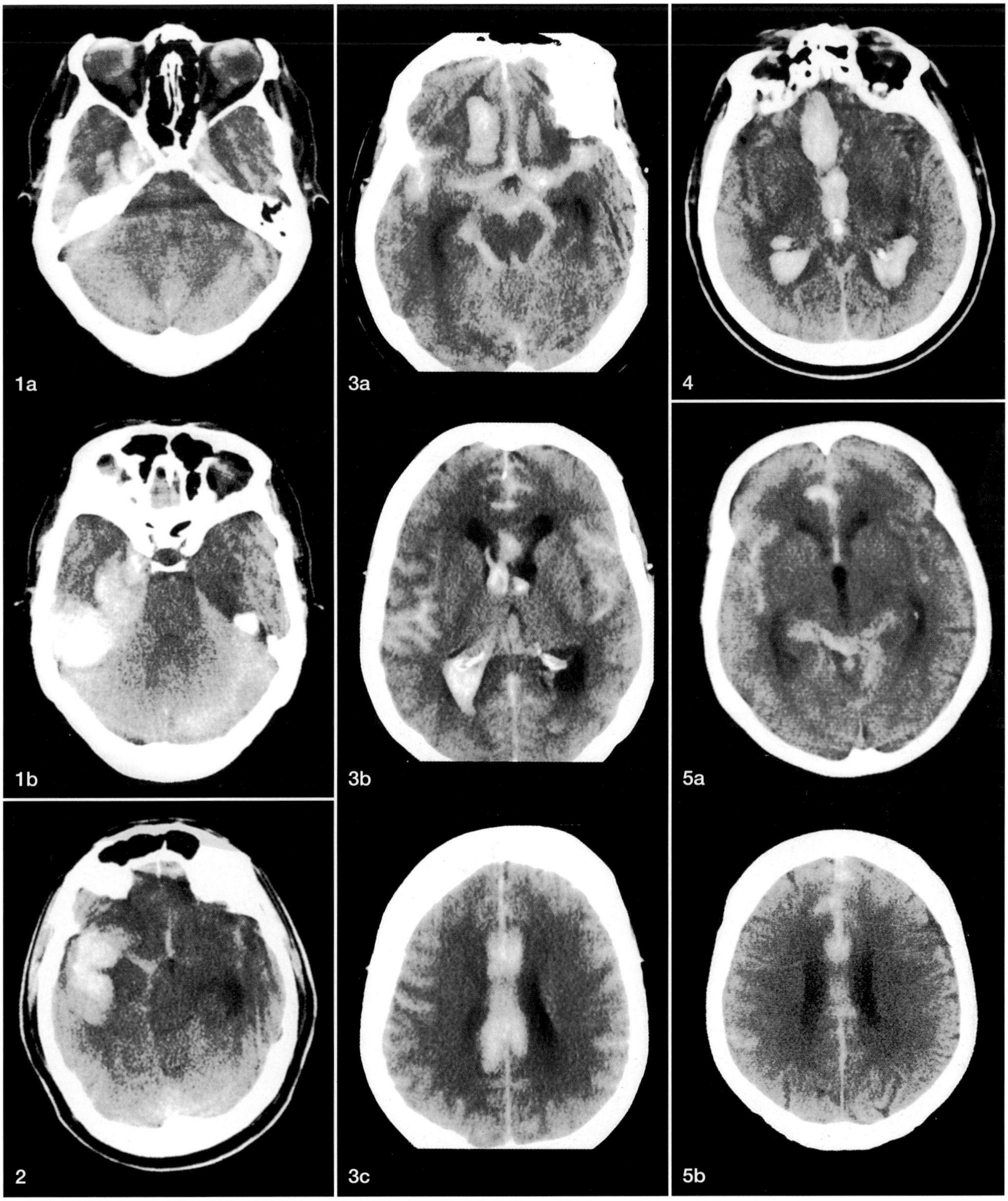

1a, b Subdurale Blutung aus einem infraklinoidalen Karotisaneurysma rechts.
2 Blutung entlang der Fissura Sylvii aus einem Aneurysma der Mediatrifurkation rechts.

3a–c Blutung aus einem Pericallosa-aneurysma frontal (a), intraventrikulär (b) und um das Balkenknie in die Balkenzisterne (c).

4 Blutung aus einem Aneurysma des Ramus communicans anterior rechts.
5a, b Typische Verteilung einer Subarachnoidalblutung aus einem Pericallosaaneurysma rechts.

Tafel 50. Aneurysmen

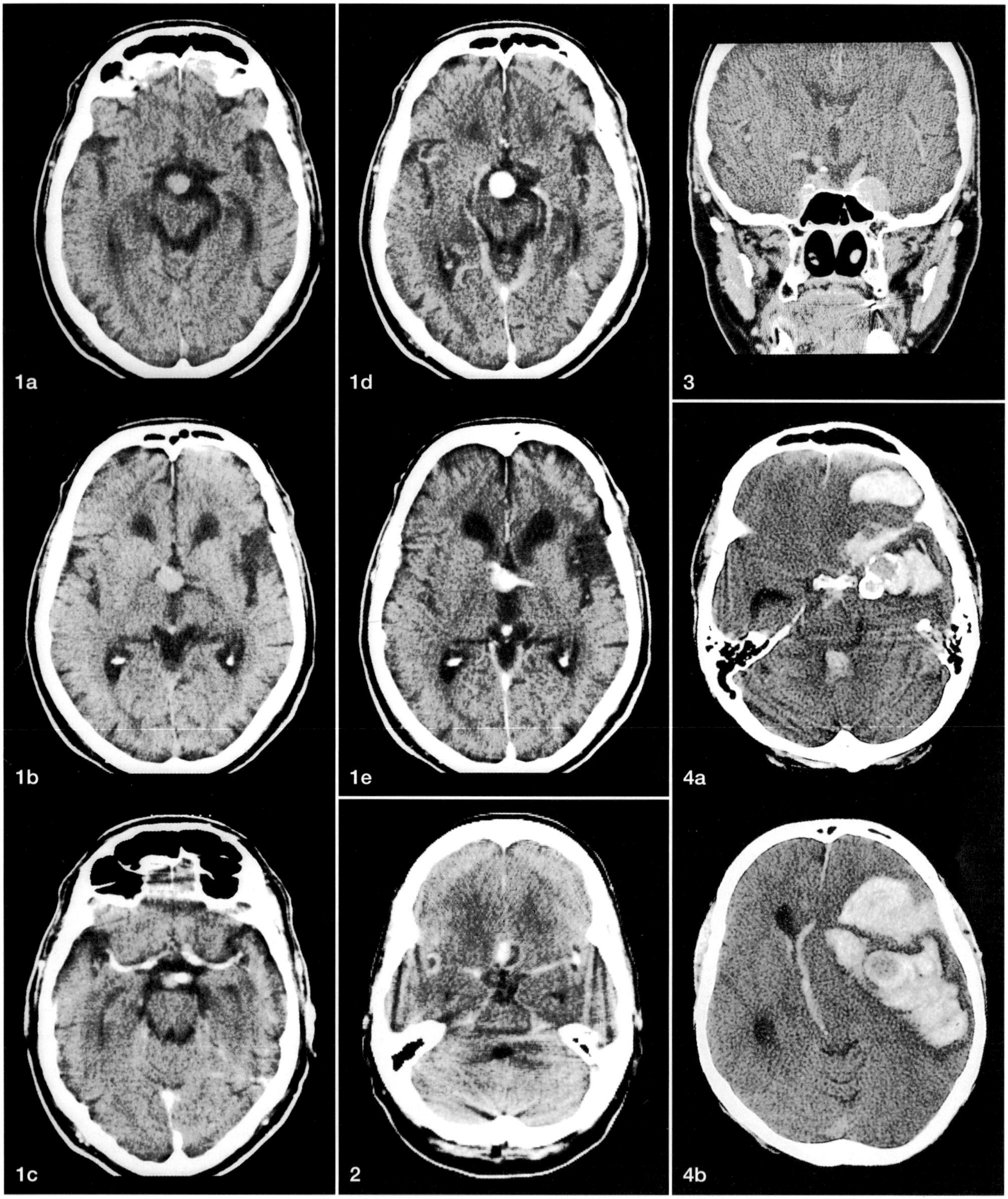

1a–e Großes Aneurysma des Basilariskopfes mit Impression des Bodens des III. Ventrikels. CT nativ (a, b); CT nach KM-Gabe (c–e).

2 Teilthrombosiertes Aneurysma der A. cerebri anterior. CT nach KM-Gabe

3 Großes infraclinoidales Karotisaneurysma. CT nach KM-Gabe

4a, b Wandverkalkungen und Teilthrombosierung eines Giant-Aneurysmas der A. cerebri media mit frontotemporaler Blutung links.

7.6 Angiome

Angiome sind kongenitale Gefäßmißbildungen, die bei zwei Drittel der Patienten vor dem 40. Lebensjahr diagnostiziert werden. Das Leitsymptom sind epileptische Anfälle. Sie entstehen auf dem Boden der Durchblutungsstörung, wenn ein erhöhter Bedarf oder eine kurzschlußartige Passage des Angioms zu einer Mangelversorgung des benachbarten Hirnparenchyms führt. Zwischen der Größe und Art des Angioms und der Form der klinischen Symptomatik, die sich aus Epilepsie, Paresen und Kopfschmerzen umfaßt, besteht keine direkte Korrelation. Es werden unterschieden [63, 64]:

7.6.1 Angioma capillare

Die seltenen kleinen Angiome liegen in dem Pons und im zerebralen Kortex und können Teil einer generalisierten Teleangiektasie (Osler-Rendu-Weber) sein.

7.6.2 Angioma cavernosum

Bei 14 % der Patienten manifestiert sich das Kavernom in einem Blutungsereignis. Die überwiegende Anzahl der Kavernome wird jedoch bei der Abklärung eines Anfallsleidens inzidentell entdeckt. Bevorzugt – zu 75 % – liegen sie im Marklager der Großhirnhemisphären. Multiple Kavernome sind keine Seltenheit. Ihre computertomographische Darstellungsform wird von dem blutgefüllten Hohlraum mit Thrombosierung und Wandverkalkung bestimmt. Sie erscheinen üblicherweise als umschriebene rundliche Areale erhöhter Dichte, wobei sich die hohen Absorptionswerte durch Kalkniederschläge und Hämosiderinablagerungen erklären. In der Mehrzahl der Fälle fehlt eine Kontrastmittelaufnahme oder ist nur auf einen Teil des kavernösen Angioms begrenzt. Die raumfordernde Wirkung ist gering, ein perifokales Ödem höchstens mild ausgeprägt.

7.6.3 Angioma venosum

Venöse Angiome werden in autoptischen Untersuchungen bei 3 % der Sektionen gefunden. Sie gelten als DVA (Developmental Venous Anomalies, venöse Fehlbildungen), die in der Regel klinisch stumm bleiben. Die symptomatischen Formen verursachen Anfallsleiden, seltener bluten sie. Ihr häufigster Sitz sind die supratentoriellen Gehirnabschnitte, wobei sie im zerebralen Marklager dreimal häufiger als im Kleinhirnmark gefunden werden. Die venöse Fehlbildung besteht aus unzähligen erweiterten medullären Venen, die konvergieren und in eine kaliberstarke transzerebrale Vene drainieren. Es entsteht dadurch eine medusenhauptähnliche Venenkonfiguration, die zusammen mit der breiten transmedullären Drainage einen typischen Befund ergibt. Das computertomographische Bild wird nach Kontrastmittelgabe durch die strahlenförmig konfluierenden Venen im Marklager bestimmt, die in einer gewundenen oder linear verlaufenden Sammelvene transparenchymal zur Oberfläche drainieren.

7.6.4 Angioma arteriovenosum

Die häufigste Angiomform. Dabei durchziehen erweiterte Gefäßkonvolute razemös die Gehirnsubstanz und bilden arteriovenöse Kurzschlüsse. Die zuführenden Arterien entstammen den verschiedenen Versorgungsgebieten, wobei nicht nur Äste der großen Hirnarterien die Angiome versorgen, sondern auch Meningealarterien der A. carotis externa Zuflüsse bilden können. Sie sind ebenso wie die Drainagevenen dilatiert, da ein verminderter peripherer Widerstand die Zirkulation in der arteriovenösen Mißbildung im Vergleich zu den übrigen Hirngefäßen beschleunigt. Dieser hämodynamische Faktor beeinflußt in erster Linie das Wachstum von Angiomen, da diese sich nicht auf der Basis von Gefäßneubildungen vergrößern, sondern durch Druck und Sog mit zunehmendem Shunt-Volumen stetig wachsen. Eine Sonderform des arteriovenösen Angioms stellt das Aneurysma der Vena Galeni dar. Es entsteht durch eine fehlerhafte Entwicklung primitiver Hirngefäße zu einer arteriovenösen Mißbildung. Shunt-Volumen und Druckanstieg resultieren in einer aneurysmatischen Dilatation der V. cerebri magna (Galeni). Das venöse Aneurysma verursacht häufig einen Verschluß des Aquäduktes mit Hydrocephalus internus.

Klinik
Symptome treten meist zwischen dem 10. und 30. Lebensjahr auf. Es finden sich rezidivierende subarachnoidale und intrazerebrale Blutungen, Jackson-Epilepsien, migräneartige Kopfschmerzen und neurologische Ausfälle.

Computertomographie
Die computertomographische Untersuchung anläßlich einer Angiomblutung zeigt intrazerebrale Hämatome verschiedenster Topik und Größe, die im allgemeinen den Angiomknoten überdecken. Ohne Blutungsereignis sind Angiome auf dem Nativ-Scan indirekt anhand der kleinen stippchenförmigen Gefäßkalzifikationen in der Malformation oder infolge der umgebenden Parenchymschädigung zu diagnostizieren. Direkt stellen sich die großen zu- oder ableitenden Gefäße nur bei intravasalen Thrombosierungen oder das ganze Schichtvolumen durchsetzender Dilatation dar. Nach Kontrastmittelinjektion reichern die arteriellen Zuflüsse sowie die venösen Drainagen deutlich an, so daß die erweiterten Gefäßkonvolute als bandartige hyperdense Strukturen erkennbar werden.

Tafel 51. Angiome

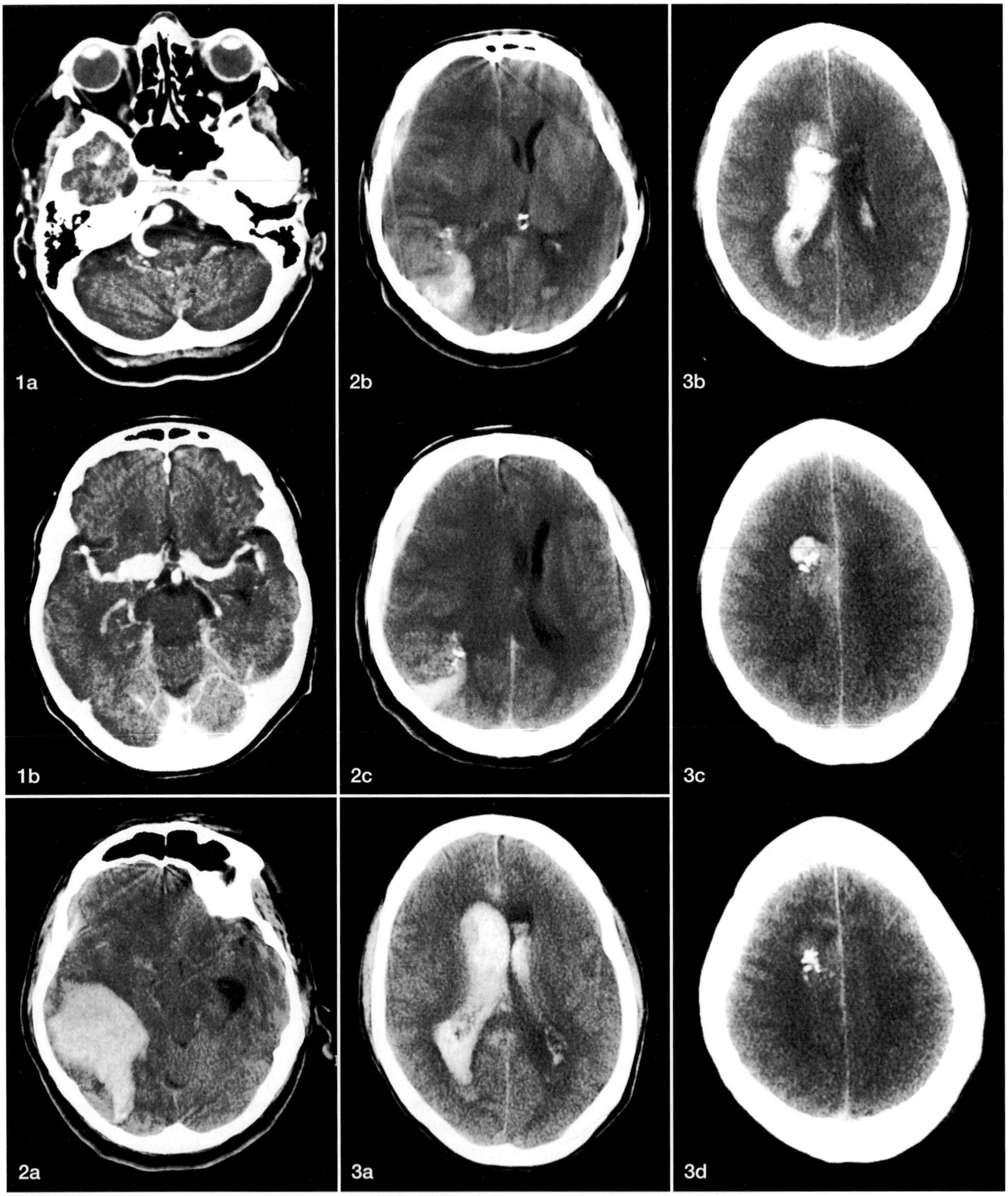

1a, b Megadolichobasilaris (a) und Ektasie des Karotisendabschnittes beiderseits (b). CT nach KM-Gabe.

2a–c Temporo-okzipitale Angiomblutung. Die AV-Malformation ist an den stippchenförmigen Verkalkungen erkennbar. CT nach KM-Gabe (a).

3a–d Angiomblutung mit Ventrikeltamponade (a, b). Angiomknoten als Verkalkung erkennbar (c, d). Nativ-CT.

Tafel 52. Folgeerscheinungen von Subarachnoidalblutungen

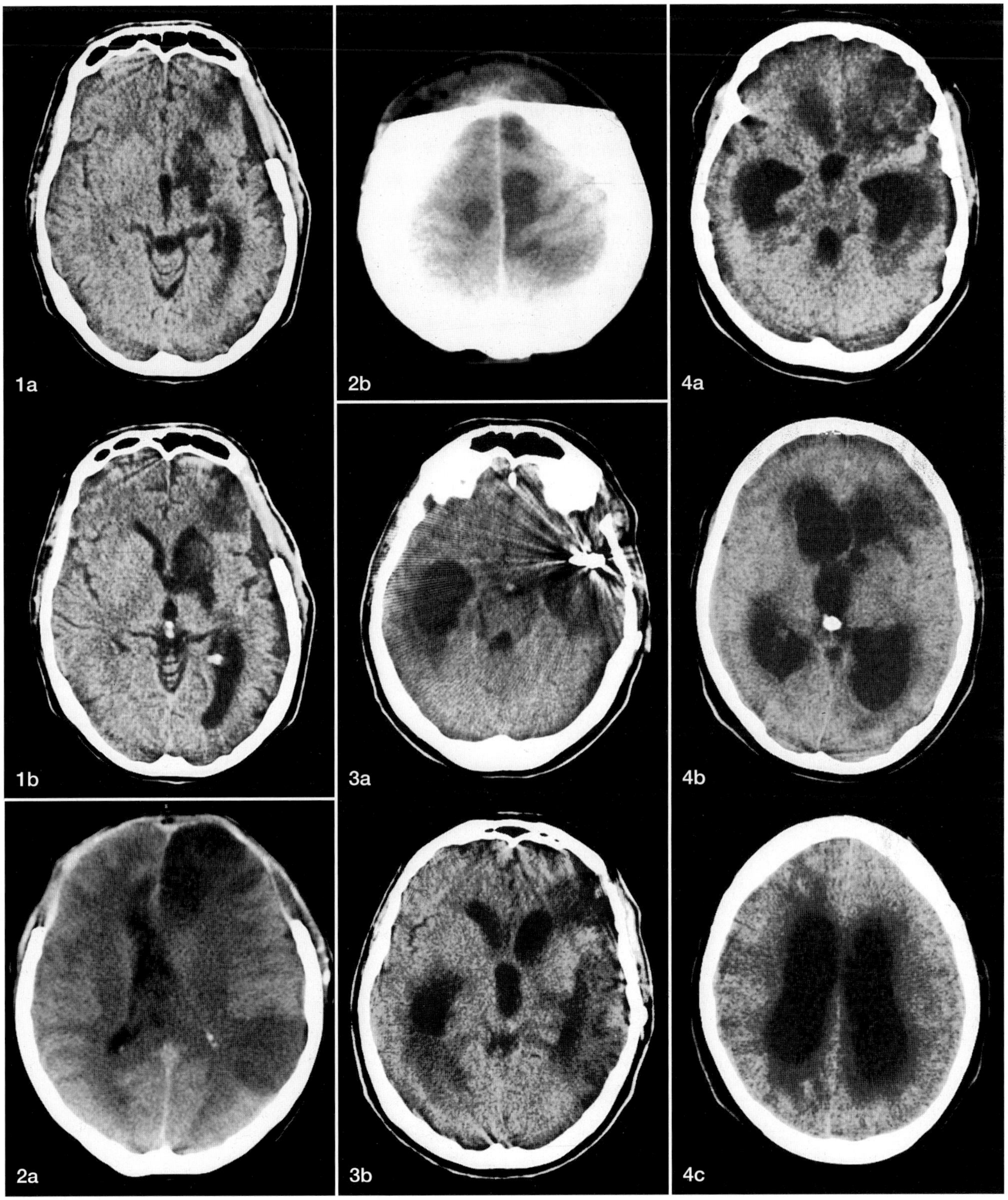

1a, b Zustand nach Clippung eines Karotisaneurysmas. Postoperative Entwicklung eines Spasmus mit Infarkten im Versorgungsgebiet der A. choroidea anterior und der A. recurrens Heubner.

2a, b Zustand nach Clippung eines Anterioraneurysmas. Spasmus und Infarzierung im Versorgungsgebiet der A. cerebri media links und der A. cerebri anterior beiderseits. Dekompressionskraniektomie.

3a, b Zustand nach Clippung eines Aneurysmas der Mediatrifurkation. Parenchymdefekt und Hydrocephalus internus.

4a–c Hydrocephalus internus nach Subarachnoidalblutung mit Zeichen des Liquordruckanstieges bei periventrikulärer Dichteminderung.

Zusatzuntersuchungen
Das Röntgennativbild zeigt bei ca. 6 % Kalkherde im Angiom [80]. Szintigraphisch sind die Angiomkonvolute besonders in der frühen Phase als nuklidspeichernde Herde sichtbar. Die Angiographie zeigt erweiterte geschlängelte Arterien sowie eine beschleunigte Kontrastmittelpassage in der Malformation mit einem frühen Phlebogramm und erweiterten tortuösen Venen. Wegen der multiplen Zuflüsse muß die Angiographie als Mehrgefäßdarstellung ausgeführt werden. MR-Angio und Spiral-CT-Angio erlauben eine der DSA vergleichbare morphologische Darstellung des Angioms. Hämodynamik und Einzelheiten der Zu- sowie Abflüsse bleiben jedoch angiographischen Serien vorbehalten.

8 Degenerative Erkrankungen

8.1 Hirnatrophie

Die Hirnatrophie ist das morphologische Substrat einer heterogenen Gruppe von Krankheitsbildern, die im allgemeinen bei älteren Menschen vorkommen. Das Volumen der Gehirnsubstanz nimmt ab, und die inneren und äußeren Liquorräume vergrößern sich entsprechend.

In Abhängigkeit von der Ätiologie werden fokale, regional-symmetrische und generalisierte Hirnatrophien unterschieden (Tab. 7), wobei es besonders zwischen den beiden letzteren Gruppen fließende Übergänge gibt.

Tab. 7. Hirnatrophien (modifiziert nach [63, 64])

Diffuse allgemeine Hirnatrophie	Regional-symmetrische Hirnatrophie	Fokale Hirnatrophie
• Physiologische Involution • Senile Demenz • Alzheimer Krankheit • Arteriosklerotische Demenz • Binswanger-Krankheit • Parkinson-Syndrom • Wilson-Krankheit • Creutzfeldt-Jakob-Krankheit • Toxische Enzephalopathie (z. B. durch Alkohol, Methotrexat, Kortikoide, Marihuana etc.)	• Morbus Pick • Huntington-Chorea • Progressive Paralyse • Kleinhirnatrophie • Normotensiver Hydrozephalus	• Posttraumatisch, postenzephalitisch • Nach Infarkten Blutungen und frühkindliche Hirnschäden • Bei arteriovenösen Mißbildungen und nach Op

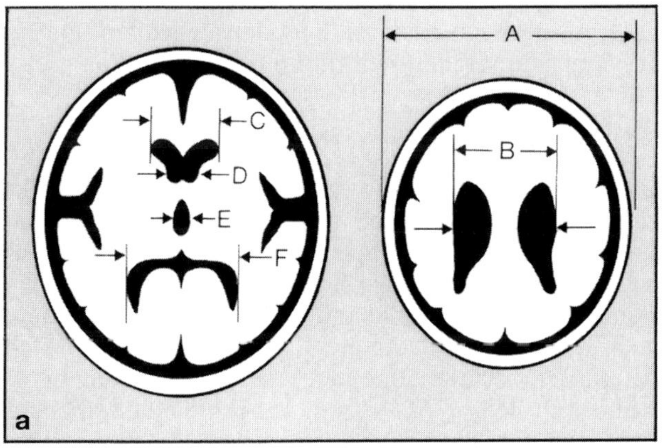

a

	Normalbefund	Pathologisch verändert *mäßiggradig*	*mittelgradig*	*hochgradig*
Frontalhornindex F/C	≥ 3,7	3,6 – 3,1	3,0 – 2,6	≤ 2,5
Huckmann-Zahl (cm) C + D	≤ 5	5,1 – 6,4	6,5 – 7,9	≤ 8
Breite des III. Ventrikels (mm) E	≤ 7	8 – 10	11 – 14	≥ 15
Cella-media-Index A/B	≥ 4,1	4,0 – 3,6	3,5 – 3,0	≤ 2,9
Cisternae insulares	nicht sichtbar, strichförmig < 3 mm	3 – 5 mm	6 – 9 mm (und/oder Inselwindungen sind sichtbar)	≥ 10 mm
frontaler Interhemisphärenspalt	nicht sichtbar, strichförmig, < 3 mm	3 – 5 mm	6 – 9 mm	≥ 10 mm
Weite der Sulci	nicht sichtbar, strichförmig, < 3 mm	3 – 5 mm	5 – 6 mm	≥ 6 mm

b

Abb. 36a, b. Meßwerte zur Weitenbestimmung der Liquorräume.

Klinik
Im typischen Fall entwickelt sich über Monate und Jahre ein hirnorganisches Psychosyndrom mit Konzentrationsschwäche, Merkfähigkeitsstörungen, Desorientierung, Demenz, Verwirrtheit und psychotisch-deliranten Zuständen. Je nach Ätiologie können zusätzlich neurologische Ausfälle wie Paresen, Aphasien, Apraxien, Ataxien, extrapyramidale Bewegungsstörungen und pseudobulbäre Symptome vorkommen. Der Grad des psychischen Abbaus korreliert nicht unbedingt mit dem Ausmaß der computertomographisch nachgewiesenen Atrophie, so daß im Einzelfall vom CT-Befund nicht auf die klinische Symptomatik geschlossen werden kann.

Zusatzuntersuchungen
Die Pneumenzephalographie ebenso wie die eindimensionale Echoenzephalographie sind zum Nachweis einer Hirnatrophie obsolet.

Computertomographie
Die Hirnkammern und die äußeren Liquorräume (kortikale Sulci und Zisternen) sind erweitert. Eine Quantifizierung der Hirnatrophie mit dem Computertomogramm ist problematisch. Eine semiquantitative Einteilung der Hirnatrophie ist jedoch mit Indizes möglich, die die Weite der Hirnkammern und der Subarachnoidalräume berücksichtigen (Abb. 36a, b).

Der computertomographische Aspekt läßt folgende Formen einer Atrophie unterscheiden:
- Die allgemeine Hirnatrophie, bei der innere und äußere Liquorräume gleichmäßig erweitert sind.
- Die intern betonte Hirnatrophie, bei der die inneren Liquorräume und besonders die Seitenventrikel stärker erweitert sind als die äußeren Liquorräume.
- Die extern betonte Hirnatrophie, bei der die äußeren Liquorräume stärker erweitert sind als das Ventrikelsystem.

Die verschiedenen Formen der Hirnatrophie sind durch ihren klinischen Verlauf und durch pathohistologische Befunde charakterisiert. Im Computertomogramm sind sie meist nicht voneinander zu unterscheiden, obwohl teilweise morphologische Besonderheiten bestehen, die auch computertomographisch erfaßt werden.

8.1.1 Generalisierte Hirnatrophien

8.1.1.1 Physiologische Involution

Zwischen dem 3. und 9. Lebensjahrzehnt vermindert sich das Hirngewicht um 7–11 %. Es entsteht der physiologische Hydrocephalus e vacuo. Dies läßt sich computertomographisch an einer symmetrischen Erweiterung des Ventrikelsystems und an einer leichten Verbreiterung der interhemisphärischen, insularen sowie basalen Zisternen und der kortikalen Sulci erkennen.

8.1.1.2 Senile Demenz (Hirnatrophie mit Alterspsychose)

Die physiologischen Altersveränderungen sind über die Norm gesteigert. Ausmaß der Atrophie und Leistungsfähigkeit des Patienten sind allerdings nicht streng korreliert.

8.1.1.3 Präsenile Demenz (Alzheimer-Krankheit)

Die gesteigerten hirnatrophischen Veränderungen verursachen nicht selten bereits vor dem 60. Lebensjahr klinische Symptome. Das computertomographische Bild unterscheidet sich nicht von der Atrophie bei seniler Demenz.

8.1.1.4 Arteriosklerotische Demenz

Die auf dem Boden einer Arteriosklerose entstehende Mangelversorgung führt zu einem Untergang von Hirngewebe und zum Hydrocephalus internus und externus. Computertomographisch finden sich die Zeichen der diffusen Hirnatrophie, die nicht selten mit Infarktzonen kombiniert sind. Eine Sonderform ist die Encephalomalacia subcorticalis chronica arteriosclerotica (Binswanger-Krankheit), die klinisch durch eine progrediente Demenz gekennzeichnet ist. Computertomographisch zeigt sich eine diffuse Atrophie mit periventrikulären hypodensen Zonen und lakunären Stammganglieninfarkten [91].

8.1.1.5 Parkinson-Syndrom

Diese relativ häufige Erkrankung tritt hereditär, postenzephalitisch oder auf dem Boden einer Arteriosklerose auf. Sie kennzeichnet sich pathologisch-anatomisch durch eine Ganglienatrophie in der Substantia nigra, im Globus pallidus, im Corpus striatum und im Nucleus dentatus. Klinisch entwickelt sich beim älteren Patienten eine extrapyramidale Symptomatik mit Rigor, Ruhetremor, Akinesie, Salbengesicht u. a. Computertomographisch soll sich häufiger als in der Normalbevölkerung eine generalisierte Hirnatrophie finden.

8.1.1.6 Wilson-Krankheit

Die hepatolentikuläre Degeneration ist ein seltenes rezessives Erbleiden, bei dem infolge eines Mangels an Coeruloplasmin Kupfer in der Leber, im Nucleus caudatus und im Nucleus lentiformis akkumuliert wird. Klinisch finden sich eine Leberzirrhose und ein Pigmentring der Hornhaut; neurologisch bestehen extrapyramidale Symptome mit Rigor und Intentionstremor sowie eine zunehmende Demenz. Computertomographisch zeigen sich eine generalisierte Hirnatrophie und selten auch hypodense Areale im Nucleus caudatus, im Nucleus lentiformis und im Thalamus.

8.1.1.7 *Creutzfeldt-Jakob-Krankheit*

Die seltene Erkrankung ist neuropathologisch durch eine Atrophie und spongiöse Umwandlung der temporookzipitalen Rinde und der Basalganglien gekennzeichnet. Sie wird wahrscheinlich durch eine Slow-Virus-Infektion (BSE?) verursacht. Klinisch manifestiert sie sich im jüngeren und mittleren Lebensalter mit Myoklonus, Rigor, zerebellären Symptomen und einer rasch progredienten Demenz. Computertomographisch ist der Befund normal, oder es zeigt sich eine diffuse Hirnatrophie, deren Ausmaß bei Verlaufskontrollen ungewöhnlich rasch zunimmt.

8.1.1.8 *Toxische und iatrogene Enzephalopathien*

Eine Reihe von Drogen und Medikamenten führt bei chronischem Gebrauch zu einer unspezifischen diffusen Hirnatrophie, ohne daß dabei notwendigerweise neurologische Ausfallserscheinungen oder eine Leistungsminderung beobachtet werden.

Am häufigsten ist die Alkoholenzephalopathie, die sich computertomographisch als generalisierte Atrophie des Groß- und Kleinhirns zeigt. Bei Alkoholkranken mit schwerem Krankheitsbild wird sie in bis zu 80 % der Fälle gesehen [34]. Nach langdauernder Abstinenz kann sich die Atrophie zurückbilden [4]. Zahlreiche Medikamente und Substanzen (Hypnotika, Sedativa, Kortikoide, Antiepileptika, Antiparkinsonmittel, Marihuana) verursachen bei chronischer Einnahme eine diffuse Hirnatrophie [63]. Eine besondere Form ist die Methotrexat-Enzephalopathie, die vor allem bei wegen Leukosen behandelten Kindern auftritt und durch multiple, hypodense, kontrastmittelanreichernde periventrikuläre Herde gekennzeichnet ist, die Folge einer medikamentösen Vaskulitis sein sollen. Eine Strahlentherapie des Schädels kann ebenfalls Jahre nach der Behandlung zu einer lokalen diffusen Hirnatrophie führen.

8.1.2 Fokale Hirnatrophien

Bei der fokalen Atrophie ist die Hirnsubstanz in umschriebenen Arealen vermindert und die angrenzenden Liquorräume sind entsprechend erweitert. Sie tritt in Folge von Schädelhirntraumen, Enzephalitiden, Infarkten, Blutungen und neurochirurgischen Eingriffen auf. Auch frühkindliche Hirnschäden (z. B. Hemiatrophie, Tafeln 34, 35 u. S. 83, 85) und Gefäßanomalien (Angiome, Sturge-Weber-Syndrom etc.) können zu fokaler Atrophie des Gehirns führen.

8.1.3 Regional-symmetrische Hirnatrophien

8.1.3.1 *Morbus Pick*

Der Morbus Pick ist eine Rindenatrophie der phylogenetisch jungen Hirnanteile des Stirn- und Schläfenlappens. Zwischen dem 40. und 50. Lebensjahr treten die ersten klinischen Symptome mit ausgeprägten Persönlichkeitsveränderungen und einer progressiven Demenz auf. Die Erkrankung befällt häufiger Frauen.

Computertomographisch zeigt sich eine frontalhornbetonte Erweiterung des Ventrikelsystems und eine unproportioniert starke Verbreiterung des Arachnoidalraumes über den Frontalpolen, den Schläfenlappen und den Inselregionen.

8.1.3.2 *Chorea Huntington*

Sie ist ein dominant erbliches Leiden, das durch eine Atrophie des Nucleus caudatus charakterisiert ist. Zwischen dem 30. und 50. Lebensjahr beginnt die Erkrankung mit choreatiformen Bewegungsstörungen und führt im Spätstadium zum Persönlichkeitsabbau und zur Demenz. Computertomographisch sind anfangs vor allem die Vorderhörner der Seitenventrikel erweitert und verplumpt, was durch die fehlende Impression des Nucleus caudatus bedingt ist. Die charakteristische Verplumpung, bei der der Frontalhornindex (Abb. 36a, b, S. 117) Werte über 1,6 aufweist, findet sich allerdings nur bei etwa 50 % der Patienten [63]. Im Spätstadium zeigt das Computertomogramm eine diffuse Hirnatrophie.

8.1.3.3 *Progressive Paralyse*

Sie induziert, verursacht durch die Spirochäteninfektion, eine kortikale Atrophie vorwiegend im Bereich der Frontallappen. Das Computertomogramm zeigt eine entsprechende Erweiterung der frontalen Subarachnoidalräume.

8.1.3.4 *Kleinhirnatrophien*

Sie sind Teil verschiedener Systemheredodegenerationen, können jedoch auch als symptomatischer Prozeß unterschiedlicher Ätiologie (z. B. medikamentös, paraneoplastisch, chronischer Alkoholismus, Intoxikation) auftreten. Computertomographisch zeigen sich Erweiterungen der Cisterna magna, der Cisterna ponto-cerebellaris, der Wurmzisternen und eine Verbreiterung des perizerebellären Subarachnoidalraumes, so daß sich die Windungen an der dem Tentorium zugekehrten Kleinhirnoberfläche (Folia arboris vitae) deutlich abzeichnen.

Tafel 53. Hirnatrophien I

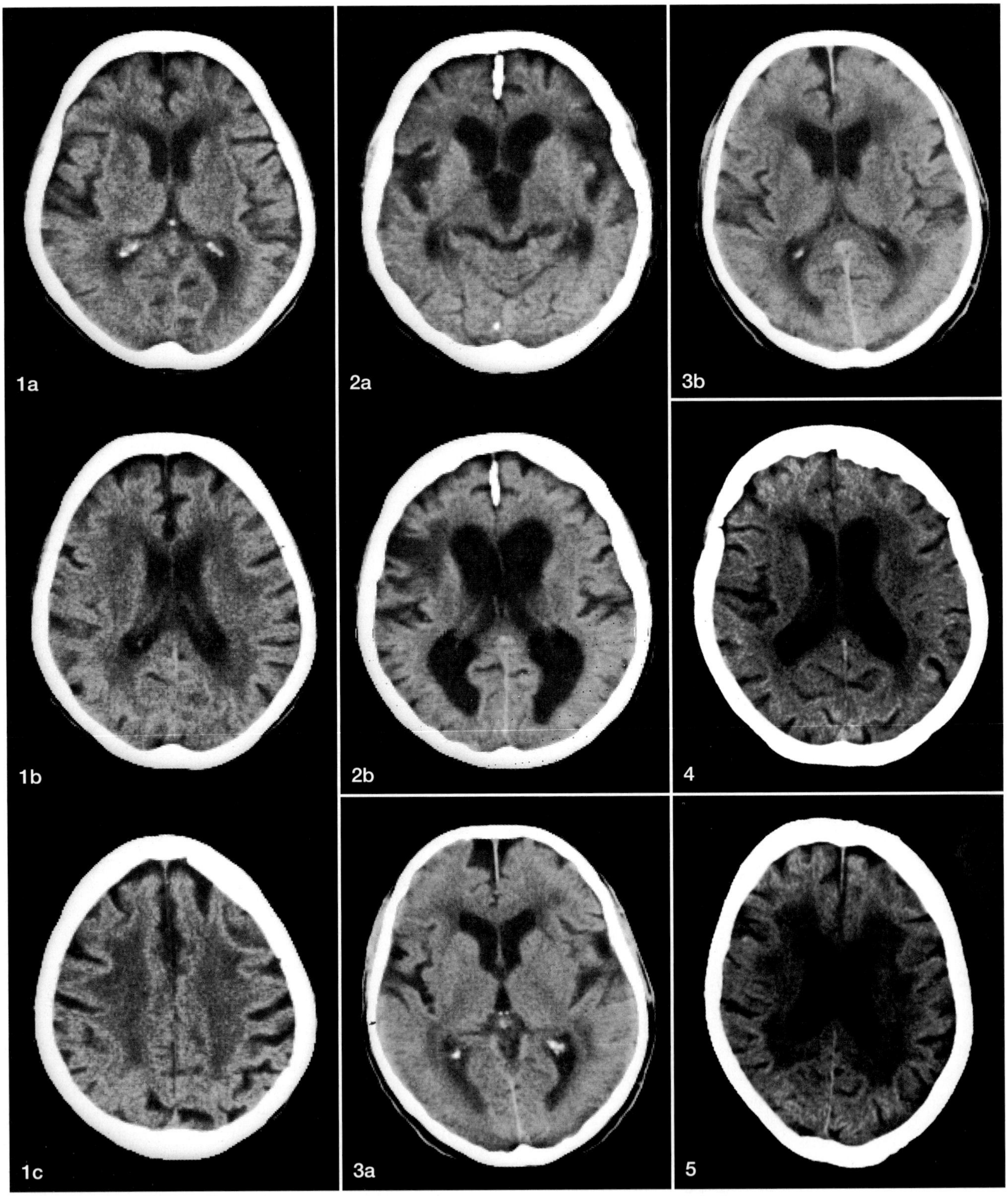

1a–c 81jährige Patientin mit hirnorganischem Psychosyndrom. Physiologische Altersinvolution des Gehirns.

2a, b Intern betonte Atrophie mit hydrozephaler Erweiterung des Ventrikelsystems. Postmalazische Parenchymdefekte.

3a, b 70jähriger Patient mit Zyklothymie, umschriebene kortikale Atrophie frontal und temporal.

4 Dichteminderung des Marklagers. Verdacht auf subkortikale arteriosklerotische Enzephalopathie (Binswanger-Krankheit).

5 Dichteminderung der Marksubstanz. Subkortikale arteriosklerotische Enzephalopathie (Binswanger-Krankheit).

Tafel 54. Hirnatrophien II

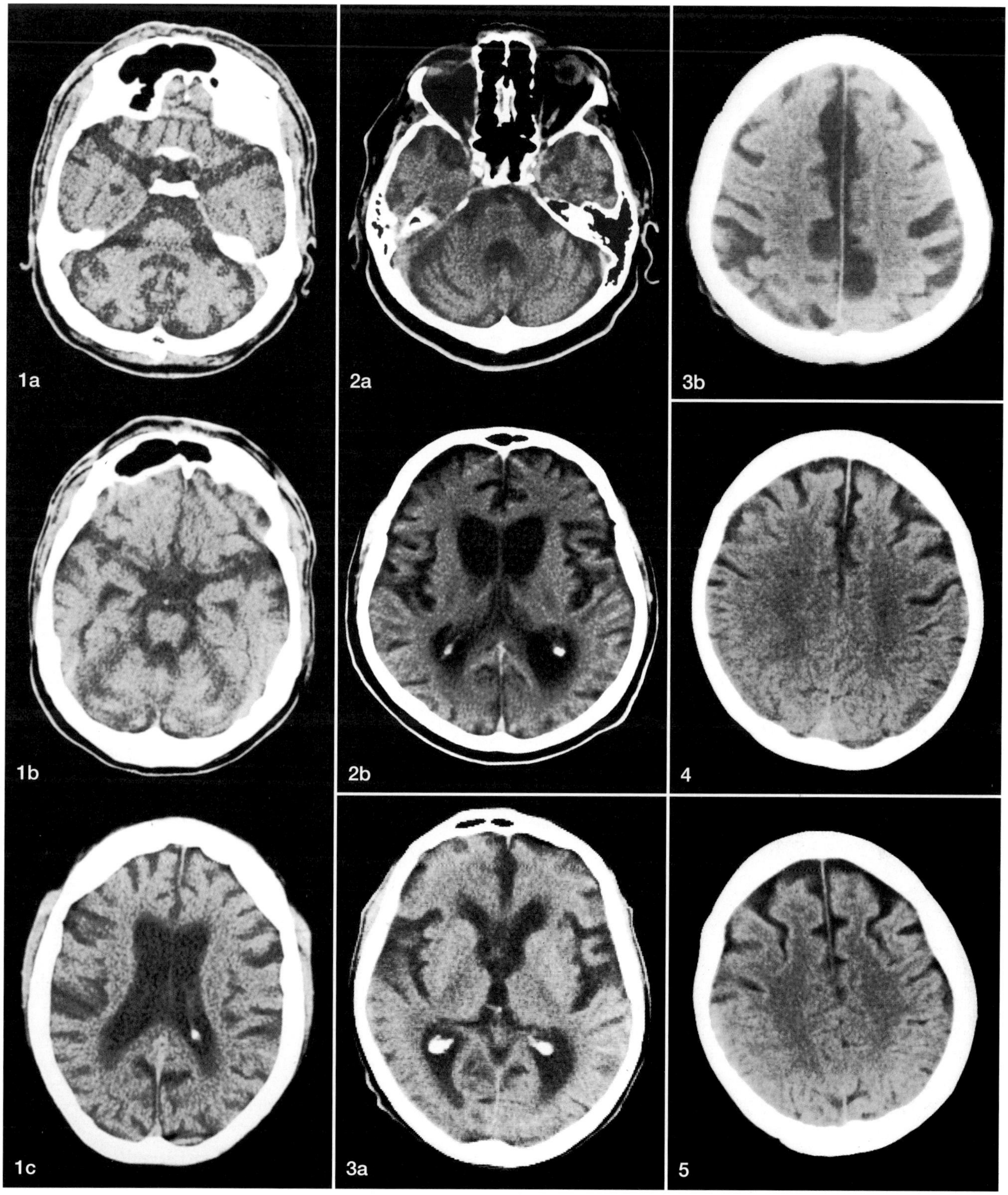

1a–c 30jähriger Mann mit extern betonter allgemeiner Atrophie infolge chronischer hypoxischer Hirnschädigung.

2a, b Zustand nach Reanimation vor vier Monaten. Allgemeiner Parenchymverlust mit intern und extern ausgeprägter Atrophie.

3a, b 82jähriger Patient mit paranoider Psychose. Allgemeine Atrophie und keilförmige Rindendefekte.

4 66jährige Patientin mit Persönlichkeitsveränderungen. Frontale kortikale Atrophie.

5 43jährige Frau mit frontaler kortikaler Atrophie.

Tafel 55. Hirnatrophien III

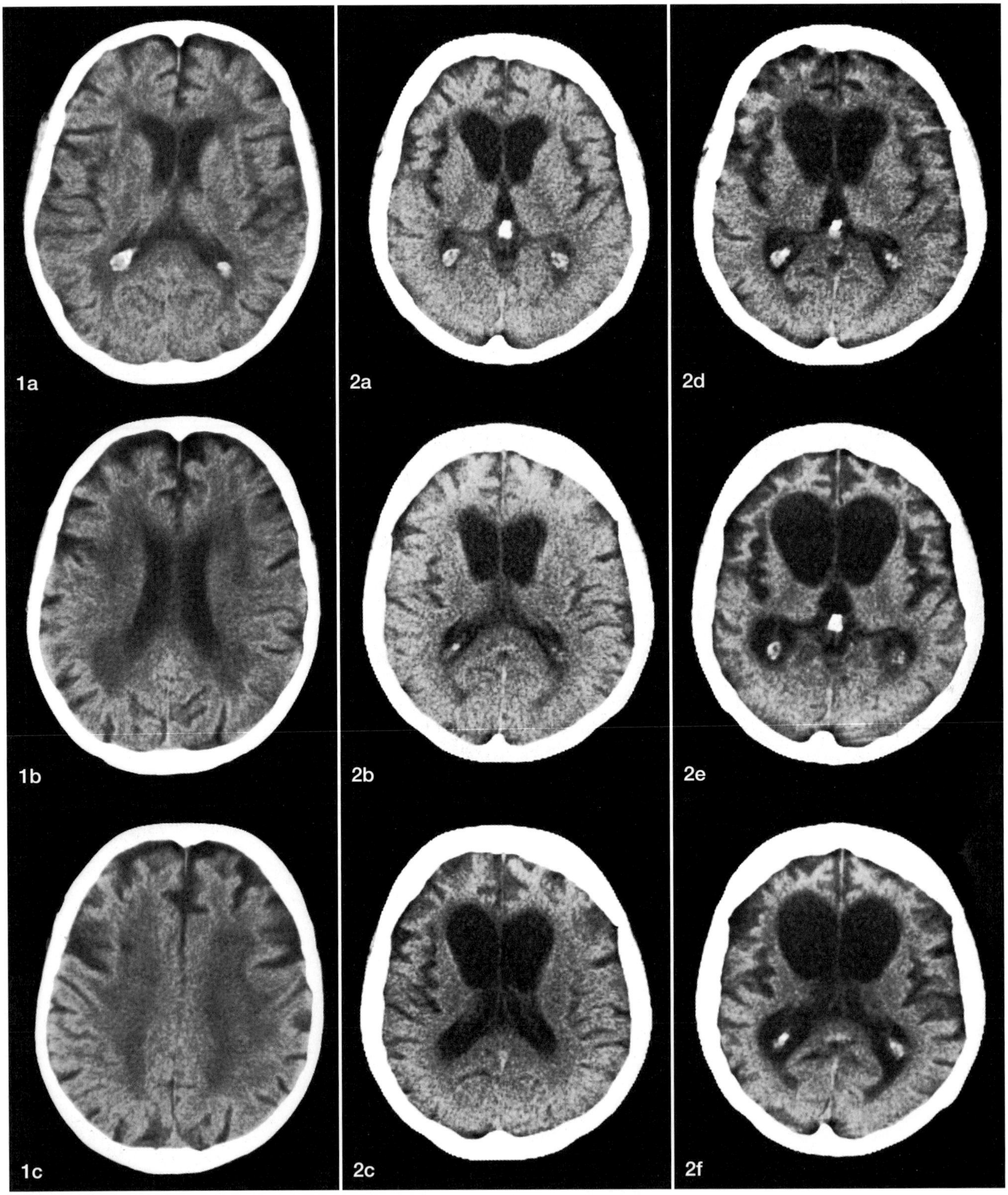

1a–c 76jährige Frau mit seniler Demenz. Frontale kortikale Atrophie.

2a, b 63jährige Frau mit seniler Demenz vom Alzheimer-Typ. Intern betonte Atrophie.
2c, d Ein Jahr später. Fortschreiten der Alzheimer-Erkrankung mit zunehmend hydrozephalem Ventrikelsystem und kortikaler Atrophie.

2e, f Drei Jahre später. Alzheimer-Endstadium mit frontal betonter, ausgeprägter subkortikaler und kortikaler Atrophie.

Tafel 56. Hirnatrophien IV

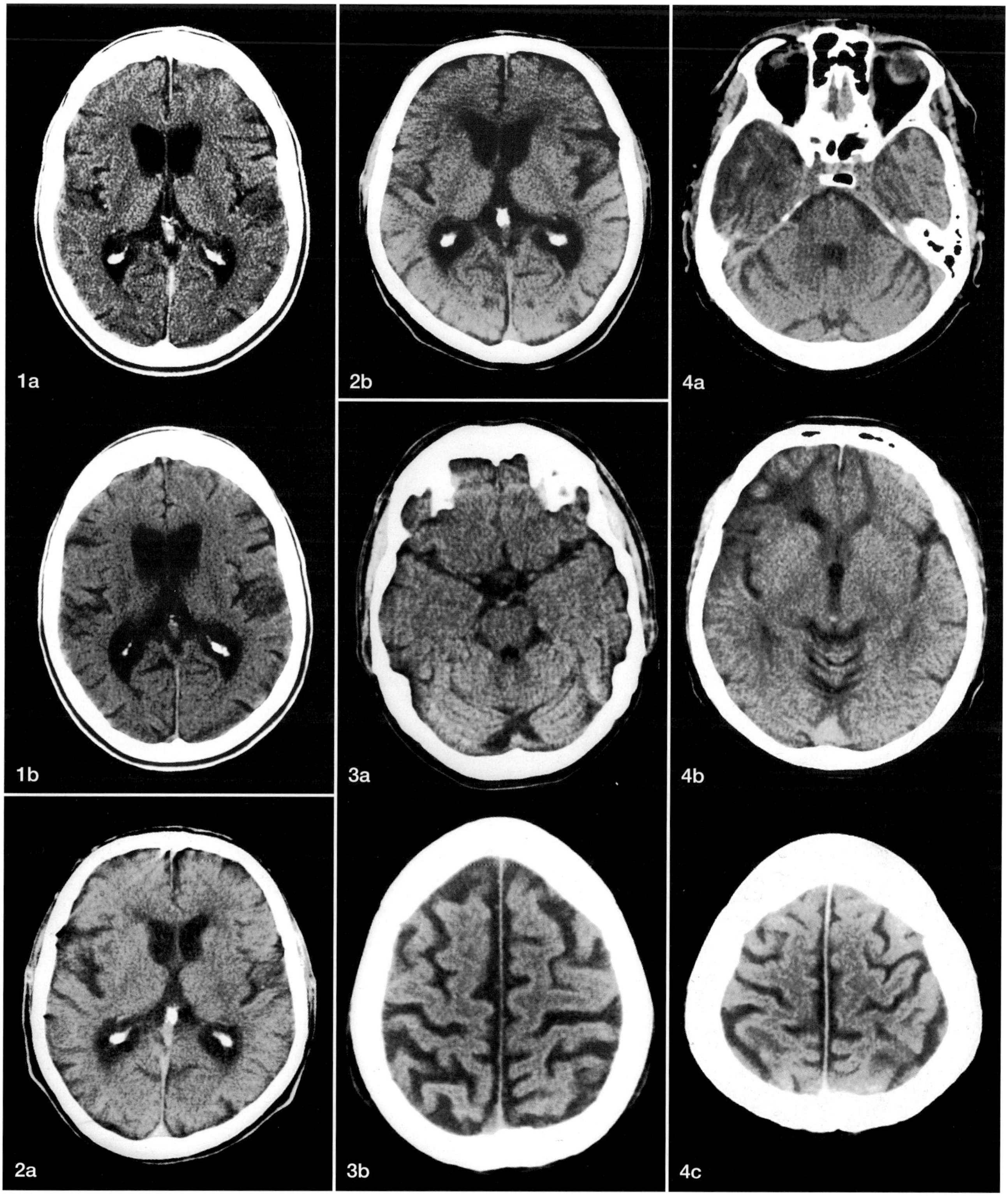

1a, b 51jährige Patientin mit Chorea Huntington. Infolge des Parenchymverlustes des Caput nuclei caudati entstehen verplumpte Vorderhörner beider Seitenventrikel (a). Kontrolle ein Jahr später (b) zeigt einen progredienten Parenchymuntergang des Schweifkernkopfes.

2a, b 65jährige Patientin mit Chorea Huntington. Ausgangsbefund (a) zeigt einen Parenchymuntergang des Caput nuclei caudati. Kontrolle vier Jahre später (b) mit klinischer und computertomographischer Befundprogredienz.

3a, b 33jähriger Alkoholiker mit ausgeprägter zerebellärer und zerebraler Rindenatrophie.

4a–c 35jähriger Patient mit alkoholtoxischer Demenz. Neben einem alten frontotemporalen Kontusionsdefekt besteht eine zerebelläre und eine frontoparietale kortikale Atrophie.

Tafel 57. Normotensiver Hydrozephalus

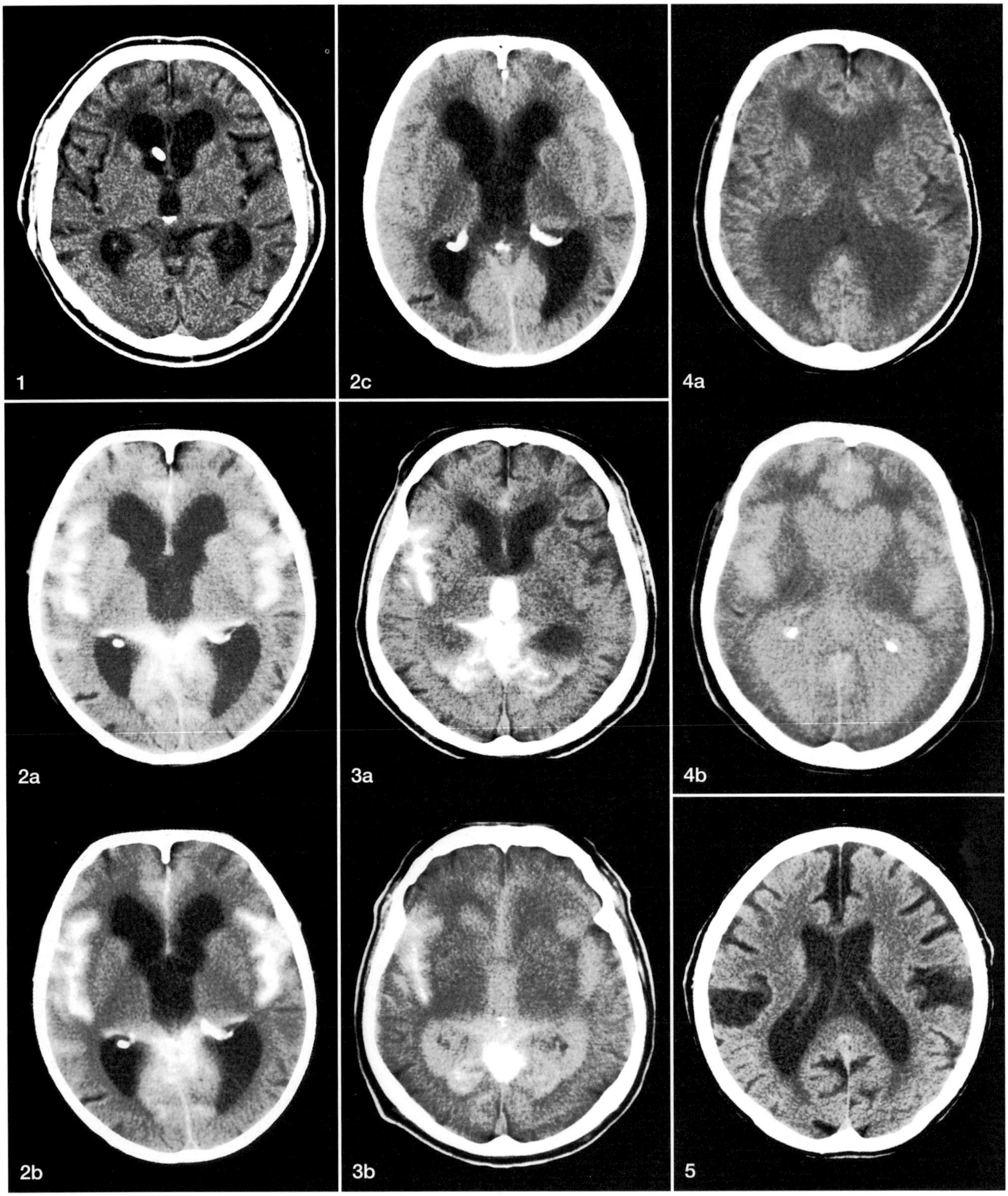

1 Periventrikuläre Hypodensität bei Shuntversorgtem Hydrocephalus internus.
2a–c Liquorzirkulationsstudie mit Normalbefund. Drei Stunden nach intrathekaler Kontrastmittelinjektion findet sich das Kontrastmittel in den basalen Zisternen (a). Sechs Stunden post injectionem verteilt sich das Kontrastmittel über den Hemisphären (b). Kein Ventrikeleinstrom. Nach 24 Stunden weitere regelrechte Kontrastmittelverteilung in den äußeren Liquorräumen (c).
3a, b Liquorzirkulationsstudie bei Normaldruckhydrozephalus. Drei Stunden p. i. findet sich das Kontrastmittel im III. Ventrikel und in den basalen Zisternen (a), sechs Stunden p. i. ergibt sich eine deutliche intraventrikuläre Anreicherung durch Kontrastmitteleinstrom (b).
4a, b Liquorzirkulationsstudie bei Normaldruckhydrozephalus. Drei Stunden p. i. findet sich Kontrastmittel im Ventrikelsystem (a). 24 Stunden p. i. deutliche Anreicherung des Ventrikelsystems durch kontinuierlichen Einstrom (b).
5 Generalisierte Atrophie mit Erweiterung der inneren und äußeren Liquorräume. (Vergleich zu normotensivem Hydrozephalus).

8.1.3.5 Normotensiver Hydrozephalus

Der normotensive Hydrozephalus ist eine Sonderform des Hydrocephalus communicans. Der Druck im Liquorraum ist üblicherweise nicht erhöht, obwohl Langzeitmessungen passagere Druckspitzen bis maximal 180 mm Wassersäule aufweisen können. Das Krankheitsbild ist durch eine ataktische Gangstörung, Inkontinenz und Demenz gekennzeichnet. Diese Symptomtrias wird durch eine liquorableitende Drainage oft deutlich gebessert. Welcher Normaldruckhydrozephalus von der Drainage profitiert, kann präoperativ leider nicht mit Sicherheit bestimmt werden. Hinsichtlich der Klärung dieser Frage werden unterschiedliche Untersuchungen (Hirndurchblutungsmessung, Radionuklid-Zisternographie, Metrizamid-Computerzisternographie) empfohlen, wobei das zuverlässigste Kriterium noch die Compliance des Liquorraums zu sein scheint (intrathekale Kontrastmittelgabe mit CT-Zisternographie, s. Kapitel 2).

Computertomographisch findet sich meist das Bild einer intern betonten Hirnatrophie mit weitem Ventrikelsystem, relativ weiten basalen Zisternen und normal weiten oder engen kortikalen Sulci. Allerdings ist dieses Bild nicht obligat: Bei Patienten, die von einer Drainage profitierten, zeigten sich in einer Untersuchungsreihe in 56 % eine intern betonte Atrophie, in 24 % eine generalisierte Hirnatrophie und in 20 % ein Normalbefund.

8.2 Entmarkungsenzephalopathien

Die umschriebenen und generalisierten Entmarkungsprozesse des Gehirns sind eine uneinheitliche Gruppe von Erkrankungen [70]. Im weiteren Sinne gehören zu dieser Gruppe auch Folgezustände von generalisierten Gefäßprozessen, Entzündungen, Hirnkontusionen und Intoxikationen, die alle mit einer Zerstörung des Marklagers einhergehen. Im engeren Sinne rechnet man dazu auch Erkrankungen, deren Ätiologie unklare metabolische (Enzym-, Gendefekte) und immunologische Prozesse umfaßt, bzw. deren Ursache völlig unbekannt ist.

8.2.1 Multiple Sklerose

Die Erkrankung ist häufig und beginnt meist zwischen dem 20. und 40. Lebensjahr. Sie verläuft in Schüben und manifestiert sich klinisch mit spastisch-ataktischen Symptomen und Hirnnervenausfällen. Pathologisch-anatomisch finden sich umschriebene Entmarkungsherde in Großhirn, Kleinhirn, Rückenmark und in den Hirnnerven.

Computertomographisch zeigen sich manchmal ovale, scharf konturierte, hypodense Herde mit einem Durchmesser bis zu 2 cm im periventrikulären Marklager und im Kleinhirn.

Während eines akuten Schubes können diese Zonen Kontrastmittel einlagern, was oft erst 1–2 Stunden nach Kontrastmittelapplikation sichtbar wird. Infolge des akuten Ödems können sie ausnahmsweise auch raumfordernd wirken. Auch andere fleckige Einlagerungen im Marklager können auf isodense Herde hinweisen, die vor der Kontrastmittelapplikation nicht sichtbar waren. Im Spätstadium der Erkrankung besteht eine zerebrale und zerebelläre Atrophie [108].

Die Untersuchungsmethode der Wahl stellt für diese Indikation heute eindeutig die Kernspintomographie dar. Dies gilt auch für alle jetzt nachfolgend beschriebenen, mit Veränderungen des Marklagers einhergehenden Krankheitsbilder.

8.2.2 Progressive multifokale Leukenzephalopathie

Diese seltene Erkrankung findet sich fast in Zusammenhang mit einer Immunsuppression (malignes Lymphom, Leukose, Transplantatempfänger, AIDS) und führt in wenigen Monaten zum Tod. Pathologisch-anatomisch ist in den subkortikalen Entmarkungsbezirken die Oligodendroglia besonders stark zerfallen [63, 64]. Computertomographisch zeigen sich – asymmetrisch verteilt – größere hypodense Markregionen. Diese Regionen sind scharf begrenzt und sparen die Rinde aus [16].

8.2.3 Leukodystrophien

Generalisierte Entmarkungsprozesse finden sich bei den seltenen Leukodystrophien, die autosomal rezessiv vererbt werden und zu einer symmetrischen Demyelinisierung der weißen Hirnsubstanz führen. Sie manifestieren sich klinisch in der Regel während der ersten Lebensjahre mit schwerer psychomotorischer Retardierung. Computertomographisch ist die Dichte des Marklagers auf etwa 14 HE erniedrigt, wobei der Befall regional-symmetrisch oder diffus ist. Die folgenden Erkrankungen werden aufgrund histopathologischer und klinischer Besonderheiten unterschieden.

8.2.3.1 Metachromatische Leukodystrophie

Histopathologisch färben sich die metachromatischen Lipide im Marklager besonders stark an. Computertomographisch ist die Dichte im Marklager vermindert, der Befall ist bilateral symmetrisch und frontal betont.

8.2.3.2 Spongioforme Leukodystrophie, Canavan-Krankheit

Die Erkrankung manifestiert sich klinisch in den ersten Lebensmonaten mit Megalenzephalie, Blindheit und progredienten psychomotorischen Defekten. Computertomographisch zeigt sich eine diffuse Dichteabnahme des Marklagers [63, 64].

8.2.3.3 Alexander-Syndrom

Die Erkrankung manifestiert sich klinisch im 1. Lebensjahr mit Megalenzephalie, Spastizität, Konvulsionen und psychomotorischer Retardierung. Computertomographisch ist die Hypodensität des Marklagers diffus und sehr ausgeprägt [44].

8.2.3.4 Globoidzellenleukodystrophie Krabbe

Das Erbleiden manifestiert sich klinisch im 1. Lebensjahr mit Nystagmus, Poikilothermie und progressiven neurologischen Ausfällen. Computertomographisch zeigt sich eine Hirnatrophie [58, 63, 64].

8.2.3.5 Pelizaeus-Merzbacher-Krankheit

Das Erbleiden manifestiert sich in der Kindheit, aber auch im Erwachsenenalter mit spastisch-ataktischen Symptomen und Demenz. Pathologisch-anatomisch zeigen sich symmetrisch disseminierte Entmarkungsherde im Groß- und Kleinhirn. Das Computertomogramm ist nicht pathologisch verändert [41].

8.2.3.6 Cockayne-Syndrom

Die Erkrankung beginnt im 2. Lebensjahr mit Zwergwuchs, Kachexie, Mikrozephalie, Schädelknochenverdickung und mentaler Retardierung. Computertomographisch finden sich eine zerebrale Atrophie und Stammganglienverkalkungen [63, 64].

8.2.3.7 Adrenoleukodystrophie

Die Erkrankung manifestiert sich zwischen dem 3. und 12. Lebensjahr vor allem bei Knaben mit progredienten Seh- und Gangstörungen. Eine Biopsie der gleichzeitig vorhandenen Nebennierenatrophie sichert die Diagnose. Computertomographisch findet sich anfangs eine Dichteabnahme der biokzipitalen Marklager, wobei sich die Hypodensität im Verlauf nach rostral fortsetzt. Die serpiginöse Grenze zum noch normal dichten Mark lagert Kontrastmittel ein. Es können dystrophe Verkalkungen vorkommen [63, 64, 82].

9 Zerebrale Entzündungen

9.1 Meningitis

Die Meningitis stellt die häufigste ZNS-Infektion dar. Als Formen werden unterschieden [39]:
- akute fieberhafte bakterielle Meningitis,
- akute lymphozytäre Meningitis viraler Genese,
- chronische Meningitis durch spezifische oder unspezifische Entzündungen.

9.1.1 Akute bakterielle Meningitis

Als Ursache sind eine hämatogene Streuung oder eine Keiminvasion per continuitatem aus benachbarten Entzündungsherden einer Sinusitis frontalis oder ethmoidalis sowie des Felsenbeins bei Mastoiditis oder Otitis media anzusehen (Tafel 60/4a, b). Die unkomplizierte bakterielle Meningitis bietet im akuten Stadium im CT kein Korrelat, der zerebrale Befund ist unauffällig. Erst wenn im Übergang zum chronischen Stadium entzündliches Granulationsgewebe die basalen Zisternen verklebt, entstehen KM-anreichernde saumartige Darstellungen der Leptomeninx entlang der Liquorräume oder hyperdense Granulationsherde. Bei Übergreifen der Entzündung auf die Hirnrinde und das Ventrikelependym kommt es dort zur marginalen Kontrastmitteleinlagerung (Tafel 60/2a, b). Als weitere Komplikation einer Meningitis kann sich beim Kleinkind ein subdurales Hygrom entwickeln, das primär steril ist, sich aber oft sekundär zum Empyem infiziert. Die Abszeßausbildung mit ausgeprägtem Hirnödem oder die Vaskulitis mit umschriebenen zerebralen Infarzierungen können weitere Komplikationen sein.

9.1.2 Akute lymphozytäre virale Meningitis

Als häufigster Erreger der viralen Meningitis finden sich Enteroviren (ECHO-Viren, Coxsackie-Viren), daneben Mumpsvirus, Epstein-Barr-Virus und Arbovirus. Die klinische Symptomatik ist im Vergleich zur bakteriellen Meningitis weniger ausgeprägt, die Computertomographie bleibt regelmäßig unauffällig.

9.1.3 Chronische Meningitis

Als Hauptvertreter der chronischen Meningitis ist die tuberkulöse Meningitis anzusehen. Die Sarkoidose mit zerebralem Befall stellt dagegen als Ursache eher eine Rarität dar.

9.1.3.1 Tuberkulöse Meningitis

Die Tuberkulose kann sich intrakraniell in Form einer basalen Meningitis, einer Meningoenzephalitis oder mit intrazerebralen Tuberkulomen manifestieren. Das verkäsende Granulationsgewebe der tuberkulösen Meningitis verursacht infolge der Ausbreitung entlang der Schädelbasis ausgeprägte neurologische Ausfälle, deren Ursachen in zerebralen Infarkten als Folge einer Vaskulitis, in einer direkten Hirnnerveninfiltration oder in einer Blockade der Liquorzirkulation zum kommunizierenden Hydrozephalus zu finden sind. Die CT-Untersuchung [48] kann einerseits die exsudative Infiltration der basalen Zisternen direkt darstellen. Im Nativ-CT erscheinen die mit serofibrösem Exsudat ausgefüllten Zisternen isodens oder geringfügig hyperdens zum Nachbarparenchym. Besonders häufig betroffen ist dabei die Vierhügelzisterne. Nach Kontrastmittelgabe läßt sich fokal oder diffus im CT ein leptomeningeales Enhancement nachweisen (Tafel 62/4a, b). Andererseits können indirekt die Folgen der basalen Infiltration als Hydrocephalus internus unterschiedlicher Ausprägung oder als zerebrale Infarzierung der konstringierten Hirngefäße dargestellt werden. Die subarachnoidale Ausbreitung der tuberkulösen Meningitis entlang der Virchow-Robin-Räume auf die Marksubstanz führt zur Meningoenzephalitis. Seltener entsteht diese Manifestation der Tuberkulose durch hämatogene Aussaat. Beide Entstehungsformen charakterisieren Gefäßokklusionen, am häufigsten im Bereich der Aa. lentriculostriatae. Entsprechend bestimmen postmalazische Defekte oder Stammganglieninfarkte die CT-Befunde. Lokal kann der Übergang in ein Tuberkulom fließend sein. Sie stellen bis zu 3–4 cm große ringförmige oder solide Herde dar. Computertomographisch zeigen sich die Tuberkulome iso- bis hyperdens mit deutlicher Kontrastmittelaufnahme. In 10 % der Fälle weisen sie Verkalkungen auf. Da nur bei 50 % der Patienten ein verdächtiger Thoraxbefund besteht und der Invasionsweg über die Meningen nicht eindeutig feststellbar ist, wird die Artdiagnose der Tuberkulome meist operativ (stereotaktisch) gesichert. Differentialdiagnostisch ist eine leptomeningeale Karzinomatose zu bedenken. Die äußerst seltenen Tuberkulome der Dura können mit En-Plaque-Meningeomen verwechselt werden [112].

9.1.3.2 ZNS-Sarkoidose

Die Sarkoidose verursacht sehr selten eine granulomatöse Leptomeningitis und solitäre oder multiple intrazerebrale Granulome. Ein wichtiger Manifestationsort ist die supraselläre Region, klinisch verbunden mit einem Diabetes insipidus. Die Leptomeningitis kann zur Liquorabflußstörung mit einem computertomographisch nachweisbaren Hydrozephalus führen. Die Granulome sind leicht hyperdense, bis knapp 1 cm große Herde, die Kontrastmittel aufnehmen. Die Abgrenzung gegen Tumoren oder andere Granulome ist nur dann möglich, wenn zusätzlich eine thorakale Manifestation den Verdacht nahelegt. Das Einschmelzen der Herde unter Kortisontherapie bildet ein weiteres Kriterium [14].

9.2 Zerebritis, Hirnabszeß

Als Zerebritis wird die frühe Form einer Hirnentzündung bzw. das akute Stadium der Abszeßentwicklung durch purulente Erreger bezeichnet [27]:
- akute Zerebritis (3.–5. Tag nach Infektion),
- subakute Zerebritis (4.–14. Tag nach Infektion),
- frühe Abszeßausbildung (ab der 2. Woche nach Infektion)
- Vollbild des Abszesses und chronisches Abszeßstadium (frühestens 4 Wochen bis Monate nach Infektion)

Den eigentlichen Hirnabszeß bildet eine abgekapselte Entzündung. Um einen zentral erweichten und nekrotischen Bezirk entsteht ein Saum aus kapillar-, zell- und fibroblastenreichem Granulationsgewebe (Abszeßmembran). Mit zunehmender Dauer verformt sich die Membran zu einer mehrschichtigen gefäß- und kollagenreichen Bindegewebskapsel. Faserreichtum der Abszeßkapsel und Eindickung des nekrotischen Inhaltes lassen den Abszeß über Monate zu einem Bindegewebsknäuel schrumpfen, das jedoch weiterhin purulente Keime enthalten kann. Entsprechend reduziert sich auch der perifokale Ödemsaum, der im frühen Abszeßstadium in der Mehrzahl der Fälle intensiv ausgebildet ist. Abszesse entstehen durch offene Schädelverletzungen, durch Fortleiten benachbarter Entzündungsherde (Sinusitis, Mastoiditis, Gesichtsfurunkel und Schädelosteomyelitis) und hämatogen metastatisch besonders bei Endokarditis und Bronchiektasen. Sie werden in der Regel von bakteriellen Eiterkeimen verursacht; bei marastischen und immungeschwächten Patienten (z. B. nach langfristiger Kortison- oder Zytostatikatherapie) ist aber auch die Entstehung von Pilzabszessen möglich (Candida-, Aspergillus- (Tafel 62/3) oder Cryptococcus-Infektion) [26]. Klinisch entwickeln sich innerhalb von Wochen und Monaten zerebrale Herdsymptome, epileptische Anfälle und Hirndruckzeichen, so daß oft differentialdiagnostisch an einen Hirntumor gedacht wird, zumal nur selten eine allgemeinentzündliche Symptomatik mit Fieber und Leukozytose vorhanden ist.

Computertomographisch variiert das Bild mit dem Stadium der Abszeßentwicklung (Tafeln 58, 59). Die frühe Zerebritis zeigt computertomographisch eine schlecht differenzierbare subkortikale Dichteminderung als Ausdruck des umschriebenen Hirnödems infolge des beginnenden Parenchymunterganges. Bereits im subakuten Stadium kann sich die Zerebritis zur Ringformation wandeln. Dabei finden sich die indirekten Zeichen der Raumforderung und ein hypodenser Herd, in dem nach Kontrastmittelgabe eine im zeitlichen Verlauf zunehmend intensivere, aber in Dicke und Dichte unregelmäßig konfigurierte ring- oder girlandenförmige Struktur um das untergehende Gewebezentrum entsteht. Selten zeigen sich Lufteinschlüsse bei gasbildenden Keimen. Obwohl eine sichere Differentialdiagnose zum Glioblastom oder zur Solitärmetastase computertomographisch nicht möglich ist, können folgende Kriterien zur Ausprägung der Ringstruktur einer Abszeßkapsel als Hinweise gewertet werden: Der kontrastmittelanreichernde Ring ist – im Gegensatz zu dem des Malignoms – schmal (etwa 3 bis maximal 6 mm) und von relativ gleichmäßiger Dicke. In der Hälfte der Fälle stellt sich der mediale Kapselanteil geringfügig dünner als die rindennahen Abschnitte dar, was mit der schlechten Vaskularisation vom Mark her zusammenhängen und erklären soll, daß sich Tochterabszesse meist medialwärts entwickeln. Der Herd ist im Marklager von einer hypodensen Ödemzone umgeben.

9.2.1 Epiduraler Abszeß, subdurales Empyem

Epidurale Abszesse und subdurale Empyeme entstehen bei offenen Schädelhirnverletzungen oder gehen per continuitatem von Osteomyelitiden, Otitiden oder Nasennebenhöhlen-Entzündungen aus. Der epidurale Abszeß entwickelt sich in der Mehrzahl der Fälle im Anschluß an einen operativen Eingriff. Spontanabszesse liegen überwiegend frontal und drängen die frontale Falxanheftung von der Schädelkalotte ab. Der epidurale Abszeß ähnelt computertomographisch in der Form dem epiduralen Hämatom, allerdings läßt sich nach Kontrastmittelgabe ein kapselartiger Saum entlang der Kalotte und Dura mater nachweisen. Im CCT zeigen sich subdurale Empyeme als kalottennahe, bikonvexe Zonen verminderter Dichte. Nach Kontrastmittelinjektion kommt es zu einer kräftigen Anfärbung des Granulationsgewebes, das den Eiterinhalt umgrenzt (Tafel 60/3a–c). Eine sichere differentialdiagnostische Abgrenzung gegenüber dem chronisch subduralen Hämatom bzw. dem Hygrom kann nicht von den Dichtewerten des Empyems, wohl aber anhand der deutlichen Kontrastmittelanreicherung der Hirnhäute abgeleitet werden. Das subdurale Empyem im Interhemisphärenspalt stellt sich im Nativ-CT als eine spindelförmige hypo-

Tafel 58. Hirnabszesse I

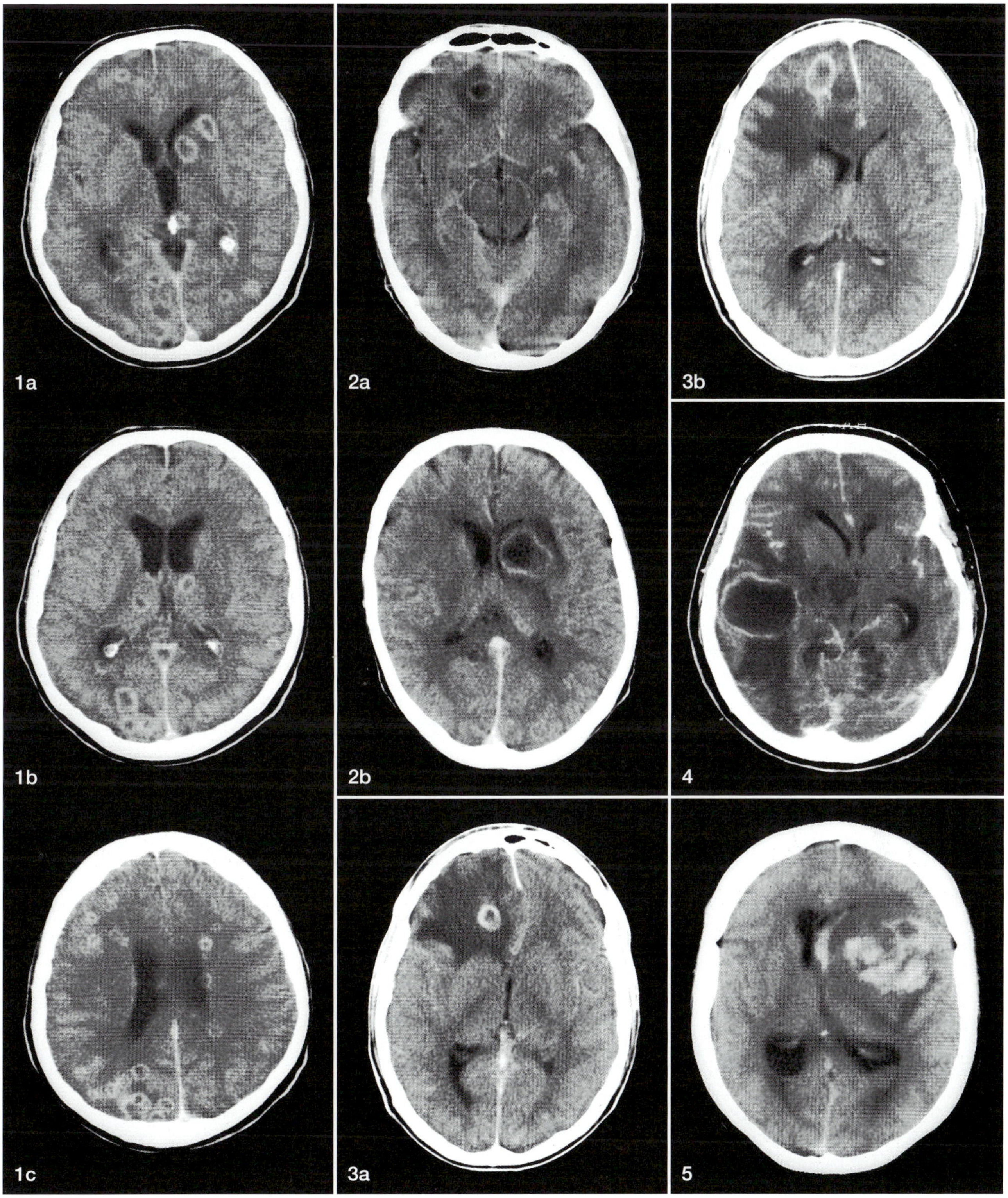

1a–c Multiple Abszesse bei Listeriose mit dem klinisch typischen Bild einer Rhomb-Enzephalitis.

2a, b Multilokuläre Abszesse bei Toxoplasmose frontal rechtsseitig und im Stammganglienbereich links.

3a, b Frontale Hirnabszesse rechts mit kräftigem Enhancement der Abszeßkapsel und perifokalem Ödem. CT nach KM-Gabe.

4 Hirnabszeß rechts temporal bei Z. n. Zahnextraktion. CT nach KM-Gabe.

5 Eingebluteter Abszeß. DD septisch-hämorrhagischer Infarkt im Stammganglienbereich links bei angeborenem Herzvitium.

Tafel 59. Hirnabszesse II

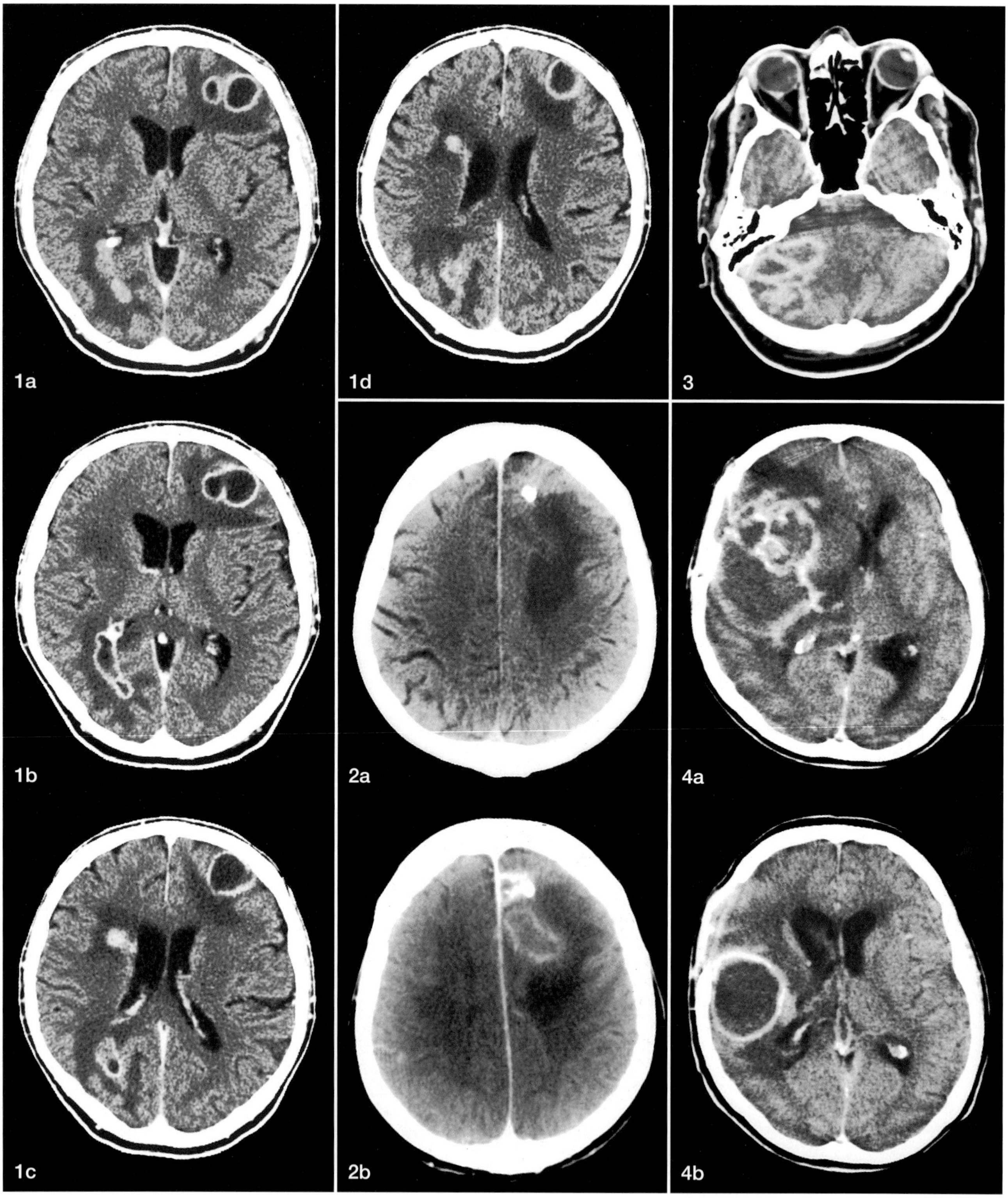

1a–d Multiple Abszesse frontal, im Stammganglienbereich und okzipital mit Ventrikulitis rechtsseitig. CT nach KM-Gabe.

2a, b Abszeß frontal linksseitig 55 Jahre nach Schußverletzung mit verbliebenem intraparenchymatösem Kalottenfragment, nativ (a) und nach KM-Gabe (b).

3 Polyzyklischer, gekammerter Abszeß in der hinteren Schädelgrube rechtsseitig mit deutlich raumfordernder Wirkung bei Nokardiose. CT nach KM-Gabe.

4a, b Abszeßentwicklung rechts temporal nach Ausräumung eines superinfizierten intraparenchymatösen Hämatoms (a). Ausbildung einer Abszeßkapsel (b). CT nach KM-Gabe.

Tafel 60. Ventrikulitis, subdurales Empyem

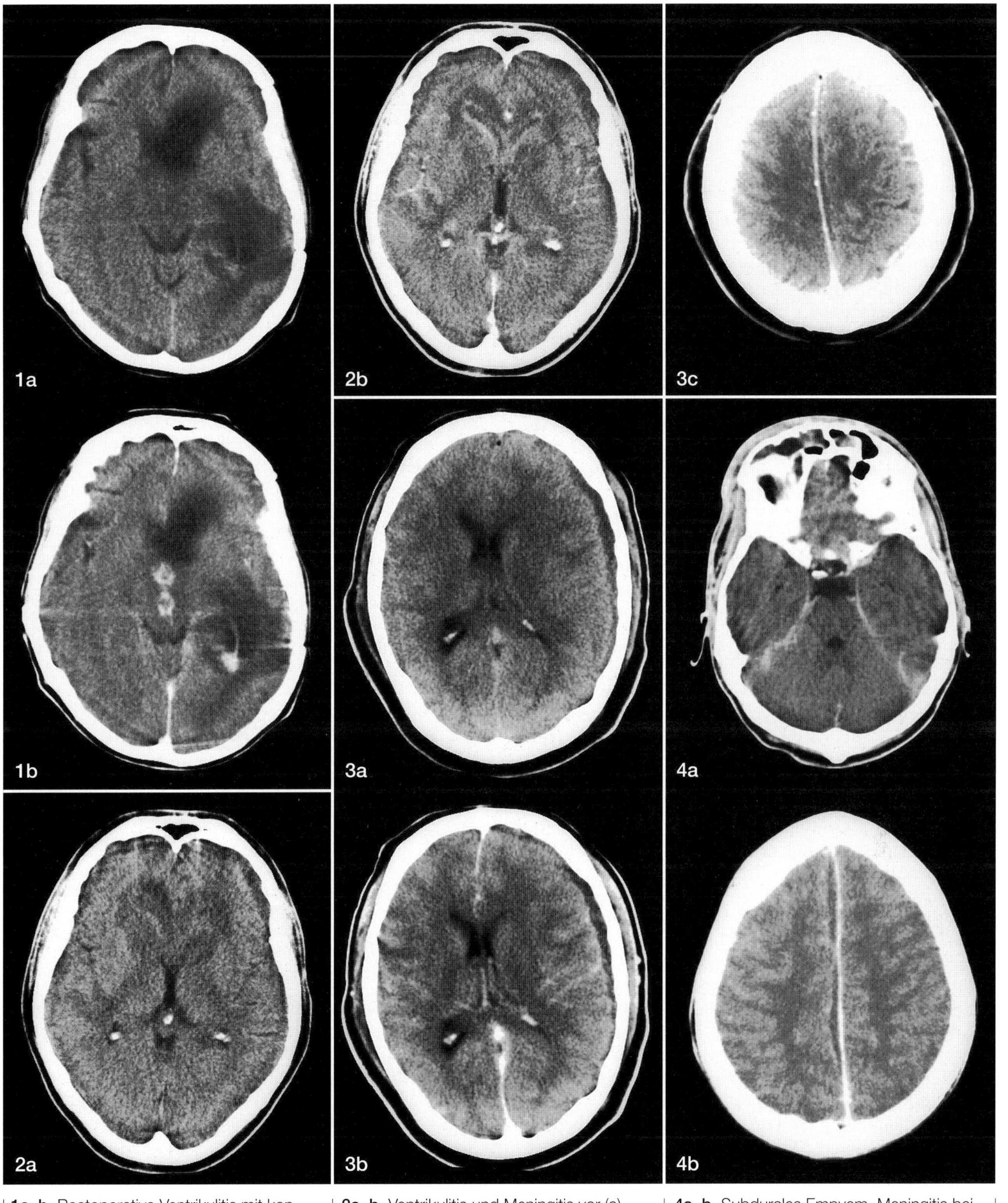

1a, b Postoperative Ventrikulitis mit kontrastmittelaufnehmenden granulomatösen Veränderungen im III. Ventrikel und Marklagerdichteminderung periventrikulär linksseitig vor (a) und nach (b) KM-Gabe.

2a, b Ventrikulitis und Meningitis vor (a) und nach (b) KM-Gabe mit periventrikulärer Marklagerdichteminderung.

3a–c Subdurales Empyem vor (a) und nach (b, c) Kontrastmittelgabe mit Ausdehnung bis in den Interhemisphärenspalt bei chronischer Otitis media mit Mastoiditis linksseitig.

4a, b Subdurales Empyem, Meningitis bei Pansinusitis. Verschattung des Sinus frontalis rechtsseitig mit orbitaler Komplikation (a) und subduralem Empyem in der Folge (b) (Kontrastmittel-CT).

dense Zone dar, die von der Falx relativ plan begrenzt wird und sich nach lateral konvexbogig hirnwärts ausdehnt. Obwohl diese Konfiguration bereits den Verdacht auf ein subdurales Empyem nahelegt, läßt sich die Diagnose durch das saumartige Enhancement nach Kontrastmittelgabe sichern.

9.3 Enzephalitis

Die Enzephalitis ist eine diffuse, nichtfokale Entzündung des Hirnparenchyms, ausgelöst durch unterschiedlichste Erreger. Generalisierte Enzephalitiden entstehen infektiös (Viren, Rickettsien und Bakterien) oder durch parainfektiöse Immunprozesse.

Nach dem bevorzugten Befall der weißen oder der grauen Hirnsubstanz werden Leuko- und Polioenzephalitis unterschieden. Histopathologisch sind sie durch perivasale, serös-zelluläre Exsudate und im späteren Verlauf durch Entmarkungsherde und progressive Degenerationen gekennzeichnet. Computertomographisch ist die infektiöse und parainfektiöse generalisierte Enzephalitis in der Regel nicht nachweisbar. In Ausnahmefällen zeigt sich eine diffuse Schwellung der Gehirnsubstanz mit Kompression der Liquorräume.

9.3.1 Herpes-Enzephalitis

Die Herpes-simplex-Enzephalitis (HSE) des Neugeborenen wird vom Herpes-Virus Typ II (genitales Herpes-Virus) hervorgerufen. Dagegen ist das Herpes-Virus Typ I der Verursacher der Herpes-simplex-Enzephalitis des Kindes- und Erwachsenenalters [30]. Die Herpes-Enzephalitis stellt die häufigste virale Enzephalitis in den USA und in Europa dar. Sie ist prognostisch besonders ungünstig. Ihre Mortalität liegt zwischen 50–70 %, und es besteht eine extreme Langzeitmorbidität der überlebenden Patienten. Die klinische Symptomatik beginnt mit plötzlich auftretenden Kopfschmerzen, begleitet von subfebrilen Temperaturen, Fieber oder Meningismus, gefolgt von Krampfanfällen oder einer Schläfenlappensymptomatik. Im Gegensatz zur Neugeborenen-HSE (Typ II), die eine generalisierte, nichtfokale Infektion des Hirnparenchyms verursacht, findet sich bei der durch den Herpes-Virus Typ I ausgelösten Enzephalitis ein charakteristischer Befall des limbischen Systems (Temporallappen, Inselregion, subfrontaler Kortex und Gyrus cinguli) [49]. Die Stammganglien bleiben in der Regel ausgespart. Der Befall des Temporallappens, des frontoorbitalen Parenchyms und der Inselregion untermauern den Infektionsweg des Virus über die Axone des Nervus trigeminus. Die befallenen Neurone sowie auch die umgebenen Gliazellen werden zerstört, und es resultieren ausgedehnte morphologische sowie funktionelle Defekte des limbischen Systems. Die Krankheit beginnt unilateral und greift in der Mehrzahl der Fälle mit einer geringen Latenz auf die Gegenseite über. Den Krampfanfall als Beginn der Erkrankung gerechnet, kann das CT in den ersten drei Tagen unauffällig sein. Danach findet sich eine anfangs diskrete Hypodensität im medialen Temporallappen mit geringen Zeichen der Raumforderung. Es folgt eine rasche Zunahme des hypodensen Areals nach Intensität und Ausdehnung im limbischen System, wobei teils ein Übergreifen von der Marksubstanz auf die Rindenareale, teils aber auch ein kontralateraler Befall mit hypodenser Schwellung des Temporallappens zu beobachten ist. Temporale, meist petechiale Einblutungen sind ebenfalls typisch für die HSE. Sie können etwa ab dem 5. Krankheitstag im CCT nachweisbar sein (Tafel 61/1, 4a, b). Etwa eine Woche nach Krankheitsbeginn läßt sich eine flächige oder girlandenförmige Kontrastmittelanhebung in den befallenen Hirnarealen darstellen [49]. Vollständig ausgeprägt ist die Herpes-simplex-Enzephalitis im CCT durch einen nahezu symmetrischen Parenchymuntergang des limbischen Systems mit einer scharfrandigen Grenze des hypodensen Areals entlang der äußeren Kapsel charakterisiert. Der Zelluntergang betrifft meistens beide Temporallappen. Wird die Erkrankung überlebt, kann es im postinfektiösen Stadium zu einer Enzephalomalazie mit homogenen hypodensen Zonen in den Temporallappen infolge des ausgedehnten Substanzdefektes, zu einer narbigen Erweiterung der benachbarten Liquorräume und zu fleckförmigen Kalkniederschlägen subkortikal oder periventrikulär kommen [49].

9.3.2 Andere virale Enzephalitiden

Auslösung anderer, extrem seltener Enzephalitiden können die Erreger von Mumps, Windpocken sowie das Epstein-Barr-Virus sein.

9.3.3 Postinfektiöse Enzephalitiden

9.3.3.1 SSPE (subakute sklerosierende Panenzephalitis)

Es handelt sich um eine sehr seltene Panenzephalitis, die Jahre nach einer Maserninfektion bei Erwachsenen und Kindern gleichermaßen auftreten kann und innerhalb von 2–6 Jahren zum Tode führt. Das CCT ist entweder normal oder es finden sich kleine hypodense Herde subkortikal oder paraventrikulär in der weißen Substanz, die Basalganglien können mitbetroffen sein [49].

9.3.3.2 ADEM (akute disseminierte Enzephalomyelitis)

Diese Enzephalomyelitis tritt nach Virusinfektionen oder Impfungen auf. Die akute perivaskuläre Demyelinisierung wird durch Antigen-Antikörperkomplexe hervorgerufen. Der CCT-Befund selbst ist unspezifisch.

Tafel 61. Enzephalitis

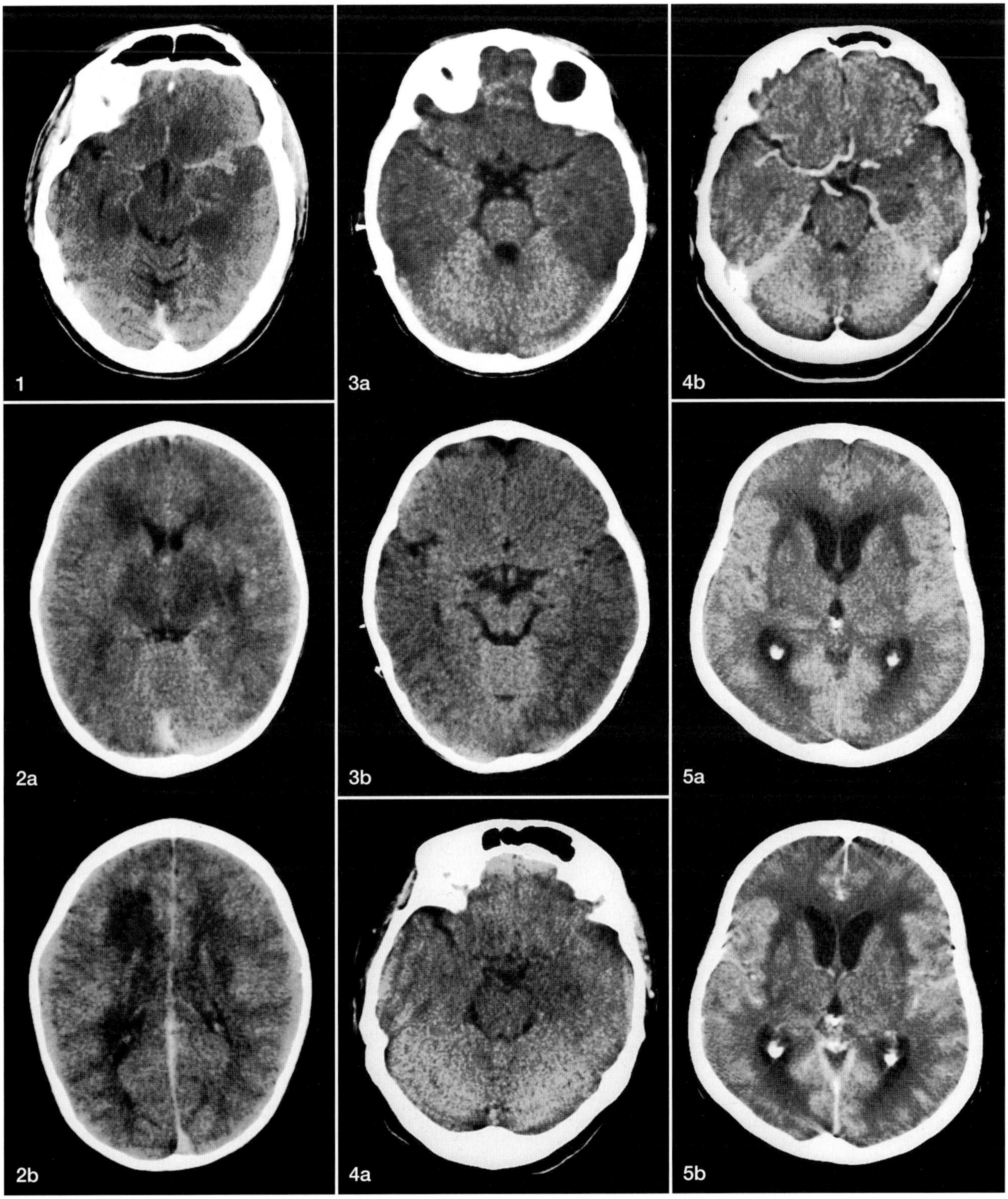

1 Herpes-Enzephalitis mit hypodensem Temporallappen links. CT nach KM-Gabe.
2a, b Enzephalitis mit multifokalen Zonen verminderter Parenchymdichte bei viraler Sepsis. CT nach KM-Gabe.

3a, b Enzephalitis bakterieller Ursache bei Z. n. therapieresistenter Gastroenteritis.
4a, b Herpes-Enzephalitis im Verlauf. Hypodenser Herd temporal linksseitig $1^1/_2$ Stunden nach Krampfereignis (a). Hypodensität im Bereich des linken Temporallappens (Hippokampus und Parahippokampus) sieben Tage später im Kontrastmittel-CT (b).

5a, b Virale Meningoenzephalitis. Marklagerdichteminderung unter Aussparung der Stammganglien im nativen (a) und kontrastmittelunterstützten (b) CCT.

9.4 Weitere ZNS-Infektionen

9.4.1 Pilzinfektionen

Pilzinfektionen des zentralen Nervensystems sind sehr selten und treten vor allem bei Patienten mit Immunschwäche auf.

9.4.2 Infektion durch Parasiten

9.4.2.1 Neurozystizerkose

Diese sehr seltene Erkrankung kommt fast nur in den Entwicklungsländern vor. Larven des Schweinebandwurms befallen fast ausschließlich das Gehirn, wo sie meningeale, parenchymatöse und intraventrikuläre Zysten entstehen lassen. Die bis zu 2 cm großen multiplen Zysten enthalten eine Flüssigkeit von liquorähnlicher Dichte. Nach dem Tod der Larven verkalken die Herde. Charakteristisch für den Zystizerkenbefall ist im CCT der gleichzeitige Nachweis aller Entwicklungsstufen von den residualen fleckförmigen Verkalkungen über Granulome bis zur großen Zyste mit wandständiger Lage der kleinen Larve (Scolex) [15].

9.4.2.2 Echinokokkose

Die Finnen des Hundebandwurms verursachen Zysten, vor allem in der Leber, ein Befall des Hirns liegt beim Menschen nur in etwa 2 % der Fälle vor. Die großen intrazerebralen raumfordernden Zysten haben liquorähnliche Dichte, ihre Wand lagert Kontrastmittel nicht ein, und es fehlt in der Regel auch ein perifokales Ödem [24].

9.4.3 ZNS-Infektionen perinatal

Als kongenitale bzw. neonatale Infektionen des Hirngewebes kommen Toxoplasmose, Röteln, Zytomegalie und Herpes simplex Typ II (genitaler Herpes), seltener HIV und Syphilis in Frage. Die Übertragung [7] erfolgt via Plazenta (Toxoplasmose und die meisten viralen Infektionen) unter der Geburt (Herpes simplex) und über aufsteigende Zervixinfektion (Bakterien). Kongenitale ZNS-Infektionen haben verheerende Folgen für die fetale Hirnentwicklung, wobei der Zeitpunkt hinsichtlich der Schädigung die entscheidende Rolle spielt. So resultieren Hirnentwicklungsstörungen, Zerstörung von Nervengewebe oder eine Kombination von beidem. Der CT-Befund wird in unterschiedlicher Ausprägung von einem Hydrozephalus und zerebralen Verkalkungen geprägt.

9.4.3.1 Zytomegalie

Das Zytomegalievirus, ein nur beim Menschen existierender Erreger, wird transplazentar übertragen und ist die häufigste Ursache (2- bis 3mal so häufig wie Toxoplasmose) kongenitaler Infektionen [78]. Im CT findet sich bei den erkrankten Neugeborenen eine Atrophie mit Ventrikelerweiterung und Verkalkungen des Ventrikelependyms sowie des Parenchyms, typischerweise subependymal angeordnet. Migrationsanomalien lassen sich ebenfalls in der Mehrzahl der Fälle nachweisen.

9.4.3.2 Toxoplasmose

Der Parasit (Toxoplasma gondii) wird via rohes Fleisch oder Katzenkot auf den Menschen und über das Blut transplazentar auf den Fötus übertragen, wobei es in der Zeit vor der 26. Schwangerschaftswoche zu klinisch relevanten ZNS-Schädigungen kommt [7]. Die kongenitale Toxoplasmoseenzephalitis führt zu der klinischen Trias Hydrozephalus, Chorioretinitis und intrazerebrale Kalzifikationen. Diese Kalzifikationen weisen nicht wie bei der Zytomegalievirusinfektion ein typisches Muster auf, sondern sind diffus im Hirnparenchym verteilt, wobei neben der periventrikulären Lokalisation hauptsächlich Kalzifikationen im gesamten Kortex und in den Stammganglien beobachtet werden.

9.4.3.3 Röteln

Wird eine Rötelinfektion der Mutter während der 8.–12. Schwangerschaftswoche transplazentar auf den Fetus übertragen, ist dies mit schwersten Folgen für den Fetus verbunden, wohingegen eine Erkrankung im letzten Trimenon nur relativ leichte Schädigungen hervorruft. Die im CCT nachweisbaren ZNS-Veränderungen sind Mikrozephalie und Parenchymverkalkungen, wobei die Basalganglien und die Hirnrinde vorzugsweise befallen sind [30].

9.4.3.4 Herpes simplex (Typ II)

Die unter der Geburt erfolgte Infektion mit dem genitalen Herpes-Virus Typ II führt im Gegensatz zur Infektion mit dem Herpes-simplex-Virus Typ I bei Kindern und Erwachsenen zu einer diffusen Panenzephalitis [7]. Im CCT ist bei den Neugeborenen infolge der fehlenden Myelinisierung das diffuse Hirnödem schwierig zu diagnostizieren, die Hirnrinde erscheint daher relativ hyperdens. Hämorrhagische Infarzierungen können ebenfalls auftreten. Spätfolgen sind eine diffuse Atrophie und multizystische Enzephalomalazie mit Kalkniederschlägen.

9.4.3.5 HIV

80 % aller HIV-Infektionen, die im Kindesalter klinisch manifest werden, sind von der Mutter übertragen, wobei jedoch nur ein Drittel der HIV-infizierten Mütter die Erkrankung auf ihre Kinder überträgt [30]. Im CCT findet sich bei 90 % der erkrankten Kinder eine diffuse zerebrale Atrophie, ein Drittel weist Verkalkungen der Basalganglien auf [50]. Opportunistische ZNS-Infektionen oder Tumoren sind bei etwa 15 % der Erkrankten festzustellen und somit im Gegensatz zu den HIV-infizierten erwachsenen Patienten relativ selten. Nur 20 % der Neugeborenen, bei denen eine HIV-Infektion diagnostiziert wurde, überleben das 1. Lebensjahr.

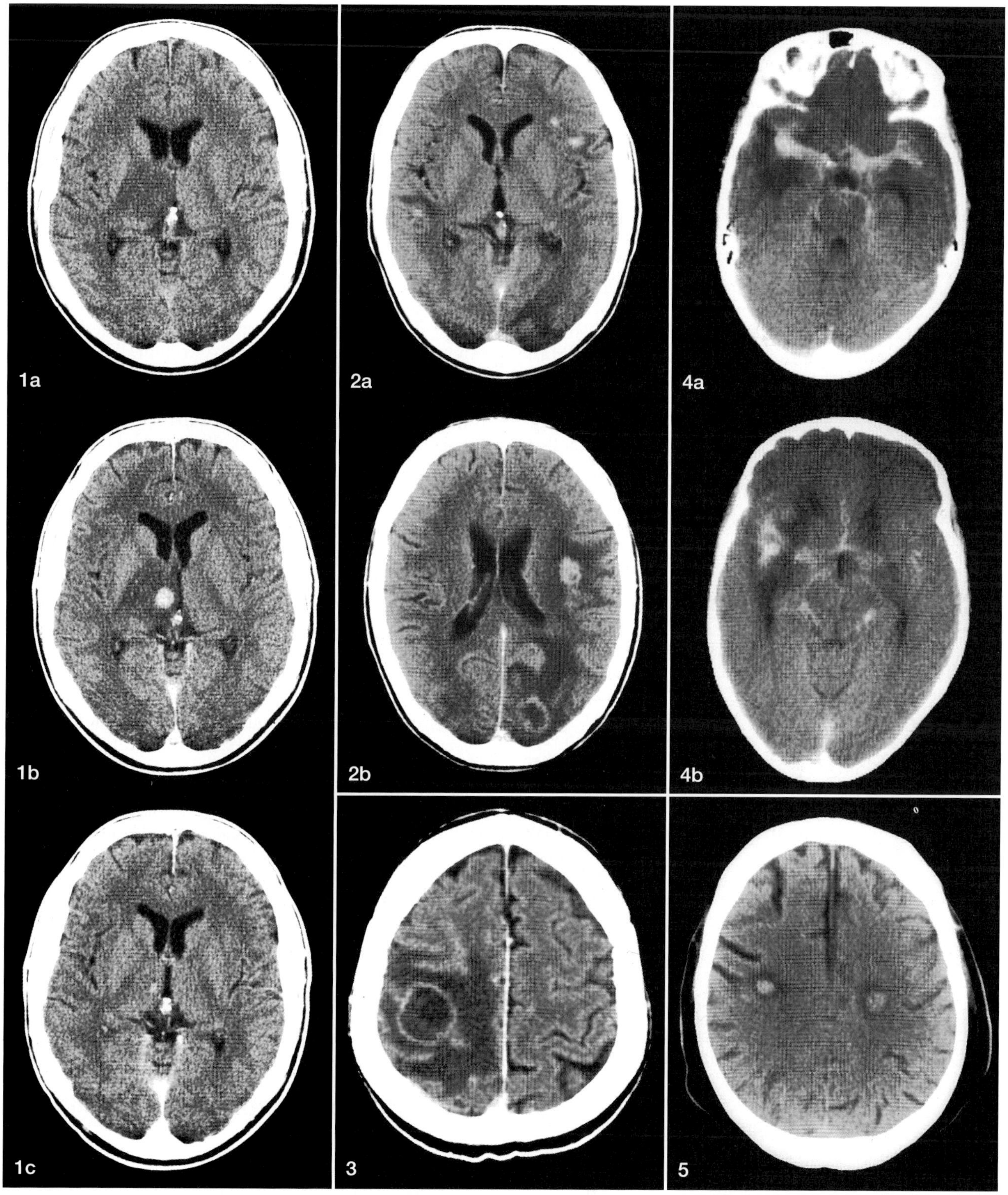

1a–c Toxoplasmose bei AIDS mit Herd im Thalamus rechtsseitig vor (a) und nach (b) KM-Gabe. Zustand vier Wochen nach medikamentöser Therapie (c).

2a, b Multiple frische Toxoplasmoseherde beiderseits mit unterschiedlicher KM-Aufnahme bei AIDS.

3 Aspergillom in der Zentralregion rechtsseitig. CT nach KM-Gabe.

4a, b Tuberkulöse Meningitis mit stark kontrastmittelanreicherndem Granulationsgewebe um die A. cerebri media und in der Fissura Sylvii beiderseits. CT nach KM-Gabe.

5 Hämorrhagisch-septische Herde beiderseits (CT nativ).

10 AIDS

Neben den tumorösen Veränderungen manifestiert sich die erworbene Immunschwäche zerebral als infektiöse Erkrankung. Virusbedingte Krankheitsbilder treten dabei ebenso auf wie ein nichtviraler Befall des ZNS durch Pilze, Protozon und Mikrobakterien. Mit dem Nachweis von Nukleinsäure der Retroviren im Gehirn wurde offenbar, daß die Viren nicht nur die Helfer-T-Zellen attackieren, sondern auch selbst in Nervenzellen eindringen und das ZNS direkt schädigen können. Das HIV-Virus passiert also die Blut-Hirn-Schranke und vermehrt sich durch direkte Zellinfiltration.

10.1 Subakute Enzephalopathie

Als die häufigste Manifestationsform dieses direkten Befalls gilt die subakute Enzephalopathie. Sie tritt bei einem Drittel der AIDS-Kranken auf und bildet die vorherrschende Ursache neurologisch-psychiatrischer Ausfälle. Klinisch weisen die Patienten ein hirnorganisches Psychosyndrom auf, das, mit einer leichten Geistesverwirrung beginnend, unter kognitiver Verschlechterung zur Demenz führt. Pathologisch-anatomisch zeigt sich als Korrelat der subakuten Enzephalopathie eine Vielzahl kleiner, unscharf begrenzter Entmarkungsherde mit vakuoliger Zelldegeneration oder Blässe des Myelins. Zusätzlich werden mikrogliale Knötchen in der grauen Hirnsubstanz nachgewiesen. Im Computertomogramm dominiert das Bild der Hirnatrophie. Sie entsteht infolge der Zelldegeneration.

10.2 Chronisch-aseptische Meningitis

Bei der chronisch-aseptischen Meningitis ergibt sich ein unauffälliger CT-Befund. Diese anhaltende oder rezidivierende Virusmeningitis kann als Initialsymptom einer AIDS-Erkrankung auftreten und läßt sich nur durch den HIV-Nachweis als direkte ZNS-Manifestation klassifizieren.

10.3 Zytomegalie

Einen Übergang zu den eindeutig opportunistischen viralen Infektionen bildet die Zytomegalie. Es ist bis zum heutigen Zeitpunkt ungeklärt, ob das Zytomegalie-Virus ein primäres AIDS-spezifisches Krankheitsbild hervorruft oder nur auf dem Boden der Immunschwäche seine Virulenz erlangt. Wie bei der konnatalen Zytomegalie-Virusinfektion des Gehirns findet sich auch bei den AIDS-Patienten die Kombination aus Ependymitis und subependymaler Enzephalitis. Die periventrikulären Nekrosen und Ependymgranulome stellen sich im CT als hypodense, kontrastmittelanreichernde Herde dar.

10.4 Progressive multifokale Leukenzephalopathie (PML)

Auf dem Boden der Immunschwäche entsteht als opportunistische virale Erkrankung bevorzugt die progressive multifokale Leukenzephalopathie. Als Slow-Virus-Infektion (Papova-Virus) bildet sich eine PML ohnehin nur bei immunsupprimierten Patienten aus. Vermutlich führt die Suppression des Immunsystems zu einer Aktivierung der Viren nach asymptomatischer Infektion. Die Oligodendrozyten bilden den Angriffspunkt der Viren. Ihre Zellen verlieren die Fähigkeit der normalen Myelinproduktion und gehen zugrunde. So findet sich als Ausdruck der Demyelinisation und Ödembildung eine erst fokal begrenzte, oft okzipitoparietal ausgeprägte Zone erniedrigter Dichte ohne wesentliche Raumforderung. Sie ist auf die weiße Hirnsubstanz begrenzt und schreitet konfluierend sowie multifokal asymmetrisch ausgeprägt fort. Dadurch erhält die Leukenzephalopathie das charakteristische Aussehen einer muschelförmigen Markläsion mit gezackten Rändern.

10.5 Herpes-simplex-Enzephalitis

Die Herpes-simplex-Enzephalitis als opportunistische virale Erkrankung weist beim AIDS-Erkrankten keine Besonderheiten auf.

10.6 Kryptokokkose

Der Cryptococcus neoformans führt klinisch zu einer subakuten Meningitis. Pathologisch-anatomisch entsteht eine granulomatöse Infiltration der Meningen, basisnah betont und unter Ausbildung eines Exsudates.

10.7 Toxoplasmose

Die Toxoplasmose kann sich als Hirnabszeß, Granulom sowie in einer diffusen fulminant verlaufenden Meningoenzephalitis manifestieren. Dieses weite Befallsspektrum erklärt sich aus der ungebremsten Vermehrungsfähigkeit der intrazellulär gelegenen Protozoen bei immungeschwächten Patienten, die zur Folge hat, daß jeder reaktivierte Zellparasit zum Ausgangspunkt eines sich vergrößerenden Herdes werden kann. Dabei gleichen Toxoplasmoseabszesse den Abszessen pyogener Keime als Ringstruktur mit zentraler Nekrose. Einzig die Kapselbildung ist infolge der Abwehrschwäche graduell verzögert und schwächer entwickelt. Entsprechend fällt auch die ringförmige Anreicherung zarter aus. In der granulomatösen Form ergibt sich das Bild multipler, solider oder angedeutet ringförmiger Herde mit meist gering ausgeprägtem Kontrast-Enhancement. Ein ausgedehnter perifokaler Ödemsaum, unterschiedliche Granulomgröße und eine Prädilektion zur Rindenmarksgrenze sowie in die Stammganglien sind die diagnostischen Kriterien. Die Manifestation als Meningoenzephalitis läßt auf ein vollständiges Erliegen zerebraler Abwehrmechanismen schließen. Multiple hypodense Hirnareale infolge ausgedehnter Nekrosen und/oder Infarkte belegen die ungebremste Aktivität der Toxoplasmen.

10.8 Tuberkulose

Ein identisches Muster der Manifestation finden wir bei der Tuberkulose. Allerdings kann als artdiagnostisches Unterscheidungskriterium gegenüber der Toxoplasmose der direkte Kontakt zu den Meningen gelten, da der Parenchymbefall durch Mycobacterium tuberculosis sekundär aus einer Invasion über die Hirnhäute resultiert.

10.9 Lymphome

Unter den Geschwülsten des ZNS sind bei den AIDS-Patienten Lymphome hervorzuheben. Früher seltene Tumoren, ist ihr Auftreten jetzt infolge des Befalls bei 6 % der zerebralen HIV-Erkrankten stetig gestiegen. Sie gehören zum immuno- oder lymphoblastischen Typ, treten im Endstadium der Erkrankung bevorzugt periventrikulär auf und imponieren als solide hyperdense Raumforderung mit einer deutlichen Kontrastmittelaufnahme. Bei 40 % der Betroffenen wird ein multiples Auftreten des Tumors gefunden.

11 Neoplasmen

11.1 Eigenschaften, Klassifikation und computertomographische Kriterien

Hirntumoren besitzen Eigenschaften, die bei extrazerebralen Geschwülsten ungewöhnlich sind.

- Sie befallen alle Altersgruppen und sind nicht wie andere Tumoren den degenerativen Veränderungen des älteren Lebens zugeordnet.
- Sie ändern nicht selten ihre biologische Aktivität, so daß z. B. ein relativ benignes Astrozytom im Laufe der Zeit zum schnellwachsenden Glioblastom entartet.
- Die malignen Tumoren des Gehirns unterscheiden sich von anderen Malignomen dadurch, daß sie, von seltenen Ausnahmen abgesehen, nicht in den übrigen Körper metastasieren.

Unter den verschiedenen Klassifikationen der Hirngeschwülste hat sich heute eine histogenetische Einteilung durchgesetzt [116–118]. Danach werden unterschieden:

- neuroepitheliale Geschwülste,
- mesodermale Geschwülste,
- ektodermale Geschwülste und
- Mißbildungstumoren.

Die neuropathologische Befundung basiert auf der heute gültigen WHO-Einteilung der Hirntumoren (Tab. 9), berücksichtigt aber klinisch-prognostische Aspekte durch eine Gradeinteilung von I–IV, wobei Grad I benigne, Grad II bedingt benigne, Grad III bedingt maligne und Grad IV maligne bedeutet; die Überlebenszeiten sind entsprechend anzunehmen, die therapeutischen Optionen werden danach ausgerichtet.

Tab. 8. Die hauptsächlichsten Hirntumoren (nach Mumenthaler [70])

Neuroepitheliale Tumoren	51 %
• Medulloblastome	7 %
• Spongioblastome	8 %
• Oligodendrogliome	6 %
• Astrozytome	4 %
• Glioblastome	12 %
• Ependymome	4 %
• Neurinome	8 %
Mesodermale Tumoren	23 %
• Meningeome	18 %
• Angioblastome	1 %
• Sarkome	3 %
Ektodermale Tumoren	12 %
• Kraniopharyngeome	3 %
• Hypophysenadenome	8 %
Mißbildungstumoren (Epidermoide, Dermoide, Teratome)	3 %
Metastasen	4 %
Sonstige raumfordernde Prozesse (Gefäßgeschwülste, Granulome, Arachnitiden, unklassifizierbare Tumoren)	7 %

Tab. 9. Histologische WHO-Klassifikation der Tumoren des ZNS [54]

1	**Tumours of Neuroepithelial Tissue**	
1.1	*Astrocytic tumours*	
1.1.1	Astrocytoma	
1.1.1.1	Variants:	Fibrillary
1.1.1.2		Protoplasmic
1.1.1.3		Gemistocytic
1.1.2	Anaplastic (malignant) astrocytoma	
1.1.3	Glioblastoma	
1.1.3.1	Variants:	Giant cell glioblastoma
1.1.3.2		Gliosarcoma
1.1.4	Pilocytic astrocytoma	
1.1.5	Pleomorphic xanthoastrocytoma	
1.1.6	Subependymal giant cell astrocytoma (Tuberous sclerosis)	
1.2	*Oligodendroglial tumours*	
1.2.1	Oligodendroglioma	
1.2.2	Anaplastic (malignant) oligodendroglioma	
1.3	*Ependymal tumours*	
1.3.1	Ependymoma	
1.3.1.1	Variants:	Cellular
1.3.1.2		Papillary
1.3.1.3		Clear cell
1.3.2	Anaplastic (malignant) ependymoma	
1.3.3	Myxopapillary ependymoma	
1.3.4	Subependymoma	
1.4	*Mixed gliomas*	
1.4.1	Oligo-astrocytoma	
1.4.2	Anaplastic (malignant) oligo-astrocytoma	
1.4.3	Others	

Tab. 9. (Fortsetzung)

1.5	*Choroid plexus tumours*	
1.5.1	Choroid plexus papilloma	
1.5.2	Choroid plexus carcinoma	
1.6.	*Neuroepithelial tumours of uncertain origin*	
1.6.1	Astroblastoma	
1.6.2	Polar spongioblastoma	
1.6.3	Gliomatosis cerebri	
1.7	*Neuronal and mixed neuronal-glial tumours*	
1.7.1	Gangliocytoma	
1.7.2	Dysplastic gangliocytoma of cerebellum (Lhermitte-Duclos)	
1.7.3	Desmoplastic infantile ganglioglioma	
1.7.4	Dysembryoplastic neuroepithelial tumour	
1.7.5	Ganglioglioma	
1.7.6	Anaplastic (malignant) ganglioglioma	
1.7.7	Central neurocytoma	
1.7.8	Paraganglioma of the filum terminale	
1.7.9	Olfactory neuroblastoma (Aesthesioneuroblastoma)	
1.7.9.1	Variant:	Olfactory neuroepithelioma
1.8	*Pineal parenchymal tumours*	
1.8.1	Pineocytoma	
1.8.2	Pineoblastoma	
1.8.3	Mixed/transitional pineal tumours	
1.9	*Embryonal tumours*	
1.9.1	Medulloepithelioma	
1.9.2	Neuroblastoma	
1.9.2.1	Variant:	Ganglioneuroblastoma
1.9.3	Ependymoblastoma	
1.9.4	Primitive neuroectodermal tumours (PNETs)	
1.9.4.1	Medulloblastoma	
1.9.4.1.1	Variants:	Desmoplastic medulloblastoma
1.9.4.1.2		Medullomyoblastoma
1.9.4.1.3		Melanotic medulloblastoma
2	**Tumours of Cranial and Spinal Nerves**	
2.1	*Schwannoma (Neurilemmoma, Neurinoma)*	
2.1.1	Variants:	Cellular
2.1.2		Plexiform
2.1.3		Melanotic
2.2.	*Neurofibroma*	
2.2.1	Circumscribed (solitary)	
2.2.2	Plexiform	
2.3	*Malignant peripheral nerve sheath tumour (MPNST) (Neurogenic sarcoma, Anaplastic neurofibroma, „Malignant schwannoma")*	
2.3.1	Variants:	Epithelioid
2.3.2		MPNST with divergent mesenchymal and/or epithelial differentiation
2.3.3		Melanotic
3	**Tumours of the Meninges**	
3.1	*Tumours of meningothelial cells*	
3.1.1	Meningioma	
3.1.1.1	Variants:	Meningothelial
3.1.1.2		Fibrous (fibroblastic)
3.1.1.3		Transitional (mixed)
3.1.1.4		Psammomatous
3.1.1.5		Angiomatous
3.1.1.6		Microcystic
3.1.1.7		Secretory
3.1.1.8		Clear cell
3.1.1.9		Chordoid
3.1.1.10		Lymphoplasmacyte-rich
3.1.1.11		Metaplastic
3.1.2	Atypical meningioma	
3.1.3	Papillary meningioma	
3.1.4	Anaplastic (malignant) meningioma	
3.2	*Mesenchymal, non-meningothelial tumours*	
	Benign neoplasms	
3.2.1	Osteocartilaginous tumours	
3.2.2	Lipoma	
3.2.3	Fibrous histiocytoma	
3.2.4	Others	
	Malignant neoplasms	
3.2.5	Hemangiopericytoma	
3.2.6	Chondrosarcoma	
3.2.6.1	Variant:	Mesenchymal chondrosarcoma
3.2.7	Malignant fibrous histiocytoma	
3.2.8	Rhabdomyosarcoma	
3.2.9	Meningeal sarcomatosis	
3.2.10	Others	
3.3	*Primary melanocytic lesions*	
3.3.1	Diffuse melanosis	
3.3.2	Melanocytoma	
3.3.3	Malignant melanoma	
3.3.3.1	Variant: Meningeal melanomatosis	
3.4	*Tumours of uncertain histogenesis*	
3.4.1	Haemangioblastoma (Capillary haemangioblastoma)	
4	**Lymphomas and Haemopoietic Neoplasms**	
4.1	*Malignant lymphomas*	
4.2	*Plasmacytoma*	
4.3	*Granulocytic sarcoma*	
4.4	*Others*	
5	**Germ Cell Tumours**	
5.1	*Germinoma*	
5.2	*Embryonal carcinoma*	
5.3	*Yolk sac tumour (Endodermal sinus tumour)*	
5.4	*Choriocarcinoma*	
5.5	*Teratoma*	
5.5.1	Immature	
5.5.2	Mature	
5.5.3	Teratoma with malignant transformation	
5.6	*Mixed germ cell tumours*	

Tab. 9. (Fortsetzung)

6	**Cysts and Tumour-like Lesions**
6.1	*Rathke cleft cyst*
6.2	*Epidermoid cyst*
6.3	*Dermoid cyst*
6.4	*Colloid cyst of the third ventricle*
6.5	*Enterogenous cyst*
6.6	*Neuroglial cyst*
6.7	*Granular cell tumour (Choristoma, Pituicytoma)*
6.8	*Hypothalamic neuronal hamartoma*
6.9	*Nasal glial heterotopia*
6.10	*Plasma cell granuloma*
7	**Tumours of the Sellar Region**
7.1	*Pituitary adenoma*
7.2	*Pituitary carcinoma*
7.3	*Craniopharyngioma*
7.3.1	Variants: Adamantinomatous Papillary
8	**Local Extensions from Regional Tumours**
8.1	*Paraganglioma (Chemodectoma)*
8.2	*Chordoma*
8.3	*Chondroma* *Chondrosarcoma*
8.4	*Carcinoma*
9	**Metastatic Tumours**
10	**Unclassified Tumours**

Die verschiedenen Geschwulstarten bevorzugen bestimmte Altersklassen (Abb. 37). So finden sich bei Erwachsenen Meningeome, Hypophysenadenome, Neurinome und Gliome, während bei Kindern und Jugendlichen häufiger Medulloblastome, Kraniopharyngeome, pilozytische Astrozytome anzutreffen sind. 80 % aller im Gehirn angesiedelten Tumoren gehören zu acht Arten (Astrozytom, Oligodendrogliom, Glioblastom, pilozytisches Astrozytom, Meningeom, Neurinom, Hypophysenadenom, Metastasen) [47].

Die computertomographischen Kriterien der intrakranialen Tumoren sind:

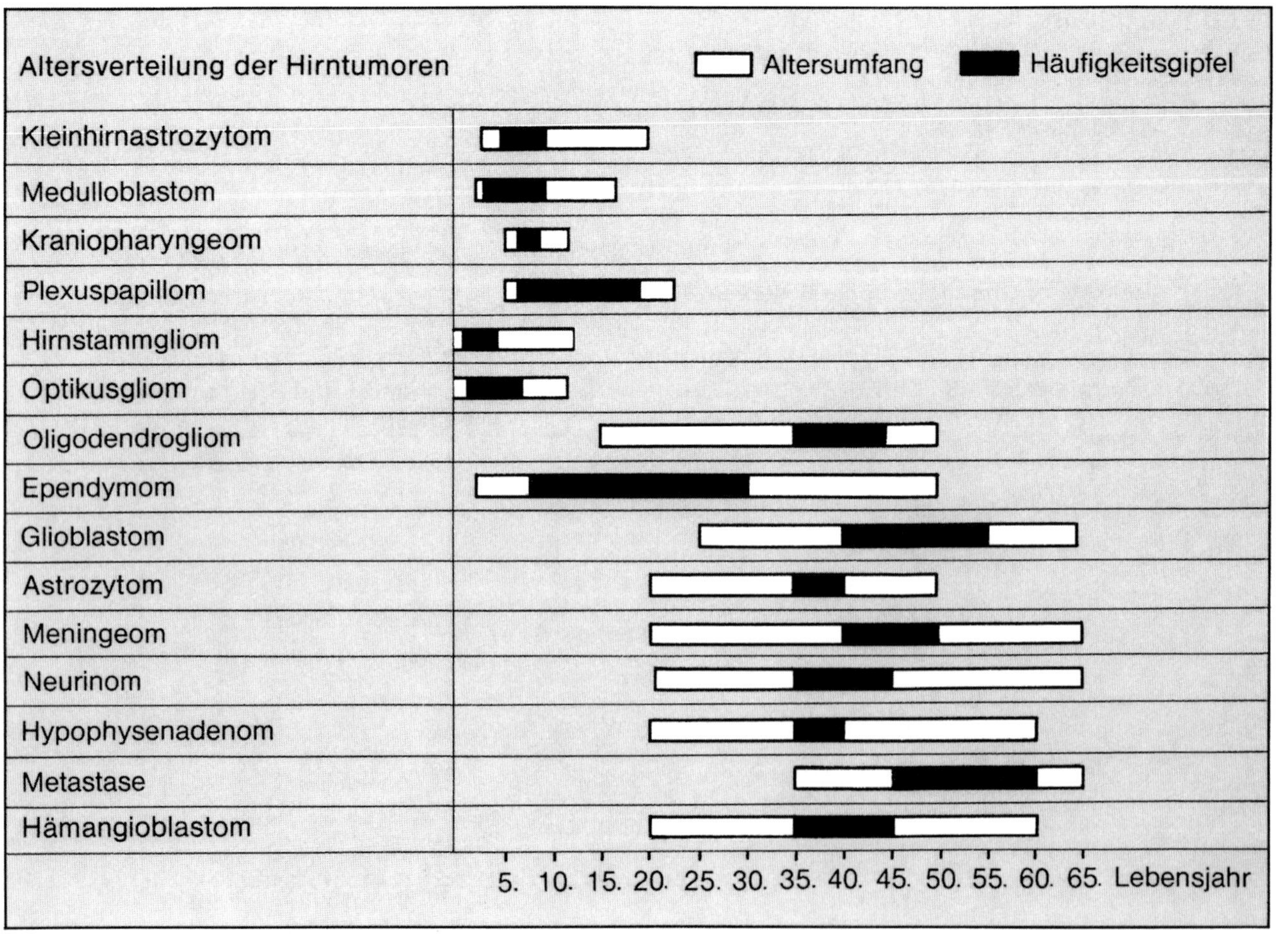

Abb. 37. Altersverteilung der Hirntumoren [113].

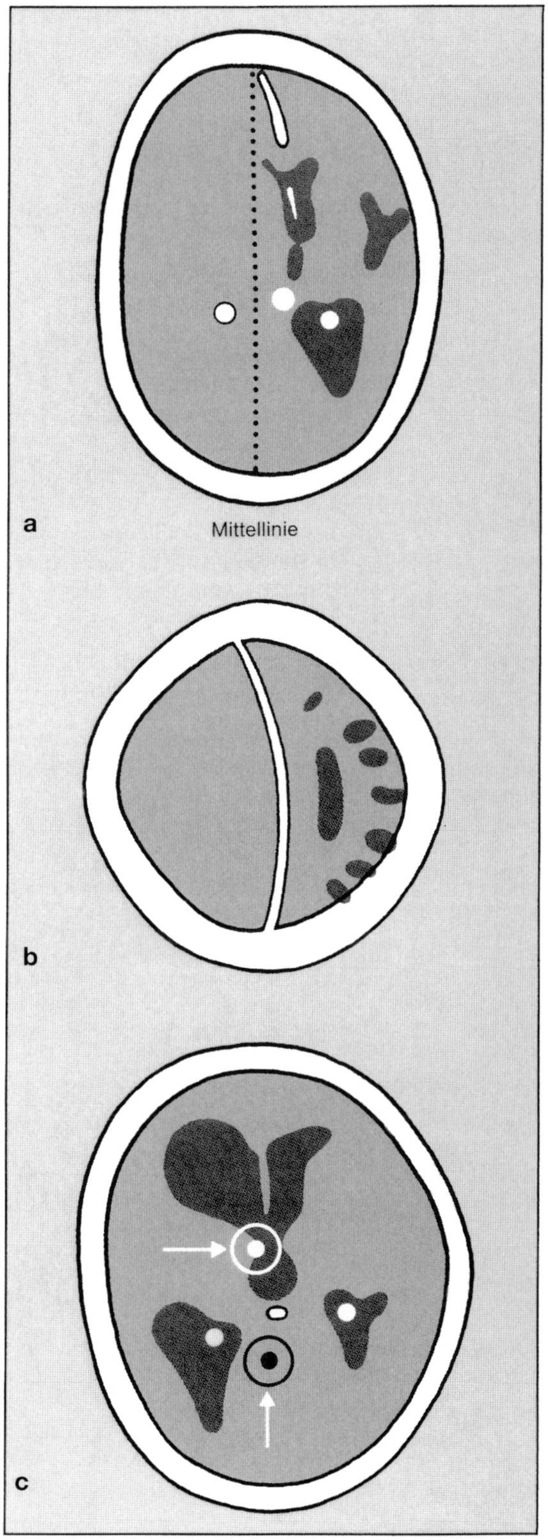

Abb. 38a–c. Synopsis der computertomographischen Zeichen einer intrakraniellen Raumforderung. (a) Verlagerung der Mittellinienstrukturen (Interhemisphärenspalt, Septum pellucidum, III. Ventrikel, Pinealis) und der Plexus chorioidei. (b) Falxverlagerung, Kompression der inneren und äußeren Liquorräume (Seitenventrikel, Sulci). (c) Liquorabflußblockade (Hydrocephalus occlusus, Foramen-Monroi-Blockade).

- Die indirekten Zeichen der Raumforderung, d. h. Verlagerung der Mittellinienstrukturen, Dislokation der Plexus chorioidei, Kompression und Deformierung der Seitenventrikel sowie Liquorabflußblockade mit konsekutivem Hydrozephalus (Abb. 38).
  Im Prinzip verlaufen die intrakraniellen raumfordernde Prozesse hinsichtlich des zeitlichen Ablaufes der „Einklemmung" in etwa gleich (siehe Schädelhirntrauma, Hirnblutungen, Hirnabszesse).
- Der umschriebene, dichteverändernde Prozeß.
  Die Dichte der Tumoren kann im Vergleich zum umgebenden Hirngewebe erniedrigt sein. Dies wird durch einen vermehrten Fett- und Wassergehalt verursacht. Die Dichte der Hirntumoren kann erhöht sein. Dies wird durch ihre Gewebstextur, intratumoröse Verkalkungen oder Blutungen bewirkt. Blutungen und Kalzifikationen können fleckförmig im hypodensen Tumorgewebe auftreten, so daß ein inhomogenes Bild mit gemischter Dichte resultiert. Tumorzysten variieren das CT-Bild zusätzlich.
  Ein nicht zu vernachlässigender Teil der Tumoren (besonders im infratentoriellen Raum) hat die gleiche Dichte wie Hirngewebe und ist von diesem nicht direkt abzugrenzen.
- Erscheinungsbild nach Kontrastmittelgabe (KM).
  Entsprechend der geschädigten Blut-Hirn-Schranke und der Gefäßversorgung der einzelnen Tumoren lassen sich Ausssagen über die Histologie und Dignität der Hirngeschwülste machen. Primär isodense Tumoren können auf diese Weise direkt dargestellt werden.
- Das perifokale Tumorödem. Es breitet sich im Marklager aus, das an dieser Stelle eine verminderte Dichte aufweist und sich deshalb von der grauen Substanz deutlich abhebt. Das temporal gelegene Ödem hat oft eine typische Dreifingerform, die durch seine Ausbreitung in der Capsula interna, der Capsula externa und dem Mark im Operculum temporale zustande kommt. Liegt das Ödem frontal mit einem Ausläufer in der Capsula externa, so erinnert seine Form an einen Trichter (Tafel 72/5 und 90/1, 2).

In den kranialen Abschnitten der Sylvischen Furche (Inselregion) schiebt sich der Kortex relativ weit ins Centrum semiovale vor und kann dort einen Tumor vortäuschen, wenn die Dichte des Marklagers ödematös verändert ist.

Nach der Ausdehnung wurden drei Grade des Ödems unterschieden:
- Grad I: Breite bis zu 2 cm,
- Grad II: kleiner als halbe Hemisphäre,
- Grad III: größer als halbe Hemisphäre.

Diese Einteilung wird heute durch die individuelle Beschreibung ersetzt, wobei die topischen Details zu würdigen sind.

Die richtige präoperative histologische Diagnose von Hirntumoren im CT dürfte bei ca. 70 % liegen, wenn man die CT-Kriterien mit Lage des Tumors, Alter des Patienten und klinische Anamnese im Zusammenhang sieht. Die Variabilität der Hirntumoren sorgt aber immer wieder für Überraschungen.

11.2 Spezieller Teil

11.2.1 Tumoren der Astrozytom-Reihe

Nach dem Grad der Anaplasie werden 4 Malignitätsstufen unterschieden.
- Grad I: Er kennzeichnet das pilozytische Astrozytom.
- Grad II: Isomorphes, zellarmes Gewebe, ohne Nachweis von Mitosen. Das Tumorgewebe besitzt wenige und regelrecht strukturierte Gefäße.
- Grad III: Größere Zelldichte, Zell- und Kernpolymorphie mit einzelnen Mitosen und kleinherdigen Nekrosen.
- Grad IV: Diese Malignitätsstufe wird zum Glioblastom gerechnet, das durch ein mitosenreiches, polymorphes Gewebe mit großherdigen Nekrosen und Gefäßproliferation gekennzeichnet ist.

11.2.1.1 Fibrilläre Astrozytome (Grad II)

Die durch fibrilläre, protoplasmatische oder gemistozytische Astrozyten gekennzeichneten Geschwülste wachsen langsam und infiltrierend. Sie sind an ihren Rändern gegen gesundes Hirngewebe schlecht abgegrenzt und verändern oft die Form des Gehirns nicht. Astrozytome sind bei Kindern selten und treten im 4. Lebensjahrzehnt gehäuft auf.

Topik
Astrozytome wachsen vor allem in den Großhirnhemisphären mit Bevorzugung der frontalen und temporalen Lappen. Bei Kindern unter 10 Jahren ist eine typische Lokalisation die Brücke (Ponsgliome).

Klinische Leitsymptome
Anfangs fokale und generalisierte Krampfanfälle, die oft seit Jahren bestehen. In späteren Stadien neurologische Ausfälle und Kopfschmerz.

Computertomographie
Die Astrozytome vom Grad II imponieren als umschriebene Zonen verminderter Dichte. Eine Abgrenzung gegen ein den Tumor umgebendes, perifokales Ödem ist meist nicht möglich. Die indirekten Zeichen der Raumforderung sind diskret und können sogar ganz fehlen. Intravenös appliziertes Kontrastmittel wird nicht angereichert. Die Unterscheidung vom Infarkt ist gelegentlich nicht einfach. Die typische Topik, die Keilform und die bei Verlaufskontrollen zunehmende Demarkierung der Infarkte sind differentialdiagnostische Kriterien.

Astrozytom (Grad II)

Häufigkeit	Ca. 5%
Bevorzugtes Erkrankungsalter	25.–45. Lebensjahr
Geschlechtsverteilung	Männer etwas häufiger
Lokalisation	Frontotemporopräzentral temporoparietal, Pons (Kinder)
Klinische Leitsymptome	Anfälle, später neurologische Ausfälle
Zusatzuntersuchungen	EEG
Histologie	Isomorphes, zellarmes Gewebe, ohne Nachweis von Mitosen; wenige und regelrecht strukturierte Gefäße
CT nativ	Umschriebene, homogene, relativ scharf begrenzte, hypodense Zone, rindennah, aber auch diffus
CT nach KM	Keine Änderung

Tafel 63. Astrozytome Grad II

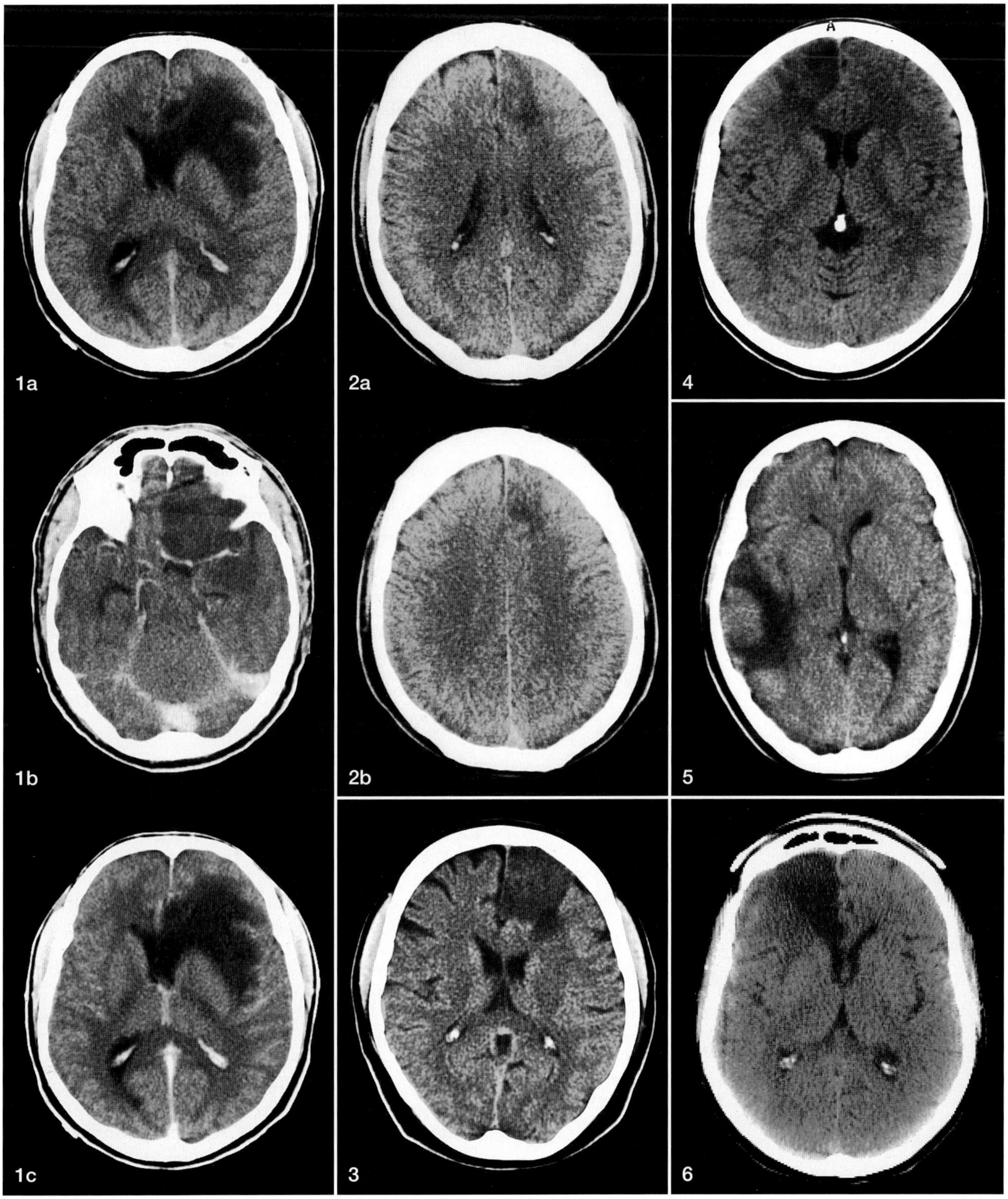

1a–c Links frontotemporales Astrozytom Grad II ohne KM-Aufnahme.
Nativbild (a); KM-Bild ohne Aufnahme von Kontrastmittel im Tumor (b); KM-Bild (c).

2a, b Links frontopräzentrales Astrozytom Grad II. Nur kleine hypodense Zonen zu sehen.
3 Links frontales Oligo-Astrozytom Grad II (Mischgliom).

4 Rechts frontales Astrozytom.
5 Rechts temporales Astrozytom Grad II.
6 Rechts frontomediales Astrozytom-Rezidiv Grad II.

11.2.1.2 Anaplastische Astrozytome (Grad III)

Die klinischen Daten, die Leitsymptome und die Lokalisation unterscheiden sich unwesentlich vom Astrozytom Grad II.

Computertomographie
Das Astrozytom vom Grad III (anaplastisches Astrozytom) bietet ein vielfältigeres Bild als das Astrozytom Grad II. Obwohl die überwiegende Zahl der Tumoren eine verminderte Dichte aufweist, finden sich auch Tumoren mit erhöhter, gemischter oder gleicher Dichte. Der überwiegende Teil dieser Tumoren (83 %) reichert Kontrastmittel an und wird in zwei Drittel der Fälle von einem mäßiggradigen perifokalen Ödem umgeben. Für das gemistozytische Astrozytom sind knollenartige iso- oder leicht hyperdense Bezirke, verbunden mit einer starken Kontrastmittelanreicherung, typisch.

Anaplastisches Astrozytom (Grad III)

Häufigkeit	Ca. 4 %
Bevorzugtes Krankenalter	35.–55. Lebensjahr
Geschlechtsverteilung	Männer etwas häufiger
Lokalisation	frontal-temporal-parietal, temporal-parietal
Klinische Leitsymptome	Anfälle, neurologische Ausfälle, Kopfschmerzen
Zusatzuntersuchungen	EEG
Histologie	Größere Zelldichte, Zell- und Kernpolymorphie, einzelne Mitosen und kleinherdige Nekrosen
CT nativ	Sehr uneinheitlich, hypo- und isodense Zonen
CT nach KM	Häufig geringes bis mittelgradiges perifokales Ödem, ringförmige oder solide Tumoren teilweise mit Zysten. Manchmal gleiches Bild wie Astrozytom II

11.2.2 Glioblastome

Glioblastome sind die häufigsten hirneigenen Geschwülste. Sie kommen fast doppelt so oft bei Männern wie bei Frauen vor. Ihre altersabhängige Verteilung hat einen Gipfel im 5.–7. Lebensjahrzehnt; sie sind bei Kindern kaum anzutreffen.

Die Glioblastome sind die malignesten Hirngeschwülste. Sie wachsen schnell und infiltrativ. Die klinische Vorgeschichte ist bei Diagnosestellung meist kurz, die Überlebenszeit nach Diagnosestellung beträgt im Mittel 6–9 Monate [116–118].

Histologie
Das Glioblastom ist die am stärksten anaplastisch modifizierte Form der Gliazelltumoren. Es entspricht dem höchsten Malignitätsgrad der Gliome. Neben soliden Anteilen mit mitosenreicher Zellpolymorphie finden sich großherdige Nekrosen, Zysten und Tumorblutungen. Kapillaren und Endothel proliferieren stark, und die Gefäße sind knäuelartig angeordnet. Meist ist der Tumor von einem ausgeprägten Umgebungsödem begleitet.

Topik
Glioblastome sind vorwiegend im Marklager und in den Stammganglien des Großhirns lokalisiert, in dem sie alle Lappen befallen können. Gelegentlich durchsetzt der Tumor den Balken und wächst in beiden Hemisphären (Schmetterlingsglioblastome). Glioblastome können auch multizentrisch auftreten.

Klinische Leitsymptome
Wegen des raschen Tumorwachstums ist die Anamnese kurz (maximal 3–4 Monate). Häufig ist ein epileptischer Anfall das Initialsymptom, wenig später entwickeln sich die Zeichen einer Hirndrucksteigerung, neurologische Ausfälle oder ein Psychosyndrom.

Computertomographie
Entsprechend dem bunten Glioblastomaufbau sind die Bilder recht unterschiedlich. Der Nativscan zeigt die Tumoren meist als umschriebene Zonen gemischter Dichte. Im Tumorareal finden sich oft Nekrosezonen, seltener auch Zysten und Blutungen (Glioma apoplecticum). Der Tumor ist in der Regel von einem ausgedehnten perifokalen Ödem umgeben, so daß er sich von der Umgebung abgrenzt, auch wenn er die gleiche Dichte wie Gehirngewebe besitzt. Meist sind die indirekten Zeichen der Raumforderung sehr deutlich (Abb. 38, S. 141). Die Kontrastmittelanreicherung ist fast immer positiv, wenn man von den sehr seltenen Ausnahmen total nekrotischer Tumoren absieht. Durch die Kontrastanhebung zeigt sich das gefäßreiche Tumorgewebe als girlandenförmiger Ringwall oder seltener als Knoten, während die nekrotischen Anteile Kontrastmittel nicht aufnehmen. Bei etwa 5 % der Glioblastome finden sich große Zysten mit einem dünnen Kontrastmittelsaum. Vereinzelt kann es auch zum Übertritt von Kontrastmittel in die Zyste mit horizontalem Schichtungsphänomen kommen.

Zusatzuntersuchungen
Die meist voluminöse Raumforderung bedingt im Röntgenbild eine Verlagerung von Pinealis und Plexus chorioidei, falls diese verkalkt sind. Sequenz-

Tafel 64. Astrozytome Grad III

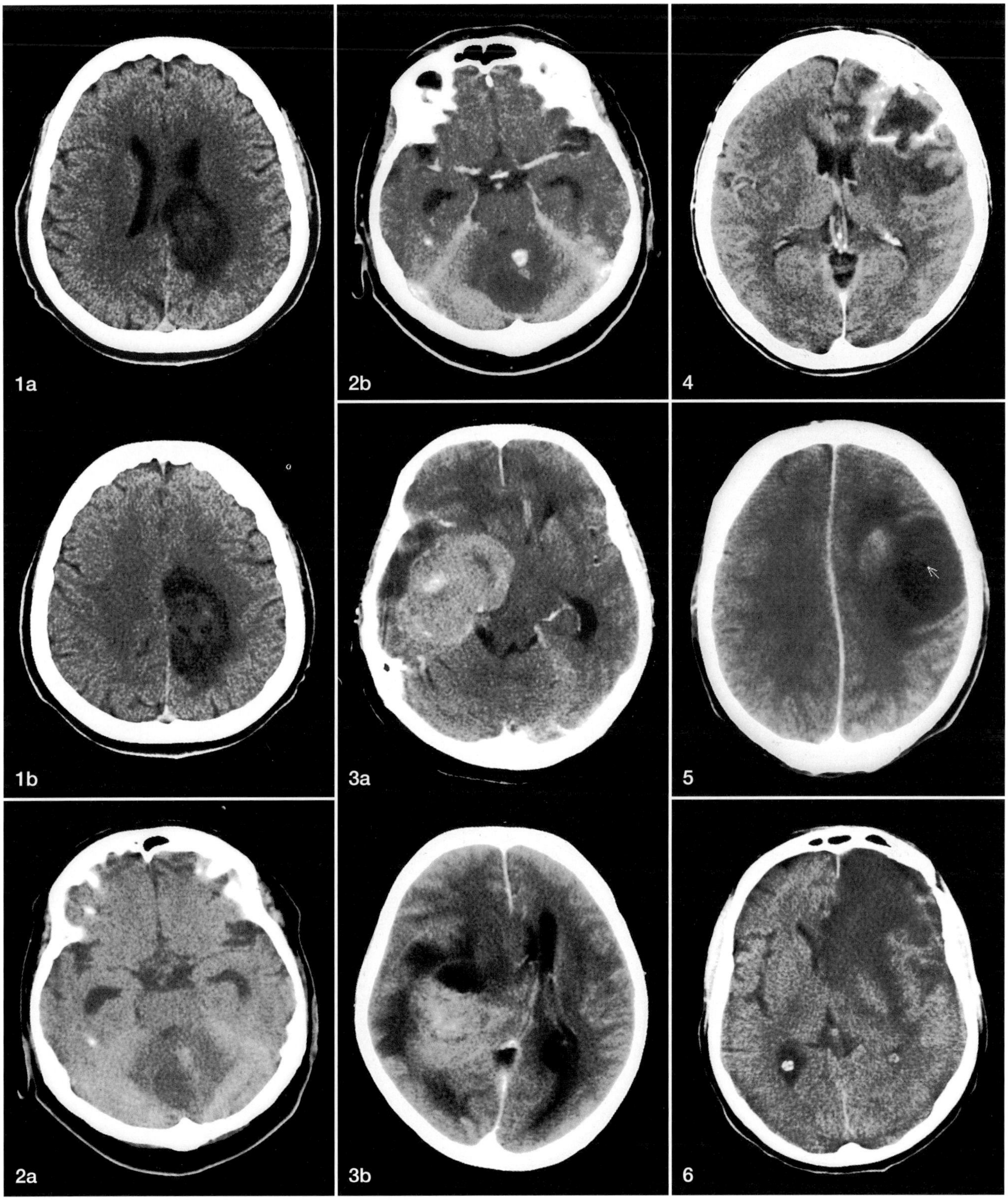

1a, b Astrozytom Grad III links parietal paramedian.
2a, b Astrozytom Grad III im Bereich der hinteren Schädelgrube links. Ohne KM (a), nach KM-Gabe geringe Anhebung im Tumor (b).

3a, b Astrozytom Grad III rechts temporal nach KM-Gabe. Relativ knotiger Tumor mit perifokalem Ödem, positive KM-Aufnahme.

4 Astrozytom-Oligodendrogliom Grad III links frontal. Girlandenartige KM-Aufnahme.
5 Astrozytom Grad III links zentral. Nach KM-Gabe knotige Dichteanhebung im medialen Tumorbereich.
6 Rezidiv eines Astrozytoms Grad III links frontal bis zum Balken reichend. Nach KM-Gabe nur diffuse geringgradige Anfärbung.

Tafel 65. Glioblastome I

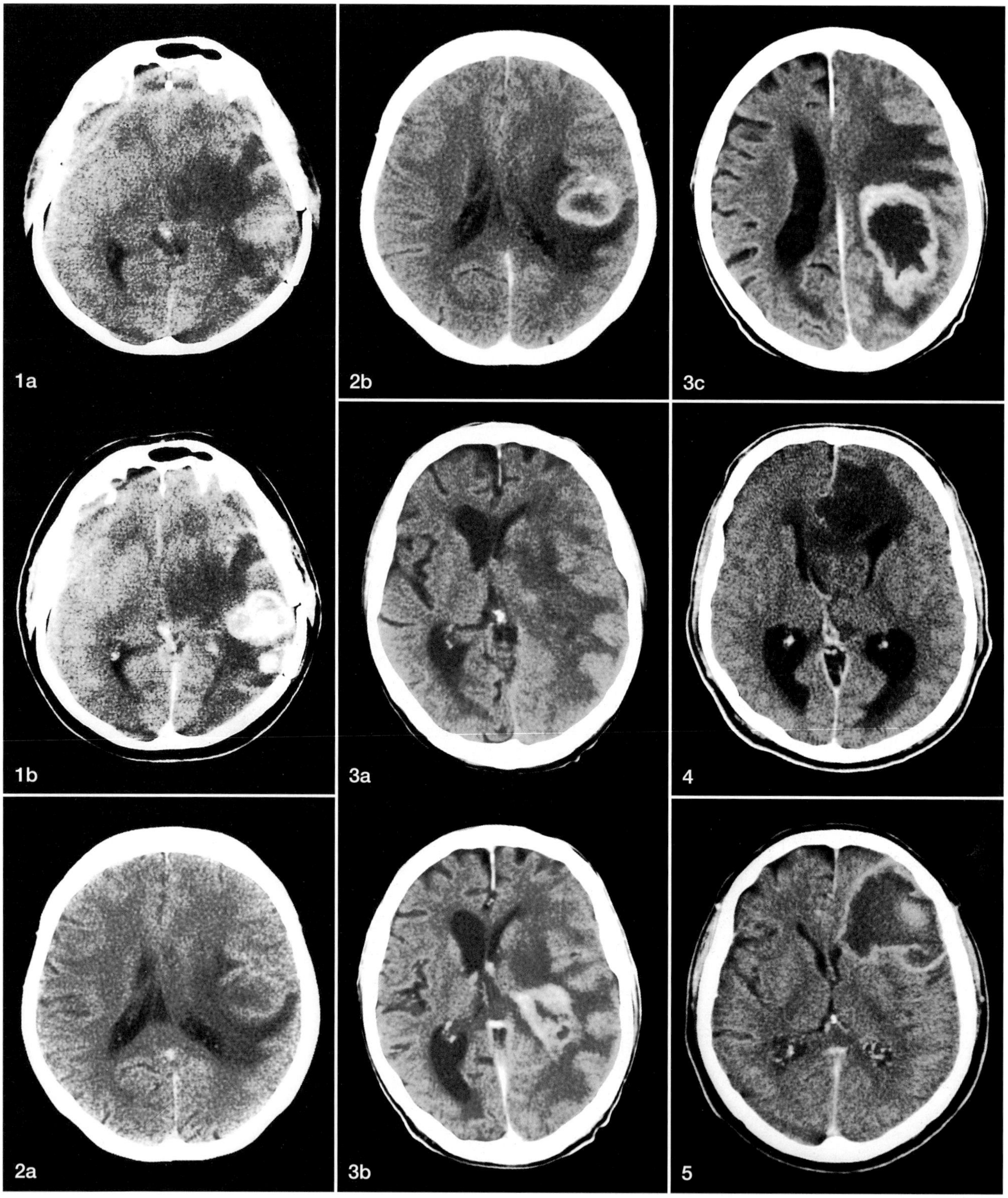

1a, b Glioblastom links temporal. Ohne KM (a), nach KM-Gabe (b). Knotenartige Tumorform.

2a, b Glioblastom links temporoparietal. Ohne KM (a), nach KM-Gabe (b). Ringartige Struktur.

3a–c Glioblastom links temporoparietal. Ohne KM-Gabe (a), nach KM-Gabe (b, c). Girlandenförmige Struktur. Erhebliches perifokales Ödem.

4 Glioblastom links betont im vorderen Balkenbereich, nach KM-Gabe, wenig Enhancement.

5 Glioblastom links frontotemporal nach KM-Gabe, girlandenförmige Struktur, fehlendes Ödem.

Tafel 66. Glioblastome II

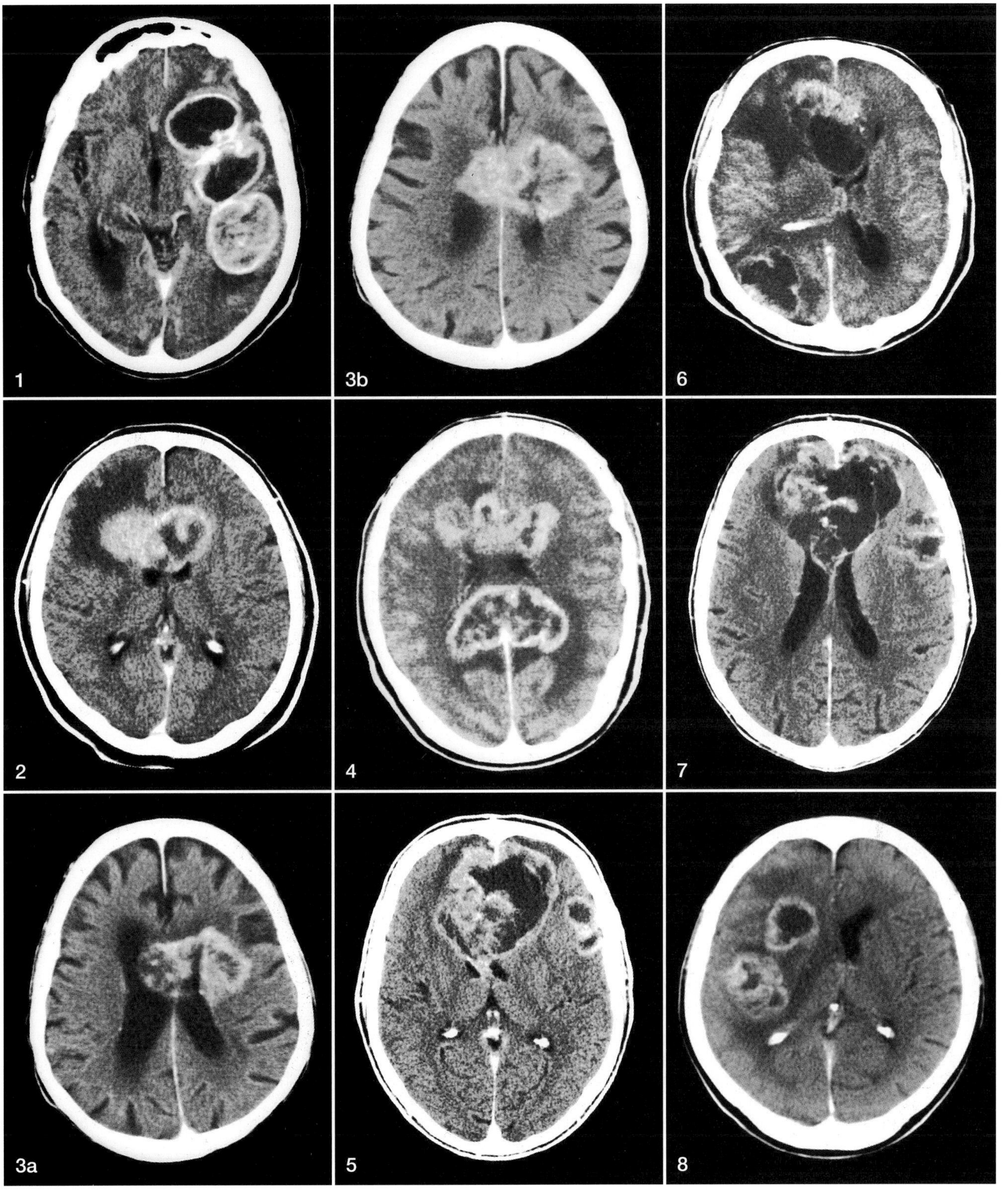

1 Links frontotemporales multilobuläres Glioblastom nach KM-Gabe.
2 Glioblastom des vorderen Balkens mit rechts betontem perifokalem Ödem. CT nach KM-Gabe.
3a, b Glioblastom des mittleren Balkens linksbetont, ohne wesentliches perifokales Ödem; nach KM-Gabe.

4 Glioblastom des vorderen und hinteren Balkens nach KM-Gabe.
5 Multifokales Glioblastom des vorderen Balkens und links frontotemporal nach KM-Gabe.

6 Multifokales Glioblastom rechts frontal bis in den Balken reichend und rechts okzipital nach KM-Gabe.
7 Multifokales Glioblastom des vorderen Balkens und links frontotemporal, nach KM-Gabe.
8 Multifokales Glioblastom rechts frontotemporal und temporal, nach KM-Gabe.

Glioblastom

Häufigkeit	12–20 %
Bevorzugtes Krankenalter	40–65 Jahre
Geschlechtsverteilung	Männer fast doppelt häufiger
Lokalisation	Alle Regionen im Großhirn, häufig mehrere Hirnlappen und die Stammganglien betreffend, Balken (Schmetterlingsgliom), auch multizentrisch
Klinische Leitsymptome	Kurze Anamnese; ausgeprägte neurologische Störungen; Psychosyndrom; Anfälle
Histologie	Mitosenreiche Zellpolymorphie. Nekrosen, Gefäßproliferation mit Blutungen, Kapillarthrombosen.
CT nativ	Gemischtdichter Tumor (hypo-, iso-, hyperdens), ausgeprägter Masseneffekt und perifokales Ödem
CT nach KM	Fast immer positive KM-Aufnahme; ring- bis girlandenförmiger Tumor mit erhöhter Dichte.

szintigraphisch ist der Tumor hyperperfundiert, und er lagert in der Spätphase Radionuklide ein. Das Angiogramm zeigt neben den Gefäßverlagerungen arteriovenöse Kurzschlüsse und pathologische besenreiserartige Gefäße, die bei 70 % die Artdiagnose ermöglichen.

11.2.3 Pilozytische Astrozytome (Grad I) (Spongioblastome)

Der Begriff pilozytisches Astrozytom erklärt sich aus den charakteristischen haarähnlichen Fortsätzen der Geschwulstzellen, er ersetzt heute die früher gebräuchlichen Bezeichnungen wie Kleinhirnspongioblastom, Optikusgliom, Hypothalamusgliom, Infundibulom und Astrozytom vom juvenilen Typ. Die Tumoren kommen in allen Lebensabschnitten vor, bevorzugen aber das Kindes- und Adoleszentenalter. Sie wachsen langsam und können bei günstiger Lokalisation (Kleinhirn, Großhirnhemisphäre) mit Aussicht auf Rezidivfreiheit exstirpiert werden.

Histologie
Es handelt sich um mäßig scharf begrenzte Tumoren mit faszikulärer Anordnung von länglichen bipolaren Zellen. Die Tumoren neigen zur Verschleimung und Zystenbildung.

Topik
Kleinhirn, Pons, Dienzephalon und Tractus opticus. Selten mediale Anteile des Temporallappens.

Klinische Leitsymptome
Je nach Tumorsitz finden sich Ataxie, Erbrechen, Kopfschmerz (Kleinhirn), Sehstörungen (Tractus opticus), Kachexie (Dienzephalon) oder Krampfanfälle (Temporallappen).

Computertomographie
Die Tumoren imponieren als scharf konturierte, oft runde, hypodense und isodense Areale mit zystischen und selten auch kalkhaltigen Anteilen. Nur ausnahmsweise haben die Tumoren ein perifokales Ödem. Nach Kontrastmittelinjektion färbt sich der solide Teil der Tumoren kräftig an, während die zystischen Anteile Kontrastmittel nicht aufnehmen.

Im Kleinhirn lassen sich drei Erscheinungsformen abgrenzen:
- große Zysten mit wandständigem Tumorknoten,
- kontrastmittelanreichernde Ringe mit zentralen Zysten und
- kleine Tumorknoten ohne Zyste.

Im Kleinhirn liegen die Tumoren meist exzentrisch, sie komprimieren den IV. Ventrikel und verursachen einen obstruktiven Hydrozephalus, bei dem sich

Pilozytisches Astrozytom (Grad I)

Häufigkeit	3–6 %
Bevorzugtes Krankenalter	Im 1. und 2. Lebensjahrzehnt
Geschlechtsverteilung	Gleich
Lokalisation	Hintere Schädelgrube Chiasmaregion Temporallappen
Klinische Leitsymptome	Kopfschmerzen, Erbrechen, Ataxie-, Sehstörungen, Hypothalamusschäden – Krampfanfälle
Histologie	Faszikuläre Anordnung von länglichen bipolaren Zellen
CT nativ	Hypodense Raumforderung, mitunter mit Kalk; manchmal iso- und hyperdenser Prozeß
CT nach KM	Starke Dichteanhebung, solide Tumorknoten mit Zysten und Ringformationen

Tafel 67. Pilozytische Astrozytome

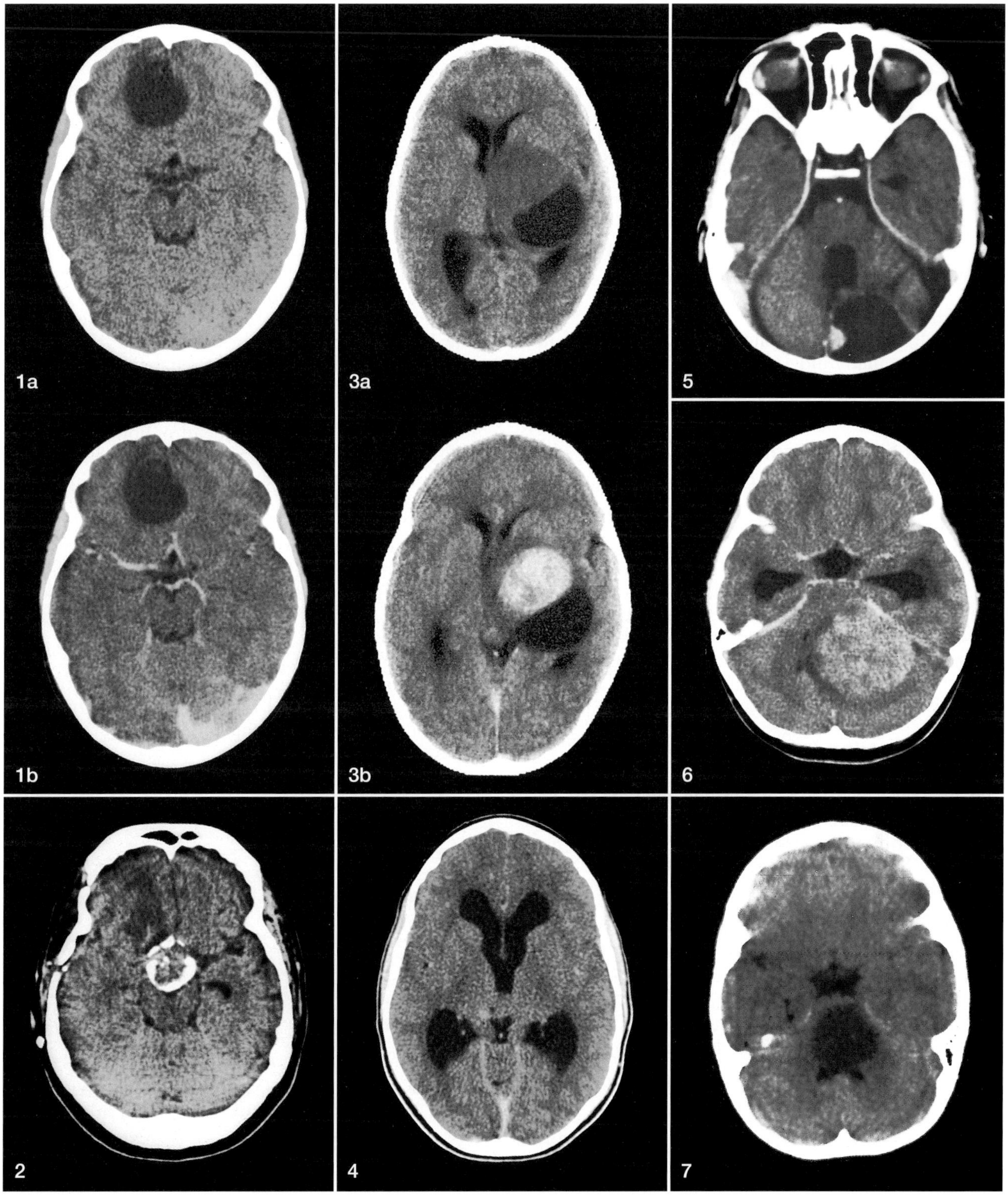

1a, b Rechts frontales pilozytisches Astrozytom. Nativ (a), nach KM-Gabe ohne sonderliche Aufnahme von KM (b).
2 Supraselläres verkalktes pilozytisches Astrozytom, Rezidiv.

3a, b Pilozytisches Astrozytom in den linken Stammganglien, hypodenser Tumor mit zystischem Anteil und KM-Einlagerung. Ohne KM (a), nach KM-Gabe (b).
4 Pilozytisches Astrozytom der Pinealisregion. Nach KM-Gabe keine Anfärbung. Pelottierung des hinteren Teils des III. Ventrikels.

5 Rezidiv eines pilozytischen Astrozytoms in der linken Kleinhirnhemisphäre medial mit großer Zyste. Nach KM-Gabe.
6 Pilozytisches Astrozytom der hinteren Schädelgrube links, ausgehend vom VIII. Hirnnerven. Geringe Kontrastanhebung nach KM-Gabe.
7 Pilozytisches Astrozytom des Pons.

computertomographisch bei ca. 25 % auch ein periventrikuläres Ödem nachweisen läßt.

In der Chiasmaregion komprimieren die meist isodensen Tumoren die Cisterna chiasmatis. Reicht der Tumor weiter nach oben, so ist auch der III. Ventrikel verlegt, und es kann zu einer Foramen-Monroi-Blockade mit ein- oder doppelseitiger Ventrikelaufweitung kommen. Greift der Tumor auf den N. opticus über, so zeigt die Orbitaaufnahme einen klobig aufgetriebenen Sehnerv und eventuell einen Exophthalmus.

Die im Temporallappen gelegenen pilozytischen Astrozytome zeigen kein einheitliches Dichtemuster und enthalten nicht selten Zysten und Kalkherde.

Zusatzuntersuchungen
Der Hydrocephalus internus kann gelegentlich mit dem Röntgennativbild (indirekte Hirndruckzeichen) nachgewiesen werden.

11.2.4 Subependymales Riesenzellastrozytom

Der seltene, relativ benigne (Grad I) Tumor tritt meist im Rahmen einer tuberösen Sklerose (Tafel 32, S. 79) auf und führt im frühen Jugendalter zu klinischen Symptomen. Sein typischer Sitz ist am Foramen Monroi im Vorderhorn des Seitenventrikels, und er ist meist mit einem Hydrozephalus kombiniert. Der runde Tumorknoten ist iso- bis hyperdens und reichert Kontrastmittel stark an (Tafel 82).

11.2.5 Oligodendrogliome

Die sich von der Oligodendroglia ableitenden Geschwülste wachsen zwar infiltrierend, gehören aber eher zu den ausgereiften, verhältnismäßig benignen Gliomen. Sie treten besonders im 5. Lebensjahrzehnt und selten bei Kindern auf.

Histologie
Ähnlich wie bei den Astrozytomen werden nach dem Grad der Anaplasie 3 Stadien unterschieden. Übergänge zum Glioblastom sind somit möglich. Es finden sich regressive Veränderungen wie Zysten, Tumorblutungen und in 70 % der Fälle Kalkeinlagerungen.

Topik
Oligodendrogliome sind vor allem in den Großhirnhemisphären lokalisiert und bevorzugen den frontalen, parietalen und temporalen Lappen. Rindennahe Oligodendrogliome wachsen girlandenförmig entlang den Gyri und können in den Subduralraum vordringen; gelegentlich werden die Hirnwindungen „imitiert".

Klinische Leitsymptome
Fokale und generalisierte Anfälle, in späteren Stadien neurologische Ausfälle und Kopfschmerzen.

Computertomographie
In den umschriebenen Zonen verminderter Dichte finden sich charakteristischerweise schollige Kalkeinlagerungen und selten zystische Hohlräume. Etwa 25 % der Oligodendrogliome erscheinen ausschließlich als hypodense Areale, sie sind dann von einem Astrozytom nicht zu unterscheiden. Bei mehr als der Hälfte finden sich hingegen Kalkherde. Die Verkalkungen können stippchenförmig sein, häufiger handelt es sich jedoch um größere unregelmäßig konfigurierte Kalkareale, die gelegentlich auch dem Verlauf einer Hirnwindung folgen. Diese Kalkherde sind meist von hypodensen Tumorarealen umgeben, gelegentlich ist die Umgebung aber isodens, so daß die wahre Ausdehnung des Tumors nicht zu erkennen ist. Die Tumoren sind ebenso wie die Astrozytome gegen perifokale Ödeme schlecht abgrenzbar. Oligodendrogliome niedriger Malignität (Grad II) nehmen Kontrastmittel nur ausnahmsweise auf.

Die anaplastischen Oligodendrogliome (Grad III) bieten ein bunteres Bild. Sie sind zwar seltener verkalkt, ihre Gewebsdichte ist aber gemischt hypo-, iso- und hyperdens. Es finden sich zystische Areale und selten intratumoröse Blutungen. In 70 % der Fälle besteht ein perifokales Ödem meist geringen Grades. Fast die Hälfte der anaplastischen Oligodendrogliome reichert Kontrastmittel fleckig, diffus oder ringförmig an.

Zusatzuntersuchungen
Das Röntgenbild zeigt oft zarte – stippchenförmige oder girlandenartige – Verkalkungen. Die Ergebnisse der anderen Untersuchungen gleichen denen beim Astrozytom.

Oligodendrogliom

Häufigkeit	2–10 %
Bevorzugtes Krankenalter	30.–55. Lebensjahr
Geschlechtsverteilung	Männer etwas häufiger
Lokalisation	Frontal, temporal, parietal häufig zur Mittellinie hin
Klinische Leitsymptome	Anfälle
CT nativ	Bild wie bei Astrozytom II oder III, in ca. 50 % der Fälle Verkalkungen, gelegentlich Zysten
CT nach KM	Nur KM-Aufnahme bei Grad-III-Tumoren: buntes Bild, geringes Ödem

Tafel 68. Oligodendrogliome

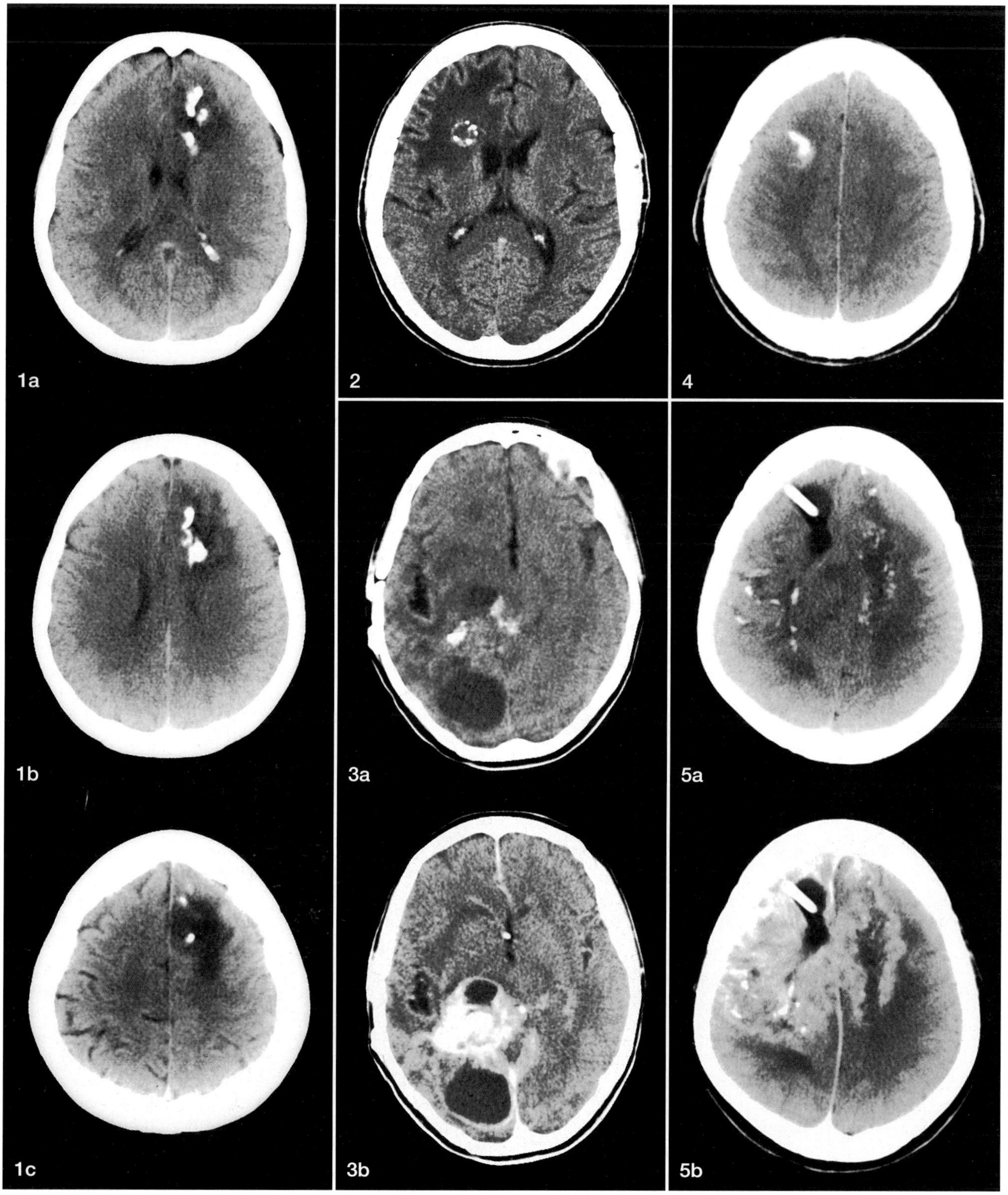

1a–c Oligodendrogliom Grad II links frontal mit Verkalkungen und hypodenser Zone. Keine KM-Aufnahme.

2 Oligodendrogliom Grad II rechts frontal mit Verkalkungsherd und hypodenser Zone.

3a, b Oligodendrogliom Grad III rechts temporookzipital. Ohne KM mit Verkalkungen und Zyste (a); nach KM-Gabe mit kräftiger Anreicherung (b).

4 Rechts frontopräzentales Oligodendrogliom Grad II.

5a, b Oligodendrogliom Rezidiv Grad III frontopräzentral rechtsbetont mit Zyste, in der ein Katheter liegt. Fleckförmige Verkalkungen. Ohne KM-Gabe (a), nach KM-Gabe (b).

11.2.6 Ependymome

Sie gehen von der Wand des Ventrikelsystems aus und finden sich besonders bei Kindern und Jugendlichen. Infratentoriell wachsen die Tumoren expansiv im Lumen des IV. Ventrikels und blockieren die Liquorzirkulation. Sie sind stark vaskularisiert. Supratentoriell gehen sie vom Ependym des Seitenventrikels (Foramen Monroi oder Trigonumbereich) oder des III. Ventrikels aus und wachsen entweder intraventrikulär, oder sie liegen paraventrikulär im Marklager des Großhirns. Die histologische Einordnung reicht von Grad II (Subependymom) bis Grad IV (anaplastisches Ependymom).

Computertomographisch sind die Ependymome im Nativscan von leicht erhöhter Dichte, zum Teil mit Verkalkungen. Sie reichern i. v. appliziertes Kontrastmittel an. Großhirnependymome, die in der Regel den Malignitätsgrad IV haben, können zystisch sein und bieten u. U. nach Kontrastmittelinjektion ein Ringmuster. Intraventrikuläre Ependymome verursachen einen Hydrozephalus, paraventrikulär gelegene Tumoren verlagern die sichtbaren Hirnstrukturen (Tafel 70).

Ependymom

Häufigkeit	1–4 %
Bevorzugtes Krankenalter	1. und. 2. Lebensjahrzehnt
Geschlechts-verteilung	Überwiegend Männer
Lokalisation	IV. und III. Ventrikel, Seitenventrikel; im Kindesalter frontal, Dreiländereck
Klinische Leitsymptome	Zeichen der intrakraniellen Drucksteigerung
CT nativ	Leicht erhöhte Dichte; Kalk möglich
CT nach KM	In den soliden Tumorteilen leichte KM-Aufnahme; bei Grad III u. IV Bild ähnlich wie bei Glioblastom

11.2.7 Mischgliome

Die histologische Aufarbeitung der Gliome geringerer Malignitätsgrade zeigt nicht selten, daß Astrozytome mit oligodendrogliösen Anteilen versehen sind und umgekehrt. Diese Tumoren gleichen computertomographisch eher dem Oligodendrogliom (Tafeln 63/3; 64/4).

11.2.8 Plexuspapillome

Die vom Plexus chorioideus ausgehenden Tumoren sind meist relativ benigne (Grad I) und manifestieren sich im Kindes- und Jugendalter. Sie entwickeln sich vor allem im IV. Ventrikel und im Trigonum des Seitenventrikels, seltener im III. Ventrikel und im Kleinhirnbrückenwinkel. Computertomographisch sind die intraventrikulären Tumorknoten iso- bis leicht hyperdens und nicht selten verkalkt; sie reichern Kontrastmittel homogen und kräftig an. Die Tumoroberfläche wirkt nicht selten körnig. Infolge von Okklusion oder Hypersekretion besteht meist ein Hydrozephalus (Tafel 69).

11.2.9 Diffuse Gliomatose

Diese seltene Krankheit ist durch eine diffuse Ausbreitung von astrozytären und/oder oligodendrogliösen Tumorzellen in einer oder beiden Hemisphären gekennzeichnet. Das Computertomogramm zeigt eine uncharakteristische Volumenvermehrung. Die Kontrastmittelaufnahme ist negativ. Verwechslungen mit dem isodensen chronischen subduralen Hämatom sind möglich.

11.2.10 Gangliozytome (Nervenzelltumoren)

Die seltenen Tumoren gehen von Ganglien und Nervenzellen aus und haben unterschiedliche Dignität (Malignitätsgrade I–IV). Sie führen meist im Adoleszentenalter zu klinischen Symptomen. Die typischen Lokalisationen sind paramedian im Großhirn, in den medialen Anteilen des Temporallappens und im Thalamus. Der computertomographische Aspekt wird meist von Zysten und Verkalkungen bestimmt, und die soliden Tumoranteile sind oft so klein, daß Kontrastmittel kaum oder gar nicht eingelagert wird

11.2.11 Pinealis-Tumoren

Die Tumoren der Zirbeldrüsenregion treten vor allem bei Jugendlichen auf und werden haselnuß- bis kastaniengroß. Sie führen durch Kompression der Vierhügelplatte und des Aquädukts zu einer charakteristischen klinischen Symptomatik mit vertikaler Blicklähmung (Parinaud-Syndrom) und intrakranieller Hypertension. Histologisch werden das Pineozytom (Grad I–III), das Pineoblastom (Grad IV) und das Germinom, das als Keimzelltumor eigentlich keine gewebliche Beziehung zur Pinealis hat, unterschieden. Sie können auf dem Liquorweg metastasieren und dann das Ventrikelsystem und besonders die Vorderhörner mit Tumormassen ausfüllen. Ob das sogenannte ektopische Pinealom in der Infundibulumregion ein autochthoner Tumor oder eine Abtropfmetastase ist, ist bisher unentschieden. Computertomographisch finden sich in der Pinealisregion kugelige, iso- bis leicht hyperdense Knoten, die gelegentlich verkalkt sind und Kontrastmittel meist stark und homogen, seltener auch ringförmig anreichern.

Tafel 69. Plexuspapillom, Pinealistumor

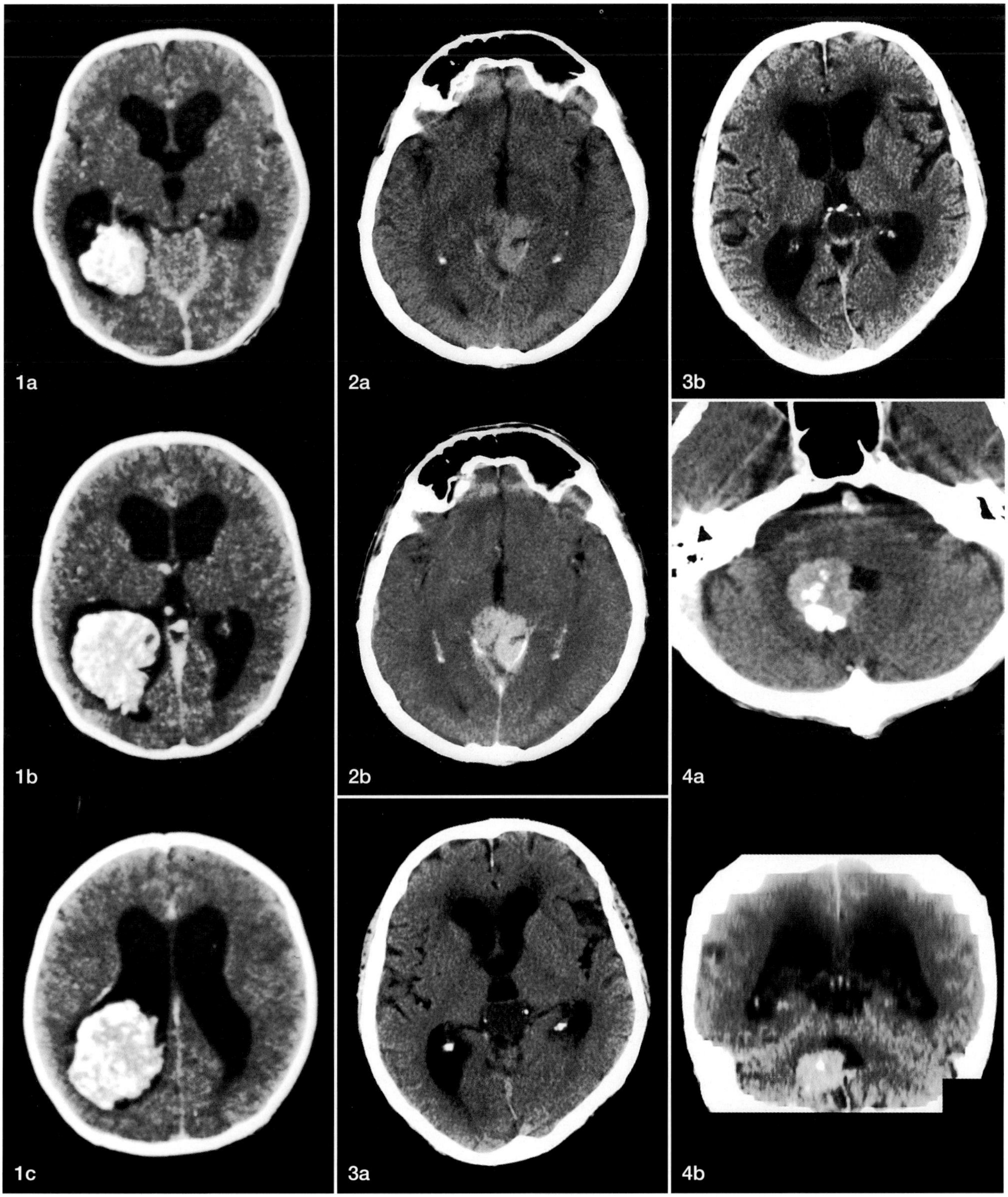

1a–c Plexuspapillom rechts im Trigonum-Seitenventrikelbereich nach KM-Gabe. Starke Kontrastaufnahme mit noppenartiger Oberfläche.

2a, b Rezidiv eines Plexuspapilloms in der Pinealisgegend vor (a) und nach KM-Gabe (b).

3a, b Zystisches Pinealom mit Amputation des III. Ventrikels und konsekutivem Hydrozephalus. KM-Gabe.

4a, b Plexuspapillom des IV. Ventrikels rechts mit Verkalkungen und Hydrozephalus. Nach KM-Gabe. Axialer Schnitt (a), koronarer Schnitt (b).

Es sei darauf hingewiesen, daß Tumoren der Pinealisregion auch von einer anderen Matrix ausgehen können: z. B. pilozytisches Astrozytom, Plexuspapillom, Teratom, Meningeom etc. (Tafel 69).

11.2.12 Medulloblastome

Das Medulloblastom ist die häufigste und maligneste Geschwulst der hinteren Schädelgrube im Kindesalter. Selten kommt es auch im Erwachsenenalter vor. Der Tumor wächst schnell und infiltrativ. Er setzt Abtropfmetastasen in die Liquorräume (Spinalkanal, Ventrikel und Zisternen) und selten auch extraneurale Metastasen.

Nach dem derzeitigen Stand der WHO-Klassifizierung wird das Medullablastom als Untergruppe der primitiv neuroektodermalen Tumoren (PNET) gesehen.

Histologie
Es handelt sich um einen unscharf begrenzten, zellreichen Tumor mit hoher Mitoserate. Das Stroma ist nur gering und vorwiegend perivaskulär ausgebildet. Regressive Veränderungen sind selten.

Topik
Bevorzugter Sitz ist der Kleinhirnwurm und das Dach des IV. Ventrikels. Seltener findet sich der Tumor ausschließlich in einer Kleinhirnhemisphäre oder im kaudalen Hirnstamm.

Klinische Leitsymptome
Kopfschmerz, Erbrechen, Ataxie, selten Kopfschiefhaltung durch Zervikalwurzelreizung.

Computertomographie
Die umschriebenen, relativ scharf konturierten Herde stehen oft mit dem IV. Ventrikel in Verbindung. Sie sind meist homogen und von leicht erhöhter Dichte. Bei einem Fünftel der Fälle ist das Dichtemuster durch Blutungen und Nekrosen im Tumorareal gemischt, und etwa die Hälfte ist von einem schmalen peritumorösen Ödemsaum umgeben. Die Tumoren reichern Kontrastmittel stark und homogen an, nur selten finden sich nekrotische Bezirke, die von der Dichtezunahme ausgespart sind. Bei einer meningealen Aussaat können weite Bereiche der Zisternen und des Subarachnoidalraumes mit kontrastmittelanreichernden Tumorschichten ausgefüllt sein. Bei einer retrograden Metastasierung finden sich supratentorielle intraventrikuläre Tumormassen. Die Medulloblastome verursachen fast stets einen computertomographisch nachweisbaren Hydrocephalus occlusus.

Zusatzuntersuchungen
Die Röntgennativaufnahme zeigt selten indirekte Hirndruckzeichen als Ausdruck des Hydrozephalus.

Medulloblastom

Häufigkeit	2–6 %
Bevorzugtes Krankenalter	1. und 2. Lebensjahrzehnt
Geschlechtsverteilung	Männliches Geschlecht überwiegt
Lokalisation	Kleinhirnwurm, Kleinhirn, IV. Ventrikel, Hirnstamm, Metastasen im Liquorraum
Klinische Leitsymptome	Kopfschmerzen, Erbrechen, Ataxie, erhöhter Hirndruck
CT nativ	Meist gering hyperdense Raumforderung
CT nach KM	KM-Aufnahme fast immer positiv außer in den Nekrosebezirken, homogener Tumor, geringes perifokales Ödem

Tafel 70. Medulloblastome, Ependymome, Sarkome

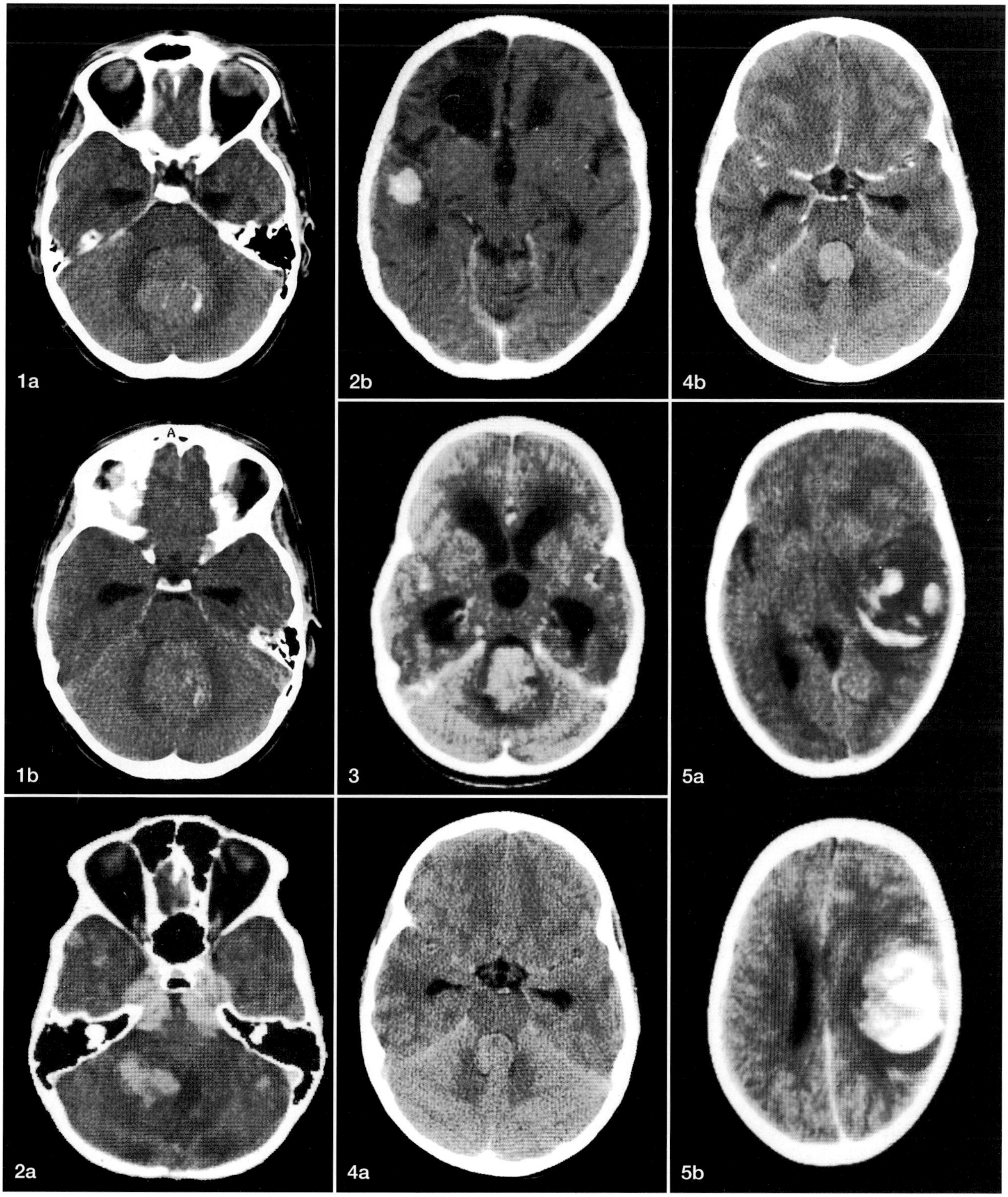

1a, b Medulloblastom des Kleinhirnwurms mit konsekutivem Hydrozephalus. Einige Schlieren erhöhter Dichte innerhalb des Tumors. Keine KM-Gabe.

2a, b Medulloblastom der rechten Kleinhirnhemisphäre mit infra- und supratentorieller Aussaat. Zahlreiche unterschiedliche große KM-aufnehmende Tumorherde.

3 Medulloblastom im Kleinhirnwurm nach KM-Gabe. Spannungshydrozephalus.

4a, b Anaplastisches Ependymom im IV. Ventrikel. Erweiterung der Unterhörner. Vor (a) und nach KM-Gabe (b).

5a, b Hirnsarkom im Rahmen einer behandelten ALL. Einblutung in den Tumor links temporal zentral. Nach KM-Gabe (b).

11.2.13 Neurinome

Neurinome gehen von den Zellen der Schwann-Scheide des N. statoacusticus und selten des N. trigeminus aus. Auch andere Hirnnerven können betroffen sein. Sie haben einen Häufigkeitsgipfel im 4.–6. Lebensjahrzehnt und befallen Frauen doppelt so oft wie Männer. Die Tumoren wachsen langsam und in der Regel rein expansiv.

Histologie
Der abgekapselte, kugelförmige Tumor besitzt uniforme längliche Zellen und reichlich Kollagenfasern. Voluminöse Neurinome können regressive Veränderungen wie Verfettungen, Nekrosezonen und selten Zysten aufweisen. Die Tumoren sind meist stark durchblutet.

Topik
Neurinome liegen im Kleinhirnbrückenwinkel und gehen vom N. acusticus aus, wobei das Tumorwachstum meist im inneren Hörkanal beginnt. Gelegentlich finden sie sich bilateral bei der Neurofibromatose Recklinghausen. Manchmal treten Neurinome mit Meningeomen kombiniert auf. Neurinome anderer Hirnnerven wie N. trigeminus und N. vagus sind selten.

Klinische Leitsymptome
Akustikusneurinome führen zu Schwerhörigkeit und Schwindel, bei größerem Tumorvolumen zusätzlich zu Fazialisparese, Trigeminusstörungen und zum hydrozephalen Kopfschmerz. Trigeminusneurinome verursachen halbseitige Gesichtsschmerzen und -parästhesien.

Computertomographie
Die Tumoren haben meist die gleiche Dichte wie das benachbarte Hirngewebe. Weniger häufig sind sie hyperdens und selten hypodens. Der IV. Ventrikel ist oft disloziert oder komprimiert. Bei großen Tumoren findet sich ein Hydrocephalus internus. Wenn bei allgemeiner Hirnatrophie die Cisternae pontocerebellares gut zu erkennen sind, kann deren einseitige Kompression bereits auf dem Nativscan einen diagnostischen Hinweis geben; bei anderen Fällen verlagert der Tumor den Hirnstamm zur Gegenseite, so daß der ventral vom Tumor gelegene Zisternenabschnitt aufgeweitet wird. Die Betrachtung der knöchernen Schädelbasis mit der entsprechenden Fenstereinstellung läßt nicht selten die einseitige Aufweitung des inneren Gehörgangs erkennen.

Die meisten Neurinome werden im CT erst nach Kontrastmittelgabe sichtbar, so daß eine CT-Untersuchung ohne Kontrastmittelgabe bei Verdacht auf Akustikusneurinom als unvollständig anzusehen ist. Es kommt zu einer kräftigen Anreicherung im Tumor, der sich als runde, scharf begrenzte, homogene Zone darstellt, die der hinteren Pyramidenfläche anliegt. Seltener ist das Innere des Tumors verfettet, so daß eine ringförmige oder girlandenförmige Kontrastmittelanreicherung resultiert.

Mit der üblichen CT-Technik lassen sich Akustikusneurinome unter 0,5 cm Durchmesser nur im Ausnahmefall erkennen. Die Untersuchungsmethode der Wahl stellt das MRT dar.

Zusatzuntersuchungen
Die Röntgennativaufnahme und die Tomographie können beim Akustikusneurinom eine Aufweitung des inneren Gehörgangs und eine Pyramidenspitzenarrosion zeigen, beim Trigeminusneurinom selten auch eine Pyramidenusur im Bereich der Impressio trigemini.

Neurinom

Häufigkeit	5–8 %
Bevorzugtes Krankenalter	35.–60. Lebensjahr
Geschlechtsverteilung	Männer/Frauen 1:2
Lokalisation	Kleinbrückenwinkel (N. statoacusticus) Basis der mittleren Schädelgrube (N. trigeminus)
Klinische Leitsymptome	Schwerhörigkeit, Störungen des N. vestibularis; Trigeminus-Störungen; später Hirnstamm-Symptome
Zusatzuntersuchungen	Röntgenaufnahme des Schädels (Gehörgang, Schädelbasis)
CT nativ	Tumor sehr häufig isodens; bei großen Tumoren indirekte Zeichen des Druckes auf die Zisterne, Hirnstamm, Kleinhirn
CT nach KM	KM-Aufnahme stets positiv; solide Tumorknoten mit gelegentlich minderdichten Bezirken (Verfettung)

Tafel 71. Neurinome

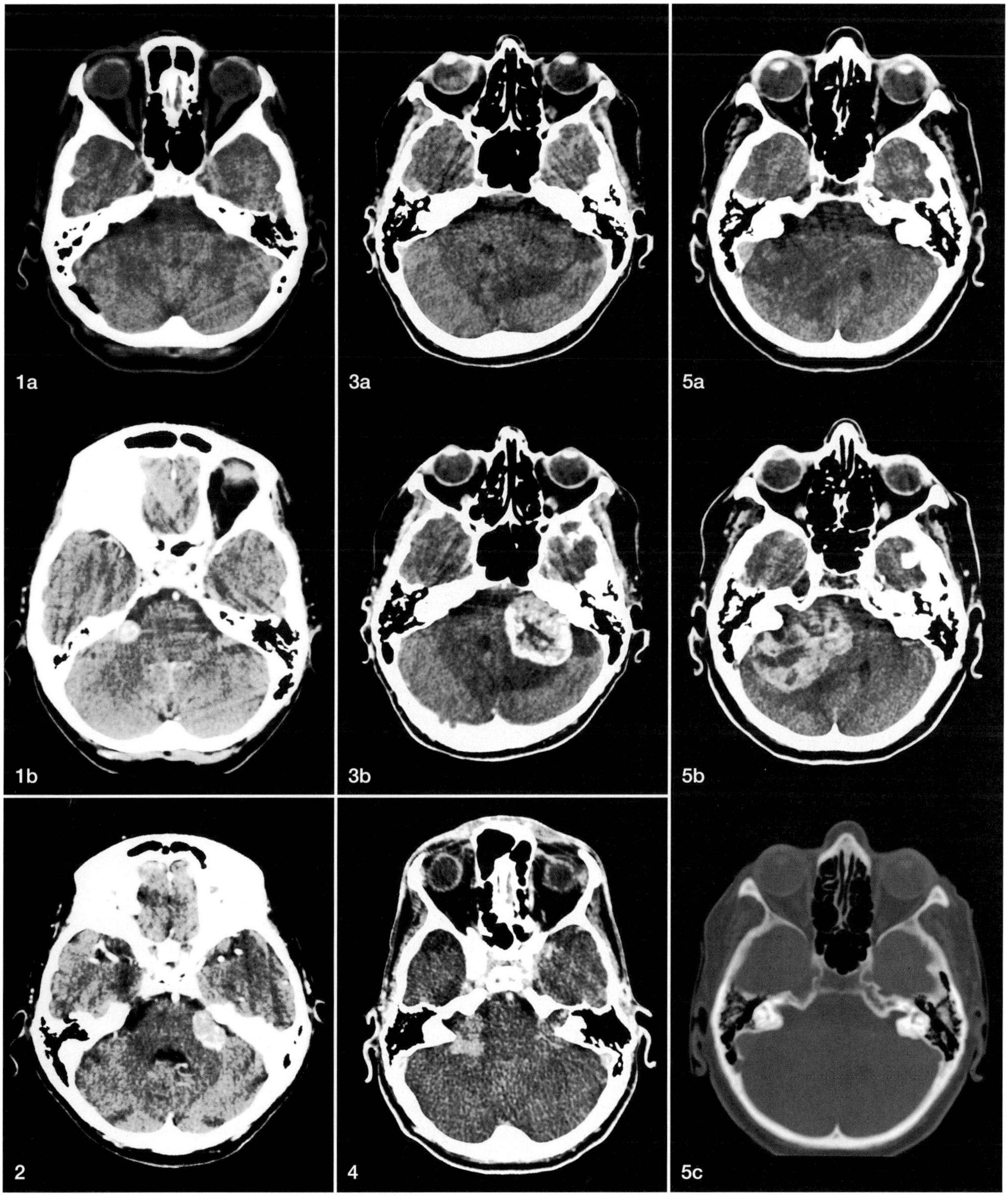

1a, b Kleines Akustikusneurinom rechts vor (a) und nach KM-Gabe (b).
2 Mittelgroßes Akustikusneurinom links nach KM-Gabe.

3a, b Großes Akustikusneurinom links mit perifokalem Ödem vor (a), und nach KM-Gabe (b).
4 Doppelseitiges Akustikusneurinom im Rahmen einer Neurofibromatose rechts mehr als links. Nach KM-Gabe.

5a–c Riesiges Akustikusneurinom rechts mit zentralen Nekrosen und Verfettungen vor (a) und nach KM-Gabe (b). Knochenfenster mit Nachweis eines erweiterten Porus acusticus internus (c).

11.2.14 Meningeome

Die Meningeome machen etwa 15 % aller intrakraniellen Tumoren aus. Ihr Prädilektionsalter ist das 4.–7. Lebensjahrzehnt, und sie befallen Frauen doppelt so häufig wie Männer. Sie entwickeln sich aus Zellnestern der Arachnoidea und haben enge Beziehungen zu den Pacchioni-Granulationen. Makroskopisch sind sie von kugeliger Gestalt und von einer festen Kapsel umgeben. Sie wachsen langsam und – zumindest in Richtung auf das Hirngewebe – in der Regel rein expansiv.

Die Pia mater grenzt die Tumoren gegen das Hirngewebe ab, jedoch kommt es durch Druck zu ischämischen Hirnrindennekrosen und dadurch zum typischen, meist recht ausgedehnten peritumorösen Hirnödem. Dieses entsteht nur dann, wenn das Meningeom nach Abschmelzen des Kortex die weiße Hirnsubstanz erreicht. Im Gegensatz zur scharfen Abgrenzung gegenüber dem neuroektodermalen Hirngewebe werden die keimblatteigenen Gewebe – wie Dura mater, Knochen, Periost, Gefäße und Muskulatur – häufig durchwachsen, ummauert und reaktiv verändert. Für den Tumor typisch sind die reaktiven Knochenverdickungen (Meningeomhyperostosen). Es kommen aber auch Knochenverdünnungen und -vorwölbungen vor. Die En-plaque-Meningeome breiten sich flächenhaft entlang der Dura mater aus; die intrakranielle Raumforderung ist dann gering im Vergleich zu den von ihnen induzierten hyperplastischen Knochenveränderungen.

Wenn es gelingt, den Tumor wirklich radikal zu exstirpieren, kann aufgrund seiner Benignität mit einer rezidivfreien Heilung gerechnet werden. Bei Meningeomen der Schädelbasis muß häufig mit Rezidiven gerechnet werden, da die Tumormatrix nicht vollkommen entfernt werden kann.

Histologie
Es sind meist faser- und gefäßreiche Geschwülste (Grad I) mit regressiven Veränderungen, wie z. B. Kalkeinlagerungen (Psammome) und Zysten. Recht charakteristisch ist eine zwiebelschalenartige Schichtung der Zellverbände (Grad I). Ein Zurücktreten dieser Zwiebelstrukturen und ein Auftreten von Mitosefiguren zeigt eine gesteigerte Wachstumstendenz (Grad II) an, eine weitere Entdifferenzierung des Gewebsbildes kennzeichnet das Meningealsarkom (Grad III). Diese anaplastischen Varianten des Meningeoms finden sich aber in nur etwa 5 % der Fälle.

Topik
Die Meningeome entstehen in den meningealen Umschlagfalten an der Schädelbasis, an der Schädelkalotte, an der Falx und am Tentorium. Dort ist ihr Prädilektionsort in der Reihenfolge der Häufigkeit: Falx cerebri, Großhirnkonvexität, Olfaktoriusrinne, Tuberculum sellae, Keilbeinflügel, Cavum Meckeli, Tentorium, Kleinhirnbrückenwinkel, Clivus und kraniospinaler Übergang [53]. Ganz selten entstehen die Meningeome im Plexusstroma der Seitenventrikel und des III. Ventrikels.

Klinische Leitsymptome
Je nach Tumorlokalisation finden sich Lähmungen und Krampfanfälle (Konvexitätsmeningeome), psychoorganische Syndrome (Meningeom im Frontalbereich), Hirnnervenausfälle (Schädelbasismeningeome), Exophthalmus und Vorwölbung der Schläfe (Keilbeinmeningeome) und chronische intrakranielle Hypertension (bei Meningeomen der hinteren Schädelgrube). Da die Tumoren sehr langsam wachsen, entwickeln sich die Beschwerden in der Regel auch langsam.

Computertomographie
Computertomographisch zeigen sich runde, scharf begrenzte hyperdense Zonen, die gelegentlich granuläre bis homogene Verkalkungen und selten zystische Komponenten enthalten. Mit Ausnahme der Ventrikelmeningeome besteht stets eine enge Beziehung zu den Hirnhäuten bzw. zum Schädelknochen. Die Tumoren sind in 60 % der Fälle von einem perifokalen Ödem umgeben, so daß sie sich auch bei hirnähnlicher Dichte von der Umgebung deutlich abheben. Die Artdiagnose wird sehr sicher, wenn eine Hyperostose und Verdickung des dem Tumor anliegenden Schädelabschnitts nachweisbar sind.

Die Meningeome reichern appliziertes Kontrastmittel kräftig und homogen an; nur ausnahmsweise (ca. 3 %) kommen ringförmige Kontrastmitteleinlagerungen vor. Die beetartig entlang der Dura mater wachsenden Meningeome en plaque und kleine basisnahe Meningeome können dem computertomographischen Nachweis entgehen; eine koronare Schnittführung kann dann die Diagnostik gelegentlich verbessern.

Zusatzuntersuchungen
Im Elektroenzephalogramm findet sich oft ein pathologischer Herd. Die Röntgennativaufnahme zeigt eine lokale Skelettsklerosierung an der Tumoransatzstelle in etwa 50 % der Fälle und fleckige bis homogene Tumorverkalkung in etwa 20 % der Fälle; diese Hinweise können in typischen Fällen artspezifisch sein. Weitere Zeichen sind umschriebene Knochenusuren und Vorwölbungen sowie eine exkavierte Drucksella. Radionuklide werden von den Meningeomen früh, kräftig und anhaltend akkumuliert. Im Angiogramm sind durch den raumfordernden Prozeß Gefäße verlagert, und der Tumor färbt sich meist von der früharteriellen bis zur spätvenösen Phase homogen an. Die Angiographie zeigt darüber hinaus die tumorversorgenden Gefäße aus dem Externa- und Interna-Gebiet, und sie informiert über Gefäßverlegungen, wie z. B. über eine Ummauerung der Carotis interna durch ein Keilbeinmeningeom oder eine Verlegung des Sinus sagittalis durch ein Falxmeningeom.

Tafel 72. Meningeome I

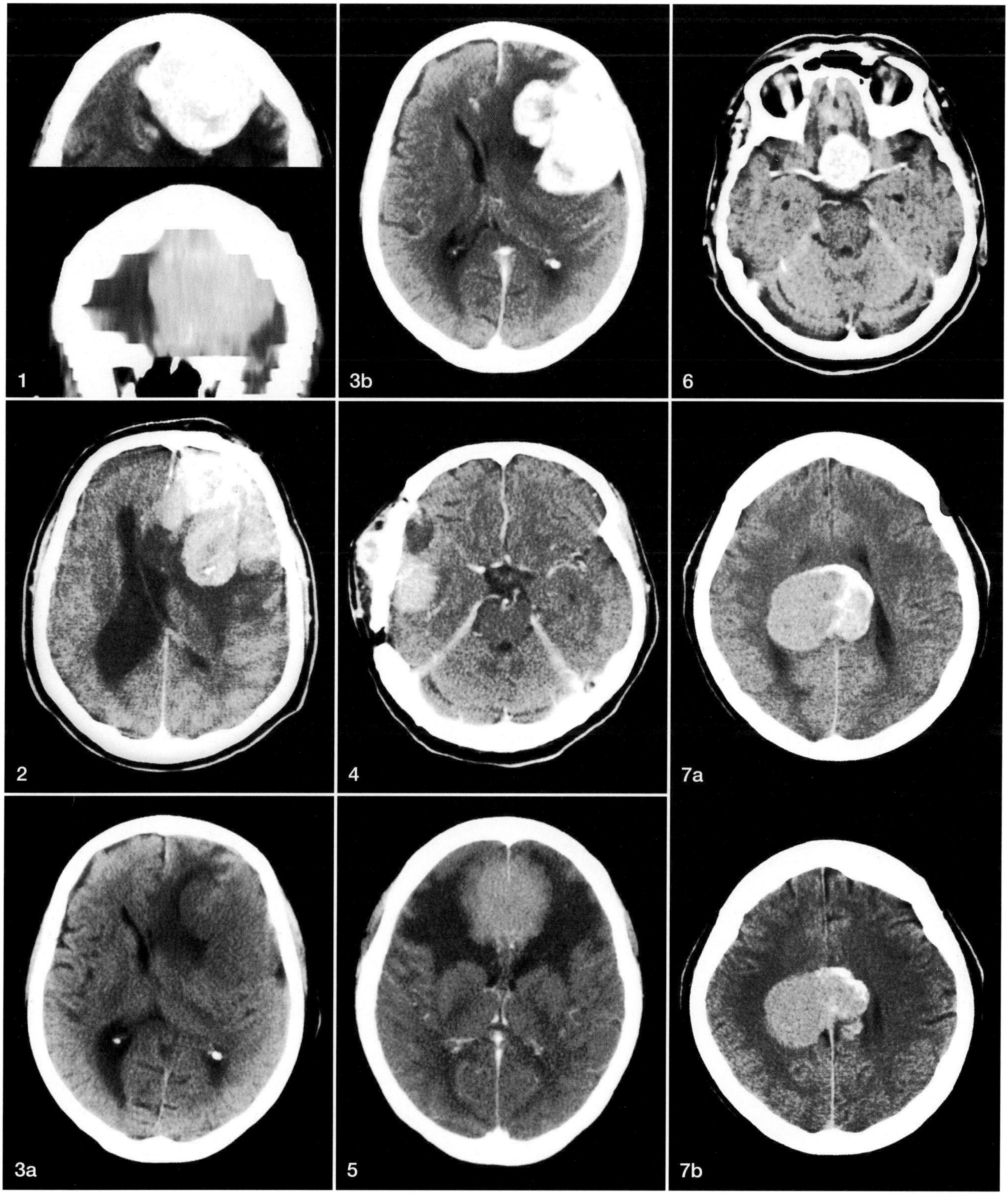

1 Links frontales Meningeom mit trichterförmigem perifokalem Ödem nach KM-Gabe. Oben axial, unten koronar.
2 Links frontotemporales Meningeom mit perifokalem Ödem und unregelmäßigen Strukturen (Meningeom Grad II). Ganz erhebliche Massenverschiebung. Nach KM-Gabe.
3a, b Großes mediolaterales Keilbeinmeningeom links vor (a) und nach KM-Gabe (b).

4 Rezidiv eines temporalen Meningeoms rechts. Der Tumor wächst durch die Palacosplastik nach außen und innen. Nach KM-Gabe.
5 Olfaktorius-Meningeom mit bifrontalem trichterförmigem Ödem. Nach KM-Gabe.

6 Supraselläres Meningeom nach KM-Gabe.
7a, b Meningeom des Sinus sagittalis inferior rechts betont, teilweise verkalkt. Nach KM-Gabe.

Tafel 73. Meningeome II

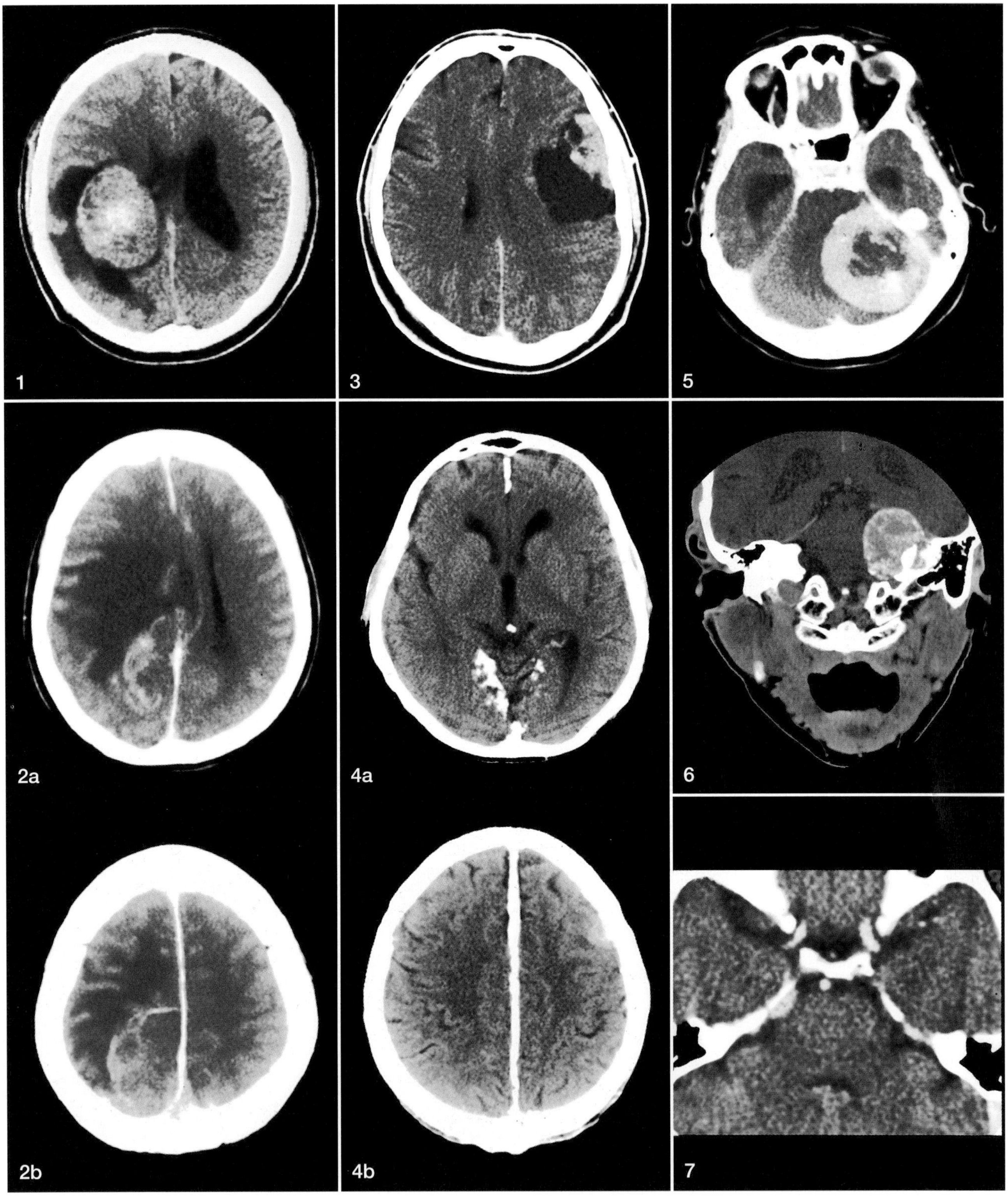

1 Rechtsseitiges Ventrikelmeningeom mit perifokalem Ödem. Nach KM-Gabe.
2a, b Links parietales parasagittales malignes Meningeom. Nach KM-Gabe.

3 Links temporales atypisches Meningeom mit großem zystischem Anteil. Nach KM-Gabe.
4a, b Meningeomatose des Sinus sagittalis superior und des Tentoriumrandes rechts mehr als links.

5 Linksseitiges Tentorium-Meningeom im Bereich der hinteren Schädelgrube mit zentraler Nekrose und erheblichem perifokalem Ödem. Gestaute Unterhörner. Nach KM-Gabe.
6 Meningeom der Pyramide links in koronarer Schnittebene. Nach KM-Gabe.
7 Rechtsseitiges basales Meningeom auf der Felsenbeinspitze. Nach KM-Gabe.

Tafel 74. Meningeome III

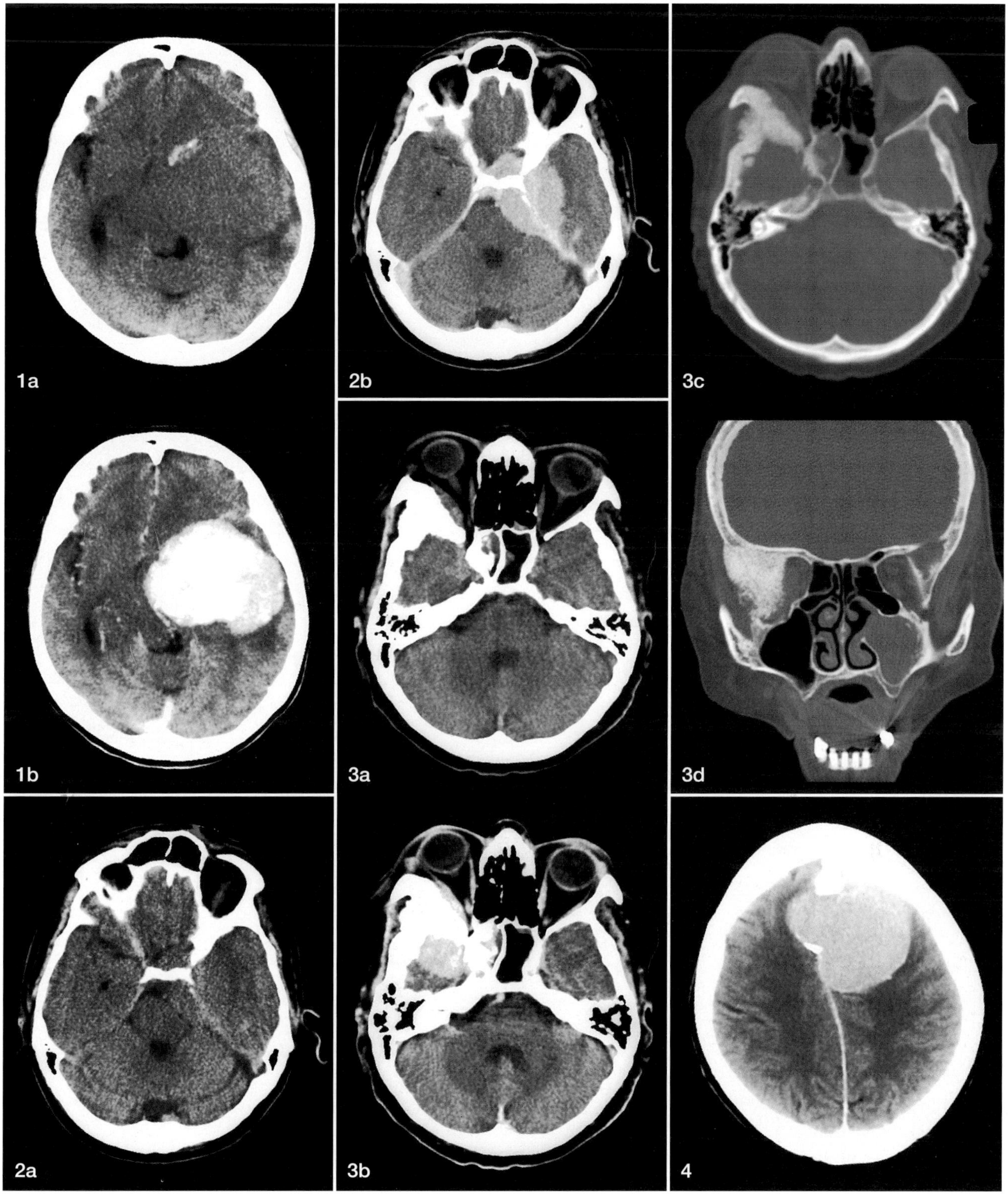

1a, b Mediales Keilbeinmeningeom links. Isodens nativ (a), nach KM-Gabe (b).
2a, b Mediales Keilbeinmeningeom links mit Einwachsen in die hintere Schädelgrube. Isodens nativ (a), nach KM-Gabe (b).

3a–d Mediolaterales Keilbeinmeningeom en plaque rechts. Nativ (a), nach KM-Gabe (b), Knochenfenster axial (c) und koronar (d).

4 Doppelseitiges Meningeom am Übergang vom vorderen zum mittleren Sinusdrittel linksbetont, Sinus sagittalis superior verschlossen, nach KM-Gabe.

Tafel 75. Meningeome IV

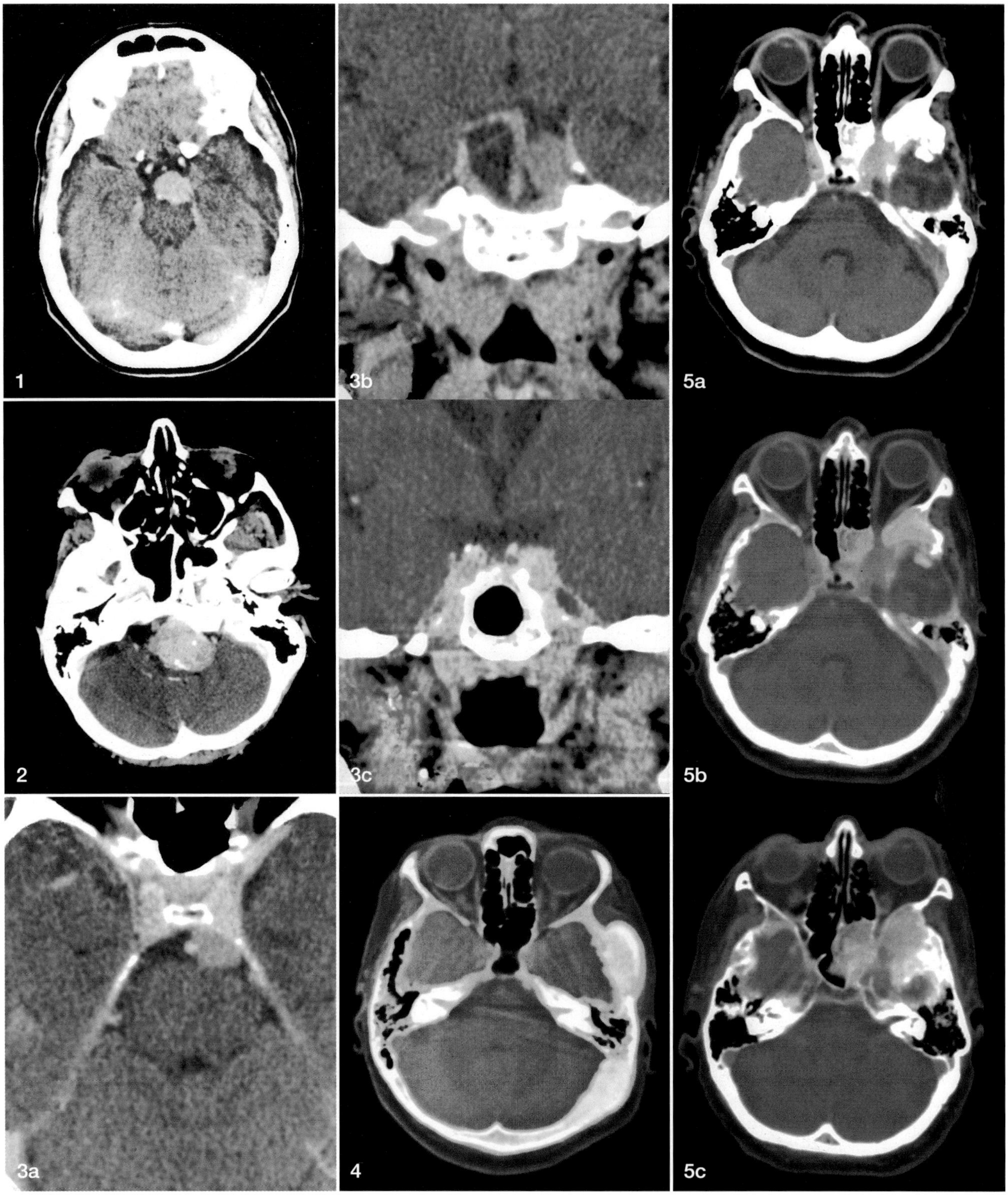

1 Oberes Clivus-Meningeom linksbetont. Nach KM-Gabe.
2 Unteres Clivus-Meningeom. Nach KM-Gabe.
3a–c Meningeom des Sinus cavernosus beiderseits links mehr als rechts mit Einwachsen in die hintere Schädelgrube. Nach KM-Gabe. Axiale Schnittführung vergrößert (a). Koronare Schnittführung im Bereich der hinteren Schädelgrube mit Darstellung der A. basilaris; Tumor nur auf der linken Seite (b). Koronare Schnittführung im Bereich des Sinus cavernosus mit Nachweis des doppelseitigen Wachstums (c).
4 Osteoplastisches Meningeom links temporobasal. Knochenfenster.

5a–c Linksseitiges sphenoorbitales Basismeningeom en plaque. Nach KM-Gabe. Auftreibung des Keilbeinflügels (a). Knochenfenster mit Nachweis des Einwachsens in den Sinus ethmoidalis und in die Keilbeinhöhle (b, c).

Tafel 75. Meningeome IV (Fortsetzung)

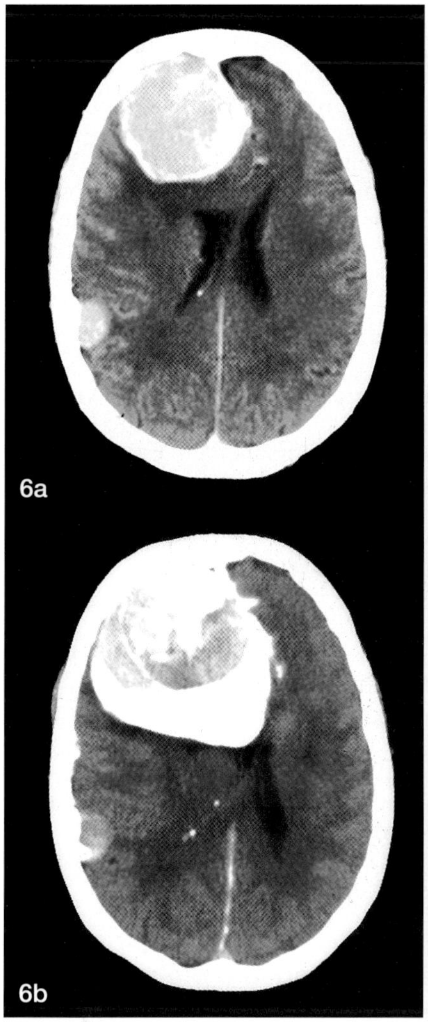

6a, b Meningeom rechts frontal und temporal; nach KM-Gabe (a), Komplikation nach Embolisation, arterielle Randblutung mit Einklemmung, ohne KM (b).

Tafel 76. Lipome

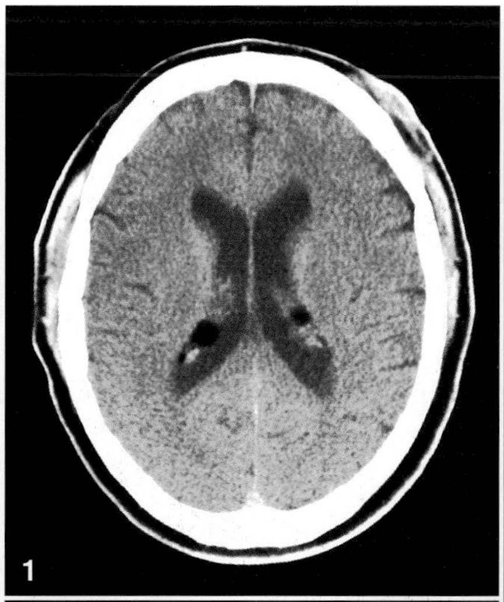

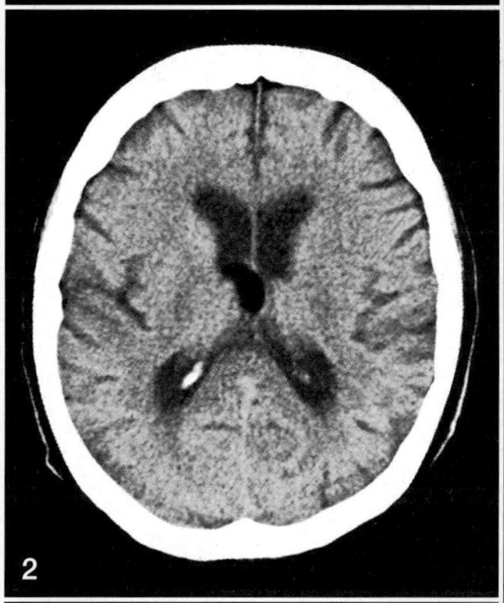

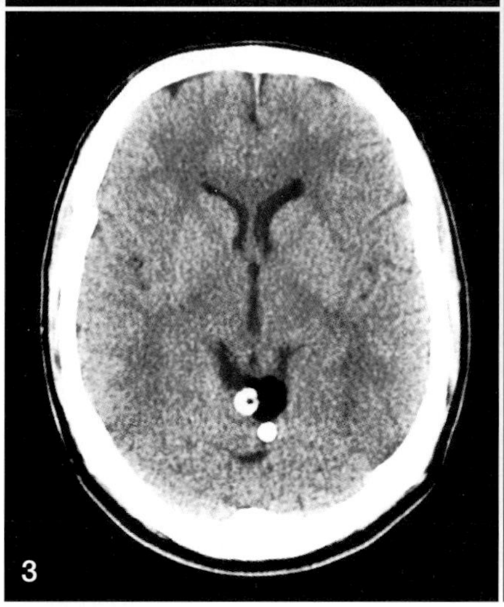

1 Lipome beiderseits in den Seitenventrikeln.
2 Lipom in der Mittellinie oberhalb des III. Ventrikels.
3 Lipom der Vierhügelplatte mit Verkalkung.

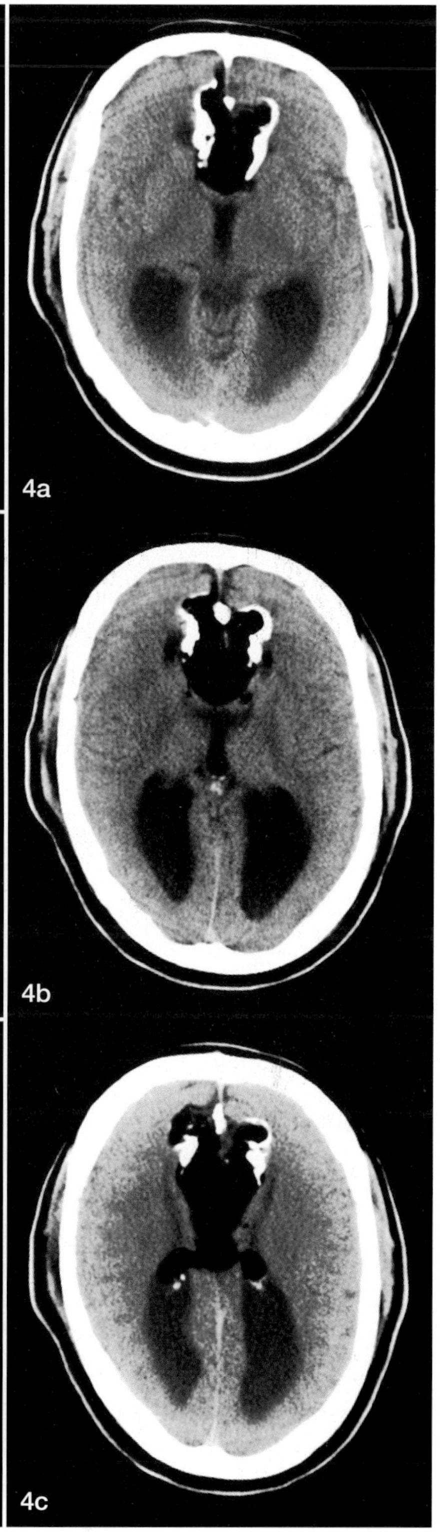

4a–c Großes Balkenlipom mit Verkalkungen.

Meningeom

Häufigkeit	14–19 %
Bevorzugtes Krankenalter	35.–70. Lebensjahr
Geschlechts-verteilung	Frauen/Männer fast 2:1
Lokalisation	Parasagittal, Falx, Konvexität, gesamte Schädelbasis, Kleinhirn, Tentorium, selten Seitenventrikel
Klinische Leitsymptome	Neurologische Ausfälle je nach Tumorlage, Anfälle
Zusatzunter-suchungen	EEG; Röntgenaufnahme des Schädels: Hyperosteose, Knochenarrosion; Angiographie: Gefäßversorgung (evtl. Embolisation), Verhalten benachbarter Gefäße
CT nativ	Meist hyperdense, seltener auch isodense Tumoren, homogen, Verkalkungen; perifokales Ödem mittelgradig
CT nach KM	KM-Aufnahme sehr ausgeprägt bis auf verkalkte Anteile; homogene, scharf abgegrenzte Tumoren mit Beziehung zu den Meningen

11.2.15 Lipome

Diese Tumoren des Gehirns werden derzeit nach der WHO-Klassifizierung den mesenchymalen Geschwülsten zugerechnet. Sie haben eine sehr geringe bzw. fehlende Wachstumstendenz. Die Hälfte aller Lipome sitzt in der Cisterna corporis callosi; seltenere Lokalisationen sind die Cisterna magna, der Kleinhirnbrückenwinkel und die Fossa interpeduncularis. Klinische Bedeutung kann allein das Balkenlipom haben, das in 50 % mit einer vollständigen oder partiellen Balkenagenesie kombiniert ist und Krampfanfälle verursachen kann. Computertomographisch sind die Lipome scharf konturierte, homogen hypodense Herde (–100 HE) am vorderen Knie des Balkens. Sie besitzen gelegentlich einen kalzifizierten und demzufolge hyperdensen Saum.

11.2.16 Histiozytose X, Histiozytome

Die generalisierte Histiozytose X befällt im Gehirn meist die Hypothalamusregion, wo sie endokrine Ausfälle (z. B. Diabetes insipidus) und Sehstörungen verursacht. Das Computertomogramm zeigt in der Cisterna chiasmatis einen gering hyperdensen Herd, der Kontrastmittel intensiv einlagert.

Die sehr seltenen benignen oder malignen Histiozytome zeigen sich als intrazerebrale, meist hypodense Herde, die Kontrastmittel speichern. Wegen der Seltenheit wird die richtige Artdiagnose vor dem histologischen Ergebnis kaum je in die Überlegungen einbezogen.

11.2.17 Durafibrome

Die kleineren kugeligen Tumoren gehen von der Dura aus und sind von Meningeomen computertomographisch nicht zu unterscheiden. Sie sind meist iso- bis hyperdens und lagern Kontrastmittel ein.

11.2.18 Hämangioperizytome

Diese ubiquitär im Körper vorkommenden Tumoren können auch von der Adventitia der Meningealgefäße ausgehen und ähneln im histologischen Aufbau gefäßreichen Meningeomen. Sie sind aber mit einer hohen Rezidivquote belastet und können den angrenzenden Knochen infiltrieren, destruieren und durchwachsen. Im Computertomogramm gehen die oft voluminösen Raumforderungen von der Dura aus, haben eine gemischte Dichte mit zystischen Nekrosezonen und reichern Kontrastmittel an.

11.2.19 Primäre meningeale Melanome

Melanome können aus den Melanozyten der Pia mater entstehen. Sie stellen sich computertomographisch als hypo- oder hyperdense Knoten dar. Eine diffuse rasenförmige leptomeningeale Melanose entgeht dem computertomographischen Nachweis.

11.2.20 Hämangioblastome

Die langsam wachsende mesodermale Geschwulst ist benigne und bevorzugt Kleinhirnhemisphäre und Kleinhirnwurm. Sie ist der häufigste Kleinhirntumor des Erwachsenen (Prädilektionsalter 30.–60. Lebensjahr) und kommt familiär gehäuft vor (Lindau-Tumor). Ein kleiner solider angiomatöser Tumoranteil liegt meist in der Wand einer großen einkammerigen Zyste, die mit eiweißreicher Flüssigkeit gefüllt ist. Über die Geschwulstoberfläche ziehen geschlängelte und gestaute Gefäße. Oft komprimiert der Tumor den IV. Ventrikel und führt zum Hydrocephalus internus. Computertomographisch zeigen sich runde, scharf begrenzte hypodense Zonen, die nach Kontrastmittelinjektion von einem Saum erhöhter Dichte umgeben sein können. Gelegentlich kann auch der angiomatöse Tumoranteil als KM-anreichernder Knoten am Rande der Zyste sichtbar werden.

Hämangioblastom	
Häufigkeit	1–2 %
Bevorzugtes Krankenalter	30.–60. Lebensjahr
Geschlechts-verteilung	Frauen/Männer 2:1
Lokalisation	Kleinhirn; im Großhirn aber bekannt
Klinische Leitsymptome	Kleinhirnstörungen
CT nativ	Hypodense Raumforderung
CT nach KM	KM-Aufnahme im Tumor-knoten; zystischer Tumor mit Knoten, aber auch solider Tumor

11.2.21 Maligne Lymphome (primär zerebrale Lymphome)

Die Tumoren gehen vom Gefäßbindegewebe aus. 2 % aller Hirntumoren machen die primär zerebralen Lymphome bei nicht immunsupprimierten Patienten aus. 1 % aller Non-Hodgkin-Lymphome siedeln sich primär im Gehirn an. Das maligne Lymphom wird vermehrt im Rahmen von AIDS gesehen. Das Prädilektionsalter liegt zwischen dem 40. und 70. Lebensjahr. Prädilektionsorte sind die Großhirnhemisphären, vor allem periventrikulär und die Stammganglien. Das klinische und computertomographische Bild ähnelt den rasch wachsenden Gliomen und Metastasen, aber gelegentlich, wenn die Tumoren kortexnah liegen, auch Meningeomen. Die Tumoren sind homogen, iso- bis leicht hyperdens und reichern Kontrastmittel stark an. Charakteristisch sind ihre hohe Strahlensensibilität und ihre Wirkung auf Kortison-Medikation.

Malignes Lymphom	
Häufigkeit	0,8–1,5 %
Bevorzugtes Krankenalter	45.–65. Lebensjahr
Geschlechts-verteilung	Kein Unterschied
Lokalisation	Großhirn periventrikulär; Stammganglien; aber auch Kleinhirn
Klinische Leitsymptome	Abhängig von der Lokalisation, häufig Psychosyndrom
CT nativ	Homogene, meist isodense bis leicht hyperdense Raumforderung, perifokales Ödem
CT nach KM	Starke KM-Aufnahme, gut abgrenzbare Tumoren

Tafel 77. Maligne Lymphome

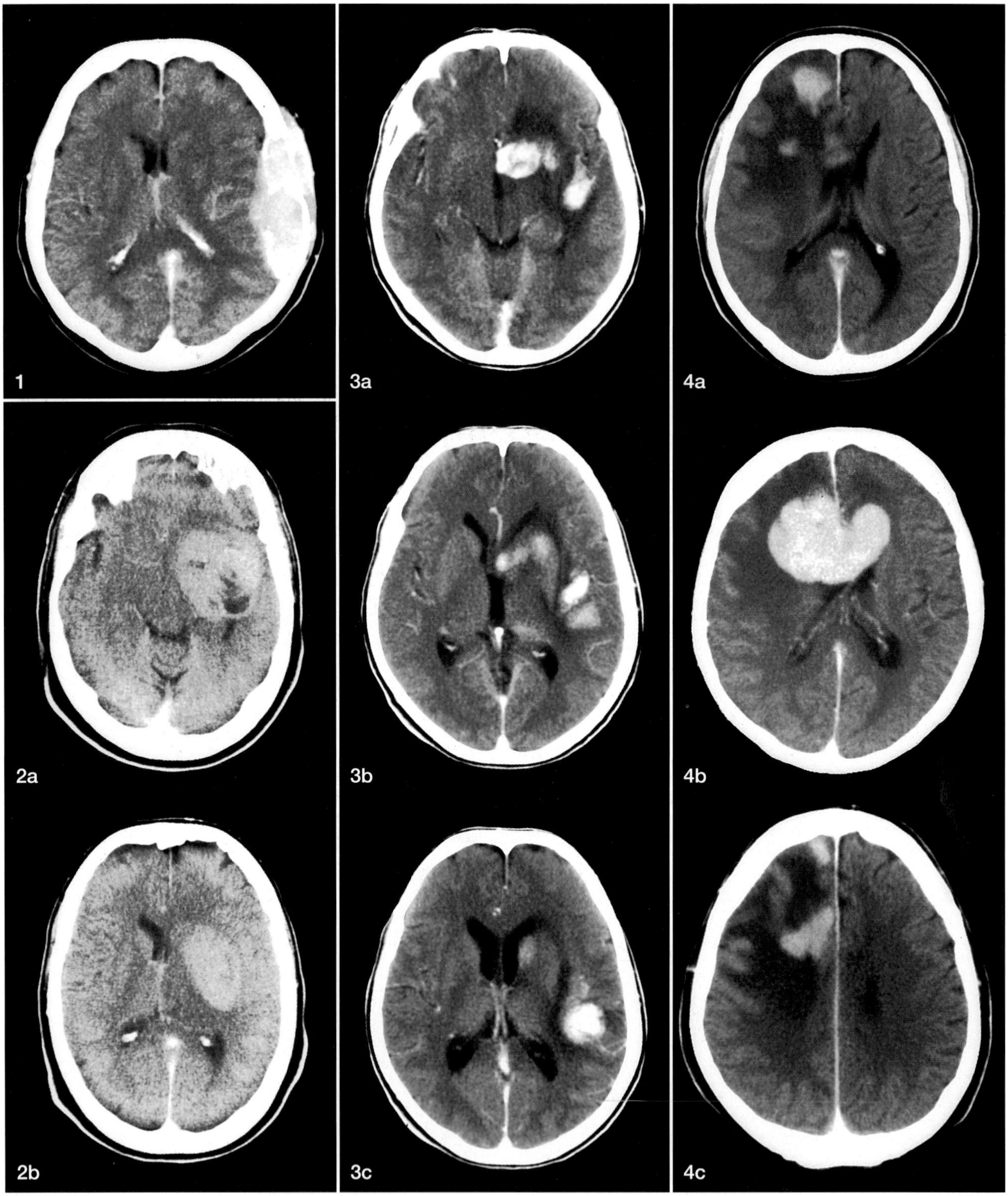

1 Malignes Lymphom links in der Kalotte, nach extra- sowie intrazerebral wachsend. Nach KM-Gabe.

2a, b Malignes Lymphom links temporal, Richtung Stammganglien wachsend. Nach KM-Gabe.

3a–c Malignes Lymphom links multifokal in den Stammganglien und temporal mit Ödem. Nach KM-Gabe.

4a–c Malignes Lymphom im Balken, rechts betont nach KM-Gabe, erhebliches perifokales, trichterförmiges Ödem rechts.

Tafel 78. Maligne Lymphome, Plasmozytome

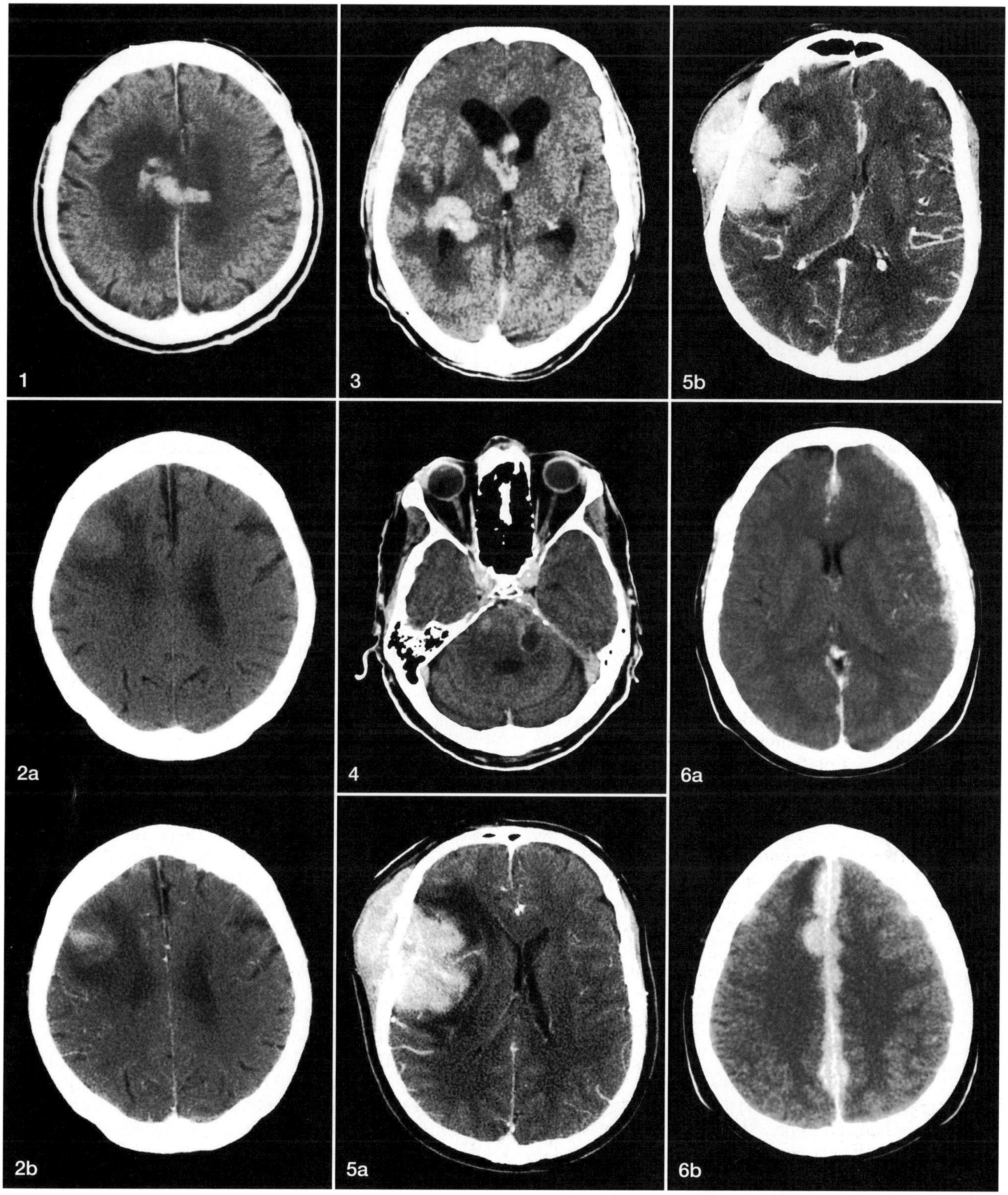

1 Malignes Lymphom im mittleren Balken, perifokales Ödem. Nach KM-Gabe.
2a, b Malignes Lymphom rechts frontal. Leicht hyperdenser Tumor mit perifokalem Ödem (a). Nach KM-Gabe, kortexnah (b).

3 Malignes Lymphom, multiple Herde, rechts temporal und im Ventrikelsystem. Nach KM-Gabe.
4 Malignes Lymphon des Pons beiderseits, links mit zentralem Zerfall. CT nach KM-Gabe.
5a, b Plasmozytom rechts temporal intra- und extrakraniell wachsend. Nach KM-Gabe.

6a, b Extramedulläre Hämatopoese mit raumforderndem Charakter. Nach KM-Gabe. Subdurale Anreicherung links frontoparietal (a). Knotenförmige Anreicherung im Bereich des gesamten Sinus sagittalis superior (b); (Differentialdiagnose Meningeomatose).

11.2.22 Leukose

Die akute lymphatische Leukose des Kindes verursacht meningeale und intrazerebrale Infiltrate. Die meningealen Infiltrate können einen Hydrocephalus aresorptivus verursachen. Die intrazerebralen Infiltrate zeigen sich teils als hypodense Zonen, teils auch als raumfordernde hyperdense Herde, die Kontrastmittel fleckig oder auch ringförmig einlagern.

11.2.23 Mißbildungstumoren und tumorähnliche Läsionen

11.2.23.1 Epidermoid, Dermoid und Teratom

Die relativ benignen Mißbildungstumoren entstehen aus embryonal versprengten Epidermisnestern. Sie wachsen langsam und können apfelgroß werden. Typische Lokalisationen sind: Kleinhirnbrückenwinkel, Parasellärregion, Pinealisregion und die Ventrikel. Das Epidermoid (Perlgeschwulst) besteht aus einer kugeligen Anhäufung von Hornschuppen, die von einer epidermalen Kapsel umgeben sind. Beim Dermoid enthält die Zyste neben den Epidermisanteilen noch fettige Massen, Talg- und Schweißdrüsen sowie Haare. Beim Teratom finden sich zusätzlich knorpelige, knöcherne und endodermale Gewebsabschnitte. Abgesehen von den Teratomen, die bereits in der frühen Kindheit auftreten, manifestieren sich die Geschwülste meist im 2.–4. Lebensjahrzehnt mit einer Hirndrucksymptomatik oder unter dem Bild einer „aseptischen Meningitis“. Diese wird ausgelöst, wenn Epidermisschollen oder Fett in die Liquorräume eindringen.

Computertomographisch überwiegen bei allen drei Tumorarten niedrige Absorptionswerte, so daß der Eindruck einer Zyste entsteht, deren Kapsel gelegentlich Kalk eingelagert hat. Beim Epidermoid sind die Dichtewerte liquorähnlich, bei Dermoiden sind sie fettähnlich, negativ. Die Teratome haben wegen der unterschiedlichen Gewebsbestandteile ein inhomogenes Dichtemuster. Eine Kontrastmittelanreicherung wird lediglich bei den Teratomen beobachtet. (Tafel 79)

11.2.23.2 Hamartome

Die Mißbildungstumoren bestehen histologisch aus gliomähnlichem Gewebe. Sie sind meist im Temporallappen lokalisiert, wo sie schon im Kindesalter psychomotorische Anfälle verursachen. Meist fehlen Zeichen einer Raumforderung. Die zystischen, hypodensen und verkalkten Prozesse lagern Kontrastmittel nur geringfügig ein. (Tafel 80/4)

11.2.23.3 Kavernome (kavernöses Hämangiom)

Die Mißbildungstumoren manifestieren sich meist im Jugendalter. Sie liegen in der Großhirnhemisphäre, wo sie meist Krampfanfälle verursachen. Vereinzelt finden sie sich auch in den Stammganglien, dem Hirnstamm oder in einer Kleinhirnhemisphäre. Gelegentlich gehen sie von der Dura mater am Boden der mittleren Schädelgrube aus, wo sie Hirnnervenausfälle verursachen und auch den Knochen arrodieren können.

Computertomographisch sind die meist höckerig konturierten Tumoren hyperdens und enthalten nicht selten Kalkschollen. Das KM-Verhalten ist, zumal bei kleinen Prozessen, unterschiedlich, meist positiv. (Tafel 80/5-8)

11.2.23.4 Foramen-Monroi-Zysten (Kolloidzysten)

Die Zysten sind benigne Mißbildungen am Plexus chorioideus des Foramen Monroi. Die kugelrunden Zysten sind mit gelatineartigem Schleim gefüllt: Sie können bis kirschgroß werden und dann kugelventilartig die Foramina Monroi blockieren. Die Patienten leiden an intermittierenden Kopfschmerzen und zunehmender Hirndrucksymptomatik. Der computertomographische Aspekt ist fast pathognomonisch: An der Hinterkante des Septum pellucidum liegt der runde, hyperdense Herd (bis zu 60 HE), der Kontrastmittel nicht anreichert. Gelegentlich ist die Zyste isodens und kann bei der üblichen Schnittführung dem Nachweis entgehen. Die bilaterale Seitenventrikelerweiterung bei normal weitem III. Ventrikel sollte dann den Untersucher veranlassen, mit schmalen überlappenden Schichten nach der Kolloidzyste zu suchen. (Tafel 80/1–3)

11.2.23.5 Endodermalzysten

Die Zysten sind mit ektopischem Darmepithel ausgekleidet und finden sich vor allem im Spinalkanal. Sehr selten können sie auch median in der hinteren Schädelgrube als glatt berandete, runde, oft hyperdense Raumforderungen angetroffen werden.

11.2.24 Hypophysenadenome

Die Hypophysenadenome haben einen Häufigkeitsgipfel im 3.–5. Lebensjahrzehnt. Sie entwickeln sich primär intrasellär, können aber später parasellär in den Sinus cavernosus vorwachsen, kaudal vorn in die Keilbeinhöhle eindringen, kaudal hinten den Clivus arrodieren und suprasellär das Chiasma opticum, den Hypothalamus und sogar das Foramen Monroi erreichen und einen Hydrozephalus verursachen. Es werden unterschieden:

Chromophobe Adenome. Sie sind die häufigsten Hypophysentumoren, wachsen relativ langsam und werden maximal bis apfelgroß. Sie sind hormoninaktiv.

Eosinophile Adenome. Sie wachsen vorwiegend intrasellär und werden bis kirschgroß. Sie produzieren STH.

Tafel 79. Mißbildungstumoren – Epidermoid, Dermoid

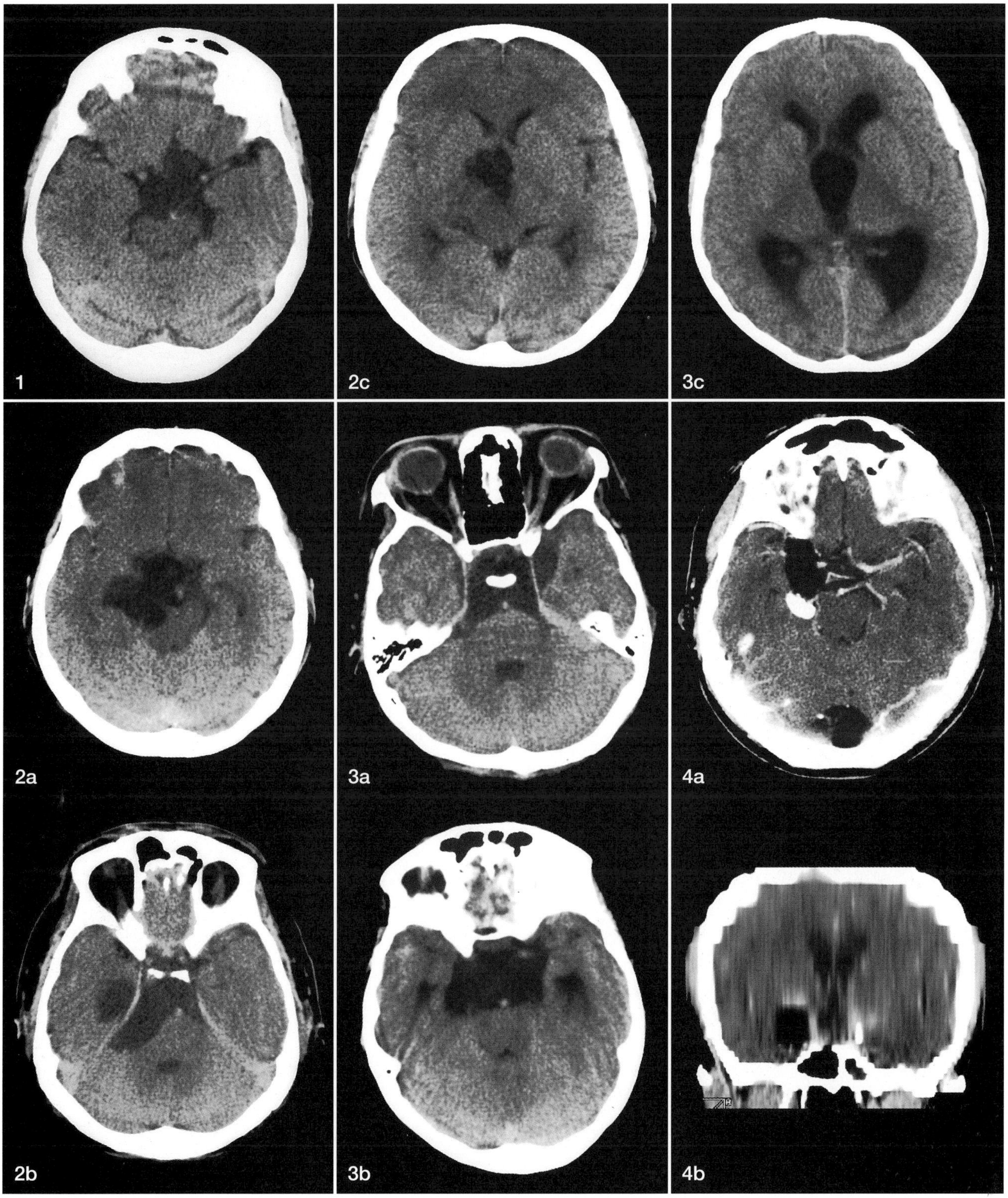

1 Linksbetontes periselläres Epidermoid. **2a–c** Epidermoid rechts betont peri-, supra- und retrosellär.

3a–c Supraselläres Epidermoid mit Blockade des III. und konsekutivem Hydrozephalus der Seitenventrikel.

4a, b Dermoid rechts parasellär mit Verkalkung. Nach KM-Gabe. Axialer Schnitt (a), koronare Rekonstruktion (b).

Tafel 80. Mißbildungstumoren – Kolloidzyste, Kavernome

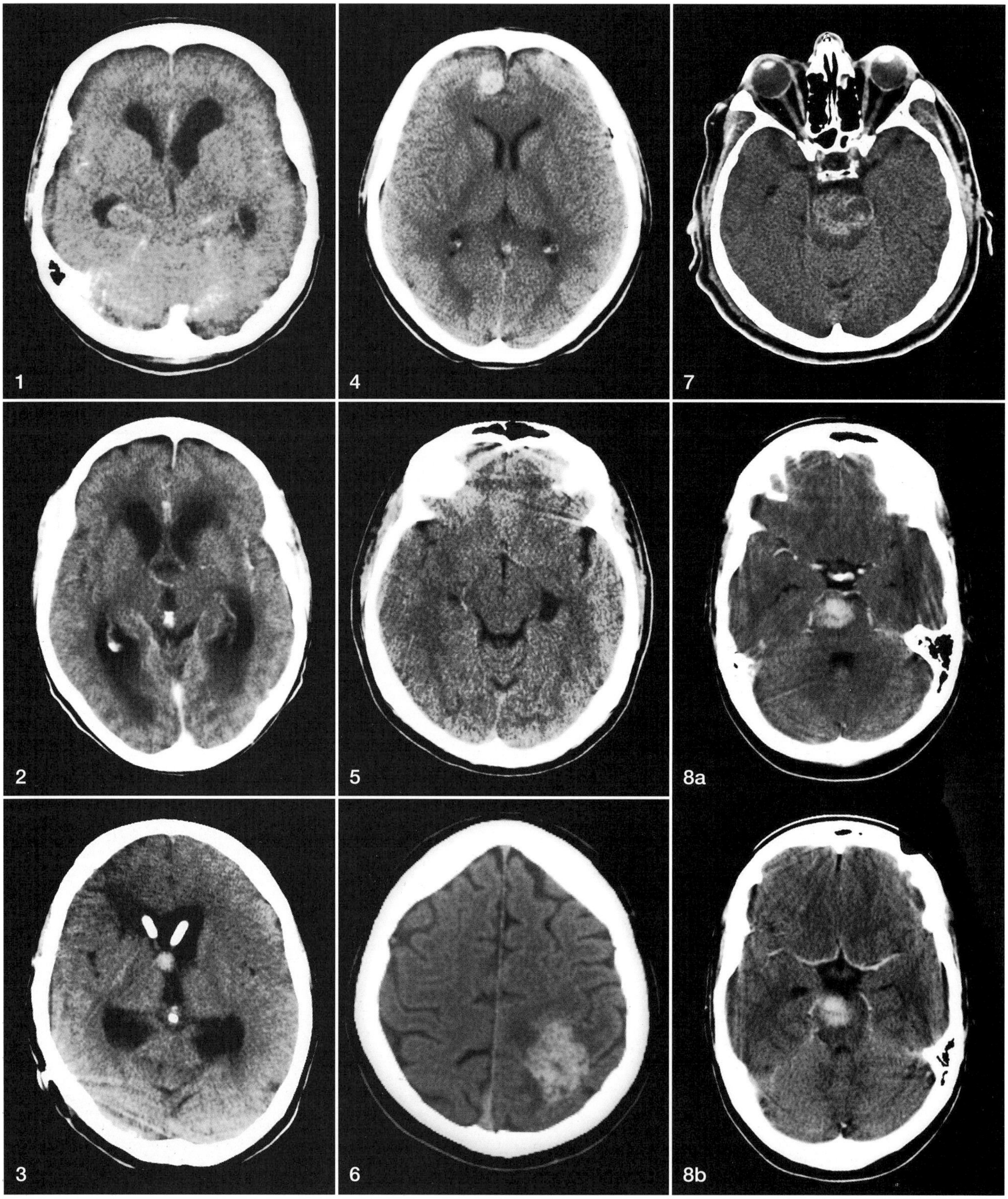

1 Kolloidzyste des III. Ventrikels, isodens, nach KM-Gabe.
2 Kolloidzyste des III. Ventrikels als hyperdenser Ring um einen hypodensen Bezirk nach KM-Gabe.
3 Rezidiv einer Kolloidzyste des III. Ventrikels, hyperdens, Z. n. nach doppelseitiger Ventrikeldrainage.

4 Hamartom rechts frontal, hyperdens.
5 Kavernom links temporal, hypodens.
6 Kavernom links parietal, hyperdens.

7 Kavernom des Hirnstamms.
8a, b Kavernom des Pons mit Einblutung nach KM-Gabe. Keine Kontrastanfärbung.

Basophile Adenome (bzw. Hyperplasie). Sie werden bis stecknadelkopfgroß und verursachen keine lokalen Beschwerden. Sie produzieren ACTH.

Prolaktinome. Sie wachsen meistens als Mikroadenome intrasellär, seltener als Makroadenome supra- und parasellär. Sie produzieren Prolaktin.

Heute ist eine endokrinologische Klassifikation der Adenome mit Hilfe von immunzytochemischen Verfahren möglich, d. h., es werden die endokrininaktiven von den -aktiven Tumoren unterschieden und letztere nach dem von ihnen hauptsächlich produzierten Hormon benannt.

Histologie
Die Tumoren wachsen meist rein expansiv. Sie sind von einer festen Kapsel gegen die Umgebung abgegrenzt, was allerdings für Rezidive oft nicht mehr gilt. Das chromophobe Adenom ist stark vaskularisiert und drüsenartig entlang den Kapillaren angeordnet.

Topik
Sellaregion.

Klinische Leitsymptome
Die hypophysäre Hormoninkretion ist in Abhängigkeit von der Tumorart gestört und zeigt sich als Akromegalie (STH), Amenorrhoe-Galaktorrhoe-Syndrom (Prolaktin), Cushing-Syndrom (ACTH) und Hypopituitarismus. Die Kompression des Chiasma opticum kann zur bitemporalen Hemianopsie führen. Selten wird der N. oculomotorius irritiert, so daß Doppelbilder entstehen. Dies trifft für die Einblutung in einen Hypophysentumor zu.

Computertomographie
Wegen der fehlenden Blut-Hirn-Schranke der Hypophyse und der angrenzenden vaskulären Strukturen, wie Circulus arteriosus Willisii und Sinus cavernosus, erfordert die computertomographische Diagnostik von intrasellären Mikroadenomen (Tumoren $\leq$ 10 mm Größe) ein spezielles Vorgehen. Zunächst erfolgt in koronarer Schnittführung eine dynamische Serio-CT nach i. v. Kontrastmittelbolusinjektion, anschließend wird die gesamte Sellaregion in koronarer Schnittführung (1–2 mm Schichtdicke) untersucht.

Mikroprolaktinome zeigen dabei im Serio-CT in der Frühphase gegenüber normalem Drüsengewebe ein hypodenses Dichteverhalten, wobei allerdings im weiteren Verlauf diese Prozesse selbst selten iso- oder hyperdens gegenüber dem umliegenden Drüsengewebe werden. Unterschiedliches Kontrastmittelverhalten zeigen die anderen endokrinologisch aktiven HGH- oder ACTH-produzierenden Mikroadenome. Indirekte intraselläre Raumforderungszeichen sind Sellabodenarrosion, Verbreiterung der Hypophyse (Tumoren $\geq$ 8 mm) mit konvexbogiger Begrenzung oder Veränderung des hypophysealen venösen Synzytiums im Serio-CT (sog. Tuft-Sign). Die Nachweisgrenze liegt bei dieser Untersuchungstechnik bei 2–5 mm Durchmesser.

Die genannten Untersuchungstechniken bei Mikroadenomen erübrigen sich heute; die Untersuchungsmethode der Wahl stellt das MRT dar.

Die suprasellär wachsenden Tumoranteile sind dagegen leicht zu erkennen und werden bereits mit den üblichen axialen Schichten erfaßt. Die runden oder ovalen, glatt konturierten Tumorknoten sind leicht hyperdens oder isodens. Nach i. v. Kontrastmittelgabe zeigen sie ein deutliches homogenes Enhancement. Zysten, ältere Blutungen oder regressive Tumorveränderungen stellen sich als nichtkontrastmittelaufnehmende Zonen verminderter Dichte dar. Höhere Dichtewerte des Prozesses im Nativscan weisen im Zusammenhang mit einer akuten Klinik, wie akute Kopfschmerzen und/oder akute Sehstörungen, auf eine Tumoreinblutung hin.

Es hat sich gezeigt, daß die MRT die führende und aussagekräftigste diagnostische Methode beim Hypophysenadenom darstellt.

Zusatzuntersuchungen
Die Hormonanalyse im Blut (ACTH, STH, Prolaktin etc.) ist oft für die Diagnostik richtungweisend. Größere Tumoren deformieren die Sella turcica, was im Röntgennativbild und im Tomogramm an der Doppelkonturierung bzw. Exkavation des Sellabodens, an der Sellaballonierung und an der Dorsum-sellae-Atrophie sichtbar wird.

Hypophysenadenom	
Häufigkeit	8–12 %
Bevorzugtes Krankenalter	3.–5. Lebensjahrzehnt
Geschlechtsverteilung	Kein Unterschied
Lokalisation	Sellaregion
Klinische Leitsymptome	Akromegalie, Cushing-Syndrom, Hyperprolaktinämie, hypophysäre Insuffizienz, Sehstörungen (Chiasmasyndrom)
Zusatzuntersuchungen	Endokrinologische Diagnostik
CT nativ	Iso- bis leicht hyperdense Raumforderung; gelegentlich gemischte Dichte wegen Zysten; Amputierung des Pentagon
CT nach KM	KM-Aufnahme positiv mit Ausnahme der zystischen Bezirke. Glatt abgegrenzte Tumoren

Tafel 81. Hypophysenadenome

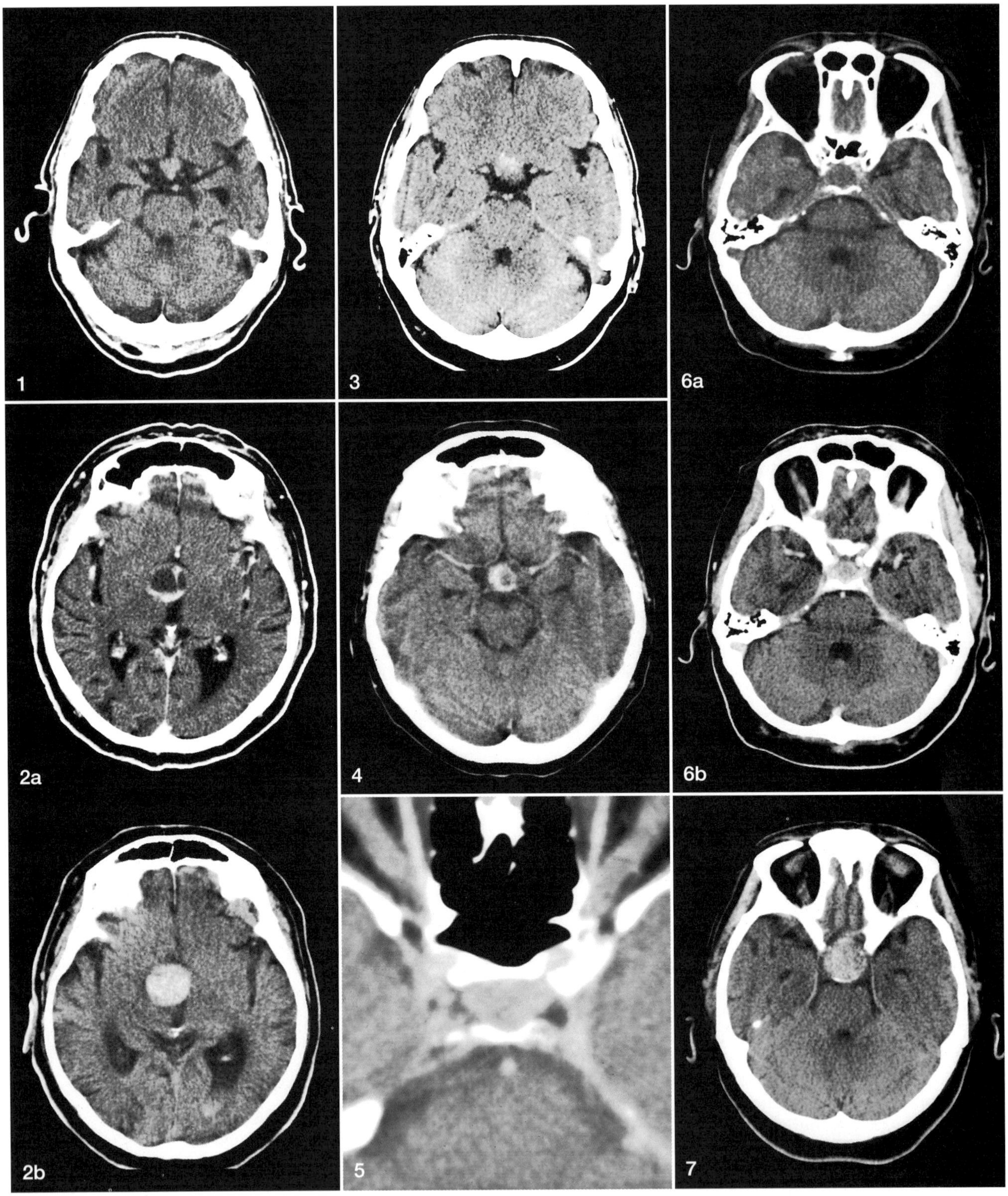

1 Kleines Hypophysenadenom nach KM-Gabe.
2a, b Zystisches Hypophysenadenom nach KM-Gabe (a); nach transsphenoidaler Operation Einblutung in die Tumorkapsel (b).

3 Hypophysenadenom leicht hyperdens.
4 Zystisches Hypophysenadenom nach KM-Gabe.
5 Eosinophiles Hypophysenadenom nach KM-Gabe.

6a, b Chromophobes Hypophysenadenom vor (a) und nach KM-Gabe (b).
7 Intra- und supraselläres chromophobes Hypophysenadenom mit Einblutung.

Eine Sonderform der intrasellären Raumforderung soll hier abgehandelt werden, und zwar das Empty-Sella-Syndrom.

Das primäre Empty-Sella-Syndrom ist eine ätiologisch unklare Herniation des Subarachnoidalraumes nach intrasellär. Diese intraselläre Arachnoidozele kann zur Aufweitung der knöchernen Sella im Sinne einer primären Sella und zur Kompression des Hypophysengewebes mit Zugwirkung und Knickung des Hypophysenstiels mit daraus resultierenden sekundären endokrinologischen Funktionsstörungen führen, wobei die hypophysären Partialfunktionen meist nur subnormal beeinträchtigt sind. Es erkranken daran überwiegend Frauen zwischen dem 25. und 70. Lebensjahr. Meist handelt es sich um übergewichtige Multipara. Kopfschmerzen und Gesichtsfelddefekte umfassen die klinische Symptomatik.

Sella-Erweiterung, Gesichtsfelddefekte und endokrinologische Funktionsstörungen, zum Teil auch eine Hyperprolaktinämie, machen eine differentialdiagnostische Abklärung zwischen einem zystischen Hypophysentumor und einem primären Empty-Sella-Syndrom wegen des unterschiedlichen therapeutischen Vorgehens erforderlich.

In 20 % der Fälle ist das primäre Empty-Sella-Syndrom mit einem hormonaktiven Mikroadenom kombiniert.

Ein sekundäres Empty-Sella-Syndrom findet sich nach chirurgischer und radiologischer Therapie von Hypophysenadenomen.

Computertomographisch kann mit schmalen axialen und koronaren Schichten der Hypophysenstiel an typischer Stelle nachgewiesen werden, während sich der Intrasellarraum und die Sellaeingangsebene liquordicht darstellen. Nur die kontrastmittelassistierte Zisternographie, die den Hypophysenstiel und das Drüsenrestgewebe als Kontrastaussparungen erkennen läßt und das Kontrastmittel intrasellär in der zisternalen Hernie nachweist, ist aber beweisend. Die Untersuchungsmethode der Wahl stellt heute das MRT dar.

11.2.25 Kraniopharyngeome

Sie entstehen aus Epithelkeimen des embryonalen Ductus craniopharyngicus (Rathke-Tasche) und sind nach den Hypophysenadenomen die zweithäufigsten Tumoren der Sellaregion. Sie wachsen langsam und können in allen Lebensabschnitten klinische Symptome verursachen; meist manifestieren sie sich aber in der Kindheit. Sie liegen intra- und suprasellär und breiten sich in Richtung auf den III. Ventrikel aus. Dadurch kann eine Blockade der Foramina Monroi entstehen, die zum ein- oder doppelseitigen Hydrozephalus führt.

Histologie
Die gut abgekapselten Geschwülste zeigen starke regressive Veränderungen wie Verkalkungen und mehrkammerige Zysten, die cholesterinreiche Flüssigkeit enthalten. Der solide Anteil des Tumors besteht aus mehrfach geschichtetem ektodermalem Epithel.

Topik
Sellaregion.

Klinische Leitsymptome
Die verminderte Hormoninkretion führt zum hypophysären Zwergwuchs, zur Pubertas tarda, gelegentlich zur Dystrophia adiposogenitalis und zum Diabetes insipidus. Bei einer suprasellären Ausdehnung des Tumors kann es zu Gesichtsfeldstörungen und bei einer Foramen-Monroi-Blockade zu Hirndrucksymptomen wie z. B. Kopfschmerz, Brechreiz und Psychosyndrom kommen.

Computertomographie
Die suprasellär gelegenen Tumoren besitzen eine recht inhomogene Dichte (hypodense Zysten, hyperdense Verkalkungen). Die soliden, zumeist isodensen Anteile des Tumors reichern intravenös verabfolgtes Kontrastmittel deutlich an. Gelegentlich ist eine ringförmige Kontrastmittelaufnahme um Zysten herum zu sehen. Die Deformierung des III. Ventrikels und die Blockade der Foramina Monroi sind computertomographisch leicht nachweisbar.

Zusatzuntersuchungen
Endokrinologische Untersuchungen decken oft einen Mangel verschiedener Hormone auf. Die Röntgennativaufnahme kann spritzerartige Verkalkungen in der intra- und suprasellären Region und druckbedingte Selladeformationen zeigen.

Kraniopharyngeom	
Häufigkeit	2–4 %
Bevorzugtes Krankenalter	Kindes- und Jugendalter, aber auch später
Geschlechtsverteilung	überwiegend Männer
Lokalisation	Sella-Region
Klinische Leitsymptome	Hormonelle Störungen, Sehstörungen, Hirndruckzeichen
Zusatzuntersuchung	Röntgenaufnahme des Schädels (Verkalkungen); endokrinologische Diagnostik
CT nativ	Buntes, uneinheitliches Bild: hypo-(Zysten), iso-(Tumor) und hyperdense (Verkalkungen) Bezirke
CT nach KM	KM-Aufnahme nur in soliden Tumorteilen

Tafel 82. Verschiedene Tumoren – Kraniopharyngeome, subependymales Riesenzell-Astrozytom

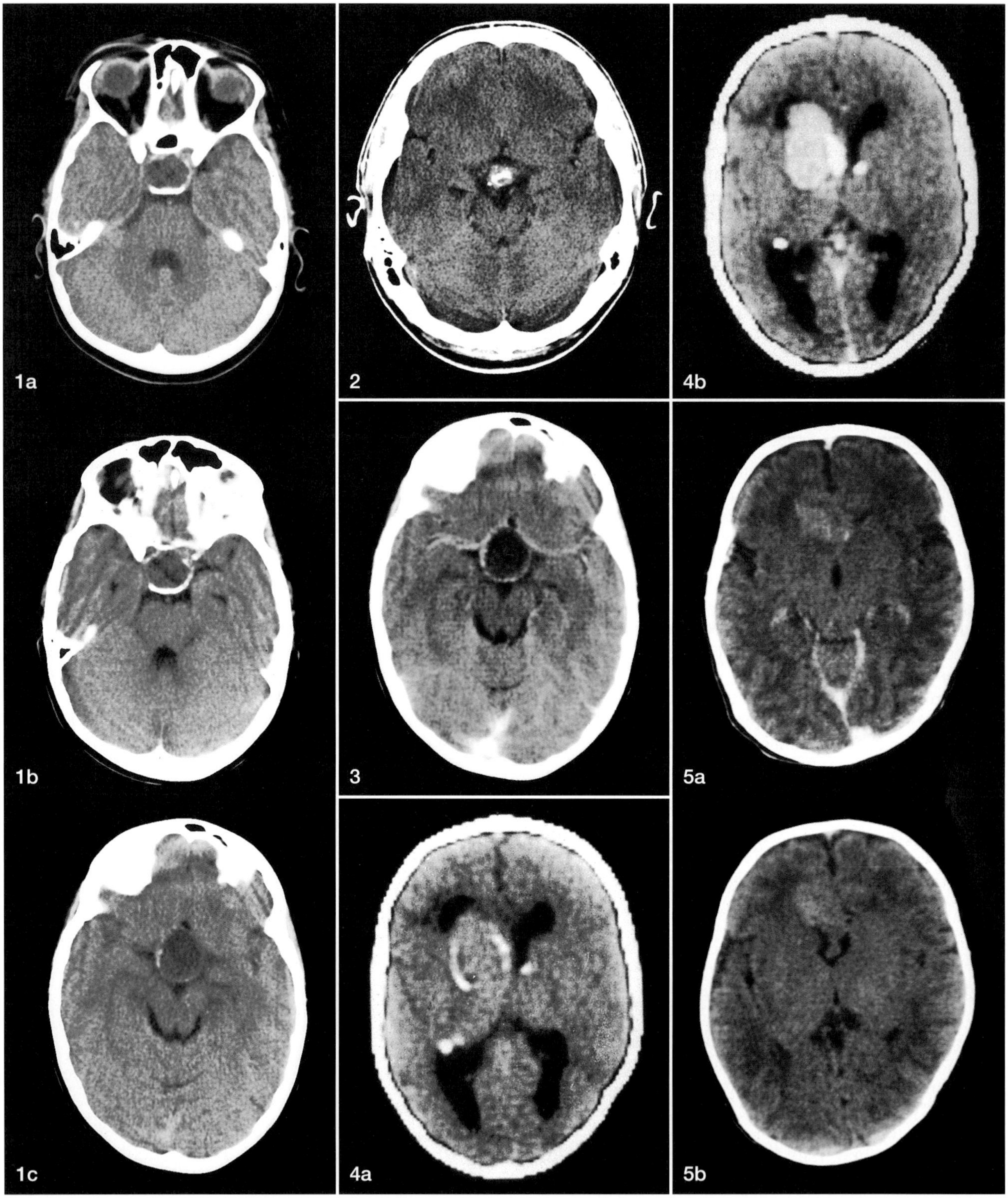

1a–c Zystisches Kraniopharyngeom intra- und suprasellär mit Kapselverkalkungen. Nativ-CT.

2 Verkalkter Kraniopharyngeom-Rest suprasellär.
3 Zystisches Kraniopharyngeom nach KM-Gabe.
4a, b Subependymales Riesenzell-Astrozytom. Isodenser Tumor im rechten Vorderhorn mit schalenförmiger Verkalkung und homogener KM-Einlagerung. Weiter Verkalkungen der Ventrikelwand bei tuberöser Sklerose.

5a, b Subependymales Riesenzell-Astrozytom rechtsbetont im Bereich des Vorderhorns bei sechs Wochen altem Säugling. Nativ, leicht erhöhte Dichte (a), nach KM-Gabe geringe Anhebung (b).

11.2.26 Skeletogene intrakranielle Tumoren

11.2.26.1 Osteome

Die relativ häufigen, kleinen und benignen Tumoren wachsen von der Kalotte und der Schädelbasis nach intrakraniell, haben aber klinisch kaum je eine Bedeutung. Computertomographisch haben sie Knochendichte und lagern Kontrastmittel nicht ein. Eine Verwechslung mit kleinen verkalkten Meningeomen ist nur im Ausnahmefall möglich.

11.2.26.2 Chondrome

Die histologisch benignen Tumoren entstehen an der Dura – vorwiegend im frontalen Falxbereich – und an den Synchondrosen der Schädelbasis, vorwiegend im Bereich der Pyramide und des Foramen lacerum. Es sind grobhöckerige, dichte Tumoren mit scholliger Kalkeinlagerung. Sie akkumulieren geringgradig Kontrastmittel in den nicht verkalkten Tumoranteilen. (Tafel 83/1, 2)

11.2.26.3 Chordome

Sie leiten sich von der Chorda dorsalis ab und entstehen vor allem am Clivus, am Dorsum sellae, im Nasopharynx und am Dens axis. Die hyperdensen Tumoren lagern spritzerartig Kalk ein und akkumulieren Kontrastmittel in den nicht kalzifizierten Tumoranteilen. Gelegentlich ist die Destruktion der benachbarten Skelettstrukturen im Knochenfenster zu erkennen. (Tafel 83/3)

11.2.27 Gesichtsschädeltumoren mit intrakranieller Invasion

Tumoren des Viszerokraniums können die Schädelbasis infiltrieren, destruieren und durchwachsen, so daß Tumoranteile intrakraniell liegen und die Hirnstrukturen verdrängen bzw. im Ausnahmefall auch infiltrieren (Tafel 105/1). Vor allem handelt es sich um:

11.2.27.1 Karzinome des Epipharynx, der Nasennebenhöhlen und der Orbita

Die computertomographische Untersuchung kann die intrakranielle Ausdehnung bestimmen, da die Tumoren HNO-ärztlicherseits bioptisch diagnostiziert werden können.

11.2.27.2 Glomustumoren

Die Glomustumoren (Paragangliome, Chemodektome) gehen vom Glomus tympanicum oder dem Glomus jugulare aus und können entlang der V. jugularis in den Kleinhirnbrückenwinkel einwachsen, wo sie eine entsprechende klinische Symptomatik verursachen. Im Gegensatz zum Akustikusneurinom können die Glomustumoren in die Paukenhöhle einbrechen. Das Computertomogramm zeigt die meist isodensen, stark kontrastmitteleinlagernden Tumoranteile, die sich unterhalb, oberhalb und innerhalb der destruierten Schädelbasis befinden. (Tafel 102/3, 4)

11.2.27.3 Rhabdomyosarkome

Diese seltenen, sehr malignen Tumoren des Kindesalters können sich auch an der Schädelbasis manifestieren. Das CT zeigt die destruierten Knochenstrukturen und einen meist voluminösen, nach intrakraniell vorwachsenden, iso- bis hyperdensen Tumor, der Kontrastmittel stark anreichert.

Tafel 83. Skeletogene Tumoren

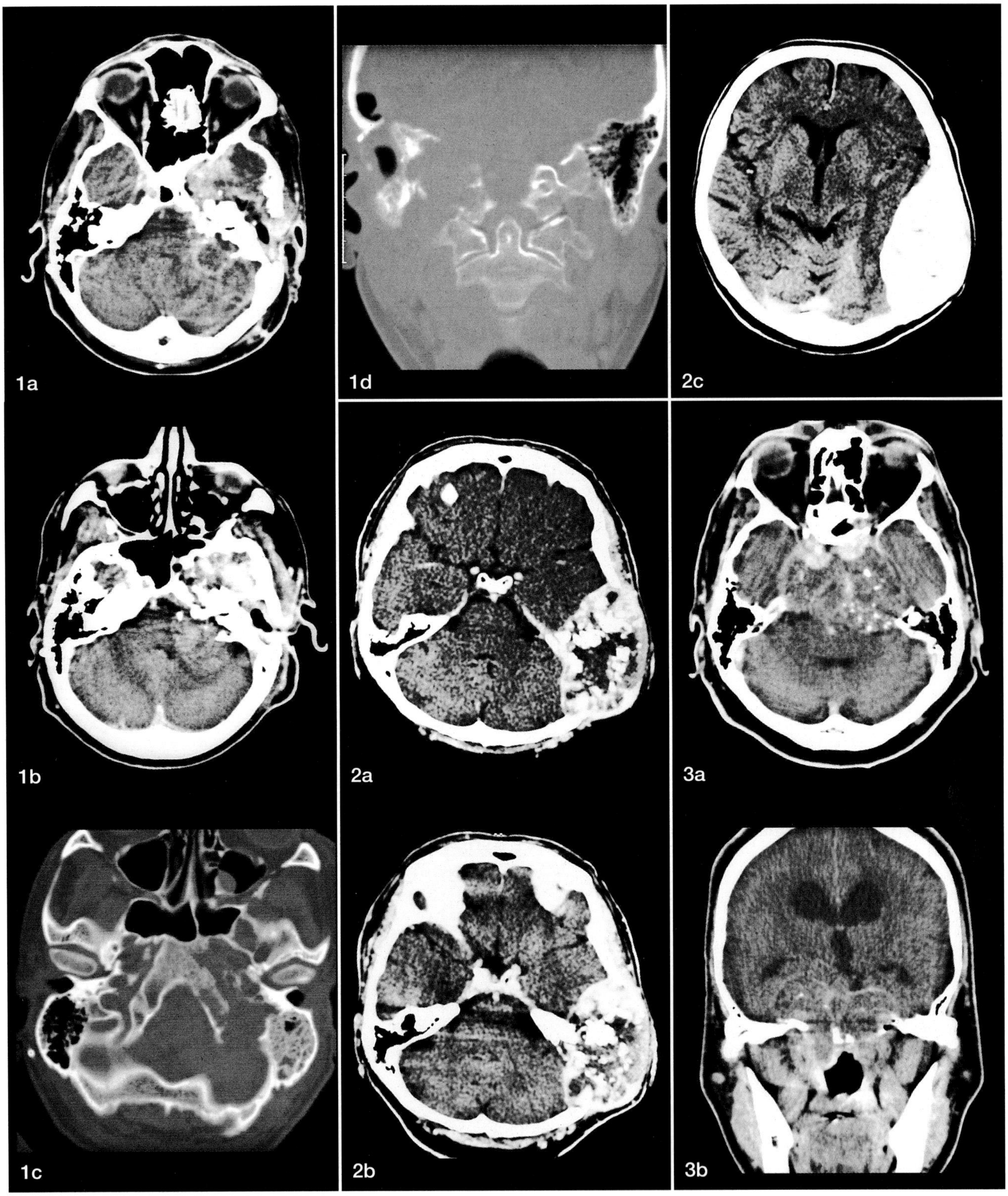

1a–d Chondrom der Schädelbasis und hinteren Schädelgrube links. Tumordarstellung in der hinteren Schädelgrube nach KM-Gabe (a, b). Knochenfenster axiale (c), und koronare Schicht (d).

2a–c Chondrosarkom links basal, temporal und parietal.

3a, b Clivus-Chordom nach KM-Gabe. Axial (a), koronar (b).

11.2.28 Metastasen

Hirnmetastasen sind hämatogene Absiedelungen extrazerebraler Primärtumoren. Die Häufigkeit der Hirnmetastasen, bezogen auf die Zahl der Gesamthirntumoren, beträgt 5–40 %, je nachdem, ob Statistiken aus neurochirurgischen Kliniken oder pathologischen Instituten herangezogen werden.

Bei weitem der häufigste ins Hirn metastasierende Primärtumor ist das Bronchialkarzinom, gefolgt vom Mammakarzinom, Nierenkarzinom und malignem Melanom [116–118].

Histologie
Die Metastasen können im histologischen Aufbau dem Primärtumor gleichen oder aber stärker anaplasiert sein. Je nach Tumorart neigen sie zu nekrotischen Einschmelzungen und Tumorblutungen. Oft besteht ein ausgedehntes peritumoröses Ödem, das die Größe und den raumfordernden Effekt des Tumors weit übertrifft.

Topik
Metastasen finden sich in allen infra- und supratentoriellen Hirnregionen und sind in etwa der Hälfte der Fälle multipel.

Klinische Leitsymptome
Kopfschmerz, Krampfanfälle, Hirnnervenlähmungen und andere neurologische Ausfälle. Meist ist das primäre Malignom bekannt, gelegentlich ist die Hirnmetastase aber die Erstmanifestation des Tumorleidens.

Computertomographie
Die Metastasen manifestieren sich oft als hyper-, hypo- oder isodense, kleine, rundliche Zonen, die von einem ausgedehnten Kollateralödem begleitet sind und Kontrastmittel kräftig anreichern. Seltener sind die Metastasen groß und können dann zentrale Nekrosen aufweisen, die eine Unterscheidung gegenüber Glioblastomen kaum zulassen. Einige Metastasen (besonders beim Melanom) neigen zu Tumorblutungen, so daß sie als Hirnblutungen verkannt werden können. Für eine Hirnmetastase spricht, wenn innerhalb einer ausgedehnten Ödemzone ein kleiner Bezirk Kontrastmittel stark anreichert. Die Multiplizität der intrazerebralen Herde ist der deutlichste artdiagnostische Hinweis, wobei allerdings bedacht werden muß, daß ausnahmsweise auch Meningeome, Glioblastome, maligne Lymphome und Hirnabszesse multilokulär auftreten können. Schädeldachmetastasen lassen sich gut im Knochenfenster nachweisen. Meningeale Metastasen bleiben auch nach KM-Gabe in der Regel unerkannt; manchmal manifestieren sie nur den konsekutiven Hydrozephalus.

Zusatzuntersuchungen
Unter therapeutischen, d. h. operativen Aspekten muß ein MRT durchgeführt werden. Das MRT vermittelt keine weiterführenden Kenntnisse über die Artdiagnose, ist aber hinsichtlich der Nachweisbarkeit etwa weiterer vorhandener kleiner Metastasen dem CT überlegen.

Metastasen	
Häufigkeit	5–40 %
Bevorzugtes Krankenalter	Höheres Alter
Geschlechtsverteilung	Kein Unterschied
Klinische Leitsymptome	Anfälle, verschieden neurologische Ausfälle; in ca. 80–85 % der Fälle Primär-Tumor bekannt
CT nativ und nach KM	Hirnödem in fast 90 % der Fälle; KM-Gabe in ca. 80 % der Fälle positiv; abgegrenzte rundliche Tumoren, auch als Ring

CT-Besonderheiten
1. Großes Ödem und relativ kleiner raumfordernder Prozeß spricht für eine Metastase.
2. Melanom-Metastasen neigen zur Einblutung (hyperdens, blutungsähnlich).
3. Bei Verdacht auf Metastasen ist die Untersuchung mit oder ohne KM-Gabe obligat. Kleinhirnmetastasen z. B. sind häufig isodens.
4. Bei bekanntem Primärtumor ist nicht jeder intrakranieller raumfordernder Prozeß eine Metastase; das gilt auch für multiple Herde (Diff.Diagnose: Lymphom, Abszeß, Gliome).

Tafel 84. Metastasen

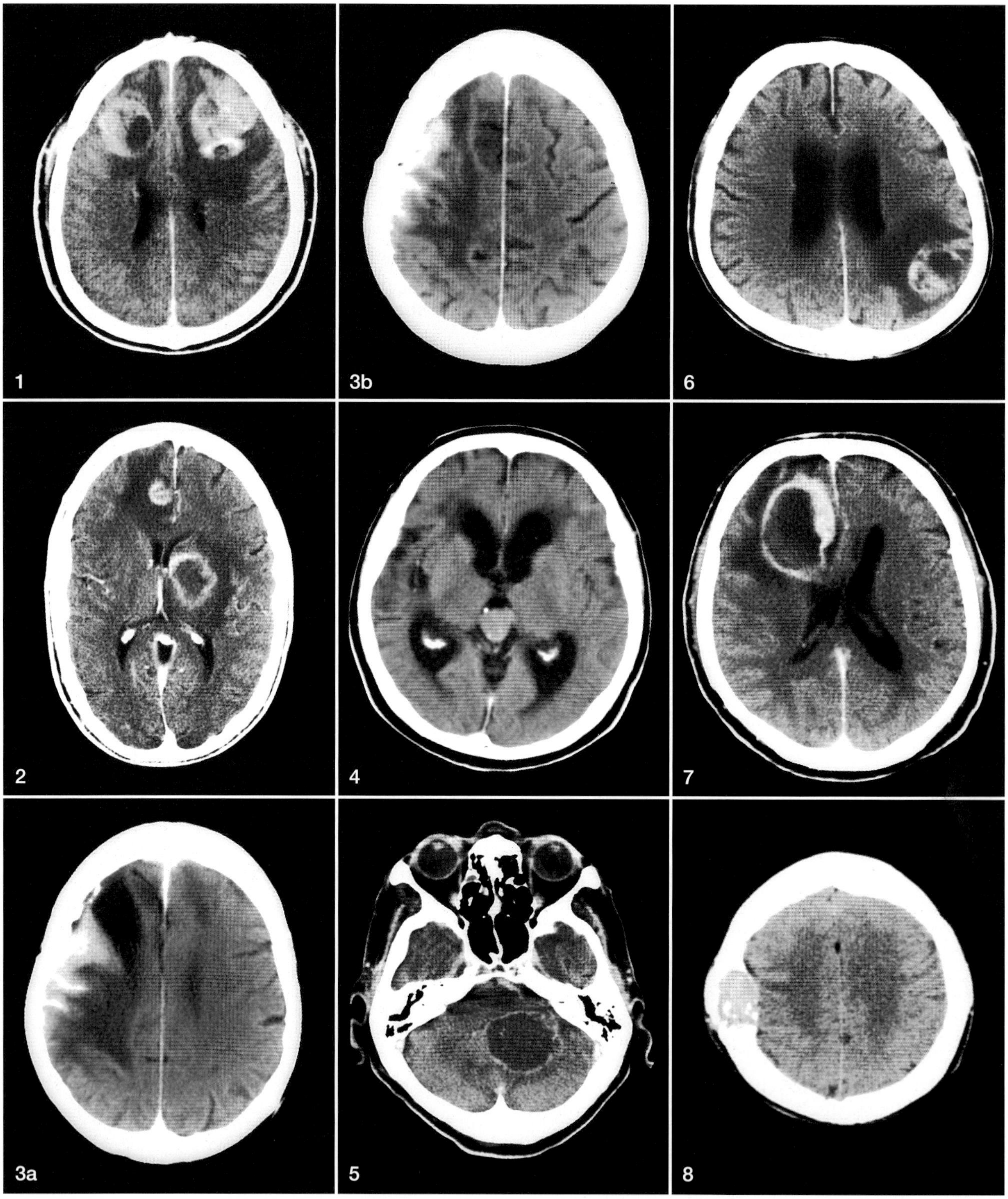

1 Bifrontale Metastasen eines malignen Melanoms bei primär erhöhter Dichte und perifokalem Ödem. Nach KM-Gabe.

2 Zwei Metastasen eines Bronchialkarzinoms rechts frontal und paramedian links ringartig in den Stammganglien. Nach KM-Gabe.

3a, b Meningeosis carcinomatosa bei Mammakarzinom mit erheblichem perifokalem Ödem und flächiger Kontrastmittelaufnahme. Nach KM-Gabe.

4 Metastase eines Kolonkarzinoms in der Pinealisgegend. Hydrocephalus internus mit Polkappen. Nach KM-Gabe.

5 Ringförmige Metastase der hinteren Schädelgrube links bei Bronchialkarzinom. Nach KM-Gabe.

6 Ringförmige Metastase eines Bronchialkarzinoms links parietal.

7 Metastase eines Nierenkarzinoms rechts frontal, ringförmig. Nach KM-Gabe.

8 Metastase eines Nierenkarzinoms in der Kalotte rechts.

Tafel 85. Multiple Metastasen

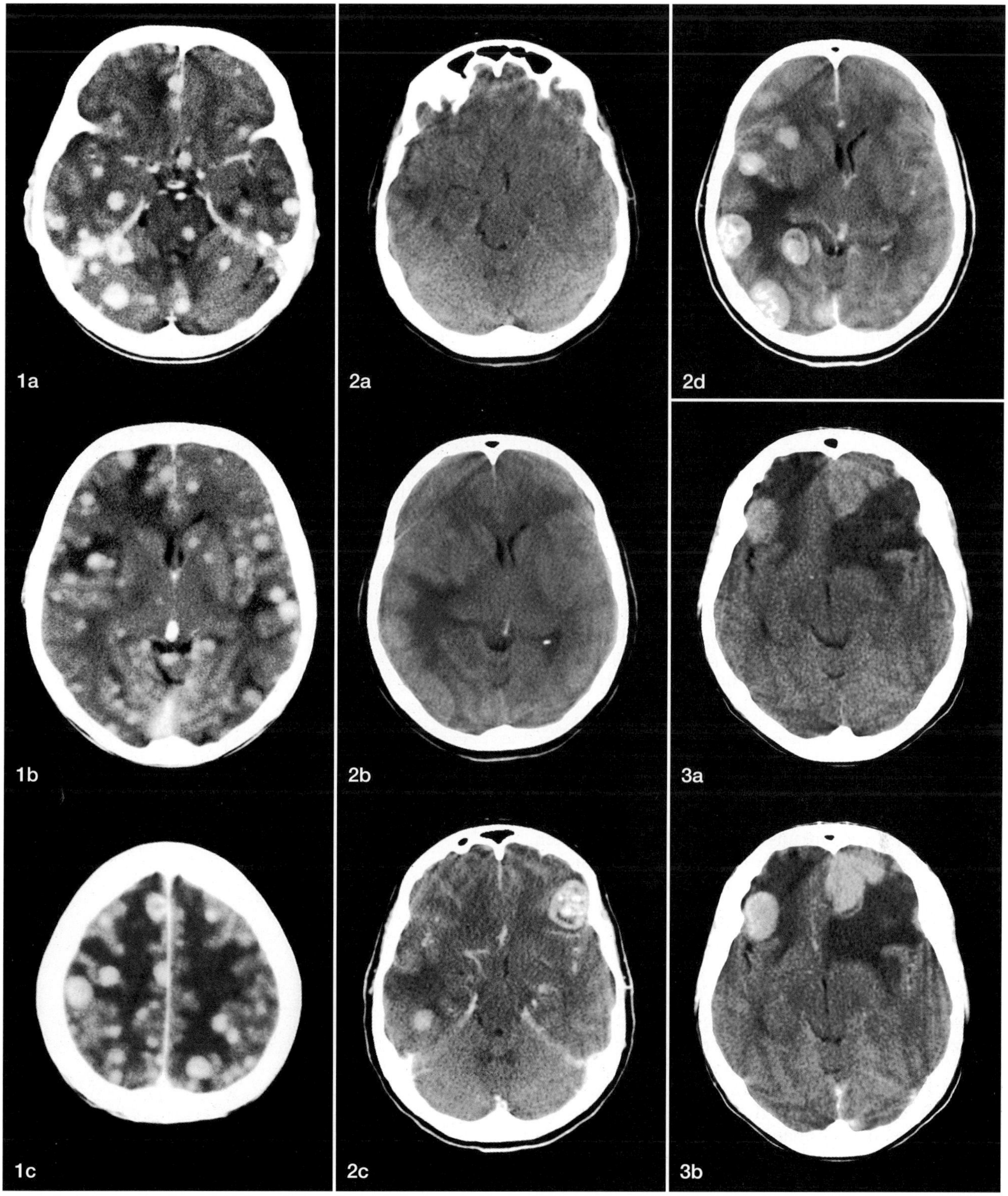

1a–c Zahllose Metastasen eines Bronchialkarzinoms nach KM-Gabe.

2a–d Multiple Metastasen eines Mammakarzinoms, ohne KM (a, b) nach KM-Gabe (c, d).

3a, b Multiple Metastasen eines malignen Melanoms mit erheblichem perifokalem Ödem nativ (a) und nach KM-Gabe (b).

12 Orbita

12.1 Untersuchungstechnik

Um optimale Bilder zu erreichen, muß das CT ungefähr in einem Winkel von 20 Grad zur Orbitomeatallinie durchgeführt werden. Es sind dünne Schnitte von 1,5–2 mm notwendig. Koronare Untersuchungen müssen sehr häufig zusätzlich abgeleitet werden, um die topische Zuordnung exakt zu ermöglichen. Die i. v. Gabe von Kontrastmittel muß in manchen Fällen in der üblichen Weise erfolgen.

12.2 Orbitastrukturen

Im knöchernen Orbitatrichter mit Optikuskanal und angrenzenden Nasennebenhöhlen lassen sich Bulbus, N. opticus, Gefäße und die Augenmuskeln gut darstellen, zumal das Orbitafett mit negativen HE einen guten Kontrast zu den genannten Strukturen abgibt (Tafel 12 B, S. 41).

12.3 Pathologische Prozesse

Bei den Orbitaerkrankungen bzw. den Krankheiten, die die Orbita sekundär betreffen, handelt es sich in erster Linie um raumfordernde Prozesse, gefolgt von entzündlichen Erkrankungen, der endokrinen Ophthalmopathie, Mißbildungen und traumatischen Folgeerscheinungen. Bei den in der Orbita befindlichen Läsionen müssen folgende Kriterien differentialdiagnostisch beachtet werden: Form, Abgrenzbarkeit gegen Sehnerv, Augenmuskeln und orbitales Fett; knöcherne Veränderungen; die Orbitaspitze. In vielen Fällen vermag erst die vertikale Schnittführung die Zuordnung eines raumfordernden Prozesses zu klären. Die CT allein erlaubt selten, die Artdiagnose einer Orbitageschwulst genau zu stellen.

Die häufigsten gutartigen Tumoren sind Meningeome der Optikusscheide oder mit Beteiligung des Keilbeinflügels (Tafel 86/6), kavernöse Hämangiome (Tafel 86/2, 3) sowie das pilozytische Astrozytom des N. opticus (Tafel 86/4).

Die häufigsten bösartigen Tumoren sind primäre Karzinome der Orbita und Metastasen, maligne Lymphome (Tafel 86/1) sowie Tumoren der Tränendrüse.

Bei den entzündlichen Prozessen stehen die Pseudotumoren, die Myositis, die Pyozele und die Mukozele (Tafel 86/5) im Vordergrund. Die Myositis muß gegenüber der endokrinen Ophthalmopathie (Tafel 87/1) abgegrenzt werden.

Bei den Traumafolgen handelt es sich um das retrobulbäre Hämatom und die Karotis-Sinus-cavernosus-Fistel, die sich nach i. v. Gabe von Kontrastmittel gut darstellen läßt. Fremdkörper in der Orbita lassen sich gut im CT abbilden (Tafel 87/3); die runde Form des Bulbus kann aufgehoben sein (Phthise).

Mißbildungen sind: Keilbeinaplasie, arteriovenöse Angiome, Buphthalmus, fibröse Dysplasie, Zysten. Intraokulare Veränderungen wie Tumoren und eine Stauungspapille lassen sich nachweisen.

Tab. 10. Computertomographische Unterscheidungsmerkmale der häufigsten im Orbitatrichter gelegenen Läsionen [53]

Art der Läsion	Form	Abgrenzbarkeit gegen Sehnerv, Augenmuskeln	Knöcherne Veränderungen	Orbitaspitze und orbitales Fett
Kavernöses Hämangiom	runde oder ovale Weichteilmasse	allseits glatt gegen orbitales Fett, Augenmuskeln und Sehnerv abgegrenzt	bei großen Hämangiomen Orbitaerweiterung; keine Knochendefekte oder Hyperostosen	auch bei großen Hämangiomen kleiner dreieckiger Raum in der Orbitaspitze frei
Optikusscheidenmeningeom	verdickt erscheinender Sehnerv und/oder unregelmäßig geformte Weichteilmasse	gut gegen orbitales Fett abgegrenzt; Zusammenhang mit dem Sehnerv möglich	Hyperostose angrenzender Knochen möglich	meist ausgefüllt
Optikusgliom	meist kolbenförmige Weichteilmasse im Verlauf des N. opticus	gut gegen orbitales Fett abgegrenzt; Sehnervauftreibung	gewöhnlich Canalis opticus erweitert	reicht bis in die Orbitaspitze
Neurinom	kegelförmige Weichteilmasse, deren Spitze die Orbitaspitze ausfüllt	gut gegen das orbitale Fett abgegrenzt; Weichteilmasse umgibt den Sehnerv	gewöhnlich keine	ausgefüllt
Metastase	meist unregelmäßig geformte Weichteilmasse, seltener rundlicher Tumor	sich meist diffus ins orbitale Fett erstreckend, Tendenz Augenmuskeln und Sehnerv einzuschließen, seltene Ausnahmen glatt begrenzt	häufig Knochenerosionen, bei osteoplastischen Metastasen auch Hyperostosen	häufig ausgefüllt
Lymphom	meist unregelmäßig geformte Weichteilmasse	häufig dem Bulbus direkt anliegend und unscharf gegen das orbitale Fett begrenzt; Augenmuskeln und Sehnerv häufig in Weichteilmasse eingeschlossen	gewöhnlich keine	Orbitaspitze kann ausgefüllt sein
Pseudotumor	meist unregelmäßig geformte Weichteilmasse	unscharf gegen das orbitale Fett begrenzt, Augenmuskeln und Sehnerv häufig in Weichteilmasse eingeschlossen; häufig Auftreibung der Augenmuskeln	bei chronischen Pseudotumoren Hyperostose angrenzender Knochen möglich	Orbitaspitze kann ausgefüllt sein
Endokrine Ophthalmopathie	rundliche oder unregelmäßig geformte Masse in der Orbitaspitze	gegen orbitales Fett meist gut abgegrenzt; Auftreibung der Augenmuskeln	keine	meist von Weichteilmassen ausgefüllt

Tafel 86. Pathologische Prozesse der Orbita I

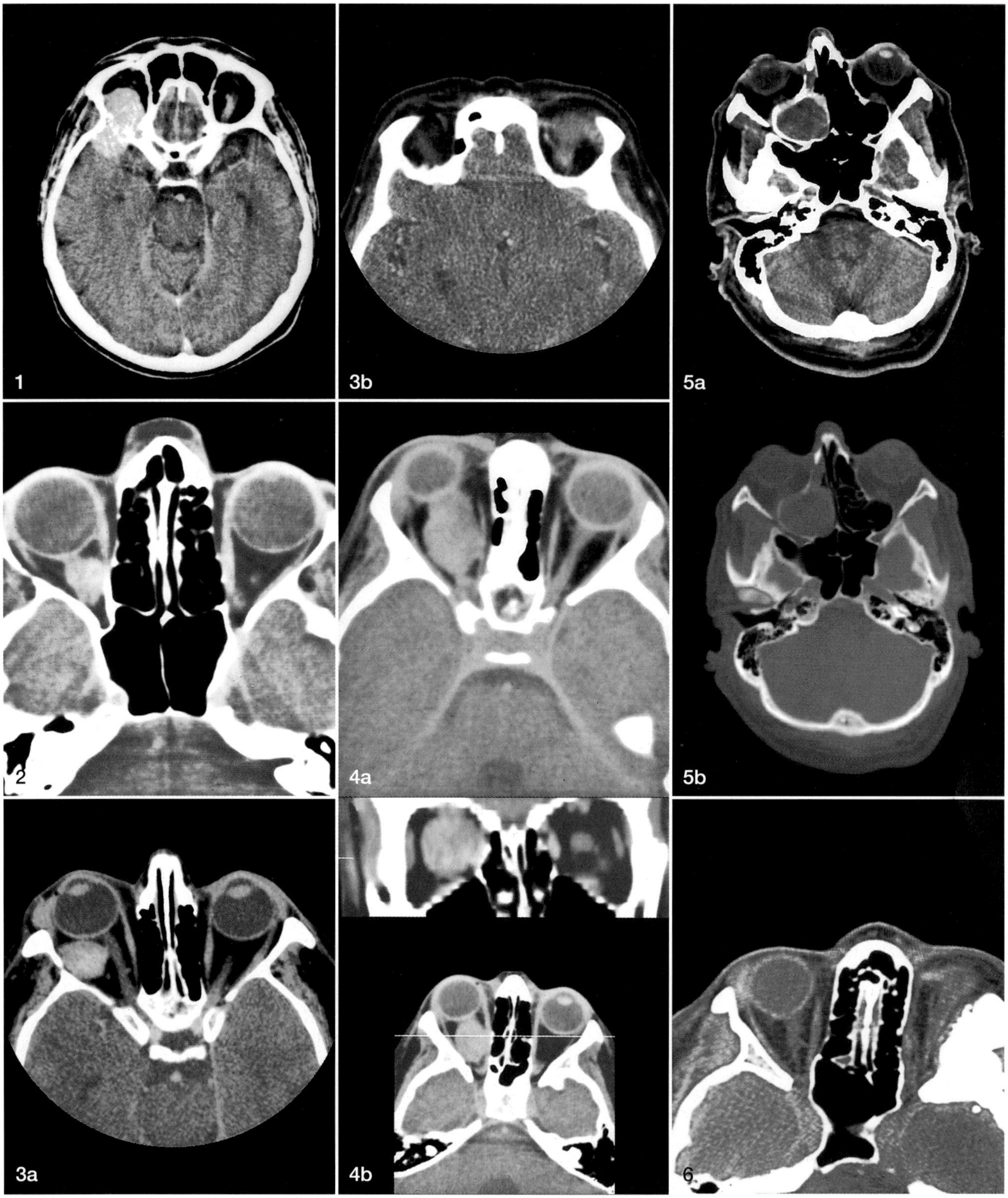

1 Morbus-Hodgkin-Befall der lateralen Orbitawand und des Kraniums.
2 Kavernöses Hämangiom. Nach KM-Gabe.
3a, b Kavernöses Hämangiom. Nach KM-Gabe.

4a, b 5jähriges Mädchen mit einem Optikusgliom. Axiale (a), koronare Rekonstruktion (b) nach Kontrastmittelgabe.

5a, b Mukozele der Kieferhöhle mit Einengung des Orbitatrichters. Weichteil- (a), Knochenfenstereinstellung (b).
6 Laterales Keilbeinflügelmeningeom mit Hyperostose der lateralen Orbitawand links.

Tafel 87. Pathologische Prozesse der Orbita II

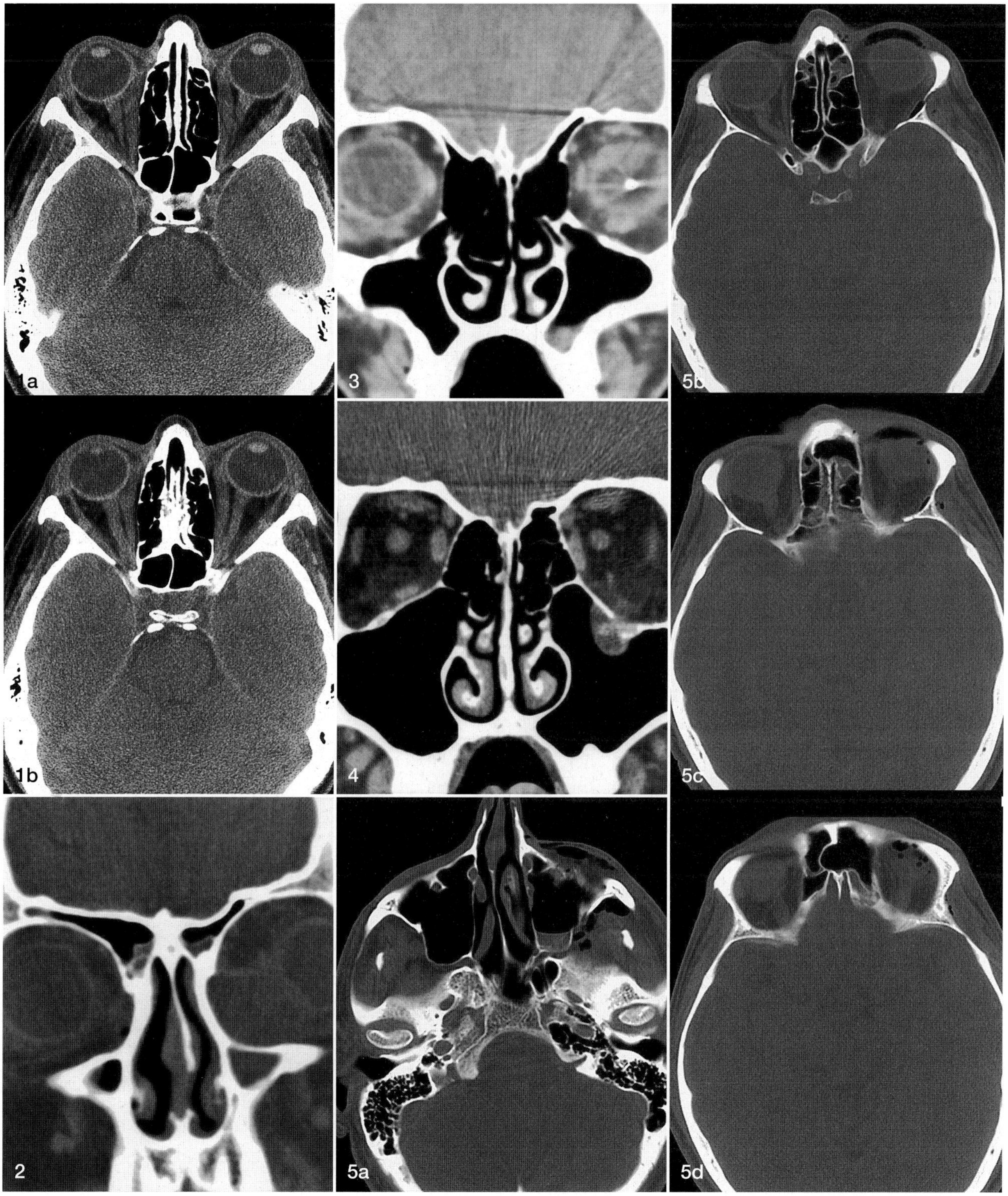

1a, b Endokrine Orbitopathie mit spindelförmiger Verdickung des M. rectus medialis beiderseits unter Befall des Sehnenansatzes.
2 Orbitaabszeß. Pansinusitis mit Einbruch über die Lamina papyracea im Orbitatrichter (koronar).

3 Metalldichter Fremdkörper im Bulbus oculi (koronar).
4 Orbitabodenfraktur mit Protrusion des Orbitafettkörpers in die Kieferhöhle („hängender Tropfen"). M. rectus inferior nicht eingeklemmt (koronar).

5a–d Fraktur des Orbitabodens und der lateralen Wand mit Hämatosinus maxillaris und Orbitaemphysem links (Knochenfenster).

13 Differentialdiagnostische Tabellen

13.1 Kalottennahe Herde

13.1.1 Kalottennahe hypodense Herde

Kalottennahe hypodense Herde weisen in der Regel auf pathologische Veränderungen des äußeren Liquorraumes. Allerdings umfassen sie auch Zysten, Tumoren und andere intrazerebrale Veränderungen, die bis an die Kalotte heranreichen.

Diagnose	CT-Beschreibung und Bemerkungen
Ödemähnliche Dichte	
Chronisches epidurales Hämatom	Bikonvexe Form, Raumforderung. Vom häufigeren subduralen Hämatom nur zu unterscheiden, wenn ein hyperdenser KM-einlagernder Durastreifen zwischen Hämatom und Gehirn sichtbar ist (Tafel 16/6a).
Chronisches subdurales Hämatom	Sichelähnliche Form, raumfordernd.
Subdurales Empyem	Sichelähnliche Form, gelegentlich gekammert, KM-Anreicherung des anliegenden Hirngewebes, selten Lufteinschlüsse durch gasbildende Bakterien.
Infarkt	Kalottennaher, diffuser, minderdichter Bezirk vor allem bei größeren Infarkten.
Liquorähnliche Dichte	
Hirnatrophie	Symmetrische Erweiterung der Zisternen (besonders C. insulares, basalis, interhemisphaerica) und verbreiterte Sulci. Gleichzeitig Ventrikeldilatation möglich.
Akutes traumatisches Hygrom	Kalottennahe Flüssigkeitssichel, besonders bei Kindern, aber auch bei Erwachsenen.
Subdurales Hygrom beim Kind	Meist symmetrisch, frontal und parietal.
Arachnoidalzyste	Halbkugelig der Kalotte aufsitzend, mit oder ohne Raumforderung, Prädilektionsstelle temporal und Cisterna-magna-Gegend.
Artefakte	Hypodense Zone hinter Keilbeinflügel und Pyramide auf basalen Schichten („Shading").
Dichte geringer als Liquor	
Lipom, Cholesteatom	Kalottennahe Tumoren (z. B. Kleinhirnbrückenwinkel), raumfordernd.
Pneumatozephalus, Pneumatozele	Posttraumatisch, postoperativ, vor allem bei Operation wegen chronischem subduralem Hämatom oder Kleinhirntumor (sitzende Op.), oft frontal oder hinter dem Felsenbein in der hinteren Schädelgrube; gelegentlich raumfordernd.

13.1.2 Kalottennahe hyperdense Herde

Diagnose	CT-Beschreibung und Bemerkungen
Epidurales Hämatom	Plan- bis bikonvex, raumfordernd, glatte Grenze zum Gehirn.
Akutes und chronisches subdurales Hämatom	Sichelförmig, raumfordernd. Blut im Interhemisphärenspalt und gezähnelte Grenze zum Gehirn. Bei chronischem subduralem Hämatom Sedimentation mit Spiegelbildung.
Subarachnoidalblutung	Hyperdense Darstellung der Zisternen (besonders C. basalis, insularis, interhemisphaerica). Arteriographie muß Ursache klären (Aneurysma, Angiom usw.).
Kortexnahe intrazerebrale Hämatome	Oval bis rund, raumfordernd, traumatisch, spontan.
Kortexnahe Tumoren (z. B. Osteom, Meningeom, Oligodendrogliom)	Raumfordernd, KM-Anreicherung, perifokales Ödem.
Rindenverkalkungen	Sturge-Weber-Syndrom.
Kontrastmittelrest	Im Subarachnoidalraum nach Myelographie.

Vgl. auch „Intrazerebrale hyperdense Herde“ (S. 192; Tafel 91, S. 193)

Tafel 88. Kalottennahe hypodense Herde

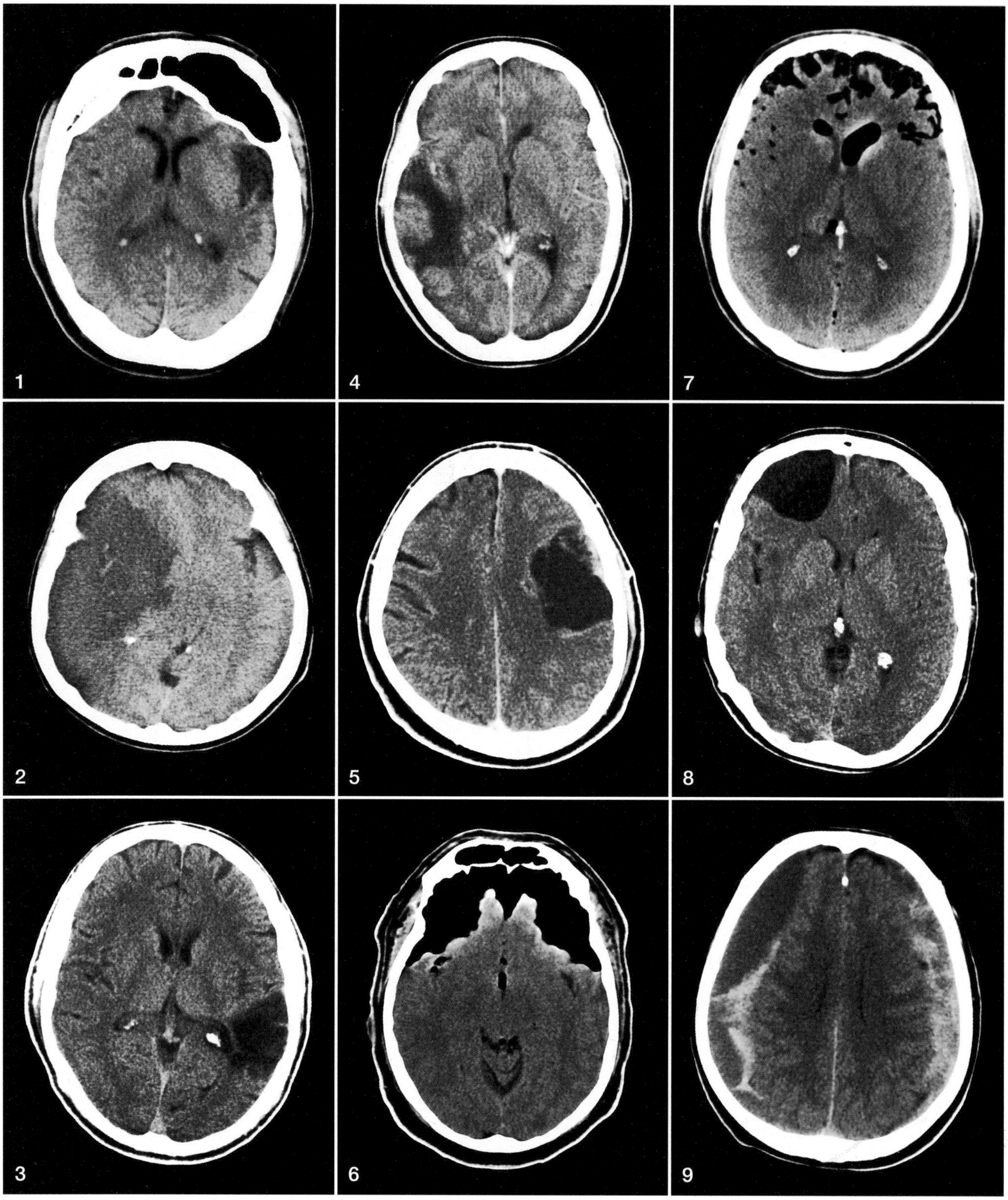

1 Hyperpneumatisation frontal.
2 Raumfordernder Mediainfarkt rechts bei Karotisverschluß.
3 Links temporaler alter Infarkt.

4 Rechts temporales Astrozytom Grad II.
5 Atypisches zystisches Meningeom.
6 Raumfordernder Pneumatozephalus bifrontal nach Operation in der hinteren Schädelgrube.

7 Nicht-raumfordernder Pneumatozephalus bifrontal bei frontobasaler Schädelhirnverletzung.
8 Rechts frontale Arachnoidalzyste.
9 Doppelseitig chronisches subdurales Hämatom.

Tafel 88. Kalottennahe hypodense Herde (Fortsetzung)

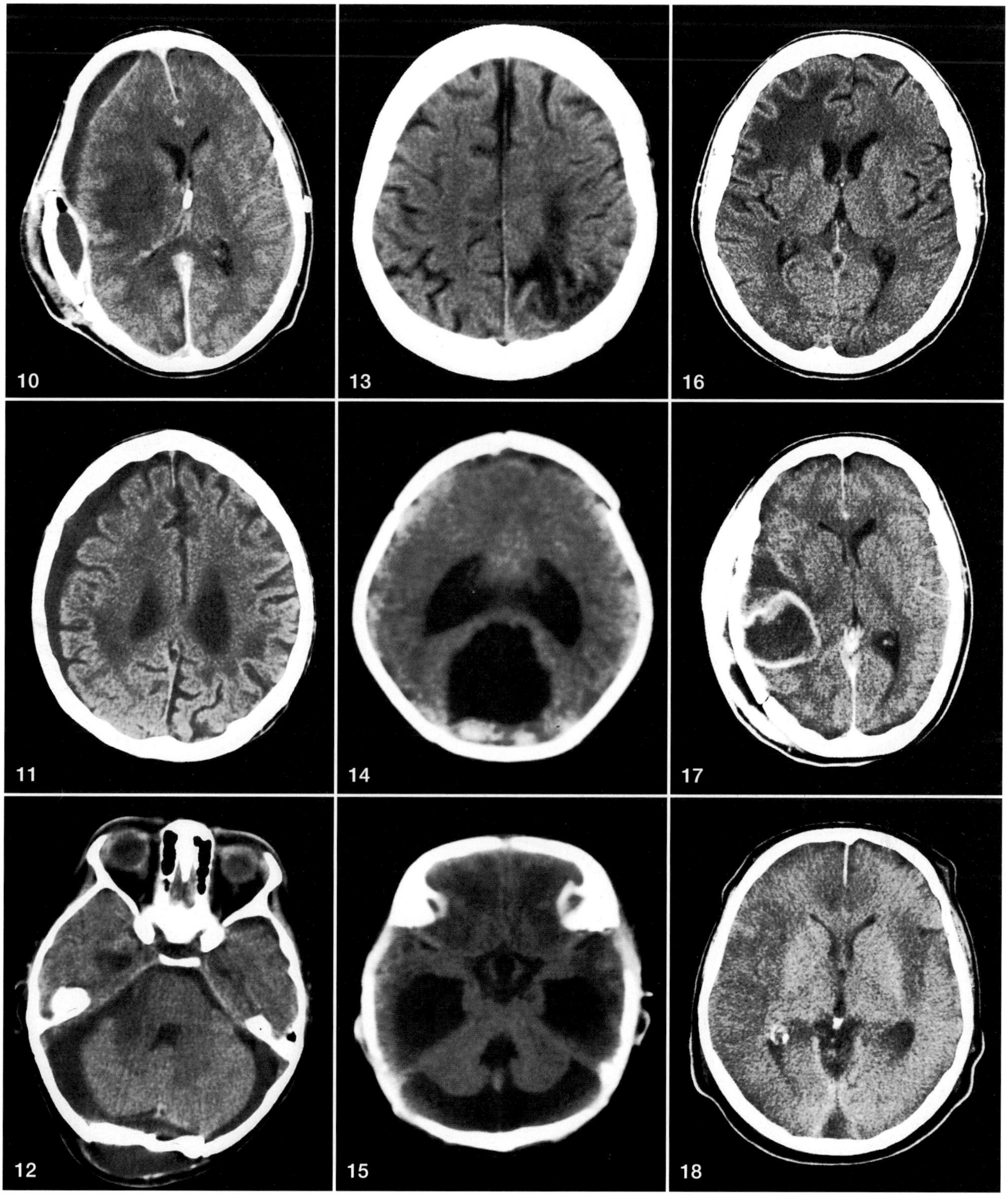

10 Subdurales Empyem und epiduraler Abszeß rechts, Z. n. Operation eines basisnahen Chondroms. Nach KM-Gabe.
11 Akutes subdurales Hygrom rechts.
12 Postoperative Liquorkissen im Sinne einer Meningozele subokzipital mit zusätzlich beiderseitigem Hygromen über dem Kleinhirn. Z. n. Operation eines Kleinhirntumors.

13 Alte Kontusionsherde links okzipital.
14 Holoprosenzephalie okzipital.
15 Dandy-Walker-Syndrom.

16 Rechts frontales Tumorödem unter Aussparung der Rinde (Oligodendrogliom).
17 Postoperativer Hirnabszeß rechts temporal. Nach KM-Gabe.
18 Herpes-simplex-Enzephalitis beiderseits mit rechts ausgedehnterem Befall. Nativ-CT.

Tafel 89. Kalottennahe hyperdense Herde

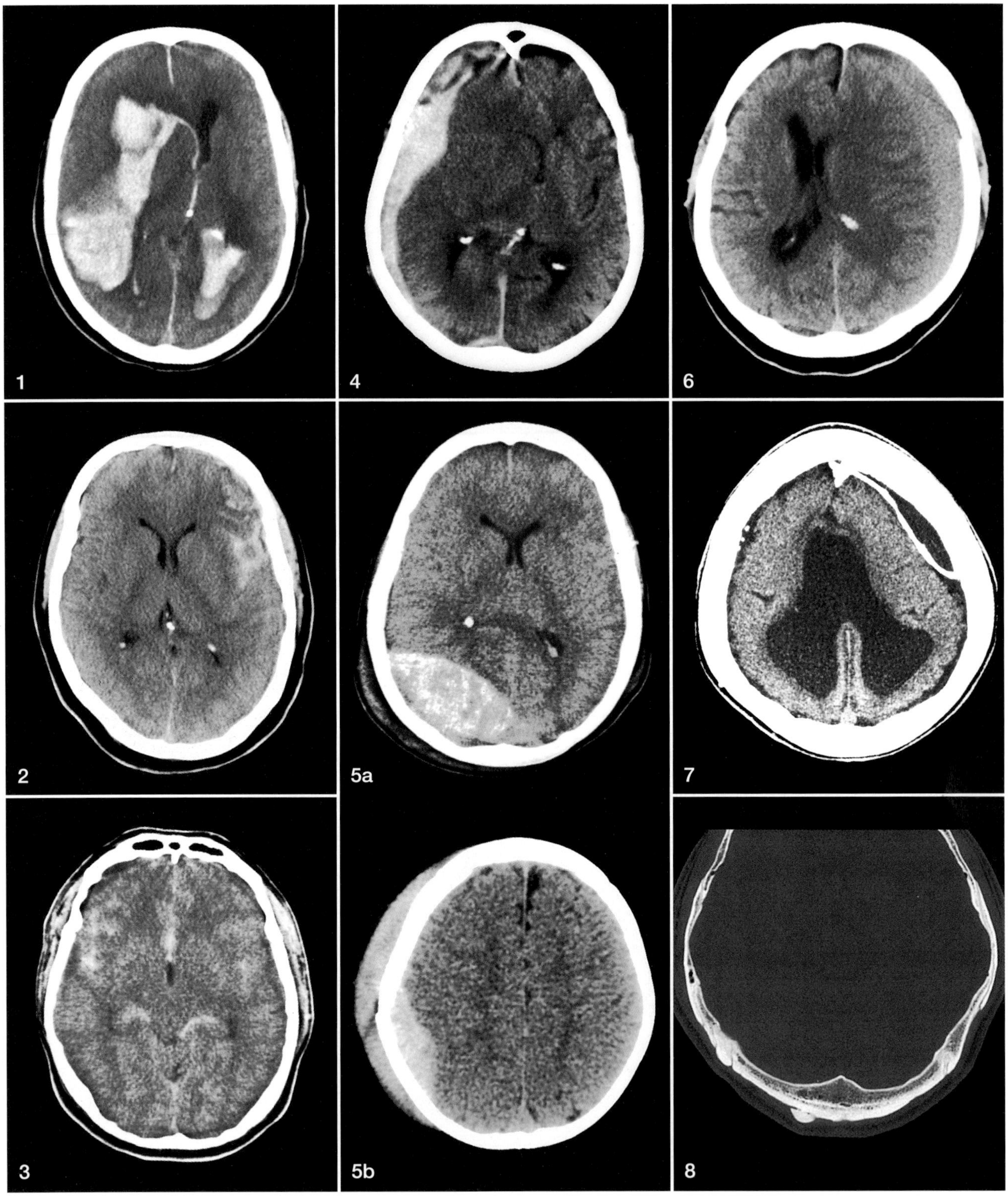

1 Akute intrazerebrale Blutung mit Ventrikeleinbruch rechts.
2 Traumatische Subarachnoidalblutung links frontotemporal mit Kontusionsherden.
3 Spontane Subarachnoidalblutung mit Dichteanhebung in den kortikalen Sulci und im Bereich der Sylvischen Furche rechts betont. Aneurysma des Ramus communicans anterior.

4 Akutes subdurales Hämatom mit frontalem Hygrom-Anteil rechts.
5a, b Akutes epidurales Hämatom okzipital rechts (a). Akutes epidurales Hämatom rechts parietal beim Säugling mit Kephalhämatom (b).

6 Leicht hyperdenses chronisch subdurales Hämatom links.
7 Links frontotemporales chronisch subdurales Hämatom mit Verkalkung.
8 Kleines rechts okzipitales Osteom neben der Mittellinie; Knochenfenster.

Tafel 89. Kalottennahe hyperdense Herde (Fortsetzung)

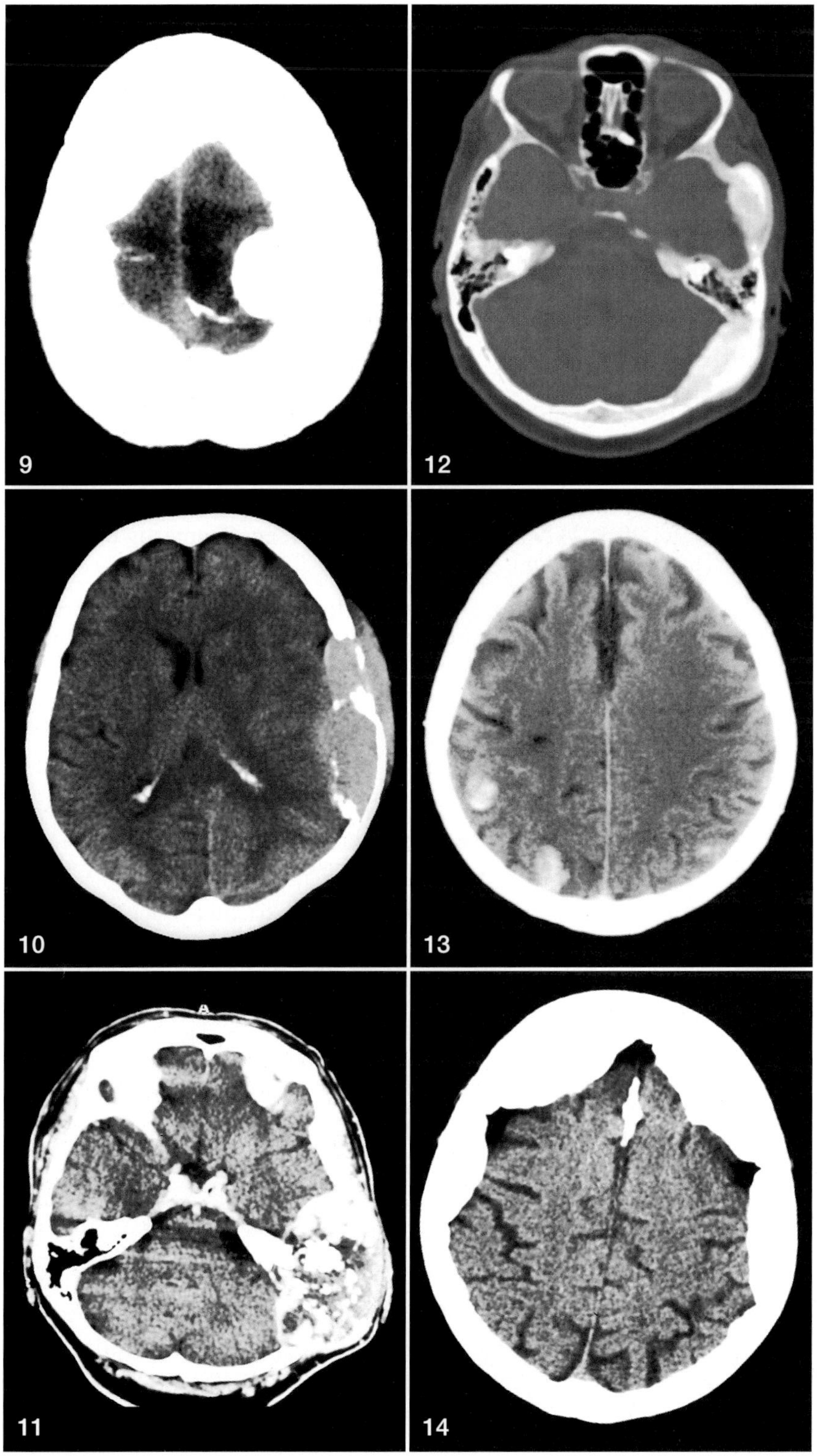

9 Konvexitätsmeningeom links parietal, verkalkt.
10 Malignes Lymphom der Kalotte links.
11 Chondrosarkom der Pyramide links.

12 Osteoplastisches Meningeom links tief temporal (Knochenfenster).
13 Thrombose des Sinus sagittalis superior mit mehreren kortikalen Blutungen.
14 Hyperostosis frontalis interna.

13.2 Intrazerebrale Herde

13.2.1 Intrazerebrale hypodense Herde

Die Herde haben keine offensichtliche Beziehung zur Kalotte, obwohl sie sich bis zur Hirnrinde ausdehnen können. Die Dichte dieser Herde ist niedriger als die vom Hirngewebe. Die Dichte kann weiter in ödemähnlich (20 bis 8 HE), liquorähnlich (6 bis 0 HE), fettähnlich (–40 bis –100 HE) und luftäquivalent (–1000 HE) differenziert werden.

Diagnose	CT-Beschreibung und Bemerkungen
Ödemähnliche Dichte	
Perifokales Ödem	Oft auf Marklager ausgedehnt, fingerförmig, trichterförmig (Tafel 90/1, 2) bei Tumoren und Abszessen. Saumartig bei Tumoren, Infarkten, Hämatomen.
Infarkte	Typische Prädilektionsstellen, keilförmig, nach 8 Stunden frühestens nachweisbar. Im Frühstadium evtl. mit Zeichen der Raumforderung. In der 2.–3. Woche KM-Anreicherung (Luxusperfusion).
Kontusionsherd	Am Ort des Coup oder Contre coup. Verlaufskontrolle, da sekundäre Einblutung möglich!
Tumoren	Meist raumfordernd, bei infiltrierend und vikariierend wachsenden Gliomen kann die Raumforderung fehlen. Je nach Tumorart KM-Anreicherung oder nicht.
Hirnabszeß	Raumfordernd, meist perifokales Ödem, trichter- oder fingerförmig. Ringförmige, selten fleckige KM-Anreicherung, uni- oder multilokulär.
Herdenzephalitis	Fleckige KM-Anreicherung.
Periventrikuläres Ödem	Bandförmiges Ödem vor allem neben den Seitenventrikeln bei Hydrocephalus occlusus und bei normotensivem Hydrozephalus.
Marklager	Als Normvariante kann das Marklager besonders im Centrum semiovale stärker hypodens erscheinen als sonst üblich (z. B. auch bei Unreife des Früh- und Neugeborenen).
Leukodystrophie	Systemartiger Marklagerbefall.
Multiple Sklerose	Paraventrikuläre multiple Herde bis 2 cm Durchmesser. Im akuten Stadium KM-Einlagerung.
Status spongiosus nach perinatalem Trauma oder nach Enzephalitis	Scharf konturierte, homogene Zonen, meist Erweiterung der benachbarten Liquorräume.
Liquorähnliche Dichte	
Porenzephale Zyste	Scharf begrenzt, oval oder rund.
Postenzephalomalazische Zyste	Typische Infarktlokalisation, oft Dilatation benachbarter Liquorräume.
Postkontusionelle Zyste	Oft Dilatation benachbarter Liquorräume.
Postoperativer Substanzdefekt	Oft Kalottendefekt zusätzlich, oft Dilatation benachbarter Liquorräume.

Tafel 90. Intrazerebrale hypodense Herde

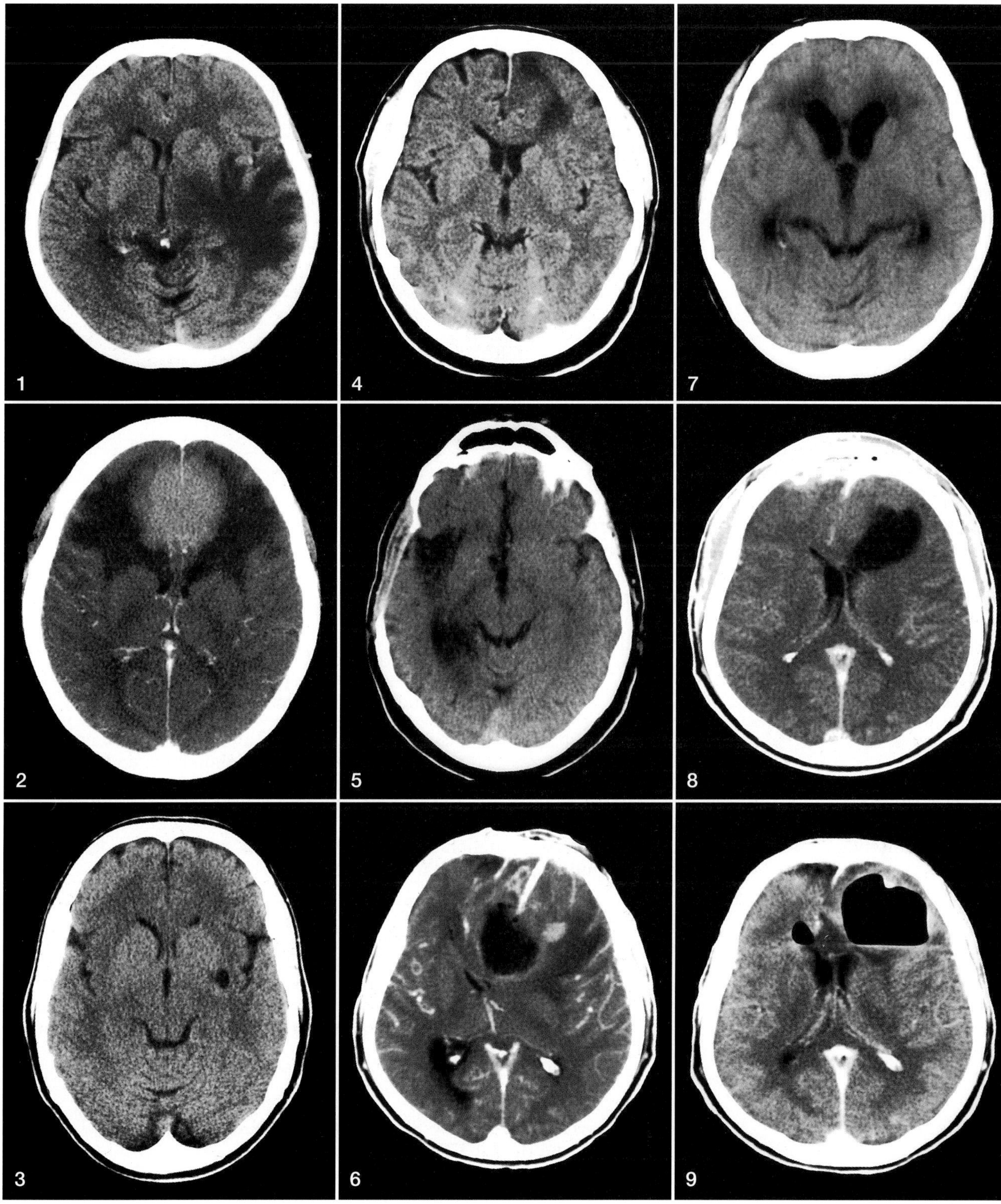

1 Fingerförmiges Ödem bei temporobasalem Glioblastom links.
2 Doppelseitiges trichterförmiges Ödem bei Olfaktorium-Meningeom. Nach KM-Gabe.
3 Infarktartiger Bezirk in den Stammganglien links.

4 Links frontales Mischgliom. Nach KM-Gabe.
5 Z. n. Schädelhirntrauma mit rechts temporalem und temporomedialem Kontusionsherd, übergehend in einen Posteriorinfarkt nach Einklemmung.
6 Links frontaler Hirnabszeß mit Drainage-Katheter. Nach KM-Gabe.

7 Periventrikuläre Dichteminderung über den Frontalhörnern bei transependymaler Liquorresorptionsstörung.
8 Links frontotemporale porenzephale Zyste frontal nach frontobasalem Schädelhirntrauma. Nach KM-Gabe Anreicherung von Granulationsgewebe.
9 Links frontale Pneumatozele bei frontobasaler Schädelhirnverletzung. Nach KM-Gabe.

Intrazerebrale hypodense Herde (Fortsetzung)

Diagnose	CT-Beschreibung und Bemerkungen
Zystische Tumoren	Zeichen der Raumforderung, häufig ringförmige KM-Einlagerung.
Fettähnliche Dichte	
Lipom, Cholesteatom, Epidermoid, Dermoid	Marginale Kalzifikation ist möglich.
Luftäquivalente Dichte	
Posttraumatischer, postoperativer Pneumenzephalus, Pneumatozele	Häufig bei frontobasaler oder laterobasaler Fraktur.
Infektion mit gasbildenden Bakterien	Meist im Rahmen eines Hirnabszesses.

13.2.2 Intrazerebrale hyperdense Herde von hämatomähnlicher Dichte

Die Ursache spontaner Hämorrhagien muß – abgesehen von der typischen hypertensiven Blutung in die Stammganglien – arteriographisch abgeklärt werden.

Diagnose	CT-Beschreibung und Bemerkungen
Hypertensive Blutung	Typische Lokalisation (Abb. 34 und Tafeln 46, 89, 91), anfangs homogen und scharf konturiert, später inhomogen und hypodenser Saum (Resorption und Ödem). Vorübergehend auch ringförmige KM-Anreicherung in der Resorptionszone.
Kontusionsblutung	Meist zusätzlich deutliche Ödemzonen. Auf begleitendes sub- oder epidurales Hämatom achten!
Wühlblutung bei Aneurysma	Besonders frontal oder frontotemporal und temporal u. U. mit Ventrikeleinbruch.
Angiomblutung	Eine zusätzliche KM-Anreicherung in Gefäßkonvoluten ist möglich.
Tumoreinblutung	Besonders bei Melanommetastasen und Glioma apoplecticum.
Hyperdense Tumoren	Kolloidzyste, Meningeom und andere. Oft zusätzlich Dichteanhebung nach KM.
Artefakte	a) Angeschnittene Strukturen der Schädelbasis bei asymmetrischer Kopfeinstellung. b) Streifenförmige Bewegungs- und Kontrastexzeßartefakte. Durch Überlagerung auch knotenförmig, besonders im Bereich der hinteren Schädelgrube.

Siehe auch intrakranielle Kalkherde (S. 194; Tafel 92, S. 195–196)

Tafel 91. Intrazerebrale hyperdense Herde (ohne Verkalkungen)

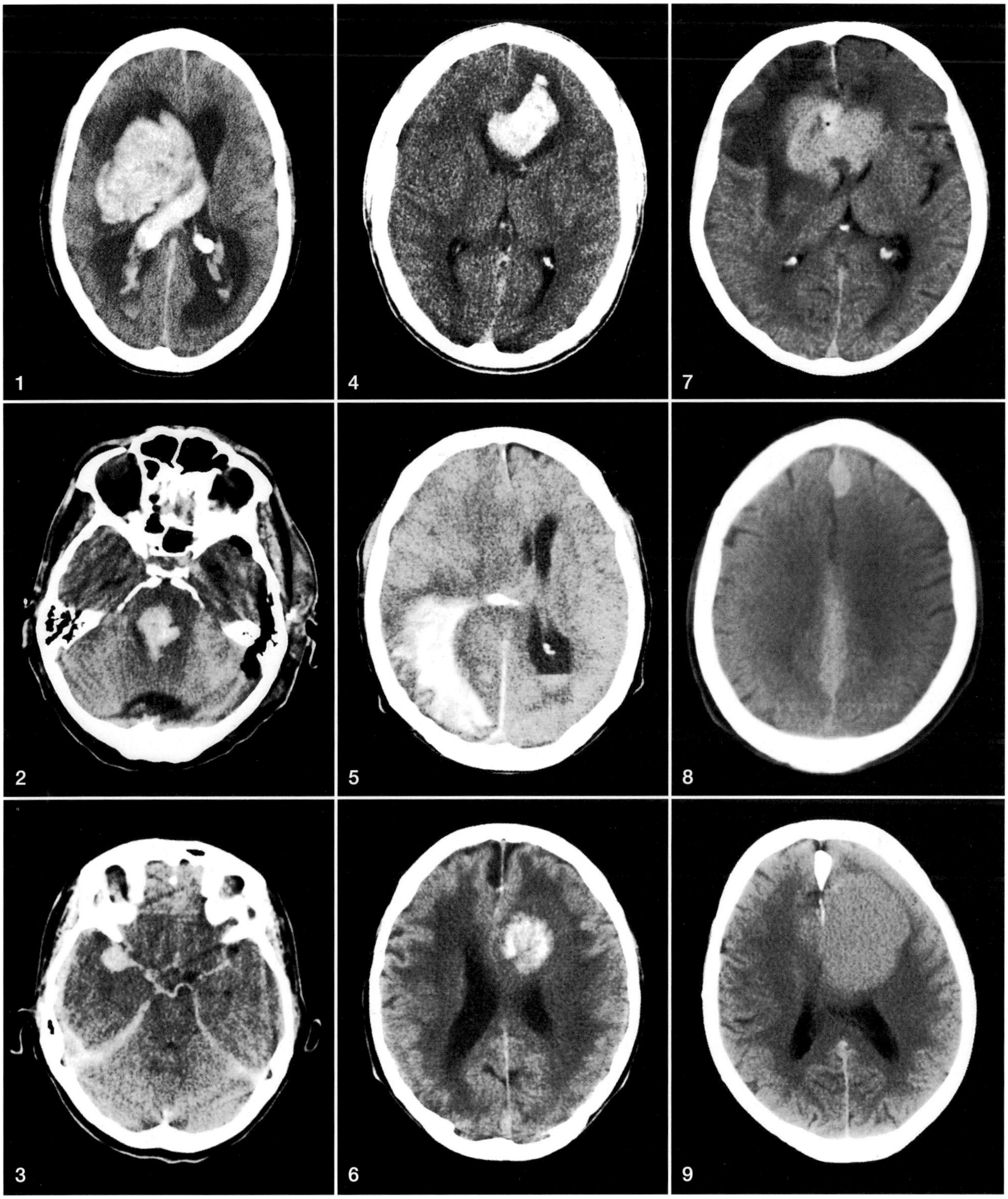

1 Thalamus-Blutung mit Ventrikeleinbruch rechts.
2 Hirnstammblutung im Sinne einer Entlastungsblutung bei supratentoriell operiertem akuten subduralem Hämatom (Luftansammlungen an der Basis links).
3 Mediaaneurysma rechts mit Subarachnoidalblutung.

4 Aneurysma des Ramus communicans anterior mit linksbetonter frontaler Einblutung.
5 Atypische Hirnblutung rechts okzipital.
6 Einblutung in einen links frontopräzentralen Tumor.

7 Rechts betontes Lymphom des Balkens, leicht hyperdens im Nativbild.
8 Osteomyeloskleroseherd am Sinus sagittalis superior, leicht erhöhte Dichte, ohne KM.
9 Linksbetontes Meningeom des Sinus sagittalis superior, leicht hyperdens im Nativbild. Falxverkalkung.

13.2.3 Intrazerebrale hyperdense Herde von kalkähnlicher Dichte

Diagnose	CT-Beschreibung und Bemerkungen
Physiologische Verkalkungen	
Pinealis, Plexus chorioidei, Bochdalek-Blumenkörbchen (IV. Ventrikel), Commissura habenularum, Falx cerebri et cerebelli, Tentorium, Tela chorioidea, Recessus suprapinealis, Commissura anterior.	
Pathologische Verkalkungen	
Membranartig angeordnete Verkalkungen	
Vaskulär	Riesenaneurysma der A. carotis, A. basilaris und der V. Galeni, chronisches subdurales Hämatom.
Neoplastisch	Lipom, Dermoid, Epidermoid.
Entzündlich	Abszeßkapsel.
Monofokale Verkalkungen	
Vaskulär	Angiome (verkalkte Thromben), Sinusvenenthrombose, intrazerebrale Blutung, z. B. nach Geburtstrauma.
Neoplastisch	Meningeom oft granulär, Oligodendrogliom oft grobschollig, Kraniopharyngeom, Pinealom, Ependymom, Plexuspapillom, Spongioblastom, Gangliozytom, Dermoide, Chordom, Hypophysenadenom (1 %), Chondrom, Chondrosarkom, Osteom, Teratom.
Entzündlich	Granulome (Tuberkulom, Gummen), Echinokokkose (vgl. auch „Multifokale Verkalkungen").
Multifokale Verkalkungen	
Vaskulär	Arteriosklerotische Gefäßverkalkungen, Endarteriitis calcificans cerebri.
Entzündlich	Konnatale Toxoplasmose, Zytomegalie, Röteln, Herpes simplex, Torulose, Trichinose, Zystizerkose, Bilharziose, Paragonimiasis.
Kongenital	Tuberöse Sklerose (meist periventrikulär), Sturge-Weber-Krankheit (Kortexkalk), Lissenzephalie.
Symmetrische Verkalkungen	
Stammganglienverkalkungen	Bei Hyperparathyreoidismus, Pseudohypoparathyreoidismus, Lipoidproteinose (Urbach-Wiethe), Fahr-Krankheit (= vaskuläre Kalzifikation der Stammganglien).
Fremdkörper, die Verkalkungen vortäuschen können	
KM-Tropfen in den Liquorräumen, Metallclips, Granatsplitter, Knochensplitter, streifenförmige Bewegungsartefakte, Overrange-Artefakte, Filmfehler.	

Tafel 92. Intrakranielle Verkalkungen

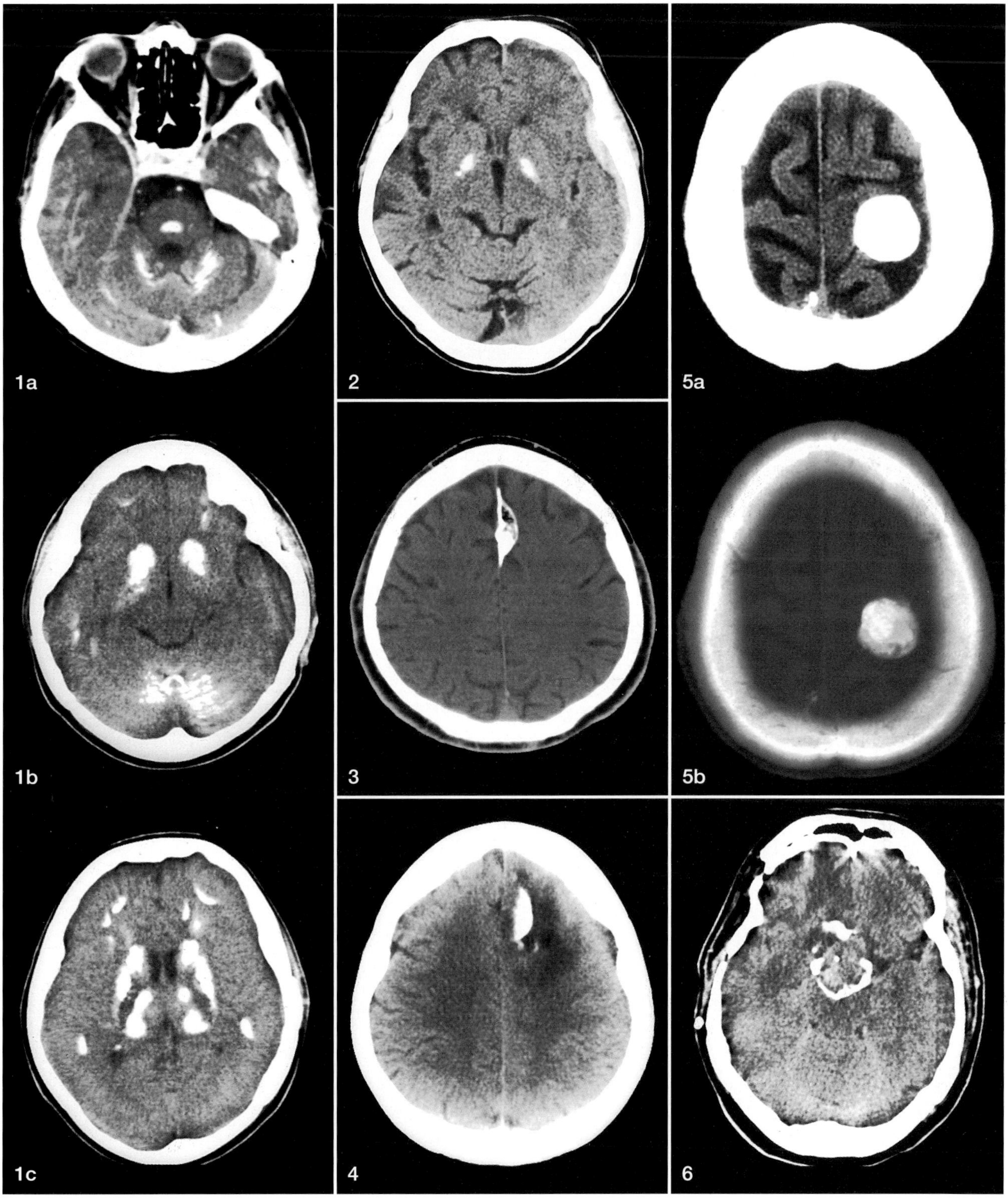

1a–c Symmetrische Kalkeinlagerungen in den Stammganglien bifrontal, in der Kleinhirnrinde und im Hirnstamm (Fahr-Krankheit).

2 Symmetrische Stammganglienverkalkung. Zusätzlich kleines subdurales Hämatom links.
3 Falxverkalkung.
4 Verkalkung bei Oligodendrogliom links frontal.

5a, b Meningeom links zentral verkalkt nativ (a) und mit Knochenfenster (b).
6 Verkalkung bei supraselläremem pilozytischem Astrozytom.

Tafel 92. Intrakranielle Verkalkungen (Fortsetzung)

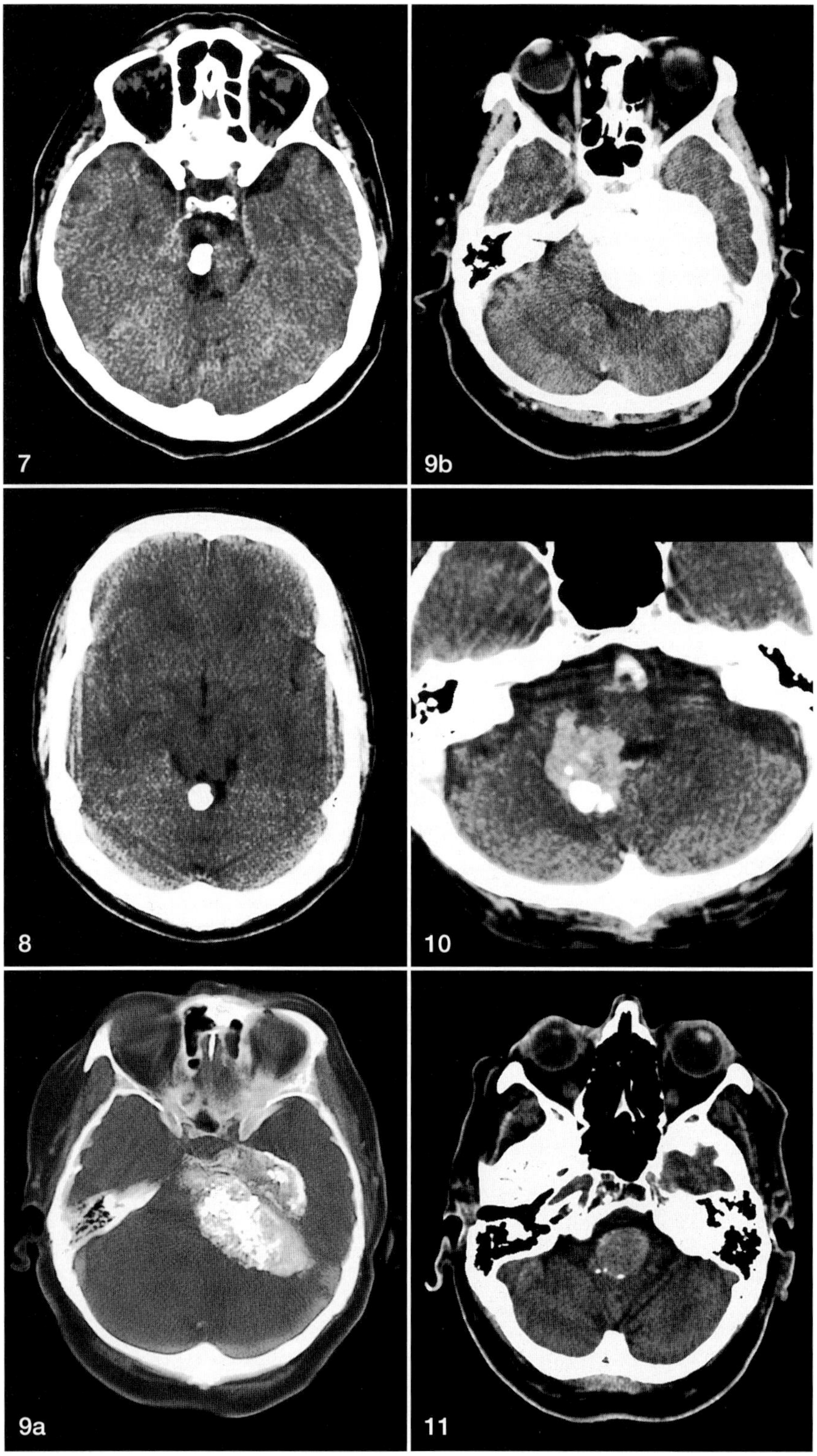

7 Verkalktes Kavernom des Pons rechts.
8 Verkalkung bei Lipom im Bereich der Pinealis.
9a, b Riesiges verkalktes Meningeom der Pyramide links, Knochenfenster (a), nativ (b).

10 Plexuspapillom in der hinteren Schädelgrube rechts mit Verkalkung. Nach KM-Gabe.
11 Teilverkalktes großes Aneurysma der A. basilaris.

13.2.4 KM-anreichernde Herde

Vielfältige Prozesse reichern Kontrastmittel an (Tumoren, Gefäßmißbildungen, Entzündungen, Infarkte usw.). Muster und Intensität der Kontrastmittelaufnahme sind kein sicheres differentialdiagnostisches Kriterium. Allerdings finden sich die Anreicherungsmuster gehäuft bei bestimmten Prozessen.

Diagnose	CT-Beschreibung und Bemerkungen
Ringförmige KM-Anreicherung	
Glioblastom, Metastase und andere Tumoren mit zentraler Nekrose	Raumfordernd, perifokales Ödem, oft breiter Parenchymrand.
Abszeß	Raumfordernd, perifokales Ödem, meist schmaler Granulationswall, der wie unter „Spannung" steht, im Vergleich zum Tumor etwas geringere Raumforderung.
Altes Hämatom	KM in der marginalen Resorptionszone oder nach Monaten in der Hämatomkapsel (Schokoladenzyste).
Ventrikulitis, Pyozephalus	KM im Ependym.
Subdurales Empyem, epiduraler Abszeß	Die kalottennahe Raumforderung grenzt an das Gehirn mit einem Granulationswall.
Granulome	Tuberkulom, Gumma, Sarkoidose. Vom Tumor im CT nicht sicher zu unterscheiden.
Radionekrosen	Verwechslung mit Tumorrezidiv möglich, da oft auch raumfordernd.
Frischer Op.-Defekt	Verwechslung mit Tumorrezidiv möglich, („Postoperativer Ring").
Fleckförmige KM-Anreicherung	
Gliome	Raumforderndes perifokales Ödem.
Angiome	Oft nicht raumfordernd, gelegentlich verkalkte Thromben.
Infarkte	Typische Lokalisation, keilförmig (12.–21. Tag wegen Luxusperfusion).
Herdenzephalitis, Granulome, Kontusionsödem	
Homogene KM-Anreicherung	
Tumoren	Z. B. Meningeom, Neurinom, Hypophysenadenom, Glioblastom (Knotentyp), Plexuspapillom, solides Angioblastom.
Riesenaneurysma	Auf basalen Schichten, meist kreisrund, Wandverkalkungen.
Infarkte	Sehr selten Infarkt nach KM isodens („zugespritzter Infarkt").

Tafel 93. KM-anreichernde Herde

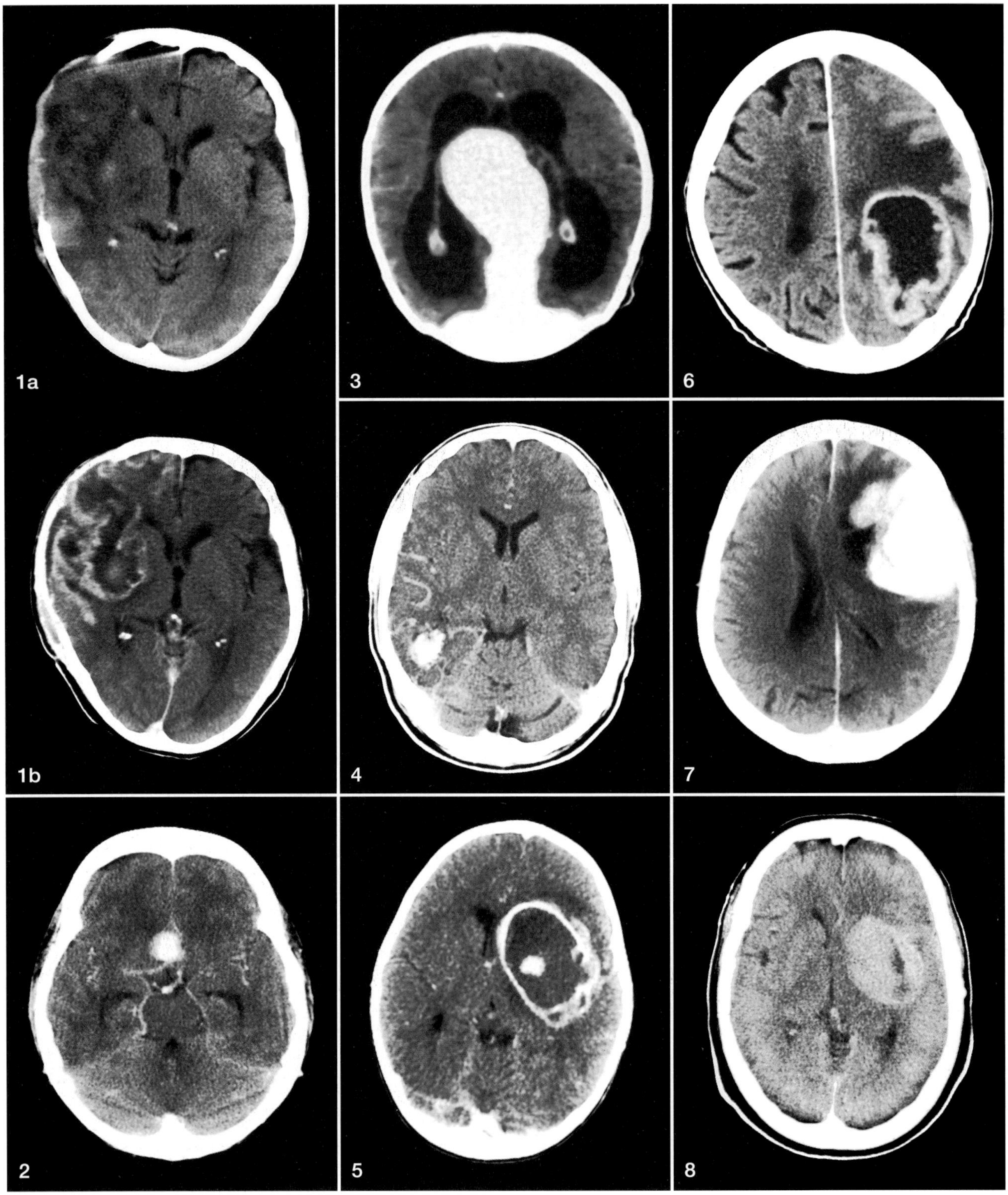

1a, b Raumfordernder Mediainfarkt nach Dekompression ohne (a) und nach KM-Gabe (b). Luxusperfusion.
2 Aneurysma des Ramus communicans anterior nach KM-Gabe.

3 Aneurysma der V. Galeni magna nach KM-Gabe.
4 Arteriovenöse Malformation rechts temporal nach KM-Gabe.
5 Hirnabszeß in den Stammganglien links nach KM-Gabe.

6 Glioblastom links parietal nach KM-Gabe.
7 Meningeom links frontotemporal nach KM-Gabe.
8 Malignes Lymphom nahe der Stammganglien links nach KM-Gabe.

13.3 Lage-, Form- und Größenveränderung des Ventrikelsystems

Diagnose	CT-Beschreibung und Bemerkungen
Symmetrische Erweiterung	
Hirnatrophie, Hydrocephalus communicans beim Kind	Gleichzeitige Erweiterung der äußeren Liquorräume.
Hydrocephalus occlusus	Häufig Raumforderung hintere Schädelgrube und Aquäduktgegend. (Bei Aquäduktstenose IV. Ventrikel gewöhnlich klein.) Bilaterale Foramen-Monroi-Blockade.
Hydrocephalus aresorptivus	Posttraumatisch, nach Subarachnoidalblutung, idiopathisch.
Umschriebene Erweiterung	
Artefakte	Beim seitwärts verkippten Kopf wird eine Asymmetrie des Ventrikelsystems vorgetäuscht.
Foramen-Monroi-Blockade	Ein- oder doppelseitige Erweiterung der Seitenventrikel bei Tumoren im vorderen Anteil des III. Ventrikels oder bei Verlagerung des Septum pellucidum (z. B. posttraumatisches Hämatom oder Ödem).
Porenzephale Ausziehung	Zur Entscheidung, ob Zyste kommuniziert, ist u. U. intrathekale KM-Gabe nötig.
Ausziehung bei Substanzdefekt	Perinatale Hirnschäden, postkontusionell, nach Hirninfarkt, postoperativ.
Zerebrales Kompartment-Syndrom	Teilerweiterung eines Seitenventrikels meist im Bereich des Unter- und/oder Hinterhorns; gelegentlich „zystische Aufweitung".
Hemiatrophie	Gleichzeitig einseitige Erweiterung der äußeren Liquorräume und des Seitenventrikels.
Balkenagenesie	III. Ventrikel scheitelwärts ausgezogen zwischen den Seitenventrikeln.
Dandy-Walker-Zyste	Vom IV. Ventrikel ausgehend, mediane Zyste in der hinteren Schädelgrube. Ausdehnung scheitelwärts durch Hochlagerung des Tentoriums.
Symmetrische Einengung	
Hirnschwellung	Kontusion, Enzephalitis, Sinusvenenthrombose
Bilaterales chronisches subdurales Hämatom	Manchmal nur nach KM-Injektion nachweisbar, wenn isodens, Hasenohrphänomen.
Kompression und Verlagerung	
Raumfordernde Prozesse	Tumoren, Hämatome, frische raumfordernde Infarkte, Abszesse usw. sind meist direkt nachweisbar. Ausnahmen: isodenses chronisches subdurales Hämatom; isodense Tumoren (z. B. Akustikusneurinom, Kontrastmittel applizieren!), einseitiges Kontusionsödem.

Tafel 94. Ventrikeldeformationen

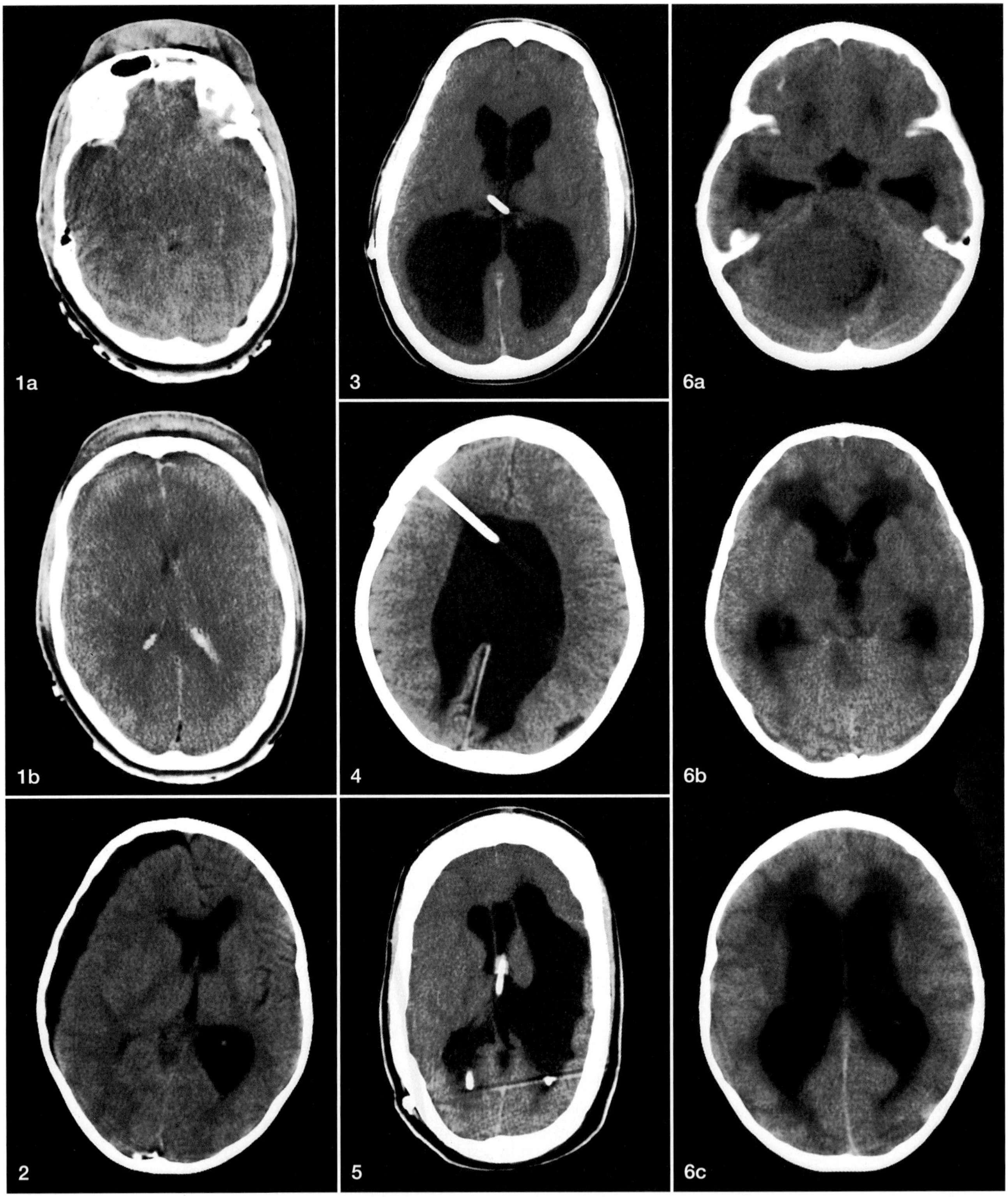

1a, b Schädelhirntrauma mit malignem Hirnödem. III. Ventrikel und Cisterna laminae quadrigeminae nicht vorhanden. Blut in den zusammengepreßten Seitenventrikeln.

2 Raumforderndes, rechts frontotemporoparietales Hygrom mit Massenverschiebung. Durch partielle Foramen-Monroi-Blockade Aufstauung des linken Seitenventrikels.

3 Hydrocephalus internus mit Liquordrainage. Auffallende isolierte Erweiterung der Hinterhörner.

4 Monoventrikel bei Septumagenesie mit Liquordrainage.

5 Drainage eines Hydrocephalus internus bei Arnold-Chiari-Malformation, Porenzephalie und Balkenhypoplasie.

6a–c Pilozytisches Astrozytom der hinteren Schädelgrube. Verschiebung des IV. Ventrikels (a), Ventrikelaufstau mit Erweiterung der Unterhörner, des Recessus supraopticus (b) und der Cellae mediae (c).

Tafel 94. Ventrikeldeformationen (Fortsetzung)

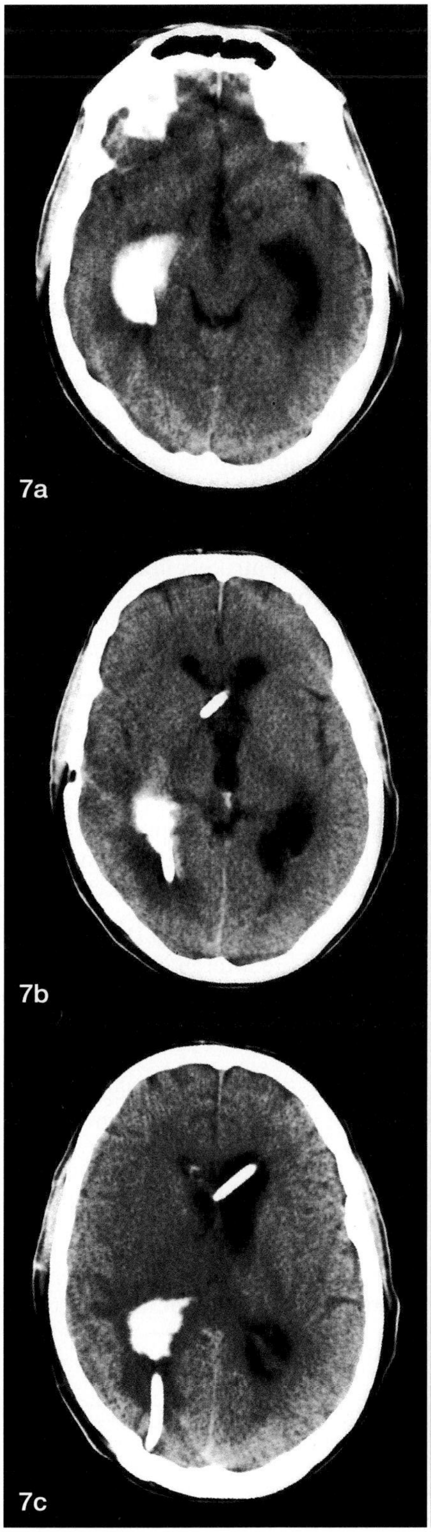

7a–c Ventrikuläres intrazerebrales Kompartment-Syndrom nach Blutung aus einem Ventrikeldachangiom. Nach Instillation eines Kontrastmittels in den temporalen rechts gelegenen Katheter kommt es zu keinerlei Verteilung des Kontrastmittels in das übrige, ebenfalls drainierte Ventrikelsystem.

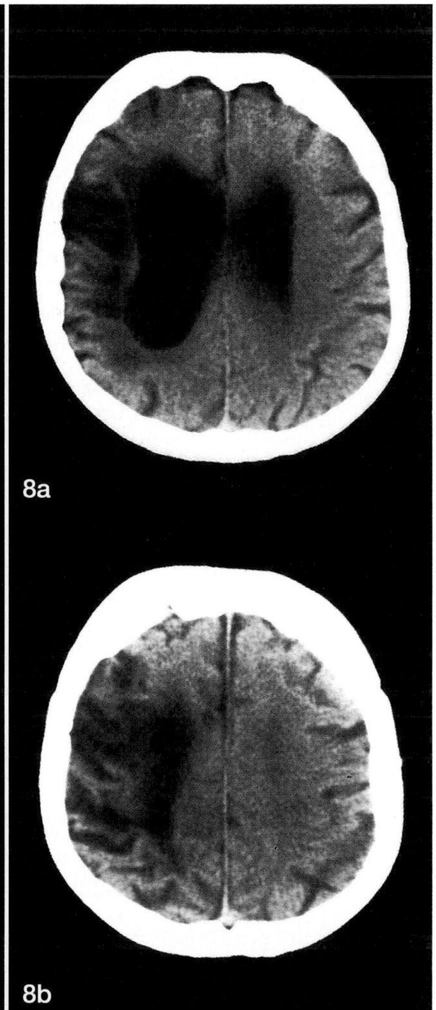

8a, b Ventrikelausziehung rechts nach Hirninfarkt.

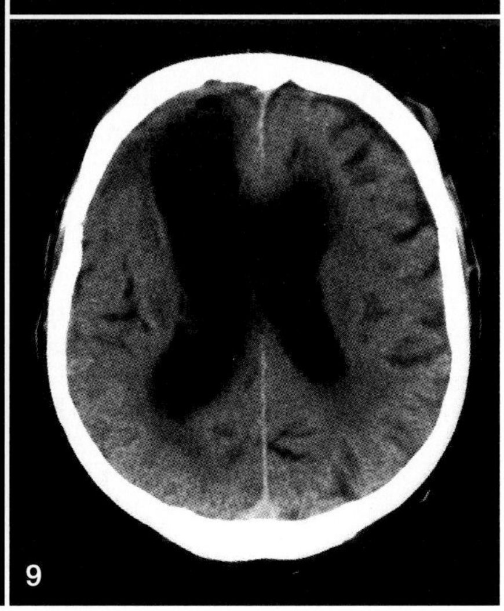

9 Ventrikelausziehung rechts frontal nach Sanierung eines Hirnabszesses frontal.

13.4 Intra- und paraventrikuläre Prozesse

Diagnose	CT-Beschreibung und Bemerkungen
Tumoren	
Plexuspapillom	Vor allem im IV. Ventrikel und im Trigonum des Seitenventrikels, seltener im III. Ventrikel. Iso- bis leicht hyperdense verkalkte, stark KM-anreichernde Knoten.
Meningeom	Im Seitenventrikel glatt berandete hyperdense, KM-anreichernde Knoten. Manifestation meist im Erwachsenenalter.
Subependymales Riesenzell-Astrozytom	Meist in der Nähe des Caput nuclei caudati hyperdens, gelegentlich schollige Kalkherde. Auch bei tuberöser Sklerose.
Ependymom	Meist in der Nähe des Foramen Monroi im Trigonum oder im IV. Ventrikel. Leicht hyperdense KM-anreichernde Herde.
Kolloidzyste	Am Plexus chorioideus des Foramen Monroi kugelrunde hyperdense Herde, die nie die Grenze des III. Ventrikels überschreiten, aber das Foramen Monroi blockieren können.
Dermoid-, Epidermoidzyste	Im Ventrikelsystem Herde mit HE deutlich unter Liquor.
Metastasen	Ependymale Metastasen bei extrazerebralen Malignomen und nach kanalikulärer Aussaat von Medulloblastom und Pinealisgerminom; letzteres kann die Ventrikel mit solidem Material ausgießen.
Paraventrikuläre Tumoren	Sie können sich in den Ventrikel hineinentwickeln und eine intraventrikuläre Lage vortäuschen, besonders bei Gliomen, beim Balken- und Schmetterlingsglioblastom, beim Balkenlipom.
Supraselläre Tumoren	Sehr große supraselläre Tumoren wachsen gegen den III. Ventrikel und können die Foramina Monroi blockieren: Kraniopharyngeom, Hypophysenadenom, Hypothalamusgliom.
Varia	
Ventrikelblutung	Der Ventrikel ist mit hyperdensem Material (Blut) ausgegossen. Oft Sedimentation in den abhängigen Partien, z. B. in den Hinterhörnern.
KM-Ventrikulographie	Auch bei zisternoventrikulärem Reflux nach Myelographie und Zisternographie.
Pneumatozephalus	Luft in den nichtabhängigen Partien, wie Vorder- und Temporalhörner. Bei offenem Schädelhirntrauma und postoperativ.
Ventrikulitis und Pyozephalus	KM-Anreicherung im Ependym meist nur als Drainagekomplikation.

Tafel 95. Intra- und paraventrikuläre Prozesse

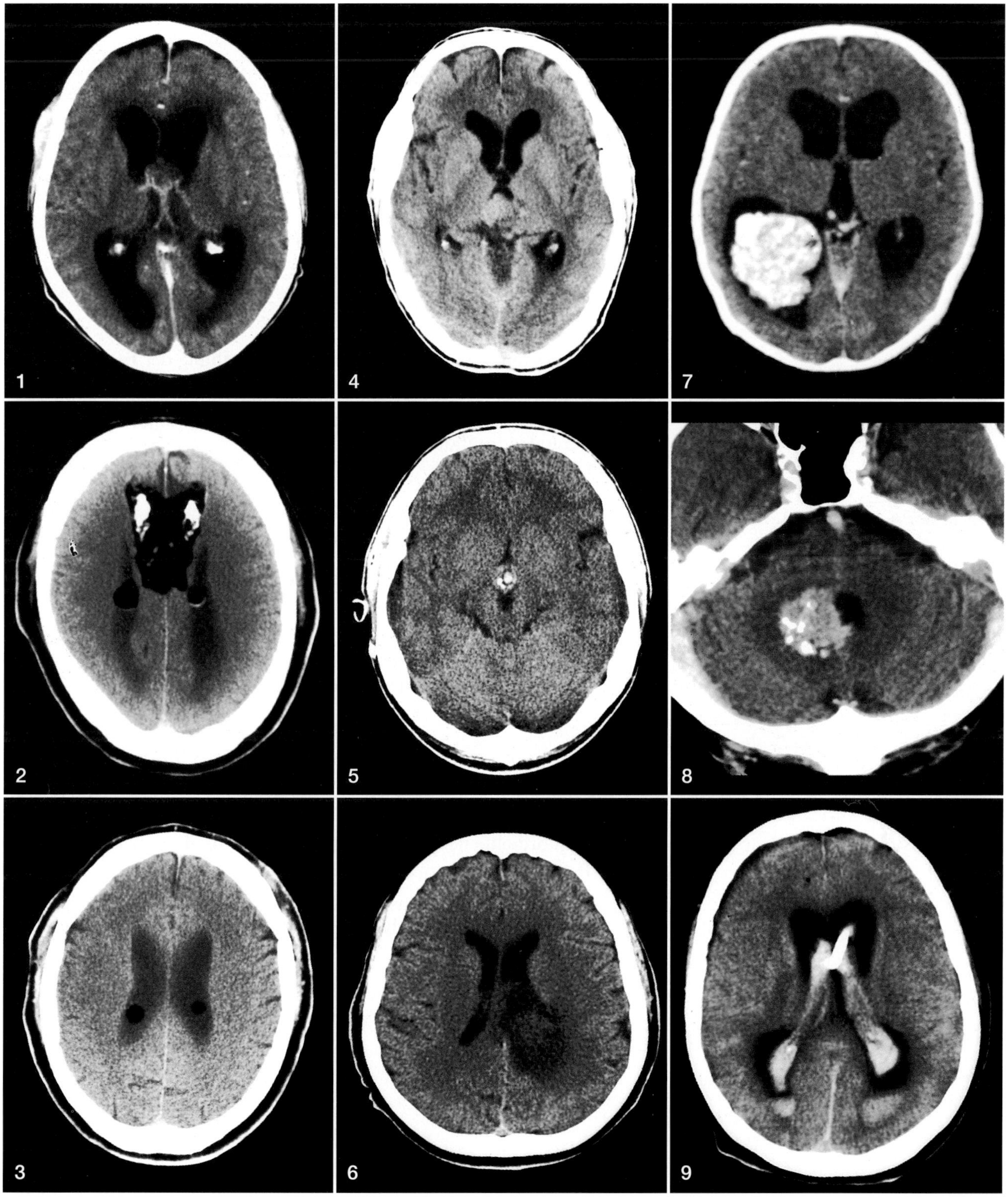

1 Kolloidzyste des III. Ventrikels. Nach KM-Gabe
2 Balkenlipom mit Randverkalkung.
3 Intraventrikuläre Lipome.

4 Meningeom im hinteren Teil des III. Ventrikels.
5 Kraniopharyngeomanteil im III. Ventrikel.
6 Astrozytom Grad III links parietal zentral paraventrikulär.

7 Plexuspapillom im Seitenventrikel. Nach KM-Gabe.
8 Plexuspapillom im IV. Ventrikel rechts mit Verkalkungen. Nach KM-Gabe.
9 Intraventrikuläre Blutung bei Aneurysma der A. cerebelli inferior posterior (PICA); Ventrikelkatheter links.

13.5 Prozesse der vorderen Schädelgrube und des Frontalhirns

Diagnose	CT-Beschreibung und Bemerkungen
Tumoren	
Olfaktoriusmeningeom	Hyperdenser, KM-anreichernder, glatt konturierter Tumor der Medianebene von der Lamina cribrosa ausgehend. Häufig beidseitiges Trichterödem.
Meningeom des Planum sphenoidale, des Tuberculum sellae	Ähnlich wie Olfaktoriusmeningeom, aber perifokales Ödem seltener; präsellär. Oft auch Knochenverdickung (koronare Schnittführung!).
Falxmeningeom	Oft halbkugelig der Falx aufsitzend.
Falxosteom	Spindelige hyperdense kalkdichte Auftreibung der Falx.
Hirntumoren	Insbesondere Schmetterlingsgliome am vorderen Balkenknie, maligne Lymphome, Hirnmetastasen, Astrozytome, Oligodendrogliome etc.
Vasopathien	
Infarkt der A. cerebri anterior	Hypodense paramediane Zone im Versorgungsgebiet der Arterie (Abb. 32, S. 95 und Tafel 42/1).
Aneurysma des R. comm. ant. oder der A. pericallosa	Kleine, KM-anreichernde Herde frontal im Interhemisphärenspalt.
Blutungen	Kontusionsblutung bei Schädelhirntraumen. Bei rupturiertem Aneurysma Blutung im Mittellinienspalt. Treppenförmige Konfiguration bei Aneurysmen der A. pericallosa.
Varia	
Frontaler Abszeß	Meist fortgeleitet von Stirnhöhleneiterungen. Intrazerebrale, hypodense Raumforderung mit perifokalem trichterförmigem Ödem und ringförmiger KM-Anreicherung.
Subdurales Hygrom	Liquordichte über beiden Frontalpolen, vor allem bei Kleinkindern.
Frontalbetonte Atrophie	Besonders bei Morbus Pick und Alzheimer-Krankheit sowie bei der progressiven Paralyse. Verbreiteter Subarachnoidalraum mit breitem Sulci.

Tafel 96. Prozesse der vorderen Schädelgrube

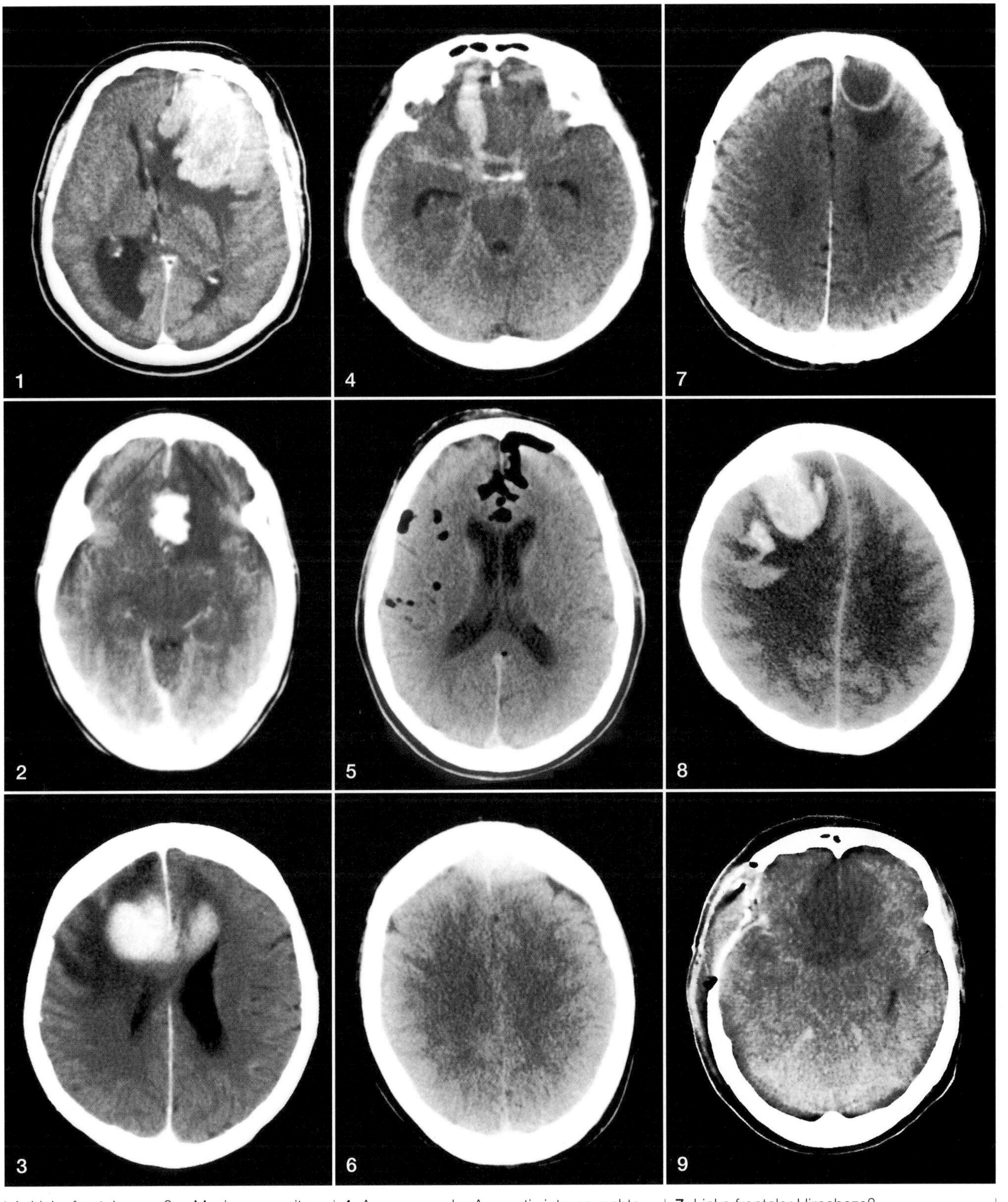

1 Links frontales, großes Meningeom mit Trichterödem. Nach KM-Gabe.
2 Olfaktoriusmeningeom mit links betontem Ödem. Nach KM-Gabe.
3 Malignes Lymphom des vorderen Balkens. Nach KM-Gabe.

4 Aneurysma der A. carotis interna rechts mit Einblutung in den Gyrus rectus.
5 Frontobasale Schädelhirnverletzung mit Pneumatozephalus frontal betont.
6 Bifrontales epidurales Hämatom.

7 Links frontaler Hirnabszeß. Nach KM-Gabe.
8 Rechts frontale traumatische intrazerebrale Blutung.
9 Infarkt der A. cerebri anterior beiderseits; Vasospasmus nach Clipping eines Aneurysmas des Ramus communicans anterior. Subarachnoidalblutung.

13.6 Intra-, para- und supraselläre Prozesse

Diagnose	CT-Beschreibung und Bemerkungen
Tumoren	
Hypophysenadenom	Iso- bis hyperdense Raumforderung, die sich nach para- und suprasellär erstrecken kann und KM kräftig einlagert.
Kraniopharyngeom	Supraselläre, glatt konturierte Raumforderung mit inhomogener Dichteverteilung (zystische und kalzifizierte Bezirke) und regionaler KM-Anreicherung.
Meningeom	Es geht vom Tuberculum sellae oder den Klinoidfortsätzen aus und entwickelt sich nach suprasellär. Hyperdense runde Raumforderung mit kräftiger KM-Anreicherung.
Hypothalamusgliom	Hypodense Raumforderung mit Kompression der basalen Zisternen und des III. Ventrikels. Meist keine KM-Anreicherung.
Optikusgliom	Supra- und paraselläre, meist hypodense Raumforderung, die von allen Strukturen des N. opticus ausgehen kann.
Histiozytose X	Leicht hyperdense Raumforderung im Bereich des Hypothalamus und des Chiasma opticum mit starker KM-Einlagerung.
Kolloidzyste	Kugelrunder, hyperdenser homogener Herd am Foramen Monroi mit Dilatation der Seitenventrikel.
Ektopisches Pinealom	Supraselläres, hypothalamisches Germinom. Solider, meist hypodenser Tumor mit KM-Einlagerung.
Papillom des III. Ventrikels	Intraventrikulärer, iso- bis leicht hyperdenser Tumorknoten, der nicht selten verkalkt ist und KM homogen einlagert.
Epidermoid, Dermoid, Teratome	Paraselläre Raumforderung mit Zysten, Fetteinlagerung und schalenförmigen Verkalkungen.
Liquorhaltige Regionen	
Cisterna basalis	Typische Pentagonform, erweitert bei Hirnatrophie und Hydrocephalus communicans.
Recessus infundibuli	Nur bei starkem Hydrocephalus occlusus wird der Recessus trichterförmig balloniert.
Arachnoidalzyste	Eine supraselläre Arachnoidalzyste kann an der Stelle des III. Ventrikels liegen und ist oft mit Sehstörungen und Hydrozephalus kombiniert.
Empty-Sella-Syndrom	Intraselläre, liquorähnliche Dichte. Schmale CT-Schichten können besonders nach KM-Gabe intraselläre komprimierte Hypophysenreste nachweisen.
Blutungen u. vaskuläre Prozesse	
Aneurysma	Paraselläre, runde Raumforderung in der Gegend der A. carotis interna, starke KM-Anreicherung, oft mit schalenförmigen Verkalkungen.
Blutige Zisternentamponade	Hyperdense Cisterna basalis bei spontaner oder traumatischer Subarachnoidalblutung.
Hämatozephalus	Punktförmige Blutansammlung im Recessus infundibuli ventriculi III.
Hypophysenblutung	Hyperdense Herde bei Hypophysenadenom oder postpartal.
Artefakte	
	Paraselläre Hypodensität durch „Shading“. Auch ein mit Partialvolumeneffekt abgebildeter Sinus ethmoidalis kann eine Hypodensität vortäuschen.

Tafel 97. Intra-, para- und supraselläre Prozesse

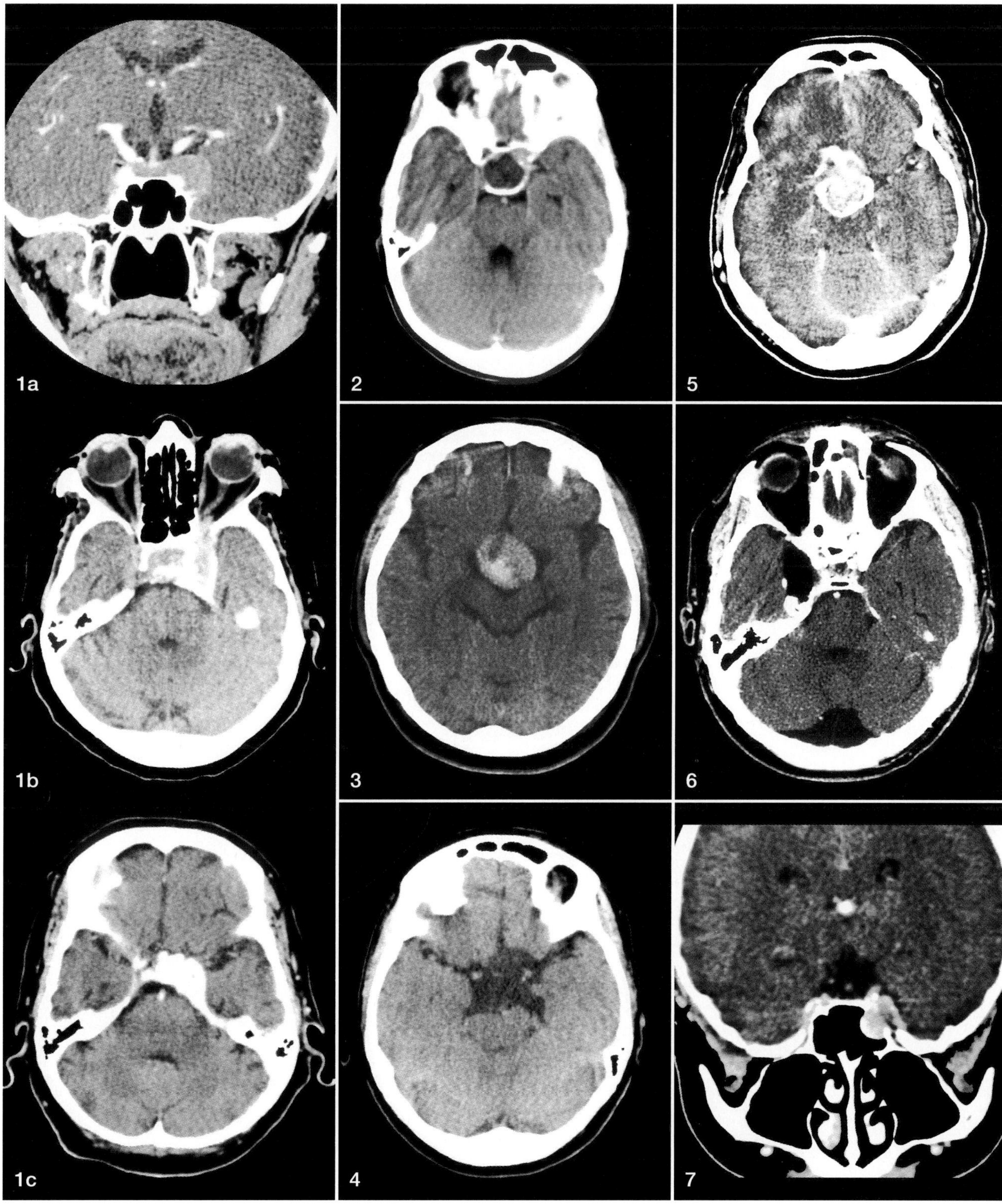

1a–c Linksseitiges paraselläres Meningeom. Koronare Schnittebene. Nach KM-Gabe (a); Tumor wächst ins Foramen opticum (b), nach KM-Gabe (c).

2 Intra- und supraselläres Kraniopharyngeom mit kalkschalenartiger Kapsel. Nach KM-Gabe.

3 Supraselläres Hypophysenadenom, eingeblutet.

4 Supra- bzw. paraselläres Epidermoid.

5 Supraselläres verkalktes pilozytisches Astrozytom. Nach KM-Gabe.

6 Rechts paraselläres Dermoid.

7 Linksseitige Mammakarzinom-Metastase links parasellär mit Einbruch in den Sinus sphenoidalis. Nach KM-Gabe.

Tafel 97. Intra-, para- und supraselläre Prozesse (Fortsetzung)

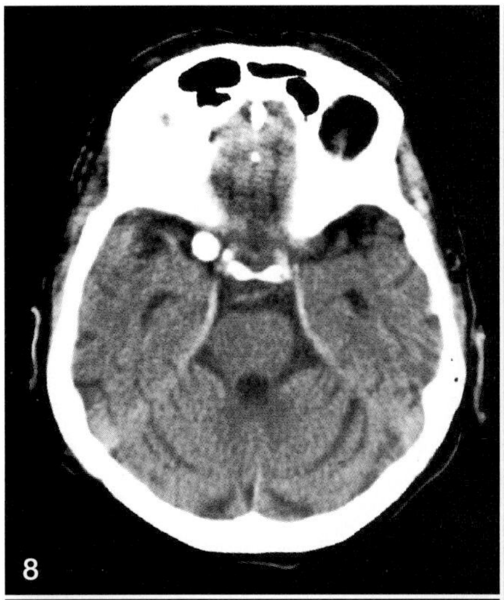
8

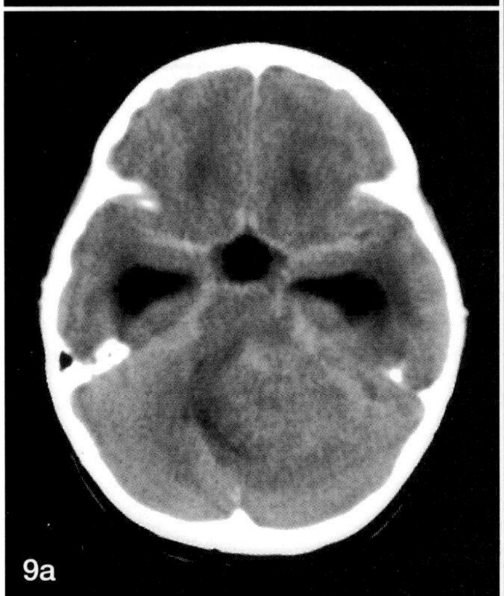
9a

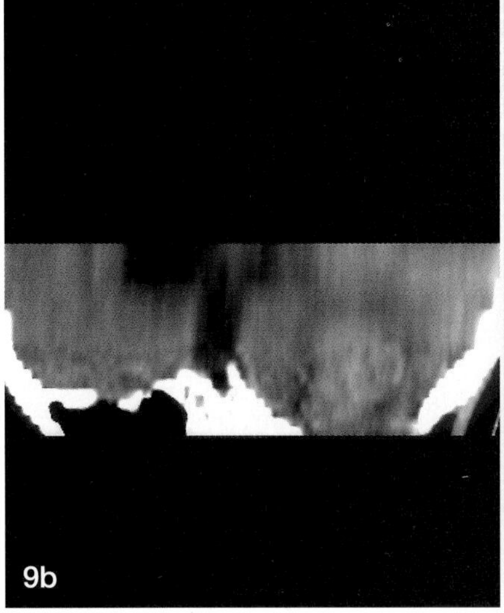
9b

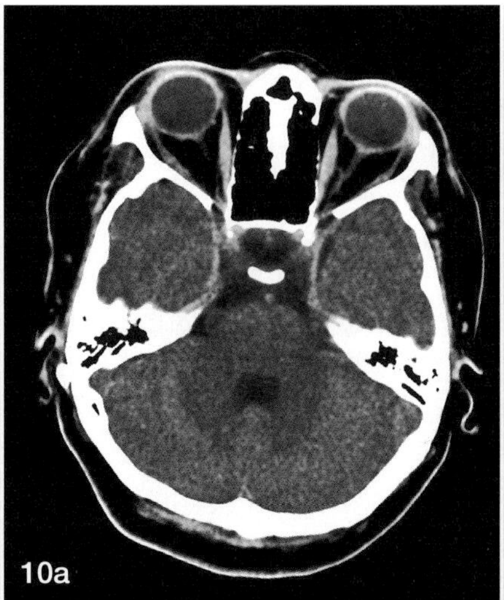
10a

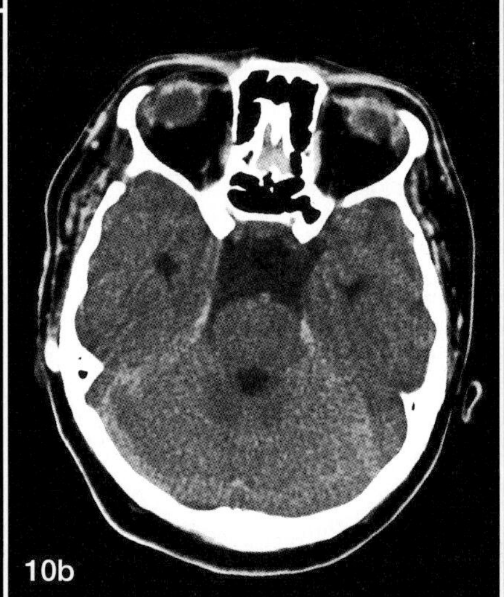
10b

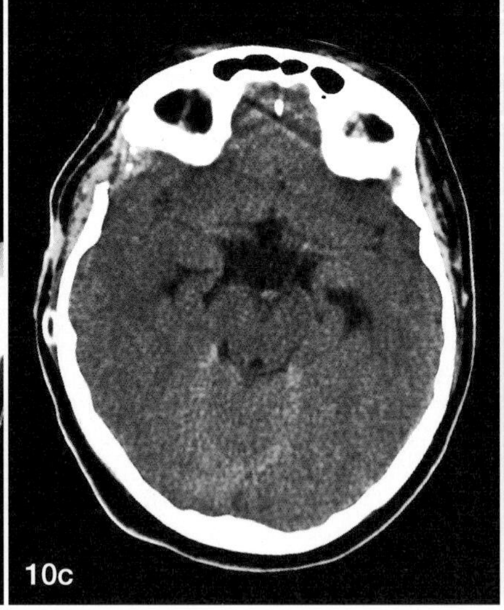
10c

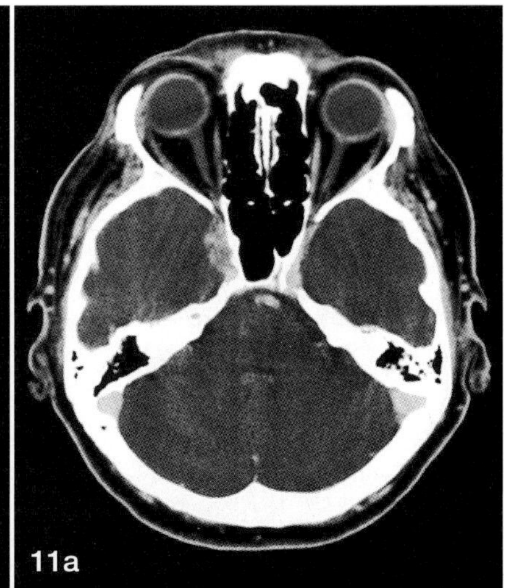
11a

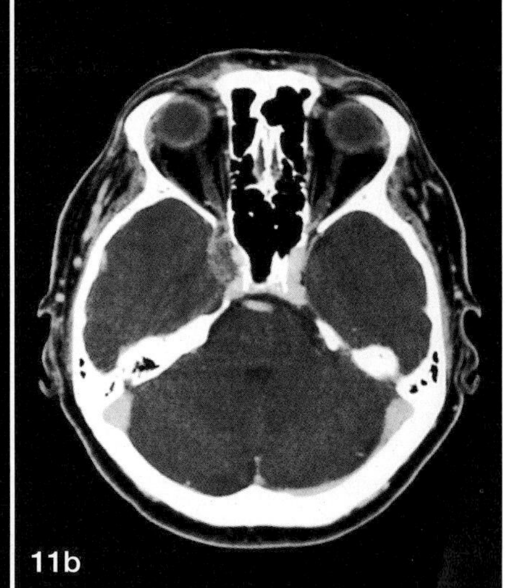
11b

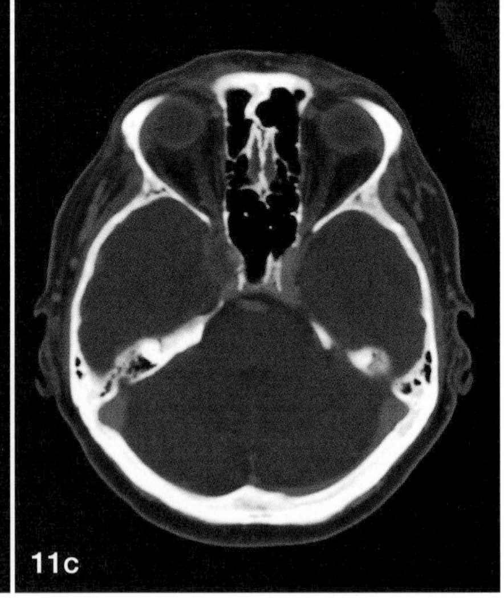
11c

8 Verkalktes, thrombosiertes Karotisaneurysma rechts.
9a, b Erweiterter Recessus supraopticus bei Tumor hintere Schädelgrube, axiale Aufnahme (a), parasagittale, paramediane Rekonstruktion (b).

10a–c Arachnoidalzyste supra- und parasellär mit Exkavation der Sella (a), Verlagerung des Pons (b) und der Arteria basilaris in die Cisterna interpeduncularis. Nativ-CT.

11a–c Karotisaneurysma im rechten Sinus cavernosus. Nach KM-Gabe (a, b), Knochenfenster (c) mit bogiger Arrosion des Keilbeins.

13.7 Prozesse in der Region von Pinealis, Cisterna magna, Vierhügelplatte

Diagnose	CT-Beschreibung und Bemerkungen
Verkalkungen	
Pinealis, Commissura habenularum und Tela chorioidea recessus suprapinealis	
Tumoren	
Pinealom	Kugelige, hypo-, iso- bis leicht hyperdense Knoten mit gelegentlicher Verkalkung.
Meningeom	Kugelige, hyperdense, stark KM-anreichernde Raumforderung am Tentoriumrand.
Oberwurmtumoren	Medulloblastom, Kleinhirnastrozytom, die transtentoriell wachsen können.
Mittelhirntumoren	Gliom, Germinom, Teratom.
Lipom	Raumforderung mit fettähnlicher Dichte in der Region der Vierhügelplatte oder der Cisterna ambiens.
Tumoren des Kleinhirnwurms	Medulloblastom, Angioblastom, Ependymom, Metastasen etc.
Varia	
Aneurysma V. Galeni	Isodense, kugelige Raumforderung mit starker KM-Einlagerung. Der Befund wird angiographisch gesichert.
Dysrhaphische Äquivalente	Cavum veli interpositi, Cavum Vergae (Abb. 29, S. 77 und Tafel 34/2).
Arachnoidalzyste	Liquorgefüllte glatt berandete Raumforderung der Cisterna laminae quadrigeminae.
Megacisterna magna	Normvariante oder bei Kleinhirnatrophie. Keine Kompression des IV. Ventrikels.
Retrozerebelläre Arachnoidalzyste	Scharf berandete, liquordichte Raumforderung, die den IV. Ventrikel komprimiert und einen Hydrozephalus entstehen lassen kann.
Dandy-Walker-Zyste	Zystische Auftreibung des IV. Ventrikels und Wurmaplasie (Abb. 28, S. 75 und Tafel 31/1).
Okzipitale Meningozele	Mißbildung (Abb. 26, S. 71 und Tafel 30/3).
Erweiterter IV. Ventrikel	Beim Hydrocephalus communicans und bei Verklebung der Foramina Luschkae et Magendii kann sich der IV. Ventrikel ballonieren und weit nach dorsal ausdehnen, sog. „isolierter IV. Ventrikel".
Pseudotumor vermis	Die graue Substanz des Kleinhirnwurms ist relativ dicht und kann auch KM aufnehmen. Cave: bei Aquäduktstenose ist der Pseudotumor nicht Ursache des Hydrozephalus.
Crista occipitalis interna	Normvariant dicker Knochenwulst, von dem auch radiäre Streifenartefakte ausgehen.

Tafel 98. Pinealis-, Cisterna-magna- und Oberwurm-Prozesse

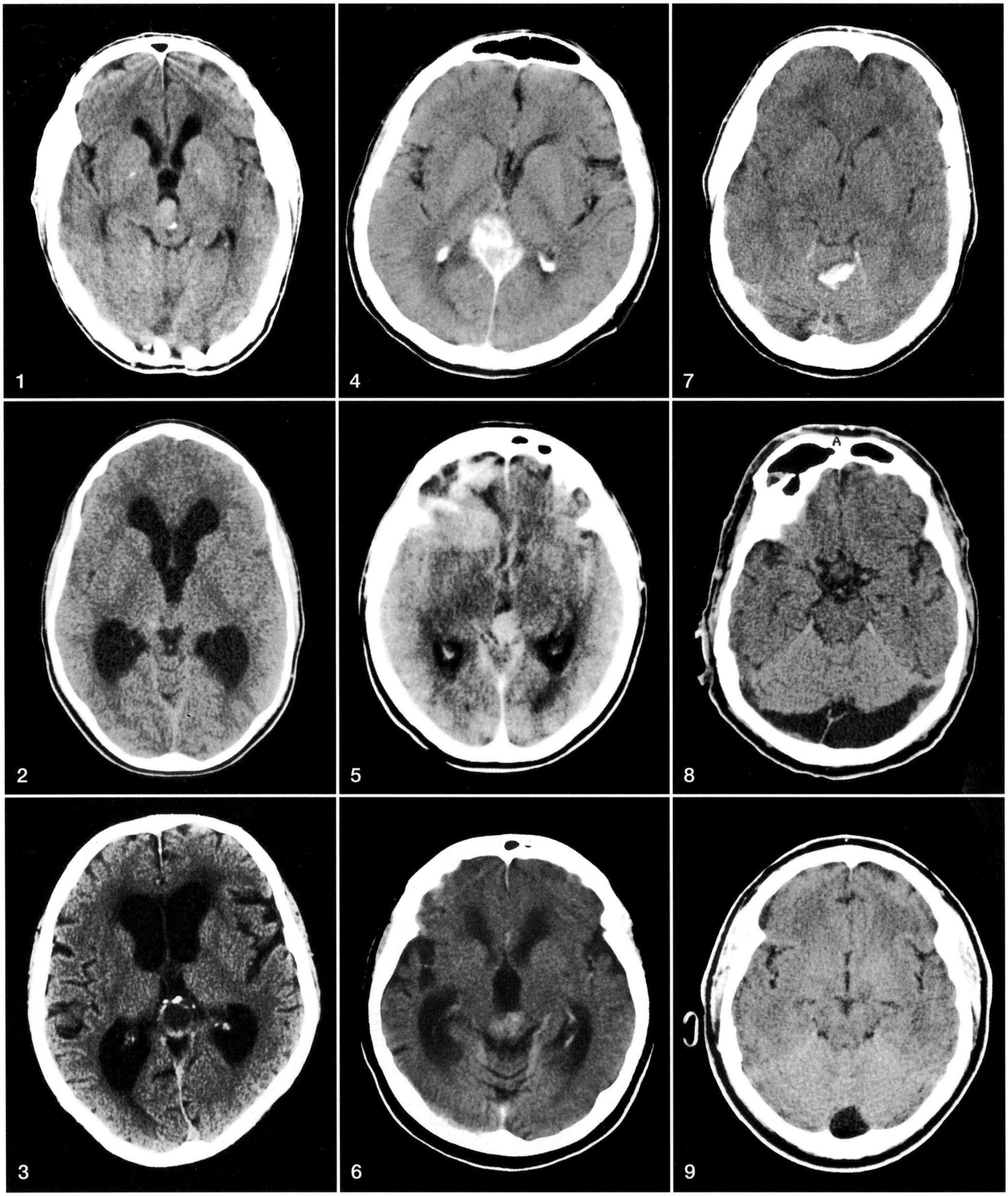

1 Meningeom im hinteren Teil des III. Ventrikels.
2 Pilozytisches Astrozytom mit Amputation des III. Ventrikels.
3 Pinealiszyste mit davorliegender Habenula.
4 Rezidiv eines Plexuspapilloms. Nach KM-Gabe.
5 Multifokale Aussaat eines Glioblastoms. Nach KM-Gabe.
6 Metastase eines Kolonkarzinoms. Nach KM-Gabe.
7 Blutung im rostralen Anteil des Oberwurms.
8 Mega-cisterna-magna.
9 Etwas vergrößerte Cisterna magna.

13.8 Kleinhirnbrückenwinkelprozesse

Diagnose	CT-Beschreibung und Bemerkungen
Tumoren	
Akustikusneurinom	Runde, iso- bis hyperdense Raumforderung mit starker KM-Anreicherung. Die seltenen Neurinome des V., Vll., X. und XII. Gehirnnervs sind vor allem durch die klinische Symptomatik vom Akustikusneurinom abgrenzbar.
Meningeom	Runde, hyperdense, gelegentlich jedoch auch isodense, KM-anreichernde Raumforderung. Ein Meningeom des Tentoriumrandes kann sowohl nach supra- als auch nach infratentoriell wachsen.
Kleinhirntumoren	Metastasen, sehr große Gliome.
Plexuspapillom	Die Tumoren können vom Bochdalekschen Blumenkörbchen ausgehen und durch das Foramen Luschkae zum Kleinhirnbrückenwinkel wachsen. Meist hyperdens und KM-anreichernd.
Epidermoid, Dermoid, Teratom, Lipom	Raumforderung mit Fett- und Kalkeinlagerung, teilweise zystisch.
Glomus-jugulare-Tumor	Seltene, gefäßreiche und KM-einlagernde Raumforderung, vom Foramen jugulare ausgehend, meist mit Knochendestruktion.
Gefäßprozesse	
Riesen-Aneurysma der A. basilaris	Kugeliges, stark KM-einlagerndes Gebilde, im Einzelfall nur arteriographisch vom Akustikusneurinom abgrenzbar.
Megabasilaris	Tortuös verbreitertes, über mehrere CT-Schnitte nachweisbares KM-anreicherndes Konvolut.
Entzündungen	
Epiduraler Abszeß, Kleinhirnabszeß	Hypodense, ringförmig KM-einlagernde Raumforderung nach Perforation einer Mittelohreiterung oder ganz selten nach Pyämie.
Liquorhaltige Regionen	
Zisternenerweiterung	Bei Hirnatrophie und besonders bei Kleinhirnatrophie.
Arachnoidalzyste	Liquorhaltige, scharf konturierte Raumforderung mit Verlagerung des Hirnstamms und Kompression des IV. Ventrikels.
Artefakte	
Overrange-Artefakte, KM-Tropfen nach Zisternographie	Folge der Kontrastsprünge am Felsenbein.

Tafel 99. Prozesse des Kleinhirnbrückenwinkels und der hinteren Schädelgrube

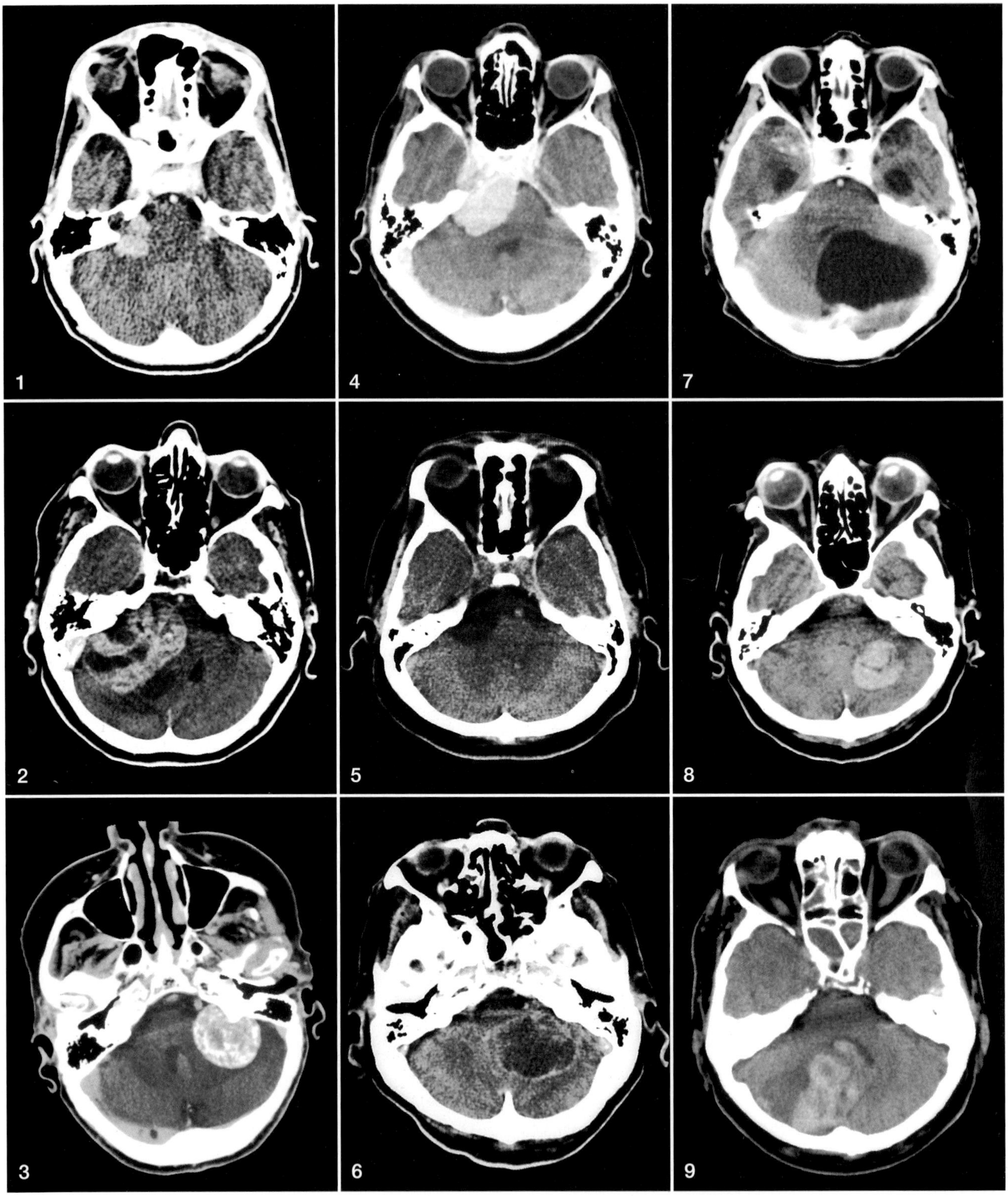

1 Doppelseitiges Akustikusneurinom rechts größer links bei Neurofibromatose. Nach KM-Gabe.

2 Großes, zystisch verfettetes Akustikusneurinom rechts mit Verschiebung des IV. Ventrikels und perifokalem Ödem. Nach KM-Gabe.

3 Großes Kleinhirnbrückenwinkelmeningeom links mit Spikula der Pyramide. Nach KM-Gabe.

4 Petroclivales Meningeom rechts bis zum Kleinhirnbrückenwinkel wachsend. Nach KM-Gabe.

5 Epidermoid rechts betont präpontin bis zum Kleinhhirnbrückenwinkel reichend.

6 Linksseitige Metastase eines Bronchialkarzinoms.

7 Zystischer Kleinhirntumor links, wahrscheinlich Angioblastom mit Verschiebung des IV. Ventrikels. Nach KM-Gabe.

8 Kleinhirnblutung spontan links nach KM-Gabe.

9 Raumfordernder Kleinhirninfarkt rechts mit Einblutung und erheblicher Verschiebung des IV. Ventrikels.

Tafel 100. Bilaterale und/oder multiple Prozesse

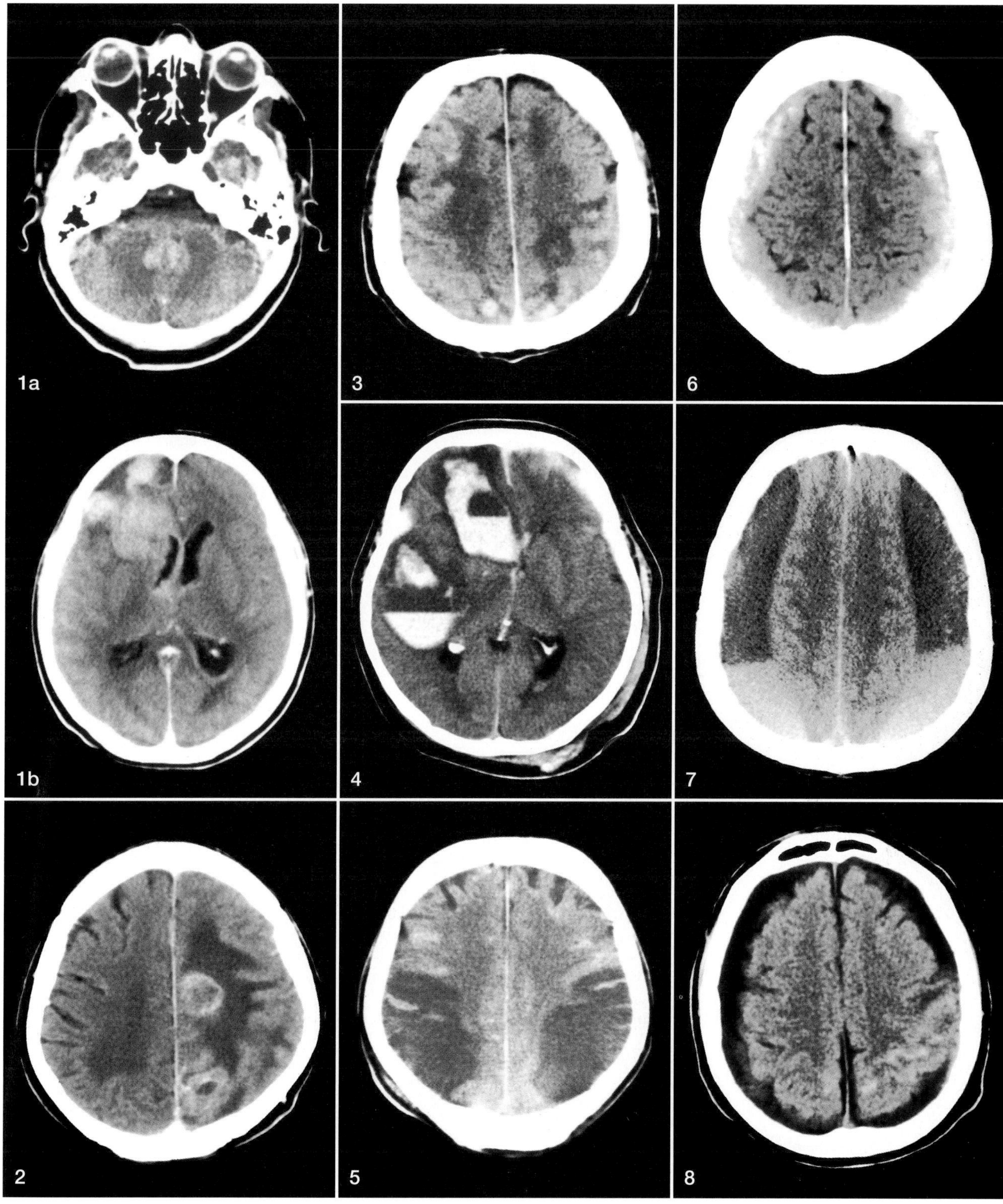

1a, b Multifokales Glioblastom rechts frontal, im Septum pellucidum, subependymal und im Bereich des IV. Ventrikels. Nach KM-Gabe.
2 Malignes Lymphom links zentral und parietal. Nach KM-Gabe.

3 Multiple, septische Herde bei Klebsiellen-Pneumonie.
4 Multiple spontale Hirnblutungen mit Sedimentationen bei Gerinnungsstörung.
5 Bilaterale Infarkte der A. cerebri media.

6 Bilaterales akutes subdurales Hämatom.
7 Doppelseitiges, chronisches subdurales Hämatom mit Sedimentation.
8 Bilaterales rechts betontes Hygrom bei links betonter traumatischer Subarachnoidalblutung.

Tafel 100. Bilaterale und/oder multiple Prozesse (Fortsetzung)

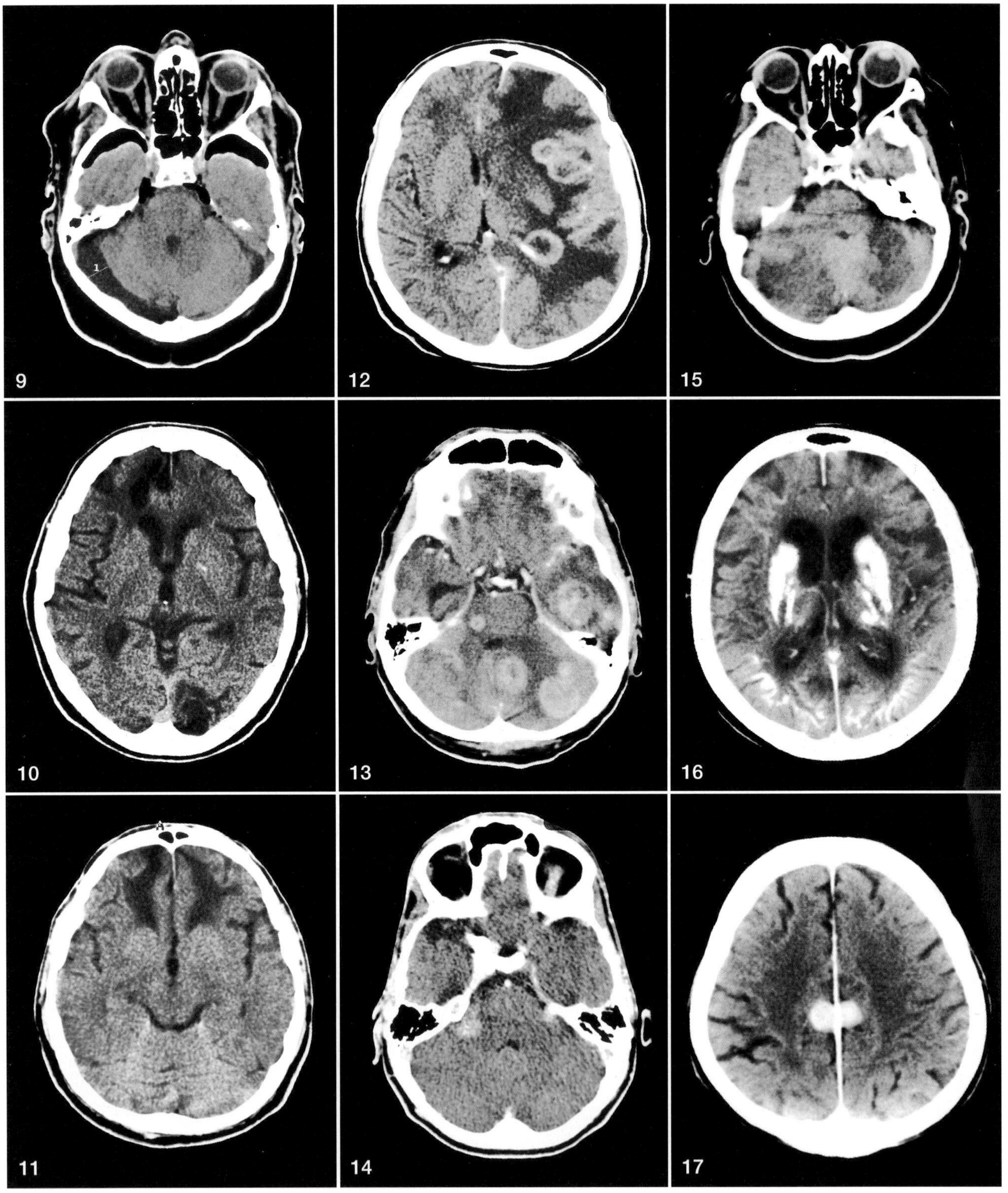

9 Bilaterale Luftansammlung an den Temporallappenpolen und subdurales Hygrom rechts zerebellär im Rahmen einer Versorgung einer Syringomyelie in der hinteren Schädelgrube.
10 Defektzustand nach Coup- und Contrecoup-Kontusion links frontal und rechts okzipital.
11 Bilaterale, bifrontale Defekte nach frontobasaler Schädelhirnverletzung.

12 Multiple Abszesse in der linken Hemisphäre.
13 Multiple Metastasen eines Bronchialkarzinoms infra- und supratentoriell. Nach KM-Gabe.
14 Doppelseitiges Akustikusneurinom rechts mehr als links. Nach KM-Gabe.

15 Doppelseitige Kleinhirninfarkte.
16 Doppelseitige Verkalkungen der Stammganglien.
17 Doppelseitiges Meningeom des mittleren Drittels des Sinus sagittalis superior. Nach KM-Gabe.

14 Prozesse der Felsenbeinregion

14.1 Untersuchungstechnik

Die CT ist wegen der gemeinsamen Darstellung von Knochen und Weichteilgeweben bei Prozessen des Felsenbeines die Untersuchungsmethode der Wahl. Es werden dünne, zum Teil überlappende Schichten (1–2 mm) mit Hochkontrastauflösung und einer bis +3000 HE erweiterten Dichteskala verwendet. Regelmäßig wird die Untersuchung in axialer Schnittführung (Gantry-Neigung 0–30 Grad zur Orbitomeatallinie) und in koronarer Schnittführung (105 Grad zur Orbitomeatallinie) durchgeführt [18, 96–101].

14.2 Mißbildungen

14.2.1 Gehörgangsstenose bzw. Atresie

Der atretische äußere Gehörgang ist uni- oder bilateral membranös oder knöchern verschlossen, oft vergesellschaftet mit einer Mißbildung der Ohrmuschel (Mikrotie). Dem otoskopischen Befund liefert die CT durch Darstellung der hinter der Atresie gelegenen Strukturen weitere diagnostische Informationen über mögliche zusätzliche Fehlbildungen des Mittel- oder Innenohres [67, 97] (siehe Tafel 101/1).

14.2.2 Mittelohrdysplasie

Mißbildungen des Mittelohres reichen von geringgradiger Hypoplasie bis zur nahezu kompletten Agenesie. Bei Gehörgangsatresie findet sich häufig zusätzlich ein hypoplastisches Mittelohr. Eine Ausfüllung der normalerweise lufthaltigen Paukenhöhle mit embryonalem mesenchymalem Gewebe kann im CT zu differentialdiagnostischen Schwierigkeiten Anlaß geben [94, 95] (siehe Tafel 101/5).

14.2.3 Mißbildungen der Gehörknöchelchenkette

Bei Gehörgangsatresie sind häufig Hammer und Amboß verschmolzen und an der atretischen Platte fixiert. Als dysplastische, amorphe Knochenmasse, z. T. ektopisch gelegen, kann die Gehörknöchelchenkette bei gleichzeitiger Innenohrhypoplasie imponieren. Bei leichteren Formen einer Mittelohrmißbildung ist lediglich der Amboß, häufiger noch der Hammerkopf, an der lateralen Epitympanonwand fixiert. Mißbildungen des Labyrinthfensters und des Steigbügels kommen teilweise isoliert, teilweise kombiniert mit anderen Veränderungen des Mittelohres vor. Eine angeborene Fixation der Steigbügelfußplatte kann im CT nur dann nachgewiesen werden, wenn diese verplumpt und verkalkt ist [20].

14.2.4 Mißbildungen des Innenohrs

Eine angeborene Innenohrtaubheit ist in der Regel durch eine Fehlentwicklung des häutigen Labyrinthes, einem im CT nicht nachweisbaren Befund, verursacht. Knöcherne Defekte der Labyrinthkapsel können dagegen dargestellt werden. Neben Mißbildungen der Bogengänge, wobei besonders der laterale betroffen ist, sind der innere Gehörgang, der mehr oder weniger hypoplastisch angelegt sein kann, oder der Aquaeductus vestibuli, der pathologisch erweitert oder verkürzt sein kann, betroffen.

Mondini-Defekt: Die Hypoplasie der Schnecke mit nur eineinhalb Windungen kann sowohl uni- als auch bilateral vorkommen und ist häufig mit Anomalien des Aquaeductus vestibuli, des Vestibulums und der Bogengänge kombiniert.

Michelmißbildung: Die Pyramide ist hypoplastisch, und die Innenohrstrukturen sind zu einem solitären labyrinthären Hohlraum entdifferenziert. Diese Mißbildung manifestiert sich meist bilateral und ist beim Klippel-Feil-Syndrom häufig anzutreffen.

14.3 Anomalien von Blutgefäßen und Nerven

14.3.1 Vena jugularis

Größe und Form des Foramen jugulare und des Bulbus jugularis sind meist seitendifferent ausgebildet. Ein Bulbushochstand verursacht bei fehlender Knochenschale zum Hypotympanon eine Prolabierung des Venenbulbus ins Mittelohr, ein Befund, der differentialdiagnostisch von einem Glomustumor abgegrenzt werden muß. (Siehe Tafel 101/2, 3)

Tafel 101. Pathologie des Felsenbeins I

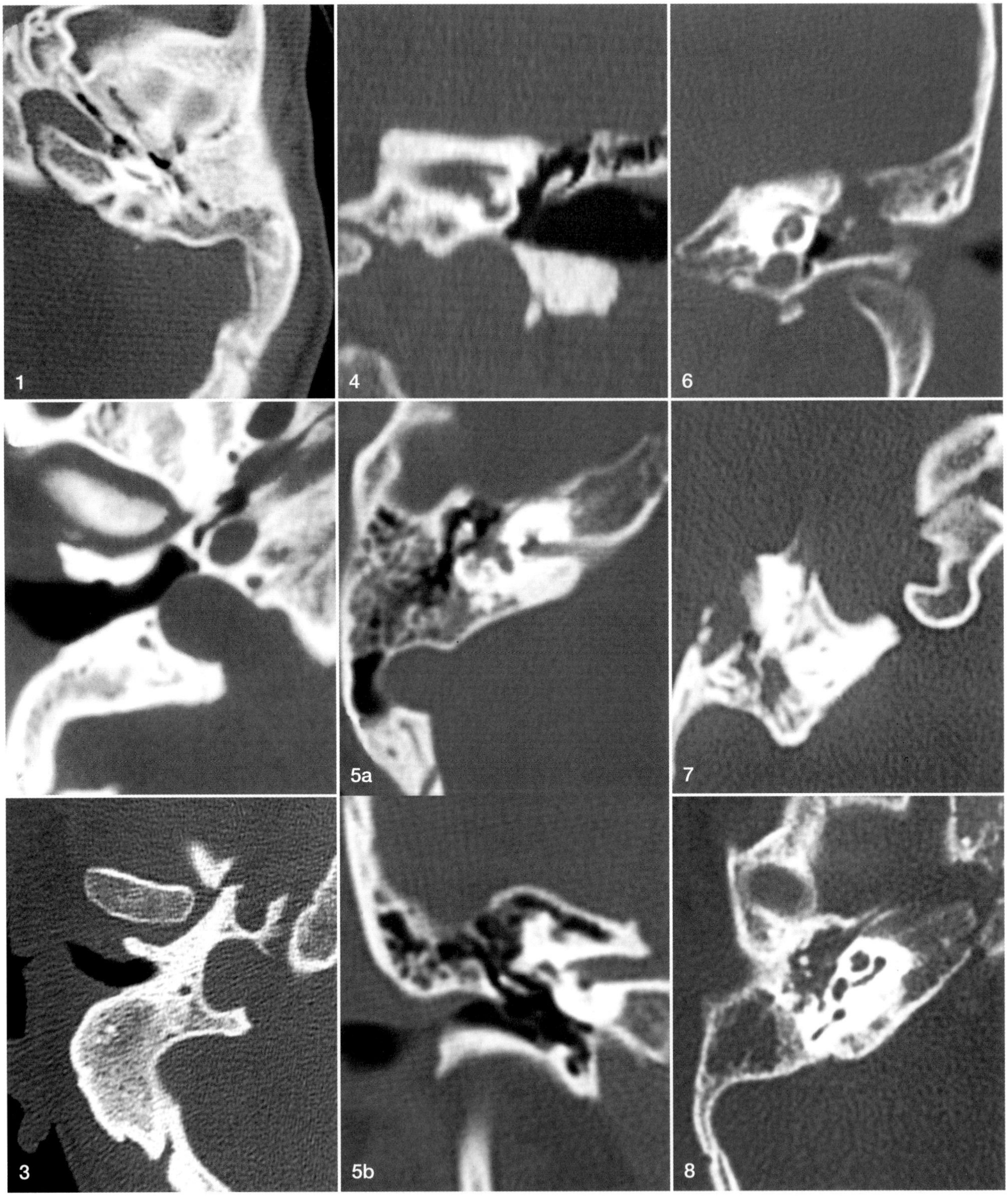

1 Axiales Felsenbein-CT. Knöcherne Atresie des äußeren Gehörganges.
2 Bulbushochstand mit Vorbuckelung des Bulbus in das Hypotympanon.
3 Bulbushochstand und Pneumatisationshemmung des Felsenbeins.

4 Otosklerose mit Verknöcherung des ovalen Fensters. Koronare Rekonstruktion.
5a, b Innenohrdysplasie mit nur rudimentärer Anlage der Schnecke und des Vestibulums; axiale (a) und koronare Felsenbeinschicht (b).

6 Otitis externa und media. Cholesteatom mit Destruktion des Attiksporns, des Epitympanons und Arrosion der Gehörknöchelchen.
7 Ausgedehntes Cholesteatomrezidiv in einer Radikaloperationshöhle.
8 Cholesteatom mit Ausdehnung in das Antrum und Arrosion des Attiksporns.

14.3.2 Arteria carotis interna

Die Arterie kann gelegentlich ektopisch durch das Mittelohr ziehen, ein Befund, der präoperativ und aus differentialdiagnostischen Gründen wichtig ist.

14.3.3 Nervus facialis

Präoperativ und aus differentialdiagnostischen Gründen ist ein abnormer Fazialisverlauf von Bedeutung. Wichtig ist dabei das tympanale Verlaufssegment. Der N. facialis kann teilweise oder vollständig fehlen, wobei eine periphere Fazialisparese das entsprechende klinische Korrelat darstellt.

14.4 Entzündungen

14.4.1 Otitis maligna externa

Die Erkrankung wird meist von Pseudomonasbakterien verursacht und befällt Immungeschwächte oder ältere Diabetiker. Sie beginnt als eitrige Dermatitis, aus der sich eine akute Osteomyelitis des Felsenbeins entwickelt. Dieser entzündliche Prozeß breitet sich meist ins Mittelohr und ins Mastoid aus, gelegentlich bricht er auch ins Kiefergelenk, in die Fossa jugularis oder über das Foramen stylomastoideum in das mastoidale Fazialissegment durch. Computertomographisch erinnert das Bild an ein destruierend wachsendes Karzinom mit bis ins Mittelohr, Mastoid oder in die Fossa jugularis reichender knöcherner Arrosion.

14.4.2 Otitis media acuta und Mastoiditis

Die normal lufthaltigen Zellen sind mit einem entzündlichen Exsudat ausgefüllt, und es kann zu knöchernen Einschmelzungen kommen. Fehlende Pneumatisation und Knochenarrosion können im CT dargestellt werden. Die CT wird vor allem zur Abklärung von Komplikationen, wie septische Sinusvenenthrombose, intrakranieller Abszeß und subdurales Empyem, eingesetzt.

14.4.3 Otitis media chronica und Mastoiditis

Das pneumatische System des Innenohrs ist mit granulomatösem Gewebe ausgefüllt, und es kommt zu einer reaktiven Knochenneubildung (Sklerose) des Mastoids. Computertomographisch zeigen sich ein verdicktes Trommelfell und Granulationsgewebe unterschiedlichen Ausmaßes im Mittelohr. Die Gehörknöchelchenkette ist fast regelmäßig erhalten.

Eine Sonderform ist die chronisch-adhäsive Otitis, bei der infolge einer Tubenfunktionsstörung das Mittelohr schlecht belüftet wird. Neben den Zeichen der chronischen Mittelohrentzündung findet sich häufig eine Retraktion des meist verdickten Trommelfells [18, 66, 88, 99, 106].

14.5 Angeborenes Cholesteatom

Angeborene Cholesteatome sind selten. Es handelt sich um epidermoide Tumoren, die sich aus embryonal versprengten Epithelnestern im Mittelohr, im Felsenbein oder in der Fossa jugularis entwickeln.

14.6 Neoplasien

14.6.1 Glomustumoren (Chemodektome, non-chromaffine Paragangliome)

Es handelt sich um benigne, hochvaskularisierte, lokal destruierend wachsende Geschwülste, die aus den chemorezeptiven Glomera des IX. und X. Hirnnervs in der Fossa jugularis (Glomus-jugulare-Tumor) oder aus den Glomera der Jacobson-Anastomose am Promontorium in der Paukenhöhle (Glomus-tympanicum-Tumor) entstehen. Der Glomus-jugulare-Tumor kann die Fossa jugularis aufweiten, die knöcherne Membran des Hypotympanums und des Karotiskanals destruieren und ins Mittelohr einwachsen. Er kann auch nach intrakraniell bis an den IV. Ventrikel heranreichen und einen Hydrocephalus occlusus verursachen. Die Glomus-tympanicum-Tumoren wachsen als raumfordernder Prozeß in der Paukenhöhle, usurpieren oft das Promontorium, zerstören das Trommelfell und breiten sich in den äußeren Gehörgang aus. Computertomographisch sind die Tumoren weichteildicht und zeigen eine exzessive Kontrastmittelanreicherung. (Siehe Tafel 102/4)

14.6.2 Neurinome

Die häufigen Akustikusneurinome und die selteneren Neurinome des Fazialis sowie des V., IX., X, XI. und XII. Hirnnervs können Beziehung zum Felsenbein haben und die knöchernen Strukturen arrodieren. Die Tumoren sind in der Regel homogen strukturiert und reichern Konstrastmittel stark an (s. auch Neurinome, Tafel 71).

14.6.3 Seltene benigne Tumoren

Im Felsenbein können knochendichte Exostosen, Osteome, Meningeome, sowie weichteildichte Adenome und eosinophile Granulome wachsen (siehe Tafel 102/1, 5).

14.6.4 Primäre Malignome

Maligne Tumoren des Felsenbeins sind in der Regel Karzinome des äußeren Gehörgangs, die das Felsenbein infiltrieren. Primär in der Paukenhöhle entstandene Karzinome sind vergleichsweise selten. Noch seltener sind Sarkome des Schläfenbeins. Computertomographisch imponieren die Tumoren als weichteildichte Raumforderung mit Knochendestruktion [10].

14.6.5 Sekundäre Malignome

Sie entstehen entweder durch direkte Ausbreitung per continuitatem aus der Nachbarschaft oder durch metastatische Absiedelung als Fernmetastasen. Parotistumoren wachsen meist entlang der Spalträume und der Gefäß-Nervenscheiden in die Schädelbasis bzw. in das Felsenbein ein. Der häufigste Primärtumor einer metastatischen Absiedelung in das Felsenbein ist das Mammakarzinom, seltener sind Primärtumoren der Lunge, Niere, Prostata und Schilddrüse.

14.7 Andere, seltenere Erkrankungen des Mittelohres

Es sind dies das Cholesteringranulom und die Tympanosklerose. Eine artdiagnostische Bestimmung als Granulationsgewebe, Tympanosklerose oder Cholesteatom ist in der CT in der Regel nicht möglich. Das Cholesteringranulom ist eine unspezifische chronische Entzündung des Mittelohres und des Warzenfortsatzes. Chronisch-entzündliches Gewebe mit eingelagerten Cholesterinkristallen füllt dabei die Paukenhöhle oder die lufthaltigen Räume des Mastoids aus. Häufig geht die Erkrankung mit einer Arrosion der Gehörknöchelchenkette einher. Bei Tympanosklerose verursacht eine Einlagerung von hyalinisiertem, oft verkalktem fibrotischem Granulationsgewebe im Mittelohr eine ossikuläre Fixation mit daraus resultierender Schalleitungsschwerhörigkeit [101] (siehe Tafel 102/2).

14.8 Erworbenes Cholesteatom

Es handelt sich um einen Weichteiltumor, der aus abgeschilfertem geschichtetem Plattenepithel mit einer umgebenden Schicht epithelialen Bindegewebes besteht. Chronisch-entzündliche Prozesse des Mittelohres stehen meist mit einem Cholesteatom ursächlich in Verbindung. Als Ursachen werden folgende Theorien diskutiert:
- Tympanale Retraktion mit Ablagerung von epithelialen Desquamationsprodukten infolge Unterdrucks bei Mißfunktion der Eustachischen Röhre.
- Epithelmigration aus dem äußeren Gehörgang bei Trommelfellperforation.
- Epithelzellmetaplasie bei chronischer Mittelohrinfektion.
- Papilläre Proliferation mit Zellmigration von oberflächlichen Trommelfellschichten ins Epitympanon.

Cholesteatome sind langsam expansiv wachsende Prozesse, die in angrenzende anatomische Strukturen destruierend einwachsen. CT-diagnostisches Kriterium eines Cholesteatoms ist ein weichteildichter raumfordernder Prozeß im Meso- bzw. Epitympanon, wobei sich der Weichteilschatten lateral der Gehörknöchelchenkette ins Epitympanon ausbreiten kann. Er führt folglich zu einer Medialverlagerung der Gehörknöchelchenkette. Bei medialer Cholesteatomausbreitung ins Epitympanon wird sie nach lateral verlagert. Eine Trennung des Cholesteatomgewebes von umgebendem Granulationsgewebe bzw. Sekretstau des chronisch-entzündlichen Prozesses ist in der CT nicht möglich. Ein weiteres CT-Merkmal ist die knöcherne Arrosion der Epitympanonseitenwand, der Spina tympanica, der Trommelfellansatzstelle, der hinteren oberen Gehörgangswand und von Teilen der Gehörknöchelchenkette, z. B. Hammerkopf, Amboßkörper, langer Amboßfortsatz. Bei Ausbreitung des Cholesteatoms in angrenzende anatomische Räume kommt es je nach Befall zur Ausweitung von Aditus und Antrum sowie des Mastoids mit Destruktion der Bälkchenstruktur und Bildung großer glattwandiger Hohlräume. Bei Überschreiten der anatomischen Grenzen des Mittelohres, Antrums oder Mastoids treten folgende im CT teilweise erkennbare Komplikationen auf:
- bei Arrosion der Tegmenplatte und der Sinusschale breitet sich der Prozeß nach intrakraniell in die mittlere Schädelgrube aus und kann Ursache einer Sinusvenenthrombose sein.
- Labyrinthfisteln betreffen fast ausschließlich den seitlichen Abschnitt des lateralen Bogengangs.
- große Cholesteatome destruieren die Pyramide, eventuell mit Ausbreitung in die Kleinhirnbrückenwinkelregion oder in die Fossa jugularis.
- eine Arrosion des Fazialiskanals meist im tympanalen, seltener im mastoidalen Segment, ist Ursache einer peripheren Fazialisparese.

Der intrakranielle Cholesteatomanteil stellt sich im CT nativ in der Regel als hypodense Raumforderung dar, die nach i. v. KM-Gabe ein ringförmiges Enhancement der Cholesteatomkapsel aufweist [18, 66, 88, 99, 106] (siehe Tafeln 101/6–8 u. 103/3).

14.9 Traumen

14.9.1 Längsfraktur

Die Längsfraktur ist fünfmal häufiger als die Querfraktur und strahlt aus der mittleren Schädelgrube in das Mastoid, das Epitympanon und den äußeren Gehörgang ein. In der Pars petrosa breitet sie sich meist extralabyrinthär, selten aber auch intralabyrinthär aus. Computertomographisch findet sich Blut in den mastoidalen Zellen und ein Hämatotympanon. (Siehe Tafel 102/6)

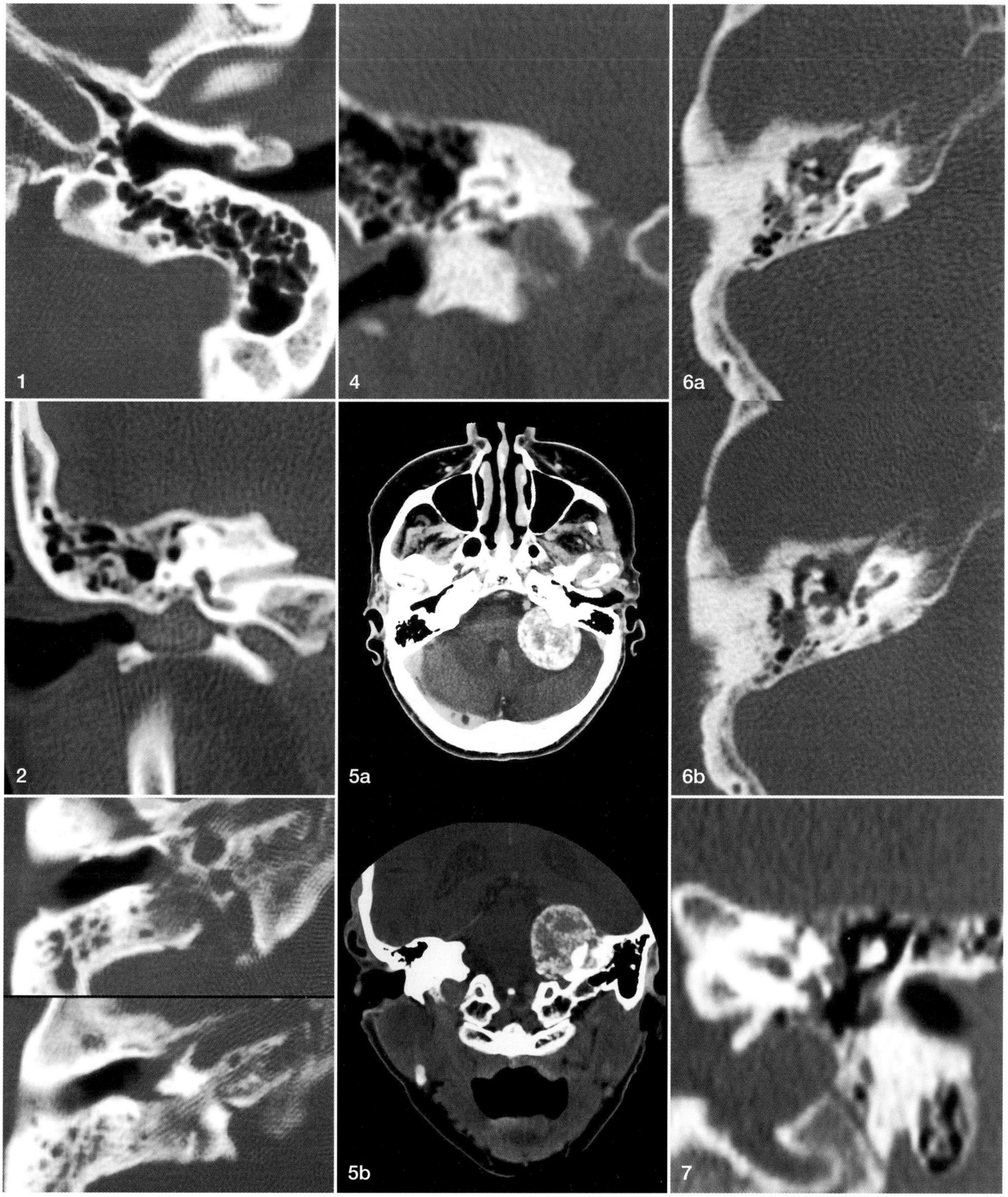

1 Ovales Osteom des äußeren Gehörganges mit Einengung und Verlegung des Porus acusticus externus.
2 Cholesteringranulom. Das koronare Felsenbein-CT zeigt im äußeren Gehörgang und Hypotympanon eine Weichteilmasse mit bogiger Arrosion der Wandungen.
3 Glomus-tympanicum-Tumor als weichteildichtes Gewebe am Promontorium. Axiale Schichten nach KM-Gabe.
4 Glomus-jugulare-Tumor mit Wachstum vom Bulbus in das Hypotympanon. Koronares CT.
5a, b Meningeom mit osteoplastischen Veränderungen der Felsenbeinhinterkante; axiale (a), koronare Schicht (b).
6a, b Felsenbeinlängsfraktur. Frakturspalt zieht durch das Dach des äußeren Gehörganges in das Epitympanon unter Zerreißung der Kette der Gehörknöchelchen.
7 Felsenbeinquerfraktur. Quer durch das Vestibulum zum Bulbus venae jugularis verlaufende Fraktur. Koronare Rekonstruktion.

14.9.2 Querfraktur

Querfrakturen verlaufen meist medial des Mittelohrs und ziehen durch das Innenohr. Meist reichen sie von der Fossa jugularis zur oberen Pyramidenkante (siehe Tafel 102/7).

14.9.3 Isolierte Fraktur des Mastoids und des äußeren Gehörgangs

Sie entsteht durch eine direkte Gewalteinwirkung bzw. durch einen Schlag auf den Unterkiefer, bei dem die Kraft auf den äußeren Gehörgang übertragen wird.

14.9.4 Ruptur der Gehörknöchelchenkette

Sie kommt auch isoliert vor, tritt meist aber in Zusammenhang mit einer Längsfraktur auf. Häufig ist die inkudostapediale Dislokation, die computertomographisch im Gegensatz zur Luxation des Inkus nicht nachweisbar ist. In der Regel ist die Ruptur der Gehörknöchelchenkette von einem Hämatotympanon begleitet.

Tafel 103. Postoperative Felsenbeinbefunde

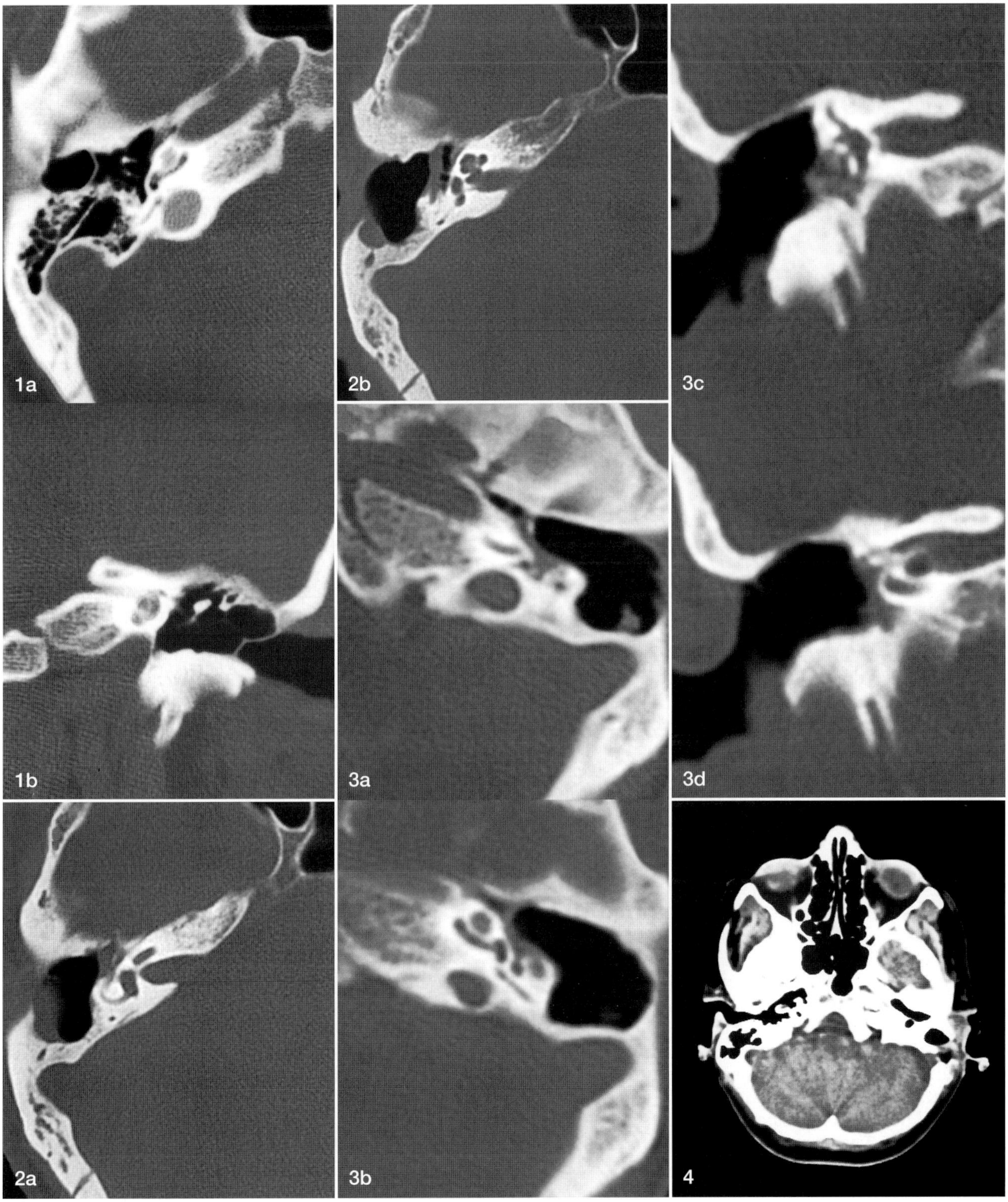

1a, b Trommelfellseparation nach Parazentese; axiale (a) und koronare Schicht (b).
2a, b Zustand nach Radikalohroperation. Rezidiv eines Cholesteatoms mit Labyrinthfistel.

3a–d Zustand nach Radikalohroperation wegen Cholesteatoms. Rezidiv als Weichteilsaum; axiale (a, b) und koronare Schichten (c, d).

4 Zustand nach Mastoidektomie mit Sinuseröffnung und Entwicklung einer Sinusthrombose links.

15 Prozesse der Schädelbasis und des angrenzenden Viszerokraniums

Die Schädelbasis sollte stets mit schmalen angrenzenden Schichten und hochauflösendem Mode gescanned werden, damit sagittale und koronare Schichten rekonstruiert werden können. Gelegentlich ist auch primär eine koronare Schnittführung erforderlich. Um die Ausdehnung der Prozesse zu bestimmen, sollten immer auch die angrenzenden Schichten des Neurokraniums und des Viszerokraniums mit erfaßt werden.

15.1 Morbus Paget

Die Ostitis deformans Paget ist eine ätiologisch ungeklärte Erkrankung, die bei älteren Menschen einzelne oder mehrere Knochen verformt, auftreibt und strähnig umstrukturiert. Ist die Schädelbasis befallen, so ist diese verdickt und im Sinne einer Platybasie verformt. Die Nervenaustrittslöcher können eingeengt sein und entsprechende Symptome verursachen. Computertomographisch ist die Diploe verbreitert und zeigt nach Kontrastmittelgabe ein exzessives Enhancement. Tabula externa und interna sind verdünnt oder partiell fehlend.

15.2 Fibröse Dysplasie (Jaffé-Lichtenstein-Syndrom)

Es handelt sich um einen lokalisierten hyperostotischen Knochenumbau unklarer Ätiologie. Oft sind die knöcherne Orbita und die knöchernen Strukturen der vorderen und mittleren Schädelgrube befallen. Die Knochenhypertrophie kann die Orbitastrukturen verlagern und Neuroforamina der Schädelbasis einengen. Computertomographisch zeigt sich eine meist unilaterale Hyperostose in den genannten Abschnitten mit Verlagerung des Orbitainhaltes nach vorn. (Siehe Tafel 105/2–4)

15.3 Osteoplastische Meningeome

Meningeome können rasenartig auf der knöchernen Schädelbasis wachsen und eine lokalisierte, oft extreme Hyperostose mit Verdickung und Verdichtung des Knochens induzieren. (Siehe Tafel 106/1)

15.4 Neurofibromatose

Als knöcherne Manifestation einer Neurofibromatose Recklinghausen kann eine partielle oder totale einseitige Keilbeinaplasie vorliegen. Computertomographisch ist die mittlere Schädelgrube vergrößert, und die Orbitahinterwand fehlt. Weichteiltumoren in der Orbita oder im Gesichtsschädel können zusätzlich vorkommen.

15.5 Osteome

Der Schädel ist der häufigste Manifestationsort von Osteomen, die meist vom frontoethmoidalen Zellsystem, seltener vom Felsenbein ausgehen. Computertomographisch sind die Tumoren meist rund, glatt begrenzt und von homogener, stark erhöhter Dichte. Wachsen die Tumoren an der Schädelbasis nach intrakraniell, so ist eine Differenzierung von vollständig verkalkten Meningeomen nicht möglich.

15.6 Gesichtsschädelkarzinome

Karzinome der Nasennebenhöhlen, der Nase und des Epipharynx können in die Schädelbasis einwachsen und zu einer Osteolyse führen. Das Computertomogramm zeigt die Knochendefekte in der Schädelbasis und die Ausdehnung der Tumoren nach intrakraniell.

15.7 Primäre und sekundäre Schädelbasismalignome

Primäre Geschwülste wie Fibrosarkom, Osteosarkom, malignes Lymphom und Retikulumzellsarkom sind in der Schädelbasis extrem selten und manifestieren sich mit einer umschriebenen Osteolyse. Häufiger sind Knochenmetastasen, die sich teils als runde Osteolysen, aber auch als osteoplastische Herde (besonders beim Prostatakarzinom) zeigen (siehe Tafel 105/1).

Tafel 104. Pathologie des Gesichtsschädels

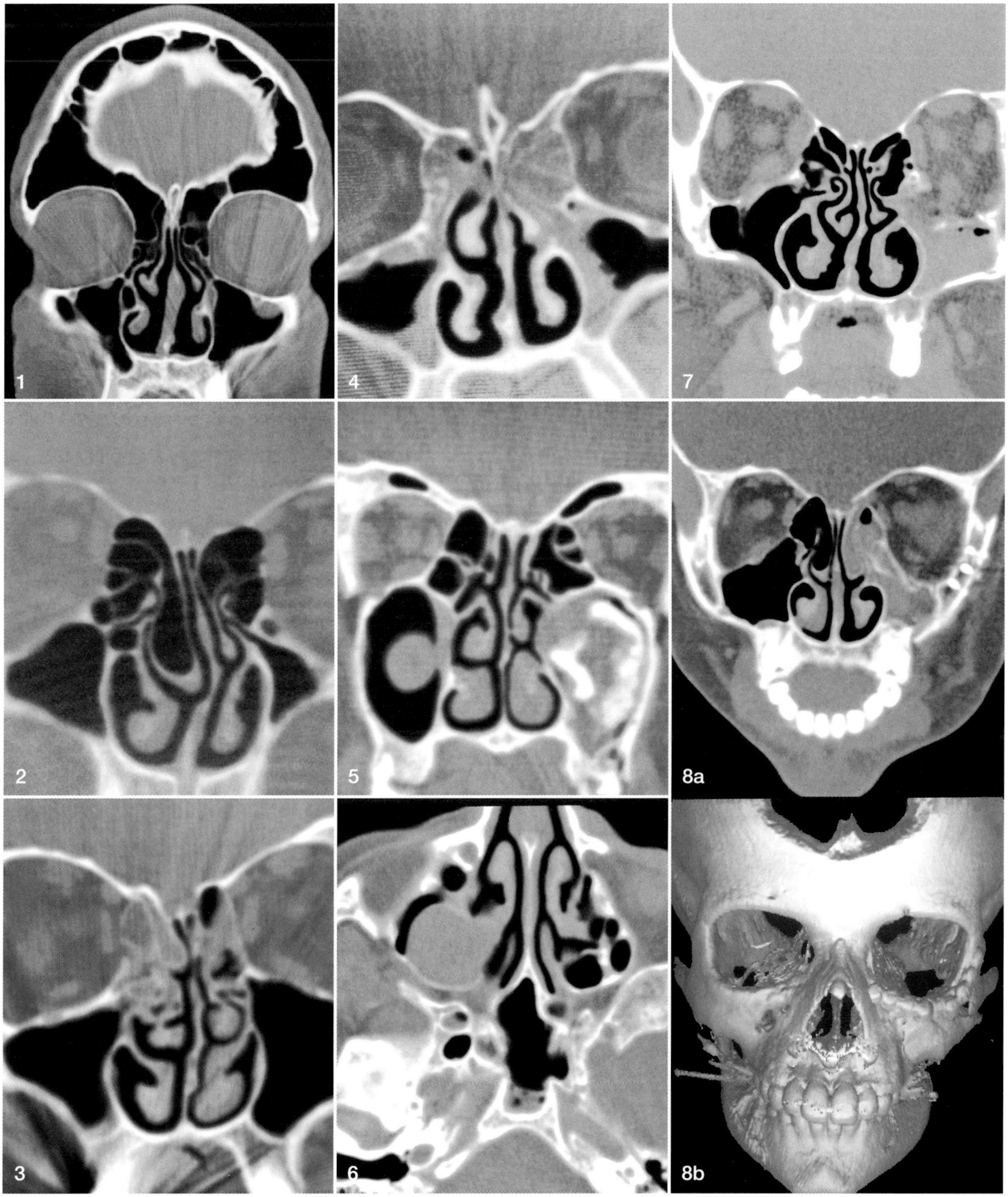

1 Hyperpneumatisation der NNH mit weit in das Stirnbein reichender Stirnhöhlenpneumatisation.
2 Concha bullosa der mittleren Nasenmuschel rechts.
3 Sinusitis ethmoidalis mit rechtsseitig beginnendem Orbitaeinbruch.

4 Sinusitis ethmoidalis mit subperiostalem Orbitaabszeß als Weichteilsaum entlang der medialen Orbitawandung links.
5 Die linke Kieferhöhle ausfüllendes Osteofibrom. Rechts polypöse Schleimhautschwellung.
6 Mukozele der rechten Kieferhöhle.

7 Orbitabodenfraktur.
8a, b Mittelgesichtsfraktur durch Sinus maxillaris, Orbita und Frontobasis. Verschraubte Jochbeinfraktur; koronare Schicht (a), 3D-Rekonstruktion (b).

15.8 Juveniles Angiofibrom

Es handelt sich um einen Tumor, der im Epipharynx besonders bei Jugendlichen vorkommt und invasiv in die Schädelbasis einwachsen kann. Eine Abgrenzung gegen andere Tumoren ist nur histologisch möglich.

15.9 Nasennebenhöhlenhypo- bzw. -aplasie

Die kongenitale Veränderung gilt als Normvariante, die in der Regel keine klinische Bedeutung hat. Computertomographisch zeigen sich kleine Nasennebenhöhlen.

15.10 Sinusitis

Eine Entzündung der Nasennebenhöhlen führt zu einer Schleimhautschwellung und zu einer Flüssigkeits- bzw. Eiteransammlung in den Höhlen. Computertomographisch zeigt sich bei entsprechender Fenstereinstellung eine verdickte Schleimhaut bzw. die Höhle ist mit Flüssigkeit serumähnlicher Dichte ausgefüllt. Selten entwickelt sich eine Osteomyelitis mit einer Destruktion der knöchernen NNH-Wände. (Siehe Tafel 104/3, 4)

15.11 Granulomatöse Nasennebenhöhlenentzündungen und Pilzinfektionen

Granulomatöse Nasennebenhöhlenentzündungen und Pilzinfektionen wachsen in der Regel osteodestruktiv und sind von primär malignen Prozessen gewöhnlich nicht zu unterscheiden. Pilzinfektionen, insbesondere die bei Diabetikern gehäuft auftretende Mukormykose, wachsen destruktiv durch alle Spalträume in die Orbita, bzw. nach intrakraniell ein.

15.12 Polyposis nasi

Die Polyposis nasi imponiert im CT als diffuse Weichteilschwellung der Nasenschleimhäute. Bei massiver Ausdehnung kommt es dabei zur Knochendestruktion, gelegentlich mit Ausbreitung in die Orbita. Eine Abgrenzung von einem malignen Prozeß ist dann im CT allein nicht mehr möglich. (Siehe Tafel 104/6)

15.13 Mukozele, Pyozele

Als Komplikation einer Sinusitis kann sich bei erhaltener Sekretion und verstopftem Ausführungsgang ein chronisch-expansiver Prozeß (Mukozele) entwickeln, der meist in der Stirn- und Ethmoidalhöhle, seltener in der Keilbein- oder Oberkieferhöhle vorkommt. Die Mukozele weitet die Höhle und die angrenzenden Knochen werden dünn und prominent. Die Computertomographie zeigt einen aufgeweiteten, mit hyper- oder hypodensem Material gefüllten Sinus. Nach Kontrastmittelinjektion zeigt sich ein geringes Enhancement an der Peripherie. Infiziert sich die Mukozele, so entsteht eine Pyozele. Eine Abgrenzung dieser beiden Zustände ist computertomographisch in der Regel nicht möglich.

15.14 Frakturen des Gesichtsschädels und der Schädelbasis

Die häufig zu beobachtenden Frakturen lassen sich computertomographisch im Knochenfenster, durch Rekonstruktionen, verschiedene Schnittebenen und durch die 3D-Technik in ihren Detail-Aussagen besser und exakter darstellen als durch die konventionellen Röntgenschichtaufnahmen (siehe Tafeln 104/7, 8 u. 106/5).

Tafel 105. Pathologie der Schädelbasis I

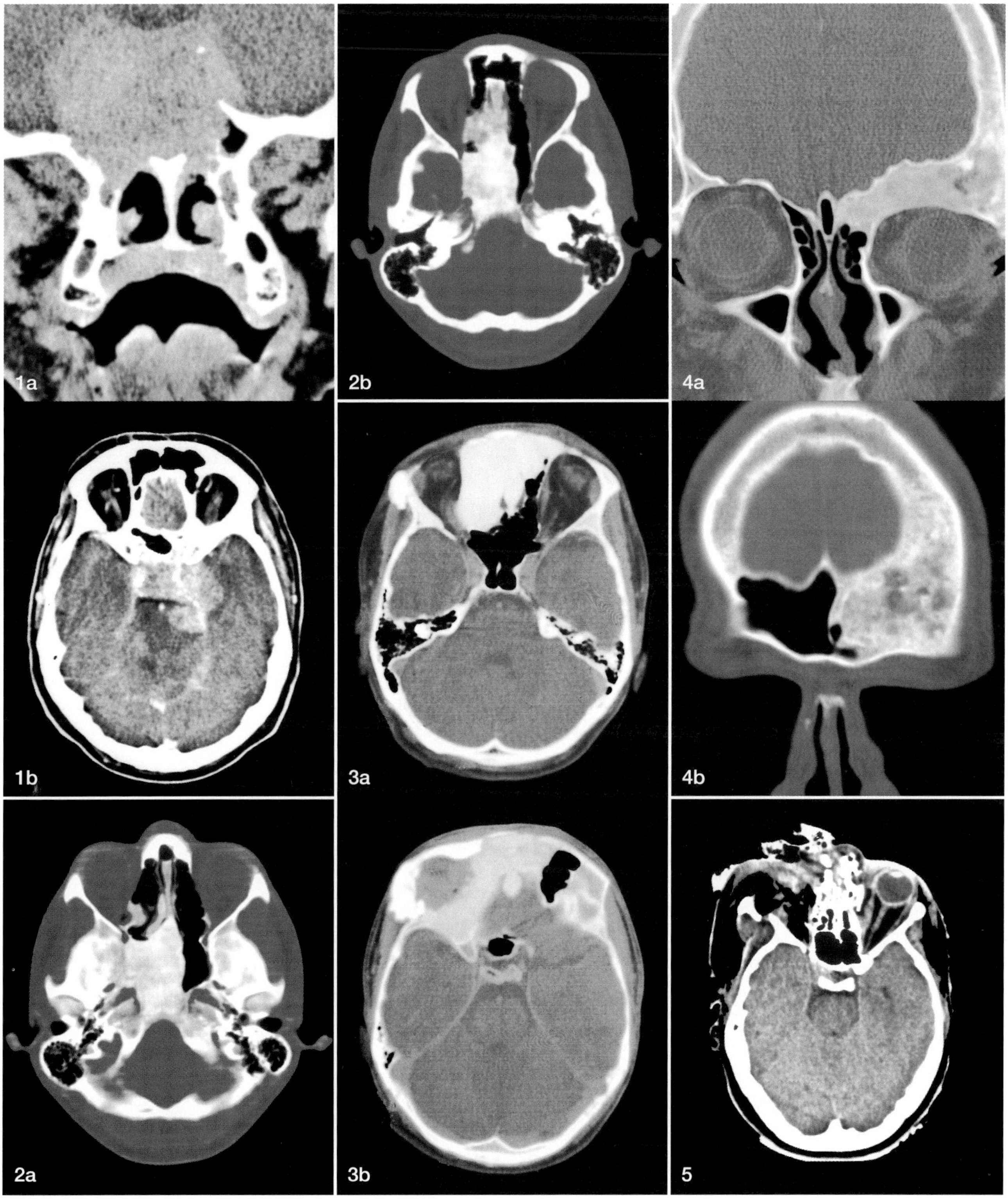

1a, b Schädelbasisdestruktion durch Fibrosarkom; koronare (a), axiale (b) Schicht nach KM-Gabe.

2a, b Fibröse Dysplasie (Jaffé-Lichtenstein) der Schädelbasis vom Clivus bis zur Frontobasis reichend.

3a, b Fibröse Dysplasie (Jaffé-Lichtenstein) der Frontobasis mit milchglasartigen Knochen und teilweiser Verödung der NNH. Zustand nach Teilresektion mit Palacos-Rekonstruktion rechts frontal.

4a, b Fibröse Dysplasie (Jaffé-Lichtenstein) des Os frontale mit Einengung des Orbitatrichters.

5 Gesichtsschädel und Frontobasisfraktur mit Zertrümmerung der Orbitawandung, des Siebbeins und der Nasenwurzel.

Tafel 106. Pathologie der Schädelbasis II

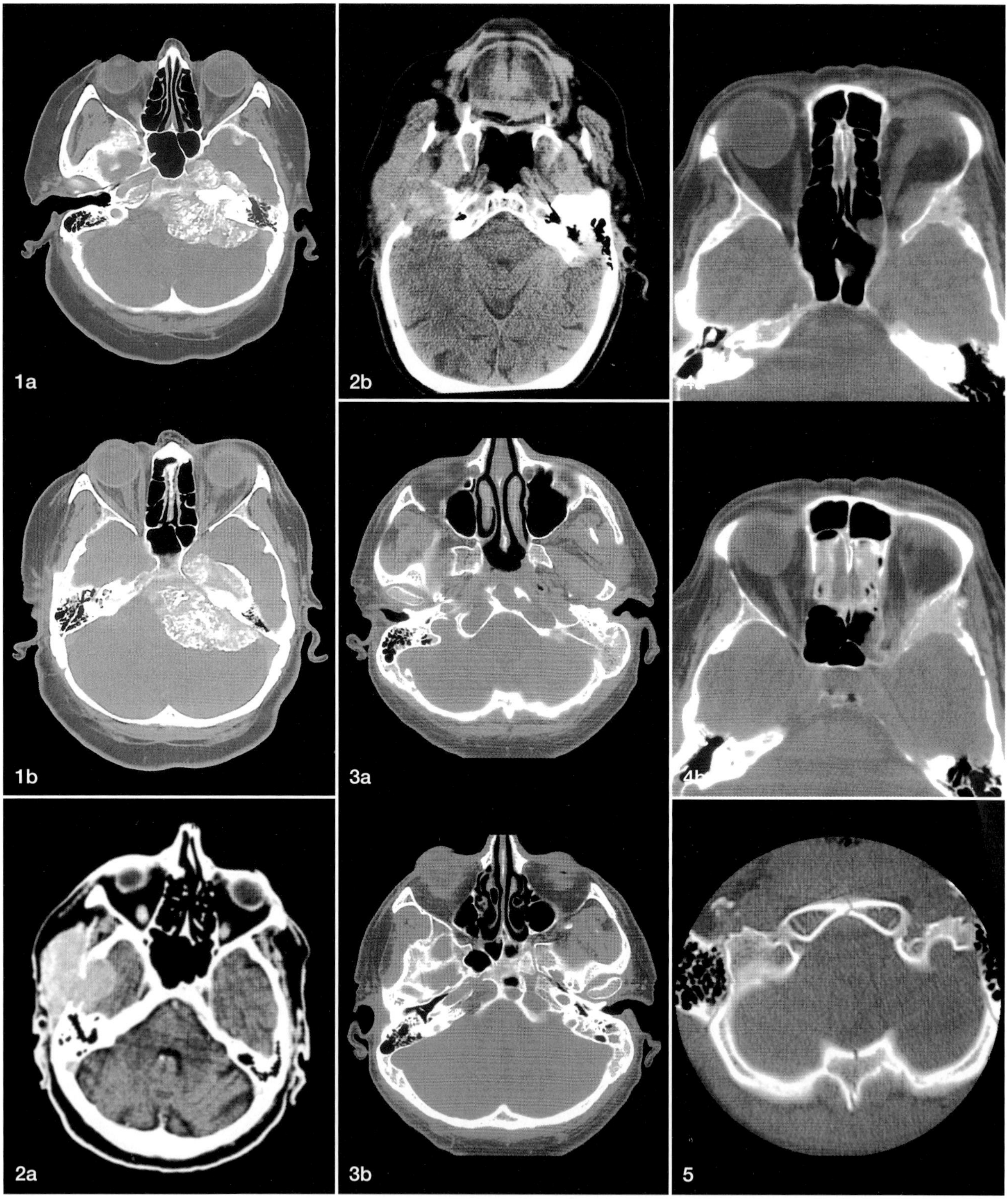

1a, b Wolkige Meningeomverkalkungen entlang der Pyramide.

2a, b Felsenbein- und temporale Kalottendestruktion durch Plasmozytom mit intra- und extrakranieller Ausdehnung. CT nach KM-Gabe; axiale (a) und koronare (b) Schicht.

3a, b Clivus-Epidermoid mit kugeliger Arrosion des Basiokziput.

4a, b Meningeom des lateralen Keilbeinflügels mit Infiltration des Orbitatrichters (a) und der Keilbeinhöhle (b).

5 Schädelbasisfraktur längs durch das Basiokziput.

Spinale Computertomographie

16 Spinale Computertomographie

16.1 Untersuchungstechnik

16.1.1 Technische Voraussetzungen

Die spinale Computertomographie, wie sie heute durchgeführt wird, erfordert einige spezielle technische Voraussetzungen:

- Computertomographisches digitales Übersichtsbild des entsprechenden Wirbelsäulenabschnittes (Topogramm, Scanogramm, Scout View).
- Computergesteuerte Höhenbestimmung der Schnittebene und Kippung der Abtasteinheit.
- Gantryneigbarkeit ± 15–20 Grad.
- Variable Schichtdicken (1, 1,5/2–4 mm).
- Hohe räumliche Auflösung – besser als 1,0 mm – und hohe Dichteauflösung – besser als 0,5 %.
- Computerprogramme zur Vergrößerung und Rekonstruktion von interessierenden Regionen mit Änderung der Pixelgröße.
- Computerprogramme für sekundäre Rekonstruktionen in allen räumlichen Richtungen.
- Möglichkeiten zur Distanz- und Dichtemessung.
- Kurze Scanzeiten.

In der Regel verwendet man in der spinalen Computertomographie je nach zu untersuchender Region und klinischer Fragestellung 1,5 (2)–4 mm dicke Schichten. Zwischen Schichtdicke und räumlicher Auflösung bzw. Dichteauflösung besteht ein direkter Zusammenhang. Dünne Schichten (1,5/2 mm) bewirken eine gute räumliche Auflösung, da der partielle Volumeneffekt wegfällt. Möglichst kleine Pixelgrößen verbessern ebenfalls deutlich die räumliche Auflösung. Andererseits verursachen jedoch dünne Schichten wegen des Quantenrauschens eine Herabsetzung der Dichteauflösung. Hohe Schichtdicke (4/5 mm) und hohe Röhrenströme zur Vermeidung des Quantenrauschens verbessern die Dichteauflösung. Routinemäßig verwendet man bei der Untersuchung des Wirbelkanals eine Schichtdicke von 4 mm bei hoher Röhrenspannung und großer Anzahl von Projektionen. Nur bei besonderer Fragestellung, z. B. an der Halswirbelsäule zur Untersuchung der nur 2–3 mm breiten Bandscheibe, wird einer kleineren Schichtdicke der Vorrang gegeben. Die optimale Schnittrichtung erfolgt senkrecht zur Wirbelsäule, parallel zum Bandscheibenverlauf, wobei das digitale Röntgenbild und das spezielle Computerprogramm zur Einstellung der Schichthöhe und der Gantryneigung benutzt werden. Kurze Scanzeiten sind für eine Erstellung bewegungsartefaktfreier Bilder erforderlich.

16.1.2 Kontrastmittelanwendung

Kontrastmittelassistierte spinale Computertomographie nach intrathekaler Gabe eines wasserlöslichen Myelographikums (Isovist®, Solutrast® 250 M), gegebenenfalls als Folgeuntersuchung einer vorangegangenen konventionellen Myelographie nach entsprechendem zeitlichen Intervall von 1–4 Stunden. Mit ihr gelingt eine Darstellung der intraduralen Strukturen wie Rückenmark und Nervenfilamenta. Die intravasale Kontrastmittelanwendung eines i. v. zu applizierenden Kontrastmittels (z. B. Ultravist®) zur artdiagnostischen Differenzierung von Tumoren, z. B. Meningeome oder Neurinome, vaskulärer Veränderungen, zur Differenzierung zwischen hypertrophem Narbengewebe und Rezidivprolaps in einer postoperativen Narbe ist indiziert. Die Kontrastmittelgesamtmenge, die bei der zerebralen Computertomographie 1 ml/kg Körpergewicht beträgt, liegt bei der spinalen Computertomographie höher. Sie wird in der Regel als rasche Bolusinjektion von 2–2,5 ml/kg Körpergewicht verabreicht.

16.2 Vergleich CT versus MRT

Die Wertigkeit beider Untersuchungsmethoden ist bezüglich des Spinalkanals aus der Tabelle 11 zu entnehmen.

16.3 Anatomische Grundlagen

16.3.1 Atlantoaxiales Gelenk und normale Halswirbelsäule

Die ersten beiden Halswirbel unterscheiden sich wegen ihrer spezifischen anatomischen Funktion entscheidend von den Halswirbeln C3–C7. Während letztere aus den Wirbelkörpern, Bogenwurzeln, Bögen, Spinal- und Transversalfortsatz sowie oberen und unteren Gelenkfortsätzen bestehen, weist der Wirbel C1 lediglich einen vorderen und hinteren Wirbelbogen mit den seitlichen Massae laterales auf.

Tab. 11. Gegenüberstellung der diagnostischen Wertigkeit von spinaler CT und MRT mit Bezug zu den verschiedenen Erkrankungen. Ø = nicht sinnvoll; + = gute Darstellung; ++ = bevorzugte Darstellung

Erkrankungen	CT	Myelo-CT	MRT
Bandscheibenprolaps			
– *zervikal*			
– – lateral weich	++	++	+
– – lateral hart	++	++	+
– – medial weich	+	+	+
– – medial hart	++	++	+
– – medial gemischt	++	++	+
– *thorakal*			
– – medial weich	+	++	++
– – medial hart	+	+	+
– – lateral	+	++	+
– *lumbal*			
– – medial	+	++	++
– – mediolateral	+	+	+
– – lateral	++	++	+
– – intra-/extraforaminal	++	+	+
– – intradural	+	++	++
– – teils hart	++	+	+
Spinalkanalstenose			
– *zervikal*			
– – multisegmental	+	++	+
– – Ossifikation des hinteren Längsbandes (OPLL)	++	++	+
– – intramedulläre Veränderungen	Ø	Ø	++
– *thorakal*			
– – Stenose mit Gibbus	+	++	++
– – intramedulläre Läsion	Ø	Ø	+
– *lumbal*			
– – zentral	++	++	+
– – lateraler Rezessus	++	++	+
– – Foramenstenose	+	+	+
– – Spondylolisthesis	+	++	+
Osteoarthropathie	++		+
– *lumbale Synovialzyste*	+	+	+
Tumoren			
– *intraspinal*	+	++	++
– *Metastasen*	+	+	+
Traumatologie			
– *knöchern*	++	Ø	+
– *ligamentär*	+	Ø	++
– *diskal*	+	++	+
– *intramedullär*	Ø	Ø	++
Fehlbildungen			
– *knöchern*	++	Ø	+
– *Weichteile*	+	Ø	++
Entzündungen	+	Ø	++
Postoperative Veränderungen, Komplikationen			
– *Narbe/Rezidiv bei Bandscheibenprolaps*	+	+	++
– *Arachnopathie*	+	++	+
– *Diszitis/Spondylitis*	+	Ø	++
– *Meningozele spuria*	+	++	++
– *Epidurale Nachblutung*	+	++	Ø
– *Retroperitoneale Blutung*	+	Ø	+

Die Massae laterales tragen daher teilweise die artikulierenden Gelenkflächen, die Foramina transversaria und den Transversalfortsatz (Tafel 107A und B/c). Der zweite Halswirbel – Axis – hat als wesentliches Merkmal den Dens, eine konische, runde Fortsetzung des Wirbelkörpers nach kranial, der mit der dorsalen Gelenkfläche des vorderen Atlasbogens artikuliert. Ein kräftiger Bandapparat – Ligg. alaria, Lig. apicis dentis, Lig. transversum und Ligg. flava – begrenzt die Rotationsbewegung des Kopfes im Atlantoaxialgelenk auf ungefähr 45 Grad. Die knöcherne Form des oberen Spinalkanals ist queroval, wobei der transversale Durchmesser größer ist. Der knöcherne Spinalkanal ist ungefähr dreieckig mit nach dorsal gerichteter Spitze. Der Durchmesser nimmt von C1–C3 ab und bleibt dann relativ konstant in seiner Weite bis C7. Die zervikalen Wirbelkörper, ebenso die Bögen, Spinal- und Transversalfortsätze, nehmen von C3–C7 an Größe zu. Die Wirbelkörper sind dabei auf den axialen Schnitten annähernd oval, dorsal flach oder leicht konkav begrenzt. Die Transversalfortsätze tragen die Foramina transversaria, durch die ab C6 die Vertebralarterie, dünne Venen sowie ein sympathisches Nervengeflecht verlaufen. Das Foramen intervertebrale ist im axialen Scan nach anterolateral gerichtet. Die knöchernen Begrenzungen des Foramens stellen die Wirbelkörper mit dem Processus uncinatus, die Bogenwurzeln und die Gelenkfortsätze dar. Durch die Foramina verlaufen im oberen Anteil die zervikalen Spinalnerven, kleine Venen und Arterien, die von Fett und Bindegewebe umgeben sind. Die Bandscheiben der sechs unteren Halswirbel sind schmal, in der Regel etwas höher als die thorakalen, aber immer niedriger als die lumbalen. Dünne Schichten (1,5/2 mm) sind zu einer einigermaßen partiellen volumeneffektfreien Darstellung der zervikalen Bandscheiben erforderlich. Die anterior höhere Bandscheibe verursacht die physiologische Halslordose. Der Bandapparat besteht wie in den unteren Regionen aus den Ligg. longitudinalia anterius und posterius, die im CT nur im Falle einer Bandverkalkung sichtbar sind. Weitere Bänder sind die Ligg. interspinosa, Lig. nuchae und Ligg. flava. Letztere sind wegen des geringen epiduralen Fettgewebes und des partiellen Volumeneffektes der zervikalen Wirbelbögen im CT in der Regel ebenfalls nicht darstellbar. Der Epiduralraum enthält nervale und vaskuläre Strukturen sowie Bindegewebe. Das venöse System besteht aus einem dicht anastomisierenden Plexus innerhalb und außerhalb des Spinalkanals. Diese Venen des zervikalen Wirbelkörpers sowie den Wirbelkörper durchziehende basivertebrale Venen (meist paarig) bilden den anterioren und posterioren Venenplexus. Der äußere Venenplexus um den Wirbelkörper und um die Bögen anastomosiert durch die Ligg. flava mit dem inneren Venenplexus; außerdem finden sich noch den Wirbelkörper und die neuralen Foramina perforierende Venen. Die intraduralen Strukturen sind lediglich im intrathekalen kontrastmittelassistierten CT ausreichend erkennbar. Es zeigt sich ein annähernd elliptisches, zentral gelegenes Zervikalmark, dessen Vorderfläche flach mit der median verlaufenden Fissur und dessen Rückseite rund mit der flachen posterioren Fissur zur Darstellung kommt. Acht Paare von Spinalnerven verlassen das Halsmark, wobei sie sich jeweils aus einer größeren dorsalen sensorischen Wurzel und einer kleineren ventralen motorischen Wurzel heraus vereinigen. Das sensible Spinalganglion liegt normalerweise, im CT teilweise gut sichtbar, im neuralen Foramen direkt distal der Vereinigung von ventraler und dorsaler Wurzel.

16.3.2 Normale thorakale Wirbelsäule

Der thorakale Wirbelkörper ist im axialen Scan vorn – am Mediastinum angrenzend – konvex und hinten konkav begrenzt. Seine Form ist ungefähr dreieckig, wobei der transversale und der sagittale Durchmesser etwa gleich sind. Seine superioren und inferioren Gelenkflächen artikulieren mit den Rippen. Die Bogenwurzeln liegen in den oberen Hälften des Wirbelkörpers und gehen in die beiden kurzen Laminae über, die dachziegelartig übereinander zu liegen kommen. Der Transversalfortsatz artikuliert mit dem Tuberkulum der gleichen Rippe im Kostotransversalgelenk. Der knöcherne Spinalkanal, gebildet durch Wirbelkörper, Bogenwurzeln und Bögen, ist im Bereich der gesamten BWS relativ konstant in seiner Form und gleich weit in transversalem und sagittalem Durchmesser. In den oberen Anteilen ist er im sagittalen Durchmesser eher elliptisch und abgeflacht. In den unteren Anteilen wird er eher kreisförmig. Die Bandscheiben sind dünn und niedriger als die der zervikalen oder lumbalen Wirbelsäule. Im axialen Scan werden sie in der Regel selten homogen, sondern häufig mit partiellem Volumeneffekt der angrenzenden Wirbelkörper dargestellt. Die Gelenkfortsätze liegen ungefähr parallel zur koronaren Schnittebene. Der Bandapparat wird durch die Ligg. longitudinalia anterius und posterius, die Ligg. flava, Ligg. interspinosa und intertransversaria gebildet. Im Spinalraum findet sich dorsal und lateral eine breite Zone von Fettgewebe, dessen Verteilung in den anterioren Abschnitten sehr schmal ist. Dieser Raum enthält weiterhin Venen, nutritive Arterien, die ventralen und dorsalen Wurzeln, die Spinalganglien und die spinalen Nerven. Das Thorakalmark ist rund mit einer anterioren medianen Fissur. Die posterointermedianen und posterolateralen Sulci dagegen sind zu flach, um im CT gesehen zu werden.

16.3.3 Normale lumbosakrale Wirbelsäule

Die lumbosakrale Wirbelsäule besteht aus 5 freien lumbalen und 5 fusionierten sakralen Wirbelkörpern. Der lumbale Wirbel setzt sich aus Wirbelkörper, Bogenwurzel, Wirbelbogen, Gelenkfortsatz, Transversal- und Spinalfortsatz zusammen, wobei der Processus transversus bei LWK 1 und LWK 5 kürzer und dicker ist als bei den dazwischenliegenden Lendenwirbeln. Der knöcherne Spinalkanal ist im Querschnitt eher rund oder etwas oval mit größerem Transversaldurchmesser. In der mittleren und unteren Lumbalregion ist er dreieckig mit nach hinten gerichteter Spitze und ebenfalls größerem Transversaldurchmesser. Eine Zunahme des sagittalen Durchmessers und der interpedunkulären Distanz besteht von kranial und kaudal. Im lateralen Rezessus, begrenzt durch die Hinterfläche des Wirbelkörpers, durch die Bogenwurzel und den Wirbelbogen bzw. superioren Gelenkfortsatz, verläuft eingebettet in epidurales Fettgewebe der Spinalnerv. Die lumbosakrale Übergangsregion zeigt eine Abwinkelung von gewöhnlich 10–20 Grad. Gelegentlich beträgt der Winkel bis zu 45 Grad. Eine bandscheibenparallele Gantryneigung ist in solchen Fällen bei Gantrykippbarkeit von ± 20 Grad nicht möglich. Die lumbale Bandscheibe, bestehend aus dem zentralen Nucleus pulposus und dem peripheren Anulus fibrosus, weist CT-Dichtewerte von 50–110 HE auf. Die lumbalen Bandscheiben sind anterior dicker als posterior; daraus resultiert die Lendenlordose. Die normale Höhe einer gesunden Bandscheibe beträgt 8–12 mm, wobei die lumbosakrale Bandscheibe deutlich schmaler und höchstens 10 mm, häufig weniger als 5 mm hoch ist. Die Bandscheiben sind lumbal in der Regel dorsal nierenförmig. Im Lumbosakralbereich sind diese dorsal gerade oder leicht konvex begrenzt. Der spinale Bandapparat besteht aus den Ligg. longitudinalia anterius und posterius, aus den Ligg. flava und dem Lig. interspinosum. Das Lig. flavum ist mit 3–5 mm deutlich breiter als zervikal oder thorakal. Das vordere und hintere Längsband ist in der Regel computertomographisch nicht differenzierbar.

Tafel 107 A. Normale spinale Anatomie – schematische Darstellungen

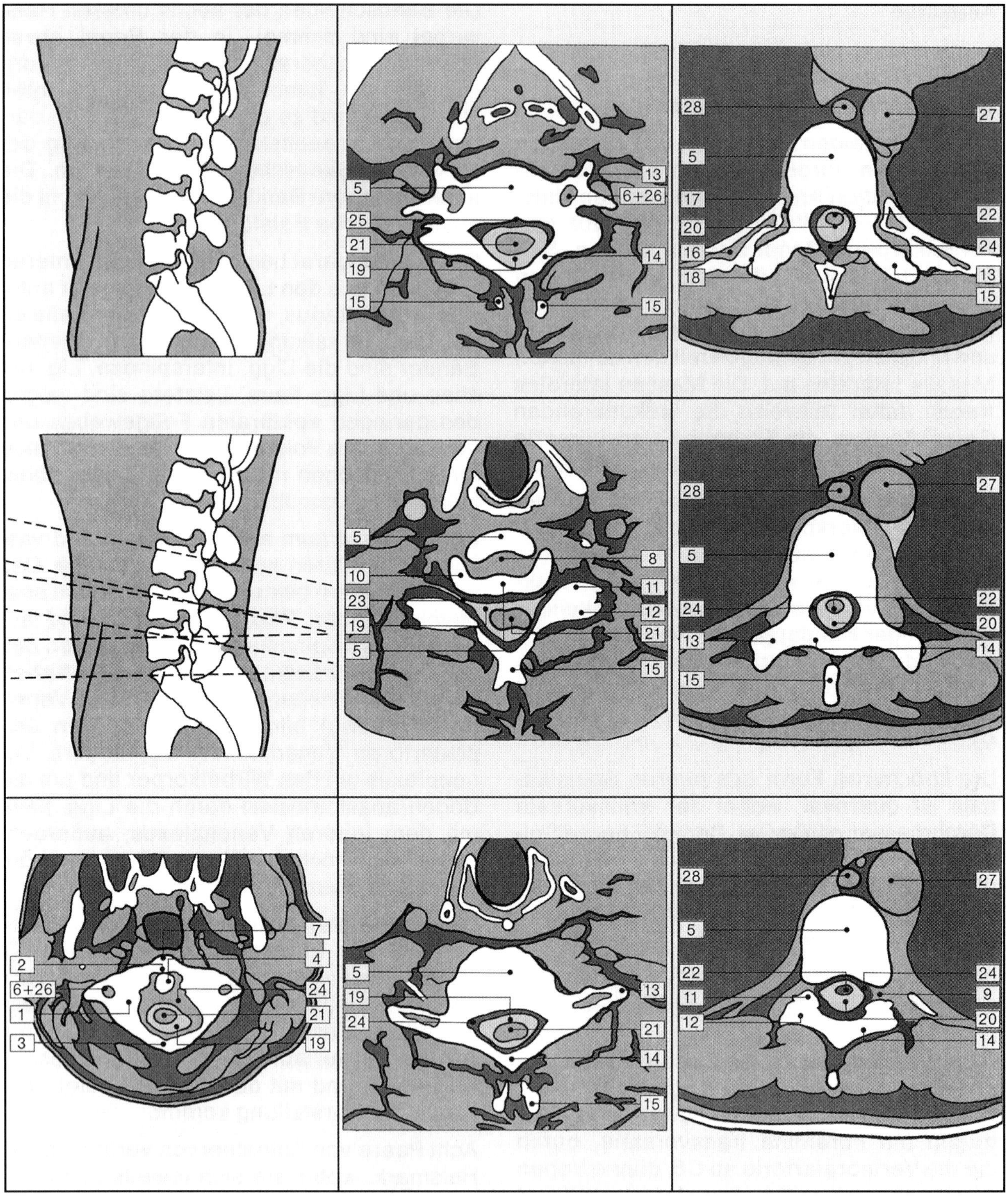

1 Massa lateralis
2 Vorderer Atlasbogen
3 Hinterer Atlasbogen
4 Dens
5 Wirbelkörper
6 Foramen transversarium
7 Tuberculum anterius
8 Bandscheibe
9 Neuroforamen
10 Processus uncinatus
11 Oberer Gelenkfortsatz
12 Unterer Gelenkfortsatz
13 Processus transversus
14 Wirbelbogen
15 Processus spinosus
16 Kosta
17 Kostovertebralgelenk
18 Kostotransversalgelenk
19 Zervikaler Subarachnoidalraum
20 Thorakaler Subarachnoidalraum
21 Zervikalmark
22 Thorakalmark
23 Nervenwurzel
24 Epidurales Fettgewebe
25 Impression durch das basivertebrale Venengeflecht
26 A. vertebralis
27 Aorta thoracica descendens
28 Ösophagus

Tafel 107 B. Normale spinale Anatomie

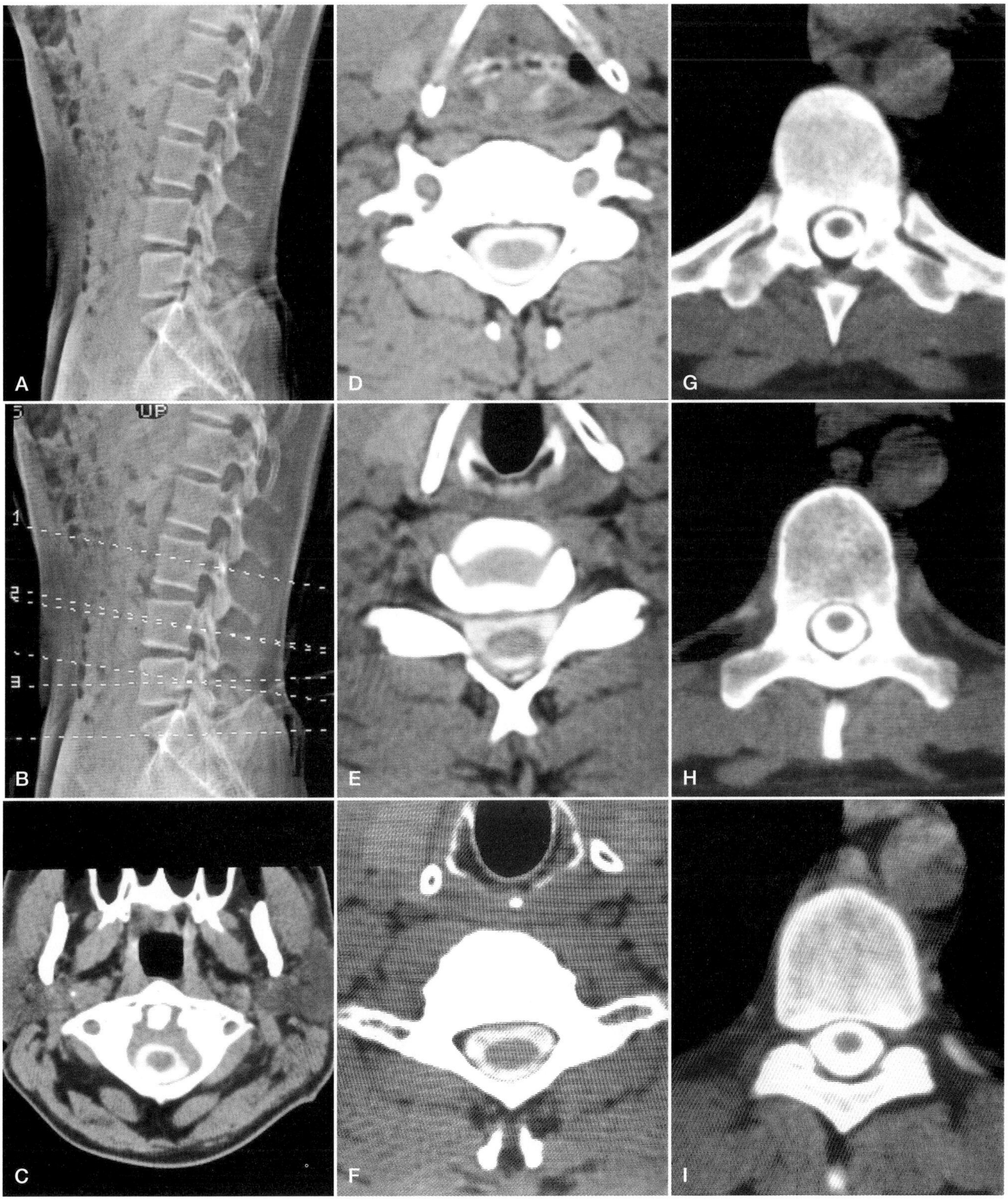

A Laterales digitales Röntgenbild der lumbosakralen Wirbelsäule.
B Laterales digitales Röntgenbild (wie oben) und eingezeichnete Schnittlinien parallel zu den Intervertebralräumen L3/4, L4/5, L5/S1.
C Axialer Schnitt durch Atlas und Dens (Myelo-CT).

D Axialer Schnitt durch den Wirbelkörper C6 (KM-assistiertes spinales Computertomogramm).
E Axialer Schnitt durch den Intervertebralraum C6/7 (Myelo-CT).
F Axialer Schnitt durch den Wirbelkörper C7 (Myelo-CT).

G Axialer Schnitt durch den Intervertebralraum Th5/6 (Myelo-CT).
H Axialer Schnitt durch den Wirbelkörper Th6 (Myelo-CT).
I Axialer Schnitt durch das Neuroforamen Th6/7 (Myelo-CT).

Tafel 108 A. Normale spinale Anatomie – schematische Darstellungen

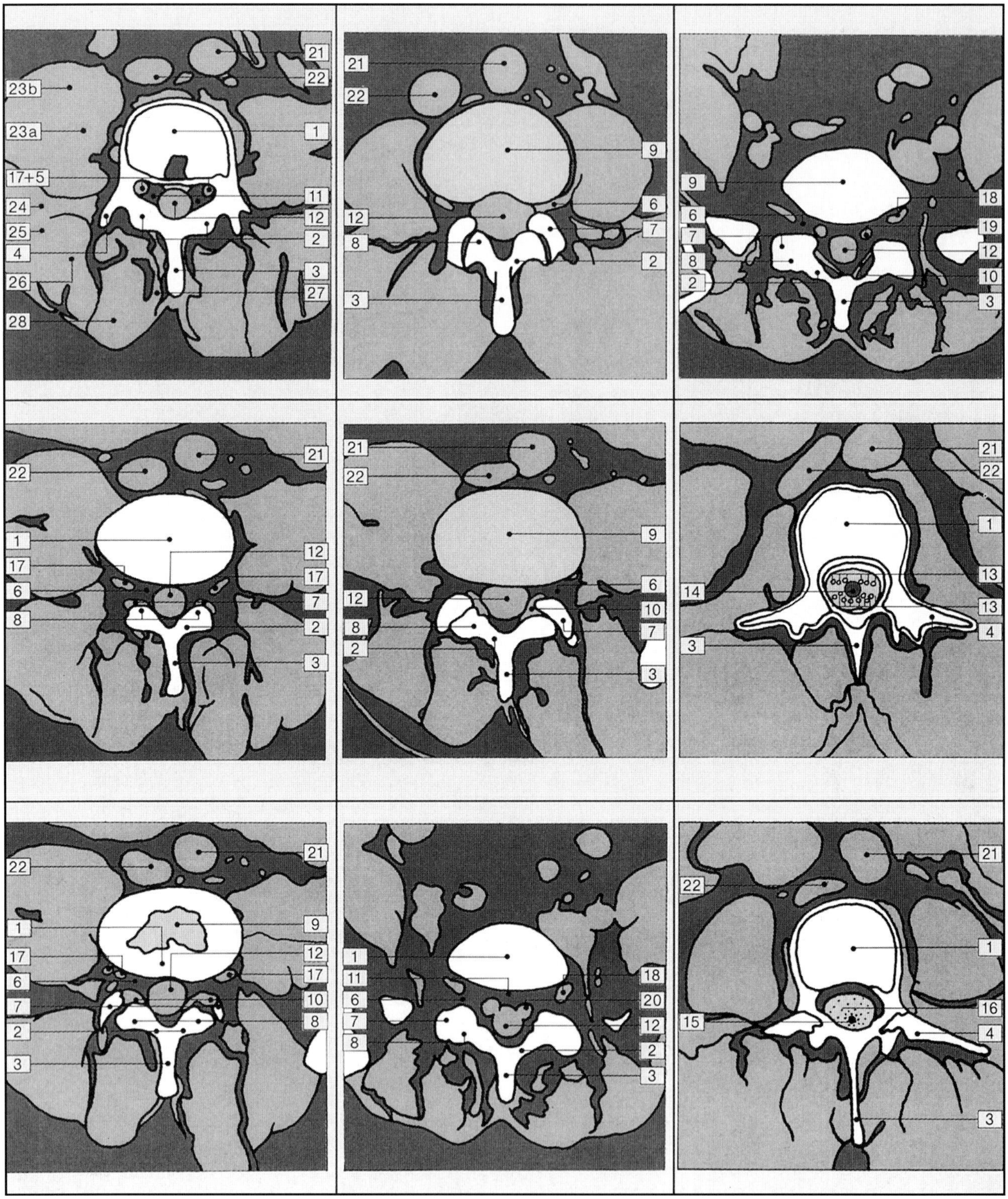

1 Wirbelkörper
2 Wirbelbogen
3 Processus spinosus
4 Processus transversus
5 Lateraler Recessus
6 Neuroforamen
7 Oberer Gelenkfortsatz
8 Unterer Gelenkfortsatz
9 Bandscheibe (teilweise partiell angeschnitten)
10 Ligamentum flavum
11 Epidurales Fettgewebe
12 Lumbaler Duralsack
13 Lumbale und sakrale Nervenfilamenta
14 Conus medullaris
15 Filum terminale internum
16 Filamenta der Cauda equina
17 Nervenwurzel L3
18 Nervenwurzel L5
19 Nervenwurzel S1
20 Nervenwurzelursprung S1 aus dem lumbalen Duralsack (sog. Pandabär-Phänomen)
21 Aorta abdominalis
22 V. cava inferior
23 M. psoas major (a) und minor (b)
24 M. quadratus lumborum
25 M. iliocostalis des M. erector spinae
26 M. longissimus des M. erector spinae
27 M. interspinalis des M. transversospinalis
28 M. multifidus des M. transversospinalis

Tafel 108 B. Normale spinale Anatomie

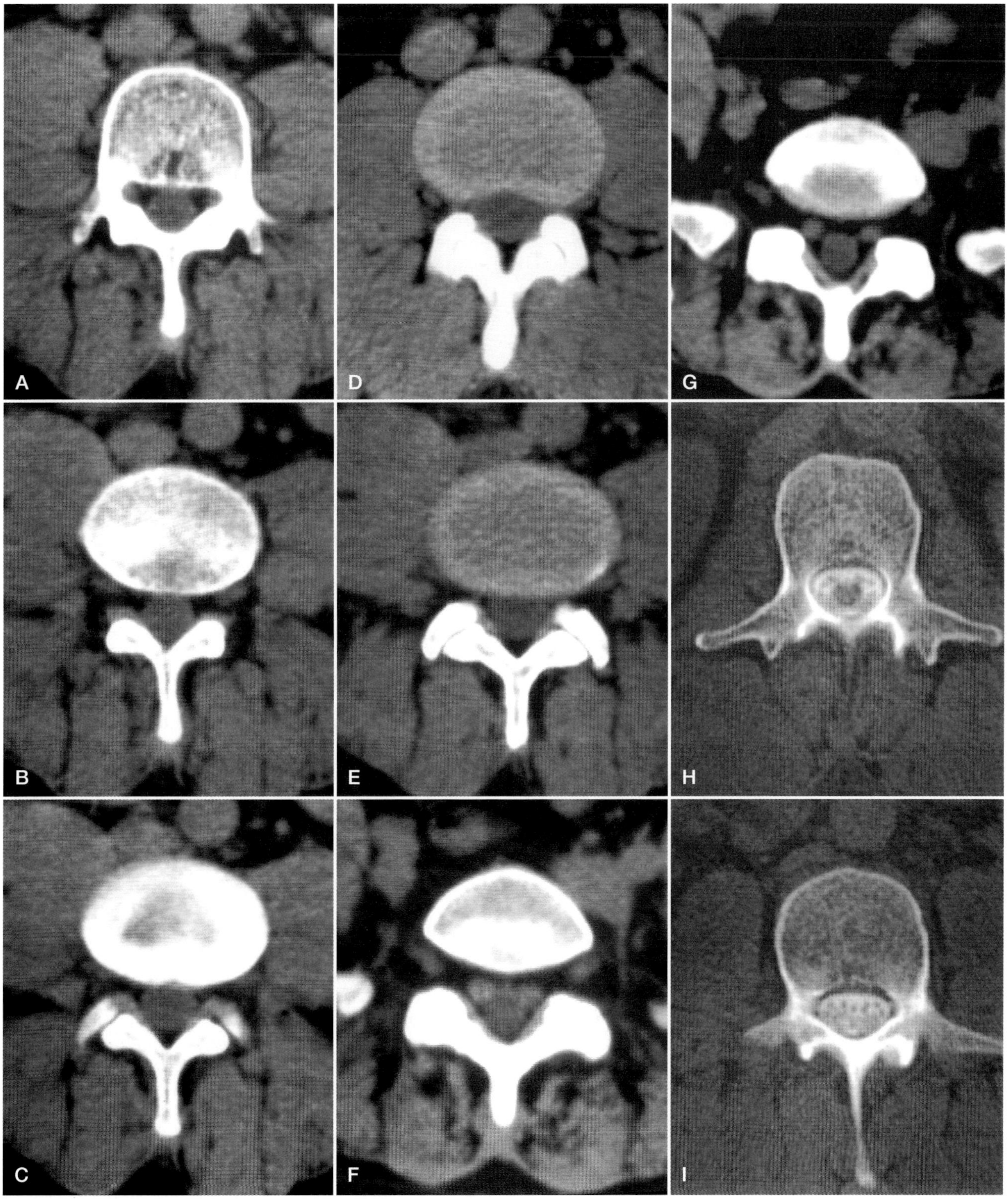

A Axialer Schnitt durch den 3. LWK.
B Axialer Schnitt durch den 3. LWK und die obere Etage des Neuroforamens L3/4.
C Axialer Schnitt durch die mittlere Etage des Neuroforamens L3/4.

D Axialer Schnitt durch den Intervertebralraum L3/4 mit typischer dorsaler Bandscheibenbegrenzung.
E Axialer Schnitt durch den Intervertebralraum L4/5 mit typischer dorsaler Bandscheibenbegrenzung.
F Axialer Schnitt durch die unteren Anteile des 5. LWK und der oberen Etage des Neuroforamens L5/S1.

G Axialer Schnitt durch den Intervertebralraum L5/S1.
H Axialer Schnitt durch L1, Conus medullaris und die umgebenden deszendierenden lumbalen und sakralen Wurzeln der Cauda equina (Myelo-CT).
I Axialer Schnitt durch L3 mit Darstellung des zentral gelegenen und von den Nervenfilamenta der Cauda equina umgebenen Filum terminale internum (Myelo-CT).

16.3.4 Inhalt des lumbosakralen Spinalkanals

Der Epiduralraum zwischen Dura und knöchernem Spinalkanal enthält Fett, Nerven, Bänder und Blutgefäße. Das epidurale Fettgewebe ist lumbal besonders im anterioren Abschnitt sowie anterolateral breit ausgebildet. Zwischen den Ligg. flava findet sich dorsal ebenfalls reichlich epidurales Fettgewebe. Die Nervenwurzeln entspringen aus dem anterolateralen Umfang des Duralsackes, kreuzen das epidurale Fettgewebe und ziehen zum jeweiligen Neuroforamen.

Als Variation („conjoined nerve roots") verlassen zwei Wurzeln den Duralsack in derselben Höhe und können den knöchernen Spinalkanal gemeinsam durch dasselbe Neuroforamen, aber auch getrennt durch zwei Neuroforamina verlassen. Hauptsächlich betroffen sind davon die Wurzeln L5 und S1 bei einem Vorkommen von 1 % der Gesamtpopulation.

Der Duralsack endet meist in Höhe des 2. Sakralwirbels im Filum terminale externum, das am Os coccygis anhaftet. Conus medullaris, Filum terminale internum, Nervenwurzeln der Cauda equina, umgeben von Liquor, sowie Blutgefäße sind der intradurale Inhalt. Der Conus medullaris endet meist bei Th12-L1.

Die venöse Drainage des Lumbalbereiches erfolgt über ein dichtes Gefäßnetz. Basivertebrale Venen, die paarig, aber auch einzeln angelegt sein können, werden aus dem Zufluß venöser Kanäle aus dem Wirbelkörper gebildet. Die basivertebralen Venen erscheinen gelegentlich im CT als hypodense Kanäle, die leicht mit Frakturen oder Lysen verwechselt werden können. Teilweise bilden sie eine Y-förmige intravertebrale Gefäßstruktur. Abbildung 39 veranschaulicht dies schematisch.

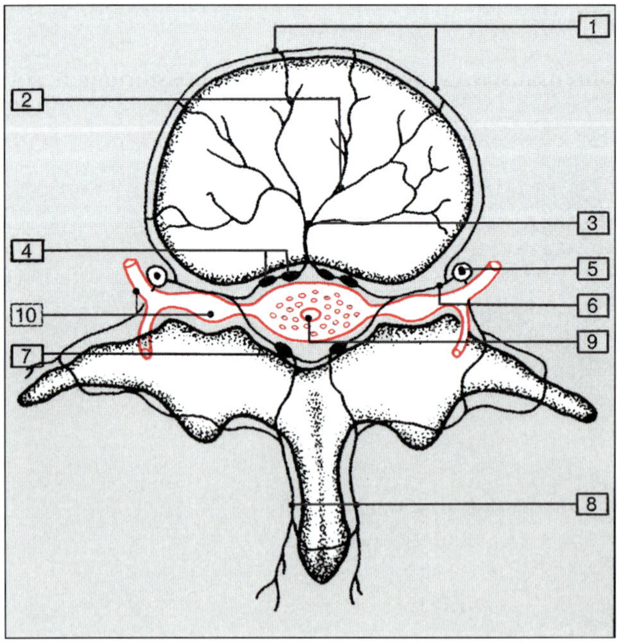

Abb. 39. Schematische Darstellung der inneren und äußeren Wirbelvenenplexus und ihrer Verbindungswege. 1: Plexus venosus anterior externus; 2: Plexus basivertebralis; 3: V. basivertebralis; 4: Vv. vertebrales anteriores internae; 5: V. lumbalis ascendens; 6: V. intervertebralis; 7: Plexus venosus posterior internus; 8: Plexus venosus posterior externus; 9: Duralsack mit Cauda equina und Filum terminale; 10: Spinalganglion und Spinalnerv.

Der anteriore externe venöse Plexus anastomosiert mit den Wirbelkörpern. Die anterioren internen vertebralen Venen laufen im knöchernen Spinalkanal hinter dem Wirbelkörper im epiduralen Fettgewebe von sakral nach zervikal. Diese Gefäße anastomosieren mit dem posterioren inneren venösen Plexus und von dort mit den aszendierenden lumbalen Venen via intervertebrale Venen. Der anteriore innere Venenplexus ist im Nativ-CT oft sichtbar, besonders dann, wenn viel epidurales Fettgewebe vorhanden ist.

16.4 Bandscheibenprolaps

Die Bandscheibenvorfälle stellen die häufigste Ursache überhaupt für eine Raumbeengung im Spinalkanal dar. Dabei führt das Mißverhältnis zwischen dem zur Verfügung stehenden Raum und dem Bandscheibenprolaps zu einer Läsion nervösen Gewebes mit konsekutiven Reizerscheinungen und/oder neurologischen Ausfällen. Der lumbale Bandscheibenprolaps kommt am häufigsten vor. In der Literatur findet sich die Angabe von 96 %. Daß diese Zahl zutrifft, muß bei den jetzigen diagnostischen Möglichkeiten bezweifelt werden; aus neurochirurgischem Blickwinkel dürften bis zu 10 % der weichen Bandscheibenvorfälle zervikal lokalisiert sein. Thorakale Bandscheibenvorfälle sind eine Seltenheit. Die Unterscheidung in weichen und harten Prolaps leitet über zu den degenerativen, chronisch osteophytären Knochen-Bandscheibenveränderungen (s. Abschnitt „Spinalkanalstenose, Osteoarthropathie", S. 246). Es gibt nicht selten Fälle, in denen das Hinzutreten eines weichen Prolapses die chronische Symptomatik seitens einer osteophytären Veränderung verstärkt. Die Bandscheibe setzt sich aus zwei Anteilen, dem Anulus fibrosus und dem inneren Gallertkern, dem Nucleus pulposus, zusammen. Der Faserring haftet fest am Periost der Wirbelkörperkanten und umgibt den Gallertkern ringartig. Die Bandscheibe ist den bradytrophen Geweben zuzurechnen. Eine Gefäßversorgung besteht lediglich im Kindesalter; später erfolgt der Stoffaustausch durch Diffusion. Dabei bewirken die verschieden starken Druckschwankungen, denen die Bandscheibe normalerweise unterliegt, ein Druckgefälle für die Aufnahme von Flüssigkeiten und niedermolekularen Stoffwechselsubstanzen. Im Liegen nimmt die Bandscheibe dabei die notwendigen Stoffe auf; im Stehen und Sitzen werden die Stoffwechselschlacken zusammen mit der Flüssigkeit wieder abgegeben. Bei einem Mißverhältnis von physiologischer Be- und Entlastung, bei unphysiologischen Bewegungen oder ständigen Mikrotraumen der Wirbelsäule resultieren Störungen des Stoffwechselaustausches und somit Verschleiß- und Aufbraucherscheinungen an der Bandscheibe.

Man unterscheidet folgende Stufen des Bandscheibenschadens:

- *Dérangement interne.* Hier bestehen Risse im Anulus fibrosus; der Gallertkern zeigt eine Gefügelockerung.
- *Bandscheibenprotrusion.* Der Anulus fibrosus gibt nunmehr bei zunehmender Materialermüdung samt gelockertem Nucleus pulposus nach und wölbt sich in den Spinalraum leicht vor. Dieser Zustand ist noch reversibel.
- *Bandscheibenprolaps.* Bei einer Kontinuitätsunterbrechung des Anulus fibrosus prolabiert das degenerativ veränderte Bandscheibengewebe bis zur äußersten Faserschicht oder bei Zerstörung derselben bis zum Lig. longitudinale posterius. Dieser Zustand ist irreversibel.
- *Freie Sequestrierung.* Reißt ein Teil des Bandscheibengewebes ab, so resultiert ein freier Sequester im Spinalkanal. Dabei besteht die Möglichkeit einer akuten Querschnittssymptomatik. Andererseits kann der Sequester auch ganz nach lateral in Richtung auf das Foramen rutschen (intraforaminaler Sequester).
- *Physiologische und pathologische Altersveränderungen.* Das Dérangement interne, die Bandscheibenprotrusion, aber auch altersphysiologische Veränderungen führen zu mehr oder weniger schweren degenerativen Veränderungen der Bandscheibe und sekundär auch an den benachbarten Knochenstrukturen. Die hochpolymerisierten Glukoproteide im Gallertkern werden bei ungenügender und behinderter Diffusion durch Kollagen ersetzt; anstelle des elastischen Gewebes findet sich vermehrt faseriges Bindegewebe. Die durch diese Veränderungen hervorgerufene Höhenverminderung des Zwischenwirbelraumes führt sekundär am benachbarten Knochen zu Spangenbildung, osteochondrotischen Randzacken und spondylotischen Schädigungen mit konsekutiver Einschränkung der physiologischen Beweglichkeit der Wirbelsäule. Diese degenerativen Veränderungen nehmen mit steigendem Alter an Häufigkeit zu; im Senium gibt es praktisch keine Wirbelsäule, die diese Läsionen vermissen läßt.

16.4.1 Erscheinungsformen des zervikalen und lumbalen Bandscheibenprolapses

Es gibt vier lokalisatorisch wichtige Formen:

- den lateralen Prolaps, der nur die Wurzel affiziert und Anlaß einer monoradikulären Symptomatik ist;
- den mediolateralen Prolaps, der sehr oft mehrere Wurzeln, darüber hinaus aber auch das Myelon oder die Kauda komprimieren kann;
- den intra- bzw. extraforaminalen Prolaps, der zumeist die höhergelegene Wurzel komprimiert und eine monoradikuläre Symptomatik hervorruft;
- den medialen Prolaps, der das Myelon oder die Kauda im Sinne eines akuten Querschnittssyndroms lädiert.

16.4.1.1 Zervikaler Prolaps

Gegenüber der lumbalen Wirbelsäule sind wichtige Unterschiede des zervikalen Bereiches hervorzuheben. Die HWS ist weniger mit Volumen umgeben und besitzt eine sehr viel größere Bewegungsmöglichkeit. Dies zeigt sich in der Fähigkeit, die HWS zu beugen, zu strecken, seitwärts zu neigen und zu rotieren, wobei die Dornfortsätze auffallenderweise nach der Gegenseite ausweichen. Diese Tatsachen erklären auch die zumeist ausgeprägteren und häufigeren, röntgenologisch faßbaren degenerativen Veränderungen der HWS gegenüber denen der BWS und LWS. Das Verhältnis zwischen Spinalwurzel und Neuroforamen ist im Bereich der HWS deutlich schlechter: Zusätzlich liegen die kleinen Zwischenwirbelgelenke am Processus uncinatus zum Neuroforamen sehr ungünstig, so daß Unkarthrosen sehr leicht den lateralen Rezessus, die Wurzel und das Foramen irritieren bzw. ausfüllen können. Das Myelon und der fast rechtwinklige Abgang der Spinalwurzeln beweisen zusätzlich den Unterschied zur LWS und erklären bei medialer Affektion die komplexe neurologische Symptomatik im Sinne eines Transversalsyndroms. Dieses kann auch durch Affektion der A. spinalis anterior entstehen. Schließlich verläuft die A. vertebralis von HWK 6 an im Foramen des Querfortsatzes. Chronische degenerative Veränderungen können durch Stenosierung eine vielgestaltige zerebrale Symptomatik mit Schwindel, Ohrensausen, synkopalen Bewußtseinsstörungen sowie Sehstörungen oder die Migraine cervicale hervorrufen. Entsprechend der größten Belastung finden sich in den Höhen C6/7 und C5/6 die häufigsten weichen Bandscheibenvorfälle, wobei die Etage C6/7 mit über der Hälfte aller Fälle die bevorzugte Lokalisation ist. Auch die osteophytären Protrusionen kommen am häufigsten bei C5/6 und C6/7 vor. Weiche Prolapse oberhalb von C5 sind eine Seltenheit. Degenerative Veränderungen mit radikulärer und/oder medullärer Symptomatik lassen sich höher als C5 dagegen eher antreffen. Auf die Wurzeln bezogen, bedeutet dies, daß die Wurzel C7 am häufigsten betroffen ist, gefolgt von den Wurzeln C6 und C8.

C5-Syndrom: Kennmuskel: M. deltoideus und M. biceps mit entsprechender motorischer Schwäche. Sensibilität am Oberarm und an der Schulter gestört, dort auch Schmerzen. BSR möglich herabgesetzt.

C6-Syndrom: Kennmuskel: M. biceps und M. brachioradialis. Schmerzen und Sensibilitätsstörungen am Arm radialwärts, im Daumen und 2. Finger. BSR fast immer gestört oder ausgefallen.

C7-Syndrom: Kennmuskel: M. triceps, M. pronator teres, M abductor pollicis brevis, M. opponens pollicis. Schwäche der Streckung im Ellenbogengelenk, der langen Fingerbeuger und des M. pectoralis major.

Schmerzen zwischen Ulna und Radius. Sensibilitätsstörung dementsprechend und im 2.–4. Finger. TSR häufig abgeschwächt oder ausgefallen.

C8-Syndrom: Kennmuskel: M. interossei. Schmerzen und Sensibilitätsstörung an der Ulnarkante und im 4. und 5. Finger. Trizepsparese und TSR-Störung seltener als bei C7.

CT-Befunde
Die Weite des Spinalkanals, der Recessus laterales und der Neuroforamina läßt sich sehr gut abbilden; die appositionelle Unkarthrose, knöcherne Randzacken und Sporne zeigen die für Knochen adäquate Dichte (s. Abschnitt „Spinalkanalstenose, Osteoarthropathie", S. 246). Der weiche Prolaps weist eine Dichte von 60–80 HE auf und läßt sich in Abhängigkeit von der Qualität des CT-Gerätes lateral sowie mediolateral im Nativ-CT in 50–60 % der Fälle darstellen (Tafel 109/1–6). Wenn CT-Ergebnis und neurologischer Befund korrespondieren, kann die Diagnostik als abgeschlossen angesehen werden. Die Frage, ob das CT oder MRT beim zervikalen Bandscheibenprolaps zu bevorzugen ist, muß beim derzeitigen technischen Standard zu Gunsten des CT beantwortet werden (siehe Tab. 11). Diese Feststellung ist differenziert zu sehen. In bezug auf die Operationsindikation (Zugangsweg: ventral-dorsal, Prolaps hart – weich – gemischt) überzeugt das CT eindeutig mehr. Das MRT hat seine Vorteile bei den intramedullären Veränderungen und beim medialen Bandscheibenvorfall. Das absolute Ausmaß der zervikalen Spinalkanalstenose läßt sich exakt nur im CT ermitteln. T2-Bilder im MRT täuschen wegen der Flußartefakte ein größeres Ausmaß einer Spinalkanalenge vor. Reicht die Nativ-CT-Diagnostik und die meist dann doch angeschlossene MRT nicht aus, muß eine computerassistierte Myelographie durchgeführt werden. Diese Untersuchung hat dann den Nachweis zu erbringen, ob die Wurzel bzw. der Duralschlauch im Sinne eines Bandscheibenprolapses eingedellt ist. Dabei ist dann die Frage zu beantworten, ob ein weicher Prolaps oder eine osteophytäre Vorwölbung (Tafeln 109 u. 110) die Wurzel irritiert. Dies ist für das operative Vorgehen von Wichtigkeit: Ein weicher lateraler Prolaps sollte von hinten, ein weicher medialer sowie ein harter von vorn operiert werden. Das Myelo-CT erbringt mehr Information als die konventionelle Myelographie und die KST.

16.4.1.2 Thorakaler Prolaps

Der thorakale Bandscheibenprolaps ist selten. Durch die Einführung der MRT wird er neuerdings häufiger als früher gesehen. Die Häufigkeit wird im Vergleich zu lumbal mit 1 : 1000 vermutet; eine Zahl, die deshalb relativiert werden muß, weil die Aussage je nach der Fachrichtung (Neurochirurgie, Orthopädie, Neurologie) variieren wird. Da die Operationsindikation mit Bezug auf die Beschwerden des Patienten, die neurologische Symptomatik und die unsicheren, häufig klinisch stummen oder gar inzidentellen MRT-Befunde schwierig zu stellen ist, werden nicht selten noch ein CT- und Myelo-CT angefertigt. Das CT zeigt recht häufig über das MRT hinaus Verkalkungen, das Myelo-CT vermag zusätzliche Aussagen über das Ausmaß der lateralen Raumforderung zu erbringen. Als Primärdiagnostik ist das CT beim thorakalen Bandscheibenprolaps nicht geeignet.

16.4.1.3 Lumbaler Prolaps

Die lumbale Wirbelsäule umfaßt normalerweise 5 Wirbelkörper; selten finden sich 6 rippenlose Lendenwirbelkörper bei Lumbalisation des ersten Sakralsegmentes oder 4 LWK bei Sakralisation des 5. Lendenwirbels. 95 % der lumbalen Bandscheibenschädigungen sind bei L4/5 und L5/S1 lokalisiert. Der Zwischenwirbelraum L3/4 ist in 2–3 % der Fälle betroffen. Nach der topographischen Anatomie wird man daher vor allem neurologische Reizerscheinungen oder Ausfälle im Bereich der Wurzeln L4, L5 und S1 erwarten. Die Wurzeln L5 und/oder S1 sind in ca. 75 % der Fälle am pathologischen Geschehen beteiligt.

- *L4-Syndrom.* Kennmuskel: M. quadriceps. PSR-Störung, Schmerzen und Sensibilitätsstörung im L4-Band über das Knie bis zum Innenknöchel.
- *L5-Syndrom.* Kennmuskel: M. tibialis anterior und M. peronaei. Schmerzen und Sensibilitätsstörung im L5-Band zur Großzehe.
- *S1-Syndrom.* Kennmuskel: M. triceps surae. ASR-Störung, Schmerzen und Sensibilitätsstörung im S1-Band zur Wade und in die Kleinzehe.

Der lumbale Bandscheibenprolaps ist eine Erkrankung des mittleren Lebensalters: Bis zu 70 % entfallen auf den Zeitraum vom 31. bis zum 50. Lebensjahr. Bei zunehmender Lebenserwartung sollte allerdings nicht übersehen werden, daß der Anteil älterer Menschen jenseits des 60. Lebensjahres auf bis zu 10 % veranschlagt werden muß. Davon gehören etwa 4,5 % dem geriatrischen Bereich im engeren Sinne, d. h. dem Lebenszeitraum nach dem 65. Lebensjahr an.

CT-Befunde
Ein Bandscheibenprolaps liegt bei folgenden Zeichen vor:

- Konvexbogige Vorwölbung der normalerweise konkav konfigurierten Bandscheibenrückfläche nach dorsal (Tafel 112/3, 4). Ganz geringgradige Vorwölbungen könnten am ehesten auch für eine Protrusion sprechen. Die Dichtewerte des Bandscheibenvorfalls liegen bei 60–80 HE.
- Fehlende Abgrenzbarkeit zwischen dorsaler Bandscheibenfläche und dem Duralsack durch Kompression des epiduralen Fettes (Tafel 112/5, Tafel 113/6).
- Lateraler Vorfall: Asymmetrische Verlagerung der Bandscheibe nach dorsolateral mit Kompression einer Nervenwurzel, die auf der anderen Seite noch abgegrenzt werden kann (Tafel 112/1, 7).

Tafel 109. Zervikaler Bandscheibenprolaps, Nativdiagnostik

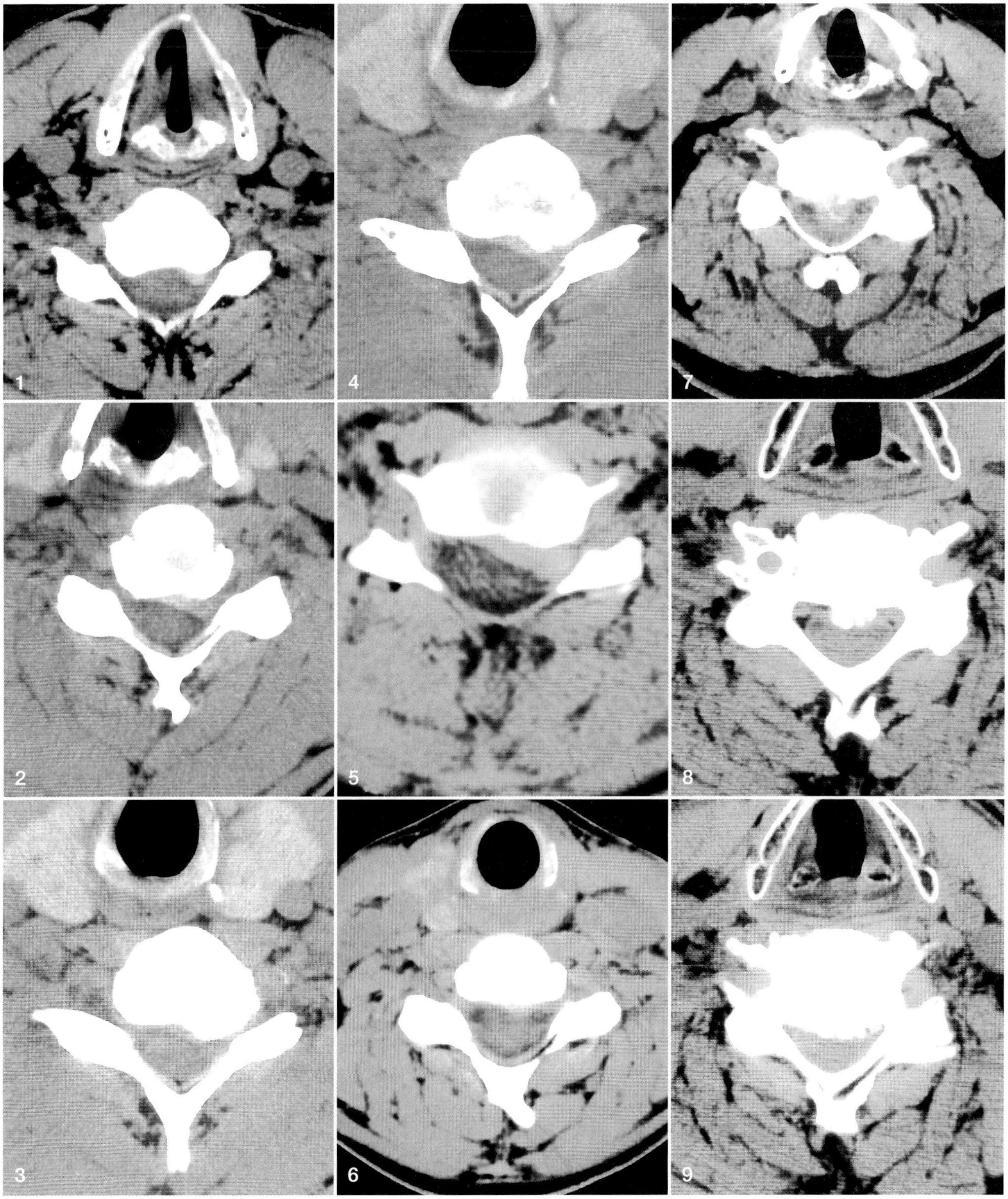

1 Kleiner lateraler weicher Bandscheibenvorfall C5/C6 links.
2 Großer lateraler Bandscheibenprolaps C5/C6 links.
3 Knöcherner lateraler Bandscheibenprolaps C6/C7 links.

4 Gemischter knöcherner und weicher Bandscheibenprolaps C6/C7 links.
5 Großer medialer zumeist weicher Bandscheibenprolaps C6/C7.
6 Kleiner medialer, weicher Bandscheibenprolaps C5/C6.

7 Medialer knöcherner Osteophyt/ Bandscheibenprolaps C6/C7.
8 Hypertrophisiertes ossifiziertes Längsband C6/C7.
9 Ausgeprägte Spinalkanalstenose C5/C6.

Tafel 110. Zervikaler Bandscheibenprolaps und Spinalkanalstenose, Myelo-CT, „Japanische Krankheit“

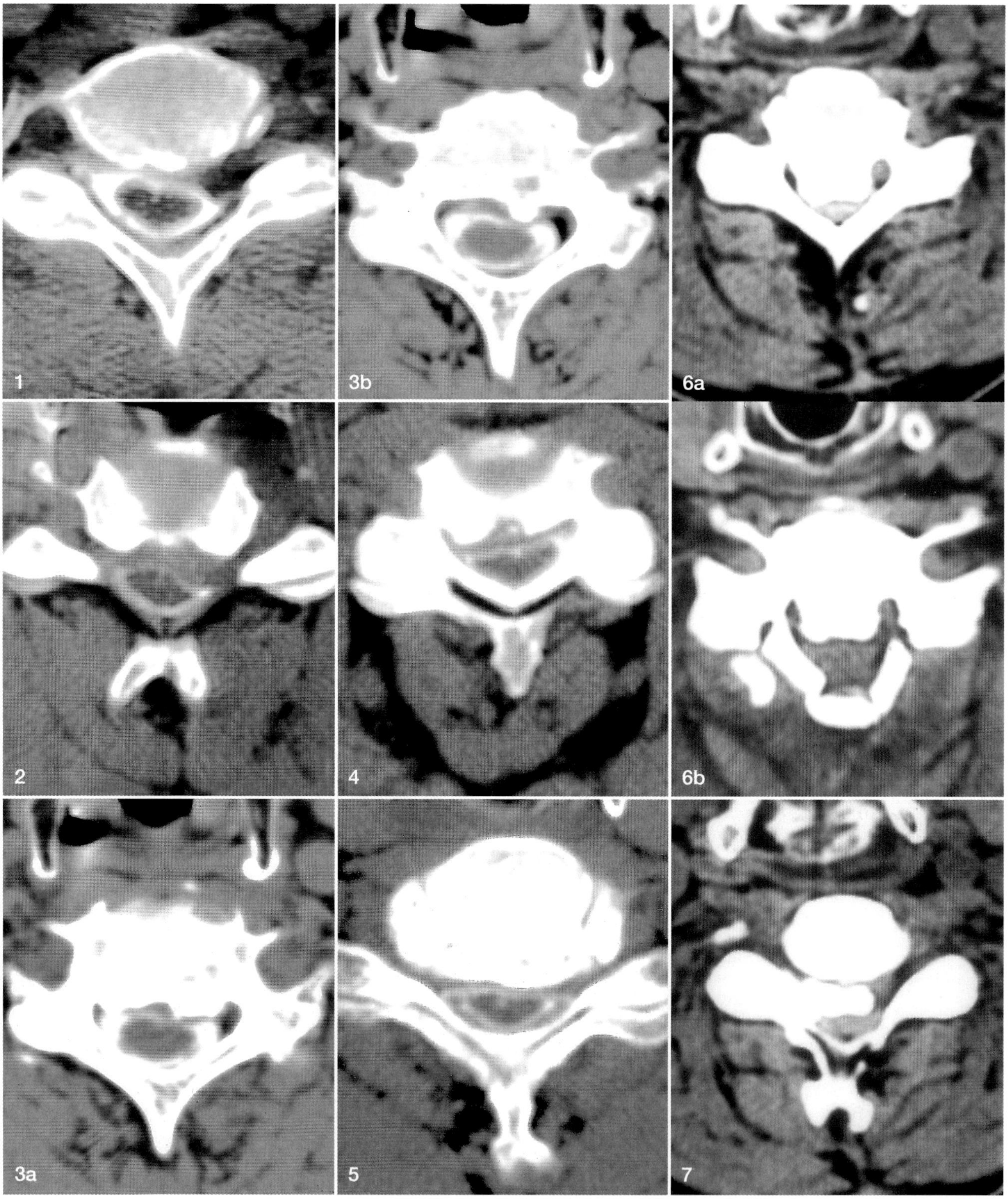

1 Weicher lateraler Bandscheibenprolaps C6/7 links im Myelo-CT.
2 Weicher mediolateraler Bandscheibenprolaps C4/5 links betont im Myelo-CT.
3a, b Harter mediolateraler Bandscheibenprolaps C5/6 links im Myelo-CT.

4 Gemischt weicher, harter medialer Bandscheibenprolaps C3/4 im Myelo-CT.
5 Spinalkanalstenose bei C6/7, im Myelo-CT.

6a, b Progrediente Ossifizierung des hinteren Längsbandes („Japanische Krankheit“); präoperativ (a), postoperativ nach Laminoplastik (b).
7 Progrediente Ossifizierung des hinteren Längsbandes („Japanische Krankheit).

Tafel 111. Thorakale degenerative Erkrankungen

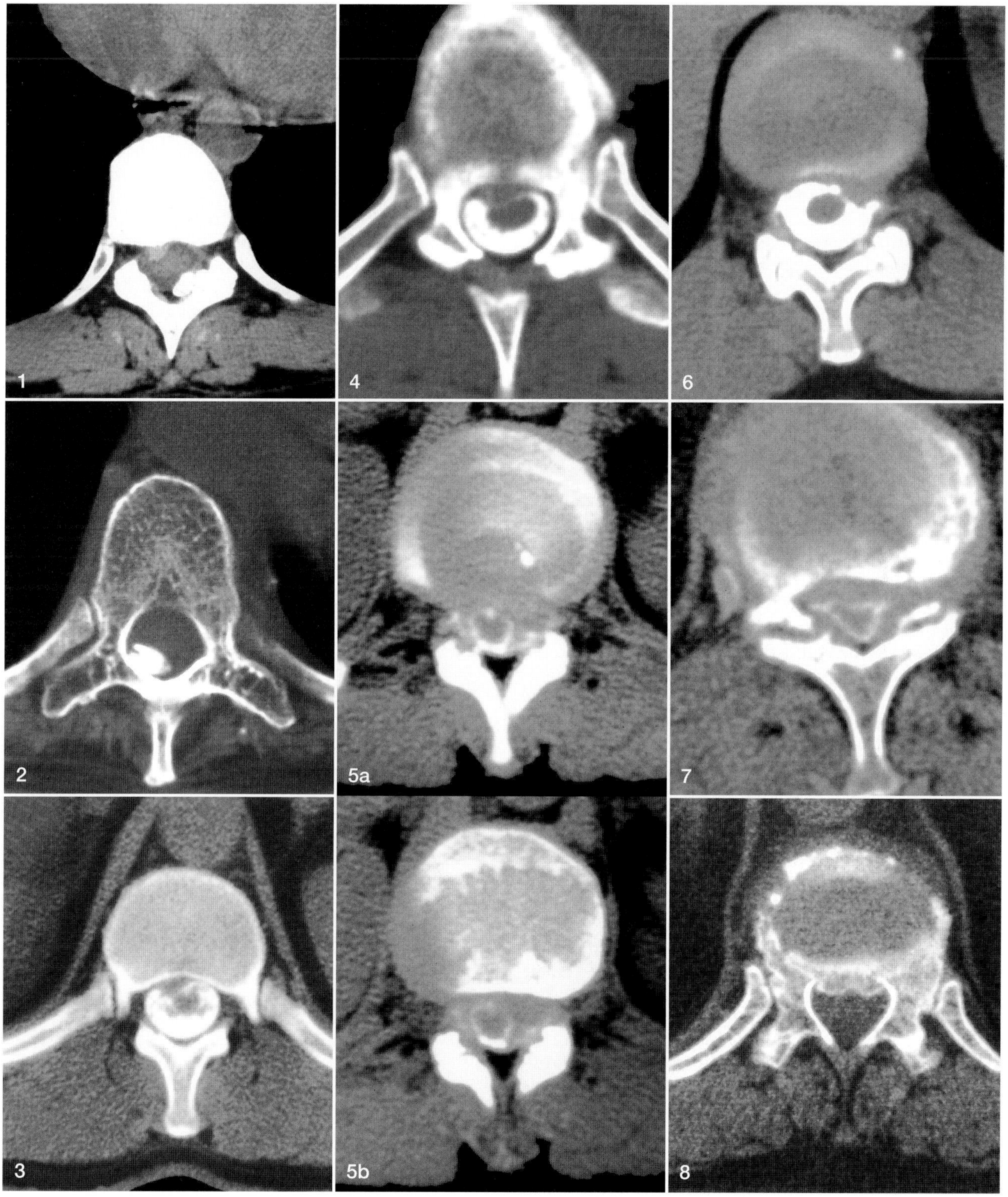

1 Weicher lateraler thorakaler Bandscheibenvorfall bei Th9 rechts, Gelenkhypertrophie auf der linken Seite.
2 Raumfordernde Gelenkhypertrophie bei Th9 rechts.
3 Rechtsbetonter medialer Bandscheibenprolaps bei Th10/11 im Myelo-CT.

4 Rechtsbetonter medialer Bandscheibenprolaps bei Th6/7 im Myelo-CT.
5a, b Sequestrierter mediolateraler Bandscheibenprolaps Th12/L1 links im Myelo-CT.

6 Lateraler, teilweise intraforaminaler Bandscheibenprolaps Th11/12 links im Myelo-CT.
7 Thorakale Spinalkanalstenose bei Th11/12 im Myelo-CT.
8 Mediale knöcherne Vorwölbung in den Spinalkanal bei Osteoporose und Spontanfraktur von Th11.

- Medialer oder mediolateraler Bandscheibenvorfall: „Nasen-“ bzw. „zungenförmige“ mediale oder mediolaterale Vorwölbung von dichterem fibrösem Bandscheibengewebe in den Periduralraum, möglicherweise mit Kompression des Duralsackes und einer Nervenwurzel (Tafel 112/7). Diese Bilder könnten am ehesten für einen freien Sequester sprechen (Tafel 126/1).
- Intraforaminaler bzw. extraspinaler, extraforaminaler Prolaps oder Sequester: Völlige Verlegung des Neuroforamens, wobei hyperdenses Gewebe sogar extraspinal liegen kann (Tafel 112/6–9).

Weitere CT-Besonderheiten

- Manche Bandscheibenvorfälle (6–10 %) zeigen Verkalkungen (Tafel 126/5b).
- Im Intervertebralraum lassen sich mitunter Gasansammlungen finden (sogenanntes Vakuumphänomen) (Tafel 113/4). Der gelöste Stickstoff kann dabei im unter Druck stehenden und degenerativen Bandscheibengewebe aufgenommen werden und verbleibt dort offenbar längere Zeit. Gas kann gelegentlich in den Intervertebralgelenken (Tafel 114/5), sehr selten auch im Epiduralraum (Tafel 113/5) und im Bandscheibenprolaps selbst nachweisbar sein. Intraspinal gelegenes Gas beweist keinen freien Bandscheibensequester, ist aber diesbezüglich sehr verdächtig.
- Artefakte können die Bandscheibendiagnostik im CT erheblich behindern. Ölige Kontrastmittelreste (Tafel 114/6) und vor allem in den Zwischenwirbelraum eingebrachter und zum Teil in den Spinalkanal gerutschter Tantalpuder (Tafel 114/6) können die primäre bzw. sekundäre Diagnostik des Bandscheibenprolapses bzw. des Rezidivs erheblich behindern bzw. unmöglich machen.
- Die Spondylolisthesis (Tafel 113/1) vermag in Unkenntnis oder bei Nichtbeachten des Röntgenleerbildes bzw. des Scanogramms einen medialen Massenbandscheibenprolaps vorzutäuschen, der durch die Stufenbildung simuliert wird.
- Zwillingswurzeln (Tafel 126/11) können einen Bandscheibenprolaps vortäuschen, sogar einen freien Sequester.
- Ein lumbaler Bandscheibenprolaps kann im Rahmen eines engen Spinalkanals zusätzlich auftreten und die akute neurologische Symptomatik hervorrufen (s. Abschnitt „Spinalkanalstenose, Osteoarthropathie“, S. 246).
- Differentialdiagnostisch müssen Abszeß (Tafel 126/13), Angiom, Wurzelzyste, Tumor (Tafel 126/14, 15, 18) und eine alte epidurale Blutung in Betracht gezogen werden. Sie können einen lateralen Bandscheibenprolaps imitieren; in vielen Fällen vermag die Operation erst die richtige Diagnose zu stellen.
- Extraforaminale Sequester können mit dem Spinalganglion verwechselt werden.
- Genau wie beim zervikalen Prolaps stellt sich die Frage nach der diagnostischen Wertigkeit: CT vs. KST. Im Gegensatz zur HWS muß die Aussagekraft von CT und KST etwa gleich eingeschätzt werden, wobei Unterschiede gemacht werden müssen. Den üblichen lateralen, mediolateralen und intra/extraforaminalen lumbalen Bandscheibenprolaps kann man im großen und ganzen mit beiden Methoden gleichermaßen nachweisen. Der mediale Bandscheibenmassenprolaps und der seltene intradurale Sequester lassen sich im MRT eindeutig besser abbilden, wohingegen Probleme mit der knöchernen Enge (global, lateraler Rezessus, zusätzliche Verkalkungen, hypertrophe Wirbelgelenke) besser durch das CT abgeklärt werden.
- Man kann davon ausgehen, daß bei der Erstoperation eines lumbalen Bandscheibenvorfalles in 90 % der Fälle die diagnostische Abklärung ohne Myelographie erfolgt. Bei den restlichen 10 % dürfte das Myelo-CT eine höhere Wertigkeit haben als das MRT, vor allem dann, wenn nicht ganz stringente neurologische Symptome vorliegen.
- Die Diagnostik beim Bandscheibenprolapsrezidiv bzw. der Narbe ist mit der KST und Kontrastmittelgabe effizienter als mittels CT und Kontrastmittelgabe. Das alltägliche Problem konnte auch durch MRT nicht gelöst werden, ein Vorteil gegenüber dem CT besteht dennoch.

Hinsichtlich der Differentialdiagnose wird auch auf das Kapitel 16.11 verwiesen.

Tafel 112. Lumbaler Bandscheibenprolaps I

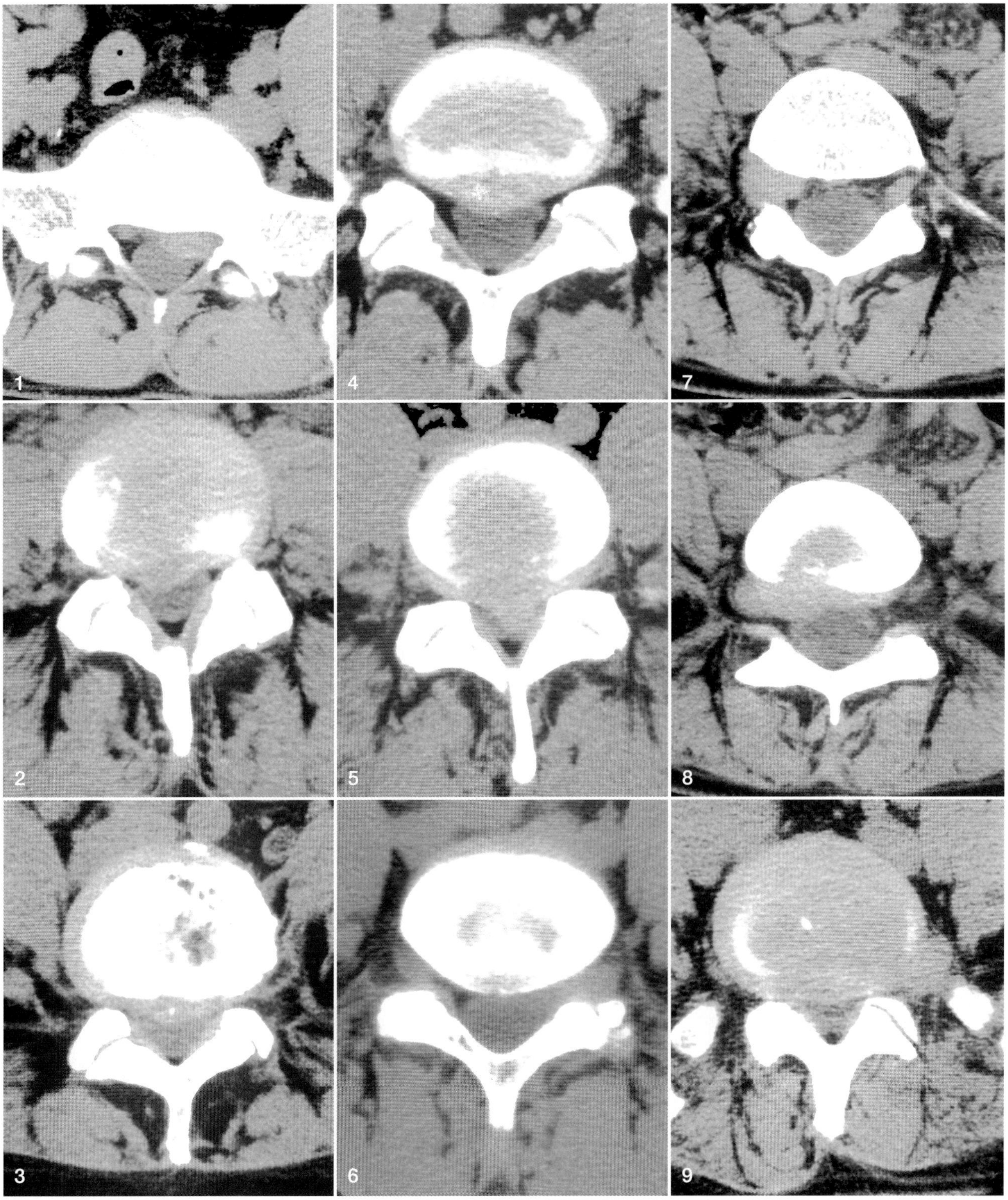

1 Bandscheibenvorfall L5/S1 lateral links, freie Sequester.
2 Bandscheibenprolaps L4/5 mediolateral rechts.
3 Medialer Bandscheibenvorfall L4/5 mit kleiner Verkalkung.

4 Medialer Bandscheibenprolaps L5/S1.
5 Medialer Massenprolaps L4/5.
6 Intraforaminaler Bandscheibenvorfall L4/5 links.

7 Geringgradig nach spinal hineinreichender intraforaminaler Bandscheibenvorfall L4/5 rechts.
8 Extraforaminaler Bandscheibenvorfall L4/5 rechts.
9 Extraforaminaler Bandscheibenvorfall L5/S1 links.

Tafel 113. Lumbaler Bandscheibenprolaps II

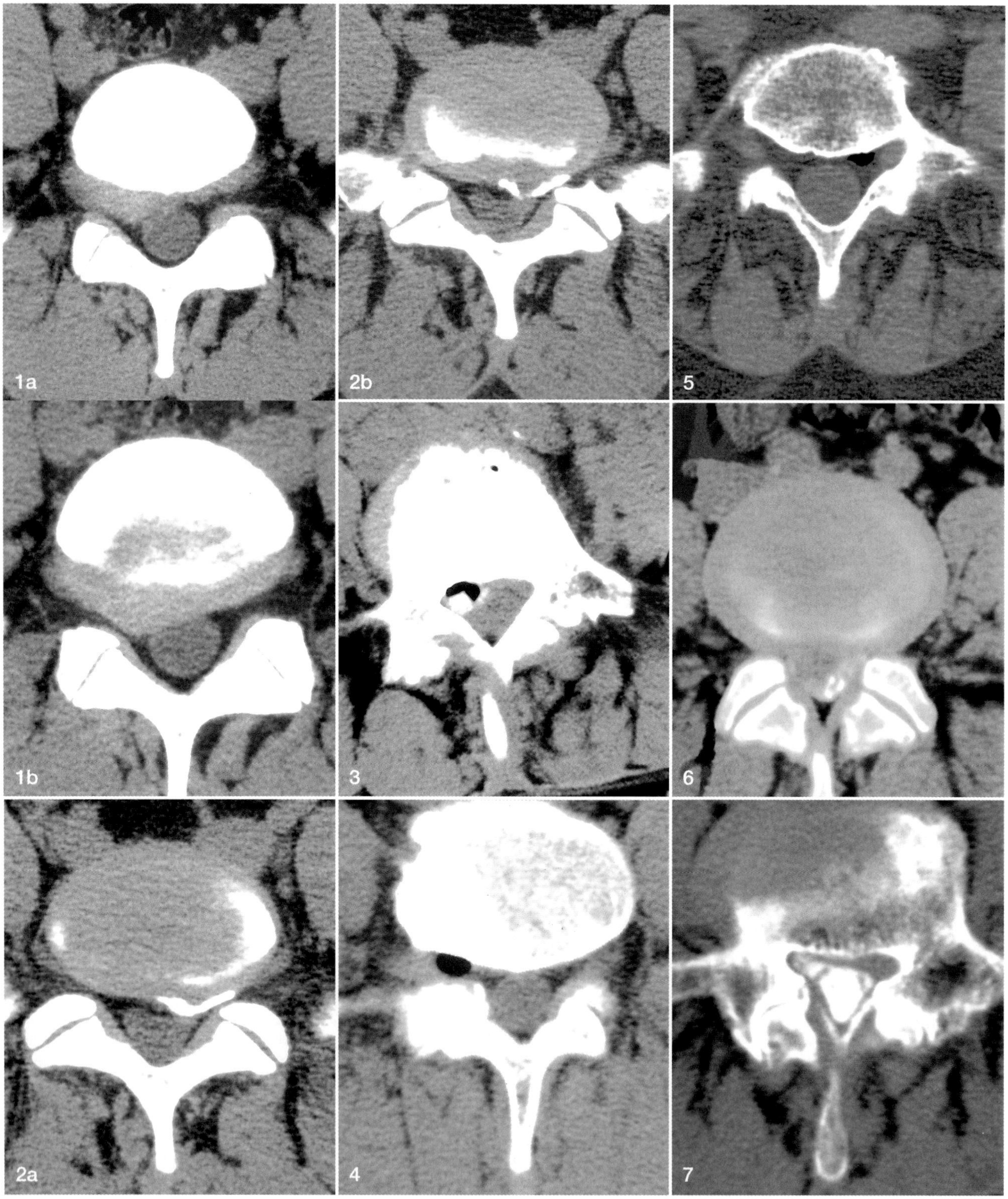

1a, b Intra-/extraforaminaler Bandscheibenvorfall bei gleichzeitig vorliegender Spondylolisthesis L4/5 rechts.

2a, b Lateraler Bandscheibenvorfall, teilweise verkalkt L5/S1 links.

3 Verkalkter Bandscheibenprolaps mit intraspinalem Vakuumphänomen L4/5 rechts.

4 Intraforaminaler Bandscheibenvorfall mit Vakuumphänomen L4/5 rechts.

5 Intraspinale Luft (Vakuumphänomen) im linken Recessus bei L4/5, kein Bandscheibenvorfall!

6 Myelo-CT eines rechtsbetonten Massenprolapses bei L4/5.

7 Myelo-CT eines lateralen Bandscheibenvorfalles bei L4/5 links bei Hypertrophie der kleinen Wirbelgelenke.

Tafel 114. Lumbaler Bandscheibenprolaps – Besonderheiten

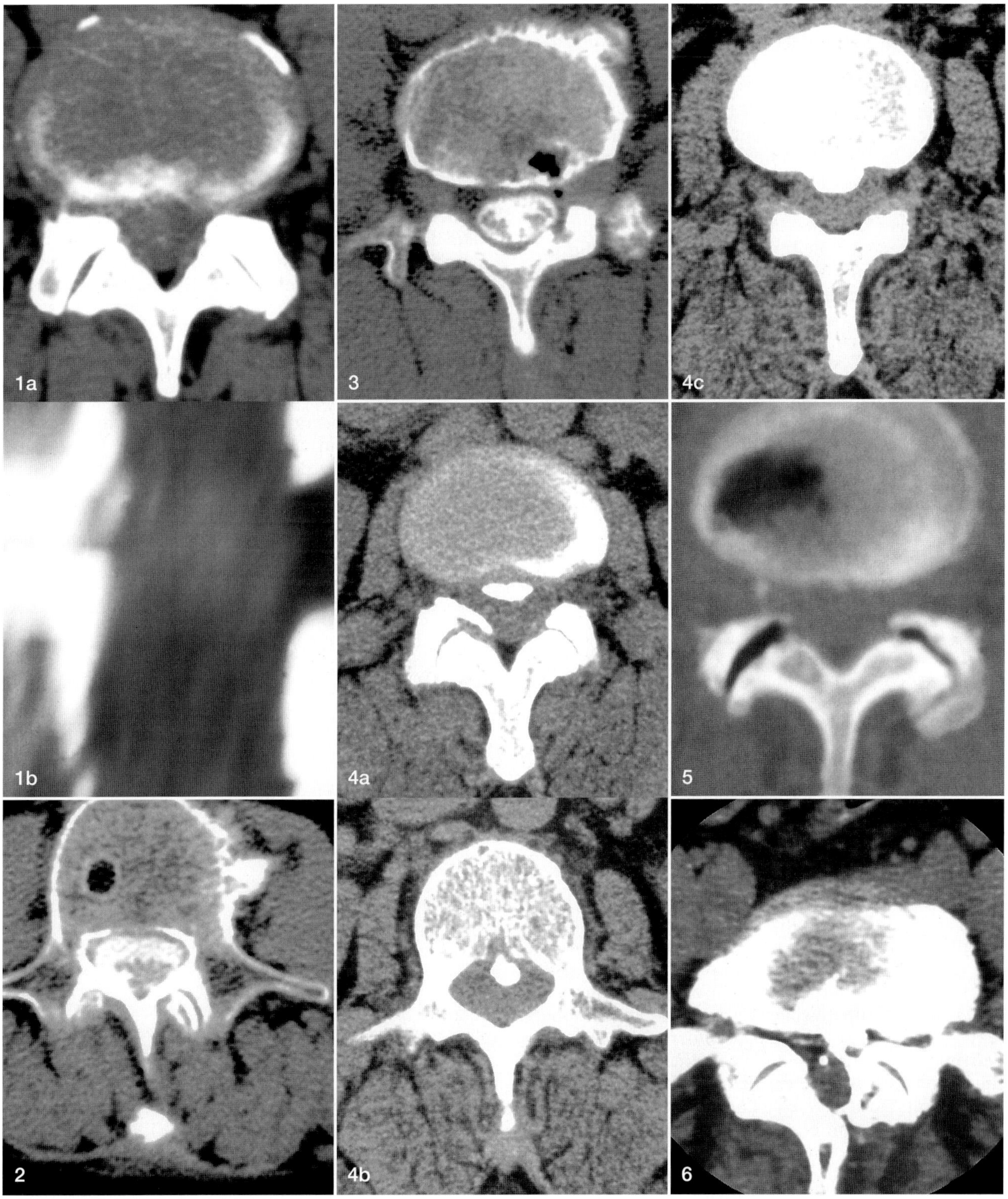

1a, b Intraduraler Bandscheibenprolaps bei L4/5 mit Rekonstruktion (b).

2 Intraspongiöser Bandscheibenprolaps bei L2/3.

3 Intraspongiöser Bandscheibenvorfall mit Gasinhalt. Zusätzlich intraforaminaler Bandscheibenvorfall L4/5 links mit Lufteinschluß in den Spinalkanal. Myelo-CT.

4a–c Raumfordernde Verkalkung des hinteren Längsbandes von L1-L3. „Japanische Krankheit".

5 Gasansammlung von Stickstoff im Intervertebralgelenk bei Arthrose L4/5.

6 Intraoperativ zurückgelassenes Tantalpuder im Zwischenwirbelraum und epidural. Zusätzlich kleiner Rest von öligem Kontrastmittel.

16.5 Spinalkanalstenose, Osteoarthropathie

Die Spinalkanalstenose liegt definitionsgemäß dann vor, wenn ein räumliches Mißverhältnis zwischen dem knöchernen und ligamentären Spinalkanal sowie den darin liegenden nervalen Strukturen besteht. Die Spinalkanalstenose kann den zentralen Teil des Spinalkanals und/oder den peripheren Anteil des Spinalkanals (Recessus lateralis, Neuroforamen) betreffen. Selten sind die im dorsalen Anteil des Spinalkanals gelegenen Strukturen einengend verändert: Es handelt sich dann um die sogenannte Fornixstenose. Bei einem a.-p. Durchmesser von 10–12 mm wird von einer relativen, bei weniger als 10 mm von einer absoluten Spinalkanalstenose gesprochen. Der spalt- bzw. kanalartige Recessus lateralis kann bis fast zur völligen Verlegung obturieren.

Tab. 12. Wichtige Meßdaten für lumbale Spinalstenosen

Sagittaldurchmesser	
relativ eng	10–12 mm
absolut eng	< 10 mm
Interpedikularabstand	
pathologisch	< 15 mm
Fläche des Spinalkanals	
pathologisch	< 1,45 cm^2
Lateraler Recessus	
Stenose ausgeschlossen	5 mm
Stenose wahrscheinlich	3 mm
Stenose sicher	≤ 2 mm
Ligamentum flavum	
pathologisch	≥ 5 mm

Die Entstehung der Spinalkanalstenose ist vielfältig. Es gibt angeborene Formen, z. B. bei Achondroplasie. Die erworbenen Stenosen können am häufigsten auf degenerative Veränderungen zurückgeführt werden. Osteoarthropathische Prozesse mit appositionellem Knochenanbau, Gelenkveränderungen und Hypertrophie der Ligamenta können eine Verengung des Spinalkanals verursachen. Dies gilt auch für die Spondylolisthesis. Nach Laminektomie oder bei Morbus Paget kann eine Stenose ebenfalls beobachtet werden. Im zervikalen Bereich (Tafeln 109/9; 110/5) ist die Spinalkanalstenose klinisch häufig Ursache für die sogenannte zervikale Myelopathie, die sich neurologisch mit hochgradigen Querschnittsbildern dokumentieren kann. Pathologische Veränderungen oberhalb von C5 führen zu tetraparetischen Krankheitsformen. Laterale Spinalkanalstenosen führen zu radikulären Störungen, die Übergänge zum harten Bandscheibenprolaps sind fließend (siehe zervikaler Prolaps, Tafeln 109/4; 110/4). Im lumbalen Bereich (Tafeln 115 u. 116) werden die Veränderungen am häufigsten bei L3/4 und L4/5, selten bei L5/S1 beobachtet. Klinisch resultiert häufig das Krankheitsbild der Claudicatio intermittens spinalis. Ältere Menschen vom 6. Lebensjahrzehnt an sind am häufigsten betroffen. Kombinationen mit einem zusätzlichen Bandscheibenprolaps (Tafel 116/1) kommen vor. Das CT-Bild zeigt den engen Spinalkanal und die oft bis zum Grotesken sich steigernden Knochen- und Gelenkveränderungen. Bei extremen Veränderungen gibt es an der Diagnose keinen Zweifel. Die Tabelle 9 faßt die wichtigsten Meßdaten für die lumbale Spinalkanalstenose zusammen, so daß in den Grenzfällen eine bessere Einschätzung ermöglicht wird.

Eine exakte, zahlenorientierte Erfassung ist mit der MRT nicht möglich. Die T2-Bilder vergröbern das Ausmaß der Stenose nicht unerheblich – wie zervikal.

Aus neurochirurgischer Sicht muß nicht selten eine normale und computerassistierte Myelographie angeschlossen werden, um die Operationsindikation stellen und das Ausmaß der erweiterten interlaminären Fensterungen oder der Laminektomie besser abstecken zu können, zumal wenn die Symptomatik nicht absolut beweisend ist – eine häufige Tatsache im neurochirurgischen Alltag. Nur bei exakter Diagnose sind die operativen Ergebnisse überzeugend gut.

Tafel 115. Lumbale Spinalkanalstenose, nativ

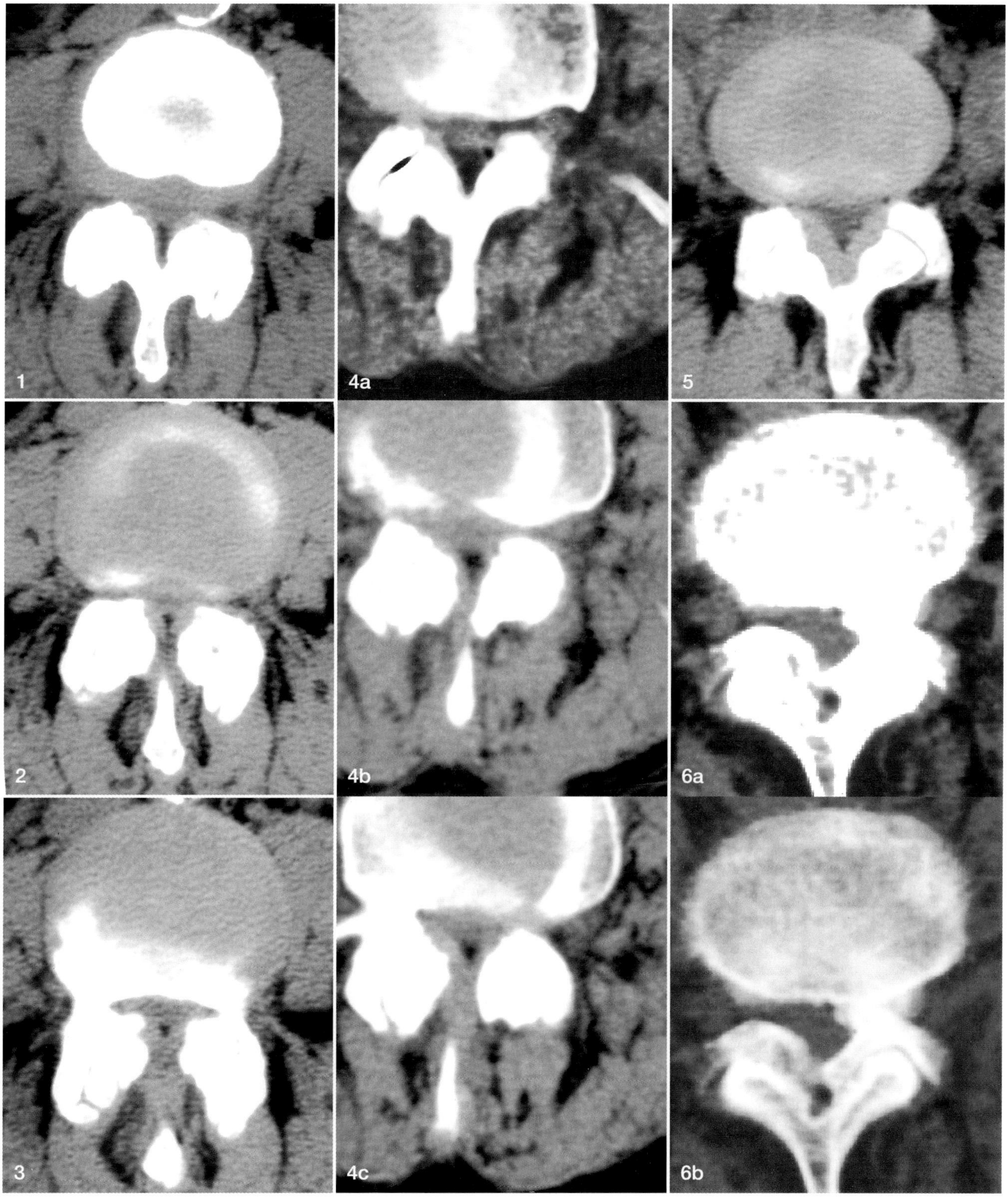

1 Spinalkanalstenose L4/5.
2 Spinalkanalstenose L4/5 mit Spondylolisthesis.
3 Spinalkanalstenose L3/4 bei erheblicher Hypertrophie der kleinen Wirbelgelenke.

4a–c Spinalkanalstenose L3/4 mit Drehskoliose nach links. Zusätzlich Gas im Wirbelgelenkspalt rechts (a).

5 Spinalkanalstenose L4/5, ausschließlich durch Hypertrophie der Ligamenta flava.
6a, b Spinalkanalstenose L4/5 mit zusätzlicher Recessusstenose links (a), Knochenfenster (b).

Tafel 116. Lumbale Spinalkanalstenose, Myelo-CT

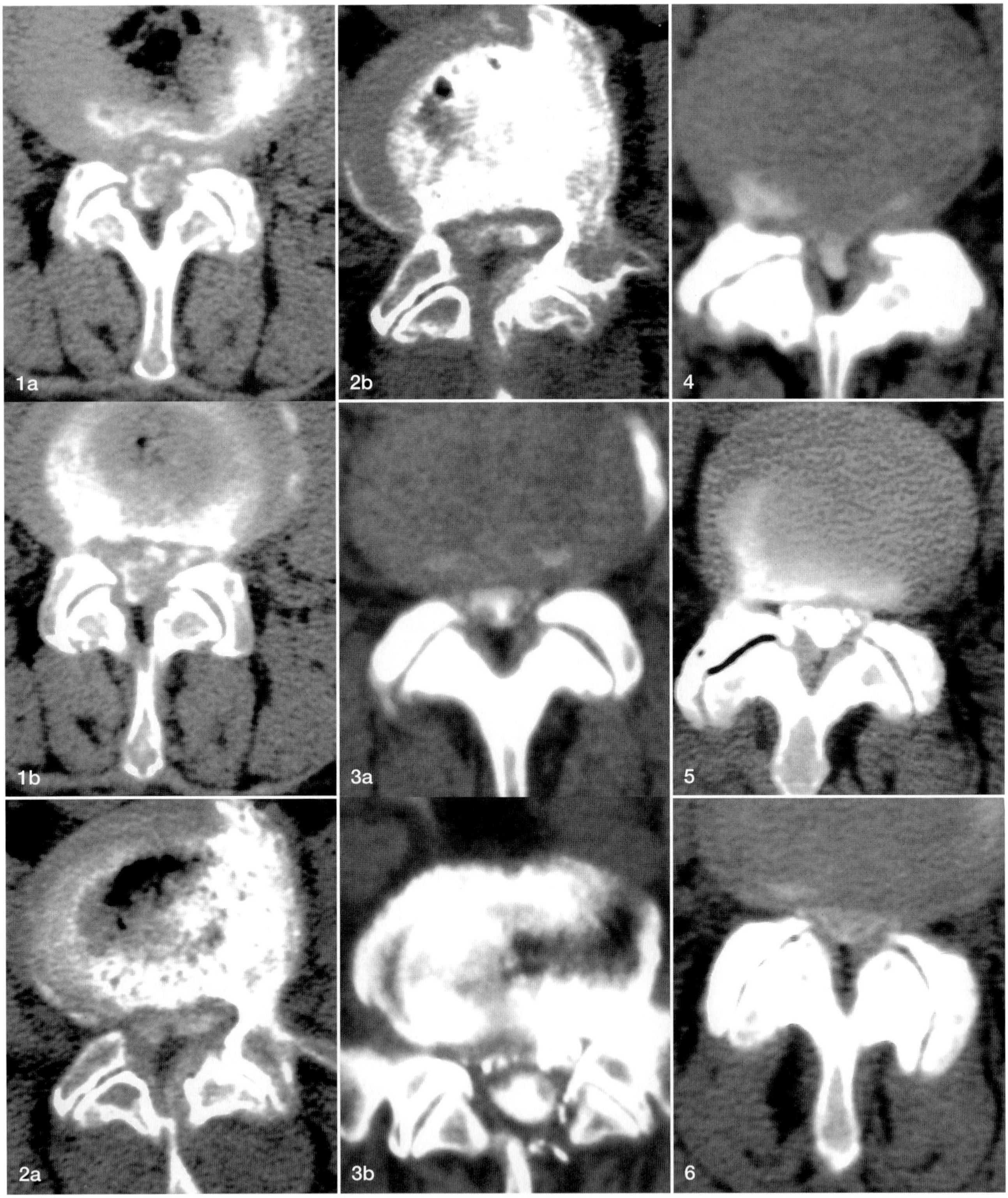

1a, b Spinalkanalstenose L3/4 mit zusätzlichem Bandscheibenvorfall rechts.
2a, b Spinalkanalstenose L3/4.

3a, b Spinalkanalstenose bei L4/5 zirkulär und bei L5/S1 bei Z. n. linksseitiger Operation.

4 Spinalkanalstenose bei L4/5 konzentrisch mit Hypertrophie des Ligamentum flavum.
5 Mittelgradige lumbale Spinalkanalstenose L4/5 im Myelo-CT.
6 Hochgradige lumbale Spinalkanalstenose L3/4 im Myelo-CT.

16.6 Spinale Tumoren

Die verschiedenen spinalen Tumoren sind in Tabelle 13 dargestellt.

Die gliomatösen Tumoren liegen intramedullär oder im Bereich des Filum terminale. Die nichtgliomatösen Tumoren befinden sich intraspinal, sind aber intra- und/oder extradural lokalisiert. Neurinome können im Sinne eines Sanduhrtumors sowohl intra- als auch extradural wachsen, gelegentlich sogar nur extraspinal paravertebral liegen. Metastatische Tumoren können zu einer neurologischen Symptomatik führen, wenn entsprechende nervöse Strukturen intradural oder intraforaminal tangiert werden. Das Verhältnis von spinalen zu zerebralen Tumoren beträgt 1 : 6. Die häufigsten Tumoren stellen die Metastasen dar, gefolgt von Neurinomen, Meningeomen und Gliomen. Bezüglich des Sitzes sind die Thorakalsegmente in fast 50 % gegenüber der Lumbosakralregion bzw. den Zervikalsegmenten bevorzugt.

Nachfolgend werden die wichtigsten spinalen Tumoren besprochen (Tab. 13).

Tab. 13. Spinale Tumoren

Gliomatöse Tumoren	Nichtgliomatöse Tumoren
• Astrozytom (zumeist pilozytisch)	• Neurinom
• Oligodendrogliom	• Meningeom,
• Ependymom	• Angiom
• Glioblastom	• Mißbildungstumoren
• Gangliozytom	• Sarkom
	• Chordom, Chondrom
	• Chondrosarkom
	• Lipom
	• Aneurysmatische Knochenzyste
Metastatische Tumoren (inkl. Plasmozytom, malignes Lymphom)	

16.6.1 Neurinom

Es kommt am häufigsten zwischen dem 25. und 40. Lebensjahr vor und findet sich im gesamten Spinalkanal. Im CT kein auffallendes Dichteverhalten im Nativscan, bis auf die manchmal nachweisbare erhebliche Erweiterung des knöchernen Spinalkanals. Das extraspinale Wachstum ist typisch und weitgehend, aber nicht immer beweisend für ein Neurinom. Nach i. v. Gabe von Kontrastmittel findet sich in der Regel starkes Enhancement.

16.6.2 Meningeom

Es kommt am häufigsten im thorakalen Bereich vor, lumbal nur als Rarität. Der Altersgipfel liegt um und jenseits des 50. Lebensjahres. Das weibliche Geschlecht ist häufiger betroffen, ganz besonders hinsichtlich des thorakalen Sitzes. Da die spinalen Meningeome sehr häufig verkalkt sind, lassen sich diese im Nativscan als hyperdense, kalkdichte Raumforderung abbilden. Nach i. v. Gabe von Kontrastmittel findet sich ein positives Enhancement in den nichtverkalkten Bezirken (Tafel 117/1).

16.6.3 Ependymom

Es stellt den häufigsten intramedullären Tumor dar. Es ist im thorakolumbalen Bereich und dabei besonders als Tumor des Filum terminale am Kauda-Konus-Bereich zu finden. Im Gegensatz zu den vorgenannten Tumoren reicht das Ependymom über mehrere Segmente. Der Tumor weist neben soliden, kontrastmittelaufnehmenden Bezirken auch Zysten auf. Nativ läßt sich der Tumor im allgemeinen schlecht erkennen.

16.6.4 Pilozytisches Astrozytom

Dieser Tumor kommt am häufigsten im Zervikalbereich vor. Ein Auftreten im Thorakalbereich und sogar im Kauda-Konus-Bereich ist bekannt. Die bisher mitgeteilten Fälle zeigten im CT zystische, verkalkte und solide kontrastmittelaufnehmende Anteile. In einer eigenen Beobachtung war der Tumor total hypodens.

16.6.5 Mißbildungstumoren

Sie sind am häufigsten im lumbosakralen Bereich lokalisiert und nicht selten im Rahmen der Spina bifida zu finden (Tafel 119/6). Entsprechend den verschiedenen Strukturen, die in diesen Geschwülsten vorkommen (Verkalkungen, Zysten, Fett = Lipom) ergibt sich ein buntes, gemischtes Dichteverhalten. Nach Kontrastmittelgabe können sich Anteile des Tumors anfärben.

Tafel 117. Spinale Tumoren

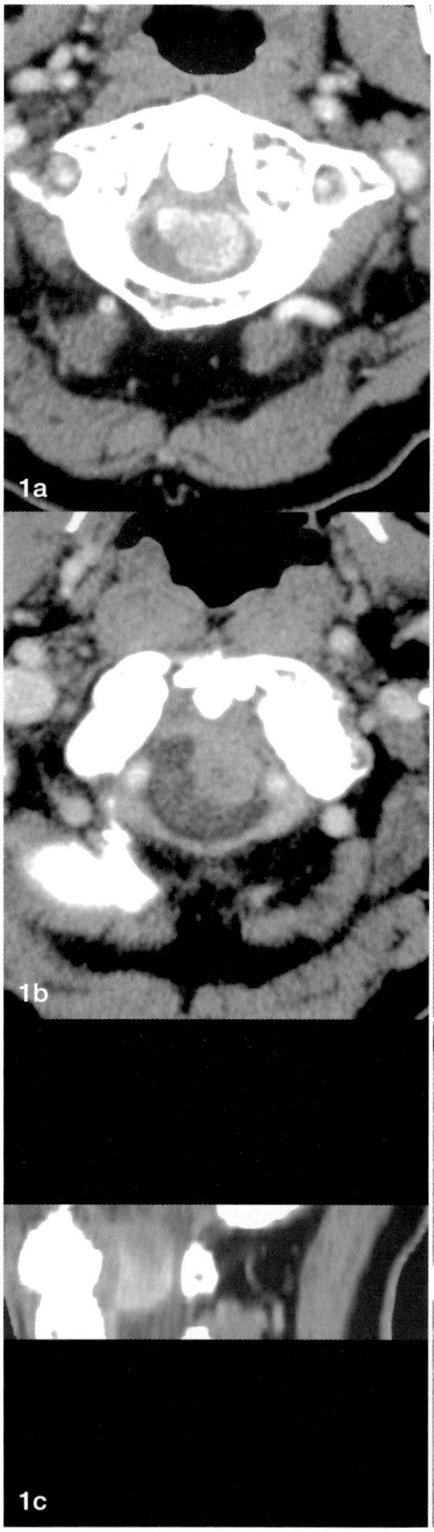

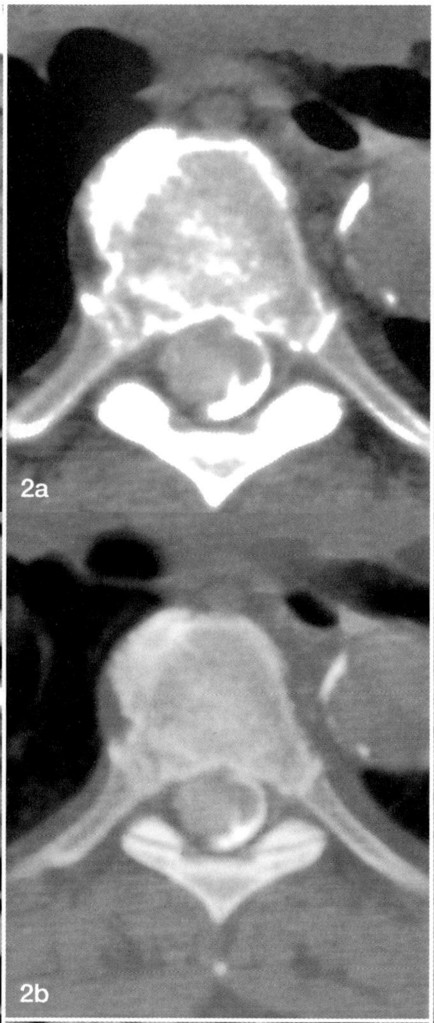

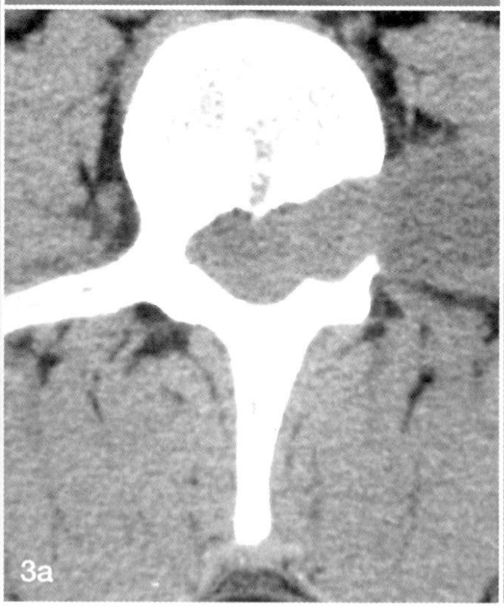

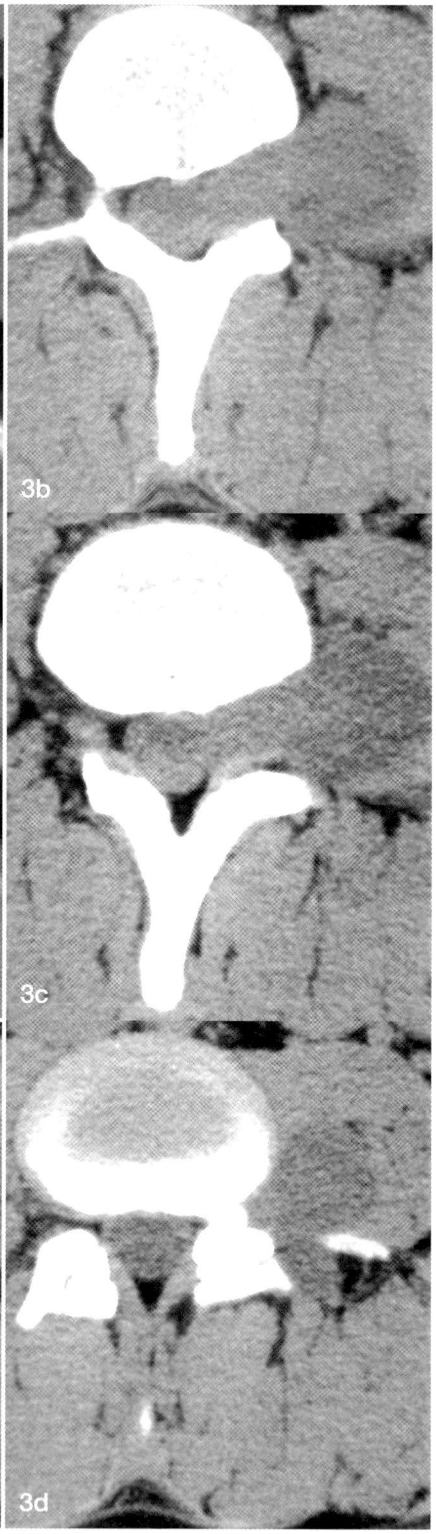

1a–c Meningeom am Foramen magnum ventral links betont, nach KM-Gabe. Mit parasagittaler Rekonstruktion (c).

2a, b Thorakales rechts betontes Meningeom Th5. Myelo-CT. Knochenfenster (b).

3a–d Spinales Sanduhrneurinom L3 links mit Einwachsen in den M. psoas.

Tafel 118. Spinale Tumoren, Metastasen

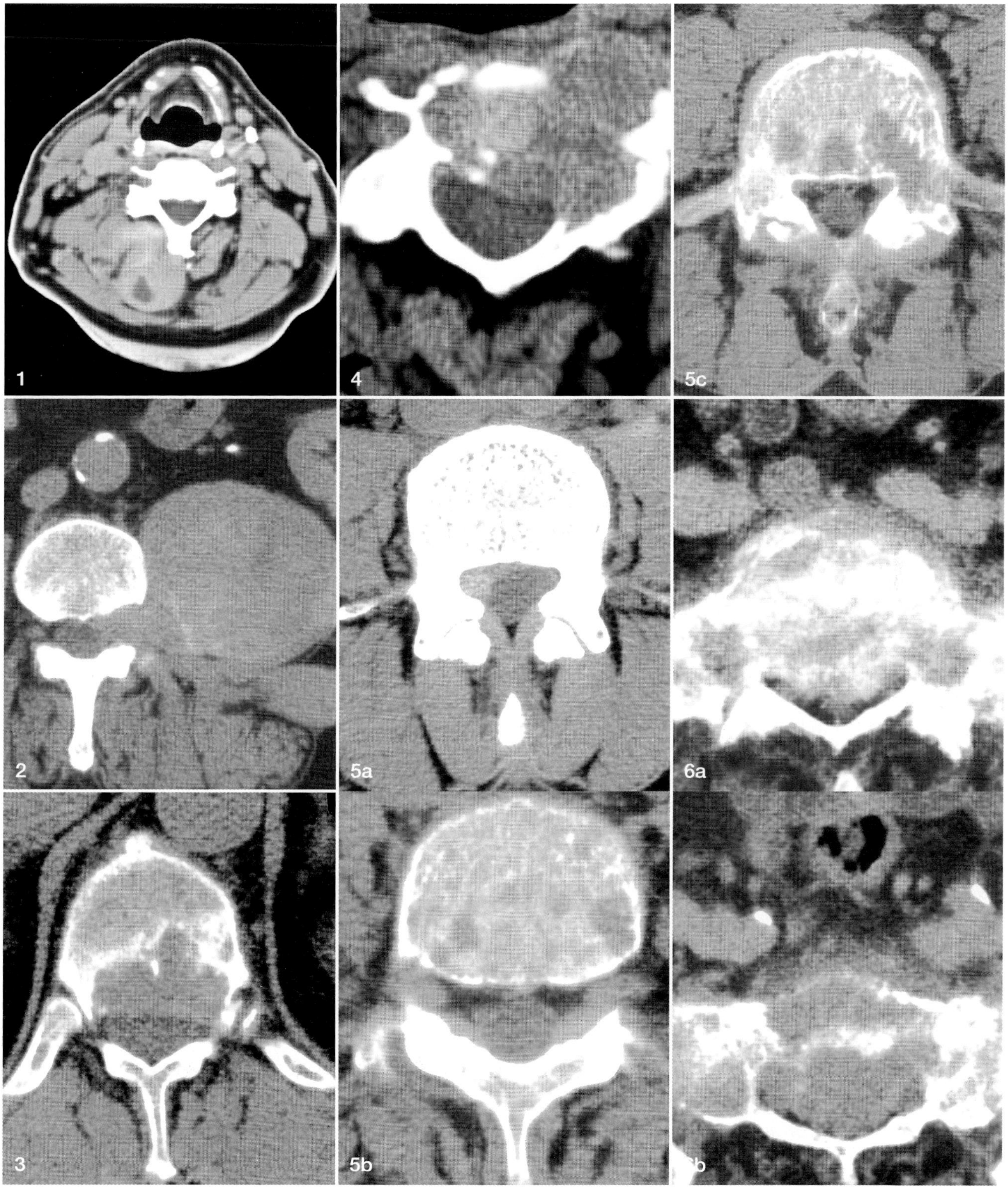

1 Hämangioperizytom rechter Nacken bei C2/C3 rechts mit Einbruch in den Spinalkanal (hier nicht sichtbar). Nach KM-Gabe.
2 Malignes Histiozytom bei L4 links, größter Teil des Tumors retroperitoneal, der kleinere Anteil intraspinal. Z. n. Embolisation (schlierenhafte Dichteanhebung im Tumor).
3 Harnblasenkarzinom-Metastase bei L2.

4 Malignes Lymphom bei C2 linksbetont.
5a–c Prostatakarzinom-Metastasen in L3 (b), L5 (c) und intraspinal rechts bei L3 (a).

6a, b Prostatakarzinom-Metastasen in L5 und S1 mit Einbruch von ventral in den Spinalkanal.

Tafel 118. Spinale Tumoren, Metastasen (Fortsetzung)

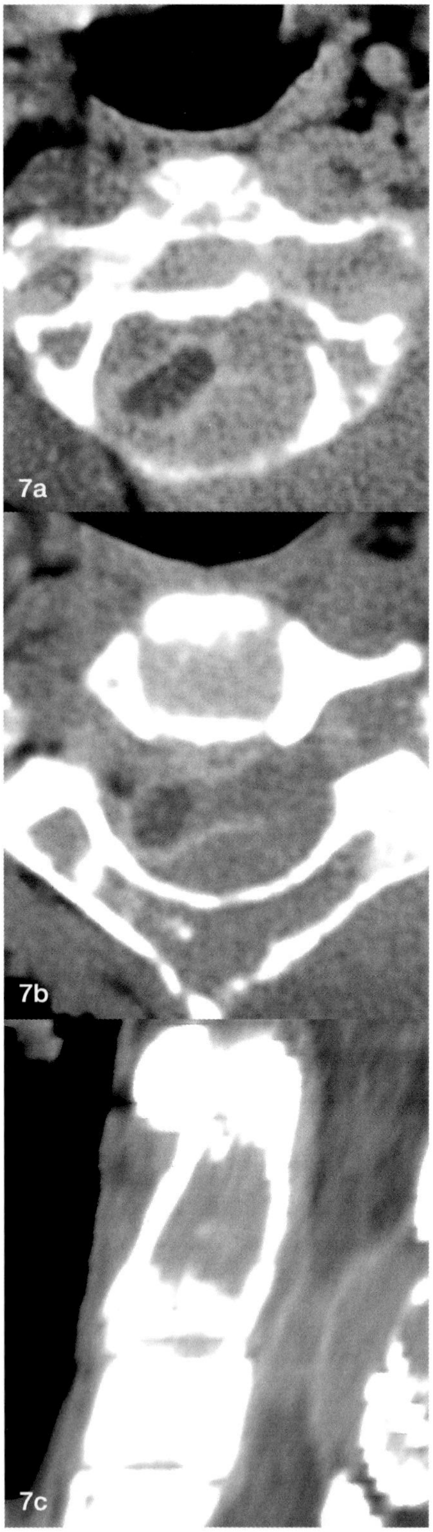

7a–c Plasmozytom bei C1/C2 links betont. Myelo-CT (a, b). Sagittale Rekonstruktion nach KM-Gabe (c). Der Knochen ist destruiert, das Myelon durch epiduralen Pannus erheblich verschoben, die Rekonstruktion zeigt die Einengung des Spinalkanals von ventral und dorsal und die Knochendestruktion vorn und hinten.

Tafel 119. Plasmozytom, Mißbildungen

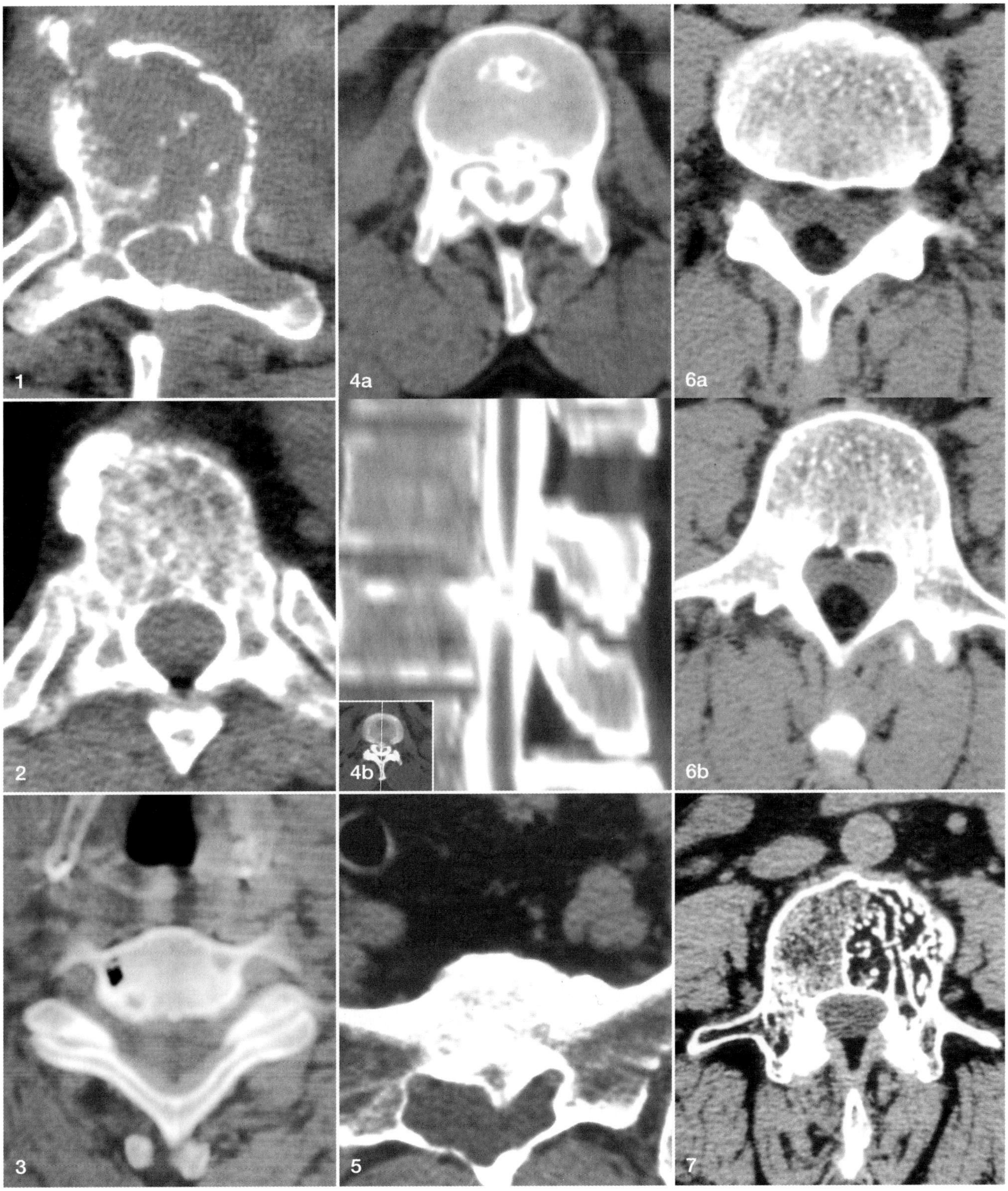

1 Plasmozytom-Wirbelkörper Th9.
2 Plasmozytom-Wirbelkörper Th10.
3 Plasmozytom-Herde C6 mit Gaseinschlüssen; erhaltene Kortikalis.

4a, b Diastematomyelie bei L2, Myelo-CT, parasagittale Rekonstruktion (b).
5 Wurzelzysten, Arachnoidalzysten sakral.

6a, b Tethered cord mit Lipom. Bilder in Höhe L4/5.
7 Hämangiomwirbelkörper links betont L3.

16.6.6 Metastasen, einschließlich malignes Lymphom, Plasmozytom

Der häufigste spinale Tumor überhaupt ist die Metastase; diese Absiedelungen finden sich am häufigsten in der Thorakolumbalregion. Die Metastasen breiten sich je nach Befall und Ausdehnung des malignen Prozesses in den Wirbelkörpern, den Halbbögen, den Dornfortsätzen und/oder paravertebralen Strukturen aus. Die Grenzen der Metastasen sind in der Regel unscharf. Es gibt aber auch ziemlich begrenzte Absiedelungen (Tafel 118/3). Das CT beweist sehr eindrücklich die zerstörten und mit Tumormassen ausgefüllten Wirbelsäulenanteile (Tafel 118/5, 6). Das maligne Lymphom kann paravertebral zu Tumorpaketen führen, die durch die Foramina intervertebralia mit dem Spinalkanal in Verbindung stehen können. Nach Kontrastmittelgabe wird ein positives Enhancement beobachtet. Isoliertes Wachstum des malignen Lymphoms intraspinal extradural kann vorkommen (Tafel 118/4). Allerdings vermag nur die CT-Myelographie hier diagnostisch weiterzuhelfen. Das Plasmozytom stellt den von allen primären Knochengeschwülsten häufigsten Tumor dar (häufig Männer im 6. und 7. Lebensjahrzehnt). Im CT-Bild ist die Spongiosa aufgelöst (Tafeln 118/7; 119/1–3). Die unterschiedlichen Defekte können in den Spinalkanal hineinragen und zu neurologischer Symptomatik führen; sie sind mitunter nicht von den gewöhnlichen Metastasen abzugrenzen. Die Klinik entscheidet hier.

16.6.6.1 Diagnostisches Vorgehen, Wertigkeit der CT-Untersuchung

Die Diagnostik sollte stets mit Röntgennativaufnahmen beginnen (Destruktionen, Verkalkungen, Wirbelkanalerweiterungen, Spina bifida, erweitertes Foramen intervertebrale etc.). Im Anschluß daran sollte entsprechend der neurologischen Topik das MRT nachfolgen. Das CT wird dann nurmehr aus zwei Gründen gebraucht:
- Bei verkalkten Prozessen kann das CT besser die Konturen ausmachen
- Bei metastatischen Prozessen, die zur Operation anstehen, kann das CT das Ausmaß der knöchernen Destruktionen und die Beziehungen zu umgebenden Strukturen eindrücklicher darstellen.

Mitunter sind CT und MRT gleichermaßen notwendig, um die Veränderungen an Wirbelsäule und Rückenmark optimal beurteilen zu können. Im Einzelfall kann die Myelographie nebst Myelo-CT erforderlich werden, zumal dann, wenn man zur Frage nach einer möglichst sinnvollen Entlastungsoperation Aufschluß über die intraspinalen Verhältnisse haben will (siehe Tab. 11).

16.7 Spinale Traumatologie

Traumatische Läsionen der Wirbelsäule können entsprechend der Art und dem Ausmaß der Gewalteinwirkung sehr unterschiedlich sein. Prädisponierende Faktoren wie Osteoporose, degenerative bzw. rheumatische Erkrankungen vermögen das Verletzungsmuster zusätzlich zu variieren. Man unterscheidet Wirbelsäulenbrüche mit und ohne neurologische Symptomatik – ein wichtiger Unterschied vor allem bezüglich der Therapie. Die neurologischen Störungen können bis zum kompletten Transversalsyndrom reichen. Man unterscheidet folgende Krankheitsbilder:
- *Commotio spinalis* mit flüchtiger, nicht gravierender, schnell vorübergehender neurologischer Symptomatik.
- *Contusio spinalis* mit mehr oder weniger ausgeprägter neurologischer Symptomatik bis zum voll ausgeprägten Querschnittssyndrom. Sie kann isoliert bei Luxationen, aber auch im Rahmen von einspießenden und komprimierenden Knochenfragmenten entstehen.
- *Frakturen und Luxationen,* die mit oder ohne neurologische Symptomatik beobachtet werden können. Spezielle Frakturen sind: C1-Berstungsfraktur nach Jefferson mit vorderem und hinterem Bogenbruch des Atlas; Densfraktur, u. U. mit einer Jefferson-Fraktur kombiniert; Luxationsfraktur bei C2/3 – sogenannte Hangman's Fracture.
- *Rückenmarkszerreißungen* bei Traumen mit großer lokaler Gewalteinwirkung. Seitlich und/oder a.-p. bestehen im Röntgenbild größere Distanzen zwischen den Wirbelkörpern.
- *Epidurales Hämatom.* Der typische Verlauf entspricht dem bekannten Verlauf im Endokranium mit einem Intervall, meist im Sinne einer auffallenden Verschlechterung eines vorher bestehenden neurologischen Befundes.
- *Subdurales Hämatom.* Bei den seltenen Fällen dieser Traumaform besteht sehr früh nach dem Trauma eine komplexe neurologische Symptomatik (Tafel 120/1).
- Der *Wurzelausriß im Zervikalbereich* ist durch das neurologische Defizit der entsprechenden Wurzel gekennzeichnet. Auf eine Wurzel drückende Knochenfragmente rufen dieselbe Symptomatik hervor (Tafel 120/3).

16.7.1 CT-Befunde

Die Commotio spinalis läßt keinen pathologischen Befund erwarten. Die Contusio spinalis zeigt in der Mehrzahl der Fälle ebenfalls keine Auffälligkeiten; bei ausgedehnten Kontusionen, etwa im Rahmen von einspießenden Knochenstücken, finden sich hyperdense Herde im Myelon. Frakturen und Luxationen lassen sich sehr gut abbilden. Die topischen Verhältnisse des Spinalkanals lassen sich exakt ermitteln.

Tafel 120. Spinale Traumatologie I

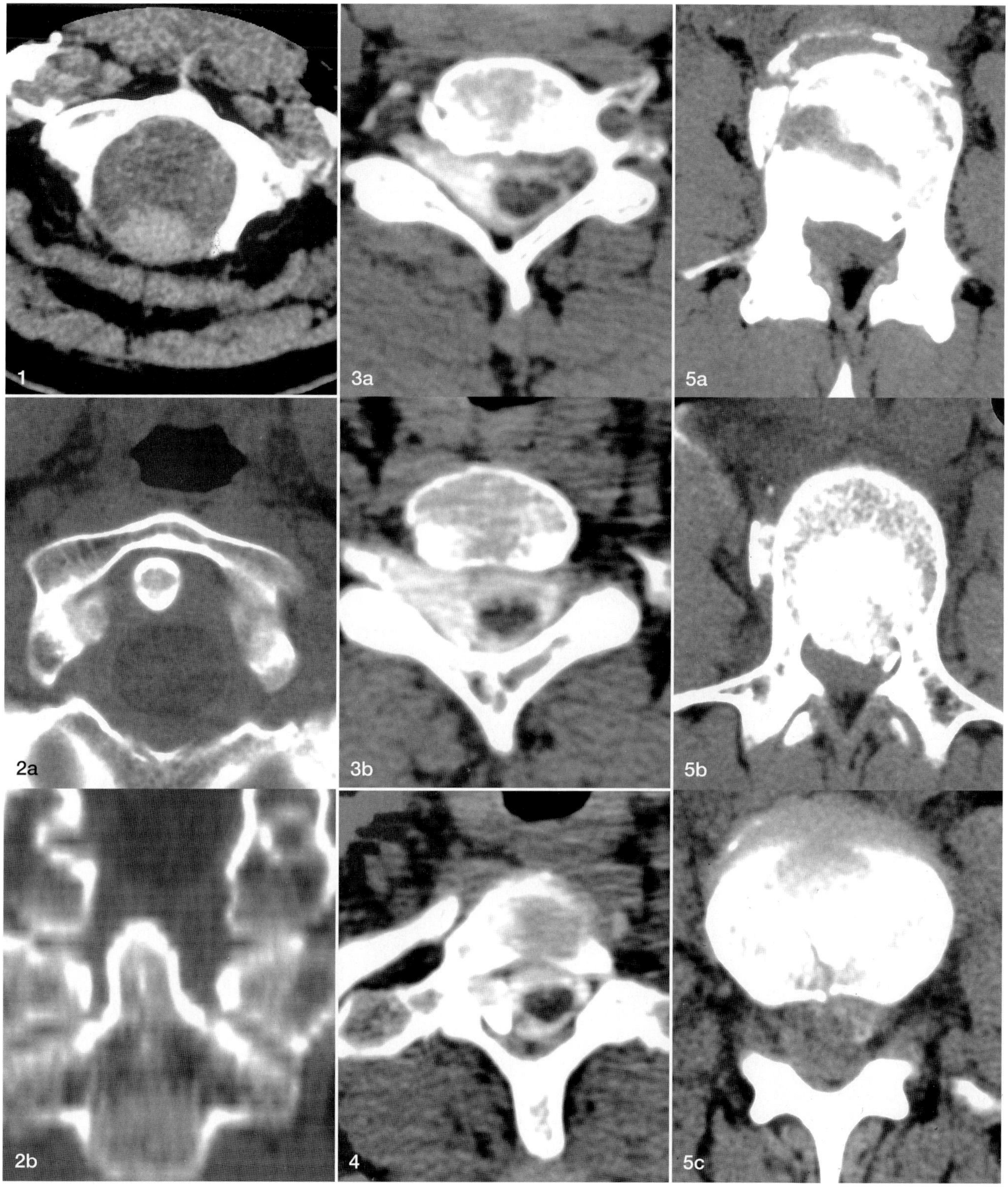

1 Subdurales Hämatom bei C0/C1.
2a, b Atlantookzipitale Dislokation, Knochenfenster. Axial (a), koronar (b).

3a, b Wurzelausrisse rechts bei C6/C7 (a) und C7/Th1 (b). Myelo-CT.
4 Posttraumatische Meningozele C7/Th1 rechts. Myelo-CT.

5a–c Luxationsfraktur L1/2; Berstungsbruch L1 (a), intraspinales Fragment („Stempel") (b), traumatischer Bandscheibenprolaps links L1/2 (c).

Tafel 121. Spinale Traumatologie II

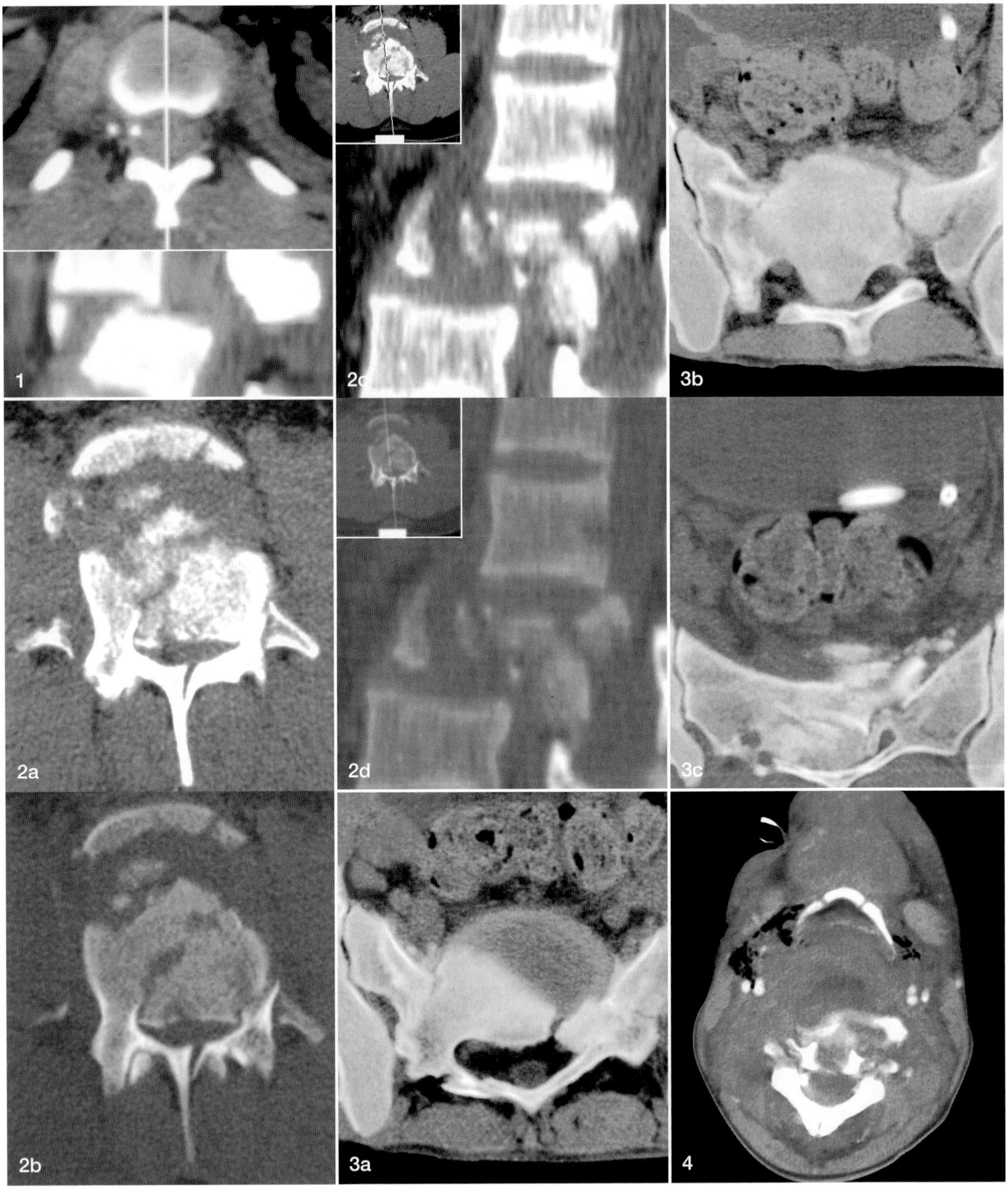

1 Luxationsfraktur Th12/L1, Rekonstruktion parasagittal.
2a–d Berstungsbruch Th12/L1 mit Dorsalverschiebung. Axial und Knochenfenster (a, b), Rekonstruktion und Knochenfenster (c, d).

3a–c Berstungsfraktur des Beckens mit Dislokation und Verlegung des Spinalkanals.

4 Schwerste Luxationsfraktur C2/C3. Vor dem frakturierten Wirbelkörper C2 stehen die zerstörten Wirbelkörperanteile von C3.

Auch das detailgerechte Ausmaß der Verletzungen an Querfortsätzen, Wirbelbögen und Wirbelkörpern läßt sich besser abbilden (Tafel 121). Parasagittale und vertikale Rekonstruktionen sind hinsichtlich ihrer diagnostischen Aussage besonders eindrucksvoll und wertvoll. Das spinale epidurale Hämatom entzieht sich häufig dem CT-Nachweis. Wenn es nachweisbar ist, stellt sich ein sichelartiges hyperdenses, dem Knochen anliegendes Gebilde dar. Das subdurale Hämatom sieht ähnlich aus. Der Wurzelausriß läßt sich nur im kontrastmittelassistierten Computertomogramm nachweisen (Tafel 120/3).

16.7.2 Diagnostisches Vorgehen, Wertigkeit der CT-Untersuchung

- Röntgennativaufnahmen immer notwendig.
- Entsprechend der Topik der traumatischen Läsion und bei neurologischen Auffälligkeiten oder Wirbelsäulendeformitäten erfolgt als weitere diagnostische Maßnahme das spinale CT.
- Bei Abklärung des Myelons wird das MRT angeschlossen; ebenfalls bei Verdacht auf epi- oder subdurales Hämatom.
- Konventionelle Schichtaufnahmen sind nicht mehr oder nur in Ausnahmefällen (atlantookzipitale Region) notwendig.
- Kontrastmittelassistiertes CT nur in seltenen Ausnahmefällen (Wurzelausriß, unklare Kompression des Duraschlauches bzw. Myelon).

16.8 Spinale Fehlbildungen

Fehlbildungen der Wirbelsäule und/oder des Rückenmarkes finden sich am häufigsten am kraniozervikalen und thorakolumbosakralen Übergang. Man unterscheidet verschiedene Formen.

16.8.1 Dysrhaphische Störungen

- Spina bifida occulta, Wirbelbogenspaltbildung;
- Meningozele, geschlossen, okkult oder offen;
- Myelozele immer offen;
- Diastematomyelie mit bindegewebigem oder knöchernem Septum;
- Konustiefstand (lumbale Myelodysplasie), tethered cord (Tafel 119/6);
- Megakauda, häufig verbunden mit Wurzelzysten (Tafel 126/12).

16.8.2 Arnold-Chiari-Syndrom

- Typ I: Tiefstand der Tonsillen unter die Ebene des Foramen occipitale magnum; Ventralverlagerung der Medulla oblongata;
- Typ II: zusätzlich Verlagerung des IV. Ventrikels unterhalb oder in die Nähe des Foramen occipitale magnum;
- Typ III: zusätzlich mit okzipitaler Enzephalozele;
- Typ IV: zusätzlich mit zerebellarer Hypoplasie.

16.8.3 Syringomyelie bzw. Syringohydromyelie

Hier ist die diagnostische Methode der Wahl die Magnetresonanztomographie.

16.8.4 Mißbildungen der Wirbelkörper und Wirbelbögen

Die CT-Untersuchung vermag bei den spinalen Fehlbildungen generell die mißgebildeten Bezirke gut darzustellen. Zelen, Zysten, lipomartige Gebilde und fehlende Knochenbezirke lassen sich durch entsprechendes Dichteverhalten klar abbilden. Das Arnold-Chiari-Syndrom läßt sich erst im Myelo-CT genau beurteilen. Die Syringomyelie stellt eine sich über mehrere Segmente ausdehnende zystische zentrale Höhenbildung des Rückenmarkes meist im zervikalen Bereich dar. Das Myelo-CT zeigt in der größeren Zahl der Fälle die Erweiterung des Zentralkanals, der sich mit einer gewissen zeitlichen Latenz kontrastmittelgefüllt markiert. Die Untersuchungsmethode der Wahl stellt aber bei allen spinalen Mißbildungen die Kernspintomographie dar.

16.9 Entzündliche spinale Prozesse

16.9.1 Diszitis und Spondylitis

Die Krankheitsbilder entstehen im Rahmen einer hämatogenen Aussaat, lokal im Rahmen z. B. eines Psoasabszesses oder postoperativ. Im CT ist die Dichte des Gewebes im Intervertebralraum erheblich erniedrigt. Am angrenzenden Knochen lassen sich osteolytische Herde gut und relativ früh im Vergleich zur konventionellen Röntgenaufnahme darstellen. Die paraspinale Ausbreitung kann ebenfalls besser abgeschätzt werden. Nach i. v. Gabe von Kontrastmittel kann man gelegentlich ein schlieren- oder girlandenartiges Enhancement herbeiführen (siehe Tafel 122/1–3).

16.9.2 Myelitis

Computertomographisch findet sich eine Auftreibung des Myelons mit diffus inhomogener Dichteanhebung und geringgradig positivem Kontrastmittelenhancement. Die Encephalomyelitis disseminata scheint durch kleine hypodense Herde mit positiver Kontrastmittelaufnahme charakterisiert zu sein.

16.9.3 Arachnoiditis

Postoperative Veränderungen und Komplikationen (Tafel 124).

16.9.4 Epiduraler Abszeß

Diese entzündliche Erkrankung ist selten; sie kommt im Rahmen von septischen Erkrankungen, aber auch bei eitrigen paravertebralen Krankheiten (z. B. Psoasabszeß) vor. Die neurologische Symptomatik ist meist gravierend, das Krankheitsgefühl sehr ausgeprägt. Die CT-Diagnostik ist meist unmöglich oder sehr erschwert. Die im normalen Computertomogramm oder der CT-Myelographie erhobenen Befunde sprechen für einen uncharakteristischen raumfordernden Prozeß.

Alle hier genannten Krankheitsbilder lassen sich am besten mit der KST nachweisen.

16.9.5 Atlantoaxiale Manifestation der chronischen Polyarthritis (CP)

Unter den aseptischen entzündlichen Prozessen spielen die pathologischen Veränderungen am kraniozervikalen Übergang bei chronischer Polyarthritis (CP) eine besondere Rolle. Bei dem langen Krankheitsverlauf kommt es in einem hohen Prozentsatz je nach Krankheitsdauer bei bis zu 50 % aller Fälle zu einer Manifestation an den Gelenken der Atlantoaxialregion und insbesondere an den periartikulären Weichteilen und am Bandapparat, die zu teilweise erheblichen Fehlstellungen mit neurologischem Defizit führen kann. Das Krankheitsbild kann sich von erheblichen Schmerzen bis zu sehr komplexen neurologischen Störungen steigern. Im schlimmsten Fall resultiert eine Tetraplegie. Pathologisch-anatomisch kommt es zu chronisch proliferativen und destruktiven Veränderungen am spinalen Übergang, so daß folgende Befunde zu erheben sind:

- Pannusartiges entzündliches Gewebe mit Zerstörung des Bandapparates, wobei insbesondere der Funktionsverlust des Lig. transversum zu einer dorsalen Densdislokation führt.
- Subluxationsstellungen des atlantoaxialen Gelenkes führen zu einer anterioren und vertikalen Form. Die letztere ist mit einer pseudobasilären Impression verbunden.
- Entzündliche Arrosionen des Dens, der Intervertebralgelenke und der Wirbelkörper sowie der Processus spinosi.

Diese Veränderungen sind meist in unterschiedlichem Ausmaß kombiniert und haben die Tendenz, fortzuschreiten. Fälle eines „sudden death“ infolge von Markkompression sind schon wiederholt beschrieben worden. Die obengenannten Veränderungen lassen sich im CT wie übrigens auch im MRT eindeutig nachweisen. Das chronische Granulationsgewebe (Pannus) nimmt i. v. verabreichtes Kontrastmittel auf (Tafel 123/2, 5). Die CT-Myelographie beweist die erhebliche Kompression des Myelons (Tafel 123/3, 5). Gegenüber den konventionellen normalen und Röntgenschichtaufnahmen sowie dem Myelogramm lassen sich räumlich wichtige Details, die für die operative Therapie von großer Bedeutung sind, ermitteln. Die Veränderungen des Myelons, seine Verschiebung und Verformung lassen sich im MRT mit Sagittalschichten noch besser darstellen.

Tafel 122. Spinale Entzündungen

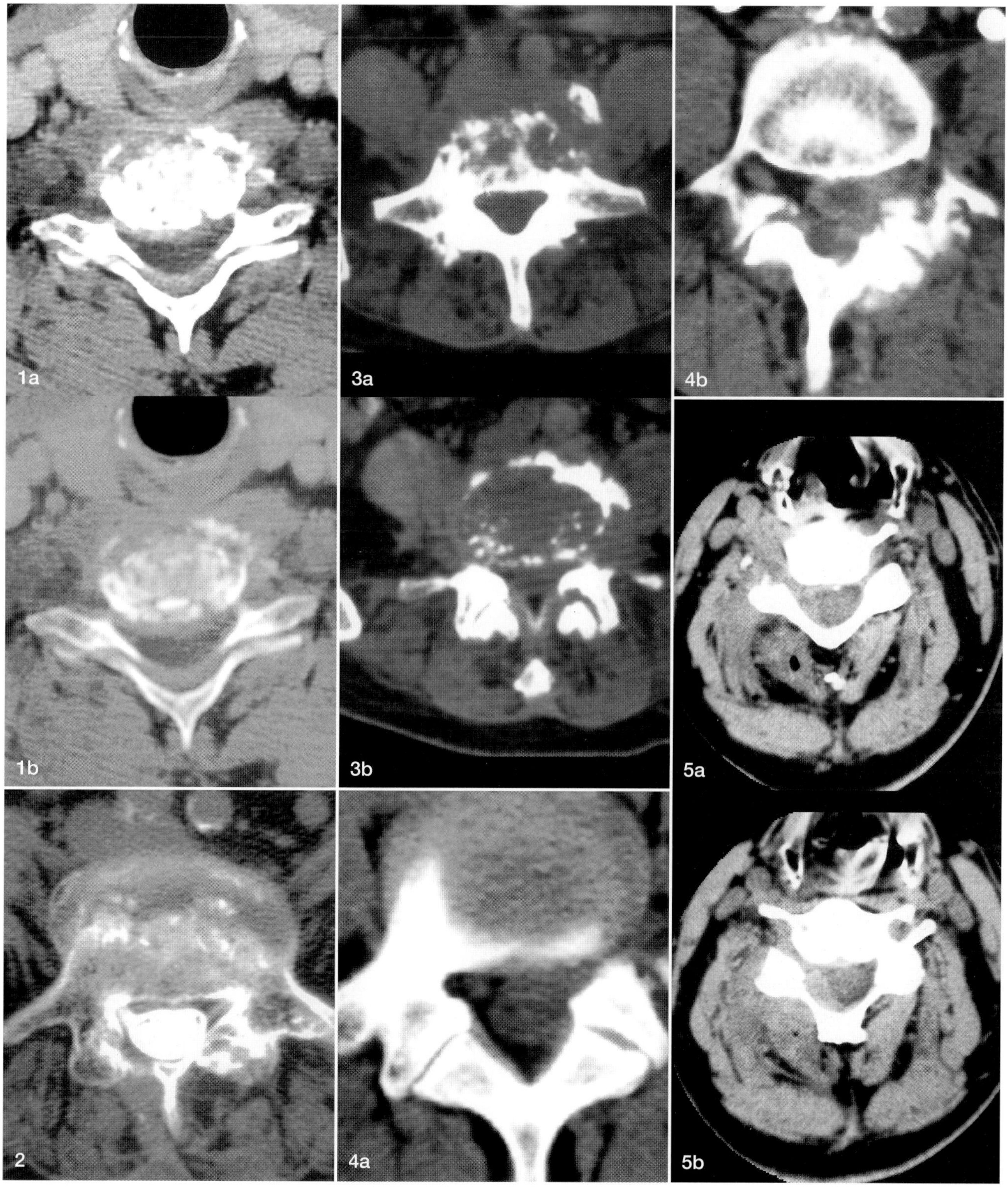

1a, b Spontane Spondylodiszitis C6 mit medial gelegenem epiduralen Abszeß (a), Knochenfenster (b). Nach KM-Gabe.
2 Postoperative Spondylodiszitis L4/5, Myelo-CT.

3a, b Spondylodiszitis L3/4 nach Streptokokkeninfektion. Schnittebene durch den Wirbelkörper (a). Schnittebene durch die Bandscheibe (b).
4a, b Epiduraler Abszeß bei L4/5 links; als Bandscheibenprolaps operiert (a); nach KM-Gabe (b).

5a, b Epiduraler Abszeß rechts C5/C6.

Tafel 123. Chronische Polyarthritis

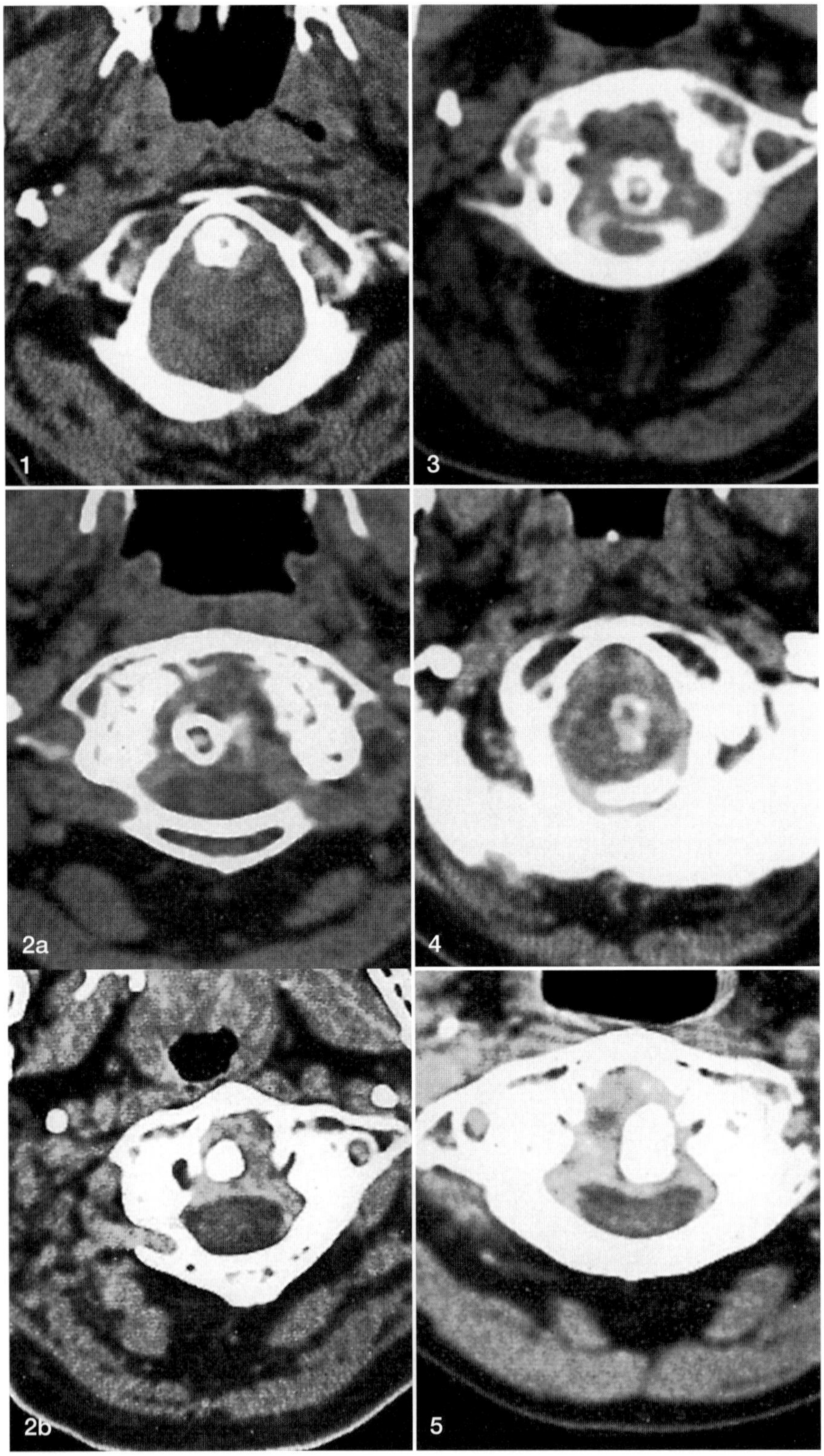

1 Chronische Polyarthritis; pseudobasiläre Impression mit Densarrosion.

2a, b Chronische Polyarthritis; Densdislokation und -destruktion. Nativ-CT (a); nach i. v. Gabe von KM Anfärbung des Pannus (b).

3 Chronische Polyarthritis; Densarrosion und -dislokation, angedeuteter Pannus. Myelo-CT mit Nachweis der erheblichen Kompression des Myelons.

4 Chronische Polyarthritis; pseudobasiläre Impression mit Densdestruktion und -dislokation.

5 Chronische Polyarthritis mit Tetraparese. Densdislokation. Nach i. v. Gabe von KM Anfärbung des Pannus. Kompression des Zervikalmarks.

16.10 Postoperative Veränderungen und Komplikationen

16.10.1 Postoperative Narben nach lumbaler Bandscheibenprolapsoperation; das Bandscheibenprolapsrezidiv

Schon in der Vor-CT-Ära gab es große Schwierigkeiten bei der Trennung von Bandscheibenprolapsrezidiv und postoperativen Narben. Dies hat sich aus neurochirurgischer Sicht durch die spinale CT kaum verändert, auch wenn von mehreren Seiten (s. u.) Versuche unternommen wurden, die Narbenbildungen in mehrere Untergruppen zu unterteilen und das Verhalten nach i. v. Kontrastmittelgabe zur Differentialdiagnostik gegenüber einem Rezidivprolaps heranzuziehen. Danach sollen Narben Kontrastmittel aufnehmen, ein Rezidivprolaps dagegen nicht. Freie Sequester in ein Narbengewebe sollen dabei als Aussparung zu sehen sein. Die CT-Myelographie scheint bei dieser Problematik vielleicht bessere Ergebnisse zu erbringen, abgesehen davon, daß mit dieser Methode auch das Problem der Arachnopathie abgeklärt werden kann. Bei etwa einem Drittel der Patienten mit Verdacht auf Bandscheibenprolapsrezidiv in gleicher Höhe und Seite erbringt das Nativ-CT einen später auch durch Operation bestätigten positiven Befund, zwei Drittel bedürfen der Myelographie oder besser der Myelo-CT. Bei den postoperativen Narben fehlt sehr häufig eine Verschiebung des Duralschlauches zur Gegenseite der Operation; dieser ist im Gegenteil nicht ganz selten ins Operationsgebiet verzogen (Tafel 126/3b, 4). Beim Rezidiv finden sich dagegen häufiger Verlagerungen des Kaudalsackes zur Gegenseite der Operation (Tafel 125/2, 3). Aus dem Dichteverhalten im Nativscan auf die Narbe oder das Rezidiv schließen zu wollen, schlägt völlig fehl. Der neurochirurgische Alltag sieht zumeist anders aus, als die bisherigen Publikationen zu diesem Thema [92, 111] es erhoffen ließen. Die KST ist etwas hilfreicher als das CT; letztlich gelöst ist das Problem weiterhin nur teilweise. Das MRT vor und nach KM-Gabe scheint das Problem der Unterscheidung von Narbe und Rezidiv offenbar suffizienter lösen zu können.

16.10.2 Arachnopathie

Sie ist häufig mit epiduralen Narben vergesellschaftet. Ihr sicherer Nachweis gelingt nur in der CT-Myelographie; diese zeigt dann typischerweise eine Verklumpung von Kaudafasern, ersichtlich an den geringen Kontrastmittelaussparungen im Kaudalsack.

16.10.3 Diszitis und Spondylitis

Man unterscheidet eine septische und aseptische Form. Im CT finden sich ähnliche Bilder wie bei der spezifischen und nichtspezifischen Spondylodiszitis auf hämatogener Basis (s. Abschnitt „Entzündliche spinale Prozesse", S. 258).

16.10.4 Meningocele spuria

Nach Duraverletzung kann es zu Liquoransammlungen kommen, die zumeist nicht von echter Arachnoidea ausgekleidet sind. Die verminderte Dichte in einer sackartigen Ansammlung ist dabei beweisend.

16.10.5 Epidurale Nachblutung

Nach eigener Erfahrung hat sich das CT nicht bewährt. Die klinische Symptomatik, das Myelogramm und offenbar auch das MRT sind dabei aussagekräftiger. In der unmittelbaren postoperativen Phase finden sich ohnehin Blutungsreste, so daß daher die Trennung von raumfordernden, operativ zu versorgenden epiduralen Hämatomen schwierig sein dürfte (Tafeln 124/5; 125/5).

16.10.6 Retroperitoneale Blutung

Diese lebensbedrohliche Komplikation nach intraoperativer Gefäßverletzung bietet im CT ein sehr eindrucksvolles Bild. Hyperdense Areale als Zeichen der Blutung finden sich in großer Ausdehnung im Retroperitonealraum, also weit über das operativ versorgte lumbale Einzelsegment hinaus. Weiterhin sind Lufteinschlüsse im Zwischenwirbel- und Retroperitonealraum zu erkennen (Tafel 125/6).

Tafel 124. Spinale postoperative Veränderungen

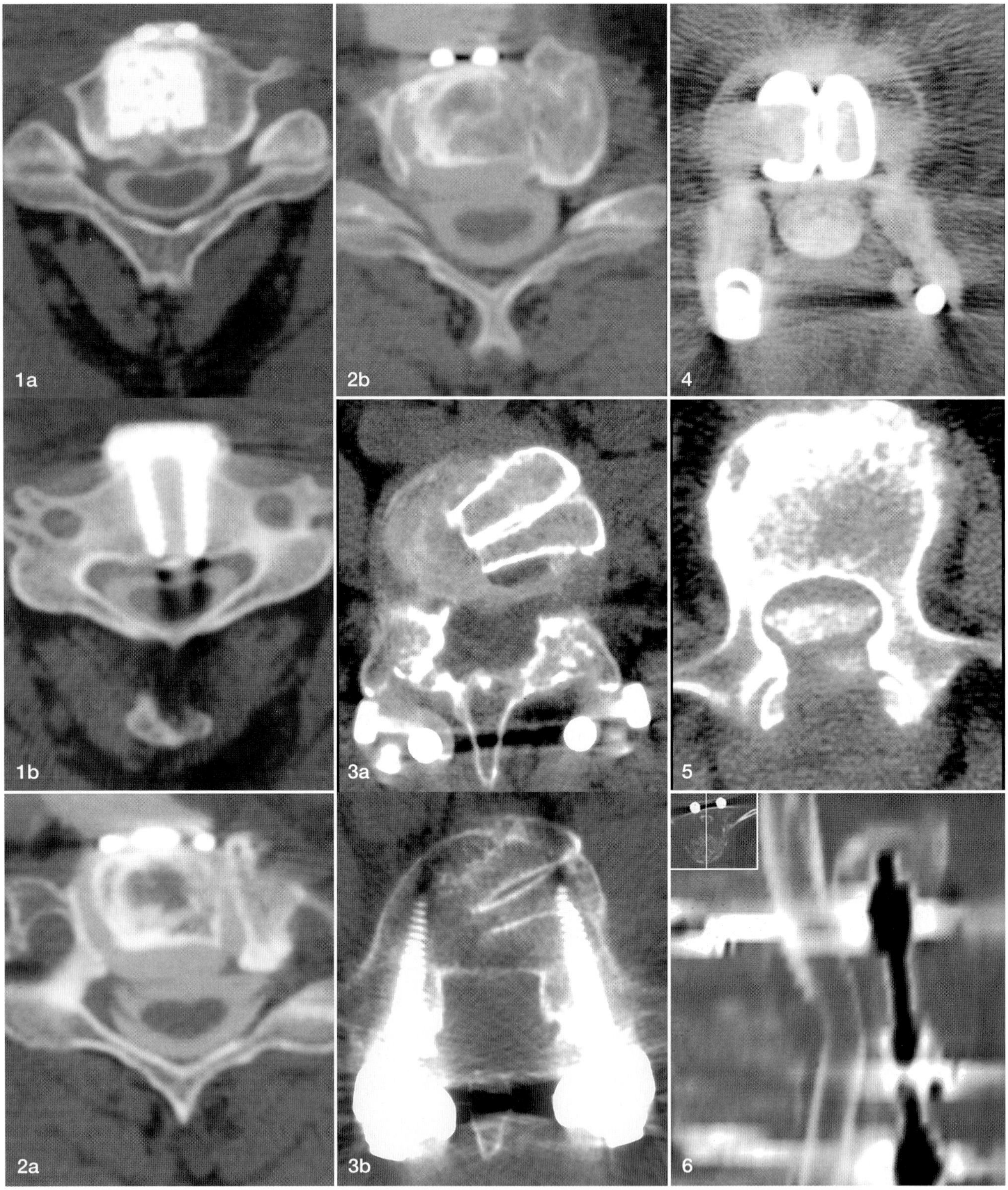

1a, b Z. n. ventraler Verplattung und Palacosinterponat bei C3/4.
2a, b Z. n. ventraler Verplattung mit Knocheninterponat bei C5 bis C7. Liquorfistel ventral vor dem Spinalkanal durch den Bandscheibenraum beiderseits und um das Interponat nach prävertebral rechts reichend. Myelo-CT.

3a, b Z. n. PLIF bei L4/5 mit Knocheninterponaten (a) und Schraubenkontrolle (b).

4 Z. n. PLIF bei L4/5 mit Cages. Artefakte.
5 Z. n. Laminektomie bei L2/3. Postoperative Kontrolle durch Myelo-CT: Narben und kleine postoperative epidurale Blutansammlung links betont.
6 Zustand nach Fixateur interne bei metastatischer Destruktion und Spinalkanalinfiltration Th11. Sagittale Rekonstruktion Th10 bis L1. Myelo-CT.

Tafel 125. Spinale postoperative Veränderungen, Komplikationen

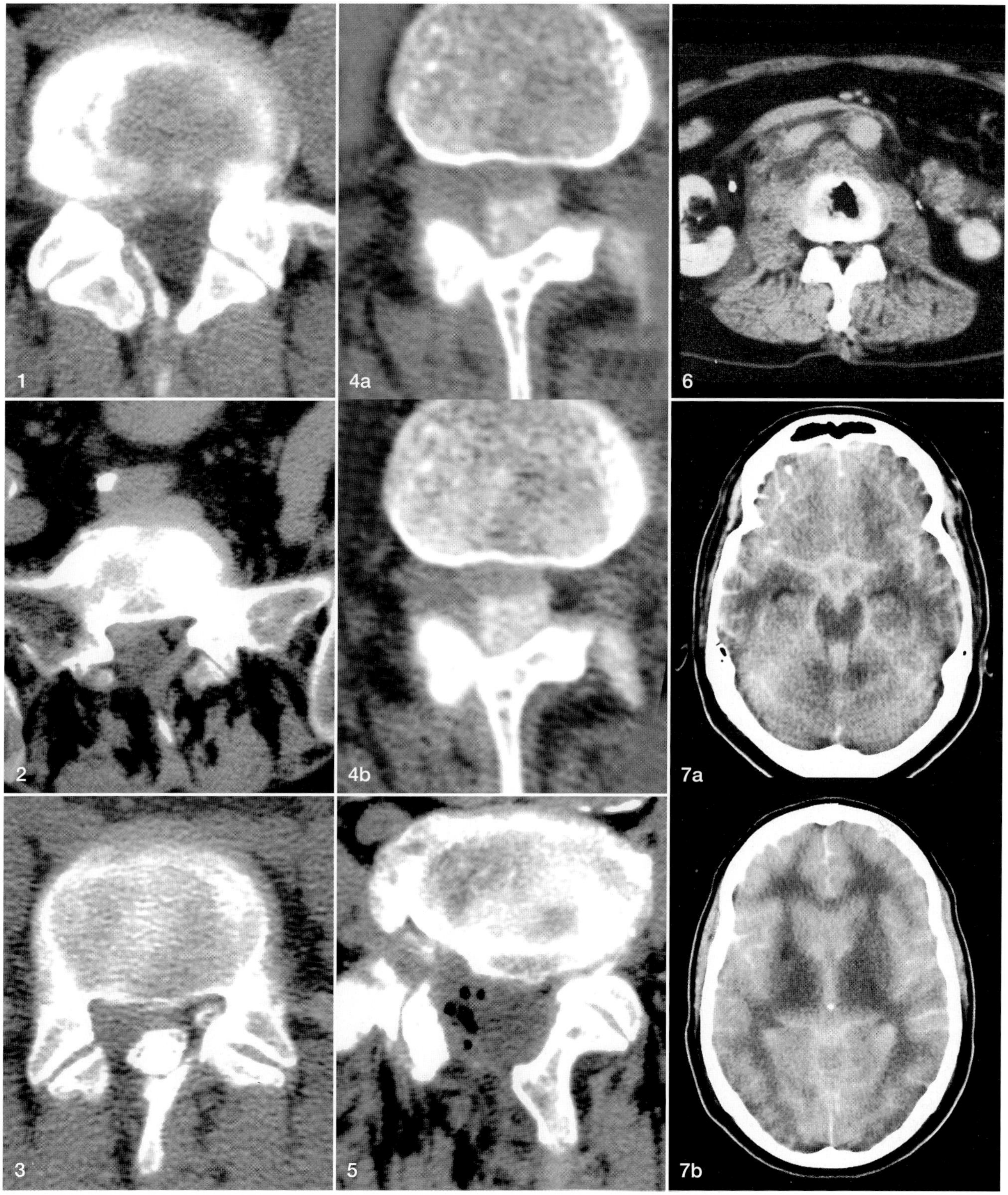

1 Bandscheibenprolapsrezidiv L4/5 rechts.
2 Bandscheibenprolapsrezidiv L5/S1 rechts.
3 Bandscheibenprolapsrezidiv L4/5 rechts, Myelo-CT.

4a, b Postoperative Narbe nach Bandscheibenprolaps und Operation L3/4 rechts. Myelo-CT. Messung der HE mit einem Mittelwert zwischen 47 und 73 (a), nach i. v. KM-Gabe HE-Mittelwert zwischen 91 und 101 (b).
5 Z. n. Hemilaminektomie rechts L5/S1 am zweiten postoperativen Tag: isodense Blutauflagerungen, Luftperlen, raumforderndes epidurales Hämatom nicht sicher auszuschließen.

6 Retroperitoneales Hämatom nach Bandscheibenprolapsoperation bei L2/3 links. Ventralverlagerung der mit KM gefüllten großen Gefäße nach vorn.
7a, b Kraniales CT nach lumbaler Myelographie.

16.11 Das Postdiskektomie-Syndrom, Differentialdiagnose der Lumboischialgie

Die möglichen Ursachen für das Postdiskektomie-Syndrom sind in Tabelle 14 zu ersehen. Auch der Abschnitt 16.10 behandelt postoperative Fehlverläufe nach Operation an den lumbalen Bandscheiben bzw. der lumbalen Spinalkanalstenose. Differentialdiagnostische Überlegungen zur Lumboischialgie, deren Ursache in Veränderungen im Bereich des Recessus lateralis liegen, sind in Tafel 126 und in Tabelle 15 angesprochen.

Tab. 14. Ursachen und Differentialdiagnose des Postdiskektomie-Syndroms

Diagnose	CT-Nachweis
Echtes Rezidiv	+
Prolaps andere Etage	+
Epidurale Fibrose	KM-CT
Endoneurale Fibrose	–
Arachnopathie	Myelo-CT
Intraduraler Sequester	Myelo-CT
Intra/extraduraler Sequester	+
Keine Ausräumung bei 1. Operation	+
Sequester übersehen	+
Knöcherne Stenose	+
WS-Instabilität	–
Segmentlockerung	–
Facetten-Syndrom	(–)
Spondylolisthesis	+
Diszitis/Spondylitis	+
Wurzelzysten	Myelo-CT
Variköse Venen	–
Ileosakralgelenk-Affektion	–
Hüftgelenksveränderungen	(–)
Tendopathien	–
Andere Erkrankungen (Tumor, Pyruvatkinase)	±

\+ = positiv
– = negativ
± = teilweise positiv
(–) = teilweise möglich, außerhalb der Neuroradiologie

Tab. 15. Übersicht pathologischer CT-Befunde im Recessus lateralis (klinisch Lumboischialgie)

- Bandscheibenprolaps
- Bandscheibenprolaps-Rezidiv
- Postoperative Narbe
- Knöcherne Stenose
- Spondylolisthesis
- Lateraler Osteophyt
- Synovialzyste
- Doppelwurzel
- Wurzelzyste
- Arachnoidalzyste
- Epiduraler Abszeß
- Epidurales Hämatom
- Spinales Neurinom
- Spinale Metastase
- Spinales Angiom
- Artefakte (öliges Kontrastmittel)
- Kombinationen zwischen allen genannten Diagnosen

Tafel 126. Spinale Prozesse im Recessus lateralis

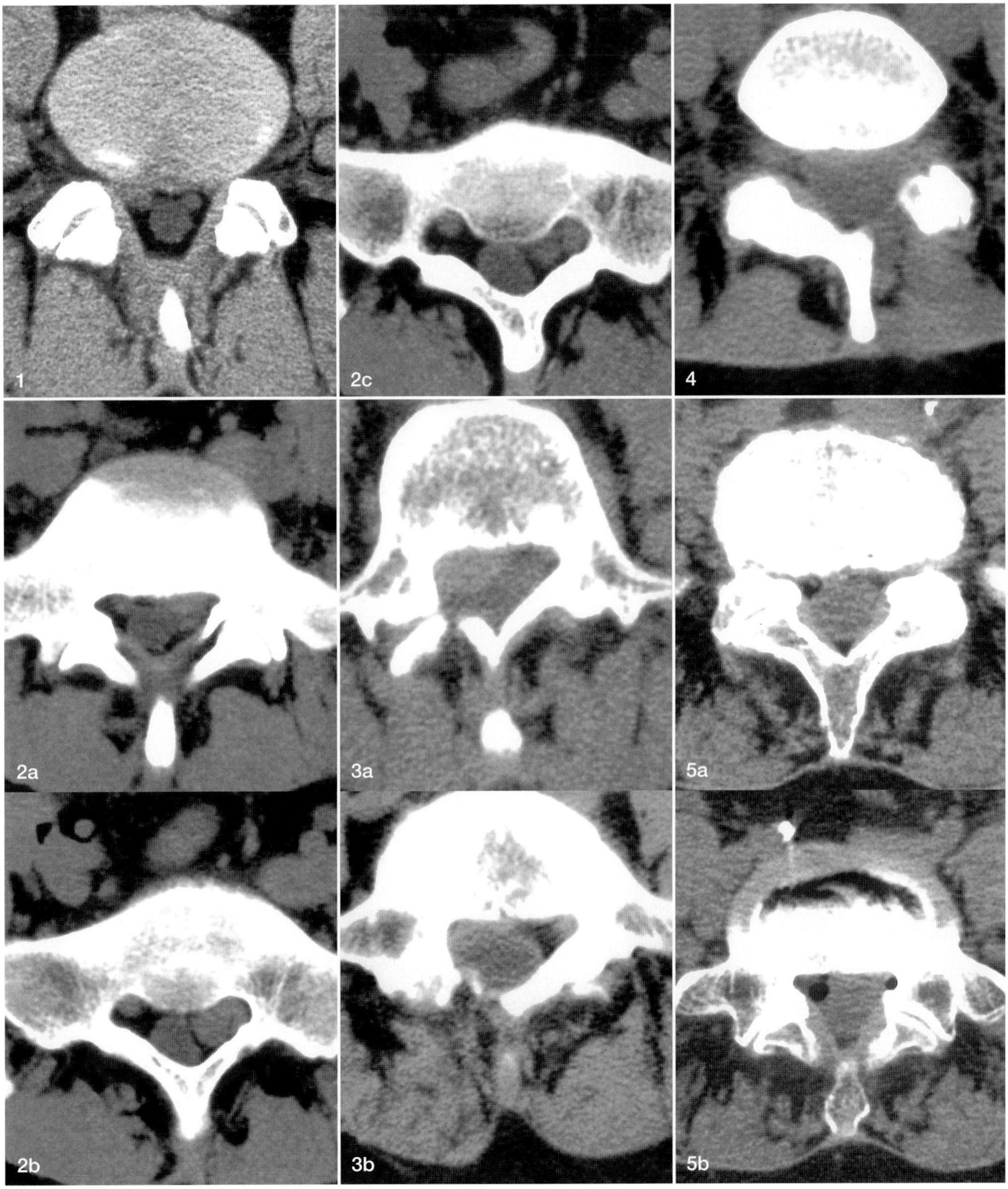

1 Dornartiger, reiskorngroßer, freier Bandscheibensequester L4/5 rechts.
2a–c Bandscheibensequester und Doppelwurzel L5/S1 links.

3a, b Intraduraler Bandscheibensequester rechts bei L3/4 (a), gleichzeitig raumfordernde Narbe nach zwei Bandscheibenprolapsoperationen bei L4/5 rechts ohne Rezidiv oder freien Sequester in die Narbe (b).

4 Intraspinale Narbe bei L5/S1 links nach Bandscheibenprolapsoperation.
5a, b Knöcherne Recessusstenose bei L5/S1 rechts bei intraspinalem Gas ohne Bandscheibenprolaps.

Tafel 126. Spinale Prozesse im Recessus lateralis (Fortsetzung)

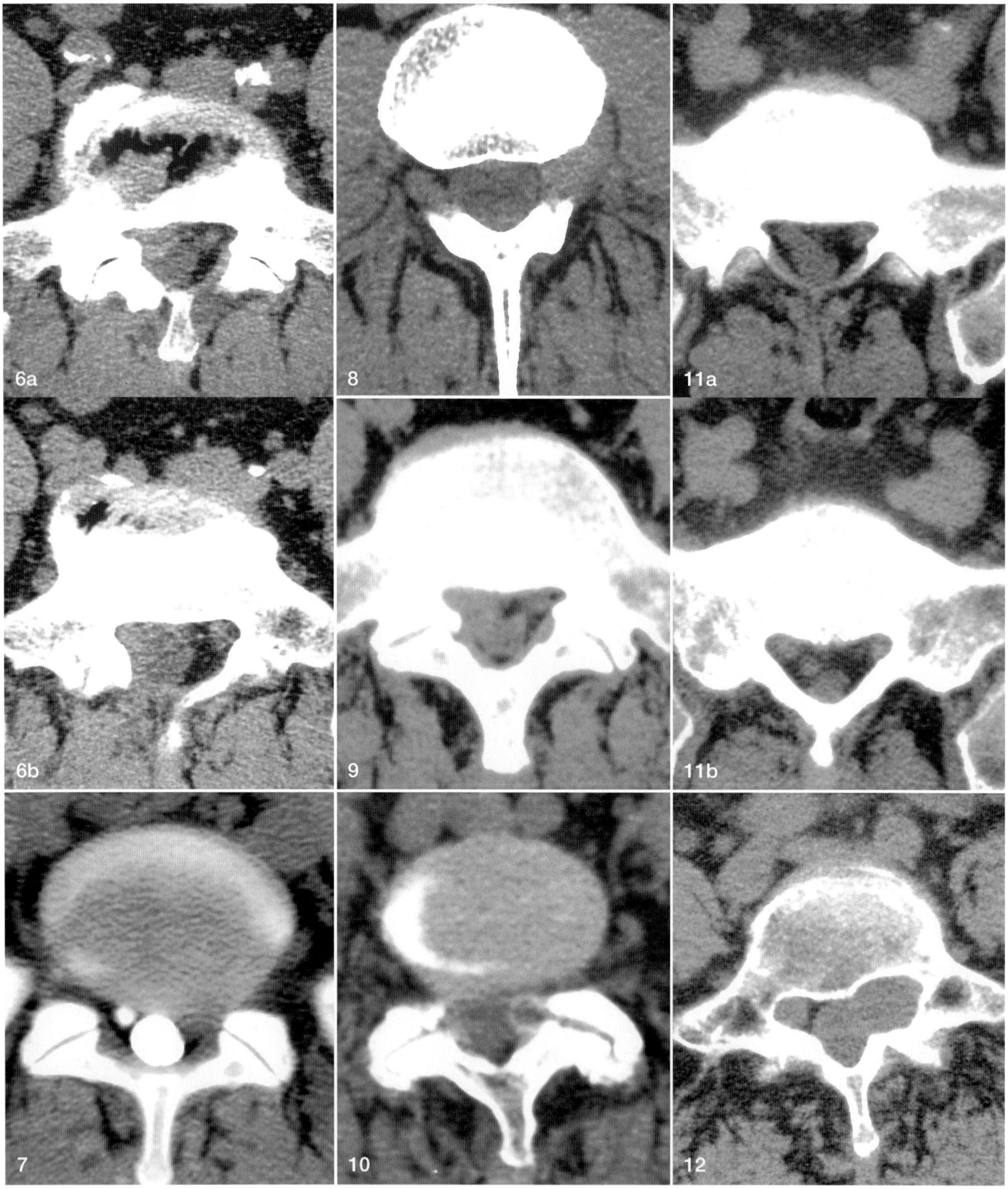

6a, b Bandscheibenprolapsrezidiv (a) bei Narbe (b) L5/S1.
7 Bandscheibenprolaps L5/S1 links im Myelo-CT. Wurzelamputation.

8 Bandscheibenprolaps intraforaminal L3/4 links.
9 Bandscheibenprolaps L5/S1 lateral rechts und Osteophyt des Gelenkes.
10 Synovialzyste L4/5 links.

11a, b Doppelwurzel L5/S1 rechts.
12 Wurzelzyste links bei S1.

Tafel 126. Spinale Prozesse im Recessus lateralis (Fortsetzung)

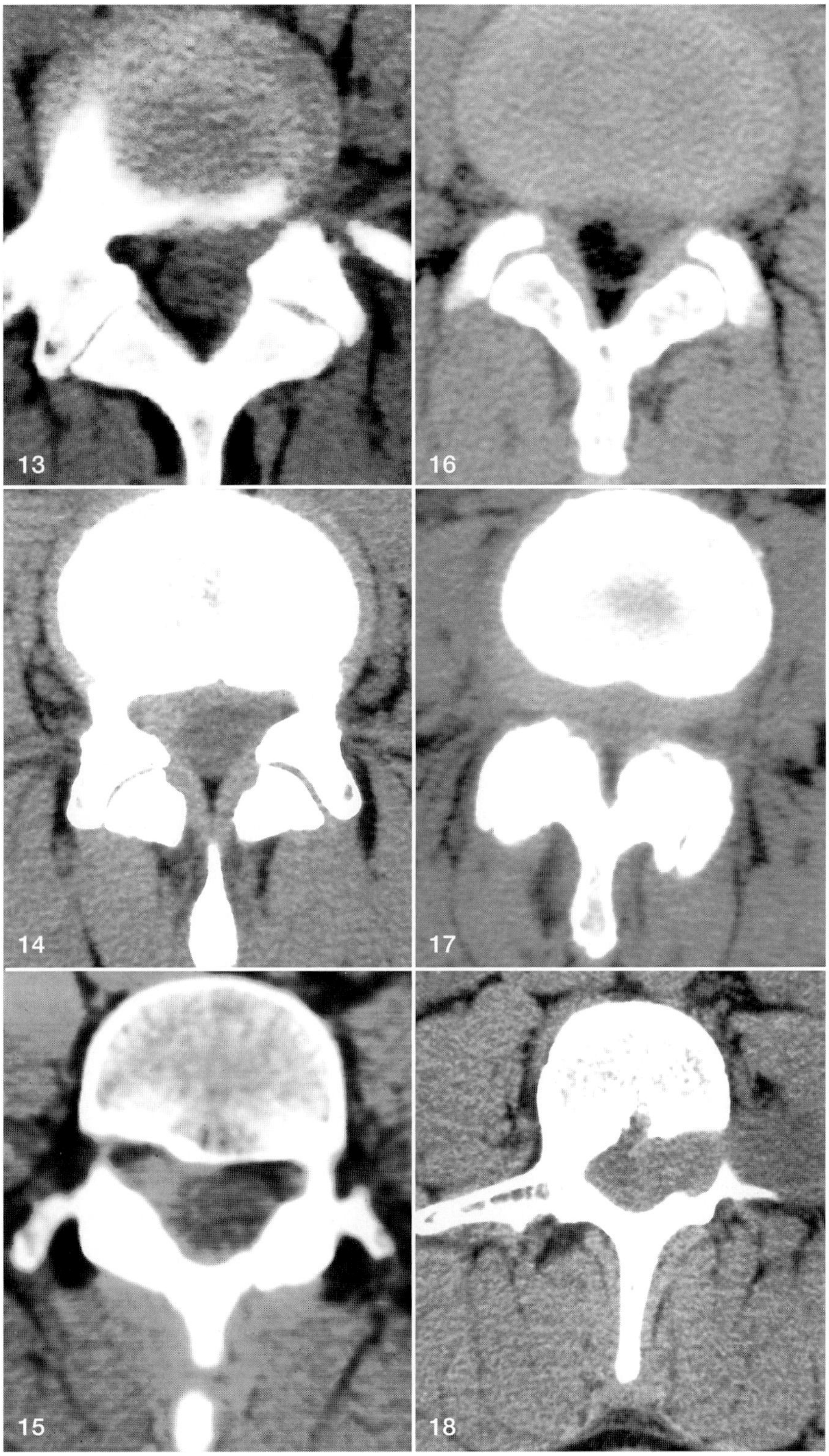

13 Epiduraler Abszeß bei L4/5 links als Bandscheibenprolaps operiert.
14 Prostatakarzinom-Metastase L3/4 rechts.
15 Primäres spinales Melanoblastom L4 rechts.

16 Vorgetäuschte Raumforderung links bei L3/4; Lipom und Spina bifida.
17 Spondylolisthesis L3/4 mit doppelseitig verengtem Recessus lateralis, kein Bandscheibenprolaps.
18 Sanduhrneurinom L3 links.

Literaturverzeichnis

1. Abel R., Gerner H. J., Mariß G.: Wirbelsäule und Rückenmark. Blackwell Wissenschafts-Verlag, Berlin (1998)
2. Ambrose J: Computerized transverse axial scanning (tomography), Part 2: Clinical application. Brit J Radiol 46 (1973) 1023
3. Ambrose J: Computerized X-ray scanning of the brain. J Neurosurg 40 (1974) 679
4. Artmann H., Gail M., Hacker H.: Reversible enlargement of cerebral spinal fluid spaces in chronic alcoholics. AJNR 2 (1981) 23
5. Barkovich A: J Pediatric Neuroimaging. Raven Press, New York (1995)
6. Ball WS. Jr.: Pediatric neuroradiology Lippincott-Raven, Philadelphia (1997)
7. Becker L.E.: Infections of the developing brain. ANJR 13 (1992) 537
8. Betz H.: Hirntumoren, Schnetztor-Verlag, Konstanz (1992)
9. Bingas B.: Spinale Computertomographie. Schering, Berlin (1984)
10. Bird C.R., Hasso A.N., Stewart C.E., Hinshaw D.B. Jr, Thompson J.R: Malignant primary neoplasms of the ear and temporal bone. Studied by high-resolution computed tomography. Radiology 149 (1983) 171–174
11. Buonanno F.S.: Computed tomography in late-infantile metachromatic leukodystrophy. Ann Neurol 4 (1978) 43
12. Buonanno F.S., Moody D.M., Ball M.R., Laster D.W.: Computed cranial tomographic findings in cerebral sinovenous occlusion. J Comput Assist Tomogr 2 (1978) 281
13. Buthiau D., Kaech D.L: CT und MR in der klinischen Praxis. Hans Huber, Bern (1996)
14. Cahil D.W.: Neurosarcoidose – A review of the rare manifestations. Surg Neurol 15 (1981) 204
15. Carbajal J.R.: Radiology of cysticercosis of the CNS including CT. Radiology 125 (1977) 127
16. Caroll B., Lane B.: Diagnosis of progressive multifocal leukoencephalopathy by computed tomography. Radiology 122 (1977) 137
17. Castillo M., Mukherji S.K.: Imaging of the pediatric head, neck and spine. Lippincott-Raven, Philadelphia-New York (1996)
18. Chakeres D.W., Kapila A.: Computed tomography of the temporal bone. Medical Radiography and Photography 60 (1984)
19. Chambers A., Lukin R., Tomsic T.: Suprasellar masses. Seminars in Roentgenology 19 (1984) 84
20. Chintipalli K., Unger J.M., Shaffer K., Millen S.J.: Otosclerosis: Comparison of complex-motion tomography and computed tomography. AJNR 6 (1985) 85–89
21. Claussen C, Grumme T., Treisch J, Lochner B, Kazner E.: Die Diagnostik des lumbalen Bandscheibenvorfalls. RöFo 136 (1982) 1–8
22. Davis K.R., Ackerman R.H., Kistler J.P., Mohr J.P.: Computed tomography of cerebral infarction: Hemorrhagic contrast enhancement and time appearance. Comput Tomography 1 (1977) 71
23. Dihlmann W.: Computertomographie des lumbalen Diskusprolaps und der Vertebralkanalstenose. Z Rheumatol 43 (1984) 153–159
24. Diren H.B., Ozcanli H., Bolok M., Kilic C.: Uniocular orbital, cerebral and intraventricular cysts: CT diagnosis. Neuroradiol. 35 (1993) 149
25. Duda E.E., Huttenlocher P.R.: Computed tomography in adrenoleukodystrophy. Radiology 120 (1976) 349
26. Enzmann D.R.: Computed tomography of central nervous system infections in immunosuppressed patients. AJNR 1 (1980) 239
27. Enzmann D.R., Britt R. H., Placone R.: Szaging of human brain abcess by computed tomography. Radiol. 146 (1983) 703
28. Fisher C.M., Kistler J.P., Davis J.M.: Relation of cerebral vasospasm to subarachnoid hemorrhage visualized by computerized tomographic scanning. Neurosurgery 6 (1980) 1–8
29. Fitz C. R.: Harwood-Nash D.: Neuroradiology of tuberous sclerosis in children. Radiology 110 (1974) 635
30. Fitz C. R.: Inflammatory diseases of the brain in childhood. ANJR 13 (1992) 551
31. Forbes W.S.C., Isherwood I.: Computed tomography in syringomyelia and the associated Arnold Chiari type I malformation. Neuroradiology 15 (1978) 73–78
32. Friedmann G., Thurn F.: Diagnose and Differentialdiagnose intrakranieller Verkalkungen. Röntgenbl. 81 31 (1978) 242
33. Genant H.K., Chafetz N., Helms C.A.: Computed tomography of the lumbar spine. San Francisco: Department of Radiology, University of California (1982)

34. Götze P., Kühne D.: Hirnatrophische Veränderungen bei chronischem Alkoholismus. Arch Psychiat Nervenkr 226 (1978) 137
35. Greitz T., Hindmarsh T.: Computer assisted tomography of intracranial CSF circulation using a water-soluble contrast medium. Acta Radiol Diagn, Stockholm 15 (1974) 497–507
36. Grumme T., Lanksch W., Kazner E., Aulich A., Meese W., Lange S., Steinhoff H., Wende S.: Zur Diagnose des chronisch subduralen Hämatoms im Computertomogramm. Neurochirurgia 19 (1975) 95
37. Grumme T., Meese W., Lange S.: Axiale Computertomographie des Schädels (CT-Scan) in der Neuropädiatrie. Monatsschrift Kinderh 124 (1976) 751
38. Haughton V.M., Williams A.L.: Computed tomography of the spine. Mosby, St Louis, Toronto, London: (1982)
39. Harris T.M., Edwards M.K.: Meningitis. Neuroimaging Clin N Amer 1 (1991) 39
40. Hayashi T., Yoshida M.: Radiological features of holoprosencephaly. Surg Neurol 12 (1979) 261
41. Heinz E.: Computed tomography in white-matter disease. Radiology 130 (1979) 371
42. Herrmann H.-D.: Neurotraumatologie. edition medizin VCH, Weinheim (1991)
43. Hindmarsh T., Greitz T.: Computer cisternography in the diagnosis of communicating hydrocephalus. Acta Radiol 346 (1975) 91
44. Holland I.: Computed tomography in Alexander's disease. Neuroradiology 20 (1980) 103
45. Hounsfield G.N.: A method of an apparatus for examination of a body by radiation such as X or gamma radiation. Patentschrift 1283915 The Patent Office, London (1968)
46. Hounsfield G.N.: Computerized transverse axial scanning (tomography). Part I: Description of system. Brit J Radiol 46 (1973) 1016
47. Jellinger K.: Spezielle Pathologie des zentralen und peripheren Nervensystems sowie der neuromuskulären Peripherie. In: Holzner J.H: Pathologie des Menschen, Band 4, Urban u. Schwarzenberg, München (1976)
48. Jinkins J.R.: Computed tomography of intracranial tuberculosis. Neuoradiol. 33 (1991) 126
49. Jordan J., Enzmann D. R.: Encephalitis. Neuroimaging Clin. N. Amer. 1 (1991) 17
50. Kauffmann W.M., Sivit C.J., Fitz C.R. et al: CT and MR evaluation of intracranial involvement in pediatric HIV infection: a clinical imaging correlation. AJNR 13 (1992) 949
51. Kazner E., Lanksch W., Steinhoff H.: Cranial computerized tomography in the diagnosis of brain disorders in infants and children. Neuropädiatrie 7 (1976) 136
52. Kazner E., Lanksch W., Steinhoff H., Wilske J.: Die axiale Computertomographie des Gehirnschädels – Anwendungsmöglichkeiten und klinische Ergebnisse. Fortschr Neurol Psychiat 43 (1975) 487
53. Kazner E., Wende S., Grumme T., Stochdorph O., Felix R., Clausen C.: Computer- und Kernspintomographie intrakranieller Tumoren. 2. Auflage deutsch, englisch: Springer, Berlin (1988)
54. Kleihues P., Burger P.C., Scheithauer B.W.: Histological typing of tumours of the central nervous system. Second edition, Springer, Berlin-Heidelberg-New York (1993)
55. Kummer v. R., Bozzao L, Manelfe C: Early CT diagnosis of hemispheric brain infarction. Berlin Springer (1995)
56. Köster O.: Computertomographie des Felsenbeines. Thieme, Stuttgart (1988)
57. Krayenbühl H., Yasargil M.G., Huber P.: Zerebrale Angiographie für Klinik und Praxis. Thieme, Stuttgart (1979)
58. Lane B.: Computerized cranial tomography in cerebral diseases of white matter. Neurology 28 (1978) 534
59. Lange S.: Das Computertomogramm vom Gehirn – Kontrast, Schärfe und Strukturinhalt. Freie Universität Berlin: Med Habil-Schr (1976)
60. Lange S., Grumme T., Meese W.: Anatomie des Gehirns im Computertomogramm. Fortschr Geb Röntgenstr Nuklearmed 125 (1976) 421
61. Lanksch W., Grumme T., Kazner E.: Computed tomography in head injuries. Springer, Berlin-Heidelberg-New York (1979)
62. Lanksch W., Kazner E.: Cranial computerized tomography. Springer, Berlin (1976)
63. Lee S.H., Rao K.C.V.G.: Cranial computed tomography and MRI Second edition. McGraw-Hill, New York (1986)
64. Lee S.H., Rao K.C.V.G., Zimmerman R.A.: Cranial MRI and CT. Third edition. McGraw-Hill, New York (1992)
65. Lochner B., Halbsguth A., Pia H.W., Fischer P.A.: Die spinale Kernspintomographie. Der Nervenarzt 56 (1985) 174–185
66. Mafee M.F., Kumar A., Yannias D.A., Valvassori G.E., Applebaum E.L.: Computed tomography of the middle ear in the evaluation of cholesteatomas and other soft-tissue masses: Comparison with pluridirectional tomography. Radiology 148 (1983) 465-472
67. Mafee M.F., Selis J.E., Yannias D.A., Valvassori G.E., Pruzansky S., Applebaum E.L., Capek V.: Congenital sensoneural hearing loss. Radiology 150 (1984) 427-434
68. Marcu H., Becker H.: Computed tomography of bilateral isodense chronic subdural hematomas. Neuroradiology 14 (1977) 81
69. Meese W., Kluge W., Grumme T., Hopfenmüller W.: CT evaluation of the CSF spaces of healthy persons. Neuroradiology 19 (1980) 131–136
70. Mumenthaler M.: Neurologie, 7. Aufl. Thieme, Stuttgart (1982)
71. Nadjmi M., Piepgras U., Vogelsang H.: Kranielle Computertomographie. Thieme, Stuttgart (1981)

72. Naidich T., Pudlowski R., Naidich J.: Computed tomography signs of Chiari II malformation. Radiology 134 (1980) 391, 657
73. Netter F.H.: Nervous system. Ciba collection of medical illustrations
74. New P.F., Scott W.R.: Computed tomography in the brain and orbit. William & Wilkins, Baltimore USA (1976)
75. Newton T. H., Bilaniuk LT Radiology of the eye and orbit. Raven Press, New York (1990)
76. Newton T. H., Hasso A.N., Dillon W.P.: Computed tomography of the head and neck. Raven Press, New York (1988)
77. Oldendorf W.: Isolated flying spot detection of radiodensity discontinuities – displaying the internal structural pattern of complex objects IRE. Trans Biomed Electronics 8 (1961) 68
78. Osborn A.G: Diagnostic neuroradiology. Mosby, St. Louis (1994)
79. Pfadenhauer K., Ebeling U., Bergleiter R., Stoeter P.: Zuverlässigkeit der Computertomographie bei der Diagnostik von Rezidivbeschwerden nach lumbalen Bandscheibenoperationen. Fortschr. Röntgenstr. 139 (1983)
80. Piepgras U.: Neuroradiologie. Thieme, Stuttgart (1977)
81. Post J.D.: Computed tomography of the spine. Williams & Wilkins, Baltimore/London (1984)
82. Quisling R.: Computed tomographic evaluation of the early phase of adrenoleukodystrophy. Neuroradiology 17 (1979) 285
83. Raininko R., Törma T.: Contrast enhancement around a prolapsed disc. Neuroradiology 24 (1982) 49–51
84. Ramsey R.G.: Neuroradiology, Third edition. W.S. Saunders, Philadelphia (1994)
85. Rao K., Brennan T., Garcia J.: Computed tomography in the diagnosis of Creutzfeld-Jakob disease. J Comput Assist Tomogr 1 (1977) 211
86. Reeder M.: Cerebellopontine angle mass. Seminars in Roentgenology 19 (1984) 1
87. Reisner T., Maida E.: Computerized tomography in multiple sclerosis. Arch Neurol 37 (1980) 475
88. Rettinger G., Kalender W., Henschke F.: Hochauflösungs-Computertomographie des Felsenbeines. Computertomographie 1 (1981) 109–116
89. Rosenbaum A.E., Drayer B.P.: CT cisternography with metrizamide. Acta Radiol Suppl Stockholm 355 (1977) 323–337
90. Rubin R.C., Hochwald G., Tiell M.: Hydrocephalus: III. Reconstitution of the cerebral cortical mantle following ventricular shunting. Surg Neurol 5 (1976) 179
91. Rueck J.D.: Pathogenesis of Binswanger chronic progressive subcortical encephalopathy. Neurology 30 (1980) 920
92. Schubiger O.: Die Computertomographie der Wirbelsäule. Hippokrates, Stuttgart (1984)
93. Schubiger O., Valavanis A.: CT differentiation between recurrent disc herniation and postoperative scar formation: the value of contrast enhancement. Neuroradiology 22 (1982) 251–254
94. Seibel R.M.M., Grönemeyer D.H.W.: Interventional computed tomography., Blackwell Scientific Publications, Boston (1990)
95. Steinhoff H., Lanksch W., Kazner E., Grumme T., Meese W., Lange S., Wende S.: Computed tomography in the diagnosis and differential diagnosis of glioblastomas. Neuroradiology 14 (1977) 193
96. Swartz J.D.: High-resolution computed tomography of the middle ear and mastoid. Part I: Normal radioanatomy including normal variations. Radiology 148 (1983) 449–454
97. Swartz J.D., Faerber E.N.: Congenital malformations of the external and middle ear: High-resolution CT findings of surgical import. AJNR 6 (1985) 71–76
98. Swartz J.D., Goodman R.S., Russell K.B., Ladenheim S.E., Wolfson R.J.: High-resolution computed tomography of the middle ear and mastoid. Part III: Surgically altered anatomy and pathology Radiology 148 (1983) 461–464
99. Swartz J.D., Goodman R.S., Russell K.B., Marlowe F.I., Wolfson R.J.: High-resolution computed tomography of the middle ear and mastoid. Part II: Tubotympanic disease. Radiology 148 (1983) 455–459
100. Swartz J.D., Harnsberger H.R.: Imaging of the temporal bone. Thieme, Stuttgart (1992)
101. Swartz J.D., Wolfson R.J., Marlowe F.I., Popky G.L.: Postinflammatory ossicular fixation: CT analysis with surgical correlation. Radiology 154 (1985) 697–700
102. Thurn P., Friedmann G.: Computertomographie der Wirbelsäule und des Spinalkanals. Enke, Stuttgart: (1983)
103. Valk J.: CT and cerebral infarction. Raven Press, New York (1980)
104. Valvassori G.E., Mafee M.F., Carter B.L.: Imaging of the head and neck. Thieme, Stuttgart (1995)
105. Valvassori G.E., Potter G.D., Hanafee W.N., Carter B.L., Buckingham R.A.: Radiology of the ear, nose and throat. Thieme, Stuttgart-New York (1982)
106. Virapongse C., Sarwar M., Kier E.L., Sasaki CT.: High-resolution computed tomography of the temporal bone: Its role in the evaluation of middle ear disease. Amer J Otolaryngol 4 (1983) 107–112
107. Vogl Th. J., Mäurer J., Felix R.: Bildgebende Diagnostik bei Tumoren der Kopf-Hals-Region. Konstanz, Schnetztor (1996)
108. Weisberg L.: Contrast enhancement visualized by computerized tomography in acute multiple sclerosis. J Comput Assist Tomogr 5 (1981) 293
109. Weisberg L., Straberg D.: Computed tomography findings in the Arnold Chiari type malformation. Comput Tomogr 5 (1981)

110. Weiss Th., Treisch J., Claussen C., Banzer D.: Irrtumsmöglichkeiten und Schwierigkeiten in der computertomographischen Diagnostik lumbaler Bandscheibenvorfälle. Fortschr. Röntgenstr. 138 (1983) 54–60
111. Weiss Th., Treisch J., Kazner E., Claussen C., Schörner W., Fiegler W.: Intravenöse Kontrastmittelgabe bei der Computertomographie (CT) der operierten Lendenwirbelsäule. Fortschr Röntgenstr 141 (1984) 30–34
112. Welchmann J.M.: CT of intracranial tuberculomata. Clin Radiol 30 (1979) 567
113. Youmanns J.R.: Neurological Surgery, Vol. 3 Saunders, Philadelphia-London-Toronto (1973)
114. Zimmermann R.A.: Computed tomography of pediatric head trauma: acute general cerebral swelling. Radiology 126 (1978) 403
115. Zimmermann R.D.: CT in the early diagnosis of herpes simplex encephalitis. Amer J Roentgenol 134 (1980) 61
116. Zülch K.J.: Atlas of gross neurosurgical pathology. Springer, Berlin: (1975)
117. Zülch K.J.: Atlas of the histology of brain tumors. Springer, Berlin (1971)
118. Zülch K.J.: Brain tumors. Springer, Berlin (1986)

Sachwortverzeichnis

Kursiv gesetzte Seitenangaben verweisen auf Abbildungen.

Blackwell Wissenschaft

Ulrich Bogdahn / Georg Becker / Felix Schlachetzki (Hrsg.)

Echosignalverstärker und transkranielle Farbduplex-Sonographie

1998. 424 Seiten, über 400 Abbildungen, davon viele in Farbe, 29 Tabellen.
17 x 24 cm. Gebunden. DM 298,- / öS 2175,- / sFr 274,50 ISBN 3-89412-324-9

CD-ROM/Archivversion

Systemvoraussetzungen (empfohlene Konfiguration in Klammern): 486DX2/66 (Pentium) - 4 MB RAM (16 MB) - SVGA-Grafikkarte mit einer Auflösung von 800x600 und 65536 Farben - Doublespeed CD-ROM-Laufwerk (6fach) -Windows 3.x/Win95 - ca. 10 MB freier Festplattenspeicher. 1998. DM 298,- / öS 2354,- / sFr 274,50 ISBN 3-89412-339-7

Durch die transkranielle Farbduplex-Sonographie (TCCS) wurde die Ultraschall-Diagnostik im Bereich des Zentralnervensystems entscheidend erweitert. Bei vergleichbarer Mobilität, Wiederholbarkeit und Nicht-Invasivität hat die TCCS große Vorteile gegenüber der konventionellen transkraniellen Sonographie (TCD), da hier die untersuchten Gefäße als farb-/richtungskodierte Strukturen im schwarzweißen Parenchym-Bild erscheinen. Hierdurch kann unter Intensiv- und Notfallbedingungen in kürzester Zeit eine Übersicht der zerebralen Durchblutung gewonnen werden.
Die TCCS vermittelt darüber hinaus andere Informationen über das Hirnparenchym, z. B. im Hinblick auf Tumoren, Gefäßmißbildungen, degenerative Erkrankungen und Liquorzirkulationsstörungen.
Weitere Neuerungen, die das Spektrum der Anwendungen der TCCS stark verbreitert haben, sind das Anfang der neunziger Jahre eingeführte Power-Doppler Verfahren und die Entwicklung von Echosignalverstärkern.
Der erste Teil des Buches gibt einen Einblick in technische Grundlagen und Möglichkeiten der Methode, der Schwerpunkt des zweiten Teiles liegt auf dem klinischen Einsatz. Bearbeitete Themen sind hier unter anderem:

- Funktionelle Anatomie
- Gefäßdiagnostik
- Perioperative Darstellung von Tumoren
- Tumorvaskularisation
- Parenchym-Veränderungen
- Gefäßmißbildungen
- dreidimensionale Untersuchungstechniken

Mit seinen international renommierten Autoren und dem in Umfang und Qualität bislang einzigartigen Farbbildmaterial setzt dieses Werk einen Maßstab für die Ultraschalldiagnostik des Zentralnervensystems.

Zu beziehen über Ihre Buchhandlung! Preisstand 1. August 1998

Blackwell Wissenschafts-Verlag

Kurfürstendamm 57 · 10707 Berlin · Tel.: (030) 32 79 06-27/28 · Fax: (030) 32 79 06-44
e-mail: vertrieb@blackwis.de · Internet: http://www.blackwell.de